國家社科基金重大項目《荊楚全書》編纂成果

荊楚文庫

梅之熉集（上）

〔明〕梅之熉 著
屈葦濱 整理

荊楚文庫編纂出版委員會
華中師範大學出版社

荆楚文庫

梅之熉集

MEIZHIYUN JI

圖書在版編目（CIP）數據

梅之熉集 /（明）梅之熉著；屈葦濱整理．
—武漢：華中師範大學出版社，2024.6
（荆楚文庫）
ISBN 978-7-5769-0505-2
Ⅰ．①梅…
Ⅱ．①梅…　②屈…
Ⅲ．①學術思想—思想史—湖北—明清时代—文集
Ⅳ．① B248.05-53

中國國家版本館 CIP 數據核字（2024）第 067462 號

責任編輯：熊　然
整體設計：范漢成　曾顯惠　思　蒙
責任校對：張建英
責任印製：劉　敏
出版發行：華中師範大學出版社（湖北・武漢）
地址：湖北省武漢市洪山區珞喻路 152 號
電話：027-67863426（發行部）　郵政編碼：430079
録排：桂子工藝
印刷：湖北新華印務有限公司
開本：720mm×1000mm　1/16
印張：39.25
字數：545 千字
版次：2024 年 10 月第 1 版　2024 年 10 月第 1 次印刷
定價：170.00 圓（全二册）

ISBN 978-7-5769-0505-2
9 787576 905052 >

出版説明

湖北乃九省通衢，北學南學交會融通之地，文明昌盛，歷代文獻豐厚。守望傳統，編纂荆楚文獻，湖北淵源有自。清同治年間設立官書局，以整理鄉邦文獻爲旨趣。光緒年間張之洞督鄂後，以崇文書局推進典籍集成，湖北鄉賢身體力行之，編纂《湖北文徵》，集元明清三代湖北先哲遺作，收兩千七百餘作者文八千餘篇，洋洋六百萬言。盧氏兄弟輯録湖北先賢之作而成《湖北先正遺書》。至當代，武漢多所大學、圖書館在鄉邦典籍整理方面亦多所用力。爲傳承和弘揚優秀傳統文化，湖北省委、省政府决定編纂大型歷史文獻叢書《荆楚文庫》。

《荆楚文庫》以“搶救、保護、整理、出版”湖北文獻爲宗旨，分三編集藏。

甲、文獻編。收録歷代鄂籍人士著述，長期寓居湖北人士著述，省外人士探究湖北著述。包括傳世文獻、出土文獻和民間文獻。

乙、方志編。收録歷代省志、府縣志等。

丙、研究編。收録今人研究評述荆楚人物、史地、風物的學術著作和工具書及圖册。

文獻編、方志編録籍以1949年爲下限。

研究編簡體横排，文獻編繁體横排，方志編影印或點校出版。

《荆楚文庫》編纂出版委員會

2015年11月

前　言

梅之熉所著《春秋因是》，是一部講解《春秋》的書，始梓於明崇禎十五年（1642）。在沈湮三百八十年後，今又以新的面目出版。

一

梅之熉，號惠連，生於明萬曆二十四年（1596）七月，卒於清順治十三年（1656）八月，湖廣麻城（今湖北省麻城市）人。他出生在一個顯赫的官宦家庭。其父梅國楨進士出身，以萬曆二十一年（1593）寧夏平叛功升太仆寺少卿，萬曆二十六年（1598）升兵部右侍郎兼都察院右僉都御史，總督宣府、大同、山西軍務，兼理錢糧。其堂兄梅之焕起於翰林院庶吉士，於崇禎元年（1628）以右僉都御史巡撫甘肅。二人均以軍功著稱於時。然而梅之熉的人生道路并不平坦。萬曆三十三年（1605），當他九歲時，父親便去世了。家里再没有别的男丁，寡母孤兒，頗顯淒涼。崇禎十四年（1641），在與以張獻忠爲主的民軍對峙八年以後，梅之焕去世，隨後麻城淪陷，梅家漸趨衰落。

梅之熉因其父軍功，許蔭錦衣衛百户，但他志在走科舉的路，一直不愿就職。直到崇禎末年，朝廷有“奪回”之旨，才在錢謙益等友人勸導下就職。但不久，明朝就滅亡了。

崇禎皇帝死訊傳來，梅之熉請求進北京哀悼，不獲批准。於是棄職，輾轉白門（今南京）、嘉興、湖州一帶。見國事不可爲，即返歸麻城，隱居囊山，别號槁木。地方志中又有他在囊山出家爲僧的説法，始見於乾隆十四年《黄州府志》，此後的《麻城縣志》亦依此説，民間亦如此流傳，但梅氏後人并不認同，因爲更早的康熙九年《麻城縣志》并無出家一說。其實在當時，隱居與出家并無大區别；那些所謂“前朝遺民”，大多以出家爲幌子，以示不與新朝合作。

梅之熉平生潛心研究學問，經史百家多有涉獵。早年與劉同人、馮夢龍等人結求湛社，研習理學。晚年入復社，與侯朝宗、閻爾梅、吴次尾等名流相友善，一則爲研究學問，一則爲反清復明。梅之熉的著作，據光緒八年《麻城縣志·藝文志》載，有《春秋因是》《萍廬偶集》《芥舟續集》。而《梅氏族譜·譜凡》則曰，“先金吾之《春秋因是》《白門集》《芥舟集》《萍廬史論》《萍廬偶集》《萍廬寄言》《求湛齋稿》《芥舟藝算法觿解》《塵鐸諸如》《風雨瀟湘渡劇》”，而《梅氏族譜》之《藝文譜》則刊有《萍廬史論》《萍廬偶集》《芥舟續集》三種，則梅之熉之著作有十一種之多，而除《春秋因是》《萍廬史論》《萍廬偶集》《芥舟續集》四種，其餘皆佚。

二

《春秋》，或稱《麟經》《麟史》，是春秋時期魯國的一部編年史。因其經孔子修訂成書，故被後世列入儒家經典——五經，成爲科舉考試的科目之一。在明朝，麻城的科舉成就是很突出的，據光緒八年《麻城縣志》“文科表”的統計，有舉人四百四十七人，其中進而成爲進士的有九十九人，此外還有大量的國學、府學、縣學的生員。這些科舉考試的成功者，據説主要是通過研習《春秋》而獲得成功的。麻城知名進士李長庚在馮夢龍《春秋衡庫序》中，開篇即説：“余邑《春秋》，其世業也，習是經者十人而九。”另一知名進士梅之焕在敘馮夢龍《麟經指月》時也説：“敝邑麻，萬山中手掌地耳，而明興，獨爲《麟經》藪。”

《麻城縣志》載：“明代邑人捷春秋闈者，多以《麟經》顯。外省有不遠千里來麻就益者。”又云：“江西安福縣相傳得麻城《麟經》訣法，李惠時述其事曰，國朝人稱‘山陽《禮記》，麻城《春秋》’，言冠海内人文也。”（光緒八年《麻城縣志》卷四十《雜記》）所謂“訣法”，猶言

“秘笈”，與今之“高考秘卷”相類。以此可知，“麻城《春秋》”對當時讀書人尤其是科舉備考者的影響是巨大的。馮夢龍於明萬曆末年來到麻城，主要就是爲了研習《春秋》，他研究《春秋》的專著《麟經指月》就是在這時完成的。該書參與校閲的人員具姓名者一百零四人，單麻城就有四十人，還有黄安十人（黄麻毗鄰，原本一家，在學術交流方面甚爲緊密）。

由此看來，“麻城《春秋》”由來有自，而這也正是梅之熉寫作《春秋因是》的動因，其意在於將自身研習所得與麻城習《春秋》的經驗總結出來，并與當時流行的讀本相對照，爲試圖通過《春秋經》攀蟾折桂的學子們提供一份實用的參考資料。他在該書凡例中寫道：

> 如麻城、安福諸邑，習《春秋》者十有八九，子弟通經甚易。或一邑無一人習是經，聞有全記《春秋》經文不及《胡傳》者，有通本全記并音注無遺者。《胡》《左》二傳，宜皆有定本，使後學有所遵從，而耿克勵《慈渡》失之太略，馮猶龍《衡庫》猶覺過繁。余欲梓一圈點全本《胡傳》，其不必讀者止用筆勾斷，若徑删去，恐行數那移。讀者將此本記熟，則他本難於簡閲矣。《左傳》則稍芟《衡庫》之繁，盡去《胡傳》，而《公》《穀》《史記》《管子》諸書仍附載《左傳》之後。容嗣出公之海内。

《春秋因是》雖非“欲梓”之書，而作者著作此書的用意實亦不外乎此。

三

《春秋因是》是一部關於《春秋》的書，猶今日之高考指南、國考指南之類。梅氏撰此書，一本尊經，即尊崇孔子之旨，闡發《春秋》的“微言大義”；二本從傳，即總體按照《胡氏春秋傳》的觀點來解説經文。

作者在自敘中有如下説法：

國朝《春秋》一遵胡氏。

其有傳可以試士者纔七百有奇耳。國初連二比，或三比四比，而義多不可强通，于是傳題、比題之例起，凡義可以强通者，人人皆得以臆撰，至不可窮極。

孔子作《春秋》，是非褒貶之旨未嘗明以示人。

聖人往而微言絕，士生數千年後，自不能盡合聖人作經之意。

胡氏之言其能盡當於聖人作《春秋》之旨哉？苟不乖於大義，雖不得聖人之旨，固可以立教垂訓，舍聖人之經不爲傳注，自吐一辭，自發一論，亦經也。

凡有當於發明聖人之旨者存之，無當於發明聖人之旨者去之，庶幾爲全書矣，而力未能也。相沿既久，姑就其牽附强合者，一遵其説於胡氏，亦曰因其所是而是之云爾。

可見，本書重在芟除雜説，治傳題 、比題之濫，一遵胡氏傳意，以發明孔子作《春秋》之旨，因胡氏之是而是之，至於胡是之非是，則不取。故書名曰《春秋因是》。

胡氏，指宋代大儒胡安國，又名迪，字康侯，號青山，謚號文定，學者稱武夷先生，後世稱胡文定公，生於北宋神宗熙寧七年（1074），卒於南宋高宗紹興八年（1138），建寧崇安（今福建省武夷山市）人。胡安國一生以聖人爲目標，潛心研究《春秋》，其所著《春秋傳》成爲元明科舉取士定本。《春秋因是》作爲面向士子的參考資料，“一遵胡氏”，“因其所是而是之”，是當時規範科舉考試題目的現實需要。

《春秋因是》重講傳題、比題。馮夢龍《麟經指月發凡》第三條説：“單題、傳題之外，有比題、合題，由來尚矣。”他没有解釋單題、傳題。從字面看，傳題就是取胡氏傳中語爲題；單題是相對比、合而言，只取經文一句爲題。這只是我的理解，未必正確。關於比題，馮氏曰：“愚謂比者，彼此相形而成題：或以文比，或以意比；或以相偶而比，或以相反而比；或以書法比，或以傳語比。”關於合題，馮氏曰：“合者，兩邊合來。如忠孝、兵刑、爵禄、君后、禮樂、征伐、土地、甲兵、夷夏、君臣、井田、封建之類。”以此參照，《春秋因是》乃是依《胡傳》次序，先講單題，再擴展爲比題，傳題絶少，而所謂“合”，只是作爲手法，參於各題之中。

《四庫題要》對《春秋因是》一書甚爲貶斥，説“此類講章皆經學之蠹賊，本不足録，特一以見場屋舊制。所謂比題、傳題，其陋如此，并非别有精微，一以見明季時文之弊。名爲發揮經義，實則割裂傳文，於聖人筆削之旨南轅北轍，均可以爲炯鑑。故附存其目，爲學《春秋》者戒焉。”説得如此不堪，大失存目之旨。其實，其書絕非如此不堪，其所以如此説，在我看來，乃是萬不得已，不得不如此説。因爲《春秋因是》一書，講聖人之旨，講得最多的是“攘夷狄，安中國”，是“謹華夷之辨”，是“内中國，外夷狄”，其矛頭所刺直在“滿清”，故《四庫題要》在存目的同時，必須對其貶而又貶，必將其説得一文不值，纔與自身脱得了干係。

四

從《春秋因是》的序文可以看出，該書經歷過兩次刻印。從唐時的敘言落款爲“崇禎壬午除夕”看，第一次刻印的時間當在崇禎壬午年（1642）底或次年初。第二次刻印在清順治庚寅年（1650），是經過劉輝校閲、王承時訂正的刻本，所以這個刻本在每一卷的前面都刻有“甥劉輝聖初校閲、同社王承時象先重訂”字樣。劉、王俱麻城人，生平不詳。流傳到現在的只有後面經劉、王校訂的這個刻本，只蘇州市圖書館有藏。

本書解《春秋》，事本《左傳》，立論一本《胡傳》，偶涉《穀梁傳》，故須參照閲讀。文中引用甚多，以引《胡傳》爲主，故凡引《胡傳》則不加注，引别傳則以註解説明。引《胡傳》，有整句引用的，有取一句中之幾部份組合引用的，有取文句之部份添加文字引用的，有取個别詞語而串述的。凡《胡傳》中既有之句、詞，皆加引號；有些句、詞《胡傳》中没有，但意在《胡傳》中，且意義特殊，亦以引號加以强調。此外作者明言破題或作文必如此説的語句，亦加以引號。

《春秋因是》涉及《春秋》《左傳》《胡傳》等著作，涉及大量春秋時期的歷史事實和人物，還涉及明朝的科舉制藝和八股文作法，專業性特别强。本人編校此書，雖倍加小心，但礙於學力，疏漏與錯誤固在所不免，敬請讀者批評指正！

除《春秋因是》之外，本書還收有梅之熉所著《萍盧史論》《萍盧偶集》《芥舟續集》等若干史論、書信、序文奏議和散文、詩詞，作爲《集外》收列于《春秋因是》之後。

另外他人所著梅之熉的小傳行略事迹，以及友人与之唱和的詩詞及悼唁文字等，統歸于《附録》，附于卷末。

麻城屈葦濱

癸卯年仲春月

總　目　録

荆楚文库

春秋因是

目　　録

春秋因是叙

千古文章,洪纖高下，於何營之？不視其才，不視其學，要視其意思所在耳。是故以見識爲文者，一家之書也；以經濟爲文者，家國之書也；以心地爲文者，天地之書也。夫諸子百家之見識，賈誼、晁錯之經濟，豈盡不如聖賢？而文章不能同聖人之言經日月而行江河者，所繇其下筆時，有名想，有功想，而未必盡作世宙想，此便是不及聖賢處。只今制義一道，若但舒写性靈，發揚古意，亦儘有快活處。唯發豪之始即主張於名利之想，而《春秋》一經又多一牽合附會之苦。高才生有一題不能記，雖餘秇天華，不能入彀；即倖而盡能記能憶，而題與傳無情，亦何處措手？

夫文章所以謂之好者，謂其能寫古人之相貌，寫古人之口角，寫古人之意思也。今古人之意思不在題中，雖盡態極妍，祗彰牽强，亦何以謂之好乎？昔霍渭崖爲主考，《春秋》四題皆出草題，可謂光明正大者矣。然題有盡而取給於題者無盡，势不能行，不得不用傳用合。夫聖人之意遠矣，豈謂康侯之書盡符聖意？第後人見地未必遂過康侯，而借康侯以寫胸中，寫得到像康侯時，亦自有快活處。

所謂臨本勝真本，古人往往有之。吾友惠連能於極拘極板之中掀翻飛動，又能於極影響極糊塗之處尋認適真，使數百載之康侯鬚眉踽踽欲動，行見十年之内麟業中必有奇文蔚起。振婁江父子、温陵、虞山之奇響，以黼藻當世者，皆惠連之文章也。吾嘗竟夜挑燈，反覆其書，喟然嘆息。以惠連之鴻才廣學，若欲置身青雲，則緒餘而可；若欲垂名後世，豈別無著述藏諸名山，而矻矻窮年以成此書哉！蓋此經自來通弊，每每自身没在苦中，至明顯之題不能記憶，而又造一種無道理之題以陷後人，使新題日益鬼，鬼題日益繁，使後來之士飄墮苦海，無可控訴。惠連凡一傳一題，必爲習經者討一下落，其無下落可討者，必其不可爲題者也。是即如來救苦衆生嘗如己想之意。故知此書不易得，此副心腸尤不易得。

此書所摹寫者康侯，而其意思則不止於筆寫康侯而已。自今以後，凡麟家文字，皆有惠連之心地以行乎間。然則惠連之心地，其與是經並行於天壤矣乎！

崇禎壬午除夕西吴社弟唐時書於能仁寺法華會上

序

五經制科，獨《春秋》爲難。四經以經爲經，傳以翼之；《春秋》以傳爲經，無傳即無經矣。以故褒譏美刺，悉出文定之筆。文定以千百世之下論千百世以上之事，不過曲意揣摹，雖較晁、賈貼切，其與闕里家乘終隔一紙。盲在以周人目擊時事，簡無妄筆，尚不能與《公》《穀》一一表裏，下此又可知也。昔司馬子長修史，常恐筆涉恩怨，失爲信書。夫意□一私，尚難操觚執簡，則憑空結撰，抑又難言矣。雖然，文定公之爲此亦非苟也。觀當年編輯已成，尚未敢以示世，而茆堂先生復著《春秋通旨》以羽翼父書，籍溪仍採詢伊洛諸篇補其不逮，直至五峰公《知言》論成，始與《皇王大紀》八十卷同獻之真宗，則四公二世之考訂亦未可謂不詳矣。

明興，取士首重五經，則文定一傳即如山岳不可動移。洪武以繁簡與四經未稱，故青田劉太史初增爲傳題，又復廣爲比題，大約明白正大，不過少著數條，匪有濫也。海内諸君子因以推廣無窮，以致案頭繁蕪，目色蒼黄，竟仡仡經年而白首浩嘆者有之。且人著一言，家成一帙，增新易舊，種類紛紛，致貧士不能購求多書，竟至題下茫然，從未經見者亦往往有之。

昔班孟堅續父西漢史，十年始就。惠連愍後學之失路，篝燈輟飯，急于求成，未浹旬而著爲《因是》一書，重加以象先之訂校，簡明精切，指點劃然。令人一展卷，痞悶全開，覺半生在睡夢中，今始一棒喝醒耳。宣尼心事得文定公濯露，文定公心事得惠連濯露，不惟有功於文定，而且有功於宣尼矣。從此儒得宗傳，學有關捩，將見士遊瀍澒之林，榜多龍虎之彦，是又不止有功于宣尼、文定，而竝有功于廟廊矣。顏曰“因是”，或亦因是而有作之意乎？

當年董廣川治《春秋》，三年不步園圃，後因拜武帝江都相。則惠連一編，當在廣川之上，行見旦夕封拜食，是書之福澤政未有艾也。余將持此帙之長安，乞刊布，以爲課士之準。

雎陰王麟標圖公父題於吴署之滿緑堂

龍眠齊維藩价人父書

重訂春秋因是序

《春秋》，夫子二百四十二年是非之書也，曰："吾志在《春秋》。"鄉令是者非之，非者是之，在魯且不足稱信史，而况微言奥義寄一字之嚴，或筆或削，無一辭之贊之聖經也哉？故以傳言，文定合者十之九，有不能盡合聖意者矣。即以題言，傳居十之五，其他如比如合，有並非文定之意者矣。

國家制科取士，各取一經而明之，乃意見横生，索隱拾僻以爲奇，牽摭變换以爲巧，茫無定局，對者汪洋，是故《春秋》列五經之一，而成進士居十八房之一，蓋難之也。天下以爲難，麻邑獨攻其難，非欲攻所難以矯天下之易也。譬之土田，有上上錯、中錯、下錯，先祖承之，不欲棄去。父兄之教不得不嚴，子弟之率不容不謹也。今語天下以麻之《春秋》，天下信之；語麻梅、劉、周、李、王、董諸家世人業《春秋》，天下信之。信其世魁天下，不爽毫黍也。余友梅惠連置兩蔭，潛心鉛槧，求湛攻苦，名聞海内；所著《因是》一書，海内宗之。乃尺佛丈魔，贋刻繼起，則是已據其腴，復取瘠田之租雜而秕之也。縱主人不争，天下不其餒，而惠連懼真似之淆也，剗去《因是》之名，欲加更定。而時勢支離，遂高閣於虎丘僧舍。真璧既藏，贋焰亦息。年來，惠連復去儒業，習枯禪，身隱焉，文刻埋塵土。

自頃干戈欲息，四壁有書聲，余過僧舍，見而泣之。不揣謬荒，飽飧苜蓿，與兄平石細加參閲，糢糊脱落，一一補完，間有疑義，輒趨庭校正之。仍名《因是》，用布同人。是惠連當年之衣鉢，即槁木惠連釋號。今日之棒喝也。使天下信所信，勿疑所疑，且不致非者是之而是者非之也。其於"因是"二字命篇之義，不更大彰明較著也哉！

順治庚寅桂月西陵王承時象先父書於吴趨之尊經閣

自　叙

《語》曰"畏聖人之言"，安有聖人之言可以連引、類比、牽附、强合、射覆、藏鬮，如《春秋》之傳題、比題者哉？况以此制科録士，朝廷鄭重其事，儼然反以爲尊經，抑又何也？

國朝《春秋》一遵胡氏，而崩、薨、卒、葬不以命題，其有傳可以試士者纔七百有奇耳。國初連二比，或三比四比，而義多不可强通，于是傳題、比題之例起，凡義可以强通者，人人皆得以臆撰，至不可窮極。童而習之者不以爲怪；業他經者見之，莫不掩口而笑，甚且動色相詈，謂作始者爲不祥。夫有傳之可以試士者纔七百有奇，既患其太寡，連比又義多不可强通，傳題、比題之設蓋亦不得已也。

孔子作《春秋》，是非褒貶之旨未嘗明以示人，將取正於三傳。如尹氏卒，或以爲尹氏，周之卿士也；或以爲君氏，魯之夫人也。其爲男子、婦人且不足據，況能得聖人褒譏是非之旨乎？聖人往而微言絶，士生數千年後，自不能盡合聖人作經之意，即不爲傳題、比題，胡氏之言其能盡當於聖人作《春秋》之旨哉？苟不乖於大義，雖不得聖人之旨，固可以立教垂訓。舍聖人之經，不爲傳註，自吐一辭，自發一論，亦經也；乃取聖人所筆削之書，絜彼度此，參稽互考，曲求當日褒譏是非之所在，以爲不可，則余不知其説矣。

歐陽永叔謂《論語》其首必以"子曰"，門人追記其言，所以別夫子與弟子之言也；《易·文言》夫子自作，不應自稱"子曰"。其先言"何謂"後言"子曰"者，乃漢之講師自爲問答之言也。以漢之講師所言皆列而爲經，莫之或非。焦貢《易林》：每卦變六十四，總四千九十六；伏羲畫八卦，重之爲六十四止已，文王、周公、孔子皆因之。焦氏卜筮之書，取文王、周公、孔子三聖之所不敢增者，互更重疊，不以爲嫌，亦莫之或非。乃據聖人所筆削之書，絜彼度此，參稽互考，務曲求其褒譏是非之所在，又重之以功令，而或笑之或詈之，則舛也。凡有當於發明聖人之旨者存之，無當於發明聖人之旨者去之，庶幾爲全書矣。而力未能也。相沿既久，姑就其牽附强合者，一遵其說，於胡氏亦曰“因其所是者是之”云爾。

崇禎壬午蜡日麻城梅之熉惠連父書於白門之萍廬

春秋因是發凡

一、經書制義，以未嘗留心學問之人徒以科目故，欲其辯析[1]天人，微參性命，暢發聖賢未盡之旨，解漢、宋諸儒所不能解之惑，身在地下，仰望百尺樓上，先自氣餒神索矣。惟《春秋》制義，身坐堂上，列古人於堂下而功罪之，可以引滿大叫，可以拔劍斫地，又不拘以八股，或如論、如解、如辯、如議、如奏疏、如爰書，皆無不可。此至快事也！而業是經者，每以爲難，何哉？蓋題多影響牽强，可以那移更换，而學者又抄録老學究庸談以爲定本，不敢參以己見，如沙彌讀梵語，了無所得，但期强記，每一繙閲輒頭岑岑痛，白晝欲瞑矣。于是工力愈專反愈苦，記誦愈久反愈忘。及遇大小試，慮經秋失旨，先期咿唔數過，而舌本間强[2]，神趣枯澀。求其臨場揮灑自如，其可得哉？所以獨以業是經爲難也。余是刻，但因本旨之是，不襲前人之非，使人知老學究庸談非定本也，人人皆得參以己見。當簡閲題比時，固快心自得，不期强記，而題已爛熟於胸中矣。然尚多從舊説不能一一易以己見。毋論義理無窮，非一人一時所能遽爲收盡，且止宜以一二指示規則，留餘地以遺後人，使之觸類引伸，自爲探索。若一一無遺，致他人無下手處，則又余之定本，止堪强記，能不依然頭岑岑痛、白晝欲瞑乎？

二、《春秋》題旨，自《匡解》《梅林臆見》而後，惟《指月》無可訿議，是刻多遵其説。次則潘昭度之《摧》，徐二孺之《談虎》，田叔成之《傳翼》，尚可採用。近日《麐旨》定，其中亦有苦心處，但前後重複，或急欲付梓，未及商扢[3]。張德仲屬，同社推爲麐經主盟，有功經學不小，猶不免疎漏，況其他乎①？

三、傳題作法，不可與比題相似。如“元年葵丘”，文情在“故”字“而”字，單扼此二字，則君相便有低昂；然對作而不失傳意，猶可。如“元年春王正月”，文情在所謂“祖二帝”云云及“乃立法創制”云云數句，若兩扇對作，便全是比題，竟抹煞此一段傳語矣。

四、兩傳有必須相通者，有不必相通者。如《祭伯傳》正本，指王朝對列國言，直到《友如陳傳》發明，與《祭伯傳》以有二心爲朋黨之原意無干。《牟婁傳》正本，指不以亂易亂，宜請於天王以正疆里言，即在本傳發明，與《汶陽傳》考土地之所自出意無干，皆止宜炤本傳發揮，不必牽扯他傳。如《會伐宋傳》，意不在會伐宋，而在會伐鄭。《紀朝傳》，意不在紀朝，而在糾聘滕朝、穀鄧朝、邾牟葛朝。《厥憖傳》，意不在厥憖，而在盟扈、澶淵。《臯鼬傳》，意不在臯鼬，而在召陵侵郎。單比亦宜炤料，客比乃不失傳旨。

五、傳語有專求之本傳則舛、參看他傳乃明者。如《湖曲傳》“輕重權衡”句，求之本傳便以“輕”“重”字，謂晋罪輕，秦罪重；惟參看《師還》等傳，乃知《春秋》例以主及客，至此變以主及客之例，蓋“輕重權衡”謂不拘拘執定一法，如權衡稱物，與物相爲輕重也。有兼看他傳則舛、專求之本傳乃明者。如《初税畝》“本”字，參看《饑螽傳》“煩於朝會”云云，便謂務農重穀爲本；細玩本傳，乃知凡欲克守成法而不變，必求先王當日行法之本，而徹法之行，則上下相親，其本也。

六、傳題有可此可彼者。如邾、鄭伐宋，會救鄭，本伐邸□□，可作吴救陳；傳題伐邾伐宋，舊屬盟宿，今載入，許亦可作總傳内題之類。又傳題有可作比題者，如税畝、丘甲，本《圍棘傳》題，亦可作田制、

---

① 《匡解》全名《春秋匡解》，與《梅林臆見》皆明鄒德溥著。《指月》全名《麟經指月》，與《春秋衡庫》俱明馮夢龍著。《搉》全名《春秋搉》（《千頃堂書目》爲“確”），明潘昭度（名曾紘）著。徐二孺《談虎》未詳。田叔成《傳翼》未詳。《麐旨》未詳。張德仲，名我城。清惠棟《九曜齋筆記》：“張我城，字德仲，副憲文奇次子。習《春秋》，凡《春秋》疏義，皆其所較刻。”

兵制比題之類。比題有可作傳題者，如觀魚、郜鼎，亦可作《庶其奔》傳題；突救、宋楚平，亦可作《弑卓傳》題之類。任主一説，皆不爲失旨。今皆註明本題之□，然有不及盡載者，閲文者宜因註明者以例其餘，毋輕以失旨斥人也①。

七、題多易比者，須兩比相類，方可配搭。如《弑卓傳》，明義比與立節比同出，而功倖成比與死倖免比同出，乃爲正理。若彼此互搭，便令作者費力扭合，行文定不滿志，且於傳旨終難脗合。至於主司出題，專擇隐晦、怪誕、易比，立意難人，反失真才。使榜上無知名門生，坊間無必傳墨卷，亦不善自爲計矣。又客經、主司入場，宜向通經者謀一善本，勿致多比誤減，少比誤增。如萬曆丙子，江西出葵丘、敗鹹，則四比減爲兩比；天啓丁卯，湖廣出城邢、于師、□□，則二比增爲三比；又萬曆辛卯，應天出首止、葵丘、會號、平丘，則以賢用人，以世用人，減去世一邊矣。令場中猜度不出，皆主司所宜痛戒。

八、傳語屬胡氏發明書法，因以搭題者，則破題便當用聖人《春秋》字。若胡氏引他比比炤，便與聖人及《春秋》不相干涉。如語盟、高子、屈完三比題，舊破云比事以辯前定之盟，而尤惡夫寵之者焉。是徑作孔子以高、屈比炤鄭語，非胡氏以高、屈比炤鄭語矣。又傳語有“斷罪”者，有借以垂戒者，破題中，譏、貶、罪、惡等字不得混用。如圍長、取長、下陽、執虞四比題，止上邊是斷罪語，而下邊則垂戒語，舊破云“皆詳其始終以見罪焉”，便皆認作斷罪語矣。有傳語寬説，與本比似難粘連，然必須炤管本比。如《宣榭火傳》爵有德、禄有功題，要着意在解明“宣榭”二字；《獻戎捷傳》諸侯有四夷之功三比題，要在獻者下奉

① 傳題、比題，其義難以明了透徹。馮夢龍《〈麟經指月〉發凡》有專條解説，悉録於兹：“單題、傳題之外，有比題、合題，從來尚矣。舊説謂非傳而兩扇者爲比，原係傳而從對者爲合。若然，則邇來倒傳者多，從合者少，合題之名不虚設乎？……愚謂比者，彼此相形而成題：或以文比，或以意比；或以相偶而比，或以相反而比；或以書法比，或以傳語比。……合者，兩邊合來。如忠孝、兵刑、爵禄、君后、禮樂、征伐、土地、甲兵、夷夏、君臣、井田、封建之類，皆先立意而後配題，此合之異於比也。”

上之辭上運意，含着書獻以抑齊侯爲得。舊本破題總不炤管；破題知此，行文可知。此等處，作者皆當細心，毋踵故習。

九、單比有經無傳者，自合借用他傳。一以胡氏爲主，《匡解》《指月》皆然；惟《衡庫》間録小註，其凡例云："與其苛擬傳題，不若明出經文。"第恐影響之傳題不能盡芟，而無傳之經文濫及小註，法無畫一，各本參差，使换房主司、客經督學詆爲失旨，遺禍無窮。不若盡芟小註，一遵胡氏之爲愈也。

十、諸本題比，有誤搭不爲改正者。如《葬蔡桓傳》，忠孝題，舊搭屈建伐吴，《春秋》總無此比。凡季孫、仲孫、叔孫比，舊俱搭戰鞍，或伐莒。戰鞍乃臧孫許、公孫嬰齊，無仲孫；伐莒乃叔弓，非叔孫。惟哀二、伐邾，則三家俱在，反獨不搭。傳中字，有誤録不爲改正者。如《無冰傳》，本"慎微"，乃與狩郎比，俱作"謹微"。《救邢傳》以雍榆爲"慢"，"救成至遇"爲"怯"，而《次郎傳》搭雍榆比，誤爲"怯"。《城費傳》本止有"履霜堅冰"之戒句，與邢丘比，乃云"漸"字"萌"字借《溴梁傳》"兆"字"微"字對，而本傳并無"漸"字，蓋誤"戒"字爲"漸"字也。夫經文、傳文具在，開卷即睹，亦無簡對改正者，又安望有解釋傳義、研究題旨者乎？

十一、有題比未確而傳語冠冕，場中可出者，《指月》謂當删去，遂不載破題及作法。初學茫無所據，一遇此題，遂至閣筆。今仍載破題作法，止以小字註"宜删"等字。而傳語不甚雅馴者，則概以小字附記於諸題之後。凡傳語冠冕，題比切當，可出者甚多。一切已註"宜删"者，儻更妄出，徒欲以影響怪誕爲奇，此亦足以觀斯人之心術矣。是刻增録破題作法，正防此輩厄人。勿以余之增録破題作法，遂謂可出，乃欲分謗於余也。

十二、諸本作法不同，是刻必單遵一説，餘説雙行小寫，不令並列題下，使人無所適從也。

十三、辯駁舊□，非數語可了，若如諸本與正説一概大字，使閲者一時急於應試，何暇及此？今止將正説大寫，餘俱以小字雙行附録於正説之下，令閒時可以細玩，而忙時不致混入目中。疎漏冗瑣之患，庶幾俱免矣。

十四、單比年號，列之題比之上。傳題、比題年號，俱列每比之下。使初學與客經、主司便於翻閱察考。

十五、題旨既一遵胡氏，則胡氏序題亦當備載，但叙秩褒貶四段、與公好惡五段，題比俱未切，且諸本俱删，故不復録。

十六、如麻城、安福諸邑，習《春秋》者十有八九，子弟通經甚易。或一邑無一人習是經，聞有全記《春秋》經文不及《胡傳》者，有通本全記并音註無遺者。胡、左二傳，宜皆有定本，使後學有所遵從，而耿克勵《愍渡》失之太略，馮猶龍《衡庫》猶覺過繁。余欲梓一圈點全本《胡傳》。其不必讀者止用筆勾斷，若徑删去，恐行數那移。讀者將此本記熟，則他本難於簡閲矣。《左傳》，則稍芟《衡庫》之繁，盡去《胡傳》，而《公》《穀》《史記》《管子》諸書仍附載《左傳》之後。容嗣出，公之海内。

十七、《春秋程墨房稿社文》已經《廣雅》備載，但宜有删本，令貧士易購。俟與德仲商之。

麻城梅之熉惠連父述

【校記】

〔1〕柝，當爲“析”之誤。

〔2〕間强，不可解。或爲“堅强”之誤，僵硬意。

〔3〕商扢，不可解。“扢”字或有誤。

春秋因是參訂姓氏

熊世懿 完常	周世垣 拱一	陳儒樸 漸山	王都命 在新
周延齡 大年	鮑子知 心貴	曹胤昌 石霞	鄒思捷 凱甫
劉　怡 和徵	周　損 遠害	周　禮 在魯	王元晋 進公
董　璋 公朗	魯元公 東伯	王國章 平石	黄欽諭 文忠
周長流 子謙	王元凱 預公	黄文焯 煜蒼	鄒知新 師可
喻　勲 文止	王汝霖 用肅	王尚志 君備	黄年封 亭亭
董　珍 季瑞	項始震 方中	鮑修吉 四合	王自東 右之
楊　會 濟之	毛祈華 公實	弟梅渾然 干木	

卷之一　隱公上

元年　《春秋》明君職，而即詔之於爲君之始焉。"人心"二字，原包朝廷、百官、遠近在内。人君即位之一年，必稱元年。這一年正當他初做人君的年分，書箇"元"字來提醒他，正是頂門一鍼，使他知道人君之用原來在此，故曰"明人君之用"，故曰"深明其用當自貴者始"。若撇卻"即位之一年"五字，只將"仁"字套話纏繞，不但滿紙腐氣，且"元"是"人心"，乃朝廷、百官、遠近公共的，苟非稱在初做人君的年分，就只單單一箇"元"字，便説是明人之用亦可，便説是明朝廷、百官、遠近之用亦可，何以見得是"人君之用"？何以見得"其用當自貴者始"？凡有位即有職，從没得空虚無所事事的位，"職"字、"用"字都從即位"位"字上生來，即了這"位"，便要盡這"位"的職。《春秋》所以於"即位之一年，必稱元年"，以明之也。如此看，方是"即位之一年，必稱元年"九字書法，不然，便只是"稱元"兩字舊注矣。"祖述"意，末輕帶；"調元"意，亦不可遺。

元年　葵丘僖九。　惟人君有體元之職，而相事并重矣。舊破"君、相胥此矣"，將君、相平重，殊與《傳》中語意不合。以"元"字總論，將君、相低昂發之。"故"字、"而"字，要體。一《傳》中，都重君説。"調元"句，原亦爲體"元"而發，不當别求《經》股。書"宰周公"，尤於"調元"無干，不可作題。近或搭夾谷、孔子攝相，尤謬。

元年　歸賵、隱元。突救、莊六。葵丘、僖九。蕭魚。襄十一。　聖人首示人君之用，以君心正而治成也。朝廷、百官、遠近，俱牽强，宜删。

元年　春王正月隱元。　聖經之文，作兼乎述者也。舊破"兼乎述作者也"，便似合作矣。夫子曰"述而不作"，孟子以爲作《春秋》，人遂相沿以爲夫子作《春秋》，不知《春秋》立文，原兼得有"述"在。玩"兼"

字，“述”邊重，“作”邊輕，勿并□。“乃”字宜玩。《摧》云：“作”一邊，舊兼行夏時、尊周朔二意。不知以“正”次王爲尊周朔，是已，以王次春爲行夏時，可乎？況乎“王正月”之書，聖人創之。至以正月爲春，只是祖述夏政，安得爲“作”？《吕氏》曰：堯授舜，正月上日受終于文祖；舜授禹，正月朔旦受命于神宗。《書》載舜、禹受命之始，“正月”之外，未嘗復加一辭也。《春秋》以“王”冠“正月”，其書法與《典》《謨》不類，何與？天下皆知有帝，故虞之正月不冠以帝；天下皆知有王，故夏之正月不冠以王。春秋之時，欲肆理滅，夫子不得已而標“王”之一字，出諸“正月”之上，然後天下知自隱至哀二百四十二年之間，予奪褒貶，無非王道之流行；自歲首至歲窮三百六旬之間，視聽飲食，無非王道之發見。雖欲如《書》之無言，其可得哉？何氏曰：“正”不繇王出，則不得爲政，故先言“王”而後言“正月”。王者不承天以制號令，則無法，故先言“春”而後言“王”。　據《傳》中兩言“王”字，似吕説爲扼要。總玩“正次王、王次春”六字，則吕説單主“尊周朔”，又遺卻“王次春”三字矣。從何説稍妥？然總不如只炤《傳》在《春秋》立文上發“兼”字意，若説破所以述、所以作，則“作”邊任主一説，均屬蛇足。

元年　元年桓□。　述古以紀年，明大用、垂大法也。隱稱“元年”，編年之法已具，但比明人君之用，爲第二義，故待桓而發。作文以大用、大法分，勿以隱、桓分。兩《傳》俱有“祖述”字，一欲與元化同其大，□[1]欲與元運同其久。

元年　秋七月隱六。　聖人以乾道歸君，兩著于年月之紀焉。兩《傳》俱有《易》詞，上與天地合德，就正心言；下與四時合序，就“行此四德”言。舊分心、政，甚謬。

元年　子同生桓六。　經於君位、君儲之始，而用與法俱昭矣。明正心之用，明與子之法。上參天地之用，下兼帝王之道；上正人心，下定民志；上重“仁”字，下重“禮”字。“即位之一年，必稱元年”；“嫡冢始生，即書于策”。

元年　家父聘桓八。　正一心，擇一相，而君職盡矣。上云“體元者，人君之職”；下云“人主之職，在論相而已矣”。上天地合德，《舜典》《商訓》；下君相一心，《帝歌》《陶賡》。下易糾聘桓四。同。

元年　公即位文元。　體元之用，改元之禮。下用大舜“月旦之格”、大禹“朔旦之受”。

元年　無冰成元。　《春秋》紀元、紀變，明君職，備王事也。上“體天地之用”，《周易》。下“觀陰陽之變”。《洪範》。

元年　滕子朝桓二。　述帝王之文以明大用，垂帝王之法以正大倫。

元年　戰韓獲僖十五。　明大用、大分，皆非有所作也。二《傳》俱有“祖述”語，上比用《總傳》[2]“堯所以命舜，舜亦以命禹”云云，對下“堯以天下命舜，舜亦以命禹”云云。

元年　春王正月、隱元。同生、桓六。札聘襄二十九。　兼述、作以立文，兼禪、繼以立法。比《同生傳》。“兼”字是此題主腦，須痛發。“作”邊明說“無所述於人”，何得言兼帝王？《講本》破題，首句俱云“《春秋》兼帝王之道”，殊覺可笑。且《梅林臆見》久爲□明，猶復訛傳至今，何也？

元年　春王正月、隱元。盟幽、莊十六。取鄟成六。　《春秋》立文垂法，兼述、作而參文、質焉。　比《午卒襄四。傳》。又比南季、突救，或胥命、北杏，俱欠妥。又比踐土、河陽，名寔；柏舉、入郢，□□。

隱元。春王正月　聖經正時尊王，而深黜夫擅立者焉。上二段亦《春秋》始例，須多發。或主“三平”，破云：“聖經筆削之始，垂大法、明大統、正大倫焉。”玩《傳》，還主兩頭一腳爲是。周雖建子，而時月皆不改乎夏，仍謂之冬十一月，聖人志在行夏時，故改作“春正”，其紀月一依周月次序，則就尊周朔中即寓行夏時之意矣。“大一統”意，在書“王”上，不在書“正月”上，須就正朔推開説。蓋一統之世，惇庸命討，制度文章，惟王所統，凡奉正朔者不得僭亂，非單指奉朔言也。“造端”意要透，蓋惟宜立者輕君父之命，爲不足有無，而後不宜立者可以内無所承，上不禀命，而恣其所欲矣。故曰“與争亂造端”云云。

春王正月　春正月己卯烝桓八。　《春秋》正時之意，即於尊王朔中寓焉。以夏時冠月，以周正紀事，俱在本比内説完。後將“烝以仲冬”，宜書冬十一月，而書“春正月”，作一驗。此題從“或曰”一段發源。“示無其位”句正應上“無其位”句。“其旨微矣”四字亦不可忽過。

春王正月　盟蔑隱元。行夏時以垂法，從周文以尊君。俱自聖人意上發。統頒三正，周建子而書春；爵列五等，魯侯爵而稱公。

春王正月　秋七月隱六。　酌古今之宜以立法，合天人之理以示義。上正時，下法天。夏時周月，天時王月。

春王正月　瓦屋隱八。　聖經之作，有所以法後世而公天下者焉。改周朔，變周制；殷輅之乘，《韶》《武》之用；“胥命”之善，“蕭魚”之美。下易石門，隱三。殷建丑，周建子；殷作《誓》，周作“會”。又易胥命，桓三。“行夏之時”，聖人語顏回。“以信易食”，聖人答子貢。

春王正月　滕子朝桓三。　《春秋》垂世之典，明天道、正王法也。上以“夏時冠周月”，“無位而改正朔”，“不曰‘《春秋》，天子之事’乎?”；下“假魯史，用五刑”，匹夫而黜諸侯，“不曰‘《春秋》，天子之事’乎”!

春王正月　閏不告文六。　《春秋》紀時月，建正置閏之義明矣。周正、商正，孔子告顏淵；《唐典》《周制》，孔子告子貢。

春王正月　歸賵隱元。　《春秋》立文立名，皆示尊王之義也。須發得“加王於正”的“王”字、“係王於天”的“天”字，明白上自撫世爲君言，下自繼天爲子言，上用《元年傳》“創制”立文，對下“創制立名”。

春王正月　荆敗蔡莊十。　《春秋》大一統，於王朔、王號致意焉。下用《嬰齊伐鄭成六。傳》“大一統以存周”句。此題宜仍載《嬰齊伐鄭傳》，以傳題合作爲妥。

春王正月　克段隱元。　擅立薄恩者，皆首治以示戒焉。上“首黜”云云，下“首誅”云云。

隱元。盟蔑　内君貴盟，公天下者之所惡也。“稱公”“稱字”，提過，重“惡盟”作。“私”字對“公天下”“公”字。“有弗獲已”，即《總傳》“小國之於大國，不得已而要盟”意。

盟蔑　南季、隱九。祭仲、桓十一。蔡季、桓十七。突救、莊六。鍼奔昭元。　字人有常例，復有變，而不失其中者焉。總發“中”“正”二字。“變”即在“常”[3]中看出。儀父稱字，是例之常。宜側重“常”邊，方主客不紊。

家父、桓八。祭仲、桓十一。紀季、莊三。蕭叔莊二十三。　循例以字人，皆道之正也。周制本是如此，非聖人自立例也。中點四股，前後總發。下二比易盟折、桓十一。盟趡，桓十七。同。

凡伯、隱七。祭仲、桓十一。紀季莊三。　字人之例，備尊尊、貴貴、親親之義焉。此題單去“中國附庸”比，作文將三段，隱炤本比爲尠。只南季、蔡季，以尊尊、親親分。只南季、蕭叔，以尊正、貴華分。三段題，隱炤本比，便有趣；單摘出二比，便無味矣。

南季、隱九。女叔莊二十五。　兩字大夫，皆尊王之常道也。上與列國大夫異，下與諸侯私命異，俱重尊王。上發“道之正”。上凡伯、隱七。家父，恒八。下祭仲、桓十一。單伯，莊元。俱同。

突救、莊六。鍼奔昭元。　兩變例以待人，不越乎道之中也。緣“常道”起，轉到“變”上。後又見“變者，亦道之中”發意，不可像合。“鍼”比，用《紀季傳》，以“公子不當去國”言。下易宋辰，定十。同。辰以“挾卿去國”爲貶。或加南季、蔡季，作王臣、貴戚之例引起。

盟蔑　葵丘僖九。　望國要盟之私異乎公，《春秋》所以惡之也。“講信脩睦”，以“大公天下”言，即敬信之風也。只借比發意。加盟邾，僖十九。主“盟有弗獲已”句。葵丘比，或搭胥命。雖不盟，然於“天下爲公”未貼。

盟蔑　歸賵隱元。　君號、王號之隆，而“從”與“創”咸宜矣。

盟蔑　瓦屋隱八。　《春秋》紀盟，示尊君復古之旨焉。從周文，變周制；尊親，敬信。

盟蔑　盟幽莊十六。　《經》於君號、君名，而文、質備矣。從周之文，從帝之質。比《午卒襄四。傳》。

南季、隱九。女叔、莊二十五。宰周公聘、僖三十。華元聘成四。　《經》之稱字、稱“公”，一尊王之心也。比《州公如曹桓五。傳》。或謂四“稱字”，見《春秋》稱呼不□，皆因其人而字之、“公”之也，不必主尊王。亦是一見，然不若主尊王冠冕。

南季、隱九。胥命、桓三。突救、莊六。北杏莊十三。　《春秋》之字人、先人，皆有常有變焉。比《邾鄭伐宋隱五。傳》。

盟蔑　會鄧桓二。　《經》譏信好，皆爲世道計也。公世，經世。上“欲”字，下“懼”字，是眼。

盟蔑　朔入莊六。　大義公天下，故私盟、争國者均貶焉。俱有“大義公天下”句。上“講信修睦”，下“選賢與能”。

盟蔑　戰郎桓十。　《經》譏兵好，以其皆非不得已也。“講信修睦”，“誅暴禁亂”。上重“私”字，下亦有“私忿”字。

盟蔑　暨齊平昭七。　望國之盟與平，得已不得已，皆譏焉。上，魯非“弗獲已，而汲汲欲焉”；下，魯不得已，是以無汲汲之意。

隱元。克段　强國志於剪弟，盡詞以誅之焉。“志”字固重，“養”字亦重。緊要只在“故授之大邑”上。“故”字與“誤”字對看，書法重“專目鄭伯”，餘依傳逓倒。

克段　夾谷定十。　誅强國剪弟之志，律以王政也。重本比，將下比斷之，須發揮“養”字。

荀吴伐鮮虞昭十五。　夾谷定十。　□覲以善養人者，而薄倫者不容誅矣。

克段　中丘隱七。　咸丘桓七。　《春秋》紀事，而親親、仁民、愛物之意具矣。

克段　如紀桓五。　剪弟謀小者，《經》皆誅其意焉。皆有欲取固與意，俱有“志”字及“誅意”字。王者以善養人，王者興滅繼絶。

克段　河陽僖二十八。　强國薄恩，誅其意；伯主昧義，原其情。

克段　弗克納文十四。　悉力以賊恩，與不悉力以徙義，予奪懸矣。兄弟，二百乘，《書》曰“不念鞠子哀”。長幼，八百乘，《易》曰“乘其牖”。

克段　立晋隱四。　《春秋》中之純孝純忠，可以風矣。愛其母，施及莊公。孝子錫類，惡州吁而厚與焉。大義滅親。

葵丘、僖九。夾谷定十。　睦鄰待人之道，惟在義與善而已。上重“蓄”字，下重“養”字。上義利，含公私意；下善惡，含親疎意。比

《輸平隱六。傳》。

咺賵　《經》以天道望人君，尤重相君者之責焉。稱“天”，不但尊之，望其合天也，提過。從天王拂經，倒歸責相。以“紀法之守”，而所與聞之謀，所專掌之事，一毫無忝，乃所謂宰也，今乃承命以賵云云，則宰不以宰自處，不得爲宰矣。故曰“特貶而書名，以見宰之非宰矣”。既非宰，《春秋》自不以宰之常例待之矣。加宰周公聘，僖三十。形講倒單。若出歸賵、會葵丘，係踐土内，□與祭□。

祭公逆、桓八。祭叔聘、莊二十三。盟洮、僖八。劉夏逆襄十五。　異詞以紀王臣，而序爵之意明矣。依爵次常例，講名分所繇立。敲打本比宰以非宰書名爲妙。加咺賵，隱元。以四比作例辯起，倒單。

歸賵　歸含賵文五。　《經》重嫡妾之分，故以瀆禮責君相焉。以“嫡妾”總起，要見君相同責、前後互貶意。

歸賵　逆王后桓八。　崇君后之稱，明有尊也。君道、母儀。下用《季姜歸桓九。傳》。

歸賵　歸三田定十。　隆君號，序己績，皆以天自處也。

歸賵　突救莊六。　王臣瀆禮、伸義，皆不以常例拘也。

隱元。盟宿　得聖人惡盟之意，則知書盟之旨矣。呼箇“盟以結信”，□箇“信安在乎”。通傳只發明“凡書盟者，惡之”一句，蓋結信即不信之□，即宜惡矣。見得下一“盟”字，便作不好的看了。總只辯論“盟”之一字；若一黏“叛盟失信”，見盟之可惡，則長安在東，向西指矣。“非先王所欲”一段，亦須體傳，模寫出悲惋之情。“果掌於司盟”云云，總是“凡書盟者，惡之”的“凡”字内波瀾，正以見一籠統都是惡的，亦不可不入講中挑剔“凡”字。

蔑、隱元。宿　伐邾、隱七。伐宋隱十。　姑兩舉盟之不足恃者觀之，而知《春秋》惡盟之故矣。“二伐”，只指出以證明盟之不足結信耳，可惡全在盟上，蓋此毒即伏於盟時矣。若指此爲叛，便非。他原未嘗信，何得言“叛”？加踐土，僖二十八。只以“《周官》有司盟”問起。

蔑、隱元。宿　望人自信，故兩惡夫要盟者焉。渾作如單。此題若如單比，則“蔑”比爲贅；若寬講，又是“凡盟皆惡”四比題矣。必須擒定“今魯既及儀父、宋人盟矣”句，以歇後體含蓄發之爲得。

蔑、隱元。宿　石門隱二、瓦屋隱八　《春秋》之惡盟，以盟即可惡也。“凡書盟者，惡之”，通一經説。四比略點，總講宜寬。

盟宿　踐土僖二十八。　觀公者猶不善，則惡盟不獨以其私矣。依傳倒作。下“子虎要言”或搭黑壤，宣七。王叔、桓公臨之，以謀不睦。或以亳北代盟宿，又以亳北載書曰“司盟、司慎”代踐土，俱謬。

盟宿　會防隱九。　志古、崇王，故盟會皆不與焉。非古道，非王事。“司盟”“行人”點起，“私盟”“不義”畧帶。一謂之盟即可惡，不獨宿也，可毋問其私不私、叛不叛矣；一謂之會即可譏，不獨防也，可毋問其假不假、義不義矣。如此講，方發得“凡”字出。

盟宿　會防、隱九。盟貫、僖二。蕭魚襄十一。　《春秋》之於盟、會，一於惡與譏而已。雖制外不幸，而猶然盟也，盟則皆惡矣；雖服内不幸，而猶然會也，會則皆譏矣。舊破用“大公”“大禁”字。《宿傳》雖有志大公意，却未説出，添出“大公”字，未是。

盟宿　遇清隱四。　《春秋》重信與禮，故槩惡夫結信託禮者焉。託言“《周官》有司盟”，而曰“盟以結信”，盟固不信之尤者也，故“凡書盟者，惡之”；託言“古有遇禮”，而曰“不期而遇”，遇固無禮之尤者也，故凡書遇者，惡之。

盟宿　救邢閔元。　惡盟善救，公天下、仁天下之心也。下“凡書救者，未有不善之”也。

盟宿　城中城成九。　槩惡夫結信固國者，以所恃當不在此也。凡城之志皆譏。盟非《春秋》所善，而况私相要誓；城非《春秋》所貴，而况中城。

盟宿　鄭人伐衛隱二。　志大公，重大權，故尤惡夫私盟、修怨者焉。下“雖有言”云云，對上“其載果掌於”云云。

遂伐楚、僖四。踐土僖二十八。　兵信之公者猶無善焉，其甚者可知矣。即上題脱母。起繳處，各要叫出本比，正講先揚後抑，方發得徹。

盟宿　城郎隱九。　結信非公，興役非時，其爲《春秋》所不與，無疑矣。下“役不違時”云云。以“龍見”四句，對“詛祝”四句。出踐土、僖二十八。城成周，昭三十二。係脱母。

盟宿　朔入莊六。　志公天下，故於私盟、争國者尤貶焉。“雖以正取國”云云。

立晋、隱四。踐土僖二十八。　不與正，取司盟，皆志“公天下”也。上題脱母。要含兩本比“况”字意。

胥命、桓三；公。踐土、僖二十八；司盟。札聘、襄二十九；公。去疾入昭元，正取。　大義公天下，故於司盟、正取猶無取焉。此歇後題也，須含兩本比發。

盟宿　長勺莊十。　聖人思盛德之世，而盟與戰皆譏焉。“至於善陣”云云。

踐土、僖二十八。盟戲襄二十九。　以古道、王師論，即司盟、善陣已不足貴矣。上發“果”字、“猶”字，含下“又况”意；下發“至”字、“已”字，含下“而况”意。

踐土　清丘、宣十二；代盟宿。盟戲、襄二十九。大鹵昭元；代長勺。　聖人志古道、王道，故甚惡夫私盟、詐戰者焉。

隱元。祭伯來　《春秋》一人臣之心，而斥夫朝□者焉。全重“杜朋黨之原”上。“二心”字，正朋黨種子。“正本”意不□。□□□□對列國言。□《友如陳傳》中重，此處輕。

祭伯來　會潛隱二。　謹大分、大防，而惡下交、外交者焉。黨禍、夷禍，各有三段後患。

祭伯來　盟唐隱二。　内臣交外正其本，内君交外謹其辯。下亦有三段後患。

祭伯來　白狄來襄十八。　《春秋》兩禁其“來”，慮黨禍、夷禍也。皆“不與其朝”。“杜朋黨”，正本，“懲淫慝”，存防。

祭伯來　王所僖二十八。　《經》於來朝、就朝者，皆示正本之意焉。

隱元。《益師卒傳》

友如陳、莊二十五。玆如牟僖五。　不與貴戚之卿，重王命也。以“古者”，“皆命於天子”論起，即點明“貴戚之卿”句。例“不書官”，混作。上加餘丘，莊二。下加敖救徐，僖十五。同。凡公子、公孫股皆可搭。《無駭卒傳》亦有此題，然彼傳“公選”重在世官上論。其“諸侯之子爲大夫”四句，只引起“未賜族”、“已賜族”云云，非着重語。還主此傳。

友如陳、莊二十五。單伯至文十五。　削其命於私，以其與命於公者異也。借單伯，原“古者皆命於天子”，倒下“私命”發揮。鄒曰：“‘諸侯、大夫皆命於天子’句，即所以申明程頤意。”原非兩項，況又以友易益師比。於義甚舛，宜删。

觀魚、隱五。舍至昭二十四。　《經》著忠節者之終，明恩數之厚，以昭薄也。彄卒書“辛巳”，舍卒書“戊辰”。

入極[4]單伯至文十五。　兩稽官制於古，而“私”與“世”皆非矣。此《無駭隱八。傳》“古者，置卿不以世官”。

隱二。會潛　夷夏必分而後安，聖人權之於王道焉。外戎，雖通例，然即此見其不當舍。“書‘會戎’”書法，亦在“戎”字上看。

會潛　長岸昭十七。　概夷狄於小人，宜外明矣。將“君子”“小人”“不□不名”“安其所”，説得痛切，形發中國當“内”，戎狄當“外”，纔於“猶”字有情。出盟蔑、隱元。會潛、僑如奔、盟扈，俱成十七[5]。同，破云：“内夏外夷之首，一傾否之旨也。”

盟扈、成十六。長岸昭十七。　擬《否》《泰》之事，亦徵於其所而已。要根中國、夷狄來，發“猶”字意方妙。上，内行父、外僑如；下，内無極、外屈巫。

元年、隱。會潛　《經》譏交夷，正所以全其覆載之體也。重王道之用。上句不過形起，須從“體”中發出用意。出滅甲、宣十六。黄池，哀十三。同。會潛比，或易夾谷，“却萊夷”，與“行王道”無當。或加春王正月、盟蔑，尤謬。蓋稱“王”“大一統”，自奉天子正朔言，非包夷夏也。

盟蔑、隱元，稱字。會潛舉號。　論王道之用，惟内外各安其所而已。總起總收，中略分。要發“王道之用”。下易會柤，襄十。同。

盟暴、文八，居塞。會宋、宣十五，致奉。會申昭四，位上。　内外之防，無可容其紊者也。只借以發明三説，勿以三項作會戎流弊。末比易盟蜀、成二。黄池，哀十三。俱同。須知朝請夏，乃呼韓朝漢而崇其禮也；會申，則以夏朝夷，只用“位上失序”，則可。傳中□引漢、晋故事，且題□不切，宜删。

會潛　盟唐隱二。《經》於望國之交戎，譏其會、謹其盟也。各有三段引語，“盟”比“會”更深。故上止言馭夷，下則戒結夷矣。

會潛　狩郎桓四。　譏外交以明王道，譏遠狩以全王德。“各安其所”，“每謹於微”。

盟蔑、隱元。會潛　首止、僖五。葵丘僖九。　内夏外夷，尊君抑臣。

會潛　滅邢僖二十五　譏交夷，貶覆親，所以明王道、立人道也。“天子，與天地參”，“聖人與天地合德”。

盟蔑、隱元。會潛　滅譚、莊十。滅邢僖二十五。　上“體”“用”，重“用”字；下“仁”“義”，重“義”字。“容”裏有箇内外，所以“與天地參”，不然，則鄉愿矣；“愛”裏有箇親疎，所以“與天地合德”，不然，則墨子矣。

盟蔑、隱元。會潛　次陘于師、僖四。夾谷歸田定十。　内外有别，人己無間。上，“《春秋》，天子之事”云云，王道之用；下，“《春秋》，夫子之筆削”云云，以天自處。

會潛　浮來隱八。　夷夏，君臣；内中國，外四夷。王道之用，稱物平施，君子之謙。

會潛　黄池哀十三。　馭戎禦夷有道，全中國之尊而已。重聖人意思作，上，内中國，外四夷；下，治中國，禦四夷。各有引語三段。“《春秋》傾否之書”，“《春秋》撥亂反正之書”。體、用，天、人。

隱二。入向　入極　直紀内外虐小，而上下之失胥見矣。只發明“逆而不順”，而爲逆、縱逆之“不君”“不臣”自明。兩“義”字、兩“事”字、三“見”字，要理會。只入向，須緊就案上作斷。“莒稱‘人’，小國也”，亦須一點。只入極，不氏、稱帥，略點起。

隱二。盟唐　謹華夷之辯，即謹以不辯之日焉。重一“辯”字。書“日”，是謹其辯。“雖悔於終，亦將奚及”二句，正對“謹之也”一句。加蔑、宿、俱隱元。盟密、隱二。石門，隱三。只炤“他盟不日”書法。

盟唐　戎伐、隱七。鄭伐成三。　謹華夷之辯，故特嚴交夷之信焉。加蔑、宿、俱隱元。密、隱二。石門，隱三。以“四盟”弔起書法，即以“二伐”發“謹嚴”意。

狄伐邢、莊三十二。鄭伐許成三。　猾夏效夷，有不移時而輒謹者也。加戎伐凡伯、隱七。秦伐晋，文十。同。又出戎伐凡伯、隱七。晋伐鮮虞，昭十二。同。猾夏比，舊出莊十荆敗蔡。楚非純夷，不可搭。

蔑、宿、俱隱元。密、隱二。石門隱三。　盟有不必謹者，以防之未隳也。“前此”“後此”，正吸“獨”字，文中要領會。

盟唐　會盂、僖二十一。乞師、僖二十六。會虢昭元。　謹交夷之信，以弊不可長也。

會盂、僖二十一；信戎。乞師、僖二十六，約戎。會虢昭元；結戎。　歷觀交夷之禍，而知防之當謹矣。三段作，前後挽“盟唐當謹”意。傳明有“後世”事實，且題比亦不切。二題俱宜删。

盟唐　瓦屋隱八。　交夷、參盟，《經》皆致其謹焉。中國雜於夷，世道戾乎古。上“謹辨”，“後世乃有”云云；下“謹始”，“其末至於”云云。韓愈、《穀梁》。

盟唐、晋伐鮮虞昭十二。　貶交夷、效夷者，皆謹嚴之旨也。各有“謹嚴”字。上以“久居”“東郊”起，“後世乃有”云云；下以楚滅陳、蔡起，“末世至於”云云。

盟唐　盟唐至桓二。　獨“日”，非同類也；獨“至”，非同惡也。夷夏，君臣；韓愈氏云，《語》云；“謹之也”，“危之也”。加蔑、宿、俱隱元，越、桓元。稷，桓二。只炤書法。有脱出宿、隱元、石門、隱三。垂、桓元。稷桓二。者。

盟唐　會首止僖五。　特詞以謹大防，殊詞以嚴大分。此“日”不是尋常自盟之日，此“人”不是尋常等輩之人。加宿、隱元。石門、隱三。

于洮、僖八。葵丘，僖九。同。

盟唐　滅項僖十七。　獨不言“取”，亦主夷夏、君臣。加蔑、宿、俱隱元。密、隱二。石門、隱二。鄟、成六。邿、襄十三。鄫，昭元。同。

盟唐　如齊蔑如宣九。　聖筆有特嚴，於防與分致謹焉。書日書月，華夷之辯，君臣名分之際。加蔑、宿、密、石門、春如齊至，宣十。同。

盟唐　歸三田定十。　獨書日，謹類之異；獨言來，表心之誠。加蔑、宿、密、石門、歸濟西、宣十。歸讙闡，襄八。同。有搭杞朝“獨不貶”者，以“謹辯”“原情”比。無大味。

隱二。履緰逆、伯姬歸　《經》譏小國之變常，重人倫之本也。“夫婦，人倫之本”句極重。歸紀只作事實。去歸紀，同。

隱二。伯姬歸　莊二十五《歸杞傳》“猶書‘歸’”，以别於大夫之自逆也。據“猶書‘歸’”炤出“不親迎”。同“緰逆”作。舊單主《歸杞傳》，破云：“志内女之歸，以辯分也。”今炤出本傳意發爲是。

歸賵、隱元。履緰逆　正嫡妾之分，嚴大婚之禮，皆重人倫之本。“有夫婦”至末一段，字字不閒。

履緰逆　石門隱三。　上，常可變乎？下，變可常乎？文王則世子而親迎，韓侯則諸侯而親迎。“有虞氏未施信而民信，夏后氏未施敬而民敬”。

隱二。盟密　闕文自不容解，即以不解解之可也。此傳全爲説《經》者發，只順傳成文。

春王正月、隱元。盟密　槩觀聖人之闕文，學者當自得之矣。以“凡闕文”句總起，依“有”字口氣點入，二比，總作，串重本比。加春正月、桓三。夏五，桓十四。同。

春王正月、隱元。春正月、桓三。歸含賵、文五。公在楚襄二十九。　文有雖闕而實非闕者，皆其大義所在也。末比易遏伐門巢、襄二十五。檇李，定十四。俱同。或摘出春王正月、隱元。公在楚，襄二十九。以正倫一國、正倫天下分。摘出二比，不成題，宜删。

盟密　有年桓三。　存舊史之闕文，立興王之新法。

隱二。鄭人伐衛　實誌脩怨之兵，以法維權也。重"無王命"上，"脩怨"帶。"衛服則可免"，正見罪之獨在鄭也。免，是免衛罪。參看《河曲[6]傳》："前年秦師來伐晋，不言戰者，晋已服矣，故狄秦而免晋。""免晋""免"字，正與"則可免""免"字一般。加克段，隱元。只作"脩怨"事實。加"侵""戰"等比，隨事□去，後斷罪之輕重，大意在"擅興"上發揮。或只出莊二十侵宋、襄二十三襲莒。侵則出於伐，但不示其師期，掩藏其衆，使之不備。襲則外無伐之迹，内藏伐之心。摘出二比，不成題，删。

升陘、僖二十二。取鄟成六。　權不可竊，即特諱之詞而愈見矣。重書法上總發意。要玩"特婉其詞""特"字，亦須斷到"擅興"上。"特"字内，是萬不得已之臣禮，正是必不可逆之王法。作文須會此"特"字，從"皆誌其事實以明輕重""皆"字生來。或加戰紀敗、滅譚，以敗直書"敗"，滅直書"滅"，爲誌其事實。二邊引起，不知傳中"詭道而勝之曰敗"，乃□人例也。戰紀之敗，雖與升陘同，然傳中無此詞矣，與詭道而勝無干，□作例引起。又或出取長葛、戰長岸，以長葛鄭邑，自合不書"滅"而書"取"，□□吴楚勝負□，自合不書"敗"而書"戰"，爲誌其事實引起。不知"兩兵相接曰'戰'"，則長岸比無議矣。"悉虜而俘之曰'取'"，乃取郜、取雍丘等比，而長葛以邑書"取"，傳寧有比□耶？其不妥，一也，俱宜删。

伐衛　遂伐楚僖四。　專兵之罪，即不與執言者益信也。重本比，以"伐"比在中例斷。要發"雖"字、"亦""況"字意。

克段、隱元。伐衛　敗殽、僖二十三[7]。秦人伐晋文三。　鄭莊遷怒，戾于王法。秦穆貳過，□于王德。仁人之于兄弟，不藏怒焉。君子之過，如日月之食焉。出伐衛、秦人伐晋，同。

伐衛　取牟婁隱四。　《經》譏擅兵奪地，律以臣道也。"雖取本邑"云云。甲兵、土地。

遂伐楚[8]　城濮、僖二十八。濟西、僖三十一。汶陽成二。　執詞復地者亦不可寬，可以定貪忿者之罪矣。上"是亦"字、"況"字，下"是無以異"，須有斟酌。

伐衛　朔入、莊六。小白入、莊九。遂伐楚僖四。　"雖以正取國"云云。

伐衛　長勺莊十。　兵有出於忿與詐者，於王法、王事益悖矣。"至於善陣，德已衰矣”云云。出遂伐楚、僖九[9]；我言。盟戲，襄九；善陣。係脱母。

伐衛、王命。遂及盟莊十九，君命。　專兵專盟者，皆《春秋》所禁也，“下若違命行私，雖有”云云。加遂伐楚、僖四，有言。宋楚平，宣十五，有功。同。

伐衛　及狄盟僖三十二。　《經》惡兵信，而脩怨、交夷者益甚矣。征伐，天子之權；盟會，中國之禮。

伐衛　秦狄伐晋成九。　兵至脩怨資夷，而權與義更重矣。“中國自相侵伐”云云。

伐衛　庶其奔襄二十一。　擅兵，奬叛。下主“况鄰國乎”句。出遂伐楚、僖四。荀吴伐鮮虞，昭十五。係脱母。下“據城以求援，君子猶以爲不可受”。

伐衛　伐衛及戰莊二十八。　戰之書、不書也，各因其實而已。以書“伐”、不書“戰”比出。鄭無命、齊奉命，略起。重衛之戰，不戰上。

伐衛　遂伐楚、召陵俱僖四。　總是賤戰一意。一受伐而不戰，免其罪；一伐人而不戰，序其績。

隱三。日食　常度之變必紀，儆君心也。“治曆明時”引起，重“畏天”作。既有常度，猶欲“克謹天戒”，欲人君有以勝其氣之衰耳。程子曰：如人血氣盛，雖遇寒暑邪穢，不能爲害。兩邊意遞承下來，見人君於此不可不察，又不可徒察之也。故總結之“以戒人君不可忽天象也”句。或出翬帥師、會濼、戰窐、滅陳，主“妾婦”四句。題不雅，删之。

三不雨、僖三[10]。六月雨僖三。隕石鷁退、僖十六。于盂執伐僖二十一。主“克謹天戒”云云，“必矣”搭。

日食　石門隱三。　常度、常事，天戒、王法。

隱三。《尹氏卒傳》

季子歸、閔元。會宋襄二十七。　賢與功各有所宜，無非爲官慎也。先發禄所以可世、官所以不可世意透，後入二比實之，只借題發意，不可予晋、魯。“可”字力輕，“當”字力重，須有低昂。或出城費、盈奔，一失尊賢，一失報功。反傳，删之。□又出至笙奔、士鞅聘，或踐土、戰窜，主“大奸根據”二句。不雅，删之。

尊賢易比：

白入、莊九。滅譚、莊十。三國伐宋莊十四，俱管仲。

敗箕僖三十三，郤缺。

俞聘文四。

報功易比：

盟宋、襄二十七。會虢昭元。此二比與會宋，俱主立武，反曰可切□以報功。或易先軫子先且居搭“晋侯伐衛”，易欒枝子欒書搭“書救”，易韓厥子韓起搭“起聘”。俱係世官，與“禄”何當？

武氏子、隱三。仍叔子、桓五。友如陳、莊十五。遂如齊宣元，　屢志世官之失，明公選也。周、魯分作。上襲世官，下啓世官；上收稱“氏”、稱“子”，下收“卒稱季仲”。把《傳》“於周書”“於魯書”“皆志其”等字想去，便得。

隱三。求賻　杜非命之求，尤端本以著罪焉。以“不言使”重起，倒“求”字作。□加求車、桓十五。求金，文九。只主“端本”一意。

隱三。石門　不以外盟爲常，欲挽今於古也。虞、夏敬信，即聖人之王法也。聖人不忍以亂世待天下，故不以爲常而特書。然不可死講，要從學者料想出。

石門　瓦屋、隱八。會鄧、桓二。北杏莊十三。　諸侯以盟會爲常，非聖人大公之志也。總發大意，如單，不重各股事迹。只石門、會防，隱九。同。

石門　瓦屋隱八。　録外盟，謹参盟，皆志大公意也。開作。上從“常事”起，原到“古道”；下從“周制”起，原到“流弊”。各要寫得《傳》旨透徹。“常”“變”字，兩《傳》得力眼目。

石門　遇清隱四。　《春秋》中之盟與遇，皆戾乎古矣。宜以“公”字、“禮”字作主，不徒在“古者”二字上討消息。上敬信疑叛，下恭肅簡畧。

石門　會鄧桓二。　公世、經世，敬信、理義。此題即主“會盟來告、書而弗削”做，亦可。

石門　胥命桓三。　聖人志公天下，故盟者駭之，而不盟者幸之也。在“一書法”上發意。上“非常”，故來告，則書而不削；下“近正”，“故特起胥命之文”。“有虞氏未施信而民信，夏后氏未施敬而民敬”；“聖人以信易食”，“君子以信易生”。

石門　狩郎桓四。　《經》於講信、講武，惡其非常典，而謹其非常所焉。上，王法敬信，“殷人作誓”，“周人作會”；下，王德威順，“秦有原圃，鄭有具囿”。

石門　齊鄭如紀桓五。　王者敬信之法，王者興繼之義。外相盟特書，外相如亦書。

石門　入櫟桓十五。　盛世之思，衰世之意，於其筆削見之矣。會盟、來告，“書而弗削”，公天下之心；虞、夏、厲公復國，“削而弗書”，家天下之義。衛、楚，各以孔子語證。

石門　晉宋伐鄭宣元。　以兵好著王法，維衰亂也。在《春秋》亂世，於聖人之王法；在《春秋》衰世，論《春秋》王法。

石門　城虎牢襄二。　惡結盟而示公世之心，罪失險以見守國之義。上，孔子語證；下，孟子語證。

隱三。《葬宋穆傳》

公如晉、成十。公如楚襄二十八。　不書葬晉景，諱止公之辱，親親也；不書葬楚康，避僭王之號，尊尊也。

【校記】

〔1〕隱二，應爲“隱三”。

〔2〕《總傳》，《胡氏春秋傳》無《總傳》，待考。下同。

〔3〕常，底本中“常”多寫作“甞”，徑改。下同。

〔4〕入極，其下依例應註明年號“隱二”。

〔5〕成十七，應爲“成十六”。

〔6〕河曲，後依例應註明年號“文十二”。

〔7〕二十三，應爲“三十三”。

〔8〕遂伐楚，後依例應註明年號“僖四”。

〔9〕僖九，應爲“僖四”。

〔10〕僖三，僖公三年有“春王正月不雨”“夏四月不雨”。所謂“三不雨”，還應含上年“冬十月不雨”。則年號以註明“隱二、三”爲妥。

卷之二　隱公中

隱四。取牟婁　取非其有，《經》如其惡而著之焉。重“强奪”斷罪，然必本王制，方發得出。“或曰”一段，借以炤看亦可。末段固見莒之玩法而稔惡，亦有感慨時事意。加入向，隱二。同。但玩法意稍重，仍放在末講。

取長葛、隱六；强兼。以鄣入莊三；弱削。　觀寖强寖弱之迹，可謂亂矣。如此破，□含以亂易亂意。舊破云：“諸侯之紊制，於兼地削地見之矣。”將全段意抹煞，止是斷章取義，有何滋味！《傳》意重在罪强取，惟强者多兼，故弱者日削。須有低昂。此題須含着下文復故地而“不請於天王，以正疆里”意做，見得恃强者既不知有王制，以至多兼日削，則失故地者正當急將王制去壓服他，必不可以亂易亂。若只死死在“强者多兼”二句上發意，便錯認仙人手中扇了。

入向、隱二。牟婁　濟西、僖三十一。汶陽成二。　兼地之惡，反覆之而益明焉。此題宜炤全《傳》總斷。《傳》中借復地以申明天子之權，且挑明“取”字耳。“或曰”一段，正是將牟婁做個“惡”的定則。若那復故地而不請於天王，其惡也與他一般了。可見牟婁之惡，且若規矩之方員矣。末引入向以嗟嘆之，文氣已斷復起，有感慨時事意。若曰，時事一至於此，乃有惡如此者。總之，反覆波瀾以斷之。

牟婁　濟西、僖三十一。汶陽成二。　以復地而不免兼地之罪，則兼地之罪益明矣。玩《傳》“夫豈不可”，須以“擅取”之罪起，次將兩者辯論，宜搭。□□猶不可，則王制重矣。復地者本以侵削之後，而求以免於侵削，猶等於兼併，則兼併者何以解免乎？末用一二語收歸莒上，不宜用倒傳法。《傳》雖因本股推出“復地”，然反借以炤看，亦文家法也。

濟西、僖三十一；襄王。汶陽成二；定王。 嚴紊制之罪，即復地者而已然矣。體“夫豈不可”并“與奪人之有”的“與”字。末云：“噫！《春秋》於疆理之嚴如此，彼非故地，而實奪人之有者，何如哉？”“本”字當從“不以亂易亂”來。“請於天王，以正疆理”，則我復地之本自正，而擅兵争之，便是以亂易亂。“以亂”的“亂”字，正是不正本處。“本”字，舊作“地所自出”，謬甚。不□《春秋》端本正本，皆指反身自□説。如以上下論，便要上自正，上者下之本也；以内外論，便要内自正，内者外之本也；以人己論，便要己自正，己者人之本也。何獨於此《傳》“本”字，以爲“地所自出”也？須知此《傳》“正本”意，指“不以亂易亂”，“宜請於天王，以正疆理”説，即在此發明矣，與《汶陽傳》考土地之所自出無干。而《祭伯來傳》“正本”意，指王朝對列國言，直到《友如陳傳》發明，與《祭伯傳》以有二心爲朋黨之原意無干。故此處以“正本”爲考地所自出，與《祭伯傳》以“杜朋黨之原”“原”字，爲正本“本”字者，俱是不能會通全部《胡傳》，止向一《傳》中左牽右紐，頗爲欝欝。加取長、隱六。鄻入，莊三。同。

牟婁 以四國伐桓十四。 紊王制而奪地、用兵，皆罪也。

牟婁 會曹伐桓十六。 《春秋》紀兵好，若兩揭王制以示人矣。班禄班爵。禄因五等之位，大司徒；爵有九儀之樂，大司馬。脱出取長葛、隱六；强。以鄻入、莊三；弱。會鄄、莊十五，陳先□□。盟幽，莊十六；許□□□意。紊地制，紊爵次。

取濟西、僖三十一。取汶陽、成二。取邿、襄十三。取鄆昭元。 《經》於復地、兼國，均以書“取”寓意焉。故地書“取”，正其本；滅國書“取”，諱其惡。比《取部防隐十。傳》。加取鄟，成六。同。

祭伯來、隱元。祭叔聘、莊二十三。取濟西、僖三十一。取汶陽成二。譏下交、復地之私，皆正本之意也。深貶王臣，以明始亂，“正其本”之意；復故地書“取”，“不以亂易亂”，“正其本”之意。比《友如陳莊二十七。傳》。此題舊載“祭伯來”内，不知“正本”二字在《友如陳傳》纔發明，且不貶“友”與牟婁書“取”，亦好比炤。

牟婁 城邢、僖元。楚丘、僖二。汝陽成二。 同詞以紀復地，異詞以紀封國。上正本，下正法。俱不請於王，《春秋》之蔑；“不以亂易亂”，《春秋》之法。畧小惠，存大節，比《楚丘傳》。

牟婁　濟西、僖三十一。吴伐我、哀八。國書伐我哀十一。　同詞示正本之意，同詞示省躬之意。比《國書伐傳》。

隱四。遇清　托禮以簡禮，其心不可訓矣。"私爲之約"句甚重。"欲簡禮""欲"字，正對"恭肅之心""心"字看，"君"字亦重想到人君身上，一意草率，成何模樣。收"書及"。

遇清　遇垂隱八。　内外私期而簡體，兩致其説焉。要觀其所遇之故，方見無不期者。二書法，依《傳》總收。彼此尊卑要挑剔，正見"莫適主"處。須知不是責其不行古之遇禮，直推究到隱微，發其"直欲簡禮"之心所以可惡處。出魯濟、莊三十。梁丘，莊三十二。同。又全出清、□□盟。垂、隱八，宋平衛。垂、莊四；齊謀紀。穀、莊二十三；魯剛婚。魯濟、莊三十；齊謀伐山戎。梁丘、莊三十二；齊謀□□。防，僖十四；季姬□配。同。

□□[1]　胥命桓三。　禮戾乎古者可譏，信近乎古者可予。"古者不期而遇"，"古者結言而退"。"有能""能"字與"直欲""欲"字相對，"特起""特"字與"凡書""凡"字相對。或出入極、遇清，以公選近古、私約異古比。無大味，删之。

遇清　弗遇桓十。　知禮與信之重，而遇不遇皆譏也。看"直欲"二字忒有主意了，看"中變"二字忒没主意了，總是到禮與信上萬分輕覰。

隱四。四國伐鄭　首序大國，嚴誅黨之法也。州吁弑君之罪已極，而阻兵脩怨之罪可以勿論。蓋弑逆之罪，人人知之，惟先治黨與，使爲惡者孤。此是《春秋》真實經濟。《匡解》云"誅殤正所以誅吁，傳末云云，全在誅吁上發。"《指月》云："'勿論可也'，猶云姑且勿論，正以甚其弑君之罪。"皆拘泥之甚，豈世猶有人謂吁之罪未甚，而尚有待於甚之耶？世人誰不畏虎？有識者偏畏虎穴，以虎穴既去，虎害永除，若諄諄告人曰"虎可畏也"，不爲饒舌乎？不誅吁而誅殤，如不誅趙穿而誅趙盾、不誅公子宋而誅歸生類也。若如《匡解》《指月》，則將抹去趙盾、歸生，而大書趙穿、公子宋，而後謂之刑書矣。

四國伐　觀魚隱五。　從邪説，違忠言；孔子告哀公，晏子告景公。

四國伐　滅下陽僖二。　兩有所先，而黨惡、貪利之戒昭矣。州吁主兵，以宋首惡；晋獻主兵，以虞首惡。

隱四。翬帥師　假權於無君者，不能早辯其心也。重“早辯”意發。須自“不義”講來，方見“無君”。“况翬已使”句，宜玩。加四國伐，隱四。只作“不義”事實。

餘丘、莊元。高子盟、閔二。兹侵陳、僖四。國佐聘宣十。　卿有親疎之辯，則知漸之當防矣。

隱四。會四國伐鄭　《春秋》有費詞，情嚴於討賊也。雖以“合黨”、“定賊”及“極”字爲主，然須在“言之不足而再言，聖人之情見矣”，及“聖筆寫其意”數句上描寫，有光景。加四國伐、翬帥師，俱隱四。總叙，同單。

伐鄭、隱四。會伐、首止、首止①俱僖五。　特詳於美惡之大者，皆爲大倫計也。主“其中必有大美惡”句。上定州吁，孔子討陳恒；下定襄王，孔子美管仲。出會伐鄭、三師城邢，僖元。同。再書三師，正與再叙四國炤看。

會伐鄭　秋七月〔2〕　討賊以意，而知聖筆一化工也。出六月雨、僖三。楚子入陳，宣十一。同。又“討賊”比易春正月，桓三。同。此題怪矣，宜删。

會伐　盟□文八。　繫詞以紀兵好，爲大分大防計也。上以“詞簡而義精”問起，下以“紀約而志詳”問起。

伐鄭、隱四。會伐、會宋、盟宋俱襄二十七。　兩觀《春秋》複詞，而黨惡、紊防之罪著矣。

伐鄭、隱四。會伐、平丘、平丘俱昭十三。　繫詞以紀兵好，示黨惡、競力之戒也。

伐鄭、隱四。會伐、圍許、遂救許俱僖六。　惡之極，善之尤。

---

① 兩“首止”有别，前指僖公五年夏，“公及齊侯、宋公、陳侯、衛侯、鄭伯、許男、曹伯會王世子於首止”，是“會首止”；後指同年“秋八月，諸侯盟於首止”，是“盟首止”。後“兩平丘”同例。

會伐　有年桓三。　兩觀《春秋》之化筆，而誅討嚴矣。《傳》俱有“畫筆”“化工”語。

隱四。立晉　罪與國專立，而君父之義明矣。《傳》首説個“晉雖諸侯之子”，末結“未有爲子”“未有爲諸侯”，中云“以此垂法，而父子君臣之義明矣”。若不專在明倫、垂法上着脚，只一粘斷罪，便差。

子同生、桓六。小邾朝僖七。　觀兩有所受者，而知義不可干矣。此借題發意。“爲子”“爲諸侯”兩“爲”字，極有味。“未有”字，亦要發。上或“文即位”，下或會城濮、莊二十八。踐土，僖二十八。同。或出成三“公如晉”成公“嗣守”“不朝周”、陽生入[3]違父命“篡荼自立”，大非《傳》意，删之。

立晉　歸祊入隱八。　有妄置君委地者，而受之者非矣。上，義不宜立；下，義不可入。爲子不受之父，爲諸侯不受之王，有無君之心，有無親之心。

隱五。觀魚　禮不能克非事之遊，《經》所譏也。諸侯以有事出，則出亦國政也。隱以無事出，便是“慢棄國政”，便可譏，不必專指定不朝王、不勤民責他。以略地爲解，正是他不能自克處。欲心一縱，不能自克，不至危身如鍾巫不已，須説得激切。

河陽、僖二十八。如京成十三。　觀巡狩、述職之事，而知慢遊非也。只借以發“巡”“述”之義，見人君不可無事慢遊。或出□□朝、王所，是昧巡述之義。

王所、僖二十八。入鄆昭十八。　觀兩君所以出，則知出不可苟矣。不在爲此事出上講，全要在不爲此事則不出上講。

王事易比：

晉侯伐衛文元。朝王於□。

公如京成十三。或出寧母，主通王貢；黄父，主謀王室。本《傳》明指朝王，二比俱謬。

民事易比：

楚城丘僖二；衛文“星言夙駕，税于桑田”，事見《詩》。

衛人伐邢僖十九；衛文聽寧莊子之言，因民旱而興師；此比與省耕斂何切，但因此題每用此比，不得不存。

歸三田定十；景公出舍。

觀魚　郜鼎桓二。　譏二君之縱欲寵賂，示守身理國之訓也。上“特書”，下“謹書”。上云“是縱欲而不能自克之以禮也”，下云“是教之習爲夷狄禽獸之行也”。玩“縱”字，有惟恐身不危意；玩“教”字，有惟恐國不亂意。故一接云“能無”云云，一接云“公子牙”云云。二諫意，只點入。舊以愎、諫比，非《傳》意。此題亦可作《庶其奔傳》意。

觀魚　咸丘桓七。　逸遊淫獵，皆《經》所譏也。伯益戒舜罔遊於佚，周公告成王毋淫於田。

觀魚　觀社莊二十二。　《經》譏兩君之出，以禮法繩之也。上僖伯，王事、民事；下曹劌，受命、受事。出伐邢、僖十九。圍許、僖二十八。伐秦、成十三。有事武宫，昭十五。係脱母。

觀魚　甯母僖七。　二君之聽言，其得失分矣。下，齊桓得納言之道。僖伯軌物，管仲禮信。本傳原不重愎諫，且下□説無據，宜删。

觀魚　夾谷歸田定十。　文過、謝過。僖伯、晏子。

觀魚　陽歸哀八　違忠言而聽辯言，其害政一也。重“國政”“舊政”字。矢魚、獻鴈；鍾巫、社宫。

隱五。衛師入郕　君道不重傷與國之用衆，可罪也。重“君道”發揮。“繼州吁”句，極重。書“師”，要體貼。加四國伐鄭、立晋，俱隱四。只炤“繼吁”句。

入郕　次郎、莊八。城邢、僖元。滅陳、昭八。滅蔡昭十一。　歷觀稱“師”之義，而知與國之暴矣。以三比“稱師”例，輕提於前，倒單。

次郎、莊八。城邢、僖元。滅陳、昭八。滅蔡昭十二。　三紀用衆，而立義異焉。只發明《經》例，不重事實。三段作，總以“師”字起，末繳本比。

城邢、僖元。滅陳、昭八。滅蔡。昭十一。　《經》紀用衆，一矜其盛，一著其暴也。上，不稱師，不足張其犄角連衡之勢；下，不稱師，不足表其悉力厚逞之毒。“矜”字對“著”字看，是《春秋》張大之也。

入郕 城邢。僖元。 以“用衆”意起，一肆患，一恤患。

入郕 滅陳、昭八。滅蔡。昭十一。 《經》重用衆，暴人、自暴均罪也。以“著其暴”總起，下分别出二“暴”字來。

入郕 盟唐至。桓二。 “稱‘師’”“書‘至’”，各有三義形比。是暴是危，却與那暴那危有差别處。

立晉、隱四。入郕、即位、丘甲俱成元。 赤棘成二[4] 兩君嗣統之初，均失固本之道焉。

隱五。考宫 定祀禮之名，存罪案也。當從書法上做，體出“夫人衆妾”三句意。非禮全重嫡妾上，非論廟制也。亦不當泛論嫡妾，須發隱公探先君之邪心，以成仲子而定桓公，方切。蓋正仲子爲妾，則隱德、桓道皆明。文中要識此意。

歸賵、隱元。考宫 兩因事而正名，以定分也。總在聖人正名上重發“定分”，不必分作。兩“因其”，正是聖人隨事正名。傳首“惠公”“隱公”“聖人”字堪味。“故因”“故”字，應上“欲以爲”三字。要發《傳》末隱公“攝讓”二字意出。

考宫 夫人至、桓三。首止、僖五。葵丘僖九。 别嫡妾，别君臣。上二比，存没參差，不合《傳》語，删。

隱五。獻羽 《經》以侯樂爲創舉，正大典也。《傳》中曰“明”曰“正”，無斷罪語，作文重聖人“正典”意爲是。加考宫，只炤“别宫”句，如單，不必以禮、樂合。

獻羽 假許桓元。 上是“成王過賜”，後人奈何猶相沿？書“初”，明前僭也，因事以正大典。下是成王特賜，後人奈何不世守？“言‘假’，有歸道焉”，諱惡以許改過。

獻羽 王所僖二十八。 因用樂而示正典之意，因修禮而示正本之意。

獻羽 楚子圍鄭宣十二。 明前之僭，原前之善。正大典，正大倫。

獻羽 税畝宣十五。 大典當正，因損樂而明前僭；成法當守，因加賦而謹變制。俱在“初”字上發。上追其用“八”，下度其取“二”，俱有流弊。

獻羽　作三軍襄十一。　正大典，謹大權。樂制：天子八，諸侯六，大夫四。兵制：大國三，次國二，小國一。

獻羽　舍中軍昭五。　“降”者，别宫之故，未革僭也；“舍”者，中外之策，非復古也。

獻羽　入邾益來哀八。　明其前之僭，彰其後之改。

隱五。邾鄭伐宋　兵先小國，惟其主也。以“因事之變”，發明聖人書法。有因變而不泥於常者，則首惡之罪自明。

四國伐、隱四。邾鄭伐　梁丘莊三十二。　變常例以紀主兵，非撥亂之法可例也。梁丘，辯“班序”論過，重邾“主兵”作。以州吁告鄭事辯一段在後，仍繳“首邾”。“班序”比，易齊鄭如紀，桓五。同。班序比，舊出石門，又是盟會以主者先矣。

梁丘、莊三十二。盟貫、僖二。陽穀、僖三。侵蔡伐僖四。　循禮序國，尤因事以重主者焉。以“班序”先講，倒下三比。重“變”上作，蓋《傳》意重變上也。“遇時莫適主”，正與“以主者先”反。

遇垂、隱八。會救鄭莊二十八。　序有常變，可參“先小”之故矣。常、變分作。發得“禮”字、“事”字透，則常、變自明，不重事迹。梁丘、莊三十二。遂伐楚，僖四。同。出胥命、伐鄭亦同，但胥命，齊衛皆侯，若論周制，異姓爲後，則齊反不當先衛矣。伐郳雖曰宋主兵，然宋之班序，合在齊先。二比俱謬。下或搭伐鄭、盟戲，不如齊宋相形。

盟貫、僖二。陽穀、僖三。侵蔡伐僖四。　變常序以紀兵信，以事有所主也。總叙問起，即以“禮有常，事則有變”提明。盟會、征伐作三段，後總收。盟會、征伐，皆天子大權，自諸侯主之，便是變了。勿入“王伯”等語。出伐宋、邾先鄭。戰紀、桓十三；齊先宋。北杏、莊十三。盟幽，莊十六；俱齊先宋。同。此題亦不必兩開。戰紀比，或主先紀者非，紀侯自應在鄭伯先。只伐宋、北杏，同。

四國伐、隱四。邾鄭伐　《春秋》先首謀，惟撥亂之法異焉。此與

《滅譚莊十。傳》之“徐奔”同看。皆繇本傳推出，不可倒作，亦不可兩開，須依《傳》相生下來。起處以“事同”發問。

郲鄭伐宋　戰郎桓十。　異詞以紀主兵，同詞以責黨惡。上不先鄭而先郲，下不首鄭而首齊。各以州吁事入作辨語。加四國伐鄭，隱四。同。

四國伐、隱四。章羽奔昭三十。　黨惡與自絶者，并不得以變例待焉。

遇垂[5]　孔父、桓二。執祭仲、桓十一。會救鄭莊二十八。　録主兵，重臣責，皆有不泥於禮之常者焉。禮從其常，事因其變；正道其常，權語其變。

遇垂，隱四。會救鄭、莊二十八。燬滅邢、僖二十五。滅夔、僖二十六。序與名有常，惟首事、變夷者異焉。上下俱有“常”“變”字。

隱五。螟　《經》紀物異，重國事也。重“災”上發“國之大事”。“以是爲”三字當玩。一部《胡傳》，是文定一篇條陳大奏疏。此《傳》闢安石“天變不足畏”之説，作者識得此意，便於“以是爲”三字有咀嚼矣。

城中丘、隱七。告糴莊二十八。　即民食所係之重，而知聖人紀災之故矣。要將“以是爲國之大事也，故書”想去，纔於“本”字、“天”字會着。小發二比，遂相連講，側重“食”邊。

民爲本易比：

入郕隱五；用衆。

師還莊八；久役。

三國伐宋莊十四；節兵。

楚子伐鄭襄九；息民。

築郎囿昭九；速成。

食爲天易比：

大無麥禾莊二十八；倉廩竭。

盟葵丘僖九；無遏糴。

入鄅昭十八；藉稻。

隱五。《彄卒傳》

觀魚、隱五。郭公莊二十四。　善言、善人，均不貴於徒知也。焻《傳》以客形去作。

隱五。伐鄭圍長葛　重兵加而不得其罪，適以自著其惡而已。誅亂討賊，不指州吁，只甚言圍之慘毒，不宜輕以加人，况以忌馮之故乎？然勿露出忌馮，只焻“何罪乎”口氣虚發，而忌馮意自含蓄在中矣。

圍彭城、襄元。棄疾圍蔡。昭十一。　以重兵而行誅討，固其宜矣。魚石，亂臣；蔡般，賊子。借題發意，全以本《傳》口氣爲骨。

圍長葛　圍彭城襄元。　兵有適宜於大惡者，而輕用者爲甚矣。以圍之慘立意，重本比爲主，借下比形之。下比或易執曹歸京，雖誅討，非“圍”也。易執慶封，影圍朱方，亦晦。

圍長　取長隱六。　詳攻取之實，而惡不可揜矣。全重“圍”上發揮，“取”亦根“圍”來，若曰“城守經年”，必“取”之而後已。如單作。

圍長　取長、隱六。下陽、僖二。執虞僖五。　《春秋》紀事，暴之惡彰，而貪之害著矣。以書法比。舊破，下句云“皆詳其始終以見罪焉”，不知下《傳》云“棄義趨利，黷貨無厭之能亡國敗家”，在“禍”上説。“執”，罪虞公字。

圍長　升陘僖二十二　下亦異於誅暴禁亂之兵矣。出圍彭城，襄元。同，圍齊，襄十八。係脱母。

隱六。輸平　《經》貶利交，杜禍本也。貶鄭在一“輸”字上。祊防事，須渾含入講。蕃王室，正是義，正與利成反看。垂戒意，亦須發。

宿、隱元。清、會伐鄭、俱隱四。伐宋、圍長、俱隱五。輸平　歸祊入、隱八。郜防隱十。　强國以利釋怨，《春秋》所以貶之也。以上五比叙起納成之繇，即以末二比焻破“利”字，如單斷。去末二比，同。

輸平　歸祊入、隱八。郜防隱十。　貶强國之結内，以其成於利也。下二事叙起處，便説明繇後事皆以利往來，見得今日是“以利相結”，非謂今日之平，即以二事許魯。

歸祊入隱八。　伐宋、郜防俱隱十。　强國兩委地於内，利交可知矣。全以“輸平”爲主，斷他平以利，不以義。

輸平　盟幽莊十六。　結成者之非，所主非也。倒作。“修睦”即是“平”字“義”字，方與“輸”字相反。上加歸祊入、隱八。郜防，隱十。下加首止、僖五。于洮，僖八。的主對。

甯母、僖七。新城文十四。　睦修於蕃王，可爲利交者案也。通王貢，外藩夷，俱是“蕃王室”。“蕃”字可味。出盟葵丘、僖九。踐土，僖二十八。同。太公夾輔之勳，文侯捍艱之績。或主《蔑》《宿》二傳，脱合。出會葵丘、踐土，主比。或主《納幣》“知禮”一段。

葵丘、僖九；修睦。河陽、僖二十八；晋文請隧，懷利事君。盟扈、文十五；諸侯利國。紇奔、襄二十二；公鉏順季武，懷利事父。召陵侵定四；大失利家。修睦當以義，窮利之弊而益見矣。

輸平　會防隱九。　《春秋》尊王，利成、私會者，均貶焉。上非“蕃王室”，以入祊、郜防證；下非“奉王命”，以中丘、郜防證。

輸平　盟柯莊十二。　怨可釋而貶之，不可釋而許之，律以義而酌以時也。

輸平　盟貫僖二。　不以平而掩其利交之罪，不以盟而没其遠交之善。平雖所善，盟雖所惡。

輸平　突救莊六。　正義不謀利，明道不計功。

輸平　楚丘僖二。　《經》貶結成與專封，明道義也。

歸祊入、隱八。郜防、隱十。伐楚次、僖四。江黄伐僖四。　利交、謀外之實，皆即事知之也。比《陽穀僖三。傳》。“曷爲知”“何以知”“是知”“則知”，四“知”字呼應。

歸祊入、隱八。郜防、隱十。平州、濟西俱宣元。　下“則知請會以賂矣”，驗“濟惡”。“諸侯修睦”云云，“諸侯立卿”云云。比《行父如宣元。傳》。

歸祊入、隱八。郜防、隱十。入鄆、襄十二。鞅聘襄二十九。　“民不屬公可知矣”，驗“縱權”。比《作三軍襄十一。傳》。

歸祊入、隱八。郜防、隱十。會虢、取鄆俱昭元。　“何以知諸侯之與其立乎？”驗“崇惡”。比《展輿奔昭元。傳》。

隱六。盟艾　定交以隳交，《經》惡其結信之私焉。齊僖平魯、鄭，爲他日伐宋之謀。主吴□小註。《指月》一遵胡氏爲是。此等題，宜盡删。

隱六。秋七月　備紀時月，聖人合天之學也。只講“天人一理”，而“法天”意自在其中。天道、王道，俱在“不息”上。四時兼説，稍重秋上。《傳》中前後兩引《易》，會出聖人意思，最宜玩。

春正、莊五。夏四、莊十二。秋七、莊十三。冬十莊十五。　同單，但四時平講。春令，布德和令，行慶施惠；夏令，贊傑遂良，行爵出禄；秋令，選士厲兵，修法嚴刑；冬令，固封備邊，命將講武。

秋七月　家父聘桓八。　《經》紀時事，而望君、責相之意著矣。“書時又書月”，見天人一理而無殊觀。責糾不責家父，明君相一心而無他諉。《周易》《虞史》。加糾聘，桓四。同。

秋七月　三不雨、僖二。六月雨僖三。　法天同民之治，攷聖筆而見焉。天人一理，君民一心，俱自聖人書法上發揮。加春正、夏四、冬十，同。

秋七月　完盟、僖四。歸三田定十。　合天人於一理，會人物於一身。

秋七月　獲麟哀十四。　天人相合，天人相感。

秋七月　狩郎桓四。　因時，謹微。上，德不可不備；下，德不可不全。

秋七月　不告月文六。　欲君法天以立政，欲君奉天以謹禮。上，德不可闕；下，禮不可廢。

秋七月　無冰成元。　春夏秋冬悉書，雨雹冰雪悉書。上以行四德言，下以全王德言。西郊之迎，北陸之義。

隱六。取長葛　大國玩法兼地，并玩天理矣。“王朝”“列國”“鄭人”，只提過。重“逆理”斷罪，而以“王法”插入。“不善之積”“積”字最有味。收“直書於策”。王法行不行，可測，天理應不應，不可測，故小人有時不畏王法，無時不畏天理，特無人爲之點醒耳。《傳》末“不誣”二字與《傳》首三“不能”相應，煞可警策，真是夜半鐘聲。

四國伐、隱四。邾鄭伐、隱五。圍長、隱五。取長　詳大國搆兵之迹，逆理甚矣。以“天理”説起，將上二比炤《傳》輕輕提過，見宋罪重、鄭罪輕。倒“圍”“取”斷罪。自“伐”至“取”，完全一箇“積”字。序郕於首，以鄭罪輕也。不是責郕，亦是責宋，蓋宋有恨於鄭，故鄭聽郕之請也。

取長葛　入許隱十一。　兩紀用兵，而尊尊親親之義明矣。上“以王法”“以天理”等語，下“以人事”“以天道”等語；俱有“不善之積”句。上重“忌馮”，下重“無王”。

取長葛　言汶陽成八。　一取一與之非，以其逆理狥命也。上以“王朝”“列國”“鄭人”點過，倒“宋逆理”；下以齊、晋、韓穿點過，倒“魯狥命”。

隱七。叔姬歸　記内女之歸，而謹禮、褒德之意皆寓焉。總以議論書法爲主，而兩意點化在内。加伯姬歸，隱二。要在“所以書”之意上發揮。志其失，非貶叔姬，只謹禮於微之意。

伯姬歸、隱二。叔姬歸　歸酅莊十二。　以原始著其禮之失，要終表其人之賢，對作。

叔姬歸　歸酅莊十二。　全要發“位不可以廢”“賢而得書”意，“全婦道”只作“得書”之案耳。

□□□[6]隱二，小國大夫，接我則書。叔姬歸　賢不可廢，叅之事而知之矣。以“不廢事”炤“不廢賢”，倒作。出庶其奔、襄二十一。曹會奔，昭二十。同。

隱七。城中丘　役民非時，不知所重者也。“人君之心”極重。“養”字正與“勞”字對。“完舊”，只點明一句。“不以時”，全要發“疲民力”意，方與《傳》首四句合。

三國伐宋、莊十四。楚子伐鄭襄九。　即用爲養，二君知以民力爲重矣。管仲節兵，魏絳息民，俱是愛養民力。楚子伐鄭比，《指月》改爲“行不戰之謀”，以襄九“十二國伐鄭”爲息民，則此處亦宜用十二國伐鄭。

城中丘、不時。城向、桓十六；時。城費、襄七；不義。城成周、昭三十二；義。　時義之合否皆書，重民力也。總叙，以“時”“義”二字略分二股。總發“勞民爲重事”。

城中丘　城費、襄七。城成周昭三十二。　作文先説上二比，次倒“成周”，然後總發。成周城於冬，正是“時且義”。上二比易城成郛，襄十五，私邑，又畏齊。主“時義胥失”。

城中丘　城費襄七。　違時義而興役，輕視民力甚矣。“不義”比：易浚洙、莊九；畏齊。城虎牢、襄二；患越。城杞、襄二十九；母家。作門觀，定二；僭。俱同。

城向、桓十六。城邢僖元。　《春秋》重民力，即當用者致慎焉。俱就“人君之心”上發揮，要貼“雖”字口氣。後繳云“况非時義者乎”，收本比。“時”比：易城諸防，莊二十九。城平陽，宣六。同。

築郎囿、昭十[7]。城成周昭三十二。　以“創始”“完舊”點過，同上作。城於冬之時，昭子猶以窮民爲戒。城王之邑，士彌牟猶以量度計議爲兢兢。或出城邢、□丘、城成周、墮郈費，□汪注，□是合義一邊。已欠妥，況墮與□□不合，删。

城中丘　築郿莊二十八。　勞民之役不一，而民力深可念矣。須在“城”“築”二字上發出“勞民”意。而“耕耘之時”“兇荒之時”意，只從中點入。“完舊、創始”四字，細想，而勞民之景宛然在目。蓋一“創始”，便有許多更張；雖“完舊”，也有一番騷擾。

城中丘　焚咸丘桓七。　《經》紀役民、取物，而君心寓焉。失仁民之道，失愛物之道。兩《傳》“心”字，俱喫緊處。

中丘　浚洙莊九。　違天時，務地利，俱重勞民。

城中丘　蒐昌間昭二十二。　譏用民、訓民者，而教養之道備矣。主養民、教民合，上重“心”字，下重“本”字。“不時”“不地”，俱襯入。

隱七。年聘　《經》貶私弟者，爲私弟者慮禍也。寵愛重平日上，而來聘則從寵愛來。先將“母弟”之義講徹，後將“啓禍”意重發揮。收“不稱‘公子’”“而稱‘弟’”，言不以公子之道待之，而以母弟故私之也。

年聘、僖。語盟、桓十四；厲。鍼奔、昭元；景。辰奔定十；景。　權待弟之道，而私與薄皆譏焉。絶偏繫之私，則人倫正；篤友恭之義，則天理存。重"垂訓"上發。禮□分引："蔓草猶不可除""葛藟猶庇共本根"。

語盟隱七。　黑背侵成十。　皆是私。兵好畧分。

隱七。公伐邾　即予内兵以所托之詞，以其不□□也。只如《傳》辯論"伐"字之義，而魯罪自見，不必著斷罪語。

盟蔑、隱元。邾鄭伐、隱五。公伐邾　即小國無可討之罪，而餙詞之非見矣。上二比渾講同單。或去公伐邾，只作"無詞"之案。

公伐邾　齊人伐衛莊二十八。託詞者之非，絫之"奉詞"者而自明矣。重本比，只將"伐衛有詞"形講。下易遂伐楚，僖四。同。

遂伐楚、僖四。會扈伐陳宣九。　義兵不槩見，而紀伐之例可推矣。題雖出有言可執、有罪可討，仍要發非皆有意執言討罪，亦不必分屬。出齊人伐衛、莊二十八；討立頹。齊人伐鄭，僖七；討從楚。同。又公至伐齊、襄九。宋公伐邾，昭十九。同。

公伐邾　蔑僑如侵成六。　兵爲人興，虐小、讐大皆非也。皆以"舊好"爲案，皆無名。但爲宋讐邾，託詞而往，故曰"伐"。本與宋好，姑掠境以塞晋命，故曰"侵"。

隱七。凡伯聘　主《伐傳》"承王命"句。若曰今之銜命而來，以及報命而往，凡爲過賔之地，當"以官正"云云。如秩官所云者，而伯亦可以無虞矣。末繳"衛不救"。明有《伐傳》"承王命"出，舊還借《入許傳》同出。

隱七。伐凡伯　王臣被患而失節，《經》重失職之罪焉。"罪凡伯"提起，即就"'以歸'易詞"，轉到"衛失職"，重發。"伐"字是事實。加凡伯聘，只炤"承命"句。

伐凡伯　狄入衛閔二。　與國縱寇，而致寇因之矣。同單。見衛□□不能自强，無怪乎其陵夷以至於滅也。

伐凡伯　桃丘弗遇桓十。　《經》於與國之怠義失信，皆因地以著罪焉。惟楚丘爲衛地，故衛不得辭其責。惟桃丘爲衛地，故衛不當負其約。

【校記】

〔1〕□□，按例當爲“遇清”。

〔2〕秋七月，後依例應註明年號“隱六”。

〔3〕陽生入，非“成三”，故亦應註明“哀六”。

〔4〕成二，應爲“成元”。

〔5〕遇垂，後依例應註明年號“隱四”。

〔6〕□□□，以其年份及“小國大夫”意，當爲“履緰逆”三字。

〔7〕昭十，應爲“昭九”。

卷之三　隱公下

隱八。遇垂　宋以幣請，衛侯許之，便見得非不期而遇矣。收“稱爵”。

隱八。歸祊　入祊　强國委分地，而受之者亦與有罪矣。主斷鄭罪，□體“非我有”句，原鄭來斷魯“不順”。收書法。

隱八。歸祊　君親不可以假人，委地者之心可誅也。《傳》中“謂”字、“敢”字是誅心之論。“心”字要發。無書法。

隱八。我入祊　非分而有之，望國之於義强矣。講魯非義，却正是罪鄭無君親。“非我有”三字可味。“非我有”，言鄭先人所受特賜，惟鄭子孫得而有之，此外皆非其有也。通篇全以書法行文，不必收。

輸平、隱六。歸祊入　假許桓元。　詳易地之事，而昧倫之罪見矣。如《傳》將數比序明，倒歸祊斷罪。無書法。

輸平、隱六。歸祊　强國欲踐易地之約，其蔑倫之心著矣。炤歸祊單股作，輸平只作叙事。“言請”“地輸”，總一項事，不可分。或加入祊，□歸祊上。則《傳》首無此比，若比，又無謂，不成題。

歸祊入　假許桓元。　《春秋》重大倫，故兩譏委特賜者焉。以兩《傳》比作，兩邊俱重“特賜”上發揮，不用書法。兩《傳》“心”字是眼。去入祊，同。

入祊　假許桓元。　望國取與乎分地，皆《經》所惡也。入鄭之分地，我爲不順；易我之分地，我爲大惡。書法各有二層。加歸祊、會垂，桓元。兩邊各以鄭起。

歸祊入　以四國伐桓十四。　以地相與，以兵相用。土地、甲兵；司徒：職方氏、形方氏；司馬：旅賁氏、虎賁氏。

隱八。《宿男卒傳》

石門、隱三；生不名。髡頑如會襄七；死則名。　諸侯之或名或不名，禮之中也。以"天王不名"提起。"諸侯生則不名"二句串講，重"名"之一邊。"示尊卑之等"，須發。下易遏伐、襄二十五。檇李、定十四。公會吴伐齊，哀十。同。

瓦屋、隱八。髡頑如襄七。　重信、正分，俱變周制。古者不盟，"周官設司盟"；古者不謚，"周人以謚易名"。出胥命、桓三；善。葵丘、僖九；小白。踐王、僖二十八；重耳。蕭魚，襄十一；美。係脱母。

葵丘、僖元。踐土、僖二十八。垂隴、文二。國佐成二。　雖桓、文之盛，猶"别於太上"；雖齊、晋上卿，猶别於命大夫。比《曹殺莊二十六。傳》。

隱八。瓦屋　謹參盟之始，志大公也。須融會《傳》意，發聖人"志大公"以"變周制"意，勿泥定瓦屋死講。"始"是《春秋》中參盟之始。《談虎》云："謹始，非謹參盟之始，因參盟而謹其始盟之始也。玩一'其'字便見。蓋'始'字正對數箇'然後'字及'至是'字而言。"説雖穿鑿，亦附一見。

亳北伐宋、襄十一。華向奔陳昭二十。　觀盟與質之不足恃，而知聖人謹參盟之意矣。一直做下，方得《傳》中其末至於"猶有"口氣。下比宋元與華向交質子，殺質而攻華氏。上比易武父，桓十二。同。

瓦屋　胥命、桓三。蕭魚襄十一。　聖人志大公，故屢致意於邦交焉。當渾發聖人大道爲公之志，只以三件點之。《傳》中"以信"句，單承蕭魚。

胥命、桓三。蕭魚襄十一。　《春秋》兩有所取，有合於"公世"之志者也。以信相諭，以信待人，總以"公世"意起。分作。講善、美處，須象足"謹參盟"句意。

瓦屋　胥命桓三。　謹參盟而善不盟，志古道也。穀梁曰"謹參盟"，荀卿曰"善胥命"。

瓦屋　會防隱九。　謹參盟以挽世道，譏私會以扶王道。

瓦屋　入櫟桓十五。　謹參盟，乃大公之志，盛世之思；戒設險，乃小康之事，衰世之意。

瓦屋　黄父昭二十五。　如出，仍主"以信待人"，"以正待人"只得借用。或出蕭魚、黄父。上是笑晋悼以信待人，下是《春秋》以正待人，亦難比。

瓦屋　胥命、桓三。城邢、僖元。楚丘僖二。　革薄從忠，貴王賤伯。以信待人，今古之感；以正待人，王伯之辨。“以信”句借用，終屬不通。以上二題，宜删。

隱八。浮來　譏非禮之謙，而謙德明矣。“莒，小國；人，微者”二句，下句較重。講“失禮”處要將“謙”字辨明。

浮來　長樗襄三。　卑與謙異，内君爲失禮矣。借晋形講，如單。悼公辭稽首，亦在君臣之分上見得他好處。

葵丘、僖九。叔弓如晋昭二。　禮固有以卑爲尊者，而太卑者非其倫矣。單主“謙光”。桓無忘下拜，弓無敢爲賔。下易舍如晋，昭十。却郲、夷並坐，同。

浮來　戰泓僖二十二。　稱物平施，君子之謙；順事恕施，王政之本。

浮來　處父盟文二。　屈尊、抗尊。

浮來　會蜀成二。　兩譏失體之信好，而謙忍之義明矣。“屈千乘之尊，下與小國之大夫盟”，《易》曰“謙光”“以中國諸侯”“下與夷狄之大夫會”，《書》曰“有忍”。

浮來　庚良夫盟成三。　内外講信，而卑與抗皆失也。

浮來　札聘襄二十九。　謙讓之過。《易》《中庸》。

隱八。《無駭卒傳》

入極、隱二。友如陳、莊二十五。兹如牟僖五。　別贵戚之稱，昭公選之法也。主《傳》前一段。

翬逆女、桓三。茲侵陳、僖四。行父如、文十六。仲蔑如宣九。　《經》於貴戚之卿，而私與世皆譏焉。以“古者置卿必求賢德，不以世官”爲總斷。曰“公子”“公孫”，則但計私親，而不求賢德矣；曰“季孫”“仲孫”，則不但不求賢德，而且世之官矣。《傳》末二句是正意，不可忽。

入極、隱二。三卿伐莒昭十。　《春秋》别内臣之稱，其官有身世之異也。總以“公選”意起，分作。稱名、稱族，非書法。下易戰鞌，成二。

同。易三卿伐邾，哀二。亦同。“三卿”比，俱搭伐莒、戰鞌。不息伐莒，係叔弓，非叔孫。戰鞌係臧孫許、公孫嬰齊，無仲孫。惟哀二“三卿伐邾”爲妥，反獨不搭此比，何説也！

入極、隱二。蔑如、宣九；仲、字。鞅聘、襄二十九；士、官。會虢、昭元；齊、謚。城成周昭三十二，韓、邑。　《春秋》中官人，始近古，而後遂以私也。炤《傳》以“古者”起，即以無駭貼“近古”講數語，轉下四比分講。末以“先王之禮”總斷，帶“儆後”意。

蔑如、宣九；仲、字。鞅聘、襄二十九；士、官。會虢、昭元；齊、謚。魏曼多侵哀十三；魏、邑。　歷紀世大夫，美“世”之者非也。四“或”字，正是“無不賜之族”。講此，只於“官”“邑”字上論世官之非，不宜於四字上生枝節。“字”比：或易戰鞌、成二。魚石成十五。□□□□□□。原出士鞅聘、韓起聘，不成題，删。

□□[1]、宣九。叔豹、哀四。季宿、昭二。韓起、昭二。趙鞅、哀五。魏曼多哀十三。　内外官人以世，而公選廢矣。“三家專魯”“六卿分晋”，分貼。

祭伯、隱元。祭叔、昭二十三。三卿伐莒昭十。　以“寰内諸侯不嗣”立案，重“大夫世三官，非禮”作，而以“寰内諸侯”炤斷之。

入極、隱二。胥命桓三。　兩觀事之近古者，亦《春秋》之僅見也。“古者置卿，不以世官”，“古者不盟，結言而退”。

入極、隱二。葵丘僖九。　古道猶存，見於官人明禁者焉。比《曹殺大夫莊二十六。傳》。

入極、隱二。單伯伐莊十四。　用人、命官，皆近於古。亦比《曹殺大夫莊二十六。傳》。

入極、隱三。敖救徐僖十五。　望國之官與兵，其初猶有古制也。比《作三軍襄十一。傳》。

隱九。南季聘　王禮加於不臣之國，失正甚矣。“刑不舉”“遣聘”，渾講。總見“失威福之柄”，亦要見“舉魯，則天下可知”意。加比，同。

兩朝王、俱僖二十八。公如京、成十三。五如京僖二十，遂。文元、得臣；文八、敖；宣九、蔑；襄二十四、豹。　即魯以概列國，而慢王之罪可誅矣。全是舉魯以該列國，不泥魯上。末見“政令自大夫出”意，仍原到天王。

南季聘　遂伐楚、僖四。公如京、成十三。作三軍襄十一。　主“王之不王”四句。

遂伐楚、僖四，諸侯。溴梁、襄十六；大夫、圍郈定十；陪臣。黄池哀十三；夷狄。　柄之漸移，繇王者不操也。以“王失政”起，如傳遞下，總發其“原皆自天王”句。只公侵鄭、定八；陽虎。黄池，哀十三；夫差。主“陪臣”二句。

隱九。震電雨雪　《經》志陰陽之逆，而感可惕也。要發“明於天人相感之際”三句，而精神尤在“聖人所書之意”“意”字上。

隱九。城郎　非時而興役，意不在民矣。全在“意”字上發他與民漠不相關的情景。“大作”二字亦不可放過。《傳》首“城者，禦暴保民之所”句最有味。加城中丘，隱七。同。

中丘、隱七。城郎　城費、襄七。墮郈費定十二。　違時制以勞民，無愛民之意矣。總發“無愛民”意。中以時、制小分。“非制”邊，亦只見“輕於勞民”，不重“越禮”。墮郈費，只驗其“非制”，城郈補入。只城郎、城費，同。

城郎　城費、襄七，城成周昭三十二。　役民有道，而違時、制者之罪甚矣。要體“又當”“然後可也”等字，纔發得“愛養斯民之意”“意”字出。

城郎　狩郎桓四。　非時、非地；君心、王德；龍見、火見；原圃、具囿。

城郎　浚洙莊九。　望國城池之役，均可爲勞民之戒焉。二《傳》俱有“大作”字，俱有“况”字一轉。

隱九。會防　從例以譏始好者，明其非王事也。勿直煞斷罪，只以“非王事”，當從“皆譏”之例，故“無異文”。用辯駁成文。搭齊人伐衛，莊二十八。同。但以下比“奉命”入斷。

會防　召陵僖四。　行私之會，非伯事所不及也。重本比，召陵在中渾難斷。“雖”字，“不及”字要剔。講召陵，只重仗義責楚，見有關王事。加中丘等比，同。

會防　中丘、伐宋、敗菅[2]、取郜防俱隱十。　諸侯兵好出於私，所以譏之也。雖有三段意，要在會防上做。“防”“郅”“己”三字，正形“王都”。

會防　中丘隱十。　謀好兩出於私，譏之以無異文焉。同單，畧分私謀、私期，總是“書‘會’”，“不異文”。

會防　伐宋隱十。　私謀以凌大，《經》從凡文以譏之焉。總叙、總論，中畧小分點綴，倒“書‘會’、書‘伐’，不異文”書法。上易會中丘，同。

會防　楚丘僖二。　《春秋》尊王，故私會、專封者均貶焉。上“非王事”，故“不異文”以譏之；下“非王命”，故“無美詞”以譏之。

會防　黄父昭二十五。　非王事，不異文；勤王事，無美詞。非諸侯所得爲，特臣子所當爲。

會防　蕭魚襄十一。　謀大、服小，召陵不及是，城濮不越是。各比事見得失，一正一反，須比炤得活。加召陵、僖四。城濮，僖二十八。同。

會防　召陵侵定四。　下主“桓文之功褊矣”句。上重王事，下重王命。

隱十。會中丘　即師期之訂，斯師可知已。重“私爲師期”“私”字，方與“王事”相炤。倒“書‘會’，不異文”書法，勿涉“盟”上。

隱十。翬會伐宋　縱權之戒，不於其亂也。只看始而“固請”，今且“先期”，可知大權一縱，禍患日深。循此而往，鐘巫勢所必至，故不必待其已變而後知之矣。繇此推之，亂賊豈不是件日積月深的事？須是急忙下手，切莫坐令其事已無及，而後圖之也。從來以“雖欲制之”之“制”指後日言，以“制之於未亂”之“制”指今日言。《麟旨定》云：“□到此際，威勢已成，或雖有英主，亦拱手以聽。”又以今日與前日對□矣。要之，此傳從“夫亂臣”句下，便推開説去，不過因這一事垂戒，又何必向翬一人身上尋討“前日”“後日”也。□□鐘巫方是亂，今日與前日俱屬大亂，但前日無君之心始兆，故欲“辯”，今日無君之心不止於兆，便須“制”了。□不過□□胎梟卵，舉手即除。“制”則須網羅畢弋，若到後日，雖網羅畢弋，亦無所施矣。《麟旨定》之説未是。

會伐鄭、隱四。會伐宋　兩戒内臣之專，重兵權也。融《本傳》意渾作，體貼“始”字、“今”字口氣。不當兩開，合二役乃見“積其强惡”。

隱十。敗萅　取郜防　詐勝而取地，直書以見罪焉。以“書‘敗’”例引起，倒郜防作。對作亦佳。

隱十。敗萅　詐以挫大，如其詐而書之焉。“詐”，反“皆陣”看。只發“詐戰”，而罪自寓。

隱十。取郜防　内惡宜諱而直書，以諱辭有所待也。今要説如此“大惡”何故不諱？以諱詞别有所施耳乃得。時文每用“小惡”字，不通之甚。《傳》首便□明“大惡辭婉，小惡直書”，即接下“非其有而取之，盜也，曷不隱乎？”已明説此是“大惡”。之後卻□釋出□大惡，而不得不借用“小惡，直書”之例，□□□□□□□□□□，只要辯□不是小惡。作文要如《傳》□□□□□□。若一歸重取鄟等比，便是□李□張矣。此與單伯□伐宋大不相同。□《傳》則大旨全不在本比，此則大旨全在本比。□取郜防看□“小惡”，固非，便説郜防固是“大惡”，□比焰□□，惡□□□□□，若説比焰□國，惡卻小了。□是歸重取□□比，不是文定□辯取邑，爲大惡本旨矣。

敗萅取郜防　升陘、僖二十三。鄟、成六。邿、襄十三。鄫昭四。　如《傳》辯論書法，俱將客比相形，重本比講。專罪“詐勝”，以其罪無所分；不諱“取邑”，以其諱有所待。升陘比，易戰奚，桓十七。同。

取郜防　鄟、成六。邿襄十三。　不諱兼邑之惡，以尤重者權之也。如傳就聖人書法發揮。

敗萅　戰泓僖二十二。　渾講，如《傳》辯論書法成文。中略分二股，亦要互射。“皆陣曰‘戰’”，兩下都一般。“彼與戰而此敗之”，便是彼以正而此以詐，相去遠矣。雖一是兩俱有罪，一是只這邊有罪，然《傳》中無“罪”字，只如《傳》渾説爲妙。上比易敗鄑，莊十一；宋侵我，公禦之，宋師未陳而薄之。同。又易敗蚡泉，昭五，莒不設備，叔弓敗之，莒來悼也。同。或出戰奚、桓十七。長勺，莊十。同。

部防　黑壤、宣七。鄟、成六。沙隨、成十六。邿。襄十三。鄫、昭四。平丘昭十三。　比《黑壤傳》。隱顯其詞，無非愛君上，實則皆宜諱。但“三取”之惡更大，是以部、防不諱，下似於皆宜諱。但沙隨、平丘之曲在人，是以黑壤獨諱。

隱十。宋衛入鄭　强國以被兵致人，善戰著矣。作“駐師於郊，多方以誤之”，而宋、衛墮其術中説。舊主高氏註，宋又連衛以戰鄭。鄭□營之敗而不備，故師還，及郊，宋、衛已乘其虚而入之矣。《春秋》無義戰，未有奇譎輕疾如宋、衛之入鄭者。《經》比□傳者，諸本多用《大全》小註，馮猶龍《指月》炤《匡解》盡去之，乃復於□□□□，謂題出《經》文，不得因《傳》廢《經》，與其苟擬傳題，不若明出經文。以致近出坊本，仍增小註單題。如其能盡删《傳》無□股諸題，使主司一槩不出，一意尊《經》，而無《傳》者專主某註，無復雜亂參差，則善矣。苟其未能，不若仍如《指月》，專主《胡傳》之爲得也。□近日□□每每换房閲題，又督學使者本經之外不通客經，各本不同，誠爲失旨。專主《胡傳》，雖不能盡免此苦，亦康節所云，“宽一分，則人受一分之賜矣”。

隱十。伐戴取　以奇兼敵，殘民甚矣。以“奇勝”爲案，以“殘民”爲斷。“甚”字全在“兼”字上論。“殘民”，兼人已在内；“奇勝”，亦自平日用兵料出。要重發“奇勝”之禍，以定“善戰”之罪。加克段、隱四。四國伐、隱四。入許、隱十一。從王伐，桓五。倒單。

伐戴取　伐鄭圍新城僖六。　觀兵有奇正，可以定用奇者之案矣。以“奇正”立論，而事迹點綴在中，亦須得主客意。出新城、僖六。鷄父，昭二十三。同。又五國伐鄭、成三。同圍齊，襄十八。同。“正”邊：或搭伐楚次、僖四。荀吴伐鮮虞，昭十五。同。

克段、隱元。四國伐、隱四。入許、隱十一。從王伐桓五。　歷觀强國奇兵，而兼敵可知矣。要在“能以奇勝可知矣”句上體會。東門之圍，不得志於鄭，故曰“困州吁”。

侵宋、莊十五。伐鄭、莊十六。圍新城、僖六。鷄父昭二十三。　《經》數紀兵，而奇正備矣。比《侵宋傳》。

伐戴取　陽穀僖三。　用奇以殘民，可罪；用奇以制夷，可予。

伐戴取　盟戲襄九。　奇勝、善勝。又有伐戴取、書救成六。題，以善戰殘民、不戰全民比。書救“不還戮”，非“全民”，宜删。

隱十。齊鄭入郕　《經》有不順之詞，而討違命之説不足據矣。借“不書‘入’”，炤“入”字斷罪。“矯假”指伐宋，非指入郕，然知伐宋非王命，則知入郕非討違命矣。全要根“伐宋”來，“不順之詞”須發透。

會防、隱九；王臣不行。伐宋、隱十；王師不出。入郕　觀私逞之迹，則知討小之逆矣。倒本比作，收“入”字。“忌馮”事亦須點出。加中丘、敗菅、取郜防，俱隱十。同。再加四國伐、隱四。邾鄭伐、圍長、俱隱五。取長，隱六。亦同。

入郕　遂圍許僖二十八。　下是以王事討小，與上假王命虐小比。加會防、隱九。伐宋、隱十。會温、王所，俱僖二十八。同。

隱十一。滕薛朝　交譏朝禮之失，示尊王也。“王制”總起。滕、薛不朝周而朝魯，魯不特見而受旅見，流水講，皆當以“天子”字爲領袖。責魯□“志荒”句，對責滕、薛□“可乎”二字。

滕薛朝　穀鄧朝、桓七；六同①。如晋復，昭十二。如晋復，昭十三。邦交盡以勢，王制謂何矣？重“不報”“屢往”。俱責魯，要舉魯以見列國，發感慨意。

年聘、隱七。年聘、桓三。邾朝、襄元。邾朝定十五。　责王禮於列國，而私朝聘者罪已。主“缺述職”一段作，俱責來朝、聘者，收“一切書而不削”。穀鄧朝、桓七。荀庚良夫聘，成三。同。又杞子朝、僖二十七。韓起聘，昭二。同。

滕薛朝　衛聘晋聘、襄元。如晋復昭十二。　諸侯紊邦交之制，而慢王之罪尤重焉。以“紊制”起，炤《傳》倒來朝聘者斷罪，收“書而不削”。

滕薛朝　會向襄十四。　經重朝會之禮，於旅見、竝使皆譏焉。上責滕與魯，皆在“旅見”上。賓主皆非，使介俱失。只發議論，不重斷罪。

---

① “六同”當指桓公六年之“紀侯來朝”。

滕薛朝　白狄來襄十八。　兩譏朝禮之非，爲大分、大防計也。天子“旅見”諸侯；“夷狄於天子，世一見”。

滕薛朝　十二國伐鄭、襄十一。會虢、昭元。至河復昭二。　不報，不納；以意，以勢。比《會曹伐桓十六。傳》。

隱十一。時來　入許　辨志以紀兵好，而望國不臣之罪著矣。以“書‘會’”、“書‘及’”呌破，即就“魯志”倒“不臣”作。須本前“四惡”來，方與“積”字相合。

隱十一。時來　强國資内以圖小，《春秋》於講好著其志焉。只辨其爲“鄭志”，而罪自見，不必復用斷罪語。“會”字是事實，非書法。末要以惟“伐”是鄭志，含着魯上。

隱十一。入許　所欲在虐小，而恶積於不臣矣。當時祊既入，郜、防既取，公所以欲助鄭。須體貼“今又”□□，重發“積”字。“爲國以禮”“禮”字亦不可忽。

凡伯聘、隱七。南季聘隱九。　數内君不臣之罪，當首問其覲禮矣。須在“罪一”上，含下“積”字。此題或主《南季傳》，然前傳無“再聘”語，主此爲當。

伐邾、隱七。伐宋、取郜防俱隱十。　觀伐國取邑之事，而不臣之惡漸積矣。紊兵制，紊地制。下加入祊，隱八。同。

伐邾　伐宋隱十。　内君兩因人而擅兵，而不臣之罪著矣。舊以此題爲《盟宿傳》，未有明股，主此爲當。又此題亦可作《總傳》内題。

入祊　取郜防、隱十。假許桓元。　望國兩紊地制，無臣禮矣。不必大分。“假許”雖在桓公時，然隱已許之矣。

入祊、隱八。入許　内君之不臣，於取地兼國益見矣。上以疆界論，下以封建論。

時來　入許、會垂、盟越俱桓元。　兩原志以紀事，而尤罪夫稔惡、黨惡者焉。上以“鄭志”起，倒“魯志”作；下以“魯志”起，倒“鄭志”作。

時來　會垂桓元。　上，莊知隱有德鄭之心，因資之以陵許；下，莊知桓有畏鄭之心，因挾之以易許。

時來　入許　平郯、宣四。伐萊宣七。　各以“外志”提過，皆歸重魯上斷罪。

總傳。春王正月、隱元。墮郈費、定十二。國書伐哀十一。　統一於王，而國政、道術胥一矣。“大一統”，作一頭，“國政歸一”“道術歸一”，二“脚”，挽上。末比易獲麟，哀十四。指作《春秋》。又春王正月、隱元。墮郈費，定十二。主“聖經脩而一統之義明”，又“聖道用而一統之義行”。摘去“道術”比，不成題。

墮郈費、定十二。國書伐哀十一。　政與道有所歸，一統之義明矣。仍以“一統”意起，同上。出襄歸、邢丘，係道術、國政不歸一。

荆敗蔡、莊十；土。戰邲、宣十一；尊。執樂祁、定六；政。國書伐哀十一；道。　知天下無不定於一者，則知一統之義矣。有出旅甲父、戰邲，摘出政無二門、尊無二上，不成題。

盟蔑、盟宿、俱隱元。盟黄、桓十七；紀求齊。盟邾僖十九；鄫求宋。　兩惡内君之要盟，以情非不得已也。加伐邾、隱七。伐宋，隱十。主“盟不足貴”作。既非出於不得已，則是魯自欲盟也，自欲盟而自背之，盟尚可恃乎？如此發，方與“二盟”“二伐”題有别。

克段、隱元。四國伐、隱四。衛鄭歸僖十三。　衡蔑親之罪，而養惡者抑又甚矣。重“莊志”斷。下二比挽上形講。去克段，俱惡其争利而斁倫，末繳歸克段。

年聘、隱七。辰奔定十。　義不勝恩，恩不掩義。

歸賵、祭伯來俱隱元。　《經》紀瀆禮，私交之事，兩嚴其貴於王臣焉。

敗箕、僖三十三。適歷昭三十一。　惟交有公私，而情宜察矣。胥臣薦郤缺，荀躒黨意如，要發“迹同情異”，首尾用祭伯。出盟扈、成十六；范文子釋行父。會扈，昭二十七；范獻子黨意如。同。又出苕丘、成十六；郤犫黨僑如。盟扈、成十六；范文子引行父。盈奔、襄二十一；祈奚引叔向。曲沃，襄二十三；胥午黨樂盈。同。

敗箕、僖三十三。盟扈成十六。　兩觀汲引之公，而君子之情見矣。此單就“汲引”一邊出，作文重在“情”上發揮，要繳出祭伯之交爲情之私。

“汲引”易比：

小白入、莊元；鮑叔薦管仲。滅譚莊十；管仲始得政。

盟宋僖二十七；趙衰薦郤縠。

秦人伐晋文三；子桑薦孟明。

滅潞、宣十五；士伯諫殺林父。戰邲宣十三；同上。

鷄澤襄三；祈奚薦解狐。

良霄入襄三十；子駟欲攻子産，子皮止之，是年子皮授子産政。

取鄆昭元；趙孟薦叔豹。

鞅伐衛哀五；王生薦張柳朔。

或□首止、營丘，俱管仲，太泛。或晋侯伐鄭，爲林父之謀，未□。或□□、韓厥，言趙氏不可無後，非薦武也。

“朋黨”易比：

城費襄七；叔仲昭伯□□□。

公圍成昭二十六；梁丘據黨意如。

趙鞅歸定十三；韓魏□請復。

或搭斷道，列卿同心逞忿，未確。

入極、隱二。餘丘、莊元[3]。行父如[4]　以“名而不氏”作一頭，以“書‘公子’”“不書官”承之，私與專不得分屬。下比不出垂隴，以慶父、行父皆貴戚也。《傳》中三句相連，原就益師一身説，文中只提明大意，勿泥三人。

友如陳、莊二十五；稱公子，□。垂隴文二；不書官，專。　只辨“稱公子”與“不書官”，自見其罪，不必著斷罪語。

突救、莊十六[5]；褒而書字。鍼奔、昭元；貶而書名。春王、定元；定不書正月。黄池哀十三；不書吴先。　通聖經之意者，不必疑其例與辭也。下因魯無君，中國無伯，誅□抑吴，詞不得不微。

【校記】

〔1〕□□，依例與文意應爲“蔑如”。

〔2〕菅，底本作“管”，徑改，下同。

〔3〕莊元，應爲“莊二”。

〔4〕行父如，後依例應註明年號。“行父如”年號非一。

〔5〕莊十六，應爲“莊六”。

卷之四　桓公上

桓元。元年　述古編年，法之可久者也。通論帝王，不專指魯編年可久。自後人見得如此，非夫子故編以垂法也。“祖述”意，不可遺。

元年　公即位文元。　編年、改元。上，久遠可行之法；下，情義得中之禮。俱是從古如此。漢文、孝武、舜、禹。

桓元。公即位　深绝逆君以明禮，所以抑邪也。從來禮不明，則邪得肆，甚至反以邪爲禮。著桓弒立之罪，非特惡其彼實讓而此弒之，乃使禮著明於後世，而一切邪不得肆也。加文“即位”，炤“不嫌同詞”句。加春王、桓十。春王，桓十八。炤“備書終始”云云。

踐土、僖二十八。札聘襄二十九。　“攝”“讓”之實辨，可以定逆君之罪矣。以本比起繳，中借叔武、諸樊辨明“攝”“讓”之義，仍以周公、堯、舜貼。

桓元。會垂　《春秋》紀好，而貪利者之志著矣。發盟越傳，只講鄭伯乘機脅求之意，而其罪自見。體“欲得許田”的“欲”字。“是以”二字當味。“苟非欲得”云云，何以使爲此會，隱隱見鄭人利令智昏、他無所顧忌意。

桓元。假許　婉詞於國惡，而垂訓之意亦寓矣。“利”字乃“便利”之“利”，指“鄰”字、“近”字說。只圖便利，雖君親有不暇顧者。其無君親之心的本源，只是個爲利，此所以爲篡弒之漸，所以爲“國惡”。一“假”字内，“隱惡”“許改”二意，而“許改”亦無非展轉致意於“國惡”耳。《傳中》“許人改過”，“許”字極妙，言恁般大惡，聖人原許你改，所以訓人改過自新也。若改爲“望”字，便與“垂訓”意不合。加會垂，桓元。只作事實。再加歸祊，隱八。只炤明“加璧”。再加入祊，隱八。主“合”。上，鄭不當委而魯不當受；下，鄭不當要而魯不當與。

下陽、僖三。執虞、僖五；利。彭城、次鄫俱襄元；義。　計義利之終，則知惡委分地之意矣。以“義利”總起，兩分，繳歸本比。只論理，不重事迹。玩《傳》“必至而後厭”，“則推之而可行”十一字，有流遞歸束之意，非判然兩開。“放利”“正義”，一念中分，看兩邊如何結局，怎敢輕下念頭？出下陽、僖二。荀吴伐鮮虞，昭十五。同。又歸俘、莊六。甯母，僖七。同。“義”邊：易夾谷歸田，定十。或伐楚次、來盟于師，俱僖四。“利”邊：易輸平隱六；《傳》有“攘奪”句。或伐衛、莊五。歸俘，莊六。俱同。

伐鄭次鄫、襄元；天下。墮郈費定十一；國家。　兩觀“正義”之效，益知利之不可放矣。單就“正義”一邊。

假許　伐鄭次鄫襄元。　諱望國之放於利，予霸主之放於義。《談虎》云：“全在學者論理上著解，須像《傳》，不可作‘合’”。破云：“惡委分地，以放利不如正義也。”此文意翻舊也，明有“放利”“放義”字比，甚整。作傳題未是。

假許　齊取濟西宣元。　《經》於内地他屬，兩變文以致嚴於義利焉。二《傳》俱有“義利”字，及孟子“戒言利”語。上“無君”“無親”，下“亂臣賊子”。書法俱變文。

假許　荆聘莊二十三。　諱望國之放利，嘉遠人之慕義。上“許人改過”，下“樂與人爲善”。

假許　納捷菑文十四；稱人。　許改過，與改過，總是重絶人意。俱在“諱詞”書法上見。

假許　以邾益來襄七[1]。　隱顯内惡，重改過也。隱内惡許其改，不隱内惡彰其改。下比易歸邾，係《沙隨傳》題。

假許　國書伐哀十一。　自新、自省。

桓元。盟越　定位之志遂，而黨惡之罪不容誅矣。書“及”，只作事實，然就“魯志”中發出鄭罪，方有味。收“無俟貶絶”。

會垂、桓元。假許、桓元；去同。盟越　辨志以紀信好，而著强國、黨惡之罪焉。用賓主文法，辯起鄭、魯之志，即承“魯志”上斷鄭“定位”之惡。“假許”比，帶在“會垂”内辯“志”字。

假許、桓元。盟越　諱易地之惡，著黨逆之罪。比作。魯狥鄭欲而與之地，鄭狥魯欲而與之盟。俱重“君”“親”意。

會垂、桓元。盟越　戰郎、桓十。戰宋桓十二。　垂之會，鄭爲主也，故稱“會”；“越之盟，魯志也，故稱‘及’”。來戰者，罪在彼，戰于郎是也；往戰者，罪在内，戰于宋是也。

會垂、桓元。盟越　暨平、昭七。及平定十。　比《暨平傳》。齊求於魯而許之平，故曰“暨”；魯求於齊而欲其平，故曰“及”。

桓元。秋大水　觀道德之微，而知天變不可諉矣。主“宜”字講，便見不可引堯爲解。末發凡變必有所致，致變者當視諸魯桓，以爲反觀之則，勿自謬爲解免也。

桓二。及孔父　獎效節之臣，立“大閑”也。“賢”孔父，在“能爲有無”，而“處命不渝”，只見無愧於平日。只入在講中。“示後世”云云，要重發。收“書‘及’”“書‘大夫’”，以“書名”帶繳。

及孔父　歸酅莊十二。　《春秋》崇節義，以臣道、婦道勸天下也。兩《傳》皆有“節義”字。汲直、孔融；共姜、令女。

及孔父　哀奔文十四。　兩取外臣之忠，知其義與道足取也。

及孔父　行父如齊宣元。　大節所關，素行皆不足拘也。効忠、濟惡。上以“十一戰而不能改”起，下以“相三君而無私積”起。

及孔父　蒐紅昭八。　兩著亂臣之奸萌，欲人君知所防也。“必先翦其所忌”，“必先爲非禮以動民”。上欲人君“崇獎節義之臣”，下欲人主“無昧履霜之戒”。

及孔父　舍至昭二十四。　内外忠君之臣，皆國之衛也。

桓二。滕子朝　失侯實者，即畀之以不侯之名焉。“先”字、“朝”字，是罪案。《春秋》爲誅亂臣一段，是正意。或曰：以下亦申明所以黜滕之意。作文全在書法上融發《傳》意，若實實責滕，而畧倒稱“子”，淺矣。加滕薛朝，隱十一。只炤書法，倒單。再加滕子朝，襄六。炤“終《春秋》不復稱侯”。再加杞朝、桓二。穀鄧朝、桓七。執戎蠻子，昭十六。炤“先鄰國”及“狄之”書法。或加□子入陳、黄池，以吴、楚爲“四夷雖大，皆曰‘子’”，欠通。

滕子朝　小邾子朝僖七。　因王法而退，因王命而進，總之爲天子之事。小邾子與仲尼□諸侯無干，宜删。

盟蔑、隱元。滕子朝　“臣子之詞”，帝王之法；“從周文”，“假魯史”。比作，然起繳要見“進退諸侯”意。盟蔑“‘稱公’”是常例，非聖人特進之以定名實。徑比作，不作“進退諸侯”傳題纔是。

滕朝　荆聘莊二十三。　内外修禮，黜黨惡而進慕義焉。前“稱侯爵”，今“降而稱‘子’”，帝王之法。前“以州舉”，今進而“稱‘人’”，天地之心。下易椒聘，文九。同意，但俱就“稱‘子’”説。

滕朝　吴伐郯成七。　《經》黜侯、伯之爵，其行與名當誅也。終春秋之世，滕不復稱侯，吴不復與以本爵。兩《傳》皆有“名實”字。加滕薛朝、隱十一。黄池，哀十三。同。又出滕朝、黄池，哀十三。大意亦同。下《傳》云：吴僭王矣，其稱“子”，正名也。

滕朝　盟齊僖十九。　開黨惡、親夷之端者，其罪大矣。下主“鄭伯首朝”句，俱在“朝”上論。收以“鄭列其下”書法。

滕朝　楚子伐鄭宣四。　聖人重討賊，以禮先者黜之，而以兵先者子之也。

滕朝　踐土僖二十八。　黜諸侯而扶王室，無非爲大倫計也。按其實以定名，明王法；去其實以全名，維王道。滕名爲諸侯，實則夷狄；周名爲天子，實不及諸侯。

滕朝　吴入郢定四。　《春秋》奉天討，於黜小國、遠人見之也。“名實”“賞罰”四字，要透。

滕朝　城虎牢襄二；不繫鄭。　貶爵、削地。“虞之下陽”等句，對“蚩尤”等句。

滕朝　歸三田定十。　黜爵、序績，嫌疑不足避也。“《春秋》，天子之事”；聖人，“以天自處”。上，“何疑於”云云，下，“亦何嫌之有？”就書法上議論，不重事實。

滕朝　多麋莊十七。　王者之法，王者之心。禹戮防風，周公殺管、蔡；禹放龍、蛇，周公遠犀、象。

滕朝　陳災昭九。　以帝王之法垂後世，以帝王之心公天下。奉天討，舉王法；歸民心，合天德。黜陟、封建。

滕朝　陳蔡歸昭十三。　垂天子之法，歸天子之權。黜陟、封建。

滕朝　獲麟哀十四。　《經》修而帝王之法行，《經》成而帝王之瑞應。上蚩尤、四凶、防風、管蔡，下圖書、鳳鳥、麟趾、騶虞。行法、垂法，其事雖殊，其理一也。後天、先天，其應雖殊，其理一也。

桓二。會稷成宋亂　惡成於貪，《春秋》特筆以罪之焉。受賂而立督爲相，其罪浮於不討與黨之者，故曰“甚”、曰“極”。收“特書所爲”於督弑之後、取郜鼎之前，而不書“立華氏”，用“雖”字帶之。

會稷成宋亂　澶淵宋災故襄十三。　兩詳外會之實，以所關者大也。君臣、父子，義利、輕重，要説得兩事一般，不必大開。書法總重“特書所爲”。定公失席、孔子沐浴。

取郜鼎桓二。　齊取濟西桓元。　按内外得賂之迹，而成惡者之罪著矣。比《行父如齊宣元。傳》。

桓二。取郜鼎納廟　惡逆賂之章，謹亂萌也。取亂臣之賂，“以明示百官”，只一意。要發“垂訓後世”意。只取郜鼎，單就得非其有説，并入“弑逆之賊，不得致討，而受其賂器”，將安所置意？加季子歸、閔元；公子牙、慶父。遂得臣如、文十八；仲遂。適歷，昭三十一；意如。只帶後。

取郜鼎　意如至昭十四。　以賂教而以利勸，皆後世之至戒也。俱有“能敗人國家”句。上“教”字、下“勸”字，皆絶妙文字。

取郜鼎　執滕鄫僖十九。　納賂、虐小，均不可聞於義士矣。臧哀伯曰：“武王遷九鼎，義士猶或非之。”子魚曰：“桓公存三亡國，義士猶曰薄德。”

桓二。杞朝　僅恕求援者，益見誅黨之嚴矣。委曲辯明所以“無貶”，而迹已在必不可恕了。此是杞之出案，即諸人之入案也。全用言外意，發“存天理、正人倫”之旨。“桓立”二字最重。當時惑於仲子之故，皆以桓爲當立，凡聘者、朝者，皆爲其立，獨紀非爲其立，故不得已恕之。

則爲桓立而朝、而聘者，可勝誅乎？加滕朝、桓二。糾聘、桓四。穀鄧朝、桓七。邾牟葛朝，桓十五。倒本股，大意同單，要發“討桓”意透。

滕朝、桓二。糾聘桓四。　親惡之誅無所不嚴，其獨寬者，必有故矣。須會“皆有貶”三字，含吐“獨恕紀”意。“天理、人倫”，要發。

杞朝　紀朝桓六。　小國兩冒親逆之迹，特其情可恕也。上以“王與諸侯”，形朝桓之失起；下以昭公、鄭伯，形主桓之失起。俱倒《傳》末意作。

杞朝　如紀桓五。　兩紀朝禮，而原情、誅意之法昭矣。兩邊俱用“據其迹”反起。

杞朝　次厥貉文十。　恕親内而誅從外，論其志而已。上以滕、穀、鄧、邾、牟、葛證，下以宋、鄭、陳證。

桓二。會鄧　不懼外有道，以懼外失之者可傷也。舍却“莫大”“莫强”，只以力與地分勝負，所以可傷。“會盟離合之迹”，指事迹言。觀他汲汲於此會，便是“迹”。合《春秋》中觀之，合一番，離一番，彼一番，此一番，而其迹可考矣。總只拳拳以會盟爲事也。不必説所以會盟，與“迹”字不合。且“迹”字正見他不在實處用功，去從天理、信義上着脚，只到形迹上張皇了，所以“莫能相尚”。《傳》末四句，雖通一經説，却正暢明前一段《傳》意思，須體此作文，在“繇”字、“道”字上發揮。得“安中夏”之道，自無所懼；得“待四夷”之道，自不懼他。

會鄧　敗蔡、莊十。侵陳宋、宣元。侵衛成二。　觀懼外之無益，而知守國有所本矣。滅鄧事補出，蔡、鄭亦聯絡下，不必分股。説鄭處，要見“終春秋之世”。

敗蔡、莊十。大棘、宣二；受命於楚。鄭師伐宋襄二；楚令。　外患卒不可免，徒懼何爲矣。

陽穀、僖三。夾穀定十。　觀惇信、循理之事，而强大在我矣。借齊桓、孔子發《傳》意，不要實講事迹。加召陵、僖四。歸田，定十。同。上比，或用圍宋僖二十七；伐原示信，定王示義。

會鄧　北杏、莊十三。盟齊、僖十九。踐土僖二十八。　觀《春秋》予奪會盟，而知自□之□勝也。體《傳》“觀《春秋》”四句意發。四比皆自離而合，但道有□□，故夷即因之盛衰。或以會鄧、盟齊爲“離”，北杏、踐土爲“合”，以伯之有無爲重輕。大失《傳》旨。加盟蜀、成二。蕭魚，襄十一。同。雖借齊桓、晋文、晋悼作目，却不重。

北杏、莊十三。盟齊、僖十九。蕭魚、襄十一。會申昭四。　同上，但上則自衰而盛，繇自治；此則自盛而衰，繇不自治耳。

會鄧　北杏、莊十三。蕭魚、襄十一。會申昭四。　中國之盛衰無常，自治之得失可據矣。此題兼前二題之意，上二比自衰之盛，下二比自盛之衰。

盟幽、莊二十七。蕭魚、襄十一。盟宋、襄二十七。會申昭四。　大意同上，但盛、衰兩開耳。以進退、予奪抑揚分貼。舊説上離於夷而合於夏，下離於夏而合於夷，於本題儘説得去，然於會鄧則不可通矣。

厥貉、文十。新城、文十四。盟宋、襄二十七。會虢昭元。　《傳》“進退、予奪、抑揚”，皆就中國説，謂中國能自治以禦夷，則“進”之、“予”之、“揚”之，不能自治而懼夷，則“退”之、“奪”之、“抑”之。不謂予夏而奪夷，抑夷而揚夏。如出此題，作文宜斡旋下二比，於抑“紊防”之中，猶揚“守信”之武，“安夏待夷”之道於此益明矣。

城邢、僖元。楚丘、僖二。緣陵、僖十四。椒聘、文九。術聘、文十二。札聘襄十九。　上三比，“安夏”之道；下三比，“待夷”之道。將六比點過，只將聖人“安夏待夷”之道總發大意，却又不與“三城”“三聘”矛盾，方妙。以上二題即强爲細合，終不肖《傳》，不如刪去。

會鄧　會陽穀僖三。　傷懼外，予謹外。以“信義”等句比出。

會鄧　求車桓十五。　爲世道、王道慮，而兩謹其所以衰者焉。下云“見王室衰亂之繇，而知興衰撥亂之法矣”。“莫大”“莫强”二句，以“不至有求”“不至來求”二段對。

會鄧　北杏莊十三。　徒懼夷而輕戴伯，《經》兩慮其始焉。世道、王道，“始懼楚”“其後滅鄧”云云；夷夏盛衰，始戴齊，“其後宋襄”云云。王、伯；升、降。

會鄧　三國伐宋莊十四。　內治有得失，《經》之予奪異焉。“滅鄧”等語，與“南摧”等語對。上，不善用共强與大者，故“莫能相尚”；下，善用其卑與少者，故“莫能與争”。

會鄧　楚人伐鄭僖元。　志内弱外强之事，而經世之慮遠矣。上“始懼”，下“浸强”。“滅鄧”云云，“會中華”云云。

會鄧　滅舒蓼宣八。　經世之慮，於内懼、外横示意焉。以“安内攘外”作骨。下用“是時疆舒、蓼，及滑、汭，盟吴、越”，對“其後滅鄧”云云。

會鄧　盟齊僖十九。　懼外、交外，聖人深爲中國傷焉。上，“始懼楚”“其後”云云；下，“楚始與中國盟”“後二年”云云。上“傷之”，下“謹之”。

會鄧　邢丘襄八。　治道、政權，不可不謹其始也。下比“委政”之始，“後此”“溴梁”云云。夷夏、君臣。

會鄧　盟宋襄二十七。　中國而懼外、宗外，聖人於其始傷之矣。兩《傳》俱有“傷”字。下，“交見”之始，用伐吴、滅賴、會申事。

會鄧　歸父會宋宣十五。　觀懼夷、賂夷者，而知盛衰有繇也。皆有“夷夏盛衰之繇”句。“天理”“信義”，安中國以待四夷；“簡書”“聲援”，攘夷狄以存中國。

會鄧　盟蜀成二。　諸侯之懼夷、宗夷，皆不知夷之不足畏也。上云“荆楚雖大，何懼焉”；下云“荆楚雖大，何畏焉”。下用“任仁賢，修政事”云云。

會鄧　清丘宣十二。　禦夷之策，有在盟會之外者也。下，同外楚也，用“任仁賢，修政事”，“以保其國”云云。

會鄧　黄池哀十三。　兩志内弱外强之迹，其責中國深矣。脩中國自强之政，乃安夏以待夷；正中國常尊之體，在治内以禦外。上“安中夏、待四夷之道”，下“治中國、禦四夷之道”，兩“道”字不可忽。上見强弱、大小不足據，下見存亡、得失不足計。

會鄧　袁婁成二。　《經》紀會盟，而知待夷、制敵均有道也。下主

“制敵莫如仗義，天下莫大於理，而强有力不與焉”。

會鄧　長岸昭十七。　不能操勝負之權以禦夷，强國失其本也。禦夷本於自治，天理、信義，所以自治也，不然，以“地之大小、力之强弱分勝負矣”；爲國本於得賢，去讒、賤貨，所以勸賢也，不然，雖廣土衆民，勝負敵矣。上，夷夏盛衰之繇；下，本末强弱之繇，“莫能相尚”“尚”字，“不足恃也”“恃”字，是兩《傳》眼目。

會鄧　二雩昭二十五。　夷患、天災，禦之皆有道也。自强、自省。下用“反身脩德，信任忠賢”句。宣王命將南征，宣王“側身脩行”。

桓二。盟唐至　特危逆君之結外，傷中國之無可危也。聖人只自傷中國討桓無人，非致或然之望於戎也。須發“汲汲討賊”意。“至”者，僥倖其歸之詞，全是借此以傷中國。加會垂、桓元。會稷，桓二。倒單作。

圍新城至、僖六；夏出冬還。黑壤至、宣七；止公。重丘至襄二十五；黨杼。辨内君還國之義，得危交夷之旨矣。出至伐鄭、桓十六；納突。至伐鄭、僖六；夏出冬還。至伐鄭，成十七；汝上。同。

侵蔡至、僖四；六月出，八月歸。踐土至僖二十八；夏五月出，春正月歸。“久”而等於“危”與“罪”，以其國可念也。攘夷、尊王，二事俱美，不可涉“危”字。觀“危”字根“會盟侵伐”來，“罪”字根“黨惡附奸”來，則“久”字當根“去國踰時”來。蓋國不可一日無君，踰時而不反國，事豈無廢弛？觀《春秋》“久”而書“至”，□於“危”與“罪”，則人君時時當注意於國，不可頃刻去懷矣。如此講，□與“去國踰時”四字相恊。舊主臣子不忘君父説，何其蛇足。

黑壤至、宣七。平丘至、昭十三。侵鄭至、定八。會吴伐齊至哀十。俱是“危”。賓禮、軍禮。

侵蔡伐楚至、僖四。會盟平丘至昭十三。　上從桓遠伐，下邾、莒有訴。以“雖曰攘夷”“雖曰理直”翻之。《伐徐傳》“方以齊人同會爲無憂”，今以伐楚爲“危”，欠通。

盟唐至　辰陵宣十一。　兩致傷中國之意，重討賊也。俱傷中國不能討罪，俱有“夷狄之有君”云云句，宜總用。上鄭、齊，下魯、晉。

盟唐至　吴救陳哀十。　危交夷而畧恤夏，重傷中國也。俱有“居夷浮海”語，一傷中國不能討罪，一傷中國不能恤患。

桓三。春正月　畧歲首之文，傷王法之弛也。以“桓無‘王’”起，重傷王法之廢，而以“王朝司馬”“鄰國大夫”“魯之臣子”三者點講。

桓三。胥命　特起近正之文，懷古情深矣。“有能”字、“獨爲”字，與“特起”字相炤應，須發透。“易生”一段，正是“善胥命”意，不可遺。加蔑、宿等比，倒作。

胥命　季子歸閔元。　貴信而旌賢，行古之道也。“古者不盟，結言而退”；古者親親尊賢，竝行不悖。虞、夏、堯、周。

胥命　召陵僖四。　思古與王，因有取於近之者焉。“古者不盟”，王者不戰。荀子“《春秋》善胥命”。楊子“《春秋》美召陵”。

胥命　葵丘僖九。　取相諭而美咸喻者，均不貴盟意也。不盟、不歃；荀子、孟子。

胥命　書救成六。　不盟不戰，斯亦古道、王事之僅見者矣。全要在末世多疑貳、貪功賞上形出兩邊好處。

盟蔑、盟宿俱隱元。于鄗僖元。甲氏宣十六。　《春秋》之時習，有見於兵好者焉。比《書救成六。傳》。各要於本比有情。

胥命　盟蒲成九。　不盟而信者近正，不信而盟者昧本。虞、夏、□□。

胥命　鱄奔襄二十七。　相信、守信者，皆《春秋》所予也。荀卿、穀梁。

胥命　夾谷定十。　人固可以信諭、理格，無事於盟與戰矣。兩心相諭，信於鬼神，無事於盟而愈於盟。一言之重，威於三軍，無事於武而愈於武。

桓三。日食既　紀天變之甚，憂王道之微也。“言日言朔，食正朔也”，點過，重“食之既”爲變之大作。出從王伐鄭、桓五。荆敗蔡，莊十。發“爲變大矣”意。

桓三。翬逆女　譏望國之失節，重大婚也。“禮之正”，通貴賤言。

“節”即在“禮”中，所以使無過不及者。依《傳》將此意起，重“魯失節”上作。加履緰逆，隱二。分紀、魯作。以遠近、大小别之，紀小於魯，魯近於齊，皆當“親迎”。

桓三。送姜會讙姜至　禮有所當重與所當謹者，望國均失之矣。以“娶夫人，國之大事”總起，將公之行不重姜氏、姜氏之見不能防閑相承發，後以“禮”字渾束之，收“詳書”。“不言以至”，是事實書法。加逆女，桓三。同。

桓三。送姜　大國之過於禮，繇内君之不及於禮致之也。加逆女，桓三。□。

桓三。會讙　望國不以婚禮出，失輕重之宜矣。加逆女，桓三。大意同。要體“既”字、“乃”字，見得到底未嘗親迎。

桓三。姜至　《經》紀嘉禮，深示防微之意焉。

桓三。有年　聖經存反常之瑞，所以昭天道也。以“有年爲異”，而“特存”之，所以明天之以歉爲常也。作文以“存異”起，重“天理不差”作，借偶然之異，以顯十七年之常，而“天理不差”之妙宛然在目矣。聖人非以此爲天理少差，正以顯“不差”之妙也。前半《傳》是來龍，“享國”以後，方是到頭一穴，從來憒憒。

有年　六月雨、僖三。大有年宣十三。　獨存二逆君之祥，以存異也。六月雨比，不重僖公，只證他有年皆不書耳。炤《傳》倒重二“有年”上。“異”字，自桓、宣身上説，不可誤自天説。

有年　宋人圍曹僖十九。　兩讀聖筆，皆决其爲化工也。發天道之微，發人心之隱。兩《傳》皆有“畫筆”“化工”語。

有年　公不與盟昭十三。　以祥爲異，以辱爲幸，所以爲聖筆也。“在不修《春秋》則爲慶祥”，聖人“以爲異”，故“特存”；“自衆人常情，必深沮喪”，聖人以爲幸，故“直書”。

桓四。狩郎　欲全王德，而不地非微矣。諸侯田狩不過郊，魯郊在大野。“謹微”“微”字，指“不地”，對上“戎、祀，大事”言。玩“每”字、“然後”字，則有“謹”有“不謹”，仍不得全。“謹微”須説得寬，非地之狩，特一端耳。

治兵、莊八。大事太廟文二。 事雖關於國者大，而微固不容忽也。出圍宋、僖二十七；晋文蒐被廬。立武宫成六。同。

滅譚、莊十；威。河陽僖二十八；順。 威與順合，又當稽王德於微矣。只借“威”“順”字眼，皆見不在淫獵之騁意。或出大閲、桓六；不威。比蒲，昭十一；不順。反上題。《傳》“威”“順”，指狩一事言，分開不得。正出且不可，況反出乎？删。

狩郎 大閲桓六。 講武而農物傷，轉爲民思王者矣。以“武”“孝”意總起，“不地”“不時”分作。“傷農”，傷民之農事；“害物”，害民之物稼。俱重“民”上。

狩郎 築臺于郎莊三十二。[2] 講武興役之遠，不念民矣。俱有“遠”字。上“疾首蹙頞”等語，下“欲與偕亡”等語，形容民怨甚切，須痛發。“原圃”“具囿”“靈臺”“時臺”。

狩郎 王所僖二十八。 兩紀“非地”，示“謹微”“正本”之意焉。

狩郎 下陽僖二。 《春秋》紀事，易地利與棄地利者皆譏焉。“如原圃、具囿，皆常所也”，“謹微”之意。“猶潼關、劍嶺，皆國之門户”也，“待衰世”之意。

狩郎 大水無麥苗莊七。 全王者之德，存王者之心。

狩郎 無冰成元。 王德、王事無微，《經》示謹之、慎之之意焉。舊破總用“謹”字，非。兩“微”字不同，上指非地，對“戎、祀，大事”説；下指無冰，對“經邦大訓”説。全在聖人意上發。想到民“舉疾首蹙頞而相告”，人亦知謹；但起於“違常所”，遂至此，人便不知謹。説到天象極而亂莫能制，人亦知慎；但要他“觀於陰陽寒暑之變，以察盈虚消息”，人便不知慎。“謹於微之意”，“慎於微之意”，兩“意”字，是如此。

狩郎 執仲幾定元。 兩致意於非地，知“微”與“初”之當謹矣。

同生、桓六。滅譚、莊十。河陽、僖二十八。札聘襄二十九。 威天下，順天下；家天下，公天下。比《同生[3]傳》。

桓四。糾聘　貶承命寵惡，而宰臣之責重矣。以“亂首”意斷罪，倒“書名”書法。“任重”意亦須融入。

咺賵、隱元。糾聘　榮叔錫莊元。　相臣承命以寵惡，無所辭其責者也。叫起“書名”，如單發，後入二事辯之。“貴君”“責相”同，貶糾明矣；“已封”“未封”異，責糾深矣。

糾聘　榮叔錫莊元。　嚴於懲惡，義無所不至也。如《傳》側問起，畧分，總作。

喧賵、隱元。糾聘　兩嚴相臣之責，皆以正大倫也。俱重“書名”上。末或爵或不爵，而已封未封，亦就“書官”“稱爵”料之，須用得活。

糾聘　突救莊六。　寵惡、恤患，王法廢而不能詔，王命驟而能伸。降從中士之例，超從大夫之例。

糾聘　執祭仲桓十一。　兩責相臣之深，惟任重也。俱有“任重”“責深”句，俱以相爲主，而以“已封”及“王命”重之。上君臣，下嫡庶。

糾聘　札聘襄二十九。　因任而責之重，因賢而責之備。下易秦人伐晋，文三。同。

咺賵、隱元。糾聘　河陽、僖二十八。錫命文元。　《經》别君、相之稱，皆以重其責也。

糾聘　戰邲宣十二。　責相、責將。

【校記】

〔1〕襄七，應爲“哀七”。

〔2〕莊三十二，應爲“莊三十一”。

〔3〕同生，後依例應註明年號“桓六”。

卷之五　桓公中

桓五。春正月甲戌己丑　聖經月、日之紀，因革見矣。炤盟□□□□□，以“大義”起，倒下“甲戌、己丑”，着兩“或曰”上做。或分因、革對作，亦可。

桓五。齊鄭如紀　圖小者其志憯；“存”之者，誅之也。“志憯”只是案，還重《傳末》“著齊滅紀之罪”二句。蓋後□著紀侯去國、未明所去之繇，必存此“相如”，乃知齊實滅紀，異於“興繼”之義矣。如此說，方是聖人“存而不削”之意。加大去，莊四。大意同，重發“誅意之效”句。再加遷三邑、莊元。以酅入，莊三。亦同。

如紀　遷三邑莊元。　《春秋》重興繼，故於謀小、迫小者致譏焉。兩□俱有“興滅繼絶”意。上“詐諼”，下“强暴”。

如紀　城邢僖元。　诛謀小者之志，以其與興繼之義悖也。下比勿實作“興繼”，只是使之不至於滅絶，是得“興繼”之義。作文“以小國恃大國之安靖己”意起，以“城邢”形發，如單。或主以興滅、繼绝論起，不必書法起倒。破云：“重興繼之義，誅謀小、予有小焉。”

如紀　州公如曹桓五。　存假禮以謀人、依人者，皆爲後案也。俱是“外相如”，上書之，爲滅紀張本；下書之，爲寔來張本。

如紀　侵崇宣元。　志憯心逆者，於修祀、求成而畢露矣。上以“尊不朝卑、大不朝小”難起，明滅紀之繇；下以“求成非道”難起，見弑君之端。

如紀　取須句僖二十二。　非興滅繼絶之義，非崇祀保小之禮。

如紀　升陘僖二十二。　誅謀小之志，著輕兵之害。“亦異於興滅繼絶之義矣”，“亦異於誅暴禁亂之兵矣”。脱出城邢、僖元；興繼。同圍齊，襄十八；誅禁。須體二本《傳》。

如紀　叔弓會陳昭九。　《春秋》興繼之義，兩寫意于外事焉。兩邊須提明“得書”之繇，轉下“存而不削”，俱有□□□□□誅意。《穀梁》“存陳”。“外相如”不書，“外災告”則書。

如紀　狩河陽僖二十八。　以大事小，禮雖似而志憯。劉敞“誅意”，以下致上，事雖逆而情忠，啖助“原情”。

如紀　從祀定八。　《春秋》于内外假禮，而皆誅其心焉。上“志憯”，下“情逆”。

桓五。仍叔聘　官以子書，著王室之狥也。“童稚”及“子弟之弱”句，正解“之子”二字。重“狥私不能公選”發，引“周衰”以“戒後世”意，亦要透。

季子歸、閔元；賢。令狐文七；能。　下，陽子謂趙盾能，乃以將中軍。須借題振起“不以賢”“不以能”意。又三國伐宋、莊十四。射姑奔，文六。同。

□如[1]、宣七。歸父如、宣十八；父故。取鄆、昭元。舍至昭二十四；世故。　“故”本不足以累公選，而狥私則非也。借比發《傳》，就聖人意思説。“世故”邊：易觀魚、隱五。郜鼎，桓二。同。只歸父奔、宣十八。舍至，昭二十四。同。又缺救、宣九。書救，成六。同。又敗箕、僖三十三。晋侯伐衛，文元。同。

“世故”易比：

晋侯伐衛文元；先且居，先軫子。

盟新城，文十四。或盾救陳宣元；趙盾，衰之子。

行父如，文十五。或連友如陳莊二十五。

鷄澤，襄三。或連會虢昭元；祁午，祁奚子。

士匄聘襄八；士燮子。

韓起聘昭二；厥子。

如盟扈、令孤，非趙盾佳事。嬰齊如，叔肸不食宣禄，何世故可□？燮聘，不見他賢。莒丘，聲伯告士燮，不但聲伯非世，且晦甚矣。盈奔，去國，與用人不合。

“父故”易比：

敗箕，僖三十三。或缺入蔡文十五；郤芮子。

敖如京文八；敖從己氏於莒，魯立長子文伯，文伯卒，又立惠叔。

如夏伐陳，子發未嘗得罪于國，未當。又會宋、會虢二比，或作“世故”，或作“父故”，不知趙氏已滅，武非世家，而同、括皆武之叔。□於箕、會虢、寧主《尹氏卒傳》。

城濮、僖二十八；衰相文。新城、文十四；盾相靈。滅甲、宣十八；會將景。鄢陵成十六；欒將厲。　有合于公選，則將、相皆可世也。趙世相，范世將。上以伊陟貼，下以丁公貼。新城比，易盟扈，文七。同。

會虢、昭元。鞅伐衛哀五。　親與讎弗避，稱公選矣。祁奚薦祁午，内舉不避親；王生薦張柳朔，外舉不避讎。主“惟其公而已”句。上比易鷄澤、襄三。會宋、襄二十七。盈奔，襄二十一。皆奚午事。若易韓起昭二，是無忌薦其弟起。又季子歸、閔元；親。小白入，莊九；讎。同。季子歸、盟葵丘，或□《無□傳》，作“親親尊賢”。又或主《無知》《諸兒》兩傳脱合。

祭伯來、隱元，于洮、僖八。歸父奔、宣十八。舍至昭二十四。　尊王命而明公選，而位與類弗計矣。貴故、賤故，重命而不計其位；父故、世故，重賢而不計其類。

仍叔聘　季子歸閔元。　用人關治亂，視乎大臣之意與國人之思而已。上“狗大臣之私”，“伊陟”云云；下“不緣宗親之故”，“堯親九族”云云。重兩傳末“國家治亂”意發揮。

仍叔聘　初税畝宣十五　官制廢而田制變，均足爲志古者慨也。“仕者世禄”，帝王不以私意害公選。耕者九一，君子不以天下事一人。“然後夷狄”云云，“其後丘甲”云云。下比易用田賦，襄十三。同。

桓五。城祝丘　興時、義胥失之役，輕于勞民矣。夏，則非時；助紀，畏齊、鄭，則非義。總見無愛民之心。

桓五。從王伐鄭　端本以責君，因寓正分、存防之意焉。一頭兩腳，“三綱”句最重，三意總爲“軍政之寓”。皆自聖人書法上發。加歸賵，隱元。只提過“稱天”，同單。

桓五。大雩　因變而誌僭祀，精義見矣。諸侯原有雩，入雩則僭矣。

書雩爲記旱，“謂之‘大’”，是紀實。都不見是書法，惟“因旱以書，而特謂之‘大’”，本是紀實，本是記旱，“而義自見”。此豈非“性命之文”乎？“性命之文”本邵子，在聖人修《經》無所容心上説。“義自見”之“義”，即《傳》末“明乎《春秋》所書郊禘大雩之義”。“義”字，在僭祭的説，縱不知諸侯不得祭天地、大夫不得祭山川，難道不知庶人不敢把别人的爺孃認做自己的父母？諸侯而祭天地，譬庶人混扯别人爺孃而祭於己之寢矣，可乎？不可乎？在所祭的説，泰山，勝林放幾萬倍矣，上帝，又勝泰山幾萬倍矣。林放且看得一時僭侈的不像意了，故問禮之本，上帝又怎肯與你胡亂厮混？如此想，《春秋》所書之“義”，可見事事物物，都有一箇恰好處，是混亂不得的。“治國如指掌”之説豈不了然！“特謂之‘大’”句，孫氏、汪氏註甚明，而《指月》云“國史原有此文”，此何所據？不知猶龍從何處見魯原史也。書法□宜總收“因旱以書，而特謂之‘大’”九字。

大雩　禘太廟、僖八。四卜郊僖三十一。　屢存望國僭禮，禮正而義亦寓矣。因事而書，又有其失者也；因旱而書，無失者也。總重“僭”上。傳末一段要透。

吉禘、閔二。四卜郊僖三十一。　享帝享親，皆因事志僭焉。以“僭”爲主，而以在喪、于寢、不時、過卜，點明“因事而書”書法。清廟之頌、干戚之舞、羽毛之執、大輅之乘、弧韣之載、陶匏之具。

大雩　吉禘、閔二。四卜郊、僖三十一。墮二邑定十二。　觀聖人辨分之義，而治國之易可識矣。

大雩　襄歸僖二十八。　僭祀苟免者，正之以禮義焉。“性命之文”，性命之理。上，“明此[2]”“治國”云云；下，“其説行，天下定”云云。

桓五。州公如曹　存例不得存之迹，爲後事本也。“稱‘公’”提過，重“録本”意。以“度其國危，遂不復”作案。以“將有其末”，必“先録其本”。説聖人書“如”之意，虚講。“將”字宜味。加寔來，桓六。大意同，仍收本《傳》，勿犯下。

如曹　葵丘、僖十九。曹南僖九。[3]　國君得從尊爵之稱，意其常相乎王也。以“宰周公”與“□公”論起周制，倒“州公”作。或“保釐”，或“入相”，俱不可知，要説得活。

會葵丘、僖九。曹南僖十九。　兩稽尊爵，可以□適國者之稱矣。“天子”“王者”字樣最重，當就此發揮。“宰周公”只就三公言，勿兼宰説。出宰周公聘、僖三十。華元聘，成四。同。或祭公逆、桓八。壽納幣，成八。亦同。

如曹　會葵丘僖九。　以父師保釐，以列國入相，以宰臣兼師保，以三公行端揆。須因周公而想“州公”之稱，方得《傳》意。

如曹　己卯烝桓八。　紀外交以著失國之繇，存時祀以彰瀆禮之責。

梁丘、莊三十一[4]。葵丘、僖九。毛伯錫、文元。召伯錫成八。　君號臣爵，同異之義各有屬也。

追戎、莊十一[5]。梁丘、莊二十一[6]。葵丘、僖九。敗狄文十一。　稽公與夷之稱，而尊王禦夷之旨見矣。萬曆酉子江西，只出葵丘、敗鹹。如此不通題，主司所宜切戒。

桓六。寔來　名託內之君，訓保國也。全在商度夫子所以待州公者上，發“正名”意。“自取”，依“或”字活點。爲“自暴棄之戒”意要發。加獻舞、莊十。邾益、哀七。曹陽，哀八。大意同。“或棄賢”三句，一總活用。

石門、隱三。寔來　滅邢僖二十五。　諸侯有常尊，而失地覆親者非其倫矣。以“諸侯不生名”起，倒下分二股，總發“正名，經世之本”一句。去石門，同，只輕入“不名”意。

寔來　獻舞、莊十。譚奔、莊十。弦奔僖五。　異待託國之諸侯，而勸戒昭矣。以“託國之禮”辨起，遂以“失國不同”説破，炤《傳》側點小二段，後大發“勸戒”意。加温奔、僖十。益來、哀七。陽歸，哀八。同。

石門、隱三。寔來、獻舞、譚奔、俱莊十。弦奔僖五。以“不生名”起“託國之禮”，二段中仍以“不生名”句一炤。餘同上。

石門隱三。寔來　譚奔莊十。　變例以名諸侯，以失國之非不幸也。石門辨起，譚奔比斷。加弦、僖五。温，僖十。同。

入衛、閔二。楚丘、僖二。圍曹、哀七。陽歸哀八。　諸侯有自强、自棄之殊，足備《春秋》之勸戒矣。末二句搭。

寔來　譚奔、莊十。滅邢、僖二十五。滅夔僖二十六。　覈失地、覆親之罪，故獨有所名焉。以“失地滅同姓則名”句做主，上辨“自取異于不幸”，下辨“中國異于夷狄”。下出執虞、僖五。滅邢，僖二十五。同。俱原情，俱以有罪、無罪爲辨。寔“自取”，異于譚，故寔獨名；邢非自取，異于虞，故“燬”獨名。

寔來　譚奔、莊十。滅遂、莊十三。殲遂莊十七。　歷觀《春秋》所紀，而勸戒備矣。一有罪，一無罪，于託國之時，待以不齊之禮，善惡勸戒也；一不義，一不服，以亡國之餘，能行不測之事，强弱勸戒也。

寔來　戰韓獲僖十五。　《春秋》正名，故致意于失國、君國者焉。上“書名”，下不書“師敗績”。兩邊皆有“正名”二字，皆以孟子語辨起。

寔來　納頓僖二十五。　《經》于失國之君，有不與其“託”與“納”者焉。諸侯失國，託于諸侯，禮也，寔本“自取”，故“書名”；諸侯失國，諸侯納之，正也，頓納于楚，故“書‘納’”。

桓六。會郕　小國謀難于逆君，失策甚矣。主下《紀朝桓六。傳》“所主非人”作。須在“咨謀齊難”上發意，切莫用斷罪語。

桓六。大閲　以望國講武之失示後世，而豫道尤所當知矣。以“不時”“非禮”起，倒“失政”作。講“失政”中，要依《傳》串入“厲農”。倒處便該云：“魯之僭禮舊矣，顧其所以奪農時而爲此者，何汲汲若是哉？”

大閲　治兵莊八。　武事怠與瀆，皆譏也。桓有所畏，而大閲非其時；莊有所俟，而治兵非其地。忘戰必危，倉皇于有事之秋，何以保國？好戰必疲，勞黷于無事之日，何以保民？

大閲　追戎莊十八。　兩譏備敵、躡敵，皆重未然之防也。俱有“未雨”“桑土”句。

大閲　大眚莊二十二。　望國之兵、刑，失之弛與縱也。

大閱　告糴莊二十八。　以足兵足食訓，故兩譏望國之不預焉。下出大無麥禾，莊二十八。"古者三年耕"云云，對"先王寓軍政"云云；"何以爲國"對"何以保其國"。

大閱　吉禘閔二。　一舉而三失，望國之戎、祀可譏也。上輕點"不時""非禮"，重"不預"；下輕點"不時""非地"，重"僭制"。此亦可作狩郎内或記題。

大閱　蒐紅昭八。　魯事日非，《經》著弛政、縱權之戒焉。上以"不時""非禮"起，重"失政"；下以"違時""易地"起，重"失權"。《詩》戒："未雨""易城""履霜"。

大閱　昌間昭二十二。　兩譏望國講武，皆爲軍政計也。上"寓軍政於四時之田"，以"不時""非禮"起；下"三綱，軍政之本"，以"非地""專行"起。

桓六。子同生　《經》重國本，於始生示法焉。"不稱世子"，畧點明，全在"定於立嫡""定"字，發明"與子之法"。"始生"之義最重，總是借魯"垂訓"。

同生　札聘[7]　禪、繼之道，惟其可而已。在書法上發意，要體貼"可禪""可繼"口氣，及"不拘""不必"字，總見帝王至公無私之心。

盟宿隱元；宋宣與□。射姑朝桓九；曹桓立嫡。　得人立嫡，禪、繼之義明矣。出四國伐鄭、隱四。陽生入，哀八。係"不得人""不立嫡"。又出長葛、隱六；忌馮。及荀息，僖十；晋獻不立嫡。同。

同生　首止僖五。　兩重立嫡，而"與子之法"明矣。以"與子""定於立嫡"起，分一國、天下作。

同生　鷄澤襄二。　紀儲君之生以明法，其不得從已誓之稱，無嫌也。"始生"，自然未誓，故"不曰世子"而曰"子"，此正辨其爲"嫡冢"意。鷄澤比，只以齊光入中作辨。下比易盟戚，成十五；宋成。同。或主合作，謬。

同生　小白入莊九。　兩紀儲君，而立嫡、立長之義明矣。都重書法上論。不稱世子、公子，各引起。

同生　滅下陽僖二。　以天下爲家，而示定儲、守國之義焉。俱有“以天下爲家”句。“正本以防配嫡”，明天下之達禮；“設守以待暴客”，望衰世之小康。

同生　入蔡、莊十四。荆聘、莊二十三。札聘襄二十九。　兼帝王之道以立法，體天地之心以待夷。子可繼，賢可禪；威以刑，接以禮。比《荆聘傳》。

同生　札聘、襄二十九。取鄫、昭四。執仲幾定元。　酌禪、繼之宜，參文質之中，皆有“兼帝王之道”意。比《午卒襄四。傳》。

同生　札聘、襄二十九。柏舉、定四。入郢定四。　酌禪、繼之宜，示命討之公。可禪可繼，忽褒忽貶，全要説得活。比《入郢傳》。

桓六。冬紀朝　求援於大恶，失所主矣。宜以“志不在朝桓”“得免於貶”起，便傷其失所主，傷之中寓“惡桓”意。加會郕，桓六[8]。同。再加大去，莊四。只帶“貽禍”意。

鄭逃、僖五。乞盟、僖八。孫齊、昭二十五。乾侯昭三十。　兩觀失主之患，而主盟慎矣。鄭不聽孔叔失親之戒，魯不聽子家無信之言。“榮辱”“成敗”分貼。

紀朝　大去、莊四。新城、文四十。棐林伐宣元。　主人者有得失，而成敗異矣。陳靈公棄楚從晋，晋伐鄭，以救陳也。

春王正月、僖二十四。城濮、僖二十八。新城、文十四。盾救陳宣元。　觀二國得主之助，主之所係非輕矣。上，晋文主秦，而復國致霸；下，陳靈從晋，而楚侵晋救。

紀朝　戰紀桓十三。　求援非人，勝敵非策。上以魯、鄭證，下以鄭、蔡證。脱出鄭逃、僖三，侵蔡、襄八。取鄆、昭元。圍蔡，哀元。係失主倖勝之禍。

桓七。焚咸丘　欲推受物之心，而紀淫獵以寓意焉。此時亦可火田，但焚林則盡。鳥獸、草木兼説。《傳》中“心”字重。

焚咸丘　滅甲氏宣十六。　兩惡盡其類者，仁愛之心也。以“愛物”“仁民”立意。上，物無遺類，引《易》《禮》；下，狄無遺類，引伯禽、宣王。

焚咸丘　肆大眚莊二十二。　取物過於忍，愛人過於縱，皆可譏也。

桓七。穀鄧朝　望窮於黨惡者，而討賊之情愈迫矣。二意俱從“遠”字發，須將二意渾融提明。即以罪“二國自遠來朝”，以絶天下用刑之望，流水一直做下，後依《傳》總收“各書其名，而去秋、冬二時”。加石門、隱三。秋七月，隱六。只發例起。脱出石門、隱三。秋七月，隱六。主稱君爵以明分，備天時以明政，仍含本《傳》做。

穀鄧朝　獻舞、莊十。城邢僖二十五。　遠國親惡，直比之失守、覆親者焉。須説得失地、滅親之惡極大，方於比穀、鄧有力。加石門，隱三。只作例起。

滕朝、桓二；先來。穀鄧朝、遠來。郳牟葛朝桓十五；不奔王喪而來。　黨惡之誅，不一而足，存人類也。總論，總作。三“或”字，見無所不用其誅，非謂罪有輕重。

衛朔奔、桓十六。小邾朝僖七。　命與討咸備，繼天之道也。上雖洩、職逐之，寔莊王斥之；下雖桓公請之，寔惠王命之。借題發意，不重事迹，要見命、討不可偏廢意。又須緊貼“天道”發，方與去“秋冬”相關。出齊人伐衛、莊二十八；惠王、召伯廖。踐土，莊二十八；襄王、王子虎。同。上比舊用會城濮，謬。下易滅甲氏，主□□□士會，非美事，不可搭。

糾聘、桓四。穀鄧朝　兩絶討罪之望，而寄慨於天道焉。總問起書法。上只罪王室，下通刺諸侯。“去二時”意，要透發。“書名”，依《傳》帶收。加秋七月，隱六。亦主“賞爵”説，方相炤。

□朝、桓□。穀鄧朝　郳牟葛、桓十五。會扈、文十五。執意如、昭十二。召陵侵定四。　黨惡、貪利者，貶之無所不至焉。下“或畧而不序”云云。比《朝歌定十三。傳》。

桓八。己卯烝　辨内祀之爲時，而聖筆之志有爲矣。只以《傳》末“非以不時”二句作，而“合時”自在講中。然須以“《春秋》用周正紀魯事”點出“合時”，就將“合時”翻出“所以書”之故。

己卯烝　丁丑烝桓八。　合時之祀，爲瀆禮紀也。以上比爲□□□烝在中發之，辨其爲“再烝之瀆”而書，一串説下。

狩郎、桓四。己卯烝　即魯戎、祀之期，而見周之用夏時矣。分軍禮、吉禮，須發“夏時得天，百王所同，其狩其烝，所以當從”，與“周不改乎夏”意透。

己卯烝　以益來哀七。　不削時祀，以彰後瀆；不諱國惡，以彰後善。加丁丑烝、桓八。歸益，哀八。同。

桓八。家父聘　有所不責者，備相責也。文中不宜板罪宰糾，但發明相所關之重，相一壞，百凡倒置，百執事固無論也。論相意極重，體“以此見”三字，從學者討出聖人意義來。前後虚發意，而以書法點在中。加糾聘，桓四。同，但兼《糾》書法耳。總叙問，總發。

歸賵、隱元。糾聘、桓四。家父聘　荣叔錫、莊元。歸含賵文五。　立君、相互貶之文，示一心之義也。説君、相一心，正見相之任重，不可以君、相平論。嫡妾、君臣畧分，總發。

糾聘、桓四。家父聘　榮叔聘莊元。　《經》明君、相一心，故屢于寵悪之責致意焉。來聘者有家父，锡命者有榮叔，而《春秋》之正之者，惟宰與王。惟其“以爲一心”，故如此。然則人主之職，論相之外，無餘事矣。《帝歌》先言“股肱”，《陶歌》先言“元首”，正見君臣互相責勉。舊以責君、責相分，未得。

家父聘　友如陳莊二十七。　不貶寵悪、私交者，以罪有所歸也。

糾聘、桓四。家父聘　首止、僖五。葵丘僖九。　貶詞與殊詞不概施，責相尊君之意也。下易滅項、僖十七。取鄟，成六。同，但破用諱詞。

家父聘　戰邲宣十二。　將相之任重，故責不他及也。上加糾聘，桓四。同。

糾聘、桓四。家父聘　戰韓獲莊十五。　兩有所畧，責相重君之旨也。名糾不貶家父，責相；君獲不言“師敗績”，重君。帝歌、陶歌；堯命、舜命。

糾聘、桓四。家父聘　秦人伐、文三。晋侯伐文四。　《春秋》之責，獨備于任之重、人之賢者焉。《虞史》《秦誓》。比《晋侯伐傳》。

糾聘、桓四。榮叔錫、莊元。三不雨、僖二。六月雨僖三。　君相一心，軍民一體。人主之職，在于論相；君國之道，在于子民。出家父聘、六月雨，同。

糾聘[9]　榮叔錫、莊元。大棘敗獲宣二。　君相一心，師將一體。

糾聘、桓四。家父聘　盟齊、僖十九。盟蜀成二。　從重之義，從同之義。比《盟蜀傳》。

桓八。丁丑烝　貶見于“再書”，文有不得不然者也。要在“《春秋》之文”上發。

伐凡伯、隱七。己卯烝、桓八。丁丑烝　聖筆有煩簡，可以論文矣。只以學者歡聖人書法上看，不重事實。

己卯烝、桓八。丁丑烝　三不雨僖二。　瀆禮勤民，皆屢書以見褒貶焉。

丁丑烝　乙亥嘗桓十四。　望國之祀，瀆與慢皆非也。

桓八。祭公逆　輕使之而致其專，《經》所譏也。重“王輕使”上。祭公專行，□王致之，只入在内講。收“不稱使”。“遂”字只作事實。

祭公逆　劉夏逆襄十五。　禮自有節，輕使大臣爲失矣。以“卿逆公□，得禮之正”起，將“靖公合禮不書”證明，如單發。

桓九。季姜歸　示婦道于“王后”之稱，敎化原也。須從“化天下以婦道”句發揮，勿太着季姜。

逆王后桓八。季姜歸　《經》有抑揚之詞，而母儀、婦道昭矣。同一“后”也，“自逆者”云云，“自歸者”云云，此意要説透。“正始”二句，總發，莫分貼。

季姜歸　王姬歸莊十一。　于王后、王女無尊詞，謹婦道也。

姜歸　歸酅莊十二。　抑王后而旌内女，皆化天下以婦道也。

季姜歸　會首止僖五。　抑揚王后、王儲之稱，一以婦道律之，一以君道尊之也。“自逆者而言”，“自歸者而言”；“自天王而言”，“自臣下而言”。下易葵丘，僖九。同。破云：“婦道、臣道之訓，垂於抑后與相之書焉。”

逆后、桓八。姜歸　河陽、僖二十八。賜命成八。　君后之道，具於《春秋》之異稱矣。各兼“分”與“恩”二意，然各須串重下邊。

桓九。射姑朝　急修禮而忘危，道、責兩有所歸矣。責父子，皆以宗社爲重，無書法。“何急于朝桓”，兩邊俱用此句，本非王事來。或主重終生做，射姑帶，妙。

甯母、僖七；鄭文使子華。盟洮僖八；陳宣使子欵。　國儲之出，凡以勤王事也。上通王貢，下謀王室。二比非朝于天子，未妥。

盟洮、僖八；欵下曹。盟戚、成十五；成下鄭。鷄澤、襄三；光繼邾。會申昭四；佐繼許。　禮固有序嗣君者，其急於出必有謂矣。上二比“已誓”，下二比“未誓”。先將“典命”提明，後體“世子固有出會”以下至“急述職也”一段意作。據《同生傳》，凡稱世子，必皆已誓者。光與佐皆稱世子，可謂未誓乎？若以繼子男爲未誓，襄十伐鄭，齊光以“先至於師，故長於滕”，當時先後豈有定序？可據此以爲已誓、未誓之殊乎？此題亦未妥。

射姑朝　秦人伐晋宣十五。　主“孝子盡道以事其親”云云。搭下用魏顆嫁父妾事。

射姑朝　仲孫來閔二。　修好之急者，交責其父子；省難之緩者，交責其君臣。

射姑朝　高子盟閔二。　責從命非義，美裁命得宜。子道、臣道。下易首止，僖五。同。

射姑朝　鄭逃僖五。　狥父命、狥君命，俱在“世子”上發意。此題或主《午卒傳》“違禮”“獻佞”。

射姑朝　盟扈莊二十三。　下主狥母命。上“世子，君之貳”；下夫婦，倫之本。

桓十。春王正月　以盈數正大惡，明常理也。“天人”聯講，要就“盈數”内發出“紀常”意。

桓十。桃丘弗遇　與國負約，《春秋》所惡也。就“初約”“中變”講。“變”字内，便虚涵“信亦可捐，所變必是好事”意，後以書法挑明，庶於“則”字、“蓋”字□。“衛地”意輕。收“弗”字。

桃丘　戰郎、桓十。惡曹桓十一。　失信而見惡於《春秋》，合之後事之譏而無疑矣。此就説《經》者悟聖人之意説，將二書法推出“惡失信”。

弗遇　追弗及僖二十六。　兩以遷詞紀兵好，失信、失正之罪明矣。

弗遇　弗克納文十四。　約信而失信者可譏，聞義而徙義者可予。

桃丘　會衺伐桓十五。　約信而終于失信，疑義而果於不義。

桓十。戰郎　誅外兵之來，誅其以逞忿來也。“不知類”意透發。“必誅而不以聽”句，正是汲汲誅討意。書“來戰”，正以三國爲主。“首齊”，即在内抽出的，帶收。加侵西、伐北，俱僖二十六。同，只辯起“來戰”書法。再加四國伐、隱四。盟越、桓二。會稷，桓二。同。

同圍齊、襄十八；誅暴。大鹵昭元；應敵。　兵之可用者，惟誅暴、應敵而止矣。借事發《傳》，以“重兵”意起，然後分講。上邊雖講“誅暴禁亂”，却要影射“悖道縱欲”；下邊雖講“不得已而應”，却要影射“得已不已而先之”。出滅庸、文十六。楚子入陳，宣十一。同，只倒轉，“誅暴”换“禁亂”，加本比，倒作。

盟越、桓元。會稷、桓二。戰郎　隳大義而逞小忿，《春秋》所誅也。以上二股翻斷其“不知類”意，收“來戰”書法。親桓，桓尚有疑惴之心；至惡桓而徒以小怨，桓益無顧忌矣。

盟越、桓元。會稷桓二。　二國急於好逆君，宜不復有兵内之日矣。“則首”“則繼”四字，有結好恐後意。“定”字、“濟”字，俱是有氣力字，須狠發。要含“天下之惡，無大於此者，釋此不討，更無可討”意。

四國伐鄭、隱四。戰郎　同詞以變主兵之例，重大義也。體“猶”字，串作。重“討桓”上，方與州吁緊貼。要知殤從吁，固是定惡，而齊伐桓，亦是定惡。有此私忿一伐，便使他自家看得止有此私忿惹禍，身子十分潔净，十分堅牢，無復有惴慄不安之意矣。

戰郎　同圍齊襄十八。　紀兵有兩特筆，皆所以甚其罪也。“未有書‘來戰’者”，“未有書‘同’”者”。搭國書伐，哀十一。亦是特筆，主“諸侯來伐，無有不書四鄙者”。

戰郎　山戎莊三十。　舍大惡而逞小忿，舍近政而貴遠畧。

戰郎　楚丘僖二。　隳大義，修小怨；虧大節，市小惠。方伯之職，天子之權。

戰郎　澶淵宋災故襄三十。　《春秋》重討賊，而兩貶失“不知類”者焉。

戰郎　執意如昭十三。　戰者是，所以戰者非；執者是，所以執者非。□□下貪。上“特以”云云，下“徒以”云云。俱“不能修方伯之職”。

【校記】

〔1〕□如，宣七無“如”字，且“如”字上一字模糊，必有誤。宣元有兩“遂如齊”，或“元”誤爲“七”。“宣八”亦有“遂如齊”，或相鄰而誤。

〔2〕明此，應爲“明乎”。

〔3〕僖九，“僖十九”“僖九”皆誤。“葵丘”在“僖九”，“曹南”在“僖十九”。

〔4〕莊三十一，應爲“莊三十二”。

〔5〕莊十一，應爲“莊十八”。

〔6〕莊二十一，應爲“莊三十二”。

〔7〕札聘，後依例應註明年號“襄二十九”。

〔8〕桓六，此處有誤。“會郕”在“桓三”，而“桓六”爲“會成”。

〔9〕糾聘，後依例應註明年號“桓四”。

卷之六　桓公下

桓十一。惡曹　示貶於奪爵，惡其固悖道之黨也。須本戰郎來發他爲盟之非。

戰郎、桓十。惡曹　好講於悖道之後，經惡其以悖道終也。“不以道”“道”字，即前《傳》“悖道”“道”字，指《討桓》說。須體“既”“又”二字串作，大收二書法于後。

桓十一。執祭仲　以相臣而見脅，《經》使之還顧其任而自愧焉。重不能保忽之位，勿與“立突”平看。“庇身”“保君”，就事權上説。

執仲、突歸、忽奔俱桓十一。　命臣見脅而不保其君，失職甚矣。同單，以下二比入講内，却不可平。書法單倒“執仲”。加孔父、桓二。單伯，莊元。同。“美惡同詞”“經權并用”，只繳處一證。

突歸、忽奔俱桓十一　即二君之廢置，而命臣之罪見矣。不可兩開，總叙，總發“不能保君”意。仍倒“執仲”書法。

孔父、桓二。祭仲　《經》于見脅之臣，必變常例以大其罪焉。雖炤《傳》□起，倒單作，而“輕重權衡”意，須發透。

執仲　會蜀成二。　祭仲、行父，俱不能使其君尊榮。一以天子命大夫，一爲國上卿。

桓十一。突歸　庶君争國之易，《經》正其不當立焉。以“不稱公子，絶之”起，大發“不當立”。“歸”者，“易詞”，用在後，辨其“非順”。馮曰：“玩‘突不稱公子，絶之也’，而即繼之以‘小白入于齊’云云，蓋小白亦不稱公子。”《傳》亦曰：“以王法絶之。”但小白係國，而突不係國，於此辨個順逆出來，可見内無承、上無稟，例不得稱公子。其斷罪，只“不係國”一書法。時説把“绝之”也便作“正”意，則義不可通於小白矣。

突歸　小白入莊九。　予奪嗣位者，辨其分也。只重“不係鄭”與“係齊”上，“嫡庶”“長幼”作眼。以“不稱‘公子’”總起，大發“明”字、“正”字。“難”“易”各帶。

突歸、易。忽歸，桓十五；順。許叔入，桓十五；難。朔入莊六；逆。　歸人之義，不盡以理衡也。“歸”“入”開作，要見詞同而意異。難、易以勢言，順、逆以理言，説易處須見出不順，説難處須見出非逆。

突歸、易。入櫟、桓十五；逆。入夷儀、襄二十五；難。衎歸襄二十六；順。　詞有理、勢之殊，當於二君之再復辨之矣。亦主“歸”“入”出，但只就突、衎二人身上看，突勢易而理逆，衎勢難而理順。總叙後，即以“歸有二義”“入有二義”先提明，然後分作。

祭仲、桓十一。穀丘桓十二。　逆君而扶之者衆，無煩于易詞置疑矣。“内則權臣”二句搭。雖説他易，却要隱隱與順詞折□。

桓十一。忽奔　以宜君者而不能君，自取可知矣。須本“分正”上發“不能君”意。不獨仲罪，非關失援，總發明其“自取”也。“欲人自强爲善”意，末要發揮。

執仲桓十一。忽奔　强國君臣之不振，皆自取之也。

執仲桓十一。忽奔　伐陳襄二十五。會虢昭元。　君、相之不自立，有愧於賢臣矣。仲、忽並斷。

忽奔　伐陳、襄二十五。會虢昭元。　嗣君不能自固，观諸當强者而有愧矣。依《傳》問，倒忽上，説明子産之不待助，而忽之“自取”自明。

忽奔　會虢昭元。　强弱存乎其人，不在援之有無也。倒單，以子産形講。

圍新城、僖六。宋伐鄭、僖二十。晋秦圍鄭、僖三十。入滑、僖三十三。楚子圍鄭、宣十二。伐陳、襄二十五。會虢昭元。　積衰而復振，賢臣自强之效也。或本汪注，加伐宋、伐戴、入郕、入許、執仲、忽奔，以國强而困内難、國削而抑外横對作。欠通，删。

伐陳、襄二十五。會虢昭元。　賢臣之當兩强，皆以自也。要描寫

“變其常度”意。以“鄭削”總起。“馳詞執禮”，重“禮”上，禮固自立之本。“志士仁人”須□發。《傳》中“自立”“自取”“自强”相應。總辯不宜借助大國，此意不可忽。

盟戲、襄九。蕭魚、襄十一。溴梁、襄十六。澶淵襄二十。　賢臣援禮以抗伯，惟其能自立也。俱“當晋”，主《襄二十二傳》“却徵朝”事。一朝楚而有戲之役，以晋不禮也；再觀釁而有蕭魚之役，以楚申禮也；迨至石盂討，而溴梁之明年，與嘗酎矣；東夏靖，而二年之四月，聽會期矣。《傳》中“當晋”，明有“壞館垣”事，即伐陳、平丘股，已爲借比，然與會稷同出，當可。今于子産語中遂搭四股，是《左傳》題矣，舛謬殊甚。

“當晋”易比：

盟平丘昭十三；争貢。

會平丘昭十三；“問駟乞”事，在昭十九年，有“平丘之會，君尋舊盟曰：‘無或失職’”等語。

公即位昭元；以壞館垣事，在襄公薨之月也。

“當楚”易比：

舍之入陳襄二十五；陳爲楚與，而鄭敢報之。

楚陳蔡伐鄭襄二十六；鄭不服楚；“當晋”邊，無壞館垣明股，强捏猶可，“當楚”邊，明有會虢股，亦復强捏，何也？

執仲、桓十一。會虢昭元。　兩觀鄭相，自取、自立異矣。俱在相臣上論，不用“援之有無”意。上以“事權”起，下以“侵削”起。

突歸、桓十一。忽奔　伐陳、襄二十五。會虢昭元。　同上。上二比影祭仲。

葵丘、僖元。會虢昭元。　齊、鄭之君臣，能振于亂與衰之後者也。上以桓形襄，下以産形忽。比《諸兒莊八傳》。加乾時、莊九。良霄，襄十一。同。

會虢、昭元。圍蔡哀元；申包胥。　觀于强國、復國之臣，皆自立之勸也。比《殲遂莊十七。傳》，有“弱者亦可省身而自立矣”句。

會虢、昭元。歸三田定十。　强國、顯君之臣，可以愧不能者矣。上有“則不能立爾”“能”字，下有“必能以其君”“能”字。比《行父如宣元。傳》。

城楚丘、僖二。會虢昭元。 亡可存而弱可强，係夫自立與自强矣。上易越入吴，哀十三。主勾踐。比《至晋昭十六。傳》。

伐楚、僖四。戰韓、僖二十五[1]。伐陳、襄二十五。會虢昭元。 天下有至强者，制與禮也。上，“天下莫能與之争”；下，“卒莫能屈”。出召陵、僖四；楚。盟葵丘、僖九；宋。會虢、昭元；楚。盟平丘，昭十三；宋。同。比《三國伐莊十四。傳》。

貞伐、襄八。晋伐、襄九。會虢、昭元。平丘昭十三。 背賢招内外之兵，用賢兑内外之患。比《貞伐襄八。傳》。只侵蔡獲、襄八。伐陳，襄二十五。同。

盟戲、襄九。會虢昭元。 屈人而不屈于人，謀與詞得也。上，“楚師遂屈”；下，“卒莫能屈”。

執良霄、襄十一。伐陳、襄二十五。會虢、昭元。會申昭四。 善詞，當内外之强；善謀，成内外之功。比《蕭魚襄十一。傳》，主知罃。出伐鄭、蕭魚、伐陳、會虢，同。

十二國伐鄭、襄十一。會虢昭元。 子産以禮當楚，楚莫能屈；悼公以謀駕楚，楚莫能争。

伐陳、襄二十五。會虢、昭元。郎囿、昭元。舍至昭二十四。 魯、鄭之賢臣，皆能抗内外之强者也。只會虢、舍至，俱以禮當强。

伐北鄙、僖二十六。夏伐陳襄二十五。 觀賢臣却敵當强，而失身失國者可傷矣。比《盗殺三卿襄十。傳》。

伐陳、襄二十五。會虢、昭元。夾谷、定十。墮費定十二。 聖賢於内外之强，皆抑之以禮焉。當晋、當楚，變齊、變魯。比《鄢陵成十六。傳》。

伐陳、襄二十五。會虢、昭元。墮郈、定十二。墮費定十二。 賢臣執禮以當强國，聖臣用禮以革强都。鄭自五伯之後，魯自三桓以來。只會虢、墮費，同。或主比慶父奔，一不待□而立，一不待時而化。《傳》無明文，似不必。

伐陳、襄二十五。會虢、昭元。鷄父、昭二十三。柏舉定四。 觀二國强弱之繇，而賢之係于國重矣。子産當國，勢强；伍員去國，勢弱。上以“五霸之後，益以侵削”起，下以“戰勝諸侯，威服天下”起。比《長岸昭十七。傳》。

桓十一。盟折　夫鍾　闞、桓十二[2]。虚　龜　會盟之無可恃，詳存之，而世可以悟矣。全重“屢”“數”字上發。“屢”字、“數”字，從“不削”看出。“《春秋》之志”數句，重發。

桓十一。盟折　紀内臣之結盟，將以明其不可恃也。“屢盟”“屢”字，即在“數會”上見，蓋會亦以申固其盟也。只出“一盟”，雖不見得“屢”，亦要含蓄下文。“柔”書名、“蔡叔”書字，點起。

一盟四會、武父、戰宋俱桓十二。　詳盟會之不足恃，而公世之志著矣。叙處，就將末二比證明“離叛”，然後發意。

武父、伐宋、戰宋俱桓十二。　觀内外兵信、盟會之“卒”，事固然矣。武父之盟，正爲伐宋之地。兩條原是一串意，總叙，渾發“盟會不足恃”意。

桓十二。武父　即内君謀大之盟，而往事皆虚矣。不必斷罪，只據此離叛之迹，以見盟會不足恃，而前日之盟會非也。“宋辭平，故有是盟”，單指宋離叛説。玩下《傳》“屢盟”句，便見。不可因此盟謀伐宋，添出魯罪叛與宋對。

桓十二。伐宋、戰宋　於二國正人之兵，轉以正二國焉。惟宋可伐而不能伐，正見魯、鄭不能治人處。合二書法總描爲得。

會稷、郜鼎、俱桓二。執仲、突歸、俱桓十一。一盟四會、武父、俱桓十二。伐宋戰　受兵者未嘗無罪，然兵之者亦甚不反己矣。宋責賂，非指執厲公之時，乃突歸之後，執前言而需索無厭也。公欲平宋、鄭，正爲鄭求免於宋耳。事本一串，叙要明白。

郜鼎、桓二。突歸桓十一。　二國自處於不正，則非聲罪之人矣。加會稷、桓二。執仲，桓十一。同。

齊人伐衛、莊二十八。取須句僖二十二。　主“用賢治不肖，不以亂易亂”句。上奉命討罪，下專命存小。

齊人伐鄭、僖七。晉侯伐衛文元。　俱"用賢治不肖"，本責楚朝温來説。

戰郎、桓十。戰宋　紀内外之兵，而罪各有所在焉。皆變以主及客之例，單着罪於客，此特筆也。總起，分作，透發"來""往"二字。魯固可"来"，但"來"之故，則非也；宋固可"往"，但"往"之人，則非也。

盟越桓元。會稷、部鼎俱桓二。突歸桓十一。　上題兩《傳》脱出。鄭則首盟，齊則繼會。"取賂"者桓，"資力"者突。舍其大，何以圖其細？有諸己，何以非諸人？

戰紀[3]　保國有道，以戰基禍者非策矣。"自治"二字重，要發得勝與滅相倚伏的機栝緊切，須寓傷紀意及爲他設處意，勿板責他"爲援非人"，只帶入。加大去，莊四。同，只作"不能保其國"。

鄭人伐衛、隱二；衛服。伐北鄙、僖二十六。滅江、文四。同圍齊襄十八。　歷觀應敵之道，不以勝爲常者也。以紀爲主，借列國以比斷之。從"彼爲無道"句起，至"已亂之道乎"，幾箇轉折，極要體會。

"責躬"易比：

晉侯伐秦文四；穆改過不報。

秦伐晉文十；《河曲傳》"前年秦師來伐晉，不言戰者，晉已服矣"，比於"彼爲無道"句，亦協。

"辨喻"易比：

秦人入滑僖三十三；弦高詞。

會虢昭元；子羽詞。

"上訴"易比：

救江文三；晉以江故告於周。

召陵侵定四；蔡告於晉，晉請命於周。

"下告"易比：

圍宋僖二十七；宋使公孫固如晉告急。

狄侵西文七；公使告於晉。

行父如晋文十五；以齊難告晋求援。

楚鄭侵宋成十八；華元如晋告急。

豹如晋襄十六；以齊難告晋。

石買伐曹襄十七；曹人告於晋。

取鄆昭元；莒人訴於虢之會。

入郢定四；包胥告於秦。

本《傳》比《彭衙傳》，多“彼爲無道”句，“引咎”比，此宜用鄭人伐衛。《彭衙傳》多“己有罪焉”句，引咎比，宜用完盟。“辨喻”“訴告”比，《彭衙》内“己則無罪”者，方妥。

侵蔡獲、貞伐、俱襄八。柏舉、定四。圍蔡哀元。　觀兩國見禍之繇，自治貴矣。要發“禍福相乘”意透，而“小國”“大國”處，亦要醒豁。

戰紀　彭衙文二。　《春秋》兩惡應兵，以其失應之之道也。二《傳》俱有“引咎”三項，宜總用起，見小國、大國，待敵皆當如此意。

戰紀　鄢陵成十六。　倖勝之當戒，無小大一也。上非“已亂之道”，下非“持勝之道”。

桓十四。無冰　歲有常燠，可以觀政矣。須玩一“察”字。

春王正月、君父。于蔑、朋友。于鄢、兄弟。歸賵俱隱元；嫡妾。　觀大訓之載，而其所察者不可忽矣。去于鄢，加突救，即序題。“經邦大訓”，通一經説，乃於開卷連出四比。不成題，删。

桓十四。夏五　觀《經》有“不益”之文，徵聖心之慎矣。是學者因此以見聖心，非聖人傳之以示慎。“視此爲鑒”意，要發。

春王正月、隱元。　夏五　《聖經》所以稱“作”，在義不在事也。須即此二事，以見脩《經》大義，勿專就二比説。上比兼“筆削”言。宜如《傳》側下，不可對。亦可作“盟密”内題。

桓十四。語盟　紀貴戚尋盟，而特著悖義之私焉。“前定”點過，倒“非友于之義”作。“有寵愛之私”，反“非友于之義”，煞有議論。其所以“書名”，蓋□寵過，必不能全其弟，故不以兄弟之常例待之，以其勢必不能保其常分也。陶云：“書名，見語之爲人，不足任邦交之重者。不足任而任之，所以爲私。”魏云：“書名，見情雖親而分則臣，不得以屬戚近。”二説俱非。

語盟　許叔、桓十五。蔡季、桓十七。高子、閔二。屈完僖四。　《經》於貴戚前定之盟，而變例以罪夫寵之者也。將高、屈比出“前定”叙起，以許、蔡挑“書名”，重“私愛”斷作。

許叔、桓十五。蔡季、桓十七。高子、閔二。屈完僖四。　上隆其分之戚於君者，形語“私親”；下明其權之定於臣者，形語“前定”。輕重不倫，而《許叔》《蔡季》傳無明文，不可作題。

語盟　高子、閔二。屈完僖四。　攷諸未定之盟之書，而知貴戚之盟爲前定矣。主《傳》前一段作。或主以“前定”“未定”辨起，仍倒“私”上作，收“書名”。破云：“直書可比事而知，而特書之旨亦可想見矣。”時文破有云：“《春秋》辨貴戚前定之盟，而惡其君之私焉。”是以“稱‘使’”爲“惡私”書法，非以“書名”爲“惡私”書法矣。又有云：“比事以辨前定之盟，而尤惡乎寵之者焉。”是孔子以高、屈比炤，非胡氏以高、屈比炤矣。破題舛謬如此類者甚多，姑舉此以例其餘。

高子盟、閔二。屈完盟僖四。　略舉二臣之盟，以其非前定也。體“特未定”句，以紀實議論發之。其裁命處，只將來作案。予其“能權”固非，然亦勿涉“擅權”。

語盟　肆大眚莊二十二。　親親而至於私，非所以親親矣；仁民而至於縱，非所以仁民矣。

桓十四。御廩災　略望國當新之役，示重本之意也。全自聖人書法上，發“垂教”意。加新作門觀，定二。如《傳》倒單。舊主削興役以教孝，革□□以教忠，然《傳》有明文，不如從《傳》。

御廩災　築臺于郎莊十一。　奉先異於自奉，所以略之也。同單。下比在後發之。

御廩災　作南門僖二十。　役有不必紀者，皆國之先務也。新御廩不書，宗廟以祀其先也；修泮宫不書，學較[4]以教國之子弟也。

御廩災　檇李定十四。　《經》略興役、報怨，皆以孝教天下也。上，“以爲常事而不書，垂教之意深矣”；下，“削而不書，以爲常事也，其旨微矣”。

御廩災　滅陸渾昭十七。　略興役而恕用兵，亦因其事而已。下，“與闢土服遠以圖强伯者異”。出伐山戎、莊三十。筑臺，莊三十一。係脱母。

桓十四。乙亥嘗　特志"時事之常"，以其失禮甚也。秋嘗以物成薦新爲義，舉於周正之八月，則物猶未成，《周官》每戒期卜日而享。舉於災後之四日，則禮多未備。"事"字、"心"字宜發。亦要體兩"則"字。有云"不時"亦是他"不敬"處，"施於事"者，本其"發於心"。若如此串講，於兩"則"字之神不貼矣。

桓十四。以四國伐鄭　《春秋》謹兵制，而私相用者罪焉。"列國之兵"云云，言兵爲天子所統，非可私相用者。"大亂"即在"私用"上看，不説向私用後面去。宋與四國，交股斷罪。加武父、戰宋，俱桓十二。只作"修怨"事實。再加執仲、突歸，俱桓十一。亦同。

以四國伐　以楚伐、僖二十六。以吴伐定四。　以王制論兵，故迭議夫私相假者焉。總叙，後同單作。三"怨"字要玩，正"私"之實。

齊人伐衛、莊二十八；召伯廖賜名。召陵侵定四；劉文公與會。　兵制有統，下焉者不得以私亂之矣。主兵"皆統乎天子"句。

以伐鄭　會曹伐桓十六。　兵制、禮制，以意亂之，皆罪也。弱假强，小加大。二《傳》俱有"意"字，俱重"杜亂"上發。大司馬九伐，大宗伯九儀。

桓十五。求車　謹王使之下徵，欲主以無求風世也。通《傳》在"求"之流弊上發揮。《傳》末"見王室"云云二句，重看。

甯母、僖七；通王貢。黄父昭十五；輸王粟。　稽諸侯之職貢，知王室不必下徵矣。主"各有職貢"句，起繳要見桓王。

求車　盟扈、文十五。祁犂定六。　王室征利，而下皆效尤矣。

盟扈、文十五。會扈、文十七。召陵侵、定四。執樂祁定六。　下溺於利，王爲之倡也。"諸侯""大夫"分，都歸宿"王者"身上。只盟扈、執樂祁，同。出歸衛、莊六；衛朔賂。會夷儀、襄十五[5]；崔杼賂。公圍成、昭十八；梁丘據。瓦奔，定四；裘珮。同。又五國伐衛、莊五；衛侯。齊人伐鄭，僖七；申侯。同。

桓十五。突奔　正出君之"自取"，以本理天下也。"自取"，只體貼

"君實有國而出於臣"語意，虛虛翻論。"本正而天下之事理"句，要玩。加衎奔、成十四。欵奔，昭三。主"凡諸侯之奔"數句。"自取"事實要别。衎蔑冢卿，款多内嬖。大意如單。

突奔　入櫟桓十五。　紀諸侯之出入，端本、謹禮之意寓矣。祭仲逐君，"没而不書"，正本；"厲公復國，削而不書"，謹禮。上端本清源之教，下强幹弱枝之義。

桓十五。忽復歸　紀嗣君返國，著其不能君之實焉。惟君位已亡，故爲"既絶而復歸"二書法，非判然兩意也。只在"明"字、"謂"字上取意，以直著其君位之亡與"既絶"行文，方妙。若根《奔傳》來，很斷他不能立，便非《傳》意矣。末一段是因諸侯而推及大夫耳，觀"然"字可見。舊主"義所當復"作，非是。加忽奔，桓十一。大意同。

忽復歸　咺復歸僖二十八。　别返國之稱，酌以世、不世之義而已。以"稱'復'"總問。兩邊事實不重，只借以明諸侯、大夫之義耳。加忽奔、桓十一。咺奔，僖二十八。同。

子同生、桓六。盟折桓十一。　官與國異，故有世、有不世焉。只借題發"可復""不可復"意。下比易無駭入，隱二。同。

桓十五。許叔入　復國而舍復國之義，《春秋》難之焉。"義"，正是"易"處。不以義復國，而"因亂竊入"，則進退觀望，不勝其疑畏。是事本易，反自向難處做了。"孰能與之争"，正與"難"字對看。加入許，隱十。只原起"無罪"事實。再加突奔、忽歸，俱桓十五。主"因亂"句。

桓十五。邾牟葛朝　小國慢王以黨惡，所以狄之也。"不奔喪"而"朝弑逆"，串講，要看"皆"字、"相率"字。

桓十五。入櫟　削據强都者之復國，以謹禮訓爲國也。"既入於櫟，則其國□復矣"句極重，作文全要就書法上，發聖人"垂戒"意。"謀國之誤"句當玩。

克段、隱元。入櫟　衛奔、襄十四。比歸、昭十三。墮郈費定十二。　不戒而貽患，□□者致垂戒之意焉。以莊公不戒制、京之禍，而城櫟貽患，重□，次入衛、楚，引到墮費，隨以墮費體出"削厲公復國"之意，大發“垂戒”。

克段、隱元。入櫟　庶君有復國之藉，忽前戒者所貽也。依《傳》如單，於克段内兼點出“制邑”。

入櫟　衛奔、襄十四。比歸昭十三。　著昧義之戒，以强都之必貽害也。引二段“末大必折，有國之害”，既以證上文“謀國之誤”，又以起下文“於厲公復國”云云。書法之意，宜會《傳》意行文。

衛奔、襄十四。比歸、昭十三。隳郈費定十二。　鑒必然之害而謹禮，聖人之爲國已然矣。炤“故”字口氣做下。上二比只證明“末大”之“必折”。“故夫子”云云，雖聖人爲國，亦不能外禮也。

衛奔、襄十四。比歸昭十三。　害有必至，衛、楚其明徵已。以“謹禮”提起，分作。須看“末大必折”一“必”字。要即二事以決理勢之必然，不貴泥定事實上講。出會戚、襄十四；立剽。楚子伐徐，昭十二。同。“楚”邊：或滅陳、昭八。滅蔡，昭十一。或陳蔡歸，昭十三。俱同。“衛”邊，近擬甯殖伐許，無謂。“楚”邊，或單搭滅陳，或單搭滅蔡，俱非。

入櫟　隳郈費定十二。　聖人示越禮之戒，觀其謹禮於魯可知已。如《傳》即夫子行事以證書法之意。

入櫟　滅下陽僖二。　示戒於設强都、棄險邑者，皆待衰世之意也。破用“强都”字，是；向云“設險”，非也。强都所以耦國，故不可設；險邑所以守國，故不可棄。魏、楚，秦、蜀。“復國不書”者，“櫟既入，則其國已復矣”；取邑“書‘滅’”者，“下陽既舉”，則其國已滅矣。下易城虎牢，襄二。同。“衛有蒲、戚”，“楚有陳、蔡”，孔子行季孫；“虞之下陽，趙之上黨”，孟子語滕君。

入櫟　城中城成九。　内外之設險，非謀國、守國之道也。國不可不謀，莊不謹禮而城櫟，則謀國何其誤；國不可不守，成不謹禮而城中城，則守國何其微。

入櫟　溴梁襄十六。　設險貽患，委政貽患。孔子行季孫，周公戒成王。

入櫟　叔弓會陳昭九。　上，“削而不書”，“居重馭輕”，“小康之事”；下，“存而弗革”，“興滅繼絶”，大公之心。

陳蔡歸、昭十三。柏舉定四。　不能謹禮、勸賢，均非所以爲國也。上城陳、蔡，用昭十一申無宇語；下棄伍員，用襄二十六蔡聲子語。比《長岸昭十七。傳》。

衛奔、襄十四。舍中軍、昭五。欒施奔、昭十。比歸昭十三。　歷觀據險取衆之禍，而禮與權不可不謹矣。比《會瓦定八。傳》。俱在聖人意上發，上繳鄭莊，下繳士鞅。又搭至笙奔、成十八。朝吴奔，昭十五。係比《取鄟成六。傳》。謹禮、謹微。上云“有國之害也”，下云“世世之公患也”。《春秋》之意，一在“强幹弱枝”，示爲君者當以禮爲國；一在“尊君抑臣”，示爲臣者當以道事君。

桓十五。會袲伐　果於不義者，存其疑以非之焉。“書其會地，而後言‘伐’”，是《春秋》以疑詞著罪。疑詞是《春秋》加他的，以形出“果於爲不義”來，且以存箇“正”在那一邊。“疑”字對“果”字，反看。“疑於爲義”，一箇“疑”字，只當“極不果”三箇字便了，若實屬諸侯，作“疑惑”解，俱非。當時一起手便謀納突，毫無“輔正”之意，“疑”之一字，是從是非、邪正之明處説來。加忽歸、突入，俱桓十五。同。

忽歸、突入俱桓十五。　勢有强弱，疑所自來矣。須從分之邪正説到勢上來。兩箇“日”字宜玩。上要見“當輔”，下要見“不當與”。

會袲伐　會曹伐桓十六。　計勢而不本諸義，計利而不要諸禮。

會袲伐、嫡庶。納捷菑文十四；長幼。　疑於爲義，勇於徙義。下比易次滑，莊三。係“怯於義”。

莊十六。會曹　伐鄭　譏以意變禮者，嚴亂階也。“以利率人而不要諸禮”，須重看。要發“定民志”及“亂之所繇生”意。是時主兵在宋，當責宋莊。“定民志”“志”字，與“意之向背”“意”字相應。去會曹，同。

桓十六。會曹　與國之先後，即始好有定序矣。在蔡、衛定序上，寓人不得“以意紊亂”意。

伐鄭、襄十；牛首。伐鄭、襄十一；北林。會宋、襄二十七。會虢昭元。班序之易，狥意、挾勢者皆非也。齊光先至，長於滕、薛，長於邾、莒，責在主會者；晋武少懦，絀於子木，絀於子圍，責在争先者。出會鄄、莊十四。會鄄、莊十五；齊先宋，勢。伐鄭、襄十。伐鄭，襄十一；光先邾、莒，意。同。只伐鄭、本股；意。會虢，昭元；勢。同。又盟幽、莊十六。會淮、僖十六；意。盟蜀、成二。會申，昭四；勢。同。許先滕、滑，再先邢、曹，責齊桓；一先楚共，再先楚靈，責楚。又侵蔡、僖四；許先曹。會柤、襄十；莒、邾先薛、杞。會宋、襄二十七；子木先歃。黄池，哀十三；夫差争長。同。或出會曹、伐鄭、召陵侵、皋鼬，俱就蔡、衛言。召陵先蔡後衛，而皋鼬乃以祝佗之强争而先之，非勢乎？題甚新，但皋鼬比，諸侯未序，豈可作題？

新築、成二。鷄澤襄三。　以利心操賞罰，禮之所以亂也。上以繁纓爲誘，下以欲殺魏絳爲沮。又敗鄫、僖元；賞季友汶陽。會扈，昭二十七；士鞅沮納公。同。“重罰”邊：易作三軍，襄十一；季氏使不入者倍征。同。

會曹伐　執鄭伐成九。　《春秋》重禮義，惡夫亂分、紊防者焉。“以利率人而不要諸禮”，“惟利之從而不要諸義”，二“利”字不同。

會曹伐　邢丘襄八。　率人不以禮，愛人不以德。上“防微”，下“謹始”。

會曹伐　肆眚莊二十二。　違王制而紊禮，廢王法而失刑。“後世有以醴[6]賞”云云，“後世有姑息爲政”云云。禮樂、政刑作目。

會曹伐　黄父昭二十五。　“後世有以濫賞”云云，都在“賞”上論。上“定民志”，下“明臣職”。

桓十六。公至伐鄭　志内君返國，誅黨之法嚴矣。“上無王法”二句，一串看，俱主“助突”説。蓋立嫡立長，乃王法也，黨惡附奸而宴然飲至，正是“莫之禁”處。如此方與書“至”貼合。加會曹伐，桓十六。只作事實。或再加于衺伐，似贅。

桓十六。冬城向　糾重勞民，即合時之役猶謹也。

桓十六。朔奔　名失國之君，以其見絶於王也。雖以“王命”作主，只重“絶”朔之陷其兄使至於死上。須含“不可復入”與“諸侯不當納”意。

桓十七。盟黄　要盟於大，見小國之不得已矣。主隱總《傳》“小國於大國不得已而要盟”句。平齊紀，且謀衛故。

桓十七。戰奚　特諱内兵之挫，而擅兵之禁嚴矣。主《鄭人伐衛隱二。傳》“内兵書敗曰‘戰’”句。《穀梁》曰：“吾敗也。”或主《長勺傳》“疆埸有守禦之備”，然疆吏一時之告，安得爲“備”？

桓十七。蔡季歸　所貴乎歸國者，其無争之心足貴也。須從“歸”上説出“去陳”，爲妙。末以“劉敞”四句總發之，不可分貼，收“稱字”而“書‘歸’”書法。蔡季之去，非憤心於國之不得，知封人意屬獻舞，而不欲以次及拂其心；其歸，非覬心於國之不可得，聞封人不禄而奔喪，不以不立己故而恝然忘情。故曰“以道”“以禮”。一説“以禮”“禮”字，即孔子“逆以禮”之“禮”，與汲汲乘亂争國相互看，或謂指奔喪説。不知《春秋》非美其“歸”，美其不遠歸也，看“既歸”，“何以不有國？獻舞立矣”句自明。意有屬，則先去，待獻舞已立，而後歸，串看，總是“不争”一意。此説雖好，但前説相沿已久，而大致絶無髣髴此説者，仍從前説可也。

蔡季歸　華元奔歸成十五。《春秋》十二賢，以其得去就之善焉。上始終以不争爲心，下始終以討賊爲心。俱串在“歸”上方妙。劉敞、蘇轍。比履奔，襄二十。主去就兩得，進退兩失。

蔡季歸　季子歸閔元。　蔡季以不欲拂君兄之心而去，以盡送往之誠而歸；季子以力不支而去，以見思而歸。下收“曰‘季子’”、“曰‘來歸’”。季子之出，方以爲耻，只“歸”一邊好，與蔡季“出入俱得”者對不來。宜删。

蔡季歸　舍至昭二十四。《經》於内外之賢，皆因其歸國而“子”之也。“以道”“以禮”，稱字；“以忠”“以禮”，稱氏。各側重“以禮”句，上重“不争”上看，下重“衛社稷”上看。

蔡季歸　宣即位代宣十七“叔肸卒”出。　貴戚之責於《春秋》，其善於去就出處之際者也。“智足以”云云，“力足以”云云，“是以見貴於《春秋》”；“論情”云云，“言義”云云，“所以取貴於《春秋》”。

蔡季歸　鱄奔襄二十七。　兩臣之去就，皆有當於《春秋》焉。下云：“鱄之去，合乎《春秋》。”只“去”一邊，對不來，宜删。

蔡季歸　哀奔文十四　歸國以禮，去國以智。下云：“書曰‘子哀’，貴之也。”下只“去”一邊，對上“去”與“歸”，不整；將上比只用“歸”一邊，意又不完。此題亦宜删。

桓十七。《葬蔡桓傳》

蔡季歸、桓十七；請謚。鄢陵成十五；欒鍼呼父名。　愛君父以禮，可以言忠孝矣。要發“是爲孝”“是爲忠”。以“極尊稱非禮”起，繳歸蔡季。出葵丘、僖九；下拜。秦人伐晋，宣十五；魏顆嫁父妾。同。出貞伐鄭、襄八；子囊□□□之□。會宋，襄二十七；子木卻薦芰之囑。同。又貞伐吴襄十四、屈建滅舒鳩襄二十五，亦同。下比舊出屈建伐吴。《春秋》總無此股，俱相習不察，可發一笑。

桓十八。春王正月　以王法正逆君之終，以示無赦理也。加平州、宣元。執曹，成十五。同。全要體貼“孔子爲此懼，作《春秋》”意。

桓十八。公與姜氏如齊　内君失閑家之道，特治其本焉。

【校記】

〔1〕僖二十五，應爲“僖十五”。

〔2〕桓十二，應分注在“虚”“龜”後，因“會闞”在桓十一年冬十二月，“會虚”在桓十二年八月後，“會龜”在桓十二年冬十一月。

〔3〕《經》無“戰紀”字。《傳》：“《左氏》以爲鄭與宋戰，《公羊》以爲宋與魯戰，《穀梁》以爲紀與齊戰。趙匡考據經文，内兵則以紀爲主，而先于鄭；外兵則以齊爲主，而先于宋，獨取穀梁之説。”

〔4〕較，應爲“校”。

〔5〕襄十五，應爲“襄二十五”。

〔6〕醴，黄山書社 2022 年 5 月版《春秋傳》作“醲”，當是。下題作“濫”，誤。

卷之七　莊公上

莊元。春王正月　絀内君擅立，正大倫也。"無承"又"不稟"，一串下。"無承"邊，不可加貶。"無"字、"不"字，原有斟酌。

子同生、桓六。春王正月 擅立之罪，不可以"嫡嗣"爲解也。

莊元。孫齊　《經》於國母之出，權恩義以示法焉。"恩輕義重"，是爲莊人以□待母之法。全據書法斷之，只收"孫"字。加孫邾，閔二。只主"哀姜去而弗返"至"義重矣"一段，重本股作。

城楚丘、僖二。宋人圍曹僖十九。　内君待母之義，宋、許之詩其□也。比《姜氏如莒莊二十。傳》。上，許穆夫人賦《載馳》；下，宋襄公母賦《河廣》。皆重"聖人録於《國風》"。題雖整，然題比不切。

莊元。逆王姬　畧内臣之主讐婚，立人道也。只重"義不可受"一意。"吾"字"我"字，與兩"齊"字相應。

莊元。築館　不正望國之變禮，重復讐之義也。重在"有不戴天之讐""於義不可爲主"上。"當喪"意，串在内，玩"有父之讐，方居苫塊"句可見。"端本""本"字，指"辭而弗主"説，惟起初不曾辭得，所以今日隨你委曲遷就，終是不妥。

莊元。榮叔錫　王室追寵大惡，《春秋》譏其違天也。追錫爲諸侯也，當看"甚矣"二字。出錫命、曹伯歸，成十六。一"僭賞"，一"失刑"，主《傳》"天命""天討"，反搭。

莊元。王姬歸　即婚禮成於大國，而内君忘讐之罪顯矣。體"著""明"二字發揮，"齊"字最重。加逆姬、築館，俱莊元。同。

王姬歸　歸衛俘莊六。　忘讐、附惡者，皆有以顯其罪焉。上則"無以見其"云云，"書'歸于齊'"云云；下則"未有以驗其"云云，"及書'歸寶'""而後"云云。

莊元。遷三邑　著迫小者之罪，亦興繼之心也。以“迫”字爲案，“興”“繼”爲斷。收“以師遷之”書法。時説“以師遷”只是紀實，書法在“不再貶”上。細玩《傳》，“其以師遷”云云，“屬也”，解“遷不言師”，而此獨書“師”，“凡書‘遷’者，自是而滅矣”，解“邑不言遷”，而此獨書“遷”，言紀國自此遂滅，故書“遷”，分應甚明白。此即非變文，可謂非特筆乎？還主此作書法。加大去，莊四。炤“自是而滅”句。

取長葛、隱六。遷三邑　遷宿莊十。　大國迫小，《經》變文以見其暴焉。以“邑不言遷，遷不言師”問起，倒單。去首比，主“遷國邑”句。以“興”“繼”爲主，總重“滅”上發。紀猶足守，而迫於强暴；宿非欲遷，而迫於横逆。

遷三邑　城邢僖元。　《經》罪大國迫小，以其異於興繼之義也。重“凡書‘遷’”、“自是而滅”立論，見其與“興”“繼”相反。末收“遷即是滅，何待再貶”？

遷三邑　伐餘丘莊二。　罪迫小，戒縱權。“邑不言遷”，“國而曰‘伐’”。

遷三邑　伐衛及戰莊二十八　“邑不言遷，遷不言師”。“以師遷者，見紀民”云云。“戰不言伐，伐而言日，而書日者”，“見齊人”云云。

遷三邑　入陳、宣十一。圍陳[1]宣十二。　《春秋》之特筆，所以罪迫小、重正倫也。“興滅國，繼絶世”；“誅亂臣，討賊子”。“邑不言遷，遷不言師”，“入不言圍，滅不言入”，“紀民猶足與守，而齊人”云云，“諸夏不能討而夷狄”云云。

莊二。伐於餘丘　特詞以志得兵之始，戒縱權也。重垂戒，不重責莊。“此邑耳，其曰‘伐’，何也”，言此特一邑耳，而書曰“伐”，何也？正與下“法不當書”而“特書”相應。

翬伐鄭、隱四。伐宋、隱十。餘丘　入紀[2]、僖二十七。伐邾、僖三十三。會救鄭文九。　屢觀内臣專兵之迹，而縱權之戒昭矣。三段平看，三個“不能”字須挑剔。“豈一朝一夕之故”句亦要透發。

翬伐鄭、隱四。伐宋、隱十。遂入杞、僖二十七。伐邾、僖三十三。會救鄭文九。　觀二臣擅兵之事，可以知禍本矣。須體“再爲主將”“擅兵兩世”意發揮。繳本股。

慶父如、莊三十二。遂得臣如文十八。　二臣之能造禍，繇擅兵也。全在“成季不能遏其惡”、“仲、伯[3]不能免其死”上形容。

入杞、僖二十七；討不恭。伐邾、僖三十一[4]；報升陘。會救鄭文九；禦范山。　内臣久擅兵權，其致禍有繇矣。得權，在“擅兵兩世”，“三軍服其威令久”上。須總三役論之，不可以“威”“福”分股。

餘丘　下陽僖二。　兩觀《春秋》特筆，示縱權、棄險之戒也。邑而言“伐”，邑而言“滅”，皆特筆。都重“垂戒”上。

餘丘　邢丘襄八。　《春秋》謹大權，於委兵、委政者，兩戒焉。“卒致子般之禍”，“成季不能遏其惡”，“夫豈一朝一夕之故哉?”“後此溴梁之會”，“君若贅疣，夫豈一朝一夕之故哉?”“特書誌亂之所繇”，“稱‘人’，謹其始”。

莊二。會禚　即國母之肆行，而内君失子道矣。

莊三。溺伐衛　黨讐以虐親，《春秋》所深貶也。以“釋怨”爲主，而以“况與”云云甚之。“不稱公子”，忘先公之讐，不得爲先公子也。

莊三。紀季入　奉命以存祀，未有悖於人臣之義也。先將“不書奔”、“不書名”并提，挑明聖人意思。後將季所處時勢如此，而承命爲“不得已”之計，渾融發。加如紀、桓五。紀朝、桓六。遷三邑，莊元。只原起，重本比“無罪”一意作。加庶其奔、襄二十一。鍼奔、昭元。牟夷奔、昭五。辰奔，定十。同，只作“用地書奔”“去國書名”之例辯起。再加許叔、桓十五。蔡季，桓十七。亦同。

庶其奔、襄二十一。鍼奔、昭元。牟夷奔、昭五。辰奔定十。　觀夫貶用地去國者，而知貴戚之見諒於《春秋》矣。俱重在“人臣之義”上。雖做“大夫不得用地”云云，必加貶一段，而意却要射在“今季不書‘奔’”云云數句上。只庶其奔、辰奔，同。

許叔、桓十五。蔡季、桓十七。紀季入　鍼奔、昭元。辰奔定十。　歷觀待貴戚之例，則知諒存祀者之情矣。只倒“不書名”半邊，重“存祀”

上，而“有命”亦不可遺。

許叔、桓十五。蔡季、桓十七。鍼奔、昭元。辰奔定十。　待貴戚之異，論其所以去國者而已。全在“書名”“書字”上見出“貶”“不貶”意。許、蔡亦在“去國”上論“無罪”。鍼懼選出奔，辰挾卿去國，須本無關宗社之存亡而輕於去國，方與本比相炤。

許叔入、桓十五。蔡季歸桓十七。　兩“字”貴戚，皆以其無可貶也。“書字”，是還以常例。“無予”意，只要影炤書法，連“無罪”意亦輕。叔迫於齊、鄭之勢而去，季避乎獻舞之嫌而去，須點出“不得已”意，方暗射本比。

紀季入　大去莊四。　不貶君臣之去國，酌之以情與道而已。上“存祀”，以“公子不當去國”問起；下“全民”，以“諸侯世守”問起。俱收“不書名”。

紀季入　突救莊六。　奉命紓患，申命恤患。上“不得已”，下“不幸”。上“不書名”，下“書字”。

紀季入　城邢僖元。　奉命存祀者，以情恕之；擅命存小者，以權予之。“天下無道”云云，則季爲無罪，故無貶；“中國衰微”云云，則桓爲有功，故與之。

桓三。次滑　内君之駐師，亦不勇於義矣。只重“義”字，以“救紀”爲主，而以“抑齊”串入。莊公何嘗“見義”來，説他“見義”，不爲這“見”字，只是“救”也宜救，“抑”也宜抑，兩邊都没一毫礙手處，義豈不顯然昭著乎？雖昏昧愚蒙亦覺易辯，故曰“見”。高宗土地、人民、父兄、體統，無所不□，猶以“損”名齋，怯懦甚矣！當時借道學之名，以逢君之惡者，必以“聖人不肯鼓亂”之説進。文定借“次滑”發之，作文須識此意。“《春秋》之所惡”句好不憤懣！好不激切！

次滑　次陘僖四。　駐師之褒貶，其怯與慎異也。以“次”字總起，重“伐”“救”二字分作，俱以“義”字斷。須看《傳》首“《春秋》紀兵”、《傳》末“顧義何如耳”兩句。

次滑　次鄫襄元。　見義不爲，放義而行。原主同上，但次鄫是□诸侯之師，非伐鄭之師，合作爲是。又次陘、次鄫，專主伐而次，以次爲善，以攘夷討罪作眼，更謬。

侵蔡伐楚、僖四。次鄫襄元。　“利用侵伐”，“左次，无咎”。

書救、成六；退。偪陽、襄十；進。墮費、定十二；勇。吴救陳哀十；怯。兵視諸義，不專□退怯勝也。要歸重“進”與“勇”上。此借題發意，勿涉贊詞。墮費，主“仲尼命申句須、樂頎下，伐”句。玩《傳》，此段首尾只有“勇”字，蓋“進”即“勇”、“退”即“怯”，非四項也。且如吴救陳，季子曰“吾請退”，以爲“子”名。何獨非退，而必謂之怯耶？當議删。即出，亦當總用，勿分貼。

“退”比：

或易楚子圍鄭，宣十二；退師。或士匄侵齊還襄十九。

“勇”比：

易夾谷、定十。國書伐哀十一；冉有用矛於齊師。

“怯”比：

易弗克納文十四。

次陘、召陵、俱僖四。圍新城、遂救許俱僖六。　同上，但俱就齊桓説。《左傳》：“師進，次于陘”；“師退，次于召陵”。出伐楚次、僖四。吴救陳，哀十。上進退以義，下以恤患而救，以安民而還，勇怯以義。出追鄬、僖二十六；勇。戰邲、宣十二；進。伐秦、襄十四；退。至遇，襄十五；怯。主進退勇怯失宜。或出次陘、召陵、追鄬、弗及，主進退得宜、勇怯失宜，欠通。

次滑　遂救許僖六。　以義酌救，而勇、怯者之得失見矣。退怯、進勇分貼，上下各有“兩善”意。

次滑　弗克紀文十四。　見義不爲，聞義能徙。上重“救紀”，而“抑齊”帶之；下重“奪長”，而“置君”帶之。《謙》“六五”、《同人》“九四”。

次滑　戰邲宣十二。　見義而怯於進，知難而勇於進。“見”字、“知”字，有味。

次滑　書救成六。　駐師怯義，還師近仁。

莊四。祝丘　以國母而出享外君，非禮之甚者也。既非人，又非地，串下，方得“甚”字意。

莊四。遇垂　辨所遇之君，得已亂之旨矣。以“鄭伯，實厲公”提明，接下即以“能君”，俱“不没其實”問起。云儀爲“國人所立”，何僅與簒者等？倒“皆不與”，重“已亂”作。重“子儀”邊，以“已亂”立説爲是。蓋“已亂”是《春秋》大旨，文定所以有取。若突之簒而不與，則誰不知簒不宜與？奚待蘇氏立此論，而文定善之也？作文要在“皆”字“莫適”字生情，見雖立於國人，而僅與簒立者相等，方得“已亂”之旨。

入櫟、桓十五。遇垂　執曹、成十五。衛奔、襄十四；衎。溴梁、襄十六；剽。札聘襄二十九。　二國之争立，繇不能讓也。玩“莫適與”句，雖無偏重，然亦須串在儀、剽上，方與下文血脉貫。不可借遇垂作子儀，只空補可也。去入櫟、溴梁，同。

入櫟、桓十五。遇垂　衛奔、襄十四。溴梁襄十六。　以已亂教天下，故於争國者皆不與焉。須有低昂，串在儀、剽上。子儀，仍虚補。或出次滑、莊三；公會子儀謀紀，子儀辭難。冬會鄄、莊十四；是年突入，與會。同圍齊、襄十八；剽立，與圍。會宋、襄二十七；衎歸，與會。同。此立意隱晦以難人，场内出此等題，令人揣摩不得，反失真才，宜痛戒。

執曹、成十五。札聘襄二十九。　能讓國如二賢，而國無亂矣。以鄭、衛之亂問起，體“如”字、“可”字發，各入“不如是，則亂不止”意。繳出儀、剽。札讓，以光弑僚之時言。

“子臧”比：易遂伐秦，成十三，曹宣卒于師、盟戚成十五。俱同。

“札”比：易會向、襄十四；諸樊既除喪，立札，札辭。吴救陳，哀十；札主兵。俱同。

遇垂　比歸昭十三。　争國昧義，取國昧權。“如子臧、季札可也”；爲曹子藏、魯叔肸，不亦善乎！

召陵、僖四。城濮、僖二十八。盟戚、成十五。札聘襄二十七[5]，　歷觀用兵、讓國之事，而解紛息争之道得矣。比《救江文三。傳》。齊桓、晋文。

子哀奔、文十四。嬰齊如、成六。執曹、成十五。札聘襄二十九。　致諸辭爵、辭國者，善於自處者也。比《洩冶宣九。傳》。子哀、叔肸。

書救、成六。執曹、成十五。偪陽、襄十。札聘襄二十九。　明於將權、臣節，而任、讓咸宜矣。比《戰邲宣十二。傳》。欒書、荀罃。

城楚丘、僖二。執曹、成十五。札聘、襄二十九。越入吴哀十三。　臣得處變之節，君得處困之道。比《至晋昭十六。傳》。衛文、句踐。

宋楚平、宣十五。袁婁、成二。盟戚、成十五。札聘襄二十九。　謀國讓國之臣，其忠□足以愧人矣。比《吴伐我哀八。傳》。華元、國佐。

莊四。大去　不貶外君去國，權以道也。"與""不與"，俱以"太王"炤看。玩《傳》，只"無貶"。勿以"與其不争""與"字重看，蓋"不與"之意，即在"與"中。"大"字是紀實，只收"不名"。加寔來，桓六。只點"異於失地之君而不名"。

大雩、桓五。大閲、桓六。大去　大無、莊二十八。大蒐昭十一。　稱"大"之文，惟去國近道者無貶焉。三段辯過書法，倒單作。

大雩、桓五。大閲、桓六。大無、莊二十八。大蒐昭十一。　《經》之以"大"書者，皆有妨於君國者也。如《傳》分二段：臣道、君道。"僭"邊只一比，同。

大雩、桓五。大閲、桓六。大蒐昭十一。　《經》於望國戎祀，皆特詞以譏其僭焉。總叙，略點三段。以戎、祀作目，而總斷其"僭"。鬱鬯以迎神，祝嘏以受釐，燔柴以通氣。南郊之壇，祝敔之作。鼓鐸之以次，鐲鐃之以□，坐作之以法。后表之旗，斬牲之狗。艾蘭以爲防，置旃以爲轅，葛□以爲門。列陣之卒，疏數之節。去末比，同。

大去　滅黄僖十二。　參道義於去國，守可予，而去亦可恕也。下股只借來引本股，勿兩開。曰"道"，曰"義"，曰"則當"，曰"亦可"，字面俱有斟酌。

大去　歸酅莊十二。　國君能去不能存，《春秋》與而不盡與焉。下比只炤"不録其卒"書法。"不争""不存"，都在"大去"内看出，勿分屬。宜總發於前，收二書法於後。加寔來，桓六。同。

大去　哀奔文十四。　《經》於去國之君臣，恕其合道，而貴其存道焉。以“道”字爲主。上愛人，“太王去邠”；下“愛身”，“微子去紂”。

大去　札聘襄二十九。　效太王去國，恕其能權；效泰伯讓國，惜其過□。

莊四。《葬紀伯姬傳》

如紀、桓五。以酅入莊三。　竊禮義之似者，其詐可誅也。“存紀”，謂存之於酅，以延紀祀也。殷聘世朝爲禮，興滅繼絶爲義。二邊俱要發出“行詐之志”來。

莊四。狩禚　紀同讐之狩，著其無人心也。“上主乎宗廟”句最重。稱“人”稱“及”書法，兼用。

狩禚　盟防莊二十二。　兩即内君忘讐之事，皆人子之心所不忍也。“夫狩者”云云，“娶者”云云，俱重“有人心者，宜於此焉變矣”句發。

狩禚　五國伐衛莊五。　“卑公”之敵，所以“卑公”；“人”諸侯，所以“人”公。忘父讐，逆王命。

狩禚　圍蔡哀九。　刺釋怨，人心；恕復讐，天理。

莊五。如齊師　即國母之莫制，而知禮不可不謹於其微矣。“制”字對“謹”字看，重“不可復制”句。“謹微”，就莊公説。要發聖人“書此垂戒”意。

莊五。郳黎來朝　以禮予夷，從其所自進也。“書名”，只引起“書‘朝’”耳。“能修朝禮”，謂朝時能成朝禮。“已能”字亦須玩，含下“從齊尊周”意。“郳特屬夷”“氊裘”等語，勿用。

盟蔑、隱元。郳朝　蕭朝、莊二十三。小邾朝、僖七。葛盧來僖二十九。　别附庸之類，特嘉夫進於禮者焉。以“書字”“書名”引例問起，倒“書‘朝’”上作，“小邾”帶講。

盟蔑、隱元。郳朝　附庸之類有辯，貴夏賤夷意也。只主“書字”“書名”通例上，分作，要見“貴華賤夷”意。二“例”字宜玩。加蕭朝、莊二十三。葛盧來，僖二十九。同。

郳朝　葛盧來僖二十九。　例以名夷屬，即進於禮者弗易也。

郧朝　小邾朝僖七。　夷屬能進於禮，而膺命宜矣。一順做下，不必總叙，收"書'朝'"。"進於禮"，推開説，勿泥定"朝禮"。

盟蔑、隱元。郧朝　會首止、僖五。會葵丘僖九。　兩稽《春秋》之異詞，貴華尊王之旨也。比《會首止傳》。

盟蔑、隱元。郧朝　城邢、僖元。城楚丘僖二。　名、字詳畧之殊，而夷夏、王伯辨矣。比《緣陵僖十四。傳》。

盟蔑、隱元。郧朝　葛盧、僖二十九。單伯至、文十五。意如至、昭十四。舍至昭二十四。　兩獨有所"字"，貴中國、尊王命也。比《單伯至傳》。以儀父、單伯爲主，餘比相形。借《盟蔑傳》"中國附庸""列國命大夫"二例。

郧朝　小邾朝、僖七。吴伐郯、成七。黄池哀十三。　旌遠人修禮，終以王命進之；斥遠人僭制，終以王號抑之。

小邾朝、僖七。杞子朝僖二十七。　以禮分夷夏，而人貴善變矣。比《杞子卒僖二十三。傳》。以聖人"黜"爲杞子，對上"王命爲小邾子"。上補前此"黎來"云云，下補前此"成公"云云。杞卒，杞子是成公。杞朝，杞子是桓公。桓公，成公弟也。

莊五。五國伐衛　深貶諸侯黨惡，以其逆命也。朔爲王之罪人，黨之，即是"逆王命"。"'人'公"，蓋"人"諸侯，而"公"亦與其中也。加朔奔，桓十六。只□起《春秋》因王命絶朔，故"書名"，非夫子"以王命絶之"也。

五國伐衛　圍宋僖二十七。　兩"人"諸侯，黨惡、附夷之罪著矣。下《傳》云："信夷狄以伐中國"，"'人'楚子，所以'人'諸侯也"。

莊六。突救　不計功以褒恤患者，重王命也。"褒救衛"，全重"王命"上；而"申王命"，又全重"理"上。要有感慨激勸意。《傳》意全以"王命"故"嘉突"。"行法俟命"一段，是辯駁餘意，若作正講，便左。或加南季聘，隱九。炤起"大夫之例"句。加從王伐鄭，桓五。原王威之褻，而因諒王臣之無功，要發《傳》中"雖"字、"况"字。

朔奔、桓十六。伐衛、莊五。突救　朔入莊六。　知抗王之惡，則納者宜貶，而拒者宜褒也。以“王命绝朔”起，斷其無可入之理，納者非，拒者是，而總發聖人“不以成敗論事”意。夫朔奔即《朔入傳》，蓋此《傳》無“公至”，下《傳》無“朔奔”。

伐衛、莊五。突救　《春秋》重王命，故予奪兵之順逆焉。總以“朔陷其兄”一段《傳》意論起，小分，後總體貼“或曰”以下《傳》意渾發之，勿板板講五國與突事迹。

突救　盟洮僖八。　兩以王命進微者，見《春秋》之法矣。俱從聖人意發。皆“下士之微”，上不計功之成敗，以“申王命”而褒之；下不計位之貴賤，以“奉王命”而尊之。二“命”字不同，上乃“廢朔”之“命”。

突救　齊人伐衛莊二十八。　申命、恤忠，奉命、討罪。

突救　城楚丘僖二。　《經》重王命爲予奪，而功非所論也。申王命以恤患，無功亦褒；專王命以封國，有功亦貶。

突救　城濮僖二十八。　正以恤患，無功必褒；譎以攘外，有功必畧。

突救　楚子入陳宣十一。　王臣恤患，《經》不計其功；外夷討罪，《經》不計其貪。俱以“或曰”云云辯起。

突救　宋楚平宣十五。　《春秋》之褒貶，不計功之有無也。舊破用“王命”言“命”字，下《傳》無“命”字。今總用“《春秋》之褒貶”句，最是。上，王命申，《傳》云“君子行法以俟命，故褒貶如此”；下臣義隳，《傳》云“聖人明其道，不計其功，故褒貶如此”。下兼元、反説。“稱字”“稱‘人’”，正相反。此題亦可作《弑卓傳》“明義”“立節”。

突救　書救成六。　兩予恤患之師，皆不計其無功也。上重“王命”，下重“民命”。俱就“無功”辯起。

突救　沙隨成十六。　《春秋》重理義，而功與勢不足言矣。計理不計功，榮義不榮勢。

突救　厥憖昭十一。　兩不計恤患者之功，論理而原心也。以“王命”“霸業”立説，重“理”“命”“心”“力”字發議論。上褒之，下恕之。

突救　黄父昭二十五。　重王命、王事，故褒循理而署脩職者焉。申王命者，以常理褒之；勤王事者，以常職署之。“行法俟命”，“以正待人”。

突救　召陵侵定四。　兩紀有命無功者，而事之褒貶異焉。申王命，隳王命。上沮於勢，下沮於利。

突救　柏舉定四。　能申王命、達王命者，而功與心可無論矣。論理則不計其功，重申王命上，本五國逆命來；論功則不計其心，重達王命上，本晋人隕命來。

突救　入郢定四。　予恤患而惡肆淫，皆不計其功焉。下有“功不足以掩之”及“聖人心無毁譽”，“因善惡而施褒貶焉”。加五國伐衛、莊五。柏舉，定四。褒貶全出。

突救　會申昭四。　褒恤患而責宗夷，見俟命、立命之旨矣。“行法俟命”，“以義立命”。上有王命當申，毋計其功矣；下有人事可爲，毋諉諸天矣。

突救　黄池哀十三。　“幸不幸，命也；守義徇理者，法也”，“行法俟命”；“存亡者，天也；得失者，人也”，“以人勝天”。

莊六。朔入　公至　《經》於逆君復國，嚴詞以見罪焉。主朔“逆王命”以“取國”斷罪。“大義”一段，重發，而魯不當黨惡，融入其中。二書法并發於後，總歸到朔上。玩《傳》起處即判明“入”字之義，又云“《春秋》大義”云云。“《春秋》之情”，宜在聖人書法上做，不宜斷罪。“其勢”二字與“其惡”二字，亦相呼應處。

莊六。朔入　《經》著復國者之惡，重王命也。須本“争國”之心，發“逆命”之罪。大意同上。

莊六。公至　誅惡之情，於内君返國而亦寓焉。體“故”字、“内則”字，及“《春秋》之情見矣”句，要在罪魯上發出“誅朔”意。“書‘至’”，乃著其黨惡附奸之例。

許叔入、桓十五。朔入　“書‘人’”之義有辯，以勢與理也。主

"入有二義"句，上理順勢難，下勢易理逆。上比易小白入，莊九。同。

伐衛、莊五。突救、莊六。朔入　逆君藉勢以復國，《經》深惡其抗命焉。主"連五國""距王官"一段搭，大意與朔入同。須貼"勢無難"意發揮，只收"書'入'"。

春王正月、隱元。伐衛、莊五。突救、莊六。朔入　公至　札聘襄二十九。《春秋》以天下爲公，故詳貶夫逆争者焉。以"書'入'"問起，將隱□順《傳》發意。細玩"雖以正取國"，猶"未之貴"，即就"選賢與能"内看出。今添責隱公無命，豈《傳》本旨乎？此題還宜去"春王正月"，只加"札聘"爲是。

朔人　札聘襄二十九。　倒作，與上題同。札聘"選賢與能"，亦在聖人書法上論，故曰"《春秋》大義"。

立晉、隱四。札聘襄二十九。　只在聖人"大公"意上做，總起中分，末繳本股。兩邊都是論理，不重予奪。上或隱"正月"，或莒去疾入，昭元。同。出小白入、莊九。札聘，襄二十九。同。或主"選賢與能"句，小白能，札賢。小白非以正取國，非與能也。不如同上稍可。

春王正月、隱元。朔入　炤《傳》渾作，體"雖"字、"況"字發。

伐衛、莊五。突救、莊六。朔入　公至　深惡夫以逆取國，而必詳致其意焉。以《春秋》惡朔之甚，無所書而不致意。總叙"過"，以朔罪重。當拒不當納意，融會成文。詳倒四書法，總歸到朔上。

伐衛、莊五。公至　《經》致嚴於内外之黨逆，所以罪逆者至矣。公之罪亦在"伐"時。當總叙、混作，而分疏書法，大意與公至單比同。玩"外則""内則"，語氣甚周密，甚緊切，都吸在朔上。

朔入　衛鄭歸僖三十。《春秋》以天下爲公，兩貶夫争國者焉。俱有"天下爲公""選賢與能"句。雖以陷兄、殺弟作目，然上重"逆命"。

朔入　廬吴歸昭十三。　於争國、封國者，兩示公天下之意焉。禪讓公天下，選賢與能，不拘世及之禮；封建公天下，興滅繼絶，異於自私其身。

莊六。歸衛俘　得黨逆之驗，而罪正矣。"端"字重看，末發"垂戒"意。加伐衛、莊五。突救、朔入，俱莊六。同。再加公至，莊六。亦同。再加朔奔，桓十六。亦同。

歸俘　獻捷莊三十。　因分利而正黨惡之罪，因矜功而抑畧遠之非。前之黨朔，貪今日之利；前之遠伐，貪今日之功。一有貪心，遂爲利所迷；一有侈心，遂爲功所使。

歸衛俘　取濟西宣元。　兩紀納賂，皆正其黨惡之罪也。上，“喪心失志，迷惑之端”；下，“其禍乃自，不知以義”云云。

莊七。恒星不見星隕　徵於星變，而知王道之微矣。經星隱没，嘗經泯滅之象；衆星奔流，諸侯放恣之象。

伐衛、莊五。突救、莊六。北杏、莊十三。踐土僖二十八。　逆王命，專王政。上，天變爲有自；下，天變爲有徵。只北杏、踐土，主天變之徵。

五國伐衛、莊五。北杏、莊十三。大雨雪、僖十。大雩僖十一。　人事應天變，天變應人事。比《陽穀僖十一。傳》。“前此”云云，“後此”云云；“先乎”云云，“後乎”云云。

莊七。秋大水無麥苗　《經》謹天變，王者之心見矣。重“心”字發揮。曰“畏”、曰“重”，皆在聖人書法上看。玩“國之亡無日矣”句，要得悚動人君意。

宋大水、莊十。六月雨僖三。　上“畏天災”，下重民命。只借題發“王者之心”。

大水無麥苗　六月雨僖三。　“畏天災，重民命”，王心；“懼天災，恤民命[6]”，王道。皆有“國之亡無日矣”句。

無麥苗　無冰成元。　存王者之心，備王者之事。

大水無麥苗　陳災昭九。　志内外之災，皆王者之心也。“畏天災，重民命”；“歸民心，合天德”。

莊七。姜氏會穀　國母肆行，其惡益遠矣。“魯地也”，“齊地也”，有味。即不連春“會防”出，亦重“一歲再會”意。

莊八。次郎俟　駐師無名，求其義不得也。宜就“或曰”兩段上看出無故勞民，斷其非義。書法只重一“俟”字。

次郎　次聶北、僖元。次陘僖四。　次兵無名，考書法之得失，而貶見矣。曰“善之”，曰“譏之”，末段直駐脚曰“深貶之”，原有個主客，須歸重本股。三意俱從“次”來。加匡、僖十五。雍榆，襄二十三。同。只次郎俟、次陘，“妄”與“慎”分。

聶北、僖元。次匡、僖十五。雍榆襄二十三。　師究其所以“次”，宜於討而不宜於邺也。如《傳》分二段，繳云：“若夫‘俟’而‘次’者，則又”云云。非惟不可與“慎戰”竝論，且不啻與“緩師”同罰矣。只次陘、次匡，“慎”與“怠”分。只次陘、雍榆，“慎”與“慢”分。《救邢傳》，以“雍榆”爲“慢”，以“救成至遇”爲“怯”，而諸本於此《傳》搭雍榆比，皆相沿爲“怯”者，誤也。只次聶北、次匡，在《聶北傳》。

聶北、僖元。匡、僖十五。雍榆襄二十三。　“次”之用於“救”者，其意概可譏也。皆是不勇於義。宜總論、總繳，中分三段。惟“緩師”，故“畏敵”。若勇於義，雖魯，亦不畏；若不勇於義，雖齊，能無畏乎？

次郎俟　追濟西莊十八。　敵未至而俟之者，無名；敵已去而追之者，無備。

次郎　厥貉文十。　駐師兩無所指，《經》貶其意、誅其心焉。上黷衆，“或曰”二段，乃不可知之詞；下“凴夏”，“藏禍心”三字，乃不可測之詞。俱用“次陘”比斷。

莊八。甲午治兵　師久役而簡之，無解於黷武矣。要在“治兵于郎”上討意。“譏黷武”者，譏其不班師，而復治之，方且欲用而未已也。加次郎，莊八。倒單。有以《大全汪氏註》出圍宋、午伐鄭者。楚將圍宋，而子玉治兵于蔿；將伐鄭，而子庚治兵于汾。今莊公於出兵之時，而治兵於次郎之後。皆非禮也。小注擬題，泛濫何極！宜盡删之。

治兵　浚洙莊八。　因整兵譏其黷武，因設險譏其勞民。威天下不以兵革之利，固國不以山谿之險。

治兵　追戎莊十八。　武事之黷，武備之弛。

治兵　肆大眚莊二十二。　兵失於黷，刑失於縱，皆《經》所譏也。

莊八。圍郕郕降　無功之役，而惡備著於《春秋》之直書矣。《傳》意是據《經》文分解，非以黨讐、虐親爲“無義”。作文只斷他“親讐”

“虐同姓”與“不能服人”，總以見莊公之惡。《傳》末“著”字，根上《傳》“無名黷武”來。

莊八。圍郕　内君黨讐以虐親，《春秋》直著其罪也。

莊八。郕降　即小國之屈於大，而内君之非義見矣。

圍郕郕降　宋人圍曹僖十九。　用兵失服人之義，用兵失省己之德。

圍郕郕降　平莒不肯宣七[7]。　用兵非義者，無以服人；平怨無本者，無以强人。

圍郕降齊　夾谷歸田定十。　非義，無以服人；順理，有以化敵。

莊八。師還　立重衆之義，因其輕之者權之也。“至是師爲重矣”句當玩，正見“權衡”。“害人”“人”字，指本國之人説，即“勞民毒衆”意。垂戒意亦不可遺，此就聖人書法上發。蓋聖人平日重君，至今日君輕師至此，便就“重師”了。千金之子，擲百金之筐於地，旁觀者自不覺其驚慢張皇，取而捧之重茵之上也。不必論到“脱巾之變”，方見師□。

公至伐、莊六。師還　君與師互重，權衡審矣。宜從書法□作。君、民互發，方是“輕重權衡”意。上比易公伐邾，隱七。同。出次滑、莊三。次郎，莊八。同。

次郎、治兵、圍郕俱莊八。　師還　内役久而後班，《經》所以著重衆之義也。焻傳將《左氏》語問起“不書‘公’”書法，混作，總倒。“治兵”附“次郎”内。去治兵，同。加公伐邾，隱七。同。

次郎俟　圍郕莊八。　稽用衆之久，其勞民甚矣。從“不至”“不服”字發出“久”意。勿以“無名”“黷武”二句分貼。

師還　戰韓獲僖十五。　酌師與君之重，以固本而明分也。

師還　鄢陵敗成十六。　君親與役，没而不書，重在師也；師亦敗績，畧而不書，重在君也。

公伐邾、隱七。師還　戰邲、宣十二。戰鞍成二。　兩變例以紀兵，示不君不臣之戒也。比《戰鞍傳》。上，“君將不稱帥師”，此獨稱“師”；下，“將稱元帥，畧其副”，此并書四卿。只師還、戰鞍，同。

公伐邾、隱七。師還　單伯伐、莊十四。三師城邢僖元。　酌君將與師之稱，而王道寓矣。比《大棘宣二。傳》。兩邊皆有“王道輕重之權衡”句。下，“將尊師少，稱將不稱師”云云。皆在書法上發。

師還　燬滅邢僖二十五。　下：“《春秋》原情定罪，而衛燬獨名”，蓋“輕重之權衡”也。

公伐邾、隱七。師還　執虞、僖五。滅邢僖二十五。　於重衆權其分，於覆親權其罪。

師還　河曲文十二。　下《傳》亦有“輕重權衡”句。“君將不稱帥師”，“重君”之旨也。“至是師爲重矣”，“故不書‘公’”。“凡戰，皆以主人及客”，“處己之道”也，今“秦曲甚矣，故不以晋爲主”。

公伐邾、隱七。師還　彭衙、文二。河曲文十二。　權君師之等，權主客之罪。

師還　袁婁成二。　紀用師待敵，見輕重、曲直之辨焉。上，“輕重之權衡”；下，“曲直之繩墨”。重者有時而輕，輕者有時而重，如“權衡”然，而不膠於一定；直者則直之，曲者則曲之，如“繩墨”然，而不漫爲推移。上加公伐邾，隱七。下加于師、召陵，俱僖四。同。又上加次郎、圍郕，俱莊八。下加戰鞌、如師，俱成二。亦同。

莊八。齊無知　罯不道之貴戚，著失尊賢之道也。“亂本”字重。“尊賢”意要發。胡氏割裂《經》文爲《傳》，此與“翬帥師”是也，而此尤不通。豈可作題！加年聘，隱七。同。

年聘、隱七。季子歸閔元。　《春秋》戒“寵弟”，示親親者貴尊賢也。借題發意，不重事迹。二《傳》俱有“親親”“尊賢”及“堯”“周”等語。上稱“弟”，下只用“不稱公子”。舊主《傳》題，而本《傳》“古者”與季子不切，且兩《傳》對待亦整，從比爲當。又有公孫歸父如晋、公孫會奔題，主“皆得親親之道”，以兩公孫炤出“不書公孫”。但季子歸題，既不主《傳》，則此題宜徑删矣。

季子歸、閔元。盟葵丘僖九。　主無知、諸兒，脱合。上，寵親屬而急尊賢，比責齊僖；下，親賢人，遠小人，比責齊襄。季子歸比，既辯明不宜從《傳》，則脱合更謬，宜删。

莊八。《弑諸兒傳》

孔父、桓二。仇牧、莊十二。北杏、莊十三。葵丘僖九。　臣節、伯功，足爲効忠、用賢者勸矣。孔曰“成仁”，孟曰“取義”，影費、石；孔曰“一匡”，孟曰“爲盛”，影襄公。

盟蔇、莊九。葵丘僖九。　興亡在所任，即一齊足鑒已。總以“齊之强大”論起，略分，後總相形發意。《傳》以“身亡”對“國興”，不必撰出國衰。或加“石門”，任齊之强，無謂。

北杏、莊十三。兩鄄、莊十四、十五。兩幽、莊十六、廿七。會檉、僖元。首止、僖五。甯母、僖七。葵丘，僖元。伯主功成九合，則得人之效也。總叙事迹，倒“所以興”作。“賢人”兼管仲、隰、鮑，“遠小人”虚補。

小白入、莊九。盟葵丘僖九。　即伯主之所繇興，知得人要矣。主“桓公用”至“所以興也”一段。上比，作“用賢”。

盟蔇、莊九。執虞、僖五。葵丘、僖九。秦人伐晋文三。　國勢、人材，惟在所用矣。上，一齊國也，襄用之不能保身，桓用之九合；下，一百里奚也，虞不用而亡，秦用之而霸。

葵丘、僖九。長岸昭十七。　二國之興衰，緣用舍有得失也。各兼“用舍”，畧云：以齊之强，桓能親賢，而所謂便嬖私暱遠矣，卒之九合諸侯，不以兵車，管仲諸人之力也；以楚之强，平不能勸賢，而所謂策士奇才去矣，卒之七國皆敗，幾於亡滅，無極諸人所致也。

葵丘、僖九。戰邲宣十二。　得於任相，失於任相。上，任管仲，而便嬖私暱者遠矣；下，任林父，以剛愎不仁者參焉。

【校記】

〔1〕圍陳，應爲“圍鄭”。宣公十二年無圍陳事，有“楚子圍鄭”。後引《傳》“諸夏不能討而夷狄”句，恰出《圍鄭傳》中。

〔2〕紀，應爲“杞”。僖公二十七年無“入紀”事，有“公子遂帥師入杞”。即下題之“遂入杞”。

〔3〕仲、伯，原文爲“叔仲、惠伯”。

〔4〕僖三十一，應爲“僖三十三”。《左傳・僖公三十三年》：“公伐邾，取訾婁，以報升陘之役。”

〔5〕襄二十七，應爲“襄二十九”。

〔6〕命，《六月雨傳》作“隱”。

〔7〕宣七，應爲“宣四”。

卷之八　莊公中

莊九。盟蔇　以重德忘親，無人理矣。不是要莊此時報怨，只不宜施此重德耳。“德”“重”“怨”“深”四字要發透。“及”字、“齊”字俱重。收“公及齊大夫盟”。

鄭人伐衛、隱二；廩延、怨淺。盟蔇、彭生、怨深。伐齊、僖十八；楚丘、德重。次鄫襄元；集矢、德輕。　知德怨之辨，而忘親之罪可定矣。要體兩“有”字，專在本比上發意纔妙。舊主“俱不得其宜”。上二比異於“以直報怨”，下二比異於“以德報德”，頌奴失主，甚謬。

“德輕”易比：

鄢陵、成十六。楚鄭伐宋成十八；二比俱“集矢”。

“德重”易比：

楚丘僖二；衛國忘亡。

盾救陳宣元；意見宣九《會扈傳》。

“怨淺”易比：

小白入莊九；射鈎。

侵曹伐衛僖二十八；與盟。

“怨深”易比：

會濼桓十八；彭生。

入郢定四。

邢狄伐衛、僖十八。圍蔡哀元。　德怨之報，無失其平可矣。“然則如之何”五字不可忽。邢人“以德報德”，楚昭“以直報怨”。近有戰韓獲、戰邲□題，主“以德報德”一邊。上秦穆良馬事，出《吕氏春秋》，下楚莊絶纓事，出《説苑》，擬題至此，直令人噴飯。須記此《傳》無“以怨報怨”“以怨報德”。僖十八《伐衛傳》，無“以德報德”句。“邢狄伐衛”比，在彼《傳》則重狄，在此《傳》則重邢。

“直報”易比：

戰韓僖十五；秦穆報晋惠。

射姑奔文六；庾肸不報賈季。

檇李定十四；影夫椒事。

“德報”易比：

師救齊，僖十八。或連高子盟閔二；書僖報齊德。

戰鐵哀二；公孫楚報趙鞅。

盟莊　圍蔡哀元。　怨有必不可忘者，而報之得失殊矣。上“有父之讐”，“乃欲以重德報之”，則“天理滅矣”；下“辱逮父母”，若“不能一灑之”，則“天理滅矣”。

會濼、桓十八。盟莊　楚丘、僖二。伐齊僖十八。　德怨有非所報而報者，倫理絶矣。比《邢狄伐衛僖十八。傳》。深怨而德報，重德而怨報。上云“人倫廢矣”，下云“天理亡矣”。《敝笱》《猗嗟》《載馳》《木瓜》，可引。

莊九。納糾小白入　辨争立者之分，而國統定矣。“長”“幼”字重。宜以糾形小白串講。“仲”“忽”一段，講後入證。書法以“不書‘子’”“繫齊”爲主，“納”與“不稱‘公子’”帶之。“‘入’者，難詞”，只入叙中。

莊九。納糾　不與争國者，明大分也。只重“糾，弟也”句，“又未嘗爲世子”句輕。

莊九。小白入　《經》示立長之義，故予當立者於法之外焉。只重“當立”，而以“無承稟”挑之。後引“管仲”證“難詞”，作事實，然亦見非“逆詞”也。

納糾白入　取糾、莊九。葵丘僖九。　定國嗣之邪正，於其予奪二臣見之也。同單，但仲、忽事畧重點耳。引仲、忽只據孔子成語，不可復自生議論。

取糾、莊九。甯母僖七。　即聖人素評二臣者，而争國之是非定矣。

題雖管、召，是非卻在糾、桓上。下易葵丘，僖九。同。

小白入　救邢、閔元。伐楚、僖四。首止、僖五。甯母僖七。　取嗣君之正，於其與相國者徵焉。須體認聖人稱仲語意，點綴諸比在中。末比易葵丘，僖九。同。

救邢、閔元。伐楚、僖四。首止、僖五。葵丘僖九。　義相臣之功，則其所相者可知已。玩《傳》中“故”字，須在“桓當立”上着精神，勿在仲上板講。末二比隨去一比，易甯母，僖七。同。

小白入　葵丘、僖九；管仲。會夷儀、襄二十五。夾谷定十；晏子。　管仲徙義以成霸君之功，晏子權義以成顯君之功。俱就“不死”上説。比《仇牧莊十二。傳》。

莊九。乾時敗　貶内君無復讐之心，特榮其衄以示意焉。“言‘敗’者，爲與讐戰，雖敗亦榮”。全是虛設，以引下面“不言‘公’”以貶莊意，勿著實講。書法以“敗”字先提，以“諱公”收之。“與讐戰”，自不計成敗；不諱敗者，正著其“與讐戰”也。戰者讐，而戰之故，“則謀定其國家”，“故諱公以重貶”。加納糾，莊九。只作事實。再加戰奚，桓十七。或升陘，僖二十二。亦同，只辨書法起。

乾時　升陘、僖二十二。沙隨不見、成十六。平丘不與昭十三。　變例紀内衄，而終不以直詞榮之也。如《傳》先挑“敗”字，沙隨、平丘用在中，婉轉講之，收“不書‘公’”。去升陘，同。破云：“不以直詞榮内衄，深貶其忘親也。”

莊九。取糾　忍於戕弟，不仁甚矣。“置而不問”，設箇曲全親愛之法，然後快於心，正是“一人心、防後患”意，俱要重看。二書法：重“稱‘子’”；惟先公之子，所以不當“取”而“殺之”。“復”字要點出。加納糾，莊九。以“稱‘子’”“不稱‘子’”分。

莊九。冬浚洙　以勞民固國，不圖其本矣。“保”字與“固”字同意，“摇”字正相反，“本”“末”字緊關，首尾三“本”字相應。收“書‘浚洙’”。

浚洙　追戎莊十八。　設險以摇民心，弛備以啓戎心。兩邊都在

"國"上説，一云"固國"云云，一云"爲國"云云。上《傳》"輕"字、"妄"字，下《傳》"不覺"字、"不知"字，都是着力處。

浚洙　告糴莊二十八。　《經》責望國君臣，以其不務本治實也。務末不務本，治名不治寔。

浚洙　城中城成九。　失固國之本，昧體險之用。

浚洙　長岸昭十七。　國之本有二，"保民"與"得賢"而已。"固國以保民爲本"，"爲國以得賢爲本"。雖長江巨川不足憑，雖廣土衆民不足恃。

浚洙　昌間昭二十二。　望國之守國訓民，皆昧其本矣。"固國以保民爲本"，"三綱，軍政之本"。

浚洙　滅下陽僖二。　兩譏設險、棄險者，而守國之道備矣。二《傳》俱重"守國"二字。"洞庭、彭蠡"，"潼關、劍嶺"。

莊十。長勺　望國之挫敵，去王事遠矣。重"接刃"，而"用詐"帶之。不言"伐"而言"敗"，正以魯爲主，非兩書法。重發"已亂""寡怨"意。

長勺　伐北鄙、僖二十五[1]。入滑、僖三十三。盟戲、襄九。侵齊還、襄十九。夾谷定十。　以王事律挫敵者，爲無庸於挫敵也。

伐北鄙[2]　書救、成六。盟戲、襄九。會虢、昭元。會鄖哀十二。　却敵有道，善戰者□矣。

長勺　伐北鄙、僖二十六。書救、成六。盟戲襄九。　責望國勝敵，以王事律之也。以長勺問起，即以下三比論起"待敵之道"，炤《傳》倒本比。

伐北鄙、僖二十六。書救、成六。三駕伐、襄十一。大鹵昭元。　歷觀制敵之道，而知善戰者之罪矣。意亦同上。大鹵即長勺替股，然不宜以大鹵起，只合順《傳》做去。首尾仍點長勺。

長勺　盟戲、襄九。蕭魚、襄十一。士匄侵、襄十九。澶淵、襄二十。夾谷、歸田俱定十。　惡望國之挫敵，以其去王事遠也。以長勺問起，即論"待敵之道"，見其與"善陣者"遠矣，與"善師者"又遠矣。進而求之，不有不師者乎？此乃所謂“善爲國者”矣，而乃“兵刃相接，又以”云云。倒本股作。

伐北鄙僖二十六。　書救、成六。盟戲襄九。　應敵者有差，然均之息兵也。三段遞下，總説“已亂”“寡怨”數句，歸到長勺。此只借事論理，勿粘定諸人□講。

召陵、僖四。書救、成三[3]。夾谷定十。　深求夫應敵之善者，而王事明矣。同上題，但倒搭。召陵比，《左傳》有“陳諸侯之師”句。出次陘，僖四。同。《傳》有“厚□其陣”句[4]。舊以此爲“不陳”，誤。

盟戲、襄九；不戰。蕭魚、襄十一；楚屈。侵齊還、襄十九；不陣。盟澶淵、襄二十；齊服。夾谷、不師。歸田俱定十；齊化。　同上。不戰，善矣，猶未也，進而不陣；不陣，善矣，猶未也，進而不師。發“善爲國”處，繳長勺。

書救、成六；不戰。伐鄭盟戲、襄九；不陣。夾谷定十；不師。　此題次序舛錯，須以“王事”講起，以“書‘不陣’”悼“不戰”。雖善，而猶未盡善，必如孔子之“不師”，方是“善爲國”之歸宿處。繳俱根長勺。

士匄侵、襄十九。澶淵、襄二十。夾谷、歸田俱定十。　有善於國與師者，可以觀德矣。要含下“至于善陣，德已衰矣”句。

盟戲、襄九；不戰。夾谷定十；不師。　中分，前後見爲國必以“不師”爲上，降而至“不戰”，猶不失“爲王事”意。

書救、成六。盟戲襄九。　兩觀善師善陣者，猶未悖于王事矣。補一句：“善爲國者不師，不可得而見矣”。

長勺　秦晋圍鄭、僖三十。徐越伐吴昭五。　禦敵有道，而望國之勝敵，失之矣。下二比只用來發《傳》，不可便許他爲“王事”，而文氣要合看。

會虢、昭元。會鄖哀十二。　應敵有二，皆出於戰之外也。上重伍舉“知其有備”句，若多用子産語，□涉詞矣；下乃子貢説吴釋衛事。修詞修備，寔寔有所恃以應敵。王者原非迂腐無能，如後世之偷安奉□，藉口“不師”也。玩兩“則”字，中間又用一“而”字度下，可見文告、守禦俱是臨敵時不可少者。外諭敵以理，内自壯其威，便可不戰而屈人兵，無庸於戰矣。大分便非。出秦晋圍鄭、僖三十；燭之武。徐越伐吴，昭五；吴早設備，楚無功而還。同。出伐北鄙、僖二十六。入滑，僖三十三。亦同。伐北鄙比主魯言，不主展禽，蓋公使展喜犒師，使受命於展禽，則行使者公也。入滑比主鄭言，不主弦高，蓋孟明曰“鄭有備矣，不可冀也”，則守備者鄭也。

“文告”易比：

伐楚次僖四；敬仲責楚，且《傳》云“按兵於陘，修文告之詞”，正是“不戰”。

納捷菑文十四；“邾人辭曰：‘齊且[5]貜且長。’”趙盾引師去之。

會扈文十七；晋侯不見鄭伯，子家使執訊而與趙盾書。

伐陸渾宣三；王孫滿“天命未改”之對，消楚莊窺鼎之邪心。

夏伐陳襄二十五；子産馳詞當晋，仲尼曰“非文詞不爲功”。或出“舍之入陳”，非。

會鄫哀七；子貢辭吴召季康子。

槖皋哀十二；子貢卻吴尋盟。

如屈完盟，□□與修詞不同，即“辱收”“德綏”語，亦非文告。袁婁，國佐責郤克，詞雖正，然已戰鞍，復借一，便非《傳》旨。鷄澤，士匄告齊語，尤與應敵無干。盟平丘，“争貢”是一時語，非行使文告也。此等俱不可搭。又須知若出會虢、平丘，則在忽奔□。

“守禦“易比：

午伐鄭襄十八；子西、子展完守入保，子孔不敢會楚師。

四國災昭十八；子産授兵登陴，曰：“國之不可小，有備故也。”

如戍陳、晋禦楚，非自己疆埸之備。滅陸渾，萇弘勸劉子做戎□，欲獲陸渾之遺俘，非應敵也。二比俱不切。戰奚，公告疆吏慎守，曰“事至而戰”，與“不戰”相反。赤棘，臧宣叔命修守備，曰“我新與晋盟”云云，其志在戰。伐北鄙、圍成，“速塞海陘”，先云“孟孺子速邀之盟”云云，便非不戰。國書伐，冉有請一子守，二子從，正是議戰。艾陵敗，季孫命修武備，曰“小勝，大禍也”，本爲戰勝之故。五比俱背《傳》，難出。

長勺　盟戲襄九。　不戰者，猶未盡善，而其甚者，無所逃罪矣。玩《傳》，當以上比形下比，方得“至於”字、“已”字、“而况”字口氣。

出三駕伐鄭、襄十一。大鹵，昭元。同。

長勺　乘丘莊十。　兩惡勝敵非道，示王者之事也。兩邊俱就“詐”上比。上曹劌，下公子偃；上非“王者之事”，下乃“小人之道”。

長勺　敗鄎僖元。　望國君臣之捷，皆悖于王者也。俱重“接刃”，而“詐”帶之。上，“王者之事”，自不用兵上説；下，“王者之師”，自用兵上説。上責莊，下責友。

長勺　召陵僖四。　惡善戰，予不戰，明王事也。比下《傳》“庶幾乎王者之事”句。

長勺　彭衙文二。　以王事望天下，故兩貶應兵焉。各以“應兵”問起，倒“受伐”爲主。上，“文告”“守禦”，王者“已亂”“寡怨”之事；下，“引咎”、辨“諭”，王者“息争”“遠怨”之事。

長勺　大鹵昭九。　勝敵非王事，攘外非王師。上以“長勺，魯地，而齊師至此”問起，下以“大原在禹服之内，而狄人來侵”問起。

莊十。遷宿　迫人以所不欲，《經》直著其惡焉。“非其所欲”句極重，就此見得利害安危，不仁之甚。全在“民情”上描寫，只倒“不再貶”句。其曰“遷宿”，是事寔。玩“迫於横逆”句，連“迫”字也在“民情”上説。“肆行莫之顧”五字，纔着在宋人狠毒心肠上。諸本要發“迫”字，是錯認做《遷三邑傳》中語氣。時文中作此題，或從“大國字小”之道論起，便覺泛。如胡氏直從“懷土大情”“遷國重事”論起，何等緊切！有擬遷夷儀、行父如晋者，上比“去危歸安”，下比晋遷而賀，爲“遠害就利”。兩語豈可擬題？且大晦。删之。

遷宿　遷夷儀城邢僖元。　予奪迫小、存小者，以仁義肆之也。上一“迫”字，落下“莫之顧”句；下一“緩”字，落下“卒有”云云，煞有意味。

遷宿　秦狄伐晋成九。　迫小、資夷者，均甚悖於仁義矣。皆有“甚”字。“雖違害”云云，“猶或恐”云云，“况迫於横逆，非其所欲”，盤庚五遷；“天下殘”云云，“亦慮其”云云，况“自相侵伐”，“與非我族類者共”，武王、八國。

莊十。次郎乘丘　忿兵而詐挫之，兩俱失矣。炤《傳》語意遞講，後將“事”“理”二字，透發“交譏”意。加長勺、公侵宋、俱莊十。敗鄑，莊十一。同。

莊十。齊宋次郎　以忿駐師，其事不足道矣。齊報長勺，宋報公侵。“大衆”“深入”字亦要挑剔。後如“誠有罪也”句，虛釣“魯”意。加長勺、公侵，俱莊十。只作事實。

莊十。乘丘　望國之禦敵，分敵之譏者也。“詞令”便是理“小人之道”，從“竊出”情景上描來。加敗鄑，莊十[6]。主“積忿”句。再加北鄙，僖二十六。影炤“奉辭令”。

次陘、僖四。伐北鄙僖二十六。　審事與理，而用兵禦敵有道矣。雖口裏説着“以事”“以理”，却要心下想向本比“不以事”“不以理”上去。出次鄫、襄元。夾谷，定十。同。

乘丘　敗莒僖元。　君臣詐勝，皆失待敵之道矣。各有“辭令”等句。上云“此小人之道”，下云“此强國之事”。

莊十。敗蔡獻舞歸　絶國君之下敵，爲有國者儆也。平時非兢業之主，將失國辱身，都看得輕了，臨難自不能不服。重看一“服”字。蓋聖人之“絶之”者，正以其平時不能兢業，以至富貴一失，遂甘心屈降也。

莊十。荆敗蔡　僭夷、猾夏，因其始見而斥之焉。《楚人伐鄭僖元。傳》：“本其僭竊之罪，正其夷狄之名，正王法也。”《荆聘莊二十三。傳》：“惡其猾夏不共[7]，故狄之”。兼用二《傳》。熊通稱王，在春秋前，此熊貲。

獻舞歸　豹歸、定十五。陽歸哀八。　三君以有罪見俘，《春秋》深絶之焉。獻舞不賓息嬀，豹盡俘楚邑，陽用公孫彊。《寔來莊六。傳》“或棄賢保佞”三句，分貼雖恰當，然亦要用得活，不必坐殺一椿。《傳》首“凡書敗、書滅、書人，而以其君歸”云云，於比三比正合。原載《寔來傳》，彼傳無“胡豹”明文。

獻舞歸　譚奔、莊十。滅黄、僖十二。夔歸僖二十六。　失守，而獨絶夫有罪者，参之不名者而益明矣。以黄與譚，論起蔡之“臣虜”，轉下夔“不名”而蔡“獨名”，重發。加石門，隱三。只將“不生名”書法問起。

獻舞歸　譚奔、莊十。滅黄僖十二。　第國君之處患，而屈服者宜在所絶矣。主“國君死社稷，正也”三句，倒作，重“失節”發。然從平日“危溢之行”上斷。出滅遂、莊十三；正。弦奔、僖五；猶有耻。陽歸，哀八；虜甚矣。順《傳》，大意同。起、繳見本比。

獻舞歸　譚奔莊十。《經》於被患之君，罪失節而恕有耻也。主“逃，猶有耻焉；虜，甚矣”二句。然串作覺單薄，宜以“不死社稷”總問起，分無耻、有耻作。“有罪”與“不幸”，略點入。

獻舞歸　夔歸僖二十六。　絶國君之自辱，以其異於無罪者也。叙獻舞過，即以夔亦“臣虜”難起，説明“夔無罪”幾句，倒“獻舞獨名”上。玩“獨假之爵”“假”字。夔子原該“名”，只要借他責那自取的，故假之爵耳，其寔爵非夔子所宜得也。加石門，隱三。反炤“所以書名”。

滅黄、僖十二。滅夔僖二十六。　《經》於國君失守，猶寬夫守正守義者焉。黄死社稷，正也；獻舞虜，甚矣；夔無罪見討，可原也。獻舞自取，宜矣。

夔歸、僖二十六。徐奔昭三十。　以義衡失國者，辨之服不服而已。上有“其辭初不服”句，下有“既已屈服，而後奔”句。“服”“不服”，是兩邊要緊眼目。

獻舞歸　譚奔、莊十。夔歸、僖二十六。徐奔昭三十。　同上。須體因蔡、譚論及夔、徐意，勿倒本《傳》。

莊十。滅譚譚奔　恕失守之君，以其義無可絶也。“書‘奔’”“不書‘出’”，是事寔書法。重“已無取滅之罪”一句，斷他“義未絶”。收“不名”。文中須就“齊横”中發出“恕譚”爲妙。加小白入，莊九。只作“見滅”事寔。

譚奔　弦奔、僖五。温奔僖十。　屢恕失守者，皆以義未絶也。弦不事楚，温不能於狄，各就他所以見滅事寔，辨出他無可滅之罪。總叙，渾作。

譚奔　章羽奔昭十三。　異待小國被患，其義之絶否異也。重發本比，後以“徐奔獨名”，辨難出“徐無興復之志”，末發“《春秋》之義云云如此”一段。須知此題與獻舞歸、夔歸稍異，彼猶倒本比，此不宜倒本比。舊主分“作”邊對，意相聯屬，未是也。加弦奔、僖五。温奔，僖十。同，并入上邊。再加寔來，桓六。亦貼上邊，炤“不比於失地”書法。

降鄣、莊三十。有疾復昭二十三。　義嚴於强，而復不恕於弱，可以攷其書法矣。上云“扶弱抑强，明道義也”，下云“自强而後能爲善”，又云“無憤耻自强之心”，於《傳》中“《春秋》之義”數語甚切。

莊十一。敗鄑　攷積忿之效，可爲不以理勝者戒矣。主《乘丘莊十。傳》“積四鄰之忿”句。《左傳》云：“宋爲乘丘之役，故侵。”或主《長勺傳》。不書“宋伐”，而以“敗”爲主，只“詐戰”一意。詐在“未隳而薄”上，不若主乘丘有據。

莊十一。宋大水　於外災之志，見《春秋》之心矣。重聖人“謹恤之心”上做，須在“志外災”上着精神。人只知在“王者之事”上體會，不知通《傳》的穴在“見《春秋》有”數字。

宋大水　會救鄭莊二十八。　恤病救急，交隣之義也。主“水火、兵戎”句。魯“恤病”、齊“救急”，分貼。須知借題發義，不可寔講。加齊大災，莊二十。同。張氏曰：“齊人來告，而魯往弔之。”

“恤病”易比：

歸粟于蔡定五；《左》云：“以周急，矜無資。”杜氏曰：“蔡爲楚所圍，飢乏，故歸之粟。”

歸粟比，雖與水火無干，然尚屬兵戎。如北杏，平宋萬之亂，《告糴傳》雖有“病”字，然繇於宫室臺榭俱於兵戎亦無干矣。又如宋楚平，子反念國憊，雖是兵戎，然即係楚兵於恤病，更説不去矣。俱不可搭。

“救急”易比：

遂救許僖六；《傳》有“急”字。

宋大水　四國災昭十八。　即災之恤不恤有得失，而志災之心可窺矣。就“弔者是，不弔者非”上，見得災之當重，以明聖人“志災”爲“謹恤之心”。

宋六水　六月雨僖三。　《春秋》敬天勤民，於其志災祥可識矣。“見《春秋》有謹天戒、恤民隱之心”，“知《春秋》有懼天災、恤民隱之意”。

宋大水　叔弓會陳昭九。　兩志外災，見聖人之心矣。上“謹天戒，恤民隱”，異於許之不弔四國；下“歸民心，合天德”，異於秦之“欲私一人”。

莊十一。王姬歸　《經》訓婦順，故以常詞紀王女焉。玩“又豈所以爲治也”句，須説關係得大，重“垂訓”上。“同詞不異”，只一“歸”字上見。加伯姬歸，隱二。炤“常詞”。

從王伐、桓五。以四國伐、桓十四。首止、僖五。葵丘僖九。　歷觀以異詞尊君，當别求常詞之旨矣。主“《春秋》之義，尊君抑臣”句搭。軍禮、賓禮分。以本比起繳。

伯姬歸、隱二。王姬歸　會首止、僖五。會葵丘僖九。　以婦道待王女，不以尊抑之例施焉。以下二比，挑“同詞不異”意，倒單。或主對作，如王姬歸、會首止二比對，亦可。

王姬歸　會首止僖五。　同詞以正夫婦之倫，異詞以正君臣之分。

王姬歸　會葵丘僖九。　兩致常詞，婦道、臣道昭矣。上以“禮亦隆矣”問起，下以“其職任重矣”問起。

王姬歸　叔姬歸酅莊十二。　抑貴女以訓婦道，録賢女以勸婦道。不以“貴”故廢婦道，周姬；不以“亡”故虧婦道，共姜。

伯姬歸、隱二。王姬歸　遂乞、僖二十六。錡乞成十三。　上下同詞以謹大倫，内外同詞以明大義。“尊君抑臣”“重内輕外”，各問起。出首止、僖五。葵丘、僖九。升陘、戰泓，俱僖二十二。係脱母。

王姬歸　會黄父昭二十五。　無異詞以謹婦道；無美詞以明臣職。上，“自秦而後”云云；下，“後世”云云。

莊十二。歸酅　録内女之節，永以婦道勸天下也。重“爲後世勸”意，書法只“存而不削”。“‘歸’者，順詞”，作寔講。加以酅入，莊三。只炤“宗廟在酅内，叔姬當歸”意。或主存祀原其情、奉祀録其節，對作，未整。

歸鄬　仇牧莊十二。　特表忠節，以示勸也。婦道：共姜、令女；臣道：孔父、荀息。

歸鄬　哀奔文十五[8]。　婦全節而臣見幾，其道義足録矣。守義：共姜；存道：微子。

莊十二。仇牧　紀大夫殉難，勵臣節也。“義”“利”二字重看。以“不畏强禦”爲案，以“立乎人之本朝”一段爲斷，末發“垂訓”意，收“書而弗削”。“太宰督”點出。凡避死者，多託言殺身無益以自免，聖人取牧，全在明知無益，而不敢愛死，故曰“足爲求利焉而逃其難者之訓矣”，又曰“以爲求利焉而逆逃其難者之勸也”。

孔父、桓二。仇牧　荀息僖十。　迭旌與難之臣，以節風天下也。孔父“義形於色”，仇牧“不畏强禦”，荀息“不食其言”。

孔父桓二、取糾、莊九；召忽。仇牧、兼華督。荀息、僖十。遂得臣如文十八；惠伯。　於與難之臣而獨有以取者，以義權之也。以本股叙起，即以召忽、惠伯陪華督辨過，倒孔父、牧、息作。仲遂僞以君命召惠伯，惠伯不辨而赴之，未免輕生，非謂死必待君命也。加會夷儀，襄二十五；晏嬰不死。炤《傳》點四股，倒孔父、牧、息作，重“立人本朝”數句。

仇牧　會夷儀襄二十五。　權之義而宜，難之與不與弗論也。義宜死，則生輕；義不宜死，則生重。“權”字要透。各兼己與君二層。加孔父、桓二。荀息，僖十。同。

莊十二。宋萬奔　與國之討賊，亦與賊爲黨者也。納萬，與受賂而後詐執，總是“不以爲賊”。體“又”字，串講，收“特書‘萬出奔陳’，而閔公不葬”。惟“不以萬爲賊”，連執而與宋，亦是“與賊爲黨”，是絶奇議論。

莊十三。北杏　《經》于伯會，“正誅”“權予”不相悖也。以“尊王”“衛世”分。上重“諸侯”二字，覷着“無君”二字；下重“左袵”二字，覷着“中國”二字。玩《傳》“誅諸侯者，正也”二句，乃互意也，正見不相矛盾。作文須串做，總收書法。“與桓”邊，只就“衛世”説，勿扯“尊王”。舊主上重“誅始亂”句，自王道之變言，下重“上無天子”句，自王道之衰言。摘出“天子”句，又牽强，又不冠冕。破云：“予奪，伯事之始，皆爲王道計也。”

會鄄、莊十四。會鄄、莊十五。盟幽、莊十六。盟幽莊二十七。　觀鄭伯專會盟之政，可以按始亂者之罪矣。須重看一“主”字，便儼然天子了。俱要根“北杏”來，而以“其後”云云束之。

北杏　救邢、閔元。伐楚、僖四。曹南、僖十九。城濮、僖二十八。伐晋、文三。辰陵宣十一。　予奪伯圖之始，亦酌其功罪而已。以北杏爲主，而以後事兩邊填實“所以予奪”之意。去北杏，大意同。仍暗以北杏爲骨，總收二書法。

北杏　曹南、僖十九。城濮、僖二十八。伐晋、文三。辰陵宣十一。　貶諸侯戴伯，以其爲“亂始”也。

曹南、僖十九。踐土、僖二十八。伐晋、文三。辰陵宣十一。　歷觀伯圖之迹，而知始亂之罪矣。都在“以諸侯主政”上，模寫狎主齊盟而王室遂虚。不泥四比事寔。北杏股不但首尾見之，通篇全要體貼“跡此而爲之”句。

北杏　會救鄭、莊二十八。伐楚僖四。　世有賴于伯，欲不予不得矣。以“會諸侯”爲主，而以下二股渾發“安”“攘”。全要就今日時事上，發“不得已予桓”之心；若贊桓之功，便非。出盟幽、莊二十七。救邢、閔元。召陵，僖四。同。或北杏、城邢、僖元。伐楚次，僖四。同。又會鄄、莊十四。救鄭、莊二十八。盟貫，僖二。同。又會鄄、莊十四。會檉、僖元。陽穀，僖三。亦同。

會鄄、莊十四。盟幽、莊二十七。救邢、閔元。召陵僖四。　主天下會盟之政，建天下安攘之功。炤單二意。舊以鄄、幽代北杏，意同上題，非。

北杏　楚人伐鄭僖元。　誅始亂而志浸强，爲王道、世道慮也。書法俱用“稱‘人’”。上“宋襄”云云，下“會中華”云云。

北杏　城楚丘僖二。　責戴伯、專封，正王法也。以“諸侯主會盟之政”，責四國“自相推戴”；以諸侯擅封建之權，“不與桓專封”，俱“正王法”。

北杏　盟齊僖十九。　會盟繇侯而及夷，《經》皆謹其始焉。“諸侯主天下盟會，自北杏始”；王伯升降，“楚人得與中國會盟，自此始”。夷夏盛衰，各有流弊。

北杏　新城文十四。　惡戴伯而予外夷，皆爲王道計也。有伯則無王，故戴伯則貶；有楚則無周，故外楚則與。

北杏　初稅畝宣十五。　責戴伯者以其啓迭伯之跡，譏變制者以其啓屢變之禍。

北杏　邢丘襄八。　諸侯、大夫專政，皆謹其始焉。下，以大夫而主會盟之政，自邢丘始。上責“戴”之者，下責“委”之者。俱“稱‘人’”。

北杏　盟宋襄二十七。　戴伯、親夷，《經》皆惡其始焉。一“亂”始，一“禍”始。下重“交”“見”上，“自是中國諸侯”云云，“自宋之盟始也”。

北杏　盟柯莊十三。　予創伯而恕平怨，皆酌其時也。創於衰世，釋於易世，“時”字爲主。上以“無君”問起，下以“無親”問起，皆“書爵”，皆有“安中國”云云。

北杏　盟幽莊十六。　予創伯、從伯者，皆匡世意也。皆有“上無天子”云云。四國與魯，略點。

北杏　盟幽莊二十七。　創伯圖，成伯業。上，將有安攘之功；下，已有安攘之勢。

北杏　城邢僖元。　兩予伯事，維世之權也。二《傳》俱有“權”“正”字。俱以“無命”問起，上倒“上無天子”，“有能云云可也”；下倒“天子不能正”，“有能云云可也”。

北杏　伐楚次僖四。　創伯主會、專兵，《春秋》酌詞於罪之外焉。“盟會”“征伐”，俱以“無命”問起，上倒“有能云云，雖予之，可也”；下倒“苟志於善，斯善之矣”。

北杏　盟首止僖五。　予創伯，美定倫，皆爲衛世計也。俱有“免民左衽”句。上，安中國，攘夷狄；下，正父子，定君臣。

北杏　伐沈沈潰文三。　以權維當世，以正示後世。兩《傳》“權”“正”字比。

北杏　辰陵宣十一。　不得已而與伯、進夷，爲世道計也。兩邊有功於世，全在“上無天王”及“中國不能令”句上。以“四國”“二國”問起。

北杏　入陳宣十一。　予伯、與夷，皆不得已之心也。“則雖與之，可也”；“雖曰予之，可矣”。以“專”與“貪”問起。

北杏　楚子圍鄭宣十二。　予伯、恕夷，皆憂世之心也。大意亦同。俱有“上無天王”等句。以“無王”“猾夏”問起。

莊十三。滅遂　覆小者不仁，《經》專其責焉。須以滅者之“不幸”，形滅人者之“不仁”發。“天下歸心”句，爲桓始伯之時，當聯屬人心説。“奪人土地”至“莫之忍爲”一段，極悽惋。擒“忍爲”二字，可以立論。

高子盟、閔二。楚丘、僖二。盟葵丘僖九。　興繼舉而民心洽，就語可類推也。三比是桓，滅遂亦是桓，須冷語隱刺，方與題情有會。既云“《語》有之曰”，何可擬題？且葵丘咸喻桓公之志，與“民心”何干？宜删。

莊十三。盟柯　以時許釋怨，志憾也。作文體“當其身”及“今易世矣”句，見至今日不得不平，含“追憾”意。《傳》全是咨嗟他當身不報，非寔以釋怨爲宜而許之也。《傳》首曰“可乎”，憾之之詞也；末曰“可也”，嘆悼之詞也。“可也”二字，是到了如今也只索罷休的意思。玩“可謂孝乎”句，只爲他當面錯過，失去了讐人，此時隨你怎麽，那“孝”也補不出了。總只算是“終怨”，不爲“復讐”，把來搪塞，做“孝”不得。

小白入、莊九。北杏、莊十三。盟柯　不貶釋怨者，以其非怨之時也。如單。北杏比，該得“尊”“攘”等在内。上二比總見非報怨之時，勿增出“義”字。去本比，當在“時已無及”上發“追憾”意，便含下“可乎”。

盟柯　盟幽、莊十六、二十七，俱可；合。救邢、閔元；安。伐楚、僖四；

攘。首止僖五；尊。　不貶平怨，以其在嗣君圖伯之時矣。仍在“易世”上論，勿添“功”字、“義”字。

北杏、莊十三；合。救鄭、莊二十六；安。伐楚、僖四；攘。葵丘僖九；尊。大國圖伯之日，非復望國報怨之世矣。此題亦只在“易世”上論處怨之理如此，如“以勢而已”。假令當襄之世，“合諸侯”云云，可與之平乎？出盟幽、莊十六；合。城邢、僖元；安。召陵、僖四；攘。甯母，僖七；尊。同。

長勺、莊十。盟柯　酌兵信之時，爲忘讐者言也。總叙問，總發，如單，收二大書法。須知此題全在理上論，蓋莊之戰與盟，總未炤管父讐，戰固非爲復父讐戰，盟亦非爲釋父怨盟也。加小白入、莊九。北杏，莊十三。只叙起。加送姬、莊元。會伐衛、莊三。狩禚、莊四。圍郕、莊八。納糾，莊九。只叙“失時不報”意。

長勺、莊十。盟柯　行父如、宣十。歸父如宣十。　怨、惠皆不必論於易世，貴及時也。報怨報德，背欲得當。車中之深怨，當襄亦既釋矣，而欲報於桓，晚矣。定位之小惠，當惠亦已甚矣，而再報於頃，過矣。只借題發意。下二比，有□僖、宣報季友、仲遂者。

盟柯　圍蔡哀元。　兩剏平怨、報怨者，復讐自有所宜也。上重“不在後嗣”句，下重“不共戴天”句，總是以直報怨。

莊十四。三國伐宋　用兵以制而民賴之，威天下有自矣。《傳》統論桓兵制，勿泥着“伐宋”講。兼予桓、仲，收“稱‘人’”。此題雖在“節兵”上説，全重“賦于民薄”意。惟民有餘力，則何敵不可摧抑？此是伯業根本處。若泛泛説“節兵”，有何意味？以常理論之，將尊則權重，師多則兵强，賦厚則餉足，然後威震天下。此《傳》却一箇“卑”字，一箇“少”字，根原又是一個“薄”字。接下“故能”云云，“莫能”云云，煞有議論。内政之法：五家爲軌，軌有長；十軌爲里，里有司；四里爲連，連有長；十連爲鄉，鄉有良人；五鄉一帥，萬人爲軍，而帥帥之；十五鄉共出三萬人，而三軍成。凡有征調，更番用焉。加北杏，莊十三。只作事寔。舊主“桓匡天下”“仲息天下”合作。節兵只是一國事，難説“息天下”。且以恒、仲分屬，甚謬。

滅譚、莊十。伐宋　賢臣用而兵制定，伯業所繇基也。炤《傳》倒作。舊破云：“伯國自賢臣之用，而兵有制久矣。”不反歸重上比乎？

伐宋　完盟、僖四。戰韓僖十五。　伯主節兵，故能制勝于天下焉。舉“三强”服，而弱者可知，故曰“天下莫能争”。此意須會。加伐郳、莊十五。伐鄭、莊十六。伐徐、莊二十六。同。再加滅譚，莊十。同。

伐郳、莊十五。伐徐、莊二十六。救鄭、莊二十八。救邢閔元。　歷觀節制之兵，伯臣善用其民矣。如單作，“伐”“救”略點眼。即此數比，以槩“二十餘年”之事講，意當活。

伐楚、僖四。戰韓僖十五。　伯主威加天下，節兵之效也。此題不宜兩開，宜總叙、總作。事迹不重，只重節兵之效。戰韓比，言秦、晋自爲戰，而不敢横行中國也。出召陵、僖四。會葵丘、僖九。戰韓，同。但添葵丘，則戰韓只屬秦。晋雖强盛，亦赴會之不遑；秦僅勝晋，不敢過逞于中國。只完盟、僖四。會葵丘，同。

伐宋　伐楚次僖四。　以制用兵，以律用兵。

伐宋　盟首丘[9]僖五。　息民匡君，皆伯臣力也。二《傳》皆有管仲。

伐宋　歸三田定十。　《春秋》中二名臣，君賴其霸、顯其功矣。下比晏子顯君，借《行父如齊宣元。傳》。出伐楚、僖四。戰韓、僖十五。夾谷、歸田，俱定十。同。

伐宋　戰邲宣十二。　相得其人，而用兵有制；將失其人，而主兵無權。

伐宋　作丘甲成元。　民以兵爲利害，而節與益之得失可攷矣。節兵以息民，益兵以困民。事寔要分明，上重“賦于民薄”句，下重“重困農民”句。

伐宋　伐楚、僖四。戰韓、僖十五。税畒、宣十五。丘甲、成元。圍棘成三。　取民不可無制，而外内之服、叛較然矣。上“将卑師少”“賦于民薄矣”，故“天下莫能與之争”；下“税畒”“丘甲”“税役日益重矣”，故

“棘不顧爲之氓”。

伐宋　書救成六。　齊、晋之將相，其制與心足取也。仲未嘗遣大將，未嘗用大衆，而能使秦、楚披靡，則薄賦而愈於重賦多矣；書未嘗折馘，未嘗執俘，而能與桓、悼頡頏，則無功而愈於有功多矣。原主“節兵”“全民”，《書救傳》“不遷戮”，非“全民”也。

伐宋　盟戲成九[10]。　兵以制謀勝，二伯得之矣。管仲“一匡”，知罃“三駕”。制“國爲十五鄉”，與“三分四軍”事，俱要説得詳明。

伐宋　蕭魚襄十一。　息民服貳之久，則定制與推誠之故也。當兵争之時，到只是箇薄賦，其意在以休之之道用之也；當屢叛之後，到只是箇不疑，其意在以感之之道收之也。以制用兵，二十年間未嘗用大衆，其賦民薄矣；推誠待人，二十四年不復背晋，其感人至矣。

伐楚、僖四。戰韓、僖十五。執良霄、襄十一。會申昭四。　南摧西抑，服内駕外。上，天下莫能與之争；下，楚不能與之争。齊之得算，在節兵，而賦于民薄；晋之得算，在不與楚戰，而息民。上是一策，下是兩策。上管仲，下知罃。兩“自”字不可遺，正見非一日之功。

伐宋　大鹵昭元。　兵有制，可予；兵變制，可譏。

伐宋　召陵、僖四。戰韓、僖十五。圍宋、僖二十七。城濮、踐土俱僖二十八。　兩觀伯□□□□□□□□□□□。管仲用民有制，子犯訓民有禮。下借《昌間昭二十二。傳》。只伐宋、城濮，同。或脱出伐楚、戰韓、城濮、踐土。只伐宋、圍宋，是《大棘傳》。

伐宋　用田賦哀十二。　薄賦息民，加賦困民。須見兵農相關切，在“賦”上立論。

伐郳、莊十五。伐鄭、莊十六。伐徐、莊二十六。圍許、僖六。伐黄、僖十一。敗徐僖十五。　伯國君臣之息内制外，屢於“稱‘人’”見之矣。比《盟齊僖十九。傳》。“自管仲得政”，凡用兵皆“稱‘人’”，不“遣大夫”，不“動大衆”；“終桓公之世”，楚“止書‘人’”，不與夏會，不與夏盟。出伐郳、伐徐、圍許、敗徐，同。

完盟、僖四。戰韓、僖十五。鷄父、昭二十二。柏舉定四。　齊、楚之興衰，其用人有得失也。比《長岸昭十七。傳》。管仲用，南摧西抑；無極用，師敗君奔。

伐楚、僖四。戰韓、僖十五。郎囿、昭九。舍至昭二十四。　成内外之功，當内外之强。

伐楚、僖四。戰韓、僖十五。歸田、定十。墮費定十二。　以制勝内外之强，以禮化内外之强。管仲、孔子。此題必借《鄢陵傳》“内外無患”句纔是，不然無着落矣。

莊十四。單伯會伐宋　平詞紀内臣會兵，論其主兵者而已。玩《傳》“齊桓公也”句，是説桓公之人可會，不在伐宋上。“其詞平”，亦無予意。《傳》於本比，不過六七語，全是爲“會伐鄭”而發，是借本比相形以申明之也。作文説“從桓”，却要不忘了“黨逆賊”；説“辭平”，却要不忘了“言之不足而再言”。“辭平”二字内意，猶言聖人那一肚子氣，到這處怎發作得起。加伐宋，莊十四。同。再加北杏，莊十三。同。

伐鄭、翬會、俱隱四。伐宋、莊四。單伯會　平詞繁詞，□□□□所從者也。如《傳》問起，排股相形，不必大開。上并四國，亦貶；下并三國，不貶。或欲倒重本比，大謬。《傳》中二段，反倒“伐鄭”邊，豈他《傳》主客例可比。

會伐宋　徐越伐吴昭五。　從宜從之兵，誅黨、黜夷之例無所施矣。舊破云：“兩紀討罪之兵，而皆予夫從之者焉。”上比只是“詞平”，下比止云“進而稱‘人’，可也”，俱説不得“予”也。

莊十四。荆入蔡　外夷不恭，所以黜之也。見《荆聘莊二十三。傳》。説“猾夏”，便離不得“僭王”，若非“僭王”，只是中國自相侵伐耳，不爲“猾夏”矣。“不恭”字可玩。

莊十四。冬會鄄、莊十五。春會鄄　兩觀伯好，其以匡天下合也。陳、蔡、曹、邾，已附齊者，不煩與會，見“政之簡”；三合諸侯而不輕于盟，見“心之慎”。提過，借《北杏傳》“會諸侯”云云意作。只冬會鄄，本吴註“政之簡”；只春會鄄，本許註“心之慎”。俱删。

莊十五。伐郳　以寔紀主兵，而伯業未成，明矣。郳不服宋，宋欲伐郳，則小不懷，大不畏。類可知，猶是勢相雄、力相角的世界。“桓公之師”，亦猶諸侯之師，遞相爲用者耳。爲宋伐郳，宋“主兵”也，齊安得不叙其下哉？此只紀寔書法，乃傳者因齊叙下，見他業未成，非聖人以其業未成，而叙之於下也。

邾鄭伐宋隱五；先邾。伐楚僖四；先齊。　《春秋》紀兵，而見主兵專征之寔焉。只論例，勿斷罪。“主兵”，指此一事言，此一事外，則無定主。“專征”，指一人言，無事不是此人專主矣。下比舊出會救鄭，恐與吴救陳内“惡首亂”“善解紛”題混，故易之。

伐郳　伐楚僖四。　觀紀伯兵先後，而業之未成已成，可攷矣。亦主《傳》首二句，然搭本股。須體《傳》意，主伯業未成、已成説。兩邊俱重齊上。“主兵”“專征”，亦須還他明白。出三國伐鄭、莊十六。三師成邢，僖元。同。又下比易聶北，僖元。亦同。或加北杏[11]、莊二十七盟幽，分貼“未成”“已成”。北杏比終屬□□。删。

伐郳　盟幽莊二十七。　伯兵不得從尊征之例，以有待也。以伐郳問起發揮，而以盟幽作二比于後。須體“然後”字，要發得虚活，緊挽到伐郳上。加伐楚[12]，同。下二比一串説，至於盟幽以後，始得“專征”也；問處便將伐楚叫破。再加邾鄭伐，隱五。同，以“主兵”“專征”，如《傳》起例，倒下。或再加“兩鄄”“爲天下未與”，屬杜撰。删。

盟幽、莊二十七。伐楚僖四。　得衆而後可專征，伯業蓋未易矣。此題亦主串作，起、繳用伐郳。

伐郳　圍成至定十二。　兩即兵事，見伯業、聖化之猶有待焉。上桓公，人心未與，“二十七年”云云；下孔子，國政未專，“越明年”云云。

莊十五。鄭人侵宋　直紀奇兵，非義所係也。先儒認“書侵伐”爲褒貶之文，不知“侵伐”皆兵法所有，而有名無名，則存乎其事耳。只活活辨論，不可入斷罪語，亦不可死講“奇”字。

伐郳、莊十五。侵宋　兩紀用兵之寔，而奇正可案矣。以先儒之説辨起，同單。出侵宋、三國伐鄭，莊十六。同。又侵蔡蔡潰、僖四。伐沈沈潰，文三。同。

侵宋　伐鄭、莊十六。次陘、江黄伐俱僖四。　合參兵法與謀，而奇正備矣。比《陽穀僖二。傳》，法有奇正，謀有奇正，通在用兵上論，不涉予奪語。

伐郳、莊十五。侵宋、侵蔡、遂伐楚俱僖四。　歷紀兵事，而奇正著矣。兩邊俱"聲罪致討"，"正也"；"潛師掠境"，"奇也"。

侵宋　肆大眚莊二十二。　兵刑有變體，當深求其説矣。帝王不能去兵，而有"侵"有"伐"，故正爲正，奇亦正也，考之《易》《詩》《書》《周官・大司馬》，乃知侵也者，潛師掠境之謂也，以啣枚卧鼓，出人不意，乃無名興師，則非矣；帝王不能廢法，而有刑有赦，故大德爲德，小惠非德也，考之《易》《舜典》《吕刑》《周官・司刺》，乃知肆眚者，蕩滌瑕垢之稱也，致廢天討，虧國典，而姑息爲政，則非矣。

莊十六。三國伐鄭　即討貳之舉，而兵制、伯業可參攷矣。借伐宋、莊十四。伐郳莊十五。二《傳》。或主伐宋、侵宋二《傳》。破云："伯主討罪之兵，用之以制，而行之以正也。"《侵宋傳》只辨"伐之義"，此云"桓公行之以正"，未是。且以"正"對"制"説，是以奇、正分是非，與《侵宋傳》意相悖矣。

莊十六。荆伐鄭　《經》黜僭夷，以猾夏也。見《荆聘莊二十三。傳》"惡其猾夏不恭，故狄之也"。與入蔡莊十四。同。

莊十六。盟幽　致意於從、違伯信者，以伯爲世重也。"齊桓始伯"，宜用總起，即中講亦不可遺。"失信"是就後日"詹逃"見出，要講得活，切不可於"同欲"内説魯之未同。魯之叛，乃既同而叛之也，故曰"失信"。近説以"魯卒叛盟"斷起，炤"其曰同盟，何也"問下，發"上無明王"一段，末復咏嘆魯之不重信。破云："内君失言之咎，參之同欲可知也。"玩《傳》前後俱説魯，此説甚是。但以此法一開，通《經》無復有可作單題矣，不得不遵舊説也。加戰宋、桓十二。以伐鄭、桓十四。執詹詹逃，莊十七。分貼兩邊，上二比主"列國交争"説。

盟柯、莊十三。盟幽　詹逃莊十七。　獨以背盟諱内君，重信也。"同欲"提過，重"失信"邊，以盟柯辨證書法。去詹逃，同。出北杏、莊十三。盟柯、盟幽、詹逃，同。主"比者非"。

盟幽　詹逃、莊十七。會檉、敗偃俱僖元。　望國不信不誠，《經》兩責之焉。上從“同欲”説來，重“信”字；下從“志同”説來，重“誠”字。以“上無明王，下無方伯”，對下“攘夷狄，安中國”。

盟幽　會檉僖元。　兩觀信好之同，知其不可背矣。

盟幽　盟幽莊二十七。　兩紀伯信，皆樂人心之同焉。上原“始伯”説來，下原“强盛”説來。“天下與之”與“授之諸侯”，有淺深。上雖一魯云云，下舉一鄭云云。

盟幽　新城文十四。　以義决從違，兩幸人心之同焉。上欲其從齊，本“上無天[13]王”云云説；下不欲其從楚，本“荆楚僭王”云云説。魯、蔡略點入。

盟幽　同圍齊襄十八。　《春秋》兩書“同”，從諸侯欲、惡之公也。以同欲、同惡比。

莊十七。執詹　《春秋》有惡伯之詞，待之之意厚矣。全在宜執而見惡上，發聖人“待之”之意。若一味罵殺齊桓，便隔千里。

執詹　晋侯伐衛、文元；朝王。荀吴伐鮮虞昭十五；卻叛。　伯主治小，愧於盡道、盡仁者矣。

敗殽、僖三十三；秦穆□□。歸益哀八；因齊怒而反邾俘。能推情於人己之間者，不愧道與仁矣。下比或搭□驚，莊王挾續事，□切。□□方罪，是不仁，搭作盡仁，不妥。

執詹　執濤塗僖四。　兩譏自討，皆示自治意也。俱是稱“人”以執，上自圖伯之始言，下自成功之後言。“盡道”“盡仁”，待桓之意；反仁反智，惜桓之意。

執詹　宋人圍曹僖十九。　兩伯討罪，失於自盡、自反矣。桓不能自盡，襄不能自反。“責人”“愛己”“欲速”“見小”。

執詹　侵曹伐衛僖二十八。　《經》於兩贤伯，待之厚、責之備也。上以“侵宋”“不朝”問起，下以“背華即夷”問起。“盡道”“盡仁”“有容”“有忍”。

執詹　衛侯奔楚僖二十八。　《春秋》歸罪於二伯，其意均厚矣。下《傳》有“責備賢者之意”句，上兩“則”字，兩“乃能”字，語意正相類，都是圖伯之始，期望都非小可。

執膾　秦人伐晋文三。　二賢伯不滿於《春秋》，所以責之也。下以王事責秦穆，責己愛人，“懲忿窒欲”。

執膾　宋師圍曹宣三。　《春秋》示人自治，而兩致意於賢伯逆君焉。自盡自治，責己愛人，端本清源。

執膾　盾免侵宣六。　兩伯之治貳，皆不求之己也。示盡己之道，示反己之道。“盡道”“盡仁”“反仁”“反智”。

莊十七。殲遂　理著於餘民，而强弱均可悟矣。渾發勸戒意。“固有是理”“理”字要玩。“亡國餘民”句極重，就此見得可戒可勵處。

滅遂、莊十一。殲遂　即餘民之能復怨，而勸戒昭矣。大意如□。“齊非伐罪”二段，總用一“見”字起，頂上“《春秋》書此者”句，則“見”字是聖人書此，以顯明“齊之恃强”云云也。若如他本云，“齊非伐罪”二段乃□日看出，是以“見”作“如”字讀，不作“説”讀，殊非“聖人書此者”句接下語氣矣。

滅遂、莊十一。殲遂　入郢、定四。圍蔡哀元。　觀餘民、孤臣之能奮，而人宜自强矣。遂民四族，申胥一身。全發“勸戒”，不必予他。上去滅遂，只一比同。

殲遂　降鄣莊三十。　於奮弱肆强者，而示勸戒、扶抑之旨焉。戒强勸弱，抑强扶弱，須就聖人意上發。

殲遂　盂執伐僖二十一。　幸餘民之自强，責諸侯之自弱。“申胥一身”“相如一奮”。

圍蔡、哀元。獲麟哀十四。　弱勝强而人動天，皆理之常也。比《有蜮莊十八。傳》。又出殲遂、獲麟，同。上云：“申胥一身，可以存楚；楚雖三户，可以亡秦。固有是理。”下云：“啓金滕之策，天乃反風；出罪己之言，熒惑退舍。”蓋有之矣。

盧歸、昭十三。圍蔡哀元。　兩觀復國、存國者，可以爲人臣風矣。比《朝吴奔昭十五。傳》。

楚丘、僖二；衛文。圍蔡哀元；申胥。　外君臣之奮於弱，繇其能自强也。比《至晋昭十六。傳》。許人賦《載馳》，遺民七百；秦人賦《無衣》，依墻七日。

入郢、定四。入吴哀十三。　轉弱而爲强，楚、越君臣足術也。亦比《至晋傳》。申胥一身，可以存楚；勾踐一旅，可以滅吴。秦人賦《無衣》，國人賦《黄鳥》。

入郢、定四。夾谷定十。　外臣以一身存國，聖人以一言化强。

入郢、定四。檇李定十四。　存國復讐，忠孝昭矣。申胥依牆之哭，夫差立庭之誓。

莊十七。詹逃　紀外臣托内，而兩著其罪焉。齊之執，義不可逃；桓之盟，義不可背。二邊俱重"義"字。加盟幽、莊十六。執詹，莊十七。只納兩邊。止加盟幽，倒魯。止加執詹，倒詹。或出詹逃、意如至，主《傳》"苟見免焉"數句，搭"子服惠伯"句。若曰無罪而惠免之，諸侯不聞，是逃命也，何免之爲？請從君惠於會。又加垂隴，主"若其有罪，雖死可也"。二題俱不妥，删。

執詹　詹逃　執舍、昭二十三。舍至昭二十四。　外臣見討而失節，可罪；内臣見辱而全節，可予。上昧義，下守禮。下二比易會虢、取鄆，俱昭元。叔孫豹不以貨免，同。

莊十七。多麋　志害之及人者，聖意遠矣。多則便爲稼之害，非二意，重"及人"上。説到"放龍蛇""遠犀象"，便是經邦大訓。

多麋　獲麟哀十四。　紀異，見聖人憂民之心；致祥，見聖人格天之應。龍蛇、犀象、河圖、洛書。

莊十八。追戎濟西　敵去而後躡，即覺亦危矣。全重"不覺"二字，須繇禦敵推原到踈於防敵上講。

追戎　夾谷定十。　觀召敵、却敵之事，而知武備之不可無矣。"爲國無武備"形出。下易會虢，昭元。主"子産有備"。

追戎　大無麥禾莊二十八。　兵、食兩虚，魯之爲國亦踈矣。上"不覺"二字，下"然後知"三字，大有光景。上"備"字，下"積"字。

追戎　告糴莊二十八。　兵與食交困，魯君臣之咎也。天生五材，兵何可去？農有八政，食居其先。寄生之君，竊位之臣。

追戎　伐山戎莊十三。　聖人重武事，而“忘”與“好”皆譏也。武備、武功。

追戎　滅舒蓼宣八。　兩紀兵事，皆欲謹未然之防也。爲國者不可無備，經世者不可無謀。

莊十八。有蜮　《經》紀惡氣之應，示人君動天之易也。即惡氣之應如此，而善氣之應，也總是這一個道理。把這感動咎徵的機括，反熠出去，感動休徵都是一般極容易的事。《春秋》書此，欲人主有感於此，慎所爲以动天，使諸福之物畢至，然後可。試玩《蕭韶》二句，俱在“好”一邊説。當重“欲人主之慎所感也”句發，若在魯莊上呆講，便差。加多麋，莊十七。同。加獲麟，哀十四。合作。

札聘、哀二十九。獲麟　兩稽瑞應，人君宜知所感矣。主“《蕭韶》作”二句，要見“不足怪”意。季札贊《韶》，與鳳凰儀何當？不成題。

莊十九。媵鄄及盟　以禮律内臣，人己胥失矣。“失己”“失人”碎講，“輕”“重”字要透，“遂”字就帶“失人”内。觀“大夫輒與”句，可見“書公子”“書爵”是事實，正起下“而曰”句，“而曰”下方是正書法。然“媵陳人之婦”，是直書；“遂”字，是特筆。

莊十九。媵鄄　爲禮而失己，惟不酌於輕重也。結自以庶女往媵，原無君命，與一事出，而專繼事者不同。

莊十九。遂及盟　内臣、專盟兩大，昧禮之罪無辭矣。以“抗”爲主，串入“專”意，而以“利國家”云云辯一段在後。

北杏、莊十三。梁丘莊三十二。　稽兩君之尊，知其不可抗矣。此題亦可作□□□□内□變題，梁丘比易成四華元聘爲妥。

遂及盟　屈完盟僖四。　惡大夫之專，以權命者律之也。主“受命不受辭”云云搭，重本比作，後要比斷“有情”。加伐西鄙、莊十九。盟召陵，僖四。同，但見危國、安國意。下易高子盟、匄侵齊，非安己之社稷，俱不可搭。

書救鄭、成六。吴救陳哀十。　二臣能權君命，利與法不相妨矣。上，三卿曰：“成師以出，而敗楚之二縣，何榮之有焉？若不能敗，爲辱已甚，不如還也”，武子遂還；下，季子謂子期曰：“二君不務德，而力争諸侯，民何罪焉？我請退，以爲子名，務德而安民”，乃還。出屈完盟、僖四。國佐如師，成二；借一。同。

遂及盟　遂伐楚僖四。　《經》謹大權，於專信、專兵者譏焉。“盟，國之大事”；伐，王之大權。上從“無命”斷，下從“不請命”斷。以“遂者，專詞”總論起。

遂及盟　宋楚平宣十五。　兩罪大夫之專命，明人臣之義也。主比作，總以“專之可也”句問起。上云“可”者，“謂本有此命”；下云“可”者，“謂境外”。或主《傳》“雖有利國家”云云，倒作，不如比。

遂及盟　庚良夫盟成三。　譏内外臣之盟，爲其專以成抗也。上從“盟，國之大事”論起，下從“盟，非諸侯之禮”論起。

遂及盟　遂入鄆襄十二。　大夫因事而專兵好，皆《春秋》所譏也。“《聘禮》：‘大夫’”云云，“古者命將”云云。上重“無命”斷，下重“境内”斷。

莊十九。伐西鄙　伯討有詞，有招之者也。“奉詞曰伐”，是事寔，非特書，此只明魯罪，非予齊也。“失己”，則取輕於人，故亦足招寇。然玩“齊桓始伯”二句，宜倒重“失人”邊。加媵鄄及盟，莊十九。同，亦不當以“失己”“失人”平講。

【校記】

〔1〕僖二十五，應爲“僖二十六”。

〔2〕伐北鄙，後依例應註明年號“僖二十六”。

〔3〕成三，應爲“成六”

〔4〕《傳》有“厚□其陣”句，《胡傳》《左傳》均不見此句。

〔5〕且，應爲“出”。文見《左傳》。

〔6〕莊十，應爲“莊十一”。

〔7〕共，應爲“恭”。

〔8〕文十五，應爲“文十四”。

〔9〕首丘，應爲“首止”。

〔10〕成九，應爲“襄九”。

〔11〕北杏，後依例應註明年號“莊十三”。

〔12〕伐楚，後依例應註明年號“僖四”。

〔13〕天，《傳》爲“明”。

卷之九　莊公下

莊二十。姜氏如莒　國母越禮之甚，罪在縱之者焉。責莊公不能“防閑”，主“垂戒”意作。

莊二十。齊人伐戎　伯勢震於夷，可以觀同欲矣。借《盟幽莊二十七。傳》“有攘夷狄之勢”句。戎在徐州，最近魯，故先治之。

莊二十一。《突卒傳》

突歸、忽奔、俱桓十一。突奔、忽歸、突入，俱桓十五。遇垂莊四。詳辯逆君之寔，而警居正者之意亦可窺矣。通《傳》只辯遇垂之鄭伯。《傳》末“其始終書爵”云云，是文氣已結後，復帶餘波，咏嘆數語。作文亦宜“只與遇垂”辯透，後炤《傳》將“始終書爵”，度下“居正不能保”，發揮一段，爲是。須知“始終書爵”，做書法收不得，蓋辯明儀、突，乃傳者口吻，從中向“始終書爵”上想出，聖人“爲居正不能保”之戒亦從傳者想出，則這一段發揮，正要“始終書爵”度下。若將此四字作書法收，而通篇以突、忽“能君”“不能君”比斷，以爲聖人示不能保之戒，則引忽數比，原爲比炤子儀，不爲比炤突，且與《傳》中“其始終書爵”“其”字、“亦可爲”“亦”字，俱不貼矣。

突歸、忽奔、俱桓十一。突奔、忽歸、入櫟俱桓十五。　直紀强弱之寔，所以示戒也。以忽、突“能君”“不能君”對起，倒“居正而不能保”之戒作。或單出上四比，似未完。

突歸、突奔、俱桓十一。入櫟、桓十五。遇垂莊四。　不没竊位者能君之寔，以儆不能君者也。

莊二十二。肆大眚　以刑爲惠，幾於賞惡矣。書法全在“大”字；《舜典》《易象》《吕刑》《周官》之語，亦只争得一個“大”字耳。“惡人”者，善人之賊，“縱有罪”，必至“虐無辜”矣，須説透。姦宄之不敢虐良民者，賴有刑耳，刑失，則虐人者無忌憚矣。“縱有罪，虐無辜”，一句讀，猶言縱使有罪者以虐無辜之人也。

肆眚　救邢閔元。　以兵、刑仁天下，於縱惡、恤患者致意焉。

肆眚　城楚丘僖二。　《經》重大德與大節，而小惠非所論也。“以大德，不以小惠”；“畧小惠，存大節”。《周官》、周制。

肆眚　戰泓僖二十二。　内外之兵、刑，蔽於小惠、小名者也。下：“飾小名、妨大德。”

肆眚　邢丘襄八。　《經》於政、刑，皆無取於姑息焉。《周官》“三赦”“三宥”，周公“立政立事”。

肆眚　大鹵昭元。　兵、刑有常法，開縱惡、崇詐之端者，非也。“《周官》司刺掌赦宥”，《周詩·六月》美“薄伐”。“後世姑息”之弊，“後世變詐”之害。

莊二十二。盟防納幣　圖婚於讐，忘讐之甚矣。總重“娶讐女”。奉粢盛，入先君之廟，爲“無人心”斷。總收二書法。《傳》中“讐”字，要紧貼“娶讐女”説，若槩講齊字，則與盟柯矛盾矣。只盟防，破云：“議婚讐女，《春秋》深諱之焉。”只納幣，破云：“内君親行娶讐之禮，《春秋》直詞以見罪焉。”

莊二十三。祭叔聘　正王臣私交，明臣義也。只重“内臣”句，發“正人臣之義”。《傳》末“人君明此”一段，須重發於後。

祭伯來、隱元。祭叔聘　《春秋》息黨禍，故不與内臣之朝聘焉。總發大意。朝自無王命，故“不言朝”；聘必假王命，故書“聘”不書“使”。

友如陳、莊二十七。會林父于戚襄十四。　臣交私而君容私，皆不明於義者也。下易宿如晋，昭二。同。

莊二十三。觀社　内君不法之舉，魯臣有合於聖人之旨矣。“非故業”，□“往觀”言，“天子”一段正解此句，故承云“不聞”云云。惟“非故業”，即是“不法”，前後一串意。“齊棄法”意，只輕引起，無書法。《傳》全用曹劌語，勿便作聖人意説。

會伐秦、成十三。有事武宫昭十五。　兩觀會祀之常，可以參内君之不法矣。上，成子受脤于社；下，叔弓涖事。俱就題發意，只泛論其“常分”，比炤莊會祀之非。加本比，倒作。

莊二十三。荆聘　進“變夷者”之慕義，見聖人之心矣。就聖人恕待變夷上，發出與善之心。“後世之君”一段，後亦要發。收“稱‘人’”。須知“樂與人爲善”以前是正意，“待變夷”一段是餘意，只好文末發揮。

敗蔡、莊十。入蔡、莊十四。伐鄭、莊十六。荆聘　以素所斥者驟進之，與善之心宏矣。不必分“順逆”作，宜渾融發聖人與善之心。“不念”字、“遂”字，形容聖人之心最快。上三比，隨出一比，同。

敗蔡、莊十。入蔡、莊十四。伐鄭莊十六。　《經》黜變夷，以其猾夏也。少不得本“僭王”來，講中便要見聖人“因猾夏而狄之”、原無成心意。去敗蔡，同。

滕薛朝、隱十一。年聘、桓三。荆聘　遠人脩中國之禮，與善者所樂進也。主“朝聘者，中國諸侯之事”一段搭，大意同單。去滕薛朝，同。舊因朝聘字添出“郳朝”，於“不念其猾夏不恭”何當？今去之。

伐鄭、救鄭、俱莊二十八。完盟、召陵俱僖四。　刑與禮異施，能心聖人之心矣。《傳》本説“後世”，乃文定欲高宗以此待中原淪没於金虜者，與齊桓何當？宜删。

城邢、僖元。完盟僖四。　遠邇之俱戢，戢於天地之心也。却狄而邢安，盟楚而楚服。俱就夷説，方得待夷之意。二句亦就“後世”説，此題亦未妥。

荆聘　女叔聘、莊二十五。白狄來襄十八。　進遠人脩中國之禮，非“謹辨”之例可概施者也。以“雖夷狄[1]而能修”云云一段做在前，而以“謹華夷之辨”云云辯論於後。

會潛、隱二。荆聘　絶純夷者，聖人“謹辨”之法；進變夷者，聖人樂善之心。不但“舉號”“稱‘人’”，全在一則惟恐其通中國，一則惟恐其不通中國上。究所以“異待”處，要知“樂與”之心，即“謹辨”

之心，不使夏變於夷，則華夷之辨即在此矣。

敗蔡、莊十。荆聘　取舒、僖三。伐莒、文七。伐郯、成七。會戚、襄五。伐吴、昭五。入吴定五。　《經》於變夷者，皆因順逆而待之異焉。一操一縱，總是天地之心，無非欲化之於善。

荆聘　伐英氏、僖十七。會戚、襄五。徐越伐吴昭五。　恕待變夷者，可進時進之矣。輕點四段，總發，如單。或加盟蔑、隱元。會潛，隱二。或石門、隱三。戎伐，隱七。作"謹華夷之辨"。

荆聘　城邢僖元。　嘉慕義而美志義，逆與怠可弗計矣。上，"刑""禮"；下，"正""權"。

荆聘　完盟僖四。　夷之君臣，其慕義、服義，皆可嘉也。

荆聘　鄭逃僖五。　《春秋》之予奪，以慕義、逃義殊也。"聘者，中國之事"；"逃者，匹夫之事"。"《春秋》謹華夷之辨"，"《春秋》道名分，尊天王"，各問起。

荆聘　晉侯伐秦文四。　嘉慕義、釋怨者，樂爲善而大改過也。

荆聘　及狄盟僖三十二。　修中國之事於内，可嘉；講中國之禮於外，可罪。"朝聘"，"中國"云云，"盟會，中國"云云。出年聘、隱七。杞朝、桓二。盟幽、莊二十七。會温，僖二十八。係脱母。

荆聘　入邾益來哀八[2]。　嘉慕義而彰改過，皆不念其前非也。"《春秋》謹辨"，"《春秋》諱君"，各問起。上，"不念其猾夏不恭而遂進焉，聖人樂與人爲善"；下，"不念其惡而進之"，聖人道大德宏。

荆聘　季子歸閔元。　進夷、旌賢，皆好善之心也。上，"樂與人爲善"，以"過"論起，"後世之君"云云；下，樂道人之善，以"耻"論起，"此義"云云。有出荆聘、季子歸、次陘、僖四。柏舉定四。者，以《傳》皆有"樂與人爲善"句。以四《傳》合□□，恐□無此□。

荆聘　次陘僖四。　樂與人爲善，於慕夏、攘夷者均予焉。上以"逆"起，下以"專"起。或連出于師、召陵，俱僖四。同。

荆聘　晉侯伐衛僖二十八。　爲善、改過，皆聖人所樂與也。下比，在"衛請盟"上論。

荆聘　弗克納文十四。　欲人爲善改過，故慕義、徙義者皆予焉。上，“聖人樂與人爲善”，“叛則”云云，“來則”云云；下，“聖人以改過爲大”，“過而不改”云云，“過而能悔”云云。亦可作《季子歸傳》内“道善諱惡”題。

荆聘　滅蕭宣十二。　變夷、假仁者，順逆、功過不相掩也。下；“與人爲善之德，宏矣。”加入蔡、莊十四。伐鄭、莊十六。入陳、宣十一。圍鄭，宣十二。同。

荆聘　栢舉定四。　逆與僞皆不足計，樂與人爲善也。“稱‘人’”“稱‘子’”，俱是“進之”。

入蔡、莊十四。荆聘、栢舉、入郢俱定四。　聖心恕而公，故不令順逆、善惡相掩焉。上，不以惡掩善，“聖人樂與人爲善”；下，不以善掩惡，“聖人心無毀譽”。“刑”“禮”“命”“討”。

荆聘　會奔昭二十。　進脩禮而賢守禮，原其類也。聖人“與人爲善”，聖人“善善也長”。俱有“後世”云云。

莊二十三。遇穀　期遇以圖失時之婚，兩戾乎古矣。主《遇清》《盟扈》二傳，以“簡禮”“失時”對作，“古有遇禮”云云，“諸侯十五”云云。或以“遇”提起，倒“失時”邊，則與盟扈何别？

莊二十三。蕭叔朝　譏非禮之朝，可以知正禮之意矣。以“爲禮必當其所”論起，重“蕭叔朝”“非其所”上。“撥亂”意，末要見“亂”字，就紊亂禮制上説，應“當”字。一《傳》精神，只消“穀，齊地”一句便勾，蕭叔朝公在齊之穀，“公”字、“齊”字是句中之眼。加遇穀，莊二十三。只作事寔。

蕭叔朝　覿用幣莊二十四。　爲禮而非所、非物，皆失也。只就二事生論，不重責蕭叔與莊公。上，“撥亂之義”；下，“正始之道”。

蕭朝　夾谷定十。　聖人譏朝禮之非所，即卻野享之心也。主《傳》“故禮非其所”云云搭，以“責蕭”做起，而以“孔子”如《傳》發揮於後。或脱出襄莒、夾谷。既“弔禮”，非“嘉禮”，且以杞梁妻對孔子，皆未妥。

蕭朝　王所僖二十八。　兩於朝禮非所者，示撥亂正本之意焉。

蕭朝　白狄來襄十八。《春秋》撥亂、謹防，兩于脩禮者致意焉。上以“嘉禮不野合”起，下以“諸侯不得通”起。禮非所，君子有不受；德不及，君子不享其贄。

莊二十三。盟扈　内君圖婚失時，不孝甚矣。《傳》中兩“時”字相應，“及時”正是“禮”，而“義”乃决斷以從“禮”者。收“詳書”；只盟扈不爲詳書，然是詳書中之一書。加遇穀，莊二十三。同，炤“詳書”書法。再加子同生，桓六。亦同，炤“三十六載”。或出盟扈、盟戲，主莊失婚禮、襄得冠禮作，或主莊婚太遲、襄冠太早。又出盟扈、楚侵鄭衛，下比楚子强冠蔡、許二君□□□。二題俱與《傳》語不合，若作比題，又是《胡》與《左》合，亦謬。

莊二十四。刻桷　内君崇侈以誇仇女，其心可誅矣。《傳》中三“心”字、二“正”字，前後相應，宜重看。全在“讐人之女”四字上發。收詳書。“斥言桓宫”，是紀寔。加丹楹，莊二十三。同。

行父如晉、成六。叔弓如晉[3]賀虒祁。　即事以論儉侈，得失懸矣。要在御孫口中體認，若板板只在“侈”“儉”上發論，便是隔靴搔痒。上比易盟扈，成十六。同。又易邢丘，襄八；改命朝聘之數，儉而有禮。同。又出城楚丘僖二；衛文儉。會平丘，昭十三；虒祁侈。同。

莊二十四。逆女公至　志婚禮之常，以婚於仇爲非常也。“齊”字重。“常事”要挑剔。

大雩、桓五；歲。狩禚、莊四；時。不視朔、文十六；月。壽納幣成八；禮。　迭紀常事，示違禮之戒也。就“常事”中要説他“非常”，重發“將以爲戒”意。加即位、文元。即位，宣元。以“‘變’之必書，形‘常’之失禮而後書”作。有出文即位、有□、武宫，主人道始終作。雖有緣始終、緣臣民、緣先祖、緣孝子，然下比代叔弓卒，未妥。

莊二十四。姜氏入　惡内君之娶仇女，而特詞以著罪焉。“不正始”提過，重“忘讐”作。“不勝其母”至末一段，只當詠嘆文後。書法重“入”字，書“入”□□不致。“詳書”，亦附一句。

莊二十四。覿用幣　《經》於見小君者，兩明其不足以爲禮也。以“所見非人”“所將非物”分股。上是“追原”意，下是“慮後”意。下可斷罪，上只論個“不可爲是”。上書法是“覿”字，下是“詳書”。加姜氏入，莊二十四。炤《傳》串下，體“則”字。

莊二十四。戎侵羈奔赤歸　《春秋》大“居正”，而於不能居者示戒焉。攝服全在平日，味“何緣而起”句，可見。“歸”者，“易詞”，作事寔。只收“雖以國氏，而不稱爵”。只羈奔，同。只赤歸，大意亦同，全借“赤之易”，以形“羈之不立”，不收書法。

執仲、突歸、忽奔俱桓十一。戎侵羈奔赤歸　兩儲制於人，而責歸□示戒也。總做、總收，大意如單。只“二奔”，同。

莊二十四。郭公　即國君之自亡，而知君道貴斷矣。以“用”“舍”分斷，重在“不能行其所知”上。

觀魚、隱五。棄師閔二。　善惡以“知”寢，無望此知矣。借題發《傳》，不必死講魯隱、鄭文。“君子所以高舉”二句要發。出城濮、僖二十八；用《殺得臣傳》。朝□歸[4]，昭十五。同，但倒轉。下易公如晋，昭二十八；不用子家。亦同。

滅譚、莊十。六月雨僖三。　二君之於善惡，有貴於知矣。雖説“能用”“能去”，仍要倒下“不能用”“不能去”，將正意發揮。齊桓、魯僖，只好作兩邊發，論冒頭耳。出入曹畀、僖二十八；晋文殺顛頡。秦人伐晋，文五；秦穆用孟明。同。又季子歸、閔元。公如晋成十八；影晋悼逐夷羊五。又甯母、僖七。虚朾，成十八。同。以□□□□□傳，不成題。

鱄奔、僖二十七。舍中軍昭五。　君子退而小人張，君有以致之也。出翬帥師、隱四。哀奔，文十四。同。

莊二十五。女叔聘　於命臣之脩禮，循例以“字”之焉。主《盟蔑隱元。傳》“列國命大夫，例稱字”句，在“例”字上，發“常者，道之正”。

莊二十五。鼓用牲　弭災非禮，忽天甚矣。《傳》意是把“鼓社”“用牲”，發其非“恐懼脩省”之寔，不重“非禮”上説。玩“又”字。“鼓”“用牲”，宜串講。“社”，陰神；“日食”，陰勝陽也。鼓有聲，舉陽聲以壓陰氣。天子尊，故伐鼓於社以責神；諸侯卑，故伐鼓於朝以自責。“用牲”不是“諂”，亦是“忽”。牛必在□三月，三月之後方成牲。救災用牲，取具臨時耳。

莊二十五。伯姬歸杞　紀内女之歸，志圖婚者之失也。以“不言逆”點起，重“失親迎之禮”作。婚姻常事，不書，故“書‘歸’”，爲“志失”。

綸逆、歸紀、俱隱二。歸杞　慶逆、莊二十七。固逆宣五。　詳畧外臣之圖婚，而謹禮、辨分之意俱昭矣。總叙，以“二歸”爲主，順《傳》分作。只“二歸”，同，去本股，倒“辨分”一邊。

莊二十六。伐戎至　内君舉攘夷之師，而夷患可知矣。主《伐徐莊二十六。傳》“戎患”作，説戎須如《傳》“合兵”句，映帶徐出來。然只可體“必”字作料想語，勿着實。孤征久役，未免危殆之憂，故書“至”，末帶之。舊主借伐徐，反□以孤征久役，故書“至”。似杜撰。

莊二十六。《曹殺大夫傳》

單伯伐、莊十四。盟葵丘僖九。　觀《春秋》之命討，有出之自王者，有歸之於王者。單伯雖與古者無干，然春秋之初，猶有未盡染强悍之□者，少不得尚根着古初制度來。作文上邊勿添出聖人意思來，只説於單伯而見古制，於葵丘而見明禁，俱是“不敢專”，便了。舊説兩邊俱要就聖人意思發，破云：“貴大夫以重王命，予伯主以重王討。”不知下邊亦只是□明□□□之意，下邊則全粘聖人不上矣，所謂聖人意思，□□□□□□□大夫以□□□□□□□□□□。

城濮、僖二十八。敗箕僖三十三。　諸侯命討之專，無王甚矣。主“及春秋時”云云一段。顛頡、祁瞞、舟之僑，文專討；先且居、胥臣、郤缺，襄專命。《傳》兩“皆”字宜玩。或加入曹畀，僖二十八。以殺顛頡事屬入曹故也。或出買戍衛，僖二十八；無罪。及箕鄭、文九；有罪。滅潞、宣十五。戰鞍，成二。同。上二比，既指名出，未免□官。下二比，晋賞士伯之縣，魯賜三師之服，與命官亦不切。尤謬。又垂隴、文二。放甲，宣元。同。此命討□題，下是專放，代“專”段出。或加單伯伐、莊十四。葵丘，僖九。以命討之公引起。此題已謬，又有加□奔、小邾朝，爲王討、王命者，此豈卿大夫事耶？尤謬。又單伯伐、莊十四；公命。茲如牟、僖五；私命。葵丘、僖九；公討。放獵，哀五；私討。同。舊又有公命、私命一邊題，出敗箕、滅甲者，甚謬。

葵丘、僖九。垂隴文二。　以刑賞歸之王，故予明禁而抑私命焉。全在聖人意上發。“明書於策”句，在“再書‘盟丘’”上看，與下“止録其名氏”相對。出葵丘、僖九。垂隴、文二；士穀。侵陳、宣六；趙盾。無婁、宣十五；高固。伐莒，昭十九；高發。同。齊、晋各一比，亦同。

垂隴、文二；士穀。救陳、宣元；趙盾。無婁、宣十五；高固。伐西鄙定七；國夏。　抑二國執政之臣，著擅命者之罪也。當渾發聖人意，只就“上卿”發。“交政”云云，只見得業已私命，儼然而卿大夫矣，如此方與下“見殺”對。

垂隴、文二。放甲、宣元。會向、伐秦俱襄十四。　專權、委政，皆諸侯之過也。比《溴梁襄十六。傳》。命官討罪，上侵天子；禮樂征伐，下委大夫。

委隴[5]、文二、放甲、宣元。柏舉、入郢俱定四　《春秋》公命討之權，惟王與天而已。歸命討於王，歸命討於天，俱有“明此”，“可以司賞罰之權”句。自説《經》者發聖人意，不可寔講。

莊二十六。伐徐　不致内君之用兵，以其不必致也。“役不淹時”，則非久；“齊人同會”，則無危。“不致”，無可致也。玩《傳》時勢不平，説個“公獨親行”，□其有可危，下緊接“其不致者”句可見。“齊人同會”句又應上“公獨親行”。而“役不淹時”只一句，或串或聯，須有低昂。

□□□、□二十六。伐徐　不致内君弭患之兵，以其無可致也。就“魯患”上悟得“公獨親行”之故，問起“不致”書法，如單作。

伐戎、莊二十六。伐徐　内兵迭舉，可以想内君親行之故矣。只用“公獨親行”以上一段《傳》。

莊二十七。會洮　《春秋》謹禮，於偏愛者致警焉。“非事”，非民事也。“禮”字在“過愛”上論，不指“非事”言，觀“惟不節之以禮”云云可見。《傳》意重“謹禮”上，“非事”，只起下“特”字耳。加遇防，僖十四。如《傳》發在後。

祭伯來、隱元。觀魚、隱五。河陽僖二十八。　上下非所出而出，無一可者也。本《傳》論“不可妄動”，三股皆妄動者，只借發，莫拘事迹。“禮”字不相干，不用。或出葵丘、僖九；君命。衛人伐邢、僖十九；民事。河陽，僖二十八；展□。係正搭。

踐土、僖二十八。入鄅昭十八。　居尊不可妄出，王、侯一也。

祭伯來、隱元。觀魚隱五。　非君命與民事，皆不可輕出也。出舍如晋、昭二十三；魯取邾師，邾人愬于晋，晋入來討，遣叔婼謝罪。歸三田，定十；景公出舍。係正搭。又衛人伐邢、僖十九。國歸父聘，僖三十三。同。

莊二十七。盟幽　人心授伯，《經》特昭其盛焉。“同”字專爲鄭書，然未同者“同”，正見“諸侯皆歸”。作文宜重講“鄭服”，以“得衆”贊之。講“鄭服”，要本伯勢來。齊“得衆”，則安攘可成，故曰“愈”。

盟幽　亳北襄十一。　盟之書“同”有二：著其協、譏其渝也。此題鷄澤内亦搭。

盟幽　曹南僖十九。　紀小國從盟，而以同、不同别其心焉。“凡盟”等語，原説得泛，須有舉鄭、曹以見列國意。書法雖在“欲”字、“勉”字上，必原在齊、宋身上講，方有味。下易鄫會，僖十九。同。

曹南、僖十九。亳比襄十一。　即强與疑者，而知同欲之紀矣。“惡反覆”而書“同”，“勉强”而不書“同”，只説例如此，不必説及反覆與迫脅者之義。

會鄄、莊十四；鄭從。侵宋、莊十五；背。盟幽、莊十六；鄭從。執詹、莊十七；不朝。伐西鄙、莊九；伯。伐戎、莊二十；攘。盟幽[6]　伯威服久貳之國，而得衆可知矣。去伐西鄙、伐戎，同。或加荆伐、會救，證其安攘，是《傳》外添足。

伐西鄙、莊九。伐戎莊二十。　伯勢兩盛，而貳國之畏服有繇矣。要在“勢”字上，發出一段能協服人心意，不可死着二比講。上易盟幽、莊十六。會救鄭，莊二十八。下比易伐徐，莊二十六。或伐山戎，莊三十。俱同。“勢”須在盟幽前，會救鄭、伐山戎二比俱在後，未妥。有出盟幽、伐楚、僖四。首止、僖五。葵丘，僖九。主“於是而後授之諸侯”。又有盟幽、莊十六。盟幽、首止、僖五。葵丘，僖九。主“視他盟爲愈”。“授之諸侯”，就人心説，與伐楚等比何當？“視他盟爲愈”，説得寬，獨搭數比，亦欠通，且易混入。二題俱宜删。

盟幽　會救鄭莊二十八。　伯主之安攘，於服貳而見其勢，於恤貳而見其事。“勢盛”在盟幽以前，“事顯”繇一鄭以見大槩，講須斟酌。上比“伯中國”，借作“安攘”，未妥。

盟幽　盟貫僖二。　《春秋》紀伯信，得衆與結遠者可予也。在“鄭貳於齊”“江、黄服於楚”上生議論。重“衆”字、“遠”字。“勢盛”“慮周”，講在“盟”前。上，“視他盟爲愈”；下，“許是盟”。上，安攘之勢，高一層，配下不通。况上乃“伯中國”，亦説不得“安”。只説有其勢，故衆得，周於慮，故義著，妥。

盟幽　召陵僖四。　伯主服内外之盟，皆盟中之勝事也。上以“鄭服勢”説起，倒“齊得衆”；下以“完服義”説起，倒“齊柔楚”。“視它盟爲愈”；“盟，於斯爲盛”。

盟幽　盟葵丘僖九。　伯勢盛而人心協，王禁明而人心孚。主諸侯咸服乎桓公之勢，咸喻乎桓公之志。

盟幽　新城文十四。　《春秋》樂人心之從伯，故皆志其信之協焉。諸侯之從齊與否，伯業之成否所係；諸侯之外楚與否，周室之隆替所係。上“同欲”，下“同外楚”。

盟幽、莊十六。盟幽　書救、成六。九國救成七。　講信協，繇伯勢之盛；恤患勤，繇夷勢之張。二《傳》俱有“前此”云云，上有“幸”之意，下有“憂”之意。

莊二十七。秋友如陳　不貶大夫私交，“正本”意也。“通季子之私行”，在直書“葬原仲”上。既曰“如陳”，則亦必請命，但以私事出，即有命亦私耳。末段應上“表不正”。加祭伯来、隱元。祭叔聘，莊二十三。作“表不正”事寔。再加莒慶逆、莊十七。高固逆，宣五。與季友並斷。

友如陳　盟蜀成二。　不貶私交、外交，“正本”“正始”意也。下乃“從同”以見貶非。以盟蜀爲盟齊僖十九。之流弊，而專貶齊也，講須斟酌。上“無譏”以“著效”，下“不諱”以“從同”。

莊二十七。杞伯姬來　内女不當來而來，《經》所以致嚴也。重“違禮”斷罪。“男女往來”句要重看。加會洮，莊二十七。同。

莊二十七。莒慶逆　辨分紀内女之歸，而以非禮責内君焉。“稱字”，是“大夫自逆”之例，只提起，倒“何以書”作。加綸逆，隱二。只辯“稱字”書法，就借“書‘綸逆’”爲譏“不親迎”，問起下“何以書”句。或止用“尊卑之别也”，以□發“辨分”意，不必如單，亦可。

莊二十七。會城濮　《經》紀伯好，而知討罪之有自矣。以“伐衛”喚起，中用述事體。然須本“王賜命請伐衛”講，勿涉“齊奉命”，方與齊人伐衛有□。□繳“不可抗”意。按“《左氏》”二句，並非係城濮之下，而城濮爲將討衛，亦出於小註揣摩之語，四《傳》俱無城濮之文，則其□□而不可作題，甚明矣。

莊二十八。伐衛及戰　與國抗命而亟戰，其罪大矣。重“逆命”上。伯不可拒，正以其奉命也。“衛人不請其故，直以是日與戰”，即上段“不徵詞請罪”，而“直與交戰”之意。但於“書日”上，描寫聖人“深疾衛人”之情，非謂其亟戰之罪，又浮於約日而戰也，當時即約日而戰，罪可減乎？“聖人之情”，自“尊王”説。或加會城濮，莊二十七。只作“奉命”之案。此比已□其謬，不可搭。

莊二十八。齊人伐衛　伯主奉命討罪，師不可抗矣。“賜齊侯命”，命之爲伯也。此句輕，下“奉王命”“命”字，乃伐衛之命也。只要描寫“衛當服罪”意，勿予齊。

戰郎、莊十；不言戰。伐徐、莊二十六；不言日。伐衛及戰　戰鞌成二；及者爲主。　異詞以紀抗伯，深疾之也。客比只作變例引起，同單。“不言日”：易鄭人伐衛，隱二。或伐鄭，莊十六。　“及者爲主”：易乾時，莊九。同。

伐衛及戰　栢舉定四。　誅抗伯討而善成伯功者，皆重王命也。上“逆命”，下“達命”。

莊二十八。荆伐鄭　會救鄭　勤義於夷横之時，想見伯事之始焉。

“無故”句重看。提“楚罪”起，隨繳“以州舉”書法，轉下桓“得救之義”，即在此“義”中，發“安攘之事見”意。只收“書‘救’”。

莊二十八。荆伐鄭　盛兵猾夏，《經》所以“狄”之也。單主“罪楚”，亦須隱隱是桓“安攘之事”，在此可一“見”意。

莊二十八。會救鄭　有足爲伯事徵者，恤鄭之兵是也。以“恤患”爲主，就中發“安攘”意，收“書救”書法。“救急恤鄰”，須切根“鄭人將奔桐丘”而“楚師夜遁”發。或加伐楚、僖四。盟葵丘，僖九。作“安攘之事”。又有脱出伐山戎、莊三十。會檉僖元。者。“攘夷狄、安中國”，即在本比。如此出題，欠通。

救鄭　盟貫僖二。　事見、義著，伯主之安攘偉矣。上“安攘之事見”，下“安攘之義著”。文王“徂莒之遏”，武王“牧野之誓”。

會救鄭　盟葵丘僖九。　伯事兩著，而中夏與王室胥賴之矣。“安攘之事見”，“翼戴之事信”。

荆伐會救　楚伐遂會救文九。　兩於外夷無故之横，而予奪内義之勤怠焉。以子元、范山起，而兩《傳》皆有“無故”字，倒桓公、趙盾上。“救急恤鄰”，“折衝消患”。

荆伐會救　嬰齊伐九國救成七。　《春秋》惡夷横，而深善兩伯之安攘焉。兩《傳》皆有“攘夷狄、安中國”句。“恒公主兵”，晋景“親往”。或以《馬陵傳》□重“夷勢益張”，主两《傳》“見”字作目，破云：“因外却而見伯事之始，因内勤而見夷勢之張。”

莊二十八。冬築郿　用饑民於得已之役，非人君之心矣。全在“不視歲”三字，寫他與民漠不相關之心。“不必爲”意要發。“邑而書築”是事寔，“其志”是書法。“不必爲”，正應“創作邑”“創”字。原□有邑無城，尚是不可不完者；原無邑，是特立祖宗之所未有矣，儻不可少，則祖宗先爲之矣。《中丘傳》“完舊也”，下接云“城中丘，使民不以時”云云；此則云“輕用民力於所不必爲”云云。可見城不可少，但當以時，“築”則既非其時，又“所不必爲也”。

城郎、隱九。築館莊元、築臺莊三十一、築囿昭九　大小之役有異文，然未可概論也。叙明"紀實"之例，在"大""小"字上運意，"小"字内須含"不必爲"意。末須云"大之中有不同者，不得不同於小"意，勿着斷罪語。須知"築"用於馆與臺、囿則"小"，而用於邑則"非小"矣。"小"字只起下"創"字耳，勿槩以爲小曰築也。加築郿，倒作。

築郿　告糴莊二｜八。　役民非時者，無人君之心；急病無寔者，失大臣之道。民勤於力則工築罕，民勸於財則貢賦少，民勤於食則□事廢。國無九年之蓄曰"不足"，無六年之蓄曰"急"，無三年之蓄曰"國非其國"。加大無麥禾，莊二十八。與告糴比，俱作"歲兇"之證，同單。

築郿　新作南門僖二十。　兩譏輕用民力者，以其不必爲、不當爲也。上，"郿邑而書'築'者，創作邑也"；下，"言'作'者，創始也"。上君道，下臣道。

莊二十八。大無麥禾　國不應匱而匱，不敦本甚矣。書"大無"於"冬"，形容奢侈人不計盈縮，忽然告匱光景，甚妙。收"下書'告糴'以病公"。"不敦本""本"字，即"食者，養民之本""本"字，"敦"字，即"民事，古人所急""急"字意。加丹楹、莊二十三。刻桷、莊二十四。築郿，莊二十六[7]。同。再加告糴，莊二十八。只炤書法。

大無　告糴莊二十八。　國用竭而望濟於人，責在習矣。全要體"下書"字，若止云"書'告糴'"，則彼《傳》書法，卻是"責辰"的。"病公""病"字有斟酌，原不與下《傳》書法相妨。舊主"君""臣"合作，上重"侈"字，與"本"字反；下重"名"字，與"寔"字反。然"病公"書法，乃在"臧孫告糴于齊"上，不如從《傳》爲當。

大無　大有宣十六。　紀國計之登耗，按其故而可怪焉。人事之失，天道之變，在"大無""大有"四字上取巧。上忽然而歉也，不覺其至此也；下忽然而豐也，不意其至此也。

丹楹、莊二十三。刻桷、莊二十四。築郿、莊二十六[8]。公如齊、宣九。行父如、宣十。歸父如、宣十。會宋宣十五。　二君竭財於内外，皆非敦本者也。脱比《饑宣十五。傳》。二《傳》俱有"敦本"字及"戒後世"意，亦俱有"三年耕"等語。上侈於宫室臺榭之末，下煩於朝聘賂遺之末。

大無　告糴、莊二十八。平丘、平丘俱昭十三。　内君忽養民之本，可譏；伯國失服貳之道，可貶。下邊亦有“宫室臺榭”云云，而以“示威”對“乞糴”。收“如下文所貶”。

大無　告糴、莊二十八。盟戲、襄九。蕭魚襄十一。　内君忽養民之本，可譏；伯臣明制敵之法，可予。莊公務末不務本，“下書‘告糴’以病之”；知罃勞心不勞力，“下書‘蕭魚’以美之”。

莊二十八。告糴　内卿急紓患之名，《春秋》責之以寔焉。“其情急”“急”字，即“急病”“急”字，“情”即請往之情。“大臣”二字重看。“蔽”是蔽於名，惟一味務名，故不肯向“寔”上做工夫。

告糴　六月雨僖三。　以急病爲名者，失大臣之道；以勤民爲志者，得人君之道。以僖公儉以足用、寬以愛民、務農重穀比出。

告糴　伐山戎莊三十。　以君、相之道示後世，故於徼名徼功者譏焉。務名者責以治實，喜功者責以治本。食者，國家之所甚重，“務農重穀，節用爱人”，相所當知也；兵者，國家之所甚重，“强本治内，柔服遠人，君所當知也”。名與功，皆人情所易趨，故《春秋》借以示戒。

告糴　遂乞師僖二十六。　以兵食資於人，魯君臣之過也。辰“不能務農”云云，借食於鄰，非大臣任國事之實；僖“不能省德”云云，借兵於夷，非人君安社稷之義。

莊二十九。新延廄　非時而悉民力，其不念民勤亦甚矣。“時”字最重。“勤於食”是急於食也。“用民力爲已悉”，要合築郿、新廄一役，并合大無、告糴，方盡“悉”字之意。首呼個“何以書”，末結“其以[9]”云云，此處要會。加築郿、大無、告糴，俱莊二十八。同。

城中丘、隱七。新延廄　税畝宣十五。　民勤有三，忽之者非君道矣。《傳》語原倒“勤食”上，雖三段作，宜如《傳》落重本股。出城郎、隱十。築郎、莊三十一。用田賦，哀十二。同。

城中丘、隱七。用田賦哀十二。　不惜民之財力，非君道也。

新延廄　作南門僖二十。　《春秋》重勞民，而非時、非制者均貶焉。上重“悉”字，下重“輕”字。“韓昭侯作高門，屈宜臼”；“魯人爲長府，閔子騫”。

莊二十九。城諸及防　志合時之役，示民力之當重也。主《中丘隱七。傳》“雖時亦書”句。亦要見“凶荒之後”意。講中以中丘“農隙”之時，與延廐“時詘”之時，巧挑成文爲妙。

莊三十。降鄣　《經》抑逞强，明道義也。齊未必加兵，但遥以兵威脅之耳。只發透“脅服”二字，而“急事功”之心自見。“道義”“事功”，正王、伯之辨，須重發。

郕降、莊八。降鄣　兩紀服小，而罪各有歸焉。玩“脅服”之詞句，凡是降，都是脅服者有罪。不書齊師降郕，而書“郕降”，蓋意在責魯，故變文耳。今直言“降鄣”，則無他意，而“專罪齊”矣。總起，中分，後歸重本比，仍要比斷。

突救、莊六。滅譚莊十。　明道義而不急事功，故於恤患、覆小者致意焉。上比或易“墮郈費”，《傳》無“道義”字。下比或易“遷三邑”，係齊襄事，與伯者之政無干。俱不可搭。

降鄣　伐山戎莊三十。　伯主脅小而略遠，急功好功之心也。上“抑强扶弱”之意，下“治内柔遠”之意。明王道，正王法。

莊三十。魯濟　志内外之期遇，惡無禮也。見《遇清隱四。傳》。齊以山戎之故謀於魯，魯以山戎之故爲齊謀，謂之“不期”，可乎？

莊三十。伐山戎　正畧遠者以法，爲好功者戒也。譏桓之遠畧，全在“困民”上。“强本治内，柔遠服人”，便不至困民。要看“好武功”“好”字，垂戒意，須重發。《傳翼》云：“看《傳》，全是恐開後世困民之患，不專着譏桓上。蓋救燕通貢，亦是方伯之職。但不貢修文，不王修德，序成不至，於是攻伐畧遠之端一開，其後患不勝言，故譏以爲戒。”

伐宋、莊十四。伐郳、莊十五。伐鄭、莊十六。伐徐、莊二十六。山戎獻捷、莊三十一。伐楚、□□俱僖四。　詳《春秋》伯兵，而略遠獨譏者，示柔遠之道也。舊破：“《春秋》詳伯兵，而獨譏畧遠者，示柔遠之道也。”此《傳》題而云“《春秋》詳伯兵”，何不思之甚耶？今焴原破稍爲頓挫，便説得去矣。舊破舛謬如此類甚多，姑舉此，以例其餘。以“節兵”“稱‘人’”辯起，即以獻捷證明，倒“畧遠”作。伐楚□形“請”於後，仍炤“稱‘人’”。

伐宋、莊十四。伐山戎　獻捷莊三十一。　驗《春秋》戒畧遠之文，知其非節兵例矣。同單。加伐郳、莊十五。伐鄭、莊十六。伐徐，莊二十六。同。

伐宋、莊十四。山戎　《春秋》重内治，故予節兵、戒勤兵也。比作。但轉成要把“將卑師少”問一句，方像《傳》題。上重“賦於民薄”，下重“困吾民之力”。

戰宋、莊十四。召陵僖四。　伯兵節而慎，皆非畧遠倫矣。兩邊俱要在本比縮攝。“治内”“柔遠”，可分貼。

伐山戎　獻捷莊三十一。　參之紀矜功者，而知譏伯主之畧遠矣。總叙，即喝明書法，如單重講，末復於“獻”上發出“畧遠之非”，只收“稱‘人’”。原主兼二《傳》，總起束，中畧分。上就“不當伐”上，下就“不足獻”上，俱發“抑畧遠之功”作。《傳》有明股，何得舍《傳》從合？若謂下《傳》亦搭“伐”比，則一《經》中兩《傳》互有者甚多，皆兼用兩《傳》意合作耶？

伐山戎、伐楚、召陵俱僖四。　予奪伯兵之攘外，柔遠之意見矣。分作，轉處仍炤“然則”云云。“强本治内，柔遠服人”總承，不可分貼，起束總用之。去伐楚，以“勤兵畧遠”“不務交兵服遠”合作。加獻捷，莊三十一。同單。舊加獻捷，乃以“予”“奪”分作。馮以此比入不得正講，若證書法，又不□得，反欠整。從單最是。

伐山戎　遂伐楚僖四。　《經》於伯主攘外，勤兵、專兵皆譏也。上以“通燕貢”問起，下以“徵楚貢”問起。北伐、南征。

山戎　獻捷、莊三十一。楚子伐缺救宣九。　《經》之罪畧夷、猾夏者，皆於屬詞見之焉。伐山戎亦“稱‘人’”，“安知”云云，“以下[10]”云云；九年亦“稱爵”，豈“與之乎”？“以下”云云。上加伐宋，莊十四。下加楚子伐，宣四。同。

獻捷、莊三十一。江黄伐陳僖四。　譏遠畧，善定謀，兩有以驗之焉。上驗書法，下驗事宜。脱比《陽穀僖三。傳》。

伐山戎　楚丘僖二。　以王法正伯主，略遠、專封，皆譏也。兩邊

“王法”：一“强本治内”，一“明道正義”。上攘夷狄，“無文德”云云，以“伐楚”炤；下安中國，“施小惠”云云，以“城邢”炤。

夷儀、城邢、俱僖元。伐楚、召陵俱僖四。《經》紀伯事，獨取存小柔遠者焉。上題脱母。楚丘畧矣，城邢“詞煩而不殺”，何也？邢未滅也。以“然則，伐楚，何以美之”對。

山戎、伐楚、召陵、俱僖四。伐鄭圍新城、僖六。伐宋圍緡僖二十三。用兵於夷、夏者，事皆不可例論也。各炤“然則”云云問起，然後比斷。

伐楚、召陵、俱僖四。伐鄭圍新城僖六。兵有兩用兩宜者，可定淫名之案矣。上題脱母。

伐山戎 侵蔡獲襄八。兩譏貪功，示服遠保國之道也。脱比《貞伐鄭襄八。傳》。兩《傳》俱有“文德武功”句。上“强本治内”，所以服遠；下“任賢明政”，所以保國。

伐山戎 夾谷定十。觀畧遠之稱，與化强之事，而知文武不可偏廢矣。上“武功”，無“文德”；下“文事”，有“武備”。

伐山戎 大鹵昭元。譏勤兵、崇詐者，繩以王法、王師也。上云“則將開後世”云云，下云“使後世”云云。

伐山戎 白狄來襄十八。不與中國之事外夷，所以强本；不與外夷之通中國，所以存防。

伐山戎 荀吴伐鮮虞昭十五。兩即加兵於夷者，而見《春秋》之意與畧焉。“治内柔遠”之意，“用兵禦夷”之略。俱有“見”字。

莊三十一。築臺于郎 以自樂而役民於遠，《經》所譏也。“去國遠築”，故知其“不緣占候，而爲游觀”。重“厲民自樂”斷罪。加于薛、于秦，俱莊三十一。同。

築郎 六月雨僖三。君道在同民，二君之樂有得失焉。“厲民自樂”，“與民同樂”。各發《傳》意泛論，蓋下《傳》無“予僖”明文。上加築薛、築秦，俱莊三十一。下加冬不雨、僖二。春不雨、夏不雨，俱僖三。同。

三"築臺"　三"不雨"　備書厲民、勤民之實，示予奪也。

築郎　不雨至七月文二。　憂樂不與民同，二君不君矣。

莊三十一。獻捷　抑伯主之矜功，意以戒事外者也。須在"誇示"上模寫他好武功。桓本"誇示"，非"獻"也，聖人欲"抑之"，故書一"獻"字。"諸侯有四夷"一段，正引起"獻"字，爲特書也。

獻捷　踐土、僖二十八。戰鞌成二。　攷獻功之有體，而知《春秋》抑矜功之文矣。舊破："論獻功之有體，而矜畧遠者尤悖焉。"如此説，則是桓真以俘獻魯，非聖人書"獻"以抑桓矣。先總以三比，論起"獻捷"之體，例"書'獻'抑齊"，如單發。加邢丘，襄八。同。只上題，於"諸侯不相遺俘"句虚説，此則以邢丘比，入"獻"體内，與上二□同論□微異耳。

踐土、僖二十八。戰鞌、成二。邢丘襄八。　觀獻功有得失，可以思書"獻"之義矣。以"誇魯書'獻'爲抑"問起，接"獻者，下奉上之詞"，即以踐土得體，作一頭；戰鞍非所獻而獻，邢丘不當獻而獻，分二脚。仍收本《傳》。

"夷俘獻王"易比：

滅潞宣十五；趙同獻定王。

滅甲宣十六；士會獻定王。

鄢陵成十六；郤至獻簡王。

"諸侯相遺"易比：

宜申献捷僖三十一。

五國伐鄭成二[11]；鄭皇戌獻楚。

九國救成七；鄭獻鍾儀于晋。

夏伐陳襄二十五；子産獻晋。

斯何忌如晋，定六；獻鄭捷。或公侵鄭，定六。同。

山戎，莊三十。獻捷、城濮、践土俱僖二十八。　以敵愾之例紀矜功，抑之也。都是夷俘，須在"下奉上之詞"句渾意。只獻捷、踐土，同。

践土、僖二十八。邢丘襄八。　觀獻功之得失，則知《春秋》之文爲抑伯矣。上，夷俘，又"獻於王"；下，中國俘，又"遺於諸侯"。作文在“獻體”上論得失，以聖人“書‘獻’抑齊”起繳。末云：“有同於踐土者，以‘獻’紀之，當矣；苟有□於邢丘者，而以‘獻’紀之，則非聖人之抑之，不至此矣。”出滅潞、宣十五。夏伐陳，襄二十五。同。

踐土、僖二十八。滅甲宣十六。　二伯有戎功而奉於王，乃所謂“獻”也。要在“獻”的字義上做，起繳用本股。襄王以輅、服賜文公，定王以黻、冕命士會，可點用。又滅潞、宣十五。鄢陵、成十六。同。

践土、僖二十八。戰搴成二。　獻功雖有夷、夏之殊，然於奉上之體則得矣。亦要體“下奉上之詞”句發。上，晉文以楚捷獻於襄王，觀尹氏之命，知其於體得矣，然而益昭其“獻之”之義；下，晉景以齊捷獻於定王，觀單襄公之辭，知其於體失矣，然而不害其“獻之”之名。此外有戰搴、成二。邢丘襄八。題，主“中國則否”二句。又出戰鞍、成二。九國救，成七。亦同。上，獻雖王，而捷則齊；下，捷雖夷，而獻則晉。二題俱不可出，蓋三比摘出“獻王”二比，雖一得一失，然俱“下奉上”，正好起本比“獻”字。即摘“夷功獻王”“諸侯相遺”二比，一是得“下奉上”之體，一是失“下奉上”之體，亦好起本比“獻”字。惟此二題，若説一得“奉上”之體，一失“奉上”之體，則與《傳》語“中國則否”句悖矣；若説俱“失”，則以中國之俘獻王，未嘗不是“下奉上”也。最難比炤，斷宜删去。

獻捷　執虞公僖五。　《經》兩有特詞，示貪功、貪利之戒也。“‘獻’者，下奉上之詞”；“其曰‘公’者，猶下執之詞”。

獻捷　宜申獻捷僖二十一。　兩紀夷俘，以抑詞、諱詞著罪焉。抑其不當畧遠，諱其不能攘夷。

獻捷　黄父昭二十五。　功出畧遠者，不足矜；功在勤王者，不足異。“後世宰臣有不賞邊”云云，“得之”矣；“後世有以醲賞報臣子”[12]云云，失之矣。

獻捷　用田賦哀十二。　《春秋》之抑外而譏内，其意足術矣。“後世宰臣”云云，得《春秋》抑戎捷之意；“近世達時政者，欲先省國用”云云，得《春秋》譏田賦之意。

莊三十二。梁丘　序爵，從禮之常；志遇，惡禮之簡。用《遇清隱四。》《邾鄭伐宋隱五。》二傳。齊爲荆伐鄭，故請會諸侯，宋請先見，故遇清之不期，可乎？

莊三十二。《公薨傳》

餘丘、莊二。盟扈莊二十三。　縱大權而昧大倫，非保國之道也。主“大倫不明”二句出。成王散主兵權，大舜不告而娶，可分證。

莊三十二。慶父如齊　即逆臣越境之安，見縱權者之失矣。書“如”，亦是紀寔，然就此不“奔”而“如”，便見得“出入自如”。“出入自如”四字要描寫，重發“垂戒”意。加餘丘，莊二。二書法總結。

慶父如　戊辰即位定元。　著强臣無所制，以謹兵權；著内君有所制，以重國本。兩邊俱以成王事證，俱重“垂戒”上發。

【校記】

〔1〕夷狄，《傳》本爲“蠻夷”。

〔2〕哀八，應爲“哀七”。

〔3〕叔弓如晋，後依例應註明年號“昭二”。

〔4〕朝□歸，“朝”字後一字模糊莫辨，查昭公二十五年無歸事，或有誤。

〔5〕委隴，應爲“垂隴”。

〔6〕盟幽，兩“盟幽”時間不同，此“盟幽”在莊二十七年，爲本題，故未注明年號。下題同，不注。

〔7〕〔8〕莊二十六，應爲“莊二十八”。

〔9〕其以，應爲“以其”。《傳》引《穀梁傳》：“‘大無麥禾’‘告糴於齊’‘冬筑郿’‘春新延廄’，以其用民力爲已悉矣”。作“其以”則不通。

〔10〕以下，三《傳》皆無“以下”字，或有誤。

〔11〕成二，應爲“成三”。

〔12〕“後世”句，此引句與原文不盡同，原文爲“後世以濫賞報臣子所當爲之事”。“濫”字不如“醲”字切，或誤。

卷之十　閔公

閔元。春王正月　略國君之嗣位，正大倫也。只自聖人“正倫”意發。閔公幼，不可加貶。“王不遣使”，是“不告喪”之驗。

閔元。齊人救邢　善兵之以恤患舉者，見聖人之情矣。兵期於無兵，□重兵之意。説得“聖人之情”懇透，則“救邢之善”自見。書法只書“救”。

突救、莊六。救邢　救狄、僖十八。救江、文三。救成至、襄十五。救晋次襄三十三[1]。　欲息天下之兵，故屢于救兵致意焉。以“救邢”提明，總發“聖人之情”。不必倒單。

突救、莊六。狄救、僖十八。處父救、文三。救成至、襄十五。救晋次襄二十三。　書“救”而無有所罪者，惟其情切於救也。總問下，總發“聖人之情”，仍用“救邢”起繳。

突救、莊六。狄救、僖十八。處父救文三。　屢因救而責棄義者，仁天下之情也。各就“罪不救”中發出“善救”意，勿倒“罪”上。

狄救齊、僖十八。吴救陳哀十。　兩善外救，罪諸夏也。總發“罪諸夏”意。傳題，借兩意合作。“許之，曷爲不稱‘人’?”罪宋而責諸侯也；“救果義，曷以號舉而不進之?”罪楚而傷中國也。桓公之德；有虞之後。□主傳□，兩股一般，殊無意味。若載後竟作此題，本《傳》又有明股。主傳題合作，而兩《傳》意與《救邢傳》意絶未相悖，最是。

救成至、襄十五。救晋次襄三十三[2]。　救有等於不救者，兩拂聖情矣。要自“譏怯、慢”上發出“善救”意；“譏怯、慢”，全是欲其勇往直前，不可專于“慢”“怯”上死講。“至”者，至於此而畏縮不敢復往；“次”者，欲往而怠緩不以爲意，姑次於此也。

師還、莊八。救邢　重用兵而復善用兵，息天下之情也。以重衆弔起

“善救”書法，而融會二比意思，總發聖人之情。上加次郎、圍郕，俱莊八。下加救成至，襄十五。救晋次，襄二十三。大意同。

救邢　聶北救僖元。　兩於伯救，而善與譏異，其情皆可見矣。俱有“聖人之情見矣”句。兵固不可輕用，非所論於救；兵有利用次者，非所用於救。“節兵”“盛兵”，略點。

救邢　盟貫僖二。　重兵、惡盟，獨不廢於恤小、結遠者焉。“兵者，《春秋》之所甚重”，“盟，雖《春秋》所惡”，各須重發意。

救邢　暨齊平昭七。　兵有時不重，而平有時不貴，以其安内附外也。“兵者，《春秋》之所重”；“平者，聖人之所貴”。

救邢　季子歸閔元。　善救而旌賢，聖人之情見矣。樂急人之難，樂道人之善。俱有“聖人之情見矣”句。

救邢　邾益來哀八。　欲人之恤患遷善，其情見乎詞焉。兩《傳》皆重“聖人之情見矣”句。下以“諱惡”問起。

四國伐鄭、伐邾取繹、俱宣十。救成至、襄十五。救晋次襄二十三。兵莫急於討、恤，觀《經》所屢貶者，可知矣。比《取繹傳》，在書法上發聖人“急於討、恤”意。上二比，就徵舒一事説；下二比，則兩事矣。兩《傳》語又不見整處，自難搭題。但以相沿既久。存之。

閔元。落姑　好講於國人之思，而見思者賢，可知已。就“請復”上，見得“國人之思”；就“國人思”上，見“友之賢”。曰“國人”，見得公心；曰“安社稷”，見倚賴甚重。豈不是“賢”？

閔元。季子來歸　《經》於内臣歸國，深致賢賢之意焉。只重“魯國方危”云云。“賢也”一段，融會四書法意成文，聖人因“國人之思”而“賢”之，因“國人之喜”而“至”之。不書“奔”，恐累其賢也；不稱“公子”，恐蔽其賢也。總是一意。“安社稷”三字重，“喜”字要描寫。加落姑，閔元。同，只作事實。再加慶父如齊，莊三十二。亦同。

高子盟、閔二。河陽僖二十八。　推道善諱惡之意，而聖德宏矣。“樂道善”，“惡稱惡”，都在書法上論，要味“孔子也”三字。繳明本股：“旌賢”“諱恥”。

“樂道善”易比：

荆聘莊二十三。

次陘僖四；二比《傳》，俱有“樂與人爲善”句。

遂救許僖六；書“遂”，善之尤。

會奔昭二十；善及子孫。

歸益哀八；遷善之優。

“惡稱惡”易比：

納捷文十四；“何以稱‘人’？大夫而置諸侯，非也，聞義能徙，故爲之諱。”須在“諱他置諸侯之非”上發，若贊它“聞義能徙”，又是“樂道人善”矣。

宋公伐邾昭十九；不書“圍”與“取”，以釋其取邑之罪。

踐土、僖二十八。處父盟、文二。納捷菑、文十四。《春秋》諱賢之意，與尊尊、親親同也。擒“諱賢”發，以“尊親”配入，總是欲入“爲善”之意。

從王伐鄭、桓五。盟幽莊十六。《春秋》之尊尊、親親，有見於諱詞者焉。“爲尊者諱”，所以成其尊，不然，則體益以褻，非所以尊尊矣，然後知諱即吾王日月之更；“爲親者諱”，正所以成其親，不然，則愛無所施，非所以親親矣，然後知諱即吾君韋弦之助。出踐土、僖二十八。取鄟，成六。同。或出城費、襄七；季宿。佗偪[3]奔陳，定十；嬖桓魋，失二弟。上貴戚任事之私，下棄親用羈之失。玩“此義行”云云，豈可擬題。

季子歸　高子盟閔二。　特筆以旌二臣，以魯難所繇靖也。魯之復安者，内仗季友，外仗高傒，其功一也，故皆以“子”稱。叔牙、仲孫，可形點。

季子歸　納捷菑文十四。　靖難、徙義之臣，皆因賢而諱之也。上是“諱其恥”，下是“諱其過”。友在“見思”上見得“賢”，盾在“弗克”上見得“賢”，俱勿説開。

季子歸　宋公伐邾昭十九。　聖人賢賢之意，皆隱顯其詞以見焉。“樂道善，惡稱惡”；“善善長，惡惡短”。

季子歸　益來哀七。　聖人有諱有不諱，情可通乎德與權矣。賢者而諱其恥，“明此可以蓄納汙之德”；親者而不諱其惡，“明此可以行賞罰之權”。皆有“聖人之情見矣”句。

季子歸　華元歸成十五。　兩紀靖難之臣，著其賢與正焉。上，去慶父，逃哀姜；下，殺蕩山，出魚石。上，“爲國人所與”；下，“國人許之討”。

季子歸　哀奔文十四。　紀二臣之出入，予其能靖難與遠難焉。下，“書曰‘子哀，貴之也”。

季子歸　會奔昭二十。　予歸國、去國之臣，皆賢賢意也。稱“子”、稱“公孫”，皆特筆。聖人樂道人善，聖人善善也長。“堯親九族，急親賢”；舜“罰弗及嗣，賞延于世”。

季子歸　舍至昭二十四。　兩臣見賢于《春秋》，以其皆社稷之臣也。上，“其曰‘季子，賢之也”；下，“獨書其姓氏”，“賢之也”。上有“安社稷”句，下有“社稷之衛”句。

閔元。仲孫來　略詞以紀伯使，著君臣之失也。“君”“臣”聯講，俱重“討賊”上。《傳》末“使慶父稔惡”一段意最重。“略”字意亦要講，見桓、仲之不能爲魯有無也。

仲孫來　高子盟閔二。　予奪伯國二臣，以忠義訓人臣也。就“事君不以忠”與“明人臣之義”上生議論。

仲孫來　札聘襄二十九。　望國兩感外臣，見禮樂之重矣。主周禮、周樂在魯，足以感人。或以此題作“納幣知禮、知樂”題，上比與“志敬”“節具”無干。

仲孫來　韓起聘昭二。　周禮有裨于王侯，得二臣之論而益明焉。仲孫知魯未可動，韓起知周所以興，俱是周禮。

閔二。吉禘于莊公　望國僭祀，因事以著其失焉。聖人因“喪未三年”與“于寢”之失而書，然本意則以“僭禮”爲重。二意末後帶講，書法總結。

閔二。孫邾　紀國母之行，而忘親者之效著矣。以“不去姓氏”輕提過，即以“稱‘孫’”，喚起“哀姜以國君母，與聞乎故而不忌”，重發繇於“莊之忘親”作，不收書法。舊以“不去姓氏”爲薄責哀姜，以“歸罪莊公之忘親”，而書法即收“不去姓氏”。馮猶龍謂“‘降文姜’，以文姜殺夫，哀姜殺子，罪不同故也”。此解是已。至謂書法全重“屢書不諱”上，未是。“屢書不諱”，指“莊公忘親”事説，豈“孫邾”亦在不諱内耶？只好作“孫邾”之案，如何作“孫邾”書法收得？

單伯逆、莊元。叔弓如晋昭八。《經》惡忘親、崇侈者，防其效也。脱比《會平丘昭十三。傳》，皆有“治於未亂”二句。孫邾“屢書不諱”書法，在前文；平丘書法，在下文。此題欠佳。又書法“前文”牽强，且難於揣摩，徒爲刻核者厄人之資，斷宜删去。

閔二。慶父奔　内賊之失討，内君貽之也。作文炤《傳》“又”字口氣，串重“縱權”上。“譏失賊”，起處便點破。加季子歸、閔元。高子盟、閔元。春王正月，僖元。以“季子成功之遲”起，倒“委權”上。

伐餘丘、莊元。溺伐衛莊三。　委政而忘仇，自貽其患者也。上含“難制”意，下含“則象”意。小小點二股，仍體《傳》串發。加孫邾，閔二。如《傳》混作。

季歸、閔元。奔莒　夾谷、定十。墮郈費定十二。　使賢臣無近功，所以貽此者甚非策矣。“雖有智者，亦不能善其終矣。”胡氏原推尊季子。“季子賢人而當此”“此”字，須重讀；猶言這個難題目，豈易卒辦？除是尋個過化存神的來，或者對伏得他過。全不説季子之不能，只説此時此勢之難於措手處。追咎莊公，以警戒後人，也要説得人心膽俱寒，纔有此題斤兩。舊以聖賢分量説，苦苦向季子邊費盡回獲，全不把莊公致下的危症候去調攝一切養生者，却徒向當年賢□上較量，真隔萬重山矣。去夾谷，同。

慶父奔　圍成至定十二。　得政之淺，即聖賢不能成功也。上，執政未久；下，得政未專。

閔二。高子盟　裁命以安鄰，其明義可予也。不稱“使”，是事寔；稱“子”，乃特筆。“二命”，乃因“不稱使”料度出的，須説得活。“美高子”，在明有義、利兩途而獨出于義，故曰“明人臣之義，得奉使之宜”。加春王正月，僖元。主“定僖公”句。

高子盟　盟首止僖五。　齊君臣之定侯位、王位，功在一國、天下矣。上定僖公，“國人賴焉，以爲美談”；下定襄王，“民到于今受其賜”。下易鄭逃，僖五。主裁命明義、狥命棄義。

高子盟　宋楚平宣十五。　裁命，以成靖鄰之功者，可予專命；以成平國之功者，可譏。下比“命”字，終屬添出，未妥。

高子盟　士匄侵襄十九。　二臣之裁命，得使將之道矣。此題或載《救台入傳》，作“專制境外”題，謬。

閔二。狄入衛　夷横之能肆，與國授之也。《傳》全説《詩》，只“狄何以能入乎”以上數語屬《春秋》，似是因《春秋》引起説《詩》，然却是説《詩》以影炤出《春秋》來。作文此意須會。要體“何以能入”四字。使衛不淫亂，狄即極强横，極兇暴，何所施之？則非“狄之能入”衛也，衛自棄其“狄不能入”者耳。再玩“未有不至於”云云，則衛已自處於必敗必亡，即最孱弱無爲者，亦如走無人之境矣，此狄之所以能入也。

閔二。鄭棄其師　師爲遠奸之資，則君臣之咎也。重“棄師”發，言不當以一人之故而棄其師。“君”“臣”聯講。

入曹畀、僖二十八。放胥甲父、宣元。戰邲宣十。　處奸之道非一，惜鄭君不之知也。晋文以爇負羈，按誅顛頡；晋靈以軍門之呼，黜遠胥甲父；骨景以進思盡忠，退思補過，禮遇林父。

“按誅”易比：

及箕鄭父文九；挾私怨以作亂，使跋殺中軍佐。

華元歸成十五；蕩山弱公室，殺公子肥。

圍成至定十二；少正卯。

“黜遠”易比：

六月雨僖三；放佞臣郭都。

公如晋成十八；晋悼逐夷羊五。

“禮馭”易比：

敗殽僖三十三；秦大夫左右皆曰：“孟明之罪也，必殺之。”秦伯曰：“孤實貪，以禍夫子，夫子何罪？”復使爲政。

秦人伐晋文三；君子稱秦穆舉人之周，與人之壹。

晋侯伐鄭宣十四；“爲邲故也。”“蒐焉而還”，林父之謀也。曰：“示之以整，使謀而來。”

滅潞宣十五；林父敗赤狄于曲梁，晋侯賞狄臣千室，亦賞士伯以瓜衍之縣。羊舌職曰：“士伯庸中行伯，君信之，亦庸士伯，此之謂明德矣。”

棄師　于盂執伐僖二十二[4]。　列卿列侯之無能，《春秋》以同詞著罪焉。五季之末，桑維翰一制書，“十有五鎮無敢不從”，“而二三執政，畏一高克，不能退之以道”，故“棄師者，鄭伯，乃以國稱”，“君臣同責也”；“澠池之會，藺相如一奮其氣”，“秦雖虎狼，猶不敢動”。而“五國之君，不能得志於荆楚”，故“‘執宋公’者，楚子”，而以同執爲文，“分惡於諸侯也”。

【校記】

〔1〕襄三十三，應爲“襄二十三”。

〔2〕襄三十三，應爲“襄二十三”。

〔3〕傴，應爲“彄”，指石彄。《經》：“宋公之弟辰曁仲佗、石彄出奔陳。”

〔4〕僖二十二，應爲“僖二十一”。

卷之十一　僖公上

僖元。春王正月　黜内君擅立，正王法也。當時内無可承，若請命於周，誰得而非之？乃以妾母私屬，人臣擁立，遂儼然侯位，可乎？故他公皆云“正人倫”，此獨曰“正王法”。“不朝”事雖在後，然須合看來，方是他未嘗請命的透頂處。

歸賵、隱元。春王正月　衡所受於有位者，而王度愈當凜矣。“必”字、“而後”字，須體。兩邊俱從“位”字論。欲保國保天下，便須回想到受國受天所自上去。説到“天”，必有箇“道”，容不得一毫意見，而後謂之“奉”；若説到“王”，必有個“度”，容不得一毫僭差，而後謂之“謹守”。出凡伯聘、隱七。小白入，莊九。同。下易立晋、隱四、去疾入，昭元。俱同。又或出僖七小邾朝爲“受之王”，不知此“改命”，非“即位”也。

春王正月　城楚丘僖二。　兩貶專立、專封者，皆正王法也。僖亦宜立，衛亦宜封，但“專”則非。兩邊俱重“不告”上。

春王正月　圍彭城襄元。　《春秋》謹王度，於爵位、土田致意焉。舊破云：“致意於擅立，討叛者焉。”下比“追書”宋，只致意於叛邑耳，乃云“致意於討叛者”，不知“追書”意與晋悼輩何干？

歸賵、隱元。小白入、莊九。荆伐鄭、莊十六。春王正月　《經》爲天下、國家計，示保之、定之之義焉。比《去疾入昭元。傳》。末比易立晋，隱四。同。

僖元。聶北救　譏恤忠之有遺力者，見聖人之情矣。“力有餘”而“救不速”，一串説。“禮”，是睦鄰之禮。“急”字有味，正對“次”字看。

次聶北　次陘僖四。　以“次”論兵，不可以恤患，而可以討罪也。合“救”與“伐”論，方見“聖人之情”。不可大開。出聶北救、伐楚次，僖四。同。

聶北次　伐楚次、僖四。遂救許僖六。取嵒哀十三。　得聖人予奪駐兵之情，而功罪可推也。以“二‘次’”起，用“聖人之情見矣”句，炤“故”字，過下“救”“取”，作二比，仍挽“二‘次’”。出伐戴取、隱十。伐楚次、僖四。遂救許、僖六。次雍榆，襄二十三。同。舊出此四比，劈竹倒“二‘次’”作，既不順《傳》，若以《傳》末四句□主渾發，則“二‘次’”反輕。且以雍榆代聶北，大謬。今順《傳》出，雖於語意較合，但“救患分災”四句，原只發明“予奪”“二‘次’”之意，今又添股，終屬贅。宜刪。

遂救許、僖六。取雍丘哀九。　推聖人仁民之情，而救、取之功罪定矣。以“聖人之情”起，炤“故”字落下，分股發意，末仍繳歸“聖人之情”。下易滅甲、宣十六。取嵒，哀十三。俱同。或易“伐戴取”，題股不順。

伐楚次[1]　遂救許僖六。　以功罪衡攻、恤之兵，伯主兩得之矣。慎於進兵，可以免“好攻樂殺”之罪；急於進兵，可以言“救患分災”之禮。俱要貼“聶北”。末繳云：“‘次陘’之‘次’，善矣，未有‘救’而可‘次’者也；‘救許’之‘救’，急矣，未有‘次’而後‘救’者也。”兩比俱順搭，已謬，况一比反、一比順乎？斷宜刪。

次聶北　遂救許僖六。　《經》於伯主恤患，以緩急異褒貶焉。主“救患分災，於禮爲急”句比出，總起，分作，兩邊要相形。

聶北　圍新城僖六。　予奪伯主恤、討之兵，皆以其有遺力也。俱從“兵力有餘”上發。下邊從“討罪”上論，不與“全民命”相干，亦無書法。

聶北　納捷菑文十四。　力本有餘，而不急於禮，可譏；力非不足，而能制於義，可予。

聶北　宋師伐滕宣十。　《經》重恤患、討罪，皆惡其不用力焉。上，“力本有餘”，“不速”而“次”；下，“力非不足”，不於陳，而於滕。

聶北　厥慭昭十一。　待恤患者有嚴、恕，亦視其力而已。齊之“不速”，其可譏處在“力有餘”；“晋之不能”，其可恕處在“力弗加”。可恕處不在“力弗加“，此疑從舊説也。

聶北　召陵侵定四。　勢盛而隳於安攘，兩伯之過也。

僖元。夷儀　城邢　伯主功成於“卒”，其志義可予也。“緩不及事”提明，轉“志義”上發，而以“無命”挑之。“邢以自遷爲文”，見國未滅，乃“救患”，而非“專封”。二書法串收。“遷徙奔亡”“亡”字，乃“逃亡”之“亡”，非“滅亡”之“亡”。加聶北救，僖元。同，但“緩救”處，實講幾句。

僖元。遷夷儀　小國不能自固，怠義者之所詒也。舊破云：“伯義之怠彰矣，不思怠已見於聶北之次，何待夷儀之遷而後彰也。”今破着意“緩不及事”四字上爲是。須體認“見”字，勿實用責語，要與聶北有别。末亦要含“有救患之功”意。“自遷爲文”是遮下語，只文末帶一句。邢實桓遷，但以邢之所欲，故以“自遷爲文”。《楚丘傳》云“則其遷出於己意”，亦是如此。加聶北救，僖元。大意同。

僖元。城邢　志義於義廢之時，則當權其功矣。本“自遷”説來，以“志義”爲案。重發“聖人權予”之意，收“再書三師”書法。加狄伐邢、莊三十二。救邢，閔元。主《傳》“夷狄猾夏”一段。

聶北、僖元。城邢　《經》於伯主恤患，始譏其怠，而終美其功也。既去“夷儀”，少中間綰脉，須遥對而不失《傳》意。

齊人伐衛、莊二十八。城邢　兩予用兵，不以正廢權也。“權”“正”小分，後總講。須知“正”止論理，“權”方就聖人書法上説，勿以“權”“正”都認是書法。或主以上比作“興師之正”，倒重本比，見得以振王靈必如齊人之奉命城濮而後可。顧當此華風披靡，有能舉義旗以懷親暱，亦治内一機也，安可過督乎？故《春秋》權以予之也。

突救、莊六。城邢　參權、正以立法，故於王伯之師均予焉。大意同上，但上比“正”，亦在書法上説。突，雖曰無功；恒，雖曰無命。或脱出突救、莊六。齊人伐衛，莊二十八。只主“以王命興師者正”句。一句出二比，不成題。或作比題，以“申命”“奉命”對。下《傳》無“予齊”意，亦未見整處。

城邢　遂伐楚僖四。　於伯主專兵，予之以權，而奪之以正也。諸侯有救、恤，無征伐，故並專，而予奪異。下比須就“貶其不正”上，發出“以王命興師者正”意。“中國衰微”，有患而不救，是衰而愈趨於衰，微而愈趨於微矣，城邢之美其功，蓋“能救而與之者權”也；“楚雖暴橫”，不請命而擅合諸侯，是彼暴而我未始非暴，彼横而我未始非横矣。伐楚之譏其專，蓋“以王命興師者正”也。

夷儀、河陽僖二十八。 立自遷、自狩之文，全二伯也。須於“立文”上生情，若實講，便似城邢、河陽題矣。

城邢、次陘、于師召陵俱僖四。 兩予伯主安内貼外之事，嘉其事也。“志義”“志善”，美其功，序其績。

城邢 河陽僖二十八。 恤小者，美其志；愛君者，原其情。或加夷儀、王所，欠妥。

城邢 厥慭昭十一。 恤患無命者，“權”以美其志；恤患無功者，“恕”以原其心。

城邢 盟首止僖五。 《經》於伯主恤患、定倫，皆權以予之焉。下用《鄭逃傳》“權名分之中”句。兩《傳》“權”字俱就書法上論。“無王命”“非王志”，各挑起。書法：“再序三師”“再言‘首止’”。或用《鄭逃傳》“常”“變”字，對上“權”“正”字，亦可。加會首止，同。出城邢、會首止，亦同。

城邢 鄭逃僖五。 以權、變定是非，不係王命之有無也。無命而與，“權”也；有命而貶，“變”也。

城邢 黄父昭二十五。 美恤小，不美勤王，而“權”“正”見矣。上以“無王命”問起，下以“王事也”問起。上繁詞，下常詞。

城邢 執仲幾定元。 於恤、討之專，而予奪異者，以時與地論之也。“不以王命興師”，“以王事討有罪”。上重“天子不能正”句，下重“天子之側”句。

城邢 楚子入陳定十一。 《經》美恤、討之功，不計其專與貪也。上有“中國衰微”句，下有“重傷中國”句。“未滅”“復封”，畧點。

城邢 楚子圍鄭宣十二。 《經》重恤、討，故專者予其功，而暴者減其罪焉。上重“天子不能正”句，下重“諸夏不能討”句。

城邢 宋公伐邾昭十九。 《經》有不計其專與貪者，以恤患、討罪爲重也。上重“志”字，下重“意”字。

城邢　栢舉定四。　内外成恤、討之功，專與僞皆不必計也。上重“天子不能正”，下重“天王不能達其命”。

城邢 圍蔡哀元。　下，復讐不計其暴。“禍及宗廟，辱逮父母”，對“中國衰微，夷狄猾夏”。上“王命”，下“天理”；上權以與之，下恕以待之。

僖元。楚人伐鄭　猾夏而“人”之，著浸强也。“會中華”四句，正是侵[2]强之實。作文就“楚勢”講，而“經世”意，隱然自見爲妙。“稱‘人’”，見其漸不安於夷意。加荆敗蔡、莊十；熊貲。荆聘、莊二十三；堵敖。荆伐鄭[3]，熊頵。只辨書法起。再加盟齊、僖十九。會盂執、僖二十一。公如楚、襄二十八。會虢，昭元。亦同。

荆敗蔡、莊十。荆聘、莊二十三。荆伐鄭莊二十八。　詳攷《經》之待外夷者，而知非慕義不進矣。順《傳》點明，總發聖人未嘗輕以“人”假楚之意。此《傳》無“十六年伐鄭”。

荆敗蔡、莊十。荆伐鄭莊二十八。　兩正僭夷之名，正王法也。雖初見於□[4]，自當正“其僭竊之罪”；慕義稱“人”之後，舉兵伐鄭，自當正其猾夏之罪。然楚本非夷，以伐鄭而待以“夷狄猾夏”之條，亦“本其僭竊”也。玩“復以號舉”“復”字，總主“著王法”爲是。原主“僭王”“猾夏”分，用“正大法”對“嚴大防”，不思“僭王”“猾夏”豈可分屬？此主固非，即俱主“著王法“，亦不成題。蓋《傳》語原走馬下來，抽出“荆聘”，便非《傳》旨。宜删。下易十六年“伐鄭”，則《荆聘傳》矣。

荆聘、莊二十三。荆伐鄭莊二十八。　許其通夏，不許其兵夏，待僭夷則然也。《傳》中“乃”字、“復”字，要體貼。上影異於來聘，不可稱“人”；下影同於伐國，不可稱“人”。

荆聘、莊二十三。楚人伐　外夷非慕義而“人”之者，謹其强也。體“亦”字倒單。舊主“與善不追其既往，防惡必□其將來”，未玩《傳》中“亦”字故也。

荆伐鄭、莊二十八。楚人伐　以兵夏而有異稱，著“浸强”也。“至是又伐鄭”“伐”字，有意味，蓋“猾夏”自不須説，更有“漸”可虞耳。

楚人伐　盟齊、僖十九。會盂執、僖二十一。公如楚、襄二十八。會虢昭元。　外夷浸有莫强之勢，所以謹之也。只以“伐鄭”問叙，中實以四股，説他“浸强”，不當截斷。

盟齊、僖十九。會盂執伐、僖二十一。公如楚、襄二十八。會虢昭元。　外夷之强，所繇來者漸矣。四股輕點，總發“其來有漸”，收本比。齊桓既没，晋伯中衰，可點入。或摘出盟齊、會虢，主“與好”“主好”説，有淺深。題面欠完，宜删。

楚人伐　盟齊僖十九。　經於外夷之兵好，而皆有無窮之慮焉。二邊俱有“謹”字。但“漸”字與“始”字微别，觀“固已强矣”句，則知“漸”非“始”也。

楚人伐　滅舒蓼宣八。　夷勢强而益强，皆所宜謹也。上“浸强”，下“益强”。俱要發“未然之防”。上漸“會中華”云云，下已“疆舒蓼”云云。

楚人伐　楚子伐宣九。　欲著外夷之强暴，故兩稱異焉。堵敖之世，“來聘稱‘人’”，進之也；“至是書‘人’”，“豈許其伐國乎？”歸生之亂，伐鄭稱爵，“予之也”，“至是書爵，豈予之乎？”加荆聘、莊二十三、楚子伐，宣四。同。再加荆敗、莊十。荆伐、莊二十八。楚人侵、宣三。楚人伐，宣五。同。

荆聘、莊二十三。楚子伐宣四。　《經》於外夷，惟慕義可進，而舉義可予也。即上題脱母。

楚人伐　吴入州來成七。　夷勢之盛衰，各有其漸焉。

楚人伐　盟宋襄二十七。　於外暴肆而謹其漸，於外信講而謹其始。“自是盟齊”云云，“自是會申”云云[5]。

僖元。會檉　敗偃　繼兵於好，内君無輔伯之誠矣。“同”“協”，謂同、協於安攘也，不誠則非真同、非真協也。“誠”字重看。“既”“又”二字要體貼。“詐戰”只作事實。只敗偃，大意同，兼收“敗之者爲主”。加楚人伐鄭，僖元。見“謀鄭”意。

僖元。會檉　内君同恤貳之好，當無復自異矣。“謀救鄭”是安攘大關係事，“志同謀協”，俱就安攘上説，要體貼《傳》“則是”字。“今既”字，含蓄下意。舊主“致勤於鄭，振中夏之威”，然不若即主本《傳》尤爲顯明。

僖元[6]。會檉　敗偃　盟貫、僖二。伐黄僖十一。　虐同會者，無安攘之誠；棄同盟者，失安攘之義。既會于檉，又敗于偃；既與之盟，又不能救。

僖元。敗莒獲　内臣以戰屈人，愧王師矣。此《傳》非惟責其詐，全重“不戰屈人”上。蓋莒以責賂而來，曲本在莒，正好以詞喻之，何庸於兵？須將“莒屈”發透，引醒本題。書法“以季友爲主，而書‘敗’‘獲’”。“以季友爲主”應“兵刃既接”；書“敗”應“用詐”；書“獲”應“擒其主將”。故曰“責之備也”。三者挑剔斷罪，方見“强國之事”，方是“責之備”。

敗莒　伐北鄙僖二十六。　待敵自有道，而内臣之待敵非矣。《傳》無“北鄙”明股，通篇只做季友，如單，而以展禽喻齊事，做箇禦敵則例，斷季友禦敵非道。如此方妥。對作與倒作，俱未是。

盟召陵、僖四。伐北鄙[7]　兩觀待敵有道者，而知賢臣之非矣。借二比以見友之卻莒當如此，不是予桓與禽也。一事出二比，不成題，且易混。宜删。

敗莒　楚丘僖二。　詐戰者，責之以王師；專封者，正之以王法。

敗莒　召陵僖四。　貶其“非王師”，予其“近王事”。以“戰”“不戰”比，在“理直”“力强”上，發出“非”字、“近”字。

敗莒　入曹畀僖二十八。　内外之挫敵、虐小，皆有愧於王事矣。“抑鋒止鋭，諭以詞命”；“覿文匿武，修其訓典”。

敗莒　秦人伐晋文三。　《經》貶敗敵、報怨者，責以王事也。“抑鋒止锐”，“懲忿窒慾”。上重“戰”，而“詐”帶之；下重“忿”，而“貪”帶之。上不能修詞，下不能修德。下比“王事”意，在《晋侯伐秦文四。傳》内。舊主“責備賢者”，今不用。

敗莒　札聘襄二十九。　責禦敵、讓國者，以其與王事、中道異也。

“强國之事”“匹夫之節”。本比“責之備”句，非“責備賢者”之說，勿以此句與《札聘傳》“責之備”句强對。

敗莒　大鹵昭元。　《經》譏内外挫敵，皆律以王者之師也。禮義、□諭，王者用師之道；革車、虎賁，王者用師之法。以莒、狄唤起。

僖二。城楚丘　《春秋》微伯功，歸其權於王也。全重“衛已滅”上，斷“王法即王者建國之大權”。桓惠甚大，對君臣大節看，則小矣。“道義”“功利”，須重發揮。加狄入衛，閔二。同。

城邢、僖元。楚丘　專封與恤患異，故正之以王法也。此原以邢未滅來明衛已滅，故彼爲救患，而此是擅封國之權。此正道義、功利不可不辨之際，故曰“《春秋》之法”。仍如《傳》總問，倒單，重發“其有功於中華”一段意。加狄入衛、閔二。夷儀，僖元。只作“已滅”“未滅”事實。

楚丘　城濮僖二十八。　略二伯安攘之功，皆律以道義也。上《傳》“無道桓、文之事”句。“明道”“正義”語二《傳》俱有，全重此發揮。俱以“宜有美詞發揚”問起，總束“貴王賤伯”意。

楚丘　遂伐楚僖四。　《經》重王命，而專封、專征兩譏焉。上要把“存衛”之功揚起，下要把“伐楚”之善揚起。《木瓜》之詠，錫履之命。上“正法”，下“正名”。

楚丘　盟葵丘僖九。　抑擅權而予明禁，皆尊王之意也。“五伯，三王之罪人”；五伯，桓公爲盛。

楚丘　盟薄釋僖二十一。　不輕以大權與人，欲人奉法而申義也。上，不言桓公，不與桓專封，責桓；下，不言楚子，不與楚專釋，責魯。

楚丘　戰泓僖二十二。　譏二伯之事，正王法、明王政也。全以“大”“小”字爲骨。“小惠”“大節”，非道非義；“小名”“大德”，假仁假義。要在“功大”“利博”“至仁”“大義”上生根發論。

楚丘　踐土僖二十八。　封國建侯之權，雖伯主不可擅也。俱是衛事，重在衛國已滅、衛侯未絶上論。《木瓜》之咏，弧矢之錫。

楚丘　王所僖二十八。　擅封建之權，違巡狩之度。上“正法”，下“正本”；上“惠”之小，下“禮”之變。

楚丘　河陽僖二十八。　抑存小而全致王，專與忠之别也。封建、巡狩。上雖有大功，下雖非常禮。“正義不謀利，明道不明功”；“原情爲制，以誠變禮”。

楚丘　敗殽僖三十三。　略存小者，以其專；惡謀小者，以其貪。《木瓜》美桓，而此畧之，“意豈異乎？”《秦誓》美穆，而此狄之，“其詞何以異乎？”上“正王法”，下“存天理”。

楚丘　秦人伐晋文三。　專封者功不足計，正以王法；貳過者德不能修，貴以王事。“正義明道”“懲忿窒慾”。亦用《木瓜》《秦誓》。與其有功，不若無功；不能修德，何貴知德？

楚丘　楚子圍鄭宣十二。　《春秋》重大節，功過非所論也。上，“存大節，畧小惠”，以正道明義爲重，雖桓之“有功中華”，亦深没其迹。下，“取大節，畧小過”，誅亂討賊爲重，“雖楚之憑陵上國”，“猶從末減”。須説得桓爲大惠，楚爲大過，纔有波瀾。

楚丘　宋楚平宣十五。　不與擅封國、平國者，明道不計功也。下只用子反對齊桓。須記下《傳》無“正義、不謀利”句。

楚丘　沙隨不見成十六。　《春秋》重道義，故不予大功、不諱大辱也。《春秋》“正誼不謀利，明道不計功”[8]；《春秋》“伸道不伸邪，榮義不榮勢”。

楚丘　圍彭城襄元。　因封亡國而正王法，因討叛邑而謹王度。“《木瓜》美桓公”，而《春秋》“不書桓公，不與專封也”。“略小惠，存大節”，以“正王法”。舊史曰“圍彭城”，而仲尼追書“宋”，“不登叛人”也。“正疆域，固封守”，以“謹王度”。戍以三千人，寘以五大夫。

楚丘　城杞襄二十九。　兩譏伯役，以其專大權、昧大本也。上不禀周命，下不恤周闕。《木瓜》《載馳》《葛藟》《揚水》。

楚丘　大鹵昭元。　專封律以王法，詐戰律以王師。上以“《詩》美《木瓜》”起，下以“《詩》美《六月》”起。

楚丘　叔弓會陳昭九；易陳災爲是。　兩致意封國，見權不可專、制不可廢也。《載馳》賦而衛亡矣，桓城不書，若非城自齊者，正天下有周，正義明道，《春秋》之法也；鶉火占而陳亡矣，陳災復書，若未滅於楚者，示天下有陳，興滅繼絶，仲尼之心也。

楚丘　陳蔡歸昭十三。　《春秋》重封建之權，兩因事而致意焉。上以諸侯擅天子，故不與桓公之專封；下以夷狄制諸夏，故不與楚子之得封。

楚丘　厥慭昭十一。　以正待人，不録有功者；以恕待人，不貶無功者。上道義，畧而不書；下仁智，序而無貶。上"以正待人"句，用《緣陵僖十四。傳》。

楚丘　黄父昭二十五。　以正待人，故封國有貶，而勤王無褒也。戍甲士，歸祭服；"輸王粟，具戍人"。上"非諸侯所得擅"，下乃"臣子所當爲"。

楚丘　入郢定四。　不以小惠廢大節，不以小善掩大惡。《春秋》"正義明道"，"正王法"；"聖人誰毀誰譽"，"奉天討"。

城邢、僖元。楚丘　首止、僖五。葵丘僖九。　不概加以繁詞、殊詞者，正義、正分之旨也。功甚大，利甚博，然與"同惡相恤"則異矣，故一詞繁，一詞略。職甚重，任甚專，然與"貴有常尊"則異矣。故一殊會，一不殊會。下二比易滅項、僖十七。取鄟，成六。亦是貴王賤伯，尊君抑臣，亦俱在書法上做。

楚丘　三不雨僖二、僖三。　《春秋》兩賢君，有得於興邦勤民之道焉。衛文務財訓農，通商惠工，敬教勸學，授方任能，《衛風·方中》諸詩。魯僖儉用愛民，務農重穀，飭過求己，理寃放佞，《魯頌·大田》諸詩。以《左傳》與何休諸註比出，不成題，宜删。

僖二。滅下陽　《經》於貪利、弃險者，而重致戒焉。玩《傳》兩"此義"字，及上段"法"字、下段"意"字，正是借以垂戒，不可死責虞公。"失險"，是責其不能有，與《虎牢傳》同意，非"脣齒"之説。或云"失險"從"貪利"來，事本一串，混作而雙股，亦可。加邾鄭伐宋、隱五；先邾。滅遂，莊十三；滅國。只炤二書法。

子同生、桓六。莒潰入成七[9]。　兩爲保邦慮，示定儲、修備之義焉。"以天下爲家"，以城廓、溝池爲固。

滅下陽　城中城成九。　明保國之道，致意於棄險、設險者焉。示棄險大戒，明“體險大用”。下易城虎牢，襄二。俱是“棄險”。

下陽　執虞、僖五。滅巢、昭二十四。入郢定四。　虞、楚危亡，皆一邑爲之始也。宫之奇、沈尹戌。

僖二。盟貫　伯王之服外，周於慮者也。“慮周”，要本“服荆楚”來説。若是要勝楚，也不消服得江、黄，惟要他不戰而自服，故須結江、黄，使之一無所恃而後可。“義著”意重，若不是“攘夷”之義，則其“慮周”，亦不過戰國相攻之術，未必爲美。作文以“慮周”作案，而就中發出“義著”意來，方好。然“周”“著”二字，總在今日區畫上説，蓋“服楚”之“慮周”，而“攘夷”之功即此可見，非到功成而後爲“義著”也。此盟只是“服”之，尚未與謀，此是與“陽穀”差别處。“獨言遠國者”，義係於“遠國”也。“許是盟”，許他如此纔可盟也。

盟貫　陽穀、僖三；去同。伐楚、召陵俱僖四。　伯主以服外結遠，其慮周矣。大意同單。下三比，只當“服荆楚”三字與“攘夷狄，免民於左衽”八字耳。“慮周”“義著”，俱仍屬本比説。蓋勝楚滿盤局陣，俱於此盟打□已定，後日之謀楚、伐楚、屈楚，其“慮”即於此已“周”，“義”即於此已“著”矣。□云：“‘義著’只從‘慮周’上論出，不可以‘義著’爲後日功成事。”舊搭□爲“慮周”“義著”，殊不知《傳》旨。玩《傳》中兩“矣”字，明俱指今日説，安有錯認指及後日者？若“服荆楚”“攘夷狄，免民於左衽”數字明是後日事，此題不必删。或主將三股納入“盟貫”中，作“楚人失右臂”，一比□，則三股混攪一團，没清頭矣。加敗蔡，莊十。入蔡、莊十四。伐鄭，僖元。只作“楚强”事迹。

盟蔑、盟宿、俱隱元。盟貫　信講於慮外者，不可以惡盟例也。炤“盟，雖《春秋》所惡”句，倒作。上二比去一比，同。

盟貫　陽穀僖二。　伯主之攘外，繇定交、定謀得也。一主於“服江、黄”，一主於“用江、黄”，故二會皆獨言江、黄。要見“不戰”意。

盟貫　召陵僖四。　兩紀伯主服外之好，而義與績俱昭矣。以“未服”“已服”立意。“慮周”“義著”，許其盟；“念深”“禮謹”，序其績。

盟貫　侵陳僖四。　伯主得於制勝，而失於持勝也。“慮周”“義著”，武王伐商，誓師入國；“德衰”“政斁”，“成湯勝夏”，不罪萬方。

盟貫　盟葵丘僖九。　兩予伯信，以定交明禁也。“義著”於“慮周”帶之，“信喻”於“明禁”帶之。

盟貫　入曹畀僖二十八。　結遠以制外，其慮周；虐小以制外，其謀譎。以後日之“戰”“不戰”爲案。

盟貫　侵崇宣元　結與國以制外者，其慮周；攻與國以求成者，其謀逆。江、黄，楚東方與國也；“崇在西土，秦所與也”。

盟貫　楚子伐宋宣十三。　結所與以制强，其慮周；攻所與以致寇，其策失。

盟貫　宋楚平宣十五。　以義律服外攘功者，盟與平皆不足計也。“盟雖所惡”“平雖所欲”。夷夏、君臣。上，“其慮周”，下，其功專。

盟貫　秦狄伐晋成九。　予結遠以制外者，譏資夷以殘夏者。二《傳》俱有武王事。

盟貫　盟戲襄九。　二伯之所以制外，皆《春秋》之所予也。上伐交以孤其勢，下分軍以疲其力。就兵法上發揮。只用桓、悼，勿以管仲、知罃對。

盟貫　伐鄭襄十一；三駕東門。　《經》予二伯，以慮外之周、駕外之善也。江、黄、知、魏。牧野之誓，城濮之績。

盟貫　蕭魚襄十一。　二伯伐交推誠，其服强、服貳之道得矣。上以“楚强”起，下以“鄭不可信”起。

僖二。楚人侵鄭　觀外夷凌夏之勢，而攘斥宜矣。見《滅潞宣十五。傳》，重“近在王畿”上，見其爲“門庭之寇”。末點桓“禦之不極其兵力”，繳出“滅潞”。

僖二、僖三。三不雨　詳天時之變，著君心之勤也。“憫雨”，憂其不雨；“勤雨”，欲其雨也。“志”字極重。《傳》從“《詩》稱”云云，想出僖公憫雨之情，須用得活。

三不雨　二不雨文二、文十。　紀災有詳略，而二君之勤、怠見矣。

“有志”“無志”，都從平日行事想出。“每時一書”，“歷時總書”，編排他勤、怠，绝妙。“冬不雨而書，春不雨而書，夏不雨而書”，説得絡絡索索，便覺得有一片心腸無刻放下、手忙脚亂的光景。“自十有二月不雨，至於秋七月而書；自正月不雨，至於秋七月而書”，一籠統打發過去，便覺得有大模大樣、絶不在意的光景。

會□。□□。屋壞、文十三。不視朔、文十六。會扈文十七。　備稽内君之怠，其無志於民審矣。事神、治民作目，總驗其“無志乎民”也。以“不憂雨”與僖公相形起束。

盟扈、文七；立晋靈。盟扈、文十五；討商人。會扈文十七；討宋鮑。　内君屢怠邦交，而治民可知矣。畧分三股，總發。要見“無志乎民，亦審矣”句意，“審”字須玩。

僖三。徐人取舒　進翊伯之遠人，論其世也。並見《荆聘莊二十三。》《徐越伐吴昭五。》傳，以“與善”爲主，就“世類”中發出“聖人待變夷”意。徐取舒，爲桓通伐楚之徑。以“不救徐”作束。

僖三。六月雨　志“喜雨”之文，示君道也。《傳》無予僖明文，不當以“美僖公”死講，須以“垂教”意爲主。“懼”與“恤”，正其所以“喜”處。

三不雨、僖三[10]。六月雨　憂樂同民，君道宜然矣。串發，大意如單。

六月雨　歸三田定十。　天人協應，而知君道、聖績大也。君民一心，人物一身。“與民同樂”“以天自處”。

六月雨　陳災昭九。　《經》志災祥，公一國與公天下之義備矣。“懼天災，恤民隱”，君國子民之道，異於“自樂其樂”“不與民同”者矣；“歸民心，合天德”，興滅繼絶之法，異於以天下自奉、“罷侯置守”者矣。

六月雨　獲麟哀十四。　君民、天人，憂喜與同，氣志相感。

僖三。陽穀　用而謀弗用，善於握奇者矣。“謀伐楚”，是與江、黄謀。“奇”“正”並説，側重“奇”上。據《傳》意揣摩當時情事，方妙，蓋“謀”定秘密，實講便是。□□此《傳》不出□□，亦無盟貫。

陽穀　侵伐次、召陵、執陳、伐陳俱僖四。　伯主定謀以攘外，驗之而知其善也。叙本股過，如《傳》問起，即以“侵”“伐”“次”之與、不與，實講“奇”“正”之謀，而歸重“奇”上，以後三比驗明“奇兵”。繳本股書法。

陽穀　侵蔡伐楚次陘僖四。　觀伯主兵好之迹，而制敵之謀善矣。同上，但少一“驗”耳，仍重“奇兵”上。陽穀亦不可另講。

侵伐次、召陵、執伐俱僖四。　伯主資遠之謀，驗之敵服之後而可知也。以“奇”“正”低昂重講，以召陵、執伐驗之。須以陽穀點起，不必實講。

召陵、執陳、伐陳俱僖四。　即伯主所以用遠人者，而奇謀驗矣。只重驗江、黄之奇，非以此兵爲奇也。

陽穀　伐陳僖四。　伯主攘外之謀，驗之而知其善也。

陽穀　侵蔡伐楚僖四。　定奇正之謀，用奇正之師。出侵蔡、伐楚、次陘、伐陳，俱僖四。同。此題易混。且“聚而爲正”，“分而爲奇”，□□□□□，伐陳但驗之耳，豈可以次陘爲奇、伐陳爲□□□？

陽穀　召陵僖四。　《經》於伯主，善其謀、序其績焉。以“未服”“既服”立説。上“奇”“正”，重在“奇”上，“克敵制勝之謀”；下“律禮”，重在“禮”上，用師待敵之道。

陽穀　侵伐次、召陵、執陳、伐陳、侵陳俱僖四。　詳伯主行事，能制勝不能持勝也。與盟貫、侵□同意。只陽穀、侵陳，僖四。同。

陽穀　遂救許僖六。　伯主之攻、恤，其謀與義得矣。克敵制勝之謀，救患分災之義。

陽穀　陽穀僖十一。　兩紀講好，而見伯謀之善、伯業之怠焉。後此伐楚而不戰，本此；後此伐黄而不救，本此。桓伯之盛也，遠如江、黄，亦以勢爲之援，自爲犄角；其衰也，賢如僖，亦不能以禮佐，俱肆寵樂。加伐楚、僖四。伐黄，僖十一。同。

陽穀　盟戲襄九。　二伯之勝外，勝之以謀與法也。加召陵、僖四。

蕭魚，襄十一。同。

陽穀　侵伐次、僖四。侵宋、亳北、伐宋俱襄十一。　攘夷致伯，謀之得失異矣。攘楚之謀，聚正而分奇；致晋之謀，既同而又叛。

陽穀　伐鄭蕭魚襄十一。　二伯之制外，以謀勝者也。聚而厚集，分而不動；内而息民，外而不戰。江、黄，知、魏。

陽穀　蕭魚襄十一。　謀以克敵，誠以服貳。攘外，服内。

江黄伐、僖四。盟葵丘僖九。　伯主攘夷尊王之美，兩因事而可驗焉。"犄角明矣"，"翼戴信矣"。加陽穀、首止，僖五。同。出陽穀、首止，定謀、明倫；奇、正，常、變。

江黄伐、僖四。盟新城文十四。　謀外、從外者，兩有以驗之焉。加陽穀、厥貉，文十。同。

江黄伐、僖四。取鄆昭元。　資遠崇惡，攷其前後而可驗也。比《展輿奔昭元。傳》。

江黄伐、僖四。三卿伐昭十。　定謀、專兵，兩驗虐小之役而知之矣。

江黄伐、僖四。墮費定十三。　觀伯兵與内役，可爲善謀、越禮之驗焉。比《城費襄七。傳》。

伐楚、伐陳、俱僖四。平州、濟西俱宣元。　資遠、濟惡，皆即後事以驗焉。比《行父如齊宣元。傳》。

伐楚、伐陳、俱僖四。入鄆、襄十二。鞅聘襄二十九。　伯謀用奇，兵權屬私，即事而可驗焉。比《作三軍襄十一。傳》"民不属公可知矣"。

會檉、僖元。次陘僖四。　伯主之安攘，兩見中國之威焉。上用《侵陳傳》，"致勤於鄭，振中夏之威"；下用《陽穀傳》，"厚集其陣，震中國之威"。"振"謂振起其積衰之勢，"震"謂震耀其全盛之勢。上補云："威震矣，而又敦信於遠國焉，何其念之深哉！"下補云："威震矣，而又伏奇於境内焉，何其謀之善哉！"

僖三。楚人伐鄭　夷兵横加於上國，其罪誠可討矣。□下□。門章方旋，荆尸復逞；聃伯未釋，溱洧復兵。楚之暴横甚矣！雖然，未奉命孰敢擅討乎？加伐鄭、僖元。侵鄭，僖二。同。舊主《侵陳傳》，從"思"上特寫。

僖公方楚人未服之先，其繫人思如此，暗暗擊射侵陳意。破云："被外患而懷内德，見伯政之始勤矣。""思"指周公説。以此比搭彼《傳》傳題，已欠通，况硬以"思"作單題"正"意乎？

僖四。侵蔡伐楚次陘　予奪伯兵，以其事之專而志之善也。"奇""正"只於叙中點過，以"事之專""志之善"分。《傳》中"序績"，原總"次陘"來"盟召陵"説，正見恒之志善在"不戰勝足""退合禮楚"，故足序也。參看《召陵傳》自明。若以攘楚爲"序績"，以志於尊周爲"志於善"，而屏"不戰"意，則只消"伐楚"一股，便見"序"、便見"績"矣，何必總列三股，乃爲"序績"哉？且以來盟召陵，楚服罪，爲尊周之績可矣，"次陘"與尊周何與也？本《傳》"序績"，竟不説明，以詳在下《傳》故也。與邊重止云"非子儀，而詳在《突卒傳》"相同。本《傳》與《召陵傳》"序績"，安見不同？而□□□尊鄒説曲爲分别耶？至"次陘"單比，則□□説"序其尊王之績"，亦自詞窮矣。又云"使非尊王，即不戰，有何績可序？"此亦似是而非。城濮、蕭魚，同是勝楚，一美一譏，只争"戰""不戰"耳。使桓徵王，《春秋》亦無譏乎？去侵蔡，同，只不點"奇""正"。

僖四。侵蔡遂伐楚　伯主用奇、正之兵以專征，《春秋》譏之焉。以"奇""正"提起，倒"專一意"作。

僖四。侵蔡　遠兵不與於掠小，而伯謀奇矣。以"侵"字提過，用《陽穀傳》。江、黄不與問起，以江、黄之奇作。

僖四。遂伐楚　伯主專攘外之師，《春秋》以義正之焉。單提"正"字，倒"專"作。

僖四。次陘　《經》於伯主慎兵，而特序其績焉。"績"字全在"服楚罪"上見，所以使之服者，按兵修詞也。按兵修詞，此攘楚之功所以成，故"書'次陘'"爲"序其績"。

伐鄭、僖元。侵鄭、僖二。伐鄭、僖三。遂伐楚　譏伯主有名之師，以其專也。以"楚暴"引起"師則有名"句，與"遂伐楚"單比同。"雖"字要玩。

侵蔡、伐楚、次陘　于師召陵僖四。《經》於伯主攘外，譏其專而序其績焉。總叙後，與"伐楚、次陘"同。下邊勿犯"律禮"字。加"楚侵伐"比，同。去次陘，即《召陵傳》。

會首止　曹會奔昭二十。　知《春秋》正名與善，則知所以紀伯事矣。此因事見得《春秋》大法如此，勿拘拘粘定事迹。下易柏舉，定四。同。

次陘　于師召陵僖四。　序伯主柔遠之績，善其志也。《春秋》所最□者，以戰屈人。有不戰而以意責人、人自屈服之績，安得非善？安得不亟與之？去“于師”，即《侵陳傳》。

楚人伐、僖三。遂伐楚　于師召陵僖四。　外横而專以攘之，可譏；外服而以禮待之，可予。上“專王命”，孟子；下“近王事”，楊子。出遂伐楚、召陵，同。此與全《傳》題相似，但彼多“次陘”，即主本《傳》“尊王”；此無“次陘”，即此下《傳》“不□”耳。

遂伐楚　于師僖四。　譏專王命以攘夷，嘉權君命以服伯。

遂伐楚　遂救許僖六。　譏討罪之專，美恤患之急。兩“遂”字不同：一是心欲攘夷，無所顧忌意；一是心欲安夏，不及躊躇意。近有改此題作《邢狄伐衛傳》“攘夷狄、安中國”者。

遂伐楚　取須句僖二十二。　攘外、存小，而皆不許其擅者，重王命也。“齊不請命，擅合諸侯，非義”；“魯不請命，擅取人國”，非禮。

遂伐楚　入曹畀僖二十八。　兵雖正而失之專，功雖高而失之譎。俱有“孟子”。異於“天吏之伐”，異於“王者之誅”。

伐楚、次陘、于師、召陵俱僖四。入曹畀、城濮、踐土俱僖二十八。兵争而績有可嘉，功成而道不足尚。比《入曹畀傳》。“重戰”“不戰”立案，“踐土”只帶入“城濮”内。

次陘　于師召陵、僖四。城濮僖二十八。　詳畧伯功，以其“戰”“不戰”異也。善其志，誅其意。“次陘”三比“序績”，正與下“所書如此其畧”相對。

遂伐楚　城濮僖二十八。　不滿二伯之攘夷，以王命、王道律之也。各以“楚横”重起，下重“志戰”上。此與《救江傳》題不同。《救江傳》，須出江、黄及召陵股，此只用“遂伐楚”三字。

遂伐楚　河陽僖二十八。　兵正而事專，《春秋》譏之；事逆而情順，

《春秋》全之。“《春秋》以義正名”，《春秋》“以誠變禮”。

伐楚　次陘、僖四。河陽僖二十八。　事專者取其志，事逆者原其情。孟子曰“《春秋》無義戰”，仲尼曰“以臣事君，不可以訓”。

遂伐楚　遂圍許僖二十八。　罪用兵與受兵者，無非尊王意也。征伐，天子之大權；朝覲，臣子之大禮。

遂伐楚　大鹵昭元。　譏伯兵攘外，以其專王命、非王師也。各以“宜攘斥”引起。宣王南征，宣王北伐；管仲、魏舒。

伐楚次　于師召陵、僖四。侵曹伐、救衛俱僖二十八。　惡專忿之兵，尤示與人爲善、改過之意焉。“《春秋》以義正名，而樂與人爲善”，“《春秋》責備賢者，而樂與人改過”。只伐楚次、侵曹伐，同。

荆敗蔡莊十。伐楚次　于師召陵、僖四。椒聘文九。　於齊、楚行事，皆致予奪之意焉。下，“《春秋》立法謹嚴，而宅心忠恕”。

伐楚次　柏舉定四。　與人爲善，故序伯績而録外功焉。皆有“樂與人爲善”句。以“專”與“僞”引起。上或出盟召陵，欠完。

伐楚次　召陵、僖四。柏舉、入郢俱定四。　《春秋》尊王奉天，而功過善惡定矣。

僖四。《新臣卒傳》

滅偪陽、襄十。意如至昭十四。　淫祀苟免之失，知命者不爲也。都是“畏死”“貪生”而“亂於禮”，全重“命”字。此亦借題發意。匄、偃請桑林之禱，意如此四河之館。出襄歸、僖二十八；賂筮史得歸。還帝丘，僖三十一；衛成因夢欲祀相，寧武子諫止。同。或出滅黄、僖十二；不苟免。吴伐陳，哀六；楚子不禁夾日之妖，不祭非□之河。□是知命而不亂於禮者。須知前題點題處，即是以“不知命”一段發論處，此題却要照《傳》將“不知命”發論起，落下入二比，以“知死生之説”一段行文，庶題與《傳》不相悖。上易執叔舍，昭二十三。下易滅偪陽，主知罃。或四國災，昭十八；子產不用瓘斝、玉瓚。俱同。

僖四。于師召陵　《經》於外臣服義之盟、宿主近王之績焉。以完“服義”提起，隨以楚之且“諾”且“辭”且“承”且“對”，見其介於抗順之間，轉下“然而桓公”云云作。“以律”“以禮”，俱就今日“退師而盟”上説。“序績”，全爲他不戰而成此績，故“序”之。

僖四。盟師　外臣奉使而服義，《春秋》特進之焉。“不稱使”與“來盟”，俱是紀實；稱名氏，是特筆。須知合次陘、召陵看，則“完盟”亦是“序績”。只“完盟”一比，只好説“嘉服義”了；他服義在“包茅不貢”句。就“本尊王”説，亦可。加荆伐鄭、莊二十八；子元。楚人侵，僖二；鬥章。只以“楚大夫無名氏”之例引起。

僖四。召陵　序帖外之績，以其近王事也。“兵力强矣”句與“不遂”句相應，見桓之勢可遂，而楚只服其義，不服其力，桓卒不以力之可遂，求勝其可勝之力，故曰“庶幾王事”。

侵蔡伐楚、僖四。于師召陵　《春秋》序伯績，以其得制敵之道也。以“召陵”先問起，即以“師强”“敵服”説在前，後倒“不暴”“不驕”二意，渾作。皆就“盟”上發揮。加次陘，即上《傳》。

伐楚次、于師召陵、執濤塗、伐陳、侵陳俱僖四。　予奪攘外、處内之師，以績之美、德之衰也。近王事，叙王德。上下俱主“驕”“暴”，俱側重“驕”邊。出召陵、侵陳，同。出召陵、執濤塗，大意亦同，以禮外臣、虐外臣立説。去楚次伐，即《侵陳傳》。

召陵　盟首止僖五。　柔遠、定儲，皆伯信之美者也。攘夷尊王，正“一匡天下”處。“實征”“夾輔”分點。加伐楚、僖四。會首止，僖五。以“非王命”“非王志”起。

召陵　會扈伐陳宣九。　《經》善二伯，以其近懷遠、招携之道焉。下“自反有禮”“禮”字，對上“以禮下之”“禮”字。上有“庶幾”字，下有“幾”字。完“服義”、陳“背義”，各提起。上，只畧有個“服”的意思，即與之“盟”；下，必到得公然不來，纔以師“伐”。

召陵　入曹畀僖二十八。　均攘夷，而不戰、致戰殊，其得失懸矣。上“律禮”，重“禮”上，“卒與之盟而不遂”，“庶幾王事”。下“暴譎”，重“譎”上，“欲致楚師而與之戰”，“三王罪人”。

于師召陵　城濮僖二十八。　《經》於二伯攘夷，序其不戰，而畧其志戰焉。以屈完且順且抗，及得臣“未有必戰之意”起。召陵之美，在可以遂而“卒不遂”；城濮之誅，在可以無戰而必欲戰。總來《春秋》，只是一個“不欲戰”的意思。“序”“畧”二字，大可味。鄒出召陵、城濮，然“救江”分明有“合九國之師於召陵”，“會四國之師於城濮”句，還加“于師”比以别之。

召陵　盟戲襄九。　二伯之制敵，皆得善勝之道焉。桓柔楚，悼啾楚，皆是不戰屈人。管仲“一匡”，知罃“三駕”。

召陵　伐鄭蕭魚襄十一。　二伯制外之績，皆以不戰屈人也。待楚以禮，駕楚以謀。以“序績”比，則下《傳》只就“駕楚”說。須玩“故下書蕭魚之會以美之”及“城濮之績不越是矣”句。

召陵　蕭魚[11]　二伯之績，禮以服□、誠以感貳也。楚雖有屈完之服，而驕悍未盡革；鄭雖有子展之謀，而猜疑未盡釋。繇今日□空想來。當楚的光景，未有不以一戰決雌雄者，當鄭的光景，未有不疑者。況桓、悼親當其際者乎？可見桓只是一意不戰，悼只是一意不疑，卒之收功遠出好戰、輕疑者之上。大都善制人者，力省心閒而反多成；不善制人者，力耗心勞而反多敗。人能出我兵威迫人、智慮防人的範圍，而不能出我以禮下人、以誠感人的範圍，故恒、悼之於楚、鄭，如執左券矣。

召陵　盟葵丘僖九。　兩美伯信，以其近王事、明王禁也。“攘夷”“尊王”作目，上以“王事”論起，下以“王禁”論起。上，不戰而禮服，楊子以爲美；下，不歃而信喻，孟子以爲盛。

召陵　戰泓僖二十二。　近王事者序其績，戾王政者著其罪。“不驕”“不暴”“不仁”“不義”。管仲、子魚。

召陵　彭衙文二。　《春秋》貴王事，故於服敵、應敵者致予、奪焉。重“戰”“不戰”上。“王事”可總起。

召陵　晋侯伐秦文四。　柔遠、改過者有取，貴王事也。上“律禮”，“《春秋》樂與善”；下“忿慾”，“《春秋》大改過”。兩邊“王事”不同，不可總起。

召陵　滅蕭宣十二。　《經》於二伯，予其柔强而惡其覆小焉。下《傳》“肆暴”字及“三王之罪人”等語，正與上相反。各以“勢之强”

起。上加伐楚次、于師，俱僖四。下加入陳、宣十一。圍鄭，宣十二。以齊桓之專、楚莊之功引起。

召陵　滅甲氏宣十六。　予柔遠而惡殄夷，以王事論也。"專命""獻俘"，可點入。齊桓、管仲、晋景、士會。

召陵　大鹵昭元。　美其近王事，譏其非王師。方叔南征，吉甫北伐。

僖四。執濤塗　伯主虐使臣，失反己之道矣。須從"戮"上論起，重"德衰"作。收"稱'人'以執"，非伯討也。桓欲徑陳，陳不果納，至於執其執政，則必有不厭於人心者。作文宜以此重發，而"宜自反"，就含在内爲是。

僖四。及江、黄伐陳　《經》驗伯兵之奇，而尤惜其德衰焉。以《陽穀傳》驗"奇"，提過，重本《傳》"德衰"作，無書法。舊主《陽穀》《侵陳》二傳，以"驗謀之奇""惜德之衰"分作，□□重本《傳》爲比。

僖四。至伐楚　《經》志内君之返國，以其久也。春出，八月歸，要體"去國踰時"四字。古者諸侯，朝修晝攷，夕省夜儆，而去國至於踰時，則國事之廢，有不可勝言者矣。主"臣子不忘君父"説者，未免蛇足，已辨《盟唐傳》内矣。此題舊用汪註，"書'至'者，大齊伯伐楚之功。"不如主"久"作，有明《傳》。

僖四。執陳、伐陳、侵陳　《經》於伯威之逞，而惜其"量"焉。《傳》首引起"思戮"，見其不足以服人，而當自反意。"桓公識明"至末，發揮他不能自反爲德之衰。"器量"，主承藉處説。"方楚未帖""楚方受盟"二句，并"已"字、"一謀"字、"猶未"字，形容淺陋人爲境所轉，稍稍得志，便承藉不起的醜態，極肖。桓公憂楚時，一味"深""謹"，似乎少懦；却筭他是盛，此特恃力恣行，强狠莫敵，反道他是"衰"。如脾胃好的，許多飲食儘容受得去，豈不是壯盛？不濟的，些些落肚，便覺飽脹，豈不是衰憊？一句"桓德于是乎衰矣"，説得那一段熏天勢焰，却是他衰颯景象，真可痛惜！"桓公"二字頻點，宜重桓公，仲只帶言。只侵陳，同，要將"執""伐"來發出"深責"意。

楚人伐鄭、僖三。執濤塗　伯政“思”於人而輒“斁”，不能久假者也。“思”本指周公，以齊桓代出，只得借“致勤於鄭”句，炤孔叔“齊方勤我”之言。用全《傳》“假之不久而遽歸”意發。到底牽强，不如删去。

執濤塗　韓起聘昭二。　即人心之“思斁”，而王伯之貴賤見矣。以“幾”字立論，不重事迹。下比《左傳》雖有周公，然□東征事無干，亦不□，□删。或主高子盟、閔二；魯人□□□□□。書救，成六；武子之德在民。主“功德繫人思”。又高子盟、閔二。韓起聘，昭二。主“伯政”“王政”；高子盟、閔二。楚人伐鄭，僖三。“思齊之君臣”；楚人伐鄭、僖三。齊人伐鄭，僖七。俱“孔叔思齊”。□□□□題，已謬，□□出“思”一邊乎？宜删。

“思”邊：

落姑，閔元；思季子。或季子歸，閔元。同。

仲孫來閔二；魯猶秉周禮。

十三國伐秦襄十四；士鞅對秦伯曰：“武子之德在民，如周人之思召公。”

華元奔成十五；魚石曰：“彼多大勳。”

“斁”邊：

盟葵丘僖九；宰孔上晋侯勿會。

會淮僖十六；役人登丘呼。

楚伐、會檉，俱僖元。陽穀，僖三。次陘、召陵，俱僖四。執伐侵　詳伯主始勤終怠之迹，而德衰見矣。此全《傳》題也，順題講下，收本《傳》二書法。去楚伐，同。

會檉，僖元。陽穀，僖三。次陘、召陵俱僖四。　觀伯德於外之未帖，似乎盛矣。“深”“謹”及“何其”二字，要描寫，正與“一謀”云云相反。“禮謹”根於“念深”，不可分貼。以王者居功意論起，重“楚未帖而齊以爲憂”意，輕點四股，用“念深”“禮謹”及“才識之優”總結，末重“存此心以進善”云云，合“德不終”意。

會檉、僖元。陽穀僖三。　帖外念深於威、信，伯主於始勤則得矣。一以張我勢，一以離楚勢。要描寫他勤結江、黄一段精神周匝，不敢淺露，不敢輕逞，方似“念深”。

次陘、召陵俱僖四。　伯主帖外謹於初，於修詞、結禮徵焉。題就“未帖”説，而召陵雖是完來盟後事，然完語頗有不降心處，亦見他未全然帖服。桓公絶不生氣，一意以禮下之，反若惟恐他不盟者，然楚人安得不心服？按兵退舍，總只一個不戰，這正是“禮謹”處，然這主意，豈是小可粗淺心腸？便是他“念深”處了。

于師召陵、僖四。執伐侵　德衰於外之方帖，量止於是矣。主“楚方受盟”一段，玩“方”字、“已”字、“於是衰矣”“是”字，正是形容他量之淺。只召陵、執伐侵，同。只于師、召陵、侵陳，同。加次陘，或只召陵、侵陳，俱主比，載《召陵傳》。

侵陳　楚人伐黄僖十一。《春秋》貴王道，而不滿於伯者之德業焉。下用《狄侵衛僖十三。傳》。上從“政斁”來，主“量”字，“成湯勝夏”云云；下從“行荒”來，主“誠”字，“伯益戒舜”云云。出陽穀、僖三；念深。召陵、僖四；禮謹。陽穀、行□。伐黄，俱僖十一；業怠。脱比《狄侵衛傳》。上“周公”，“四國是王”，繳“不宜有侵陳之役”；下“伯益”，“四夷來王”，繳“是宜有侵衛之師”。

侵陳　宋人圍曹僖十九。　貶二伯討貳，以其德之衰、心之失也。兩邊俱是“不自反”。上《傳》多“反敬”句，“仁”“智”字不必用。上，成功之後，重“驕”字，“量浅而器不宏”；下，國治之始，重“急”字，“欲速”而“見小利”。魏武、唐莊、漢景、唐文。上加執伐，下加執滕、曹南，俱僖十九。同。

會檉、僖元。陽穀、僖三。執滕、曹南俱僖十九。　紀二伯威、信之迹，而得失見矣。兩邊“威”“信”不同，要總挈得法。上“念之深”，下“心之急”。

執伐侵　侵曹伐衛僖二十八。　二伯之虐小，皆歉於王德矣。一“驕”，一“忿”。《詩》曰“是王”，《書》曰“隕淵”；《詩》曰“不忮”，《書》曰“有忍”。謹於楚，不能謹於陳；忍於奄暨，不能忍於曹、衛。只侵陳、伐衛，亦是“驕”“忿”。上，“楚方受盟”；下，“衛已請盟”。

侵陳　入曹畀僖二十八。　以王律伯，而持勝、制勝皆非矣。上以

“政斁”起，倒“德衰”；下以“事暴”起，倒“心譎”。“遽入其國”三句，對上“執”“伐”“侵”。

侵陳　城濮僖二十八。　二伯虐内挫外，均之悖於王者也。恒公、管仲，才識有餘，器量不足；文公、先軫，功利則高，道義則昧。以濤塗、得臣引起。兩《傳》結語相似，宜總收。

執伐侵、伐衛、衛奔、執衛俱僖二十八。　二伯討罪，驕與忿皆譏焉。比《衛奔傳》。上，“志已溢”，“量小器不宏”；下，“任不勝”，“智鑿心不廣”。“其身見執”云云，“必使衛侯”云云。魏武、唐莊、高帝、世祖。只侵陳、衛侯奔，同。

侵陳　滅蕭宣十二。　二伯假仁不終，於虐小、覆小徵焉。以“王、伯德”論起，上本“念深”“禮謹”來斷，下本“討賊”“退師”來斷，俱是不能久假而遽歸，俱有“驕”“暴”二意。

侵陳　札聘襄二十九。　不能持勝、達節者，律之王德、聖道而皆非矣。“周公四國是王”，“桓公陳不果納”，“假之不久而遽歸”者也。“成湯勝夏”，懷隕淵之懼，異於是矣；“夷齊讓國爲得仁”，“季子辭位爲生亂”，過而不得其中者也。“武王作周”，建“配天之業”，異於是矣。

侵陳　大鹵昭元。　兩譏伯兵，以其非王德、非王師也。周公東征，宣王北伐。

侵陳、夾谷、歸田俱定十。　伯政斁於人，王道感乎人。楊子曰“魯桓欲徑陳，陳不果納”；楊子曰“仲尼用於魯，齊人章章，歸其侵疆”。

侵陳　晋秦圍鄭僖十三[12]　兵出於驕與私者，均失自反之道矣。上，“反仁”“反智”“反敬”；下，反仁、反禮、反忠。

侵陳　晋侯伐秦文四。　即責人與自責之異，優劣見矣。桓“不自反”，穆“不責人”。“人之度量相越，豈不遠哉”，“雖聖賢誥命，不越此矣”。“仲尼之徒，無道桓、文之事”，“仲尼定《書》，列《秦誓》於百篇之末”。

侵陳　會扈伐陳宣九。　予奪伯兵，無非欲人自反也。下主“幾於自反而有禮”句，以陳貳之當討、不當討引起。

侵陳　盟蒲成九。　譏伯國之兵信，示自反之道也。上，不反“政斁”之失，齊桓、管仲，器量不足，以周公、成湯證；下，不反“二命”之失，晋景、士燮，信義不敦，以子鮮、季路證。

侵陳　邢丘襄八。　二伯之德政，失反己、愛人之道焉。楊雄曰“桓公”云云，是矣；蘇轍曰“悼公”云云，非也。不反求諸己，而厚以責人，驕溢之失也；不自爲政，而委於臣下，姑息之過也。“成湯勝夏”，“周公戒成王”。

侵陳　會平丘昭十三。　二伯失反己、服人之道，德業皆隳矣。“政斁”所致，又不自反而尤人；“崇侈”所致，又不務德而矜威。桓公、管仲、晋昭、叔向。

僖五。《殺申生傳》

歸賵、隱元。陽生入襄八。　重“亂本”，發“垂戒”意。上證驪姬，下證奚、卓。易致夫人、僖八。立子朝，昭二十三。同。“内寵並后”三句，即起下“驪姬寵”三句，豈可擬題！

僖五。會首止　王儲下會，特殊詞以尊之焉。在書法上着脚，再體“示不可得而抗也”一句，想發，便有議論。“使群臣得伸其敬”，乃胡氏自作主意，非聖人“欲”“使”云云也。舊以“正分”義做聖人意思實講，大謬。或出滅項、僖十七。公在楚，襄二十九。主“抑强臣、扶弱主”。

會首止　于洮、僖八。會葵丘僖九。　獨有所“殊會”，而上下辨矣。三比如《傳》問起，總發“尊”“抑”之旨。須就“抑臣”内發出“尊君”意，方於“宰周公與王人同叙”意相協，且得聖人“殊會”肯綮。只會首止、會葵丘，主《葵丘傳》。

會首止　盟洮僖八。　《春秋》尊王，故王儲、王命無不尊也。都是聖人尊君意。王儲本尊，不得以弱故抗；王命本重，不得以賤故輕。

盟洮、僖八。會葵丘僖九。　伸抑王臣、尊王命，謹臣禮也。如《傳》總論起書法，即以王人雖不殊會，而序諸侯上，作一股，宰周公只比王人，而不殊會，作一股，總束“尊君抑臣”意。

會首止　踐土僖二十八。　殊詞以明嗣君之尊，諱詞以全大君之尊。

都是君弱臣强之時，都在書法上論。“名實”姑以“分義”對。“分義”，是分中有義，借對“名實”，終屬牽强。

會首止　河陽僖二十八。　正儲君之分，全伯主之忠，皆尊王也。若曰“世子在是”，而“諸侯咸往會”，“不可得而抗也”，“尊君抑臣”，所謂“抑强扶弱”，“撥亂反正”者也。若曰天王自狩，而諸侯咸往朝，非晋所得召也。“尊周全晋”，“所謂原情爲制，以誠變禮者也”。上加會葵丘，僖九。下加踐土，僖二十八。“辨尊卑”“權名實”，大意同。

會首止　黄池哀十三。　示尊王扶伯之意，道其常也。上是君弱臣强之時，而《春秋》抑臣以尊君，使上有常尊，而下不敢抗；下是夏弱夷强之時，而《春秋》抑夷以扶伯，使内有常治，而外不敢横。上是“‘及’以‘會’”，下是“會”以“及”。天、地、冠、履。

會首止　會葵丘、僖九。滅項、僖十七。取鄟成六。　尊君抑臣之旨，天下與國中均焉。上在“曲序之禮”説，下在“隱諱之禮”説。上“撥亂”，下“謹微”。

會首止　會葵丘、僖九。衡雍、盟暴俱文八。　君臣夷夏之際，《經》極其報焉。俱有“後世”云云。上“異詞”，下“贅詞”。

會首止　會葵丘、僖九。單伯至、文十五。意如至昭十四。　與好而獨尊王儲，歸國而獨貴王臣。比“單伯至”。

僖五。盟首止　深美伯信，以正倫之力大也。“父子”，以惠王對子鄭説；“君臣”，以叔帶對子鄭説。惠王不至於廢鄭，叔帶不至於奪鄭，是“父子、君臣之道得”。“王將以愛易世子”，“將”字要看，若業有成命，挽回就難。桓、仲惟當未亂之先，而遽以爲憂，只消率諸侯會子鄭一番，示天下戴之以爲天王之貳，則雖惠后之愛，天王不得行其私，世子終不可易矣。然其大經濟處，正在控大扶小，蓋合天下公心，以勝一人私愛，即是張良招四皓以羽翼惠帝機軸也。後“中國之所以爲中國”數句，極重，正發明桓、仲“一匡天下”、免民左衽處。作文全要體此，形容其“美之大”。加會首止，僖五。同單，“會”比只作事實，破用“復詞”。加狩河陽，僖二十八。主“太子踐祚，是爲襄王”句，只重本股，下比一驗耳。

首止　首止、會宋、盟宋俱襄二十七。　兩“復詞”以紀事，而正倫、謹防之意見矣。主“其中必有大美惡”句搭。下搭平丘、平丘，俱昭十。□“美定倫”“貶矜威”作，重“二會”上。

首止　首止、葵丘、葵丘俱僖九。　詳伯主會盟，大定倫、明禁之□也。孔子稱“一匡”之烈，孟子載“五命”之辭。只“二盟”，是《盟平丘傳》。只“二會”，是《會葵丘傳》。去會葵丘，是《盟葵丘傳》。

盟首止　遂救許僖六。　正倫爲“美之大”，恤患爲“善之尤”。一盟“而父子、君臣之道皆得”，所以爲“美之大”；一救而討罪、恤患之義皆得，所以爲“善之尤”。作文須發聖人意，要想“言之不足而再言”與言“救”而“遂”光景。“一失則爲夷狄”，與“是又得討罪、恤患、救急之義”，极可玩味。

首止　黄父昭二十五。　紀定儲、勤王之事，不槩以美詞加焉。二事相類，但桓正之於未亂，晋徐謀之於已亂耳。“大美”要見“非常”意。

僖五。鄭逃　貶二國之背伯，權以大義而已。貶鄭只在“制命非義”一句，書法只一“逃”字。“變之中”等句，俱就聖人身上説。加盟首止、僖五。乞盟，僖八。大意同。

盟首止、僖五。鄭逃、盟平丘、不與俱昭十二[13]。　特貶狥命、非義者，與以變詞見幸者異矣。炤《傳》問起，以下二比在中形講。

會首止　盟首止、俱僖五。鄭逃　權義以處變，而王命之□□不□□。“盟首止”比，只炤“《春秋》與之者”句。要就聖人所以褒貶之旨發□，不必大分。

會戚、執曹，俱成十五。夾谷、歸田俱定十。　觀守常、盡變之殊，而知《春秋》所以待從、違王命者矣。只會戚、夾谷，同。又札聘、襄二十九。夾谷，同。“守常”“盡變”，《傳》原就父子、君臣説，□□□孔子，殊謬。

會首止、僖五。札聘襄二十九。　聖人貴中道，故予定儲而貶讓國焉。上重“義”字，下重“時”字。上“王志”，下“父兄之志”。上以“雖衰世之事”反起，下以“有補於衰世”反起。“賢守常”，“聖盡變”，大舜、湯武；賢“守節”，聖“達節”，季歷、武王。俱就書法上論，觀兩《傳》，俱以“聖人修《春秋》”結之可見。

鄭逃　札聘襄二十九。　譏狗君命、違父命者，以其失中也。大意同上。上，以諸侯行匹夫之事；下，以賢智狗匹夫之節。近有“盟首止、會葵丘”題，俱主“桓裁命”。以《左》合《胡》，鑿甚，宜删。

會首止　鄭逃、俱僖五。踐土、河陽俱僖二十八。　《春秋》重大倫，有盡其變者，有存其名者。上“常變”，下“名實”。俱有“父子、君臣”。俱就書法上作文。

會首止、鄭逃、俱僖五。會温、僖二十八。河陽[14]　兩於君臣之變，而酌之義與情焉。上“權於義”而“變之中”，下“原其情”而“變以誠”。

鄭逃　辰陵宣十一。　事有關於大倫者，不以所從爲褒貶也。兩邊俱有“父子、君臣”。大義所在，雖從王必貶；大法所在，雖從夷無貶。

鄭逃　陳逃襄七。　兩責諸侯之棄會，爲大倫、大防計也。都□“逃”義。不可以“背義”“背德”分。上，周公之召；下二慶之告。

僖五。滅弦弦奔　恕小國失守，以義之無可絶也。主《滅譚莊十。傳》。以不事楚、不設備，見其“無取滅之罪”。

僖五。執虞公　貪以覆國者，重貶以垂戒焉。以書法提在前，以“趨利棄義”“亡國敗家”意泛發，不必死就虞説。“貪利”在前《傳》，此是槩始終而觀，見貪利未有不亡意。書法只重“滅”，而言“執”，見其“爲獨夫”之賤。其曰“晋人”，曰“虞公”，不書“以歸”，總是明其向爲國君、今爲獨夫，而至於爲衆所執，無所歸耳。

滅下陽、僖二。執虞公　顯著貪利之禍，垂後戒也。滅下陽，所以執虞公、擒住相連發。重垂戒上，止收“書‘滅下陽’於始”云云。

僖六。伐鄭圍新城　圍許遂救　公至　伯主兼得討、恤之義，《春秋》□美之焉。二善俱在“即解圍、移師”上見。《傳》首之意，不過欲見其力足以取新城，以起下即解圍以救許，所以爲兩得也。二意串作，不可大分。“書‘至’”帶收，只辨其非貶詞耳。去公至，同。

僖六。伐鄭圍新城　伯主無克敵之功，知其有遺力矣。討恤之善，都徑“即解”云云。此題只虚摹個“有遺力者矣”便了，不必多入贊詞。“有遺力”，亦只就“圍而不舉”上看出虚描，不必添出“服之以道”意。加召陵，僖四。同。

僖六。圍許遂救許　深善伯主，以移師之義多也。二善俱在“遂”字上見。故此題仍主二意：自其即解鄭之圍，而不迫鄭，可謂“得討罪之義”；自其移伐鄭之師，以救許之急，可謂“得分災救急之義”。“善之尤”，正謂一舉而兩善併，非單指“救”也。然須串講，略見低昂，不可兩開。

僖六。遂救許　伯兵當急而急，可以見其“善之尤”矣。“當急而急”[15]句有味，非急急救許一意而已。人多於“速於救患”上着脚，便隔一紙千里矣。

僖六。公至自伐鄭　致内君之返國，以其久也。書“至”有三例，此《傳》既言“善之尤”，已非“著其罪”，已非“誌其危”。“則何以致?”而應之曰“久也”。蓋□魯君從齊桓，一舉而下鄭，楚圍許，又置之不救，則可一出而遂還矣，何以去國踰時之久，夏出冬還哉？今惟其圍鄭不舉，而許患又往救之，此所以久于外也，“久”字亦正是“好”處。

召陵、僖四。伐鄭圍新城　圍許遂救　“召陵”比，炤《傳》揚起，驗明“有遺力”，倒下“移師”。同單作。

救鄭、莊二十八。救邢、閔元。遂救許　《經》紀恤患，於“善”之中又有“善”焉。主“凡言救者”四句。“善之尤”全在“即解圍移師”上，此適有“討罪”之事，故形容出“移師”之美來。作文只説“尤善”便了，却不可説前二“救”爲善小。出救邢、遂救許，同，即以“救”“速救”略分，亦須低昂。二股如一股，方妙。

召陵、僖四。遂救許　伯主之服敵、恤患，禮、義胥得矣。“退師”“移師”。上以“兵力强”起，下以“有遺力”起。上邊“卒”字、下邊“即”字，要發。

遂救許　伐黄僖十一。　兩以義衡伯主，其得失相去遠矣。“得分災救急之義”，“失救患分災之義”。“更歷三時”，“援師不出”，正與“即移師”相反。

圍許遂救　伐宋圍緡僖二十三。　以義律用兵者，而得其美、惡之尤□。上云“善之尤”，下云“尤義之不得爲”。

遂救許　遂圍許僖二十八。　兩紀繼事之兵，急恤患而重尊王也。只自聖人意思發揮，見小國當“恤”、王室當“尊”，庶爲渾融。

圍許遂救、狄侵齊、秦晋圍鄭俱僖三十。　紀二伯安攘之事，而勤、怠分矣。圍許，以救鄭也，桓能移師救許；侵齊，間鄭、虞也，文不能移師却狄。上加圍新城，下加翟泉，僖二十九；謀伐鄭。同。

遂救許　執曹歸京成十五。　恤患之勤者，深善之；討罪之當者，特予之。各有兩層意，以“《春秋》執諸侯者衆矣”云云，對上“凡書‘救’者”云云。

僖七。齊人伐鄭　貳國致伯討，繇其有從夷之罪也。《傳》中“背夷即華”[16]，原以起下“不知自反”句。宜主“罪鄭”作，而末含“當自反”意。“未離”字、“復”字，當玩。“未離”本新城之圍來。“稱人”，只作事實；“曰‘伐’”，亦是事實書法。然齊爲“聲罪致討”，則鄭之有罪當討可知矣。加伐鄭圍新城，僖六。同，破用“未離”“復治”意。再加鄭逃，僖五。同。

僖七。小邾朝　遠人得錫爵於王，繇進於禮者素也。於此已能自進於禮矣，要活看。蓋黎來自向者來朝後，大約每事都好，故桓、莊兩王命爲“小邾子”，非因朝暮一節而得命於王也。無書法，亦不必作“聖人本王命進之”。

僖七。甯母　伯主講通貢之好，而尊王之美見矣。用《左傳》通貢事，借《盟柯莊十三。傳》“會諸侯，尊天王”句發。舊以忠、孝分，主《左傳》“通王室之貢，却子華之奸”，殊杜撰。

僖八。于洮乞盟　《經》紀伯信，明大義而謹大節也。兩邊俱重“君”字發。“尊”字、“卑”字，是兩邊眼目。“王人”，非本“尊”也，而貴重一至於此，繇是人，知大義所在，不可忽矣。鄭伯，非本“卑”也，而遜屈一至於此，繇是人，知大節所在，不可忽矣。上邊“明矣”，下邊“於以見”，要在垂訓、垂戒上發。

僖八。盟洮　紀盟而先奉命之臣，尊君之情見矣。全重聖人“尊君”之情發揮。此“命”，是襄王告難之命。

僖八。乞盟　貳國求成於伯，繇始之不慎也。孔叔曰“國君不可以輕”，《傳》意即此。體“於以見舉動”云云，發垂戒意。加鄭逃，僖五。同。

祭伯來、隱元。祭叔聘、莊二十三。于洮　《經》紀王臣而不計其位者，重王命也。炤《傳》以本比問起，即以祭伯、祭叔、王人，抑揚點明，倒在“不係乎内外，特係乎王命”上，總發聖人“尊君”之情。《傳》本以客形主，不可平。

□□[17]　單伯至文十五。　春秋尊王，故特貴夫奉命、受命之臣焉。兩“命”字不同，須發。上奉命來盟，下受命爲大夫。加祭伯、隱元。祭叔、莊二十三。意如至、昭十四。舍至，昭二十四。同。

于洮　會虢昭元。　先王伯之臣，重其命與信而已。先“王人”，不計其爵之尊卑；先趙武，不計其歃之先後。

僖八。禘廟用致　譏望國僭祀，尤著崇妾之非焉。“禘僭”只提起，重“私恩崇母”作，收“不稱姓氏”。“用”“致”，只作事實。“致”者，致之於廟也。成風尚存而曰“致”者，《禮》“非夫人不與祭”，成風妾也，今始與祭，成爲夫人耳。

僖八。禘于太廟　望國行王者之祀，非禮甚矣。説“誣僞不誠，而非所以祀先”，正見“亂名犯分”，總是譏其“僭”。舊添出“不孝”，欠通。“夫子志之”，是案；“夫子傷之”，是斷。二段亦不平。

敗莒、僖元。用致　内君於私勞私恩，皆以非禮報之焉。事實相關，要總敘。以“私”字爲案，以“越禮”爲斷。大夫不世官，諸侯無二嫡。私門强則公室卑矣，妾母重則宗廟輕矣，此正是罪處。加季子歸、閔元。王正月、僖元。歸禭、文九。城費，襄七。同。

敗莒、僖元；賜汶陽田及費。行父如、文十八。宿如昭二；世卿。　越禮以報私勞，君之罪也。主“私勞”一段，重“世卿”上。勿以賜邑、賜氏分股。下邊只行父如陳，文七；只奉使。亦可。舊出友如陳，“稱公子”，與“氏”何干？加城費、舍中軍等比，主“私門强”，似泛。

敗莒[18]　舍中軍昭五；叔孫婼不賞私勞。　觀私勞之賞、不賞，而君臣之得失見矣。比《意如卒定五。傳》。筮曰：“同復於父，敬如君所。”筮曰：“以纔[19]人入，卒以餒死。”

僖九。會葵丘　《經》紀重臣，亦以臣待之而已。《會首止傳》以宰孔形世子，此《傳》則以世子形宰孔。可進可退，可出可入，正是無“常尊”處。無“常尊”，自不得“殊會”，非故抑孔以尊世子也。用則進，不用則退，以立身言，故曰“節”。出而效勞於外，入而效勞於内，以事君言，故曰“義”。引禹、周公，見自古有“冢宰兼三公”之事，不可牽入正講。

會首止、僖五。會葵丘　不假“殊會”於重臣，所以明有尊也。本《傳》意甚完全，斷不該□《首止傳》。

會葵丘　踐土僖二十八。　宰孔“以冢宰兼三公”，“而不殊會”，以明分也；“天王下勞晋侯，削而不書”，以全名也。桓下拜登受，文出入三覲，俱點起。比得欠佳，宜删。或主文二《納幣傳》，單搭“知禮”一段，尤謬。

會葵丘　會黄父昭二十五。　臣無常尊，有常職，故俱不以非常之辭待之也。上先以“貴”説起，倒“不書會”[20]上；下先以“功”説起，倒“無美詞”上。後世有以位加王世子之上者，非人臣之常矣；後世有受當爲之貴者，非人臣之正矣。或比僖二十九“翟泉”予“明分”“譏貴”分，以宰孔與會不與盟也。《傳》無此語，不成題。

僖九。盟葵丘　伯志足以喻人，《春秋》深美之焉。《傳》中“美之大”，只在桓公“以是爲盡禁”，而“諸侯咸喻”上，模寫“美大”意。“束牲不歃”，不過把來一證“咸喻”，不重。“以是爲”三字，蓋桓公之所禁，皆天下國家之公。玩《傳》原無明天子之禁及志於尊周意，須斟酌，毋泥常説。此“禁”是周盛時之禁，以其出於天子，故曰“命”。加會葵丘，僖九。只炤“復詞”。

葵丘、葵丘，俱僖九。平丘、平丘俱昭十三。　明大禁，備大惡，皆復詞以紀之焉。主“大美惡”句搭，宜總叙。須備説“五禁五惡”，方見得“大”處。要發得“深切著明”“言之不足而再言”意出。只盟葵丘、盟平丘，同。

取糾、莊九；伐宋同。告糴、莊二十八。季子歸、閔元；落姑同。召陵、僖四。首止、僖五。盟葵丘　申“五命”而志喻於諸侯，《春秋》之所深美也。取管仲，得士，不遏魯糴；賢季子，彰德，禮楚，無忘賓旅；定襄王，無易樹子。去本比，破云：“伯主所申之五命，可按而攷也。”末須側發“首止”。而叙“五禁”處，重在詞上，不在事上，蓋《傳》無明股故也。或摘出告糴、召陵，主懷諸侯、□□人，未妥。又出落姑、召陵，賢才、賓旅，或楚丘、戰韓、專封、遏糴，更不通。

會首止、僖五。盟葵丘　伯主定倫之功，觀盟之首禁而益信焉。是即“盟禁”以驗“定儲”，一滚做下。加盟首止，僖五。同。再加盟洮，僖八。同。或只出盟洮、盟葵丘，未妥；盟首止、盟葵丘，主《盟平丘傳》。

葵丘　牡丘僖十五。　考伯業於人心，而萃涣之故可知矣。以“明禁”“恤患”爲綱，而就“諸侯咸喻”上見其美，就“諸侯不協”上見其怠。或因下比有張氏註“葵丘之盟”云云，將此題載下比後。馮本凡小註題盡删，及單題無《傳》者，必寄胡氏他《傳》。如無他《傳》可寄，即爲删去，此盛德事也。《麟旨定》重爲搜出，苟客經、主司拘守関文，必謂失旨。我輩當亟救此失，毋悮後人。

葵丘　新城文十四。　定倫、從夷，皆即事而可驗矣。加首止、僖五。厥貉，文十。同。

葵丘　取鄆昭元。　正倫、崇惡，功罪之案昭然矣。比《展輿奔昭元。傳》。下易三卿伐莒，昭十。或再加首止、僖五。舍中軍，昭五。俱驗“專兵”。易墮費，定十二。比《城費襄七。傳》，驗“越禮”。或出葵丘、叔弓如晋，“明禁致人心之喻，崇侈啓人心之貳”，亦無味。又比□盟、□□，“□□□之志，協攘夷之謀”，亦不見佳。又比雞澤，“予其正分，譏其瀆”禮，更不通。

僖九。《殺奚齊傳》

會首止、僖五。會黄父昭二十五；易“朝奔”，同。　王室不能狥私以建儲，見人心之公矣。要發“天理根於人心，不可以私害公”意。“子”“弗子”，二邊俱有，不可分屬。隨搭及荀息、僖十。陽生入哀六一。比，用“王儲”“侯儲”。“其爲子”四句[21]，□明指幽、獻，此題亦謬。若出盟首止、會黄父，是比題。

僖十。滅温奔　恕小國失守，以其義未絶也。與滅譚奔莊十。同。蘇子國于温，故曰“温子”。

僖十。《弑卓傳》

突救、莊六。仇牧莊十二。　槩人臣之所貴，節與義而已。須知借題發意，不在實講“予二臣”。“義”以事君言，“節”以自處言。突敗而義明，牧死而節立，不若里克之義不明而徒敗，節不立而徒死也。如出徐越伐吴、昭五；楚以蹷繇釁鼓，曰“社稷是卜，豈爲一人”。荀吴伐鮮虞，昭十五；不納鼓叛。繇節立而死又免，吴義明而功又成。或總出四比，突救、莊六；功不成。高子盟、閔二；功成。荀息、僖十；死不免。舍至，昭二十四；死免。又高子盟、閔二；義。宋楚平、宣十五；幸成。取鄆、昭元；節。意如至，昭十四；幸免。或只出伐凡伯、隱七；倖免、易詹逃，同。宋楚平倖成。其不立節，不明義，與里克同，而“免”與“成”異耳。作文須發出“以歸”，罪凡伯失節稱“人”，貶二卿非人臣之義，見均非人臣所貴。若微涉在成敗生死上較量，反是教里克以倖免、倖生矣。

“明義”易比：

書救鄭成六；不勦民。

鄢陵成十六；范文子欲釋楚以爲外懼。

士匄侵襄十九；不伐喪。

吴救陳哀十；季札請退，申務德、安民之詞。

“立節”易比：

孔父桓三。

敗箕僖三十三；先軫赴敵。

歸父會宋。宣十五；晋解揚以死致命。宋楚平宣十五。同。若出突救、宋楚平，仍宜從比，以兩《傳》相比甚切。

伐北鄙圍桃襄十七；夙沙衛唁莊堅[22]，堅以刑人禮士，抉喉而死[23]。

鞅伐衛哀五；張柳朔死於栢人。

僖十。及荀息　聖人取踐言者，亦救時之意也。荀息“從君於昏”，本無足取，全在“傾危成俗”上發出聖人“取節”意。加蔑、宿、俱隱元。伐邾、隱七。伐宋，隱十。主雖“至於刑牲”云云句，倒單作。

僖十。冬大雨雪　觀於天戒之預，而知君德不可肆矣。先乎陽穀之會，爲大雨雪，蓋是時僖之肆志已萌，而天預爲之戒也。後當云：“使遇災而懼，不肆於寵樂，豈其復有大雩哉?”“六月雨”可相形。

僖十一。會陽穀　紀寵樂之會，而内外之罪見矣。以“齊桓賢伯、僖公賢君”總起，以“俱肆於寵樂”混斷，以“戒於天、侮於人”束之。玩《傳》“僖公，賢君，不能禮佐齊桓”五句，宜重僖公上，以“桓業怠”入中挑發。“佐”字、“與之俱”字，都有味，而“更”字更有波瀾。

大雨雪、僖十。大雩僖十一。　考天戒於先後，人君當急於禮矣。

大雩　伐黄俱僖十一。　召天戒而隳伯職，樂不可肆明矣。“見戒於天”，單自魯説，從陽穀之先後看來，可見天之於人君一毫不爽。“霸業怠”，單自齊説，即就陽穀上看出，已逆料“不能”，可見人事之於事業，亦一毫不爽。《傳》“是以”字、“如此”字，及“故”字、“不能”字，要玩味。

三不雨，僖二、僖三。六月雨，僖三。陽穀、大雩俱僖十一。　始與民同勤，而終與伯同怠，其致祥、致戾宜矣。主“僖公，賢君”句比出。

大雩　樂已肆而咎徵再見，天戒愈顯矣。與“大雨雪”同意，但作“會後”論耳。

僖十一。楚人伐黄　紀小國被兵，爲棄義者紀也。“書‘伐’”，正著其自“伐”至“圍”，“更歷三時”之實，猶長葛“書‘圍’”，著其“經年不解”之實也。從“更歷三時”上，見其必以同盟之故來告。從“告命已至”而“不救”上，見其棄同盟之非義。作文正要在“安攘大義”上論，不專在“情”上論。“伐”字書法，最有意味，爲其以同盟之故來告“書”之也。則就一“伐”字，可體出“既與會盟”意，亦可體出“告命已至”意。

盟貫、僖二。伐黄　棄義於慕義之國，罪無辭矣。

滅弦、僖五。滅温、僖十。伐黄　滅黄僖十二。　紀被患而獨有所詳，則知棄義者之罪矣。弦、温不書“伐”，以未與會盟，故不來告，非聖人削之也。

伐黄　滅黄僖十二。　小國被兵而見覆，繇伯主之棄義也。須體“更歷三時，告命已至”二句，摹寫黄人慕義、受伐望救情景。收“滅而書‘伐’”書法。鄒主罪齊棄義、予黄守禮合，未是。有出盟貫、伐黄、滅黄、狄侵衛、戰韓、會淮，主“無以宗諸侯矣”句，此敬仲先事之□，豈□□題？又出伐黄、侵□“□患”“啓患”，亦無味。

盟貫，僖二。伐黄、入滑、敗殽俱僖三十二。　忠言有預警其終、預憂其終者，違之皆非也。下違蹇叔，主“怠”與“貪”作；下“叛盟失信”，與上“既與會盟”云云對。只伐黄、入滑，同。

盟貫，僖二。伐黄、獲燮、貞伐俱襄八。　上棄字小之義，下昧事大之智。齊“無以宗諸侯”，管仲曾慮其終矣。鄭“自兹弗得寧”，子産已憂其後矣。

盟貫、僖二。伐黄　盟戲、襄九。蕭魚襄十一。　上，“無以宗諸侯矣”；下，“於我未病，楚不能矣”。違管仲，聽知罃。上不救，“失安攘之義”；下不戰，“得善勝之道”。

伐黄　敖救徐僖十五。　以安攘望伯主，而兩責其怠焉。上業怠，下志怠。“黄遠齊而近楚”，敬仲之言；徐近齊而遠楚，伯益之戒。

盟貫、僖二。伐黄　吴伐郯、成七。會伐郯成八。　資小而復棄之，棄小而復治之，皆非義矣。二《傳》皆有“既”“又”字，宜重看。上，敬仲之“料”；下，季孫之“憂”。只伐黄、會伐郯，同。

盟貫、僖二。陽榖、僖三。伐黄　戍陳，襄五。會鄬、陳逃俱襄七。棄慕義與背勤義者，皆罪也。管敬仲有“不能救”之憂，范宣子有“我喪陳”之患。

【校記】

〔1〕伐楚次，後依例應註明年號“僖四”。

〔2〕侵："浸"之誤。《傳》首即言："楚稱'人'，浸强也。"下有同例，徑改。

〔3〕荆伐鄭，後依例應註明年號"莊二十八"。

〔4〕□，依《傳》當爲"經"字。《傳》曰"始見於《經》，則本其僭竊之罪"，正與本句意同。

〔5〕"自是"二句，兩《傳》均無此二句，但全是引用口氣，或别有出處。

〔6〕僖元，"會檉""敗偃"即本比，依例不再註明年號。

〔7〕伐北鄙，後依例應註明年號"僖二十六"。

〔8〕"正誼"句，《傳》原文："正其義，不謀其利；明其道，不計其功。"此改"正義"爲"正誼"，去原意甚遠，或誤。

〔9〕成七，應爲"成九"。

〔10〕僖三，應爲"僖二、僖三"。

〔11〕蕭魚，後依例應註明年號"襄十一"。

〔12〕僖十三，應爲"僖三十"。

〔13〕昭十二，應爲"昭十三"。

〔14〕河陽，後依例應註明年號"俱僖二十八"，而"會温"後不註。

〔15〕當急而急，《傳》中無此句，或别有出處。

〔16〕背夷即華，應爲"背華即夷"。

〔17〕□□，二字脱落，依不註年號之例與"盟"之意，應爲"于洮"，即"公與王人"等"盟于洮"。

〔18〕敗莒，後依例應註明年號"僖元"。

〔19〕纔，應爲"讒"。《左傳·昭公五年》："以讒人入，其名曰牛，卒以餒死。"又曰："主人有言，言必讒也。純《離》爲牛。世亂讒勝，勝將適《離》，故曰'其名曰牛'。"

〔20〕不書會，應爲"不殊會"。《傳》無"不書會"，且《經》"公會"云云，恰是書"會"，不得謂"不書'會'"。

〔21〕"其爲子"四句，《傳》無"其爲子"句，當爲"其所子"。"四句"爲："其所子而弗子者，莫能使人弗子也；非所子而子者，莫能使人之亦子也。"

〔22〕莊堅，《左傳》爲"臧堅"。

〔23〕抉喉而死，《左傳》爲"抉其傷而死"。

卷之十二　僖公中

僖十二。滅黄　守正之君，其不幸可傷也。曰"於時爲不幸"，□曰"罪"、曰"責臣"、曰"使小國賢君"云云，説他"得正"處，正在痛恨"諸夏之弱"與"方伯之不修其職"也。若只單單説箇"得正"，便差以千里；若撇卻"得正"，只單單死駡諸夏、方伯，亦差千里。"夷狄之强"，繇諸夏弱也，故"罪"之；然"諸夏之弱"，又繇"方伯之不修職"也，故"責"之。總是時之不幸處。在"慕義"上見他賢。加滅江，文四。同。

弦奔、僖五。温奔、僖十。滅黄　滅江、文四。許歸、定六。頓歸定十四。　詳小國被患，惟守正者爲善焉。總叙後，以"滅國之罪則一"提過，隨點"以歸""出奔"二段，倒江、黄作。此數比，在《寔來傳》，則譚、弦、温，以"非罪"言；款舞、郱益、曹陽，以"自取"言。在《攻蔡傳》，則潞嬰兒、□嘉、許斯、頓牂、胡豹、曹陽、州寔，以"服爲臣虜"言，亦尤"自取"。譚、弦、温，以"有望"言。在《滅黄傳》，許斯、頓牂，以"不死位、又無興復"言，弦、温，以"有望"言。

弦奔、僖五。温奔、僖十。許歸、定六。頓歸定十四。　紀小國被患，必權其罪之輕重焉。以"不死位"爲"罪"之總，倒"有望""無望"上，斷其輕重。起繳用江、黄。

僖十三。狄侵衛　夷之内窺，伯德之徵也。要從"狄侵"推到桓身上去。"然後"二字，文中宜先發之，緊跟"怠""荒"二句來，極有光景，不是以"至誠"責他，是説若王者愈見興頭，那得這没體面不好看相、衰颯的光景出來？通《傳》是嘆詞，絶無責詞。☐。

陽穀、伐黄俱僖十一。　攷伯主之行、業，外窺有自矣。惟其"行荒"，是以"業怠"。總作，不可大分。一陽穀也，昔以制楚，今以寵樂；

一黄人也，昔以咨謀，今以委楚。《傳》是以此一事，恰在侵衛之先，狄人窺伺又恰在此二事之後，自然見得出來，所謂“默識於意、言之表”也。要提起“侵衛”，含蓄“然後”二字發意。

侵衛　會鹹、僖十三。侵鄭僖十四。　中國之多事，繇伯德衰也。總述、總作，大意同單。三比，一節深一節。“然後”字，及“今年”“明年”“近在”“亦來”“不忌”等字，不可放過。加陽穀、伐黄，俱僖十一。同。只侵衛、侵鄭，一串，方見“今年”“明年”意。

狄侵衛　狄侵齊僖三十。　兩召外侮，在伯德固應爾已。“齊恒、晋文”句搭，俱重“啓患”上。下比重“狄間晋之有鄭虞”句。《傳》中“若此類者”以下一段，須痛發。上加狄侵鄭，僖十四。下加狄圍衛，僖三十三。同。再加陽穀、伐黄，俱僖十一。翟泉，僖二十九。圍鄭，僖三十。同。

狄侵衛　敖救徐僖十五。　《春秋》貴敦誠，故於啓患、怠患均貶焉。以“至誠無息”句總起。加會鹹，僖十三。侵鄭，僖十四。牡丘、次匡，俱僖十五。同。

狄侵衛　遂會救鄭文九。　中國兩受夷窺，有授之隙者已。下，“趙盾不能折衝消患，爲夷狄之所窺也”。

狄侵衛　邢丘襄八。　啓患、縱權，皆《經》所譏也。上，怠、荒異於帝王，至誠無息，伯益戒舜；下，姑息異於君子，愛人以德，周公戒成王。

陽穀、伐黄，俱僖十一。執滕、曹南俱僖十九。　二伯之終始，其行、業、威、信皆繆矣。“其行荒矣”“其業怠矣”“不足示威”“不足示信”。伯益戒舜，孔子告子夏。“然後狄人窺伺”，“卒於兵敗身傷”。

陽穀、伐黄，俱僖十一。狄侵衛、入曹畀、踐土俱僖二十八。　怠荒啓患，謀譎成功，二伯之事不足道矣。比《入曹畀傳》。兩《傳》俱有“仲尼之徒，無道桓、文之事”句。

僖十三。會鹹　夷患又有相乘而起者，伯好舉而德益徵矣。“淮夷亦來，病杞而不忌”[1]，“亦”字、“不忌”字，須體貼發之。要知此題直講“啓患”，覺泛，須將會鹹“謀杞”點綴，方有題骨。或主《緣陵傳》，然“遷”杞自屬“城”後，此處不得牽扯。若只做“淮夷病杞，諸侯會於鹹”九字，有何味？還主《侵衛傳》爲是。

僖十四。城緣陵　伯主存小之專，以“不序”致譏焉。只以“城邢”炤斷，不當以“楚丘”相紐。玩《傳》“則其事專矣”句，自見作文全以聖人意發，不在板板責他“專”。《傳》無“請命”意。時文皆云“杞尚未危，奏報可及”等語，殊未妥。蓋當時只該恤杞而逐淮夷，不合“城”而“遷”之，“專”此等重事也。“事”字要醒，蓋救患、分災是諸侯事，建邦、立都是天子事。《傳》中“目”者，悉舉之意；“凡”者，凡舉之意。加會鹹，僖十三。只作事寔，兼炤“前目後凡”書法。

城邢、僖元。楚丘、僖二。緣陵　伯主有功於三國，《春秋》以義別之也。總問起，中輕叙過，後總發“功利”“道義”意，末總繳書法。邢以□□之“未專”與“專”，在“伯”與“非伯”邊上斷，緣陵與楚丘之“專”與“尤專”，在“未滅”“已滅”上斷，大公小佐□明。然此《傳》是三《傳》總斷，不可以上二《傳》比斷□□。加狄入衛、閔二。夷儀、僖元。會鹹，僖十三。同。

城邢[2]　緣陵　《春秋》於伯主，予其恤患，而不予其遷國也。中分，後融斷，以“已遷”“未遷”立説。加夷儀、僖元。會鹹，僖十三。同。

城邢、僖元。楚丘、僖二。緣陵　盟扈、文十五。澶淵、襄三十。厥憖昭十一。　功罪同而褒貶異，得《春秋》之所以待人矣。比《厥憖傳》。上，功一也，於衛、於杞，皆失於擅權，故一則“没諸侯而不書”，一則“書諸侯而不序”，惟城邢“得救患、分災之義，無封國之嫌”，故獨再序三國之師，此《春秋》“貴王賤伯，羞稱桓、文，以正待人”也；下，罪一也；於齊、於蔡，皆失於縱惡，故一則“諸侯略而不序”，一則“大夫貶而稱人，魯卿諱而不書”，惟厥□“心欲救蔡而力弗加焉”，故獨諸國猶序而大夫無貶，此“《春秋》明義利，審重輕，以恕待人”也。

城邢、僖元。楚丘、僖二。緣陵　滅甲、宣十六；稱“人”。晉伐鮮虞、昭十二；稱“國”。荀吴伐鮮虞昭十五；稱名氏。　於恤小獨取夫合義者，於略遠獨恕夫近正者。比《荀吴伐鮮虞傳》。“貴王賤伯”之意，“用兵禦敵之略”。

僖十四。遇防鄫朝　正内外嘉禮之失，以示戒也。加季姬歸鄫，僖十五。同。只遇防，單責魯，收“稱‘及’”“稱‘遇’”。加杞伯姬、莊二十七；已適。子叔姬，宣五；未適。只辯過，同單。只鄫朝，單責鄫，收“稱‘使’”。

僖十四。沙鹿崩　録大國之變，欲人君省德也。加戰韓獲，僖十六[3]。同。

戰韓[4]　戰泓僖二十二。　兩觀國君被辱，地變、天變之應驗矣。脱比《隕石僖十六。傳》。下易會盂執，僖二十一。同。

僖十四。狄侵鄭　外患漸逼，而伯德益可見矣。與侵衛僖十三。同，要見“近在王都”之例意。

僖十五。伐徐　牡丘次匡　救徐　詳伯義之怠，令人思不息之誠矣。以“楚罪”起，轉下三段，就各段中模寫他“怠”處，而以“至誠無息”大發於後。“三書法”亦是紀寔，而義自見，宜總收。須知“諸侯不協”，亦窺桓之志而不協；“號令不嚴”，亦因志之怠而不嚴。故“始勤而終怠”，只承末段“怠”字。“封境”二段，不是起下“當速故緩”意。凡是救自當速，原不論封境形勢，惟封境形勢如此，“而且”[5]云云，所以見其怠之甚耳。“凡兵而書‘救’”一段，即申明“號令不嚴”一段意，非另一意，亦非總結語也。總結只“終怠”兩字。“不息則久”，息的自然斷□□□□不來，必至不能固其國，然則有國者，何可不“敦‘不息’之誠也”。此段是因桓觸發籠統垂戒意，不宜著在桓一人身上説。去伐徐，同，但以“至誠無息”總論起。

僖十五。楚人伐徐　外夷肆暴於遠國，其罪著矣。“暴横憑陵”，全在“遠”字上形容，有輕視中國意。寇逼患近，則當急救，形親勢便，則又易救，二意亦當重發。《盟齊傳》“稱‘人’”，可作束。

僖十五。牡丘次匡　伯義之怠，於人心、軍令見之矣。勿大開，只就桓公不能一衆心、嚴號令，描他“怠”處。使非門庭之寇，而“有餽糧越險之難”，其涣且慢，又不知何如也？

僖十五。牡丘　恤患之不協，則伯怠也。只就人心解散，而假盟以要之上，見得“桓”意，不可推遠，亦不可責諸侯。

次匡　救徐　伯收駐師而遣將，怠亦甚矣。不必分“次”“救”作，總以不疏不親發“安攘之怠”。總收。題如此出，宜主“救而書‘次’”一段作，爲是。如云“救”固“未有不善”，然救兵尤貴神速，若乃“次”止不前，而徐遣大夫以塞責，則又“當速故緩，失用師之義矣”。蓋“令不嚴”與“救不親”，雖是二意，然諸侯次匡以待，而徐遣大夫以往，自是一串。

僖十五。次匡　伯主恤患而駐師，怠可知矣。“號令不嚴”，正是“當速故緩”處，無二意。

僖十五。敖救徐　恤患而委之大夫，伯志不復振矣。“志”字重看。“救”，亦有命將者，但諸侯皆在而命將，便有苟且塞責意。

救鄭、莊二十八。救邢、閔元。救許、僖六。次匡救徐。　《春秋》重恤患，於“故緩”者不能無恨焉。主“凡兵而書‘救’”一段，收“救而書‘次’”。

侵陳、僖四。敖救徐　伯德之漸衰，量與誠之不足也。“桓德益衰”句比出。上，“桓德于是乎衰矣”。上“志驕”，成湯勝夏；下“志怠”，伯益戒舜。上加“執伐”，下加“盟次”，同。

遂救許、僖六。敖救徐　伯救之殊觀，而知不息之誠當敦矣。“始勤終怠”，通桓公大概論，作文須提過，總發，而“始勤終怠”意方顯。若開則不警策，且不得“《春秋》謹始卒”一段意矣。須知“始謹[6]終怠”，總是責他語，不分予奪也。“速救”“不速救”，相炤最切。“始謹”股：易會檉，僖元。同。舊□會檉、陽穀、次陘、召陵，四比太雜，今删之。

會救鄭、莊二十八。敖救徐　兩觀伯主救兵，而安攘之勤、怠異矣。比作。上，“安攘之事見”；下，“安攘之志怠”。亦要得“始終”意。前後直似兩截人，然要之惟誠則不息，伯者之終必怠，則其始之勤亦假也，勤時便藏怠時胚胎矣。“桓公主兵”，謂主其謀也，勿誤以“親往”“不親往”對。加荆伐鄭、莊二十八。楚伐徐，各以“楚暴”起，上用“無故”字，下用“遠”字。

伐徐敖救徐　嬰齊伐九國救成七。　《經》惡外暴，而致意於伯義之勤怠焉。重親往、不親往上。俱有“攘夷安中國”句。去“二伐”，同。

或加牡丘、鄢陵，反未整。

敖救徐　四國侵鄭宣二。　紀攻、恤之兵，而善终善始之道寓矣。《中庸》曰“至誠無息”，誠之不敦，則漸衰漸怠，不久而無以問其國；《易》曰“君子謀始”，始之不慎，則且畏且避，不兢而無以服乎人。“《春秋》謹始卒”，“《春秋》行事，必正其本”。

敖救徐　楚子圍宋宣十四。　同上。下《傳》亦有“《易》曰‘作事謀始’”及“《春秋》端本”句。

敖救徐　邢丘襄八。　令終謹始之訓，而示意於伯主之兩委大夫焉。“大夫帥師，諸侯不行”，志怠于終也，伯益戒舜；“重煩諸侯，大夫聽命”，政失之始也，周公戒成王。

敖救徐　札聘襄二十九。　《春秋》兩有所惜，其望之者均重也。於伯者之□救，而責之以“誠”；於賢者之過讓，而責之以“中”。“誠”是帝王之□，“中”是聖賢之道。上，“《中庸》曰：‘至誠無息，云云，《春秋》謹始卒”；下，“《中庸》曰：‘道之不明’”云云，“《春秋》達節而不守”。桓公是當時第一箇伯者，季札是當時第一箇賢者，故聖人責、望俱大。

僖十五。伐厲不能戮力□□□□□□□□□與□以救之□□□□□傳，宜删。

僖十五。震廟　紀大夫之廟災，示天道之應也。“天應之也”，謂此乃天變，人事有以感之。雖本“展氏有隱慝”句，卻要會“天人相感之際微矣”句，閒閒説。“廟制”一段不用。

仲孫來、閔一。戰甗僖十八。　王伯之德有厚薄，流因之矣。上，魯秉周禮，未可動也；下，桓方在殯，四鄰謀動。出葵丘、僖九。伐齊、僖十八。執曹、成十五。會奔，昭二十。同。“德厚”比：易十三國伐秦，襄十四；士鞅論欒書。同。或只就“德厚”句，出韓起聘、昭二；周德。叔弓會陳昭九；虞德。“德厚”二句，厚自祖廟隆殺言，豈可以周公、齊桓併題？“□□”[7]句出一比，尤謬。

僖十五。敗婁林　中國不能庇小，而夷勢之强見矣。見《城濮僖二十八。傳》。全在“諸大夫不能救”上見楚之横。以“城濮”問繳。

僖十五。戰韓獲 《春秋》紀兵，罪定而名正矣。上以“罪晋”爲主，“免秦”正所以“罪晋”，收“書‘及’”而“不書‘伐’”，“書‘獲’”而“不書‘歸’”；下以“重君”爲主，“輕師”正所以“重君”，收“書‘獲晋侯’”，而“不書‘師敗績’”。

僖十五。戰韓 《經》紀交兵，而專致寇者之責焉。只“書‘及’”“不書‘伐’”一書法。玩“恕秦伯”句，則秦之來伐，亦非無罪，但以晋較，則晋罪爲甚，而秦可免耳。夫伐人國，執人君，而猶恕之，則其“罪晋”何如哉！只重“背施”二字，“幸災”“貪愛”“怒鄰”，皆“背施”中事。各處書“及”，重“志戰”，此獨重“致兵”□。

伐宋戰宋[8] 敗莘歸[9] 戰韓獲 異詞以紀交兵，致寇之罪見矣。只倒“定罪”作。“伐宋”書“及”，魯、鄭罪浮於宋；“敗莘”書“歸”，蔡罪輕於楚；今之“書‘及’”“不書‘伐’”，“書‘獲’”“不書‘歸’”，“專罪晋也”。

戰韓獲 大棘敗獲[10] 明君重於師，明將等於師。重在“書‘師敗’”“不書‘師敗’”上發，不可泛。下易艾陵敗獲，哀十一。同。《棐林傳》亦有此題。認真本股，就是“彼重將不得專乎師”，而此只於名分上辨，意亦不同。加鷄父獲，即《鷄父傳》。

公伐邾、隱七。師還、莊八。大棘敗獲 重君以紀兵，而師、將非所侔也。以首比“重君”爲主，下二比俱要挽到“君”上。必如久役之莊，而後止稱“師”，則師次於君，而不得與君較，明矣。即華元已獲，而猶必言師敗，則大夫僅與師敵，而益不得與君較，明矣。出晋侯伐衛、文元。棐林、宣元。書救，成六。同。去末比，即《師還傳》。去中比，即《棐林傳》。加棐林或會瓦，即《會瓦傳》。

辨各《傳》君、師、將混句。《師還傳》有“君將不言帥師”句，只出君、師，不出將。《卻缺救傳》亦然。《大棘傳》只有師、將，無君。《棐林傳》有“君爲重，而大夫與師，其體敵”句，出“公伐邾”“處父救”等比，無“師還”，亦不出“戰韓獲”，《會瓦傳》語，亦然。又有“師還”比，但多“棐林”或“會瓦”。

戰韓獲 執鄭伯書伐成九。 《春秋》重君，而師與臣均非敵也。上“不書‘師敗’”，下“不書‘殺伯蠲’”。吕貽甥、公孫申，點入。

戰韓獲　鄢陵敗成十六；書“楚子敗”。　重君以紀兵，尤惡夫召寇、幸勝者焉。各以“不書‘師敗’”起，各倒“責晋”。曲直之辯，盛衰之機。筮遇蠱，筮遇復。

僖十六。隕石鷁飛　存圖伯者所召之變，以感應垂戒也。存所不當告之變，正爲天人著感應之理。“和氣致祥”至“變可消矣”一段，宜味。

隕石鷁飛　于盂、僖二十一。戰泓僖二十二。　大國召變而不以德消，宜禍之及也。同單。“亡國之餘”句，亦要看。

六月雨、僖三。隕石鷁飛　觀祥異之所繇致，君德□矣。出秋大水、桓元。六月雨，僖三。同。又鸜鵒巢、昭二十五。獲麟，哀十四。同。又六月雨、僖三。來巢，昭二十五。同。

于盂執　戰泓敗[11]　伯國身辱而師挫，無消變之德也。

于盂執，僖二十一。戰泓，僖二十二。沙隨、苕丘俱成十六。　歷稽事應，而《經》之垂戒嚴已。盂之執，泓之敗，沙隨、苕丘之應。比《木冰成十六。傳》。

僖十六。《季友卒傳》

敗酈、僖元。遂如齊宣元。　二君以私勞世官，《春秋》之所戒也。前後總論世官之非，中分二段，各帶“貽禍”意，總收“卒而書氏”書法。“變法亂紀”二句，重看。出行父如、文十八。歸父如，宣十。同。或季歸、閔元；忠賢。行父如、文十八；世“季”。遂如、宣元；弑逆。歸父如，宣十；世“仲”。亦同。再加春王正月、僖元。即位，宣元。亦同。

僖十六。會淮　觀内君與好，可以定覆小之案矣。“却淮夷而不力，城鄫而不果，見伯義愈怠”，提過。用《滅項[12]傳》“僖公在會”作案成文。

僖十七。伐英氏　《經》於變夷者，因從兵而特進焉。見《荆聘莊二十三。》《徐越伐吴昭五。傳》。英氏，楚與國，齊爲徐伐之，以報婁林之役。

僖十七。滅項　内惡有不諱者，不爲權臣比也。辯明“季孫之惡”，倒書法上作文。“抑臣”，正所以“尊君”也。全要在“擅權爲惡”上發“不爲朋黨比周”意。加會淮、僖十六。至會，僖十七。只作事寔。

滅譚、莊十。滅項 取鄟、成六。取邿、襄十三。取鄫昭四。 内覆國而不諱者，抑臣之旨也。總以數比辯明“魯滅”，即如《傳》以“三取”比例起，倒單作。

滅譚、莊十。取鄟、成六。取邿、襄十三。取鄫昭四。 攷覆國之紀，而内外辨矣。在“考於《經》”與兩“未有”與“繇此知”數字上取意。

滅項 取鄟、成六。取邿、襄十三。取鄫昭四。 不以諱君者諱臣，而尊抑之旨明矣。以本比問起，依《傳》一串作，不可以“尊”“抑”分比。此與滅項、取鄟題同，但取鄟重“謹微”上，此只重“不爲朋黨比周”之意，

取鄟、成六。取邿、襄十三。取鄫昭四。 覆國而諱，在君則然也。發“事有隐諱，臣子施之于君父”及“在君則當諱”，要含着“若夫滅”云云意。

滅項 滅邢、僖二十五。滅夔、僖二十六。取邿 屢紀覆國，而君臣、夷夏不同辭也。比《滅邢傳》。出滅譚、莊十。滅項、滅邢、僖二十五。取鄟，成六。主“君臣”“親疏”。

滅項 公在楚襄二十九。 示抑臣尊君之義，所以一人臣之心也。上《傳》云“不爲朋黨”云云，下《傳》云“此義行，豈有朋附權臣”云云。俱重書法上發。

僖十八。伐齊 師救 戰甗敗 狄救 大國昧義，《經》詳致責焉。全是“責宋”，緊要在“大義”二字上。重“奪長”，而“伐喪”帶説。“中國諸侯”即指宋，蓋對“狄”言耳。“責齊臣”之不能抗宋，非力戰，乃理論也。依《傳》平叙起四項，隨以“私愛”發問，倒“宋之昧大義”發揮，書法俱轉歸“責宋”。以“救”“許魯”者，若曰魯且“救”之，宋顧“伐”之，何也？以“救”“許狄”，而又“不稱‘人’”者，若曰此狄也，狄且“救”之，而中國顧“伐”之，何也？“齊受伐，而以宋主之者”，謂“宋曲”也。書“齊師敗績”者，若曰宋之“曲”若此，而齊何爲見敗也？責齊之以直見敗者，亦以著“宋曲”也。有云：“或曰以下《傳》□□，將諸書法提過，重此段作。”尤妙。

僖十八。伐齊 戰甗敗 大國昧義之兵，兩有以責之焉。只重宋人

“奉少奪长”斷罪，而以“主客”“曲直”分股辯之，收二書法。去伐齊，同。□伐齊，同，無書法。只戰甗，同，單收“及”字。

僖十八。師救　狄救　善内外之救兵，甚大國昧義之罪也。上爲無虧之殺，下爲四公子之敗，俱挽宋襄身上，須發得“責宋”意透，不可涉宋襄遺義意。曰“伐者”、曰“諸侯”，則從襄之諸侯亦不可遺。

僖十八。師救　善望國恤患，而大國昧義之罪著矣。

僖十八。狄救　以扶義許遠人，咎中國也。“不稱‘人’”，欲顯救者之爲夷狄，以“深著中國諸侯之罪也”。此即申明“罪諸夏”句無二意。作文槩責，而倒重宋上。二書法側收。

鄭逃、僖五。伐齊　即王命猶以義裁，而狗伯者之罪著矣。以伐齊問起，以鄭逃炤斷宋罪，全重“以義裁之”句立論。

僖十八。《葬齊桓傳》

首止，僖五。葵丘，僖九。伐齊、戰甗俱僖十八。　伯國始盛而終衰，可爲功利鑒矣。凡是功利，其在人皆淺，非謂桓之功利尚淺也。此即貴王賤伯意。去戰甗，同。上二比，只出一比，同。或以北杏莊十三。爲“九合”之始，或以會鄄莊十四。爲“九合”之始。一比皆可出，或全出“九合”，亦可。

葵丘、僖九。伐齊、僖十[13]。踐土、僖二十八。敗殽僖二十三。　二伯功高而無以庇後，君子所不貴也。惟功利不足貴如此，所以“《春秋》”云云。敗殽比，係“秦不哀喪”。《傳》原因桓之不能庇後，以見功利之必淺；因功利之必淺，而論“《春秋》明道正義”，於二伯之事“有貶而無過褒”。王伯其事，皆功利也，此乃逆論生前行事。今出伐齊、敗殽在内，於“有貶無褒”之旨何當？

城邢，僖元。楚丘，僖二。緣陵，僖十四。城濮、踐土、河陽俱僖二十八。　《春秋》之無溢美於伯事，可以想其所繇然矣。要得“《春秋》明道正義，不急近功，不規小利”三句意。“徹於”字、“以此”字[14]，不是閒字。出遂伐楚、侵陳，俱僖四。入曹畀、城濮俱僖二十八。俱是“貶”。偏出，未妥。

突救、莊六。高子盟、閔二。遂伐楚　城濮[15]　將“明道正義，不急近功，不規小利”總括發論起，輕入子突、高子，仍遞下桓文“有貶無褒”作。要發得“道義””功利”融透，勿着事迹。

突救、莊六。高子盟閔二、　觀《春秋》之於近功、小利，則知其所以待二伯矣。

“明道”邊：易執曹畀、僖二十八。宋楚平、宣十五。書救，成六。俱同。

“正義”邊：易輸平、隱六。假許、桓元。執虞公、僖五。襄歸、僖二十八。取濟西田，宣元。俱同。

葵丘、僖九。伐齊、僖十八。蕭魚、襄十一。會申昭四。　觀叛、服之久、速，而知威之不如誠也。上云：“以此見功利之在人，淺矣”；下云：“至哉，誠之能感人也!”只伐齊、會申，同。

葵丘，僖九。伐齊，僖十八。夾谷、歸田俱定十。　即感人之淺、深，而王、伯辨矣。下邊於“王道”何當？宜删 。

僖十八。邢狄伐衛　進外兵之加内，乃所以存人理也。《傳》之善狄，非善其伐衛，乃善其救齊，故一則曰“伐衛所以救齊”，一則曰“書‘伐衛’，所以見救齊之善”。其中説衛背德處，□是爲齊不平處，作文須於爲齊不平處發得痛快，便見齊之當救，便見狄人伐衛以救齊之善矣。然講衛之背德，亦要見“以大義裁之”意，不然安知衛人不自謂以此報德也。

荆聘、莊二十三。邢狄伐衛　援慕義之例以進遠人，惟恤患之德遠也。説“荆”，勿涉“世類”。講“德遠”，要擒“慕義”的“義”字生發。有主“慕義”“伏義”分者，但此《傳》無“伏義”字。

伐齊、僖十八。晉侯侵曹、僖二十八。射姑奔文十六[16]。　以公心論報，而背德者之罪彰矣。“以直報怨，聖人之公”，《春秋》中無足以當此者，虚提起。以晉文報觀脇之耻、臾駢不念蒐夷之戮，比斷“衛”作。加楚丘，僖二。同。

伐齊、怨報德。狄救、俱僖十八；德報怨。侵曹伐，僖二十八；怨報怨。圍蔡哀元；直報怨。　迭觀怨德之報，而知背德者之太甚矣。玩《傳》“至是人理亡矣”，正應上“亦太甚矣”句。須將四比輕輕叙過，後重“伐齊”

總斷爲是。“直報”既曰“聖人之公”，豈可以圍蔡當之？此題未妥。出伐齊、僖十八；怨報德。狄伐、德報怨。衛伐邢、僖十九；怨報怨。檇李，定十四；影夫差、直報怨。同。又戰韓獲、僖十五；秦穆。射姑奔，文六；臾駢。主“公”與“仁”二段。出楚丘、僖二；攘狄、怨。邢狄伐、狄德報。入郢，定四；毒楚、怨。圍蔡，襄元；楚直報。亦主“公”與“仁”。□出二段，□□，宜删。

伐山戎、莊三十。救邢、閔元。盟貫僖二。　歷觀伯功，皆諸侯所當念也。主“攘夷狄，安中國，免民於左衽”，含“桓德不可忘”意。“安”比：易會檉，僖元。同。“左衽”比：易伐楚、召陵，俱僖四。同。“攘夷狄，安中國，而免民於左衽”，是一串語，豈可分三比出題？

楚丘，僖二。伐楚、召陵俱僖四。伐齊戰、狄救、狄伐俱僖十八。　諸侯以怨報伯德，兩托詞以見罪焉。順題講下，重發“諸侯背德”，串“重衛”上，而以狄救、狄伐形講。二書法，意本連，總收。《傳》首即呼“狄稱‘人’，□之也”，末“先書‘狄’”云云，明救齊之不稱“人”，乃以“著中國之罪”，非不□狄也；“再書‘狄人’”云云，明伐齊之稱“人”，以“見救齊之善”。“功近而德遠”，使人理得存也，則衛之罪爲何如哉？去伐楚、召陵，俱僖四。則純主“責衛”矣。再去狄救，僖十八。加狄入衛，閔二。同。

城楚丘、僖二。盟召陵僖四。　兩觀伯德之及諸侯，而知其當念矣。雖分股，而總處要見“衛之受恩尤深”意。總收“狄救”“狄伐”。

狄救、僖十八。邢狄伐衛　兩致意於外兵，存人理也。通《傳》總講“報施”，落下“先書”云云。上句“以著中國諸侯之罪”，應“諸侯不念其賜”，還説得輕；下句“所以見救齊之善，功近而德遠矣”句，應於“衛爲尤”，便説得重了。蓋“伐”兵人者，以“救”被兵者，其功近；而“伐”背德者，以“救”施德者，使人理尚存，則德遠矣。其誅衛也至矣！或謂下比屬狄不屬衛，可爲噴飯。作文如《傳》先叙過“著中國諸侯之罪”，次及下段“善狄以罪衛”，通會全《傳》意大發，方得。

伐齊　師救 戰甗　狄救[17]　邢狄伐　主合：上四股一邊，内録“魯救”而“宋書‘及’”，外録“狄救”而“齊書‘敗’”。下“伐衛”一邊，不以號舉而特書“人”。詳構兵以罪大國之昧義，託外救以罪與國之背德。

邢狄伐、吴入郢定四。　功近而德遠者，進之；善小而惡大者，黜之。僖十九。执嬰齊　《經》紀討小，而無伯、無王皆罪也。“責滕”邊，只論以小事大之常理，不必以“慢伯”生議論；“責宋”邊，只“不歸京師”一意，勿添出“既不請命”，對上“既不事齊”。或主當自滕“見执固宜”，遞到“宋無王”上□，勿板對，破云：“小國有可報之罪，而執之者則專矣。”加執曹畀、僖二十八；曹不名。執曹歸，成十五；晋稱侯。只辯明二書法。

盟幽、莊二十七。盟貫、僖二。執滕　原小國見討之繇，自取之也。單主“責滕”，“不事宋”，就在“執滕”上見。舊添“伐齊”，作“不事宋”，未是。

盟貫、僖二；加比，同。宋人伐曹僖十五。　小國自外於二伯，其見討有繇矣。伐曹，亦只見“宋襄繼起”。爲小國者，自當事大，非謂當從兵也。要會“三十七年及宋襄”云云口氣，串作。舊出盟幽、伐齊，上比須搭江、黄，方不泛。伐齊大惡，亦宜避之。

于鄄、桓十四。盟貫、僖二。陽穀僖三。　即遠人之與伯盛，可以知小國之罪矣。單主“不事齊”，重“三十有七年”句。“雖”字、“相繼”字都是洗發此句意。

盟貫、僖二。伐齊、僖十八。執滕　執衛歸京僖二十八。　原事以見小國之慢，比事以見大國之專。

執滕　執衛歸京僖二十八。　《春秋》於伯討，而專與濫皆譏焉。仍以“苟爲有罪，其見執固宜”起，接下執不得“專”亦不得“濫”，分講二股。末以“濫之非”形“專之非”，見得攻人之瑕，而復以瑕自處，與執不當其罪者一般，總收“稱‘人’”。

執滕　遂圍許僖二十八。　小國慢伯、慢王，其罪均可討也。“滕介齊、宋之間”，既不事齊，又不事宋；“許距河陽、踐土近矣”，既不會踐土，又不會河陽。加盟貫，僖二。陽穀，僖三。踐土、河陽，俱僖二十八。同。脱出盟貫，僖二。陽穀，僖三。王所、王所，俱僖二十八。同。同舉江、黄與魯，正見諸侯皆與。要發“介”字、“近”字。又出北杏，莊十三，齊。伐曹，僖十五；宋。踐土、下勞。會温，俱僖二十八；狩。同。

執滕　沈潰文三。　“固宜”云云，“雖非”云云；“滕介”云云，“沈在”云云。

僖十九。盟曹南　大國急於要盟，操心之失見矣。“非同志”，在要“盟”上見，要發他“急於合諸侯”，全不炤管己德意。

僖十九。鄫子會盟　小國之從伯信，非出於誠也。主《盟幽莊二十七。傳》“受命於大國，不得已而從焉”者，須本“宋襄褊心”來。

僖十九。宋人圍曹　大國威不服之國，急於伯者也。要模寫襄公操心近小，不能須臾待的情景。透操心之失，即指“欲速、見小”，觀承“漢景”云云來，可見。

曹南、僖十九。圍曹　伯主急渝盟之討，見操心之失矣。全在“口血未乾”上描寫。“口血未乾”，而遽興討貳之師，豈其人之反覆若是之速耶？須知“不服”與“叛”不同，“叛”是既服而復叛，“不服”是通前徹後不曾服他。

執滕、曹南俱僖十九。圍曹　歷觀大國圖伯之事，而操心之失見矣。以意總起，中略點三比，各寫其“不自省”“而急合諸侯”處，總束“不越數端”云云。加戰泓，僖二十三[18]。總做在後。

執滕、曹南俱僖十九。　威信兩歉，其操心急矣。“不内省德”而急於“執”與“盟”，便“非伯討”“非同志”，便“不足示威信”矣。舊以“專討”爲“非伯討”，謬。

圍曹　戰泓僖二十二。　兩紀伯兵，著操心之失與飾名之非焉。兩邊皆有子魚、文王。上“反仁”“反智”，下假仁假義。

圍曹　執曹畀僖二十八。　二伯之治小，皆失於太驟焉。上不反仁智，重“急”字；下“不修詞令”，重“遽”字。“見小”“欲速”，事“暴”心“譎”。出執滕、曹南、俱僖十九。戰泓、僖二十二。入曹畀、城濮、踐土，俱僖二十八。大意同。上，不威不信，“卒于兵敗”云云；下，“暴”矣“譎”矣，“雖一戰勝楚”云云。

圍曹　衛侯奔僖二十八。　伯者之心，不可急，亦不可隘也。“欲速、見小”，“心外、智鑿”。襄“急於合諸侯”，文“欲主夏盟”。上“不足”，下“不勝”；上收“推見至隱”，下收“端本議刑”。漢景、東都，高帝、世祖。加曹南、僖十九。伐衛，僖二十八。同。

圍曹　宋師圍曹宣三。　虐小、報怨，俱不自反。

圍曹　盾免侵宣六。　圖伯、主盟之道，皆不外於自反焉。俱是不反仁智，而急於服人。以“示威”“示信”，對下“救陳”“連兵”。加執滕、曹南，俱僖十九。盾救、棐林伐，俱宣元。同。

執滕、曹南俱僖十九。圍曹　取汶陽、成二。言汶陽、成八。盟蒲成九。　上失圖伯之道，下失服人之本。上“愛人不親”云云，不能反己，遽以兵加之；下“信在言前”云云，不知反己，又以盟要之。

圍曹　會扈伐宣九。　討貳之得失，在自反、不自反之間而已。上“急”字，下“待”字 。加曹南、僖十九。盾救陳，宣元。同。

僖十九。衛人伐邢　兵舉於遷怒，失在不自反也。借用《滅邢僖二十五。傳》“衛人曾不反思，而遷怒於邢”句。

僖十九。盟齊　外夷無制而内交，《春秋》特謹其始焉。“楚人得與中國會盟，自此始”句最重，乃夷夏盛衰所係。“一以外夷狄”三句，總見諸侯不可開與夷會盟之端，宜融會成文。《傳》原統論天下大勢，發感傷之意，非要其後禍而謹之也。加鹿上、會盂執伐，俱僖二十一。同。要體貼“故深諱此盟”“故”字。

荆敗、莊十。荆入、莊十四。荆伐、莊十六。楚伐、僖元。敗徐、僖十五。盟齊、鹿上、盂執伐俱僖二十一。　統觀外夷之勢，而潰防者之罪見矣。流水如《傳》，□重本股“謹始”意。

楚伐、僖元。敗徐、僖十五。盟齊、鹿上、盂執伐俱僖二十一。　中國隳伯功而交夷禍之始也。“齊修伯業”，非但指不與楚會盟，其“制强”處，全在楚不得與會盟上見。只楚伐、僖元。敗徐、僖十五。盟齊，同，仍脱不得“貽禍”。只敗徐、僖十五。盟齊，亦串作，不可以“制夷”“交夷”對。

敗蔡、莊十。入蔡、莊十四。伐鄭、莊十六。楚伐、僖元。圍許、僖六。敗徐僖十五。　夷勢浸强而終不得内交者，伯業在也。“齊修伯業”，即在“稱‘人’”“能制其强”上見，不必添伐楚、召陵等股。或加會檉、僖元。盟貫，僖二。見“不得與中國會盟”。《傳》曰“終桓公世”，豈可以二役槩之。

楚伐鄭、僖元。楚伐徐僖十五。　强夷終屈於伯威，惟有以制之也。上，始稱“人”；下，止於稱“人”。仍依《傳》串下，不可兩開。下易婁林，僖十五。同。

圍許、僖六。滅黄、僖十三。敗徐僖十五。　伯業修而中國尊，强夷終爲制矣。重“不得與中國會盟”上。出侵鄭、僖三。伐徐、敗徐，俱僖十五。同。又伐黄、僖十一。滅黄、僖十二。伐徐、敗徐，俱僖十五。同。只滅黄、敗徐，係《城濮傳》。

圍許、僖六。敗徐、僖十五。鹿上　盂執伐俱僖二十一。　盟齊以前，功有所歸；盟齊以後，禍有所啓。總在“盟齊”上着力。意不貫中，而徒以埋頭爲奇。割裂《傳》義，非題之正也。只敗徐、會盂，同。

盟齊　翟泉僖二十九。　因非人而嚴大防，因非地而嚴大分。舊主“謹盟”“正本”，未妥。“正本”句，只屬子虎。

盟齊　鍾離成十五。　兩罪中國之交夷，而有思伯之意焉。上，楚始盟齊；下，吴始會。俱重“中國無伯”上。

盟齊　盟宋襄二十七。　兩謹交夷之始，維世道也。交好、交見。“始”字，兩《傳》的眼。都有“流弊”[19]。上《傳》有“著夷狄之强，傷中國之衰”句，下傳有“哀人倫之滅，傷中國之衰”句。脱出鹿上、會盂、俱僖二十一。如楚、襄二十八。會申，昭四。各側重下比。

盟齊　邢丘襄八。　《經》於紊防、委權者，而皆謹其始焉。齊桓之業，“又二年，復盟”云云；文襄之業，“後此八年，溴梁”云云。

會盂、僖二十一。楚子伐宣九。　兩書夷爵，所以傷内而罪外也。上，“聖人書此，豈與之乎？”所以傷强夷之莫抗也；下，“至是稱爵，豈與之乎？”見其重兵凌鄭也。上書“子”，對“終桓公世稱‘人’”看；下書

"子"，對"四年書'子'"看。

圍許、僖六。敗徐、僖十五。盟戲、襄九。蕭魚襄十一。　兩伯之於外夷，皆有以制之焉。伯業能制楚，于是楚欲與會盟而不得；伯謀能敝楚，于是楚欲與之戰而不得。脱出婁林、僖十五。執良霄襄十一；上比全在"稱'人'"書法上論，下比係杜撰，難出。

僖十九。梁亡　十小國見覆，略詞以著其自取焉。以"秦暴"起，倒梁"自取"上。《傳》中"魚爛而亡""如火消膏"，形容"自取"甚貼。"心"與"政"字最要紧。"好土功"見《左傳》；"湎於酒，淫於色，心昏"，見《穀梁》；"出惡政"見何氏注。俱説梁伯。

伐宋圍緡、僖二十三。滅江文四。　罪惡有最著者，非明微者所務白也。須發"易見""易知"，含"《春秋》明微"意作。上易入滑、僖三十三。取鄆，昭元。下易滅譚、莊十。滅蕭、宣十二。滅陳、昭八。滅蔡、昭十一。滅沈，定四。同。

僖二十。新作南門　勞民於不當爲，《春秋》所譏也。全在"不當爲"上見他"輕用"處。使重視民力，未有不審其所爲者。

城向、桓六[20]。城邢、僖元。作南門　詳紀興役之意，而勞民於非制者可知矣。"得時制者猶書"，只"見勞民爲重事"，以起下云云，不必於本比復添"非時"。上二比易城諸及防、莊二十九。城成周，昭三十二。同。又出作南門、城成周，同。

作南門　檇李定十四。　兩有所削，示君道、子道也。"先務"，"常事"。上，不書僖公修泮宫，復閟宫，"雖用民力，不可廢也"；下，"不書吴子敗越，棲句踐于會稽"，乃復公讐，"非報怨也"。

僖二十。鄭人入滑　二國虐小，不臣之罪著矣。王爲滑請，鄭不聽命，是後事，借此作文，罪鄭不王。

僖二十一。鹿上　大國講交夷之信，昧尊王之義者也。攘夷狄以尊王室，盟主合諸侯之義也。今與楚盟，則非義矣。須本"繼桓"説來，"義"字重發。盟齊，只是楚與盟之始，且自列國言，故只責他不該交夷；此是宋襄求諸侯於楚，自盟主而言，直是責他不能攘卻。須有分曉。

僖二十一。會盂執伐　《經》紀外患，而縱患、啓患者均貶焉。是時楚伏兵車，其横莫制，乃責諸侯不當拱手聽命。蓋天下之患，皆繇於望風自潰，儻人人真能自奮，未有不可轉弱爲强者。只會盂，單“責宋”，無書法。

季子歸、閔元。會盂執伐　《春秋》爲賢者諱，獨顯昧義之恥以致貶焉。

伐楚、召陵、俱僖四。鹿上、僖二十一。會盂執伐　欲紹伯業而交夷，宜其禍矣。倒作。“尊王室”意就在“攘夷”内。“執伐”收書法。

盟貫、僖二。陽穀、僖三。鹿上、僖二十一。會盂　盟會而偕夷，非所以紹伯業也。重“盟主”發意。桓盟會，要去攘夷；而襄盟會，反去交夷。以此相形盟貫、陽穀，重“合江、黄以攘楚”説，不是謂不與盟會也。“攘夷狄”□下“與楚會盟”對針。“宋襄欲繼齊桓”二句，如云不打帳做他那等人，猶可，既是思量去學他，豈可反他所爲，而“與楚會盟”云云。

召陵、僖四。鹿上僖二十一。　就退舍盟楚與求楚爲盟上，辯其“攘夷”“交夷”，相形承作，見襄不能繼桓。上易完盟，僖四。同。與《傳》“不與楚盟會”意不合，宜删。

北杏、莊十三。伐楚、僖四。首止僖五。　即盟主所以合諸侯之烈，而交夷者之昧義見矣。論《傳》，却是言伯者該當如此。舊破者云“歷舉前伯之功，其仗義可知矣”，便無力。事雖三件，卻以“尊王室”爲歸宿，蓋合諸侯，攘夷狄，正所以匡王室也。串貫處，要知此。記《北杏傳》，是“合諸侯，安中國，免民左衽”，出盟幽、救郎、召陵三比。《盟柯傳》，是“合諸侯，安中國，攘夷狄，尊天王”，出盟幽、救鄭、召陵、寧母四比。《邢狄伐衛傳》，是“攘夷狄，安中國，免民左衽”，出伐戎、城邢、伐楚三比。此傳是“合諸侯，攘夷狄，尊天王”。出此三傳最易溷，須辨之。

鹿上、僖二十一。會盂執伐　大國交夷之禍，昧尊王之意所致也。以“諸侯”提過，倒“宋公交夷以啓禍”作，收“‘人’宋公於鹿上”云云。

鹿上、僖二十一。會盂　伯而盟會乎夷，愧伯義矣。以“盟主者”云云總起，略點盟會，不可大分，亦不可倒書法。二股皆有子魚語。“夫盟主者”四字，及“所以”句，并“者也”二字，須通篇咀嚼。

會盂執 諸侯盟扈文十五。 《經》於凌伯、釋賊之事，皆分惡於諸侯焉。先以楚晋之惡揚起，倒“不言楚子”“不言晋人”作。“宋自取”，“魯不會”，點入。

會盂 伐宋圍緡僖二十二。 交夷殘夏者，皆深有愧於伯義者也。襄欲紹桓之烈，孝承桓之餘業，故皆以“尊”“攘”大義責之。

會盂執伐、圍宋、盟宋俱僖二十七。 惡凌伯，而均責夫縱之者；惡凌大，而均責夫從之者。去盟宋，同。

季子歸、閔元。會盂執 黑壤、宣七。平丘不與昭十三。 《經》變諱賢、諱親之例，而主盟之義、立身之道皆見矣。宋與楚盟會，則不得爲賢，所以不諱。

季子歸、閔元。鹿上、僖二十一。會盂執伐 取鄟、成六。入邾益來哀七。 事有不槩諱者，所以貶啓患、彰改過也。

會盂執伐 沙隨不見成十六。 示攘夷尊王之義，示守身應物之勇，皆直書不諱。

僖二十一。宜申獻捷 諱大國之俘，爲不能伸義者愧也。重“不能申大義以尊、攘”上。當時楚來脅魯，正尊、攘一機，惜魯不能，所以可愧。“拒使”二句，串説。當時盟主且被擒，《春秋》又何過求於魯？“拒使”“聲罪”，魯已萬萬“不能”，《春秋》乃因其“不能”而“諱之”，非責其不爲也。若云責其昧義，貶其昧義，便非。舊破云：“爲夷所脅，昧義甚矣。”若主此作文，發“拒使”“請討”，□十分膽量，爲大義吐氣，不宜文□可憐，執□生口吻。加鹿上、會盂執，俱僖二十一。以“楚”“桓”重發起。加會盂執，係“盟薄”内題。

鹿上、僖二十一。宜申獻捷 惟攘夷之義重，而宋、魯均罪矣。上“攘夷狄”以“尊王室”，下“攘夷狄”以“尊中國”。齊桓遺烈，周公家法。

宜申獻捷 盟宋僖二十七。 兩惡望國之昧義，而隱顯其詞以見罪焉。上在“去宋”字上見“義”，下在“書宋”字上見“義”。俱責魯。

宜申献捷　歸父會宋宣十一[21]。　夷不可不攘，而受俘、薦賄皆非也。上云“其横逆甚矣”，下云“凌蔑中華甚矣”。俱要以“楚罪”揚起，方見“不可不攘”意。宋，“先伐[22]之後”；魯，“周公之裔”。

僖二十一。盟薄釋　望國畀大權於外夷，《春秋》深貶之也。以“天下大變”引起，倒“事僨”作。“操縱”，俱在“釋”字上，猶云釋、不釋，總憑他做主也。或以“執宋“爲“操縱”，謬。“宋方主會”句不可忽，蓋諸侯所聽命者，今以夷狄執之，而諸侯聽之，是夷狄反爲中國主矣，豈非“大變”！兩書法，宜如《傳》一起一收。傳中“不能”云云，還是“没用”處，可恨在“與歃血”的“與”字，尤可恨在“求楚子以釋之”的“求”字上。加會盂執、獻捷，只作“大變”事寔。有搭“□歸”，爲“出自中國”，“曹伯歸京”，爲“出自天王”者，不通，宜删。

會稷成宋、桓二。盟薄釋宋　澶淵宋故襄三十二。　詳會盟之實，以其闡天下之大義也。以“二會”“特書所爲”做起，倒“盟薄”作。末仍挽上二股，君臣、父子、夷夏作骨。

會盂執、獻捷俱僖二十一。　當外横爲變之大，宜於此申天子、中國之權矣。重發“天下大變”。末云：“蠻夷已爲中國主，乃更以操縱大權委之，而使自彼出乎?”

會盂執、僖二十一。盟薄釋　觀伯主被患之終始，而縱惡、委權者皆罪也。比作。上重“聽”字，下重“求”字。上，“列楚子於上，而以同執爲文”；下，“不言楚子”，而“不與専釋”。

宜申獻、僖二十一。盟薄釋　兩諱望國，以其受外脅、畀外權也。比作。俱是“不能申大義”，各收“諱”詞。

盟薄釋　伐宋圍緡僖二十三。　貶望國當外横而委權，罪大國當外張而助虐。“魯既不能”云云，“齊侯既無”云云。

盟薄釋　踐土僖二十八。　《春狄》重大權，不欲操縱自夷、廢置自臣也。

釋宋公　納頓子僖二十五。　諸侯之釋與納，皆不與其出於夷也。楚蠻夷而執主盟，“魯不能”云云，而“求楚釋之”，“是操縱自蠻夷出”

也，故“不言‘楚子’”，“不與‘釋’”也；陳先代而沮小國，“中國不能”云云，“而使楚納之，是夷狄仗義正諸夏也”，“故書‘納’”，“不與納也”。

釋宋公　陳蔡歸昭十三。　上，楚執之，而自楚釋之，故“不言‘楚子’”；下，楚滅之，而自楚封之，故“不言‘自楚’”。

會盂執　盟薄釋　執意如、昭十三。意如至昭十四。　操縱繇於夷，勸沮出於利。如此比，似以執宋爲操矣。宜删。

僖二十二。伐邾取須句　望國存小之專，不得以禮托也。《傳》因《左氏》以“崇明祀、保小寡”爲禮，故辯其不請王命，而徒狥母家私意，不得爲“崇祀”“保小”之禮。“非所以爲禮”句，不是斷詞。或以“請命”爲禮，非也。“取須句，而反其君”，使歸國，只串説，不可以“建國”“封侯”分。還重“取”上，玩“收奪”句自見。收“書‘取’”。

取牟婁、隱四。取須句　律存小者以啓疆之罪，譏擅命也。

取須句　取濟西僖三十一。　“書‘取’”以譏復國邑者，止亂也。俱有“以亂易亂”句。

取須句　取汶陽成二。　上，不請於王，而曰明祀、小寡，“爲母家報怨”而“反其君”，“與收奪者無以異矣”；下，不請於王，而曰“經界世守”，“恃大國兵力”而“得其故壤”，“與得非其有者奚以異乎？”

取須句　城杞襄二十九。　内外私於所親，皆非尊王之義也。魯僖不請王命，而母怨是報；晋平不奬王室，而母族是恤。

僖二十二。升陘　望國輕兵以貽害，《春秋》之所貶也。“輕”字，與《救邢傳》“兵者，聖人之所甚重”“重”字炤看。乃與“誅暴禁亂”句有情除是“誅暴禁亂”，兵乃可用，此外便是敵加於己，只是一箇不戰。魯以須句致寇，既難申文告之詞，而“卑邾”，又無守禦之備，蓋不戰，只有修詞、修備兩個處置，今兩者俱無，造次與戰，此所以謂之“輕用師徒“也。《傳》首兩句，總是“輕用師徒”之案。

須句、僖二十二。升陘　小國之師有故，而内君之輕兵非矣。以應敵宜修詞、修備發論起。須重看“邾人以須句故出師”句。使魯當日“請於王命”，郲今日何敢出師？即出師，亦可論以詞命，使知不縮而引去矣。惟其不然，故不得不輕於一戰，以貽兩國懸胄復矢之害也。夫寧獨“卑郲，不設備”之咎哉？出取牟婁、隱四；收奪。同圍齊，襄十八；誅暴。主兩□脱比。土地不可擅取，“牟婁”非矣，而須句其類是歟；甲兵不可輕用，“同圍齊”是矣，而“升陘”其異是歟。

升陘　同圍齊襄十八。　望國輕兵以貽害，於除害者異矣。倒作。下《傳》有“抑强暴”句。或加徐越伐吴，昭四。同。下易圍彭城，襄元。楚暴、魚石亂。易伐楚、召陵，俱僖四。“暴亂”俱指楚，且於“輕兵”更有炤。

圍彭城、襄元。同圍齊襄十八。　兵惟宜加於暴亂，異乎此者非義已。出遂伐楚、僖四；暴。楚子伐鄭，宣四；亂。同。又出楚子入陳、宣十一；亂。栢舉，定四；暴。同。“誅暴禁亂”，《戰郎傳》便有此語，何可擬題？宜删。

僖二十二。戰泓敗　繁詞以紀伯兵之衂，而王政之本明矣。襄公平日所行，都是不仁不義，今獨“不扼[23]”云云，則是“計末遺本，餙小妨大”，非“王政之本”矣。“繁詞不殺”，指言“日”言“朔”。“三罪”總是不仁不義，不可分貼。“敢”字、“獨”字，有味。須知《傳》是破先儒“至仁大義”之誤，非責襄公之不當假也。

伐齊戰、僖十八。執滕、曹南、執鄫、圍曹俱僖十九。　歷觀大國圖伯之事，皆悖乎仁義者也。輕點三段，總斷他不仁不義。加本比，倒作。加高子盟、閔二。城邢、僖元。楚丘、僖二。及荀息，僖十。同。

高子盟、閔二。城邢、僖元。楚丘、僖二。及荀息、僖十。伐齊戰、僖十八。執滕、執鄫俱僖十九。　大國紊倫、虐小之罪，參之齊、晋之事而可知也。“一會”云云，異於齊桓；“殺無虧”云云，同於晋獻。上邊要看“猶曰”字，下邊要看“所以”字。

高子盟閔二、城邢僖元、楚丘僖二、及荀息僖十　此題全在宋襄“不仁非義”上運意，不貴實講齊、晋事。“襄紊倫”邊，不但“奉少奪長”，至“使齊人”云云，方與晋事相炤。上或只用一比，未妥。

高子盟、閔二。城邢、僖元。楚丘僖二。　即存小之德猶薄，可案虐小者之罪矣。“薄德”句，用子魚語，在因亂取魯，緩救邢、衛上論。或搭緣陵，指“專命”説，大謬。加執滕、執鄫，俱僖九。倒宋襄作。再加曹南，僖十九。只炤“一會”字。

執滕、曹南、執鄫、圍曹俱僖十九。　惡伯之妨大德、治人暴、責人急也。重兩“德”字。桓猶“薄德”，則襄德可知；不自“省德”，則德闕可知。以“仁義”“大德”起。齊桓“存三亡以屬諸侯”，文王“軍三旬而退修教”。比《圍曹傳》，只多執鄫。

戰泓　城濮僖二十八。　兩不與伯兵，以王政、王道律之也。上“仁義”，下“道義”。各先揚起，倒入“不予”上。

戰泓　衛侯奔僖二十八。　飾小名，報小怨，皆妨大德者也。下比意，見《衛鄭歸僖三十。傳》。“不名”者，罪晋侯之“以小怨妨大德”，亦本平昔能忍於奄竪云云來斷。

戰泓　札聘襄二十九。　順事恕施，王政；達節不守，聖道。餙小名，狥介節。“先儒以爲”云云，“世之君子，盛稱”云云。繁詞、略詞。同於跖，異於夷。

戰泓　大鹵昭元。　敵外而戾王政，攘外而非王師。宋襄不用詐，荀吴用詐，正可比論。文王、宣王點起。

戰泓　唁野井昭二十五。　《春秋》兩紀事，而知政與禮皆有本也。下比只用昭公邊。“物有本末，順事恕施，政之本也”，“禮有本末，正身率人，禮之本也”。兩邊俱本平昔行事來斷。

僖二十三。伐宋圍緡　伯嗣乘約肆淫，昧義之尤者也。惟“伯國餘業”，故以尊、攘之義責之，非徒責其“乘約”。“餘業”意，重發，亦要發得“尤”字意出。“又”字是案，“尤”字是斷。加戰泓，僖二十二。同。

伐楚、召陵、俱僖四。戰泓、僖二十二。圍緡　隳先業而乘人之危，不義甚矣。

伐戎、莊二十。救鄭、莊二十八。伐山戎、莊三十。救邢閔元。　伯國有遺烈，繼之者宜知所承矣。全在孝公身上發“伯之餘業”。“當尊、攘、恤、畏”意，亦要説只此是義之得爲者。或首□□孝公身上論，倒得出閔公事。

宜删。

伐鄭圍新城、僖六。伐宋圍緡　攘夷殘夏之事異，故不嫌於同詞焉。炤《傳》問起，要説得事之“美惡”分明，而“不嫌于同”之旨自見。不可兩開，一箇是與楚合的，一箇是與楚戰的，正是夷夏分□處。楚，夷也；鄭附之，鄭亦夷矣。故伐鄭，即爲攘夷。舊主“□□之異”，猶隔。加鄭逆、僖五。戰泓，僖二十二。同。

伐宋圍緡　遂乞師僖二十六。　乘藉夷勢以殘夏，皆昧義甚矣。上乘夷之虐，下藉夷之强。上“宋與楚戰云云，殘中夏也”；下“乞楚師云云，殘中國也”。

伐宋圍緡　齊取濟西宣元。　乘人之約，利人之惡，均有媿於先業矣。上有“伯國之餘業”句，下有“盟主之餘業”句。

伐宋圍緡　宋師伐滕宣十。　繼伯後者，有失尊攘之義，有失誅討之宜。上，“伯國之餘業”，以“宋敗”作案；下，“伯主之餘業”，以“陳逆”作案。

圍新城、僖六。圍緡　楚子伐、宣九。楚子伐宣十。　比宣十《伐鄭傳》。上，詞同事異；下，詞同意異。

戰泓、僖二十二。圍緡　伐郯、成二。會伐郯成八。　縱夷而復益其虐，棄夏而復治其貳，皆非義之甚者也。二《傳》皆重“既”“又”字，皆以“義”字爲主。

戰泓、僖二十二。圍緡　滅陳，昭八。滅蔡、昭十一。伐鮮虞昭十二。伯國乘内衅以肆殘，中國效夷行以逞詐。下亦有二層意，以“信”“義”字，對上“尊”“攘”。

僖二十三。《杞子卒傳》

滕朝、桓元。杞朝僖二十七。　兩黜侯爵，存義禮於中國也。上下俱是“謹辯”，不可以“君臣”“夷夏”分。“定名實”意，要發透。“變夷”自成公始，桓公因之。“杞朝”，乃桓公也。

杞朝、僖二十七。晋伐鮮虞昭十五。　兩以效夷黜中國，存禮、信之防也。俱有“中國所以爲中國”句。上“變夷”，下“效夷”；上重“禮”

字，下重“信”字。

僖二十四。狄伐鄭　王室用夷制夏，其事債矣。見《居鄭僖二十四。傳》。制命未順，在偏與衛、滑上見。“拔其本”要發透。加鄭入滑，僖二十。只作事實。以“鄭不王”引起，不可兩分。

僖二十四。出居鄭　《經》於大君寓外，示端本、存防之意焉。“出”字，重襄王“用夷制夏”之失上；“居”字，重聖人“撥亂反正”之旨上。上，能大發“王者以天下爲家，猶天無不覆”，下，大發“普天之下，莫非王土”，□覺冠冕。加狄伐鄭，僖二十四。“居”字點起，重“端本”作。

僖二十五。燬滅邢　□覆親之法，立人道也。“《春秋》之法”“法”字，與“王法”“法”字相應，蓋法因人道而設也。忍於“絕先祖之裔”云云，正是人道不立，比滅異姓心更慘毒。説透“不可不差等”，而衛罪自見。邢，周公之後；衛，康叔之後。加石門，隱三。只起“生名”書法。加邢狄伐衛，僖十八。只作事迹，及於中辯講。

元年、隱元。滅譚、莊十。執虞、僖五。伐衛、僖十八。滅邢　上以“仁”倒“義”，下以“輕”倒“重”。“《春秋》之法繇仁義行”，“《春秋》原情定罪”。

元年、隱元。滅譚、莊十。滅邢　辨親疎於聖德之内，而人道立矣。以“元年”作“聖人與天地合德”云云問起。而“理一分殊”總在下二比發之。或加春王正月，更不通。

滅譚、莊十。滅邢　殊詞以罪覆親者，立人道也。只就“理一分殊”一層論。

滅譚、莊十。執虞、僖五。滅邢　滅夔僖二十六。　迭紀覆國，而獨甚與國之罪焉。以滅譚辯“燬”之書“名”，作正講，而後以虞、夔辯二股，收“稱名”。去滅譚，作法同。或只滅譚、執虞、滅邢，以“辨分”“厚情”分。或只滅譚、滅邢、滅夔，以“親疏”“夷夏”分。二題俱失“輕重”，不成題。

執虞、僖五。滅夔僖二十六。　兩不名覆親者，可以定與國之罪矣。晋雖中國，而虞則自取；夔□自取，而楚則夷狄。以“衛燬”作骨。

執虞、僖五。滅邢　與國覆無罪之親，故其罪獨重焉。以“滅親”提明，即以“滅虞”比問起，重“原情定罪”作。“又遣禮至”云云，見非邢自取。“輕重之權衡”，收處要透。加邢狄伐衛，僖十八。同。再加滅下陽，僖二。亦同。或出滅下陽、僖二；有罪。邢狄伐衛，僖十八；無罪。即上題脱母。

滅邢　滅夔僖二十六。　原外夷僭王之惡，而滅親之罪細矣。

滅譚、莊十。滅邢　取邿、襄十三。仲幾定元。　合《午卒襄四。傳》。或“名”或“不名”者，權仁義之等；“有諱”“有不諱者”，“參文質之中”。又或合踐土、河陽，俱僖二十八。“仁義”“名實”。

滅邢　秦人伐晋文三。　《經》於遷怒、貳過，而均重責之焉。加伐齊、僖十八。敗殽，僖三十三。同。

滅邢　襄歸僖二十八。　名覆國、復國之君，其義精矣。親疎辨，仁義之法立；義利嚴，性命之理正。

僖二十五。蕩伯姬逆　□譏圖婚之失，因罪夫主婚者焉。重“公失禮”作。姑自□□□□□。

僖二十五。圍陳納頓　不與外夷仗義，自治意也。以“陳罪”提起，倒“諸侯”上。“正本自治”意，要重發。“本”，指“中國”言。“使楚人納之”，一“使”字何等有力！此字從上“不能”“又不能”生來。“仗義”二字有深意存，見楚當時已有其勢，所乏者義耳，今得以“納頓”，是挾勢者，又能挾義，中國何不自爲討，□至此耶？

納頓　遂乞師僖二十六。　存夏、報夏藉於夷，遺義、昧義者之罪也。“夷狄正諸夏”，“蠻夷殘中國”。“正本自治”，“省德自反”。

納頓　辰陵宣十一。　惟見外夷之仗義討逆，中國可責亦可傷矣。

納頓　陳蔡歸昭十三。　納君、封國，皆不以權予外夷焉。上“不與納也”，下“不與楚子之得封也”。上是“夷狄正諸夏”也，下是“夷狄制諸夏”也。

納頓　吴救陳哀十。　兩抑外夷之舉義，責中國也。重中國不能“納”與“救”上。二《傳》俱有“修方伯連帥之職”句。陳、楚，點起。

僖二十五。冬盟洮、僖二十六。春盟向　堅黨、不義，寇之招矣。以“乞師”問起，須本“衛不義”，以見“魯黨之”之罪，而以“召兵”意束之，仍收“乞師”。“既”“又”二字不可放過[24]。

僖二十六。侵西追弗及　交譏内外之兵，以其非正也。齊憤黨衛，魯憤齊侵，非正。即在“私憤”上斷。用詐、“深入”，皆憤心所爲也。“弗及”，亦自“深入”内來。惟“深入”，故“有畏”，非譏其怯。書法總結。

僖二十六。侵西　大國舉私憤之兵，《春秋》所譏也。單責齊，融“潛師”“誘魯”二意入講。書法重“侵”字，而“人”字帶之。

僖二十六。追鄰弗及　内君以忿而躡敵，非用兵之至矣。稱“齊師”，只於起處點破。“深入”“弗及”是一串意，“逞忿”全在“深入”上，若非“有畏”，未必以“弗及”止也。

□□□　追鄰　躡敵皆譏，以“弛”與“逞”皆非也。不□、“深入”，全在境内、境外上體貼。“深入”，仍主“逞忿”。玩《傳》“凡書‘追’者”句，及兩“在”字、兩“則”字、兩“是也”字，宜虛論道理。“追戎”“追齊”，只體《傳》“是也”口氣點入，方有凌駕。

僖二十六。伐北鄙　憤兵再逞，誠不能爲大國解矣。要體“又伐其北”“又”字與“固亦非義矣”“固亦”字發。舊破云：“觀辭令之却敵，無事於戰矣。”以“齊師非義”叙起，倒展禽作，重申王命上，要見禦敵不必戰，發《長勺傳》意，猶可。或主《殺三卿傳》“偃、息、□□”云云。展禽非卿位，則不通矣。

僖二十六。遂乞師　望國資夷以報夏，其非義自見矣。以“義”字爲主，重以“夷殘夏”斷罪，“自反”意略帶。加伐齊僖十八、滅邢、盟洮俱僖二十五、盟向、侵西、伐北，俱僖二十六。一串作，數比總只“致兵之繇”。

伐齊、僖十八。滅邢、盟洮、俱僖二十五。盟向僖二十六。　與國不義之甚，而□□黨之非也。與“洮向”單比同，但講衛案稍詳耳。加侵西、伐北俱僖二十六，大意同。須體《傳》“故”字口氣，不必涉“齊非義”。

伐齊、僖十八。滅邢僖二十五。　與國非義之甚，宜弗與之黨矣。要體

《傳》“又”字、“甚”字意，不可兩分。加楚丘、僖二。邢狄伐，僖十八。同。

伐齊、僖十八。滅邢、僖二十五。侵西、伐北俱僖二十六。　衛、齊非義，俱用“又”字發，俱以魯繳。上云魯其可黨乎？下云魯可不自反乎？

盟洮、僖十五。盟向、侵西、伐北俱僖二十六。　黨非義以召兵，自反亟矣。玩《傳》“故”字，緊承是“黨衛”句來，則下二比亦歸重“責魯”上。“齊師固亦非義矣”句，是啓下語，非承結侵西、伐北正意也。當以“兩盟”發之於前，而以侵西、伐北，承上發魯自已致寇而當内反意。舊主“魯黨惡”“齊逞忿”分作。

侵西、伐北俱僖二十六。　徒就大國之憒兵論，而義誠不在大國矣。以魯之挑齊提起，不徒在“既”“又”字發揮。要體“齊師固亦非義矣”口氣，含“魯當自反”意。前用“故”字接下，後有“固亦”“不了”[25]語，此承上起下題也，須會此行文。

伐北、僖二十六。遂乞師、伐北、戰鞍俱成二。　兩觀齊、魯相報之事，無一義者也。俱是“不義”，須有分别。“齊師固亦非義矣，而僖公云云，於義可乎？”“齊侯之興是役，非義矣；魯人爲鞍之戰，豈義乎？”

遂乞師　晋狄伐秦宣八　啓怨而資夷報之，内外之失均也。俱以“不自反”説起，歸重“用夷殘夏”上。

僖二十六。滅夔歸　《經》於外夷覆親，而特著被患者之無罪焉。《春秋》恕夔，全以“諸侯之祀，無過其祖”一句律之。“不得”與“反以”字有味。看“竄夔”、“失楚”之對，毅然持正不屈，但暴横之夷，甘心同姓，故夔不免耳。“非其罪矣”句，極有精神，觀下“故”字可見。説一個“非其罪”，正見是楚之罪。

獻舞歸、莊十。滅邢、僖二十五。滅夔　變例以紀覆國，恕無罪而略外夷也。将上二比，辯書法，問起；倒本比，分作。□□□□□□□□□□□□□。脱去本股，以“失地”“滅親”對，繳出本股。

僖二十六。伐齊取穀公至　望國用兵失正，《春秋》危之焉。“‘以’者，不以者也”，即指“失正”言，不必泥擅興□，全重“背華即夷”，方切“以”字。“取邑”句對“不過”〔26〕，見齊非可凌，穀非可利，况資楚以“伐”之“取”之乎？故云“失正”之“致危”處，亦重夷心叵測上。“齊怨不可深”意，帶用。蓋《春秋》中“伐”“取”多，而獨“危”此役，意可知矣。

僖二十六。伐齊取穀　望國用夷以取邑，失正甚矣。不用“危”意，倒“以”字書法，重發“失正”。

僖二十六。公至　内君負失正而歸，宜其以“危”志矣。本上“失正”，發“危”字意。

公至伐齊　至伐齊襄十九　兩致用兵，危其事而大其功也。

【校記】

〔1〕“淮夷”句，此句出於上年《狄侵衛傳》。本題無《傳》，依例應有“主《侵齊傳》”句，或佚。

〔2〕城邢，後依例應註明年號“僖元”。

〔3〕僖十六，應爲“僖十五”。

〔4〕戰韓，後依例應註明年號“僖十五”。

〔5〕而且，《傳》中無“而且”或“而”與“且”關聯語。與“以封境言之”相併者，還有“以形勢言之”，“而且云云”或指此。

〔6〕謹，應爲“勤”。《傳》有“始勤而終怠”語。下“‘始謹’股”之“謹”亦誤。

〔7〕□□，依文意當爲“德厚”二字。

〔8〕伐宋戰宋，後依例應註明年號“桓十二”。

〔9〕敗莘歸，後依例應註明年號“莊十”。

〔10〕大棘敗獲，後依例應註明年號“宣二”。下題同。

〔11〕戰泓敗，後依例應註明年號“僖二十二”。

〔12〕滅項，後依例應註明年號“僖十七”。

〔13〕僖十，此年無“伐齊”，當爲上“僖十八”“伐齊”之誤。

〔14〕“徹於”句，《葬齊桓傳》中未見“徹於”“以此”字。

〔15〕城濮，後依例應註明年號“俱僖二十八。

〔16〕文十六，應爲“文六”。

〔17〕狄救，後依例應註明年號“俱僖十八”。

〔18〕僖二十三，應爲“僖二十二”。

〔19〕流弊，兩《傳》俱無此二字，或就意言。

〔20〕成六，應爲“成十六”。

〔21〕宣十一，應爲“宣十五”。

〔22〕伐，應爲“代”。《傳》：“宋公，先代之後”。

〔23〕扼，《傳》爲“厄”，本《公羊》“君子不厄人”。

〔24〕本題“二盟”均無《傳》，所用皆下《乞師傳》。依例當於破題句後寫明“主某傳”，或佚。

〔25〕不了，《傳》無“不了”語，或爲“不能”之誤。

〔26〕不過，諸《傳》均無此二字，或作者取意言之，然終不順。

卷之十三　僖公下

僖二十七。杞子朝　黜小國之用夷禮，所以存諸夏也。借《杞卒僖二十三。傳》。此桓公也，須本成公變禮來。禮在居國冠服之制、揖讓之儀上，不止朝禮。

杞子朝　入杞僖二十七。　謹大防，謹大權。

僖二十七。遂入杞　紀内臣專兵之迹，示委權之戒也。見《餘丘莊二。傳》。重垂戒意。《傳》論仲遂全在"久擅"，此纔第一事耳，須會。

僖二十七。圍宋　盟宋　《春秋》貶外横，而因罪夫同兵、信者焉。楚，一頭；諸侯與魯，兩脚。貶楚處不可略，先把楚罪説得痛快，而下二項自明。三書法總收。

僖二十七。圍宋　外夷猾夏而諸侯從之，皆《春秋》所貶也。"楚"與"諸侯"聯講，不必開作。

僖二十七。盟宋　盟夷於夷患之地，罪其所自甘矣。"無嫌"意，全在"宋"字上發。加乞師、以伐齊，俱襄二十六。主"公與楚結好"句。

盟宋　盟扈文十五。　公之罪亦著矣，魯君之罪亦可知矣。上是"無嫌於與"，下是"不與"。

盟宋　翟泉僖二十九。　謹防、正分。"宋公，先代之後"，"無嫌於與盟"；"翟泉近在雒陽王城之内"，"於此上盟"。

圍宋　城濮僖二十八。　伯主之兵刑，得用民、服民之道矣。定王示義，伐原示信，大蒐示禮。以擅爇殺顛頡，以奸命殺祁瞞，以逃歸殺舟之僑。上，"民聽不惑而後用之"，"一戰而霸，文之教也"；下，三罪而民服。或主《殺得臣傳》題，未妥。

圍宋　伐鄭、襄十。伐鄭、伐鄭俱襄十一。　伯主之用兵，得之訓與謀者，善也。下：一駕師牛首，再駕會北林，三駕觀兵東門。上，"一戰而霸”；下，不戰而勝。

圍宋　楚子伐鄭襄九。　得教民、息民之道，用之成功無難矣。上子犯，下魏絳。以上三題俱謬，而以楚子伐、伐鄭爲“息民”，尤謬，俱宜删。

僖二十八。侵曹伐衛　以賢伯而隆怨，《春秋》備責焉。總“譏復怨”。“或曰”以下，辨其爲“復怨”而舉耳。“請盟弗許”，亦是“忿”處，不可分“私”“刻”。

僖二十八。晋侯伐衛　伯主報怨過刻，《春秋》備責之也。以“報怨”爲主，以“又况”云云，就中發之。連“樂與人改過”，都是“責晋”話頭。

鄭人伐衛、隱二。取牟婁隱四。　兵一以貪、忿舉，不知德者則然也。“春秋之時，用兵者非忿即貪”，此句正與“責備賢者”相關，宜細玩。須知借一以類其凡，勿泥定實講。出邾鄭伐宋、隱五；□□□□。取郜防，隱十。同。或出鄭入滑、僖二十；忿。秦入滑，僖三十三；貪。亦同。上主滑叛鄭服衛。欠顯，但取“二滑”相類，何當？又鄭人伐衛、隱二。秦入滑，僖三十三。亦同。□題舊主《彭衙傳》，“引咎”□論，以弦高語不切，移主此。

圍宋　盟宋、僖二十七[1]。侵曹伐　救衛僖二十八。　即二國無從夷之迹，而知伯主隆怨之罪矣。依《傳》問倒，大意同單。“救衛”股於後發揮幾句，總收二書法。去末比，同。

侵曹伐　救衛僖二十八。　伯主隆怨，托外救以甚之焉。書“救”，非善楚，只托以甚晋耳。大意同單。仍炤《傳》收二書法。去侵曹，同，亦不可專重“拒盟”説。

秦人伐晋、文三。歸邾益哀八。　觀《春秋》所備責樂與者，而伯主無所逃罪矣。下比易歸讙闡，哀八。同。出納捷菑、文十四。札聘，襄二十九。同。

晋侯伐衛　秦人伐晋文三。《經》於二伯忿兵，皆致責備之意焉。上用“《詩》云”，下用《易》辭。上以“能忍於奄豎”云云來斷，下以《誓》言來斷。□從拒盟焚舟描寫他“忿”處。“春秋之時”“春秋諸侯”，俱起下“責備”意。俱有“知德”字。

晋侯伐衛　札聘襄二十九。　譏復怨，貶辭國，責備賢者意也。絶人已“甚”，守節過“中”。上加侵曹，同。

晋侯伐衛　納捷菑文十四。　伯主絶人改過，可譏；伯臣勇於改過，可予。“《春秋》樂與人改過”，《書》稱“有忍”；“聖人以改過爲大”，《易》稱“乘墉”。

侵曹伐衛　私而刻，暴而譎。加楚救，僖二十八。同。若加城濮，即《得臣傳》。

楚救衛、衛侯奔楚俱僖二十八。　伯主隆怨，兩托詞以甚之焉。總以“拒盟”提醒。兩《傳》俱有“責備賢者”句。上邊“深”字，下邊“重”字，要發。

楚救衛、僖二十八。缺救宣九。　兩録救兵，而逞忿肆暴之罪見矣。雖出“二救”，却重“二伐”上。下[2]書“楚救”，則責晋深矣；下書“晋救”，則知非與楚也。

楚救衛、僖二十八。衛救陳宣十二。　下“其以‘救’書，意在責宋也”，責討貳非義。

楚救衛、僖二十八。書救成六。　“何以知其深惡楚也？下書云云，則知之矣”，惡犯義。

楚救衛、僖二十八。貞救襄十。　下“又書‘楚公子云云，諸侯之罪亦明矣”，罪扼險非義。

楚救衛、僖二十八。書伐鄭成九。　《春秋》筆削外救，而報怨、從夷者之罪見矣。“書‘楚人救衛’，則譏晋深矣”。“楚子重侵陳”以救鄭，“削而不書”，“鄭亦有罪焉耳”。或易嬰齊、伐莒，未妥。

楚救衛、僖二十八。楚子伐鄭宣十。　下削士會之救，以罪晋恃力。《傳》中止有“則責晋可知矣”句，無“恃力”意。用《四國伐鄭宣十。傳》“用力争之”及“自是罪在晋矣”句。

楚救衛、僖二十八。韓厥伐鄭襄元。　下削子辛之救，以罪鄭從夷。晋以“與塊”之怨，拒衛已甚；鄭以“集矢”之德，“與楚不貳”。

楚救衛、僖二十八。楚人侵鄭宣二。　惡復怨而予反正，皆托外兵以見意焉。在“救”字、“侵”字生議論。“《春秋》樂改過”，“《春秋》大改過”。

楚救衛、僖二十八。晋侯伐秦文四。　予恤患以深責肆患，略報怨以深善釋怨。不譏晋侯，所以深善秦伯。“《春秋》大改過”云云。

楚救衛、僖二十八。秦伐晋文三。　下深許晋人悔過，故重貶秦伯以見之。

楚救衛、僖二十八。楚子伐麇文十一。　兩紀攻、恤之兵，而報怨、馮夏之罪見矣。比《厥貉文十。傳》，俱是“下書”云云。

楚救衛、僖二十八。秦晋圍鄭僖三十。　比《狄侵齊僖三十。傳》。“下書‘圍鄭’”，以罪晋縱患。

楚救衛、僖二十八。蕭魚襄十一。　比《盟戲襄九。傳》。“下書‘蕭魚之會’”，美晋制勝。

楚救衛、僖二十八。重丘襄二十五。　比《會夷儀襄二十五傳》，隆怨、縱惡、忿貪。上，“晋人弗之許”，“下書”云云；下，“晋侯许之”，“《春秋》治之，如下文所貶云”。

楚救衛、僖二十八。盟平丘昭十三。　比《會平丘昭十三。傳》，惡脅貳，亦有“如下文所貶云”句。

伐衛　救衛、僖二十八。戰鞌、會蜀俱成二。　“有容”“有忍”，“不忮不求”，“懲忿窒慾”，二《傳》俱有。上書“救衛”，下不書“侵魯”。戰鞌比易侵衛，成二。同。

僖二十八。買戍衛　《經》於望國濫刑，而特著其不君焉。主“濫刑不君”作。“專”意，是論“刺”通例，與本題書法意無干。收“特書其故”。

僖二十八。楚人救衛　《經》之譏隆怨也，假外恤而益深矣。須於“録‘楚救’”上發責晋意。“深”字要體，仍重“忿”上，不與“刻”平。

僖二十八。執曹畀　即伯主虐小之迹，而其悖道甚矣。“遽”字正與上“於是乎”“而後”字相反。“暴”“譎”又就“遽入”中摘出以甚之，連□□出，串發爲妙。無書法。“譎”字亦就治曹上論，言以此加曹，則爲“暴”；若以此攻楚，又爲“譎”。見其所以治曹，無一可者。二意須串説。□□□□□□□□□□□。

執曹畀　會扈伐宣九。　與□伯兵之討貳，律以招携之禮也。以“序成”二句，借意比出，宜用總起分作。“舉動不中於禮”對“幾於自反而有禮”看，“未狎晋政”對“晋主夏盟，又嘗救陳”看。“遽”字、“既”字、“又”字對“待”“然後”字看。倒單作爲當，破云：“急於討小，殊招携之道矣。”

伐北鄙、僖二十六。會扈宣九。　觀修詞與序成之事，而知虐小者之罪矣。要將“於是乎”三字，擊出“遂”字意。“序成”即訓典。以上比爲“修訓”，下比爲“序成”，大謬。

伐楚次、僖四。會扈伐宣九。　序成後伐，二伯得之也。與上題稍異，單主“序成”上説。一意出二比，亦未妥。去“次”，即“公伐邾”題。

入曹畀　取濟西僖三十一。　即伯主淩小之暴，道不足尚矣。要在“遽”字、“既”字、“又”字上翻新。

執曹畀　城濮僖二十八。　譎以致外戰，而功不勝道矣。只主“欲致楚師”云云一段，串作，不可以“治内”“攘外”分。

入曹畀、城濮、踐土俱僖二十八。　伯主悖道，故其功不足録焉。謂文之悖道如此，雖有功，“不足尚”，非謂成功之不以道也。

城濮、踐土俱僖二十八。　伯功不足尚，惟其素悖乎道也。二比一串語，不可兩開。宜以“功”揚起，跌入“畀宋”事，總發。大意同上。不可參入城濮、踐土事跡。“不中禮亦多”，是因治曹一節；槩論生平，不泥定“治曹”。

執曹畀　取汶陽成二。　治人不繇王道，取地不繇王制。兩邊各有“孟子曰‘有王者作’”云云。下搭取濟西，云便是□□□題。

執曹畀　盾免侵宣六。　兩譏治小之非道，以其皆失之“遽”也。上，“不修詞令，遽入其國”；下，“不内省德，遽以兵加”。俱主“道”字。“暴譎”“仁智”，可借對。

執曹畀　舍之侵宋襄十一。　兩觀致人之策，而非道、不信皆譏也。晋文聽先軫之策，“欲致楚師與之戰”；鄭簡“從子展之謀，欲致晋師而後與之”。

執曹畀　城濮、僖二十八。盟戲、襄九。蕭魚襄十一。　一戰勝楚，功譎；三駕敝楚，謀善。一是致楚而與之戰，一是致楚而不與之戰。只城濮、蕭魚，係《蕭魚傳》題。

僖二十八。城濮　《經》誅伯主之意，有貴於功者也。“人”楚，是貶子玉，就“請戰”上説。點過，即以“及”字問起，倒挫“楚非道義”上。“功”“利”“道”“義”字，須發透。“非道義”，全在“戰意”，不必扯《執曹傳》“譎”字。“戰意”，只在“許曹、衛”“拘宛春”上，不可參入“蒙馬”等事。“誅其意”，便是“略其功”；書“及”，便是“無美詞”。《傳》，前是案，後是斷，非有二層。須想“曾西所以不爲”與“孔、孟所以不悔”意思出。

圍宋、僖二十七。晋侯伐衛、執曹畀、俱僖二十八。城濮　外夷無必戰之意，而伯主之意可誅矣。主《傳》“得臣雖從晋師”至“誅其意也”一段，以“及”字問發。加踐土，僖二十八。即“主夏盟”句。

圍宋、僖二十七。侵曹伐衛僖二十八。　外臣無必戰之意，而伯國之志戰知矣。單見“楚無必戰”意，而“誅志戰”意含蓄發之。

救衛、“伐衛”同。執曹畀、俱僖二十八。城濮　上二比，是先軫致戰之謀，只須插入本比内發“志戰”。同單。

滅黄、僖十二。敗徐、僖十五。會盂執、僖二十一。取穀、僖二十六。圍宋、僖二十八[3]。城濮　略伯主攘外之功，律以道義也。主後半《傳》，以“無美詞”問繳。

滅黄、僖十二。敗徐、僖十五。會盂執僖二十[4]。　外夷屢逞，伯功宜可録也。全在兩箇“不能”字、一箇“不敢”字描寫“楚强”。體《傳》問繳本股。只滅黄、僖十二。敗徐，僖十五。同，當從“不能恤”“不能救”上，發“楚横不可不攘”，末以“晋文攘之非道”束之。加取穀、僖二十六。圍宋，僖二十七。亦同，依《傳》入“今又”字。只取穀、僖二十六。圍宋，僖二十七。在“今又”二字上發。只敗徐、會盂，係《盟齊傳》。

城濮　河陽僖二十八。　褒貶伯主尊攘之事，論其意也。舊主“誅意”

“原情”。下《傳》有“嘉其尊王之意”句。俱在“意”字上發。上以“功”起，正義不謀利，明道不計功；下以“罪”起，“緣情爲制，以誠變禮”。《談虎》云：“明道義，本忠恕。”是此題正眼。

城濮　彭衙文二。《經》於攘夷、應敵之兵，皆不欲其戰焉。上以“子玉請戰”起，下以“孟明拜賜”起，各倒“書‘及’”。上罪在“必戰”，下罪在“遽戰”。王者“明道”“正義”，王者“息争”“寡怨”。“楚暴當攘，敵加當應”，用入辯。

城濮　鄢陵成十六。《春秋》紀兵，戰與勝皆不足貴也。以“意”字、“倖”字對。楚“未有必戰之意”，晋之“意”可誅；晋未有必勝之形，晋之捷爲“幸”。得天、射月。先軫曰：“楚有一施，晋有三怨。”郤至曰：“楚有五敗，晋有五勝。”上見《國語》。上邊明明是非常之功，想到明道正義這一着，于道理上去，怎算做是功？下邊明明是非常之捷，想到外寧内擾這一着，于道理上去，怎喚做是捷？遡他功的源頭，説箇“三王罪人”，正與“功”字相反到箇至極處；窮他捷的結煞，説箇“國内大亂”，正與“捷”字相反到箇至極處。

城濮　盟戲襄九。伯功之予奪，以其戰、不戰異也。先軫、知罃。加踐土、僖二十八。蕭魚，襄十一。同。

城濮 大鹵昭元。志戰、詐戰。

城濮　厥慭昭十一。略有功而恕無功，自其意與心論也。

城濮　柏舉定四。略其功而誅其意，略其意而予其功。

僖二十八。《殺得臣傳》

伐齊取穀、僖二十六。圍宋、僖二十七。侵曹伐、入曹畀、城濮俱僖二十八。主楚能料敵而失馭將，發他“重師輕將”意。去入曹畀，或去首二比，同。

城濮、僖二十八。戰邲宣十二。楚成失將將之道，林父失將兵之道。上“知其不可云云，是以師爲重而棄其將”；下“知難云云，是棄晋師”。

城濮、僖二十八。敗殽僖三十三。良將不可輕棄，秦、楚之得失見矣。城濮衄而六卒亡，成曰：“大夫若入，其若申息之老何？”殽函北而三帥虜，穆曰：孤實貪，以禍夫子，“夫子何罪?”

僖二十八。衛侯奔楚　《經》於諸侯托外，著伯主之刻焉。罪晋，全在拒盟、“塞其向善之心”上。“鑿知自私而心不廣”，是病源，此句極重。“端本議刑”，與“衛之禍，文公爲之也”句相應。“責備賢者”，是厚望文公意。當時許衛結盟，是收拾天下一箇大機括，乃“忿不思難”云云。以一箇衛國，便紛紛生出許多事來，何以主盟定霸，統一大衆，處大事也？故曰“不勝任”。加伐衛，僖二十八。只作“拒盟”事寔。再加鄭歸、咺奔、執衛、咺歸、俱僖二十八。及瑕、鄭歸，俱僖三十。只帶“遺禍”。加寔來，桓六。炤“出奔，未有不名”。

會扈伐、宣九。旬吴伐鮮虞昭十五。　大衆、大事，可以觀人之心智矣。上“衆輯”，下“却叛”。出盟幽、莊二十七；得衆。甯母，僖七；却叛。同。

衛侯奔　河陽僖二十八。　衛侯出奔，文公爲之也，以自私之心定霸，智亦鑿矣，“端本議刑”，於衛侯“不名”，“而重文公之咎”，《春秋》責備賢者，應如是耳。天王出狩，文公召之也，以自嫌之心尊王，“忠亦至矣”，爲制書“天王狩于河陽”，而嘉文公之意，“《春秋》忠恕”，應如是耳。

僖二十八。踐土　《經》□伯信，而寓正倫、謹權之意焉。俱從書法上發聖人意。削“下勞”，是特筆。“稱‘子’”，是紀實。上只是扶植人倫意，非責天子；下“專權自恣”，根“行私”來，不是責他不請命。“未絶其位”句，乃起下“立武”之非。“廢、置”都在“立武”上見，不可分屬。加衛奔、僖二十八。河陽，僖二十八。炤單分貼。

歸賵、隱元。會葵丘僖九。　觀王室兩存空名，動聖人扶衰之念矣。號與祭皆名，聖人因他當時只存這兩樁，而人則衰微，故削“下勞”之實以全名也。上易凡伯，隱七。下易公如京，成十三；成子受脤于社。或歸脤，定十四，同。□亦□□□，□□□兼有號。二比俱未妥。□□□□、葵丘亦可作《歸賵傳》題。

踐土　河陽僖二十八。　《經》重存名，亦維倫之極思也。去衰弱之實，以全君父之名；正臣子之名，以統强大之實。只發明書法，不必斷罪，亦不可大開。“書‘天王狩’”，□言正臣子之名，蓋若不言“狩”而言“召王”，則晋□臣子之名都□了，故云“正其名”。正名，而實亦因以正，故曰“統實”。□者，遮蓋之意。

衛侯奔、僖二十八。踐土　伯主擅廢置之權，《春秋》所深罪也。雖因“廢置”二字搭，然“廢”亦在“置叔武”上見。衛侯自奔楚，非晋廢之也，不可分貼。作文須於叙中總提後，渾發“晋文廢置自專”意。“報怨行私”，只□入。

踐土　翟泉僖二十九。　君弱臣强，上陵下替。

踐土　河陽僖二十八。取邿、襄十三。仲幾定元。　名寔、文質。

僖二十八。朝王所　非大君受朝之所，示時巡之度也。責其“受朝非所”，總是“下勞”不是，“正本”，正此而已。而所以“非所”，繇“非時”來，若依巡狩常期而出，自受朝於方嶽，不於衡雍矣。“勞民傷財”一段，重發。

踐土、僖二十八。朝王所　按變禮之因，所以《春秋》示意於非所也。因“下勞”而“受覲”，一串，同單。

王所　河陽僖二十八。　於禮之變，正其本而原其情焉。

王所　如京會伐成十三。　兩紀朝禮，而時巡之度、述職之義皆著矣。因“下勞”而受朝，則非巡狩常期；因“會伐”而往朝，則非述職常禮。重書法上。上加踐土，僖二十八。同。

王所　公如京成十三。　受禮違常，修禮過慢。大意同上，但書法不同。

王所　翟泉僖二十九。　受覲、講信非地，均示正本之義焉。上“本”字，天子對諸侯言；下“本”字，王臣對外臣言。上單重天王，下倒重子虎。

王所　執仲幾定元。　受覲非地，正本；討罪非地，□□[5]。

僖二十八。鄭復歸咺奔　諸侯返國，《經》著薄倫之罪焉。“書‘歸’”，略點起，只重“書名”上。“稱‘復’”，是爲再歸“不稱

‘復’”而發，只點文後。咺奔，只作事寔，□同。加衛侯奔，僖二十八。只炤書法。全加伐衛、衛奔、踐土，俱僖二十八。亦同。

僖二十八。咺奔　觀大夫去國之迹，其不臣見矣。主《殺咺僖三十。傳》“君歸則己出”，“無人臣之禮”。仲先曰：“本《傳》有‘元咺鄐是走之晋’句，仍是衛侯致之。”即主本《傳》亦得。

衛侯奔、僖二十八，鄭復歸　衛鄭歸僖三十。　諸侯出入而責之漸深者，惡薄倫也。總叙，以“出奔不名”起“復國之‘名’”，以“初歸稱‘復’”起“再歸不稱‘復’”，分作。前云“以争國爲心”，後云“終以争國爲心”，此正所以伐恩處，勿輕看。

鄭復歸　椒聘文九。　望改過而嘉慕義，法不過嚴也。上，“立法甚嚴”，“待人以恕”；下，“嚴於立法”，“恕以宅心”。

鄭復歸　鄭歸、僖三十。入夷儀、襄二十五。衎歸襄二十六。　兩於復國之君，皆始望而终絶焉。始殺叔武，繼殺瑕，“稱‘復’”“不稱‘復’”；始蔑冢卿，繼失信無刑，稱“名”不稱“名”。畢竟鄭之罪大於衎，故一以“復”言，一以“名”言。

僖二十八。會温　伯主講覲王之好，其情可原也。河陽“召王”事，正在此。主“有罪，而情順”句寔講，須像箇罪中之情。不必倒書法。此題只講事實，“河陽”全自書法上發揮。

僖二十八。河陽　尊大君以時巡之名，全伯忠也。按《傳》首“晋侯召王”一段，既将“以臣召君”説起，“啖助”一段，又以“晋侯召君，名義之罪人”説起，則單爲“全晋”可知。“尊周”，即所以“全晋”；“爲王諱”，即是“爲晋解”。作文重“事逆而情順”，就書法上發揮，全是“《春秋》忠恕”，設身處地，體諒晋文□事。加會温，只作事實。再加壬申朝，僖二十八。主“以諸侯見”句。

踐土　會温、俱僖二十八。河陽　有止於諱尊者，不得槩全伯之文也。“踐土”比，乃《傳》借以問起“全晋”意，當倒“全晋”作。加壬申公朝，僖二十八。只炤“朝王”事實。若加“二王所”，主《圍許傳》；只踐土、河陽，主《踐土傳》。

河陽　如京會伐成十三。　《經》重巡、述之禮，而因事以正之焉。只就書法上發意，不用斷罪語。

河陽　處父盟文二。　婉詞全君臣之禮，諱詞正君臣之分。

河陽　納捷菑文十四。　諱召君，全其忠於尊王；諱置君，善其勇於徙義。

河陽　厥慭昭十一。　原情、原心，俱是“恕”。

河陽　從祀哀八[6]。　全伯主而誅陪臣，惟其情而已。上覲禮，事逆而情順；下祀禮，事順而情逆。“原情爲制”，“原情制法”。

僖二十八。壬申公朝王所　主《河陽傳》“以諸侯見”句。又《圍許傳》“天子再至”，諸侯再朝，許獨不會。“尊王”“慢王”，分作。或單主《河陽傳》，破云：“觀諸侯覲禮之修，見伯主之情順矣”。

僖二十八。執衛歸京　咺歸　詳詞以責伯主，以其抑君而助臣也。“抑君”“助臣”，串説。書法重“稱‘人’”，非“伯討”也。觀“衛侯不名”，而曰“歸之于”，“元咺稱‘復’”，而曰“自晋歸”，無非“罪晋”意。只執衛歸京，主“爲臣抑君”，大意同單，但不用“元咺”邊語。三書法，以“稱‘人’”爲案，以“衛侯不名”“歸之于”爲斷。只咺歸，以咺逆起，倒責晋三書法，以“稱復”爲案，書“自”書“歸”爲斷。

僖二十八。遂圍許　究小國被兵之故，而知罪在不臣也。勿板板斷許罪，宜從序“諸侯圍許”之故中，玲瓏指點爲妙。“遂”者，“繼事之詞”，而有“專”意；但曰“繼事”，明非以專罪諸侯也。

踐土、王所、河陽、王所、俱僖二十八。圍許　小國有不臣之罪，其見討宜矣。只出踐土、河陽、俱僖二十八。圍許，同，主“許距河陽、踐土近矣”句。

踐土、王所、河陽、王所俱僖二十八。　迭紀君臣之會，而小國不臣之罪著矣。“再會”“再至”，當體貼。下加會温，僖二十八。同。只王所、王所，同。

遂圍許　翟泉僖二十九。　地近於王，宜朝而不宜盟也。“許距河陽、踐土近矣”，而“獨不會”；“翟泉近在雒陽王城之内”，而“於此盟”。

遂圍許　公如京成十三。　罪許、罪魯，俱“慢”。以“諸侯每歲侵伐四出，未有能修朝覲之禮者”，對上“諸侯比再會，天子再至，皆朝於王所”。以“公欲會伐秦，道自王都，不可越天子而往”，朝王而不能朝禮，對上“許距河陽，踐土近矣”，“而獨不會”。

僖二十八。襄歸會圍許　《經》嚴利免之罪，正性命之理也。“性之理”，原有箇所欲有甚於生、所惡有甚於死的在；命之理，原有箇趨之未必得、避之未必免的在。義利嚴，則此理正矣。義利分途去處，一毫走作不得，若略放鬆，則性命之理亂矣。廉耻喪，而性之理不正；禍患懾，而命之理不正。性之理不正，則利日見其可重，義日見其可輕；命之理不正，則利日見其有權，義日見其無益矣。惟義利一嚴，然後良心現，而本性不汩，不屑爲羞辱之行。死生禍福明，而知命非可以人力參，自不必爲苟免之計。何也？其理正也。故理所不在，即得生、避患，自所不爲，而况區區一國乎？明此，自一介以至天下，毫不可苟，略涉嫌疑，寧死不爲，而立身行己，安國寧家，無往不宜矣。故曰“其説行而天下定矣”。作文全要發聖人書法意，不必死斷曹伯之罪，觀“豈曰小補之哉”句便見。玩《傳》首“其歸之道，非所以歸也”句，曹伯原有可以得國正大道路，奈何其出於此也。只襄歸，同。加寔來、桓六。滅邢，僖二十五。同。

襄歸　如京會伐成十三。　於復國者，正性命之理；於覲王者，明君臣之義。“以賂得國”，因伐朝王。上“義利”，下“理”“欲”。上“其説行”，下“其義行”。俱有“豈曰小補之哉”句。

襄歸　舍至昭二十四。　以賂得國，以禮立身。兩邊俱有“行貨”事。下易取鄟，昭元。亦主“義利”二字比出。

僖二十九。介葛盧來　略夷属之修禮，其不足煩《春秋》之特詞者也。以“書名”問起，倒“不能自進於禮”，故“不書‘朝’”，反炤“黎來”發意。然不書“朝”，不是貶他，只無所異於他等輩，自當略之耳。若此處一涉貶詞，則“黎來書‘朝’”，反是常詞，不爲特詞矣。舊《傳》主“稱名”，以别“中國”作。破云：“夷□□以名，特辭也。”[7]

僖二十九。翟泉　上下講信於王畿，均有罪矣。“近在雒陽”句最重，兩箇“於此”，都根這句來。“無君之心著矣”句，只屬“大夫”邊。“而王子虎亦與焉者”，言亦與於“貶”之中。“本”字對外臣言，言“上”亦“替”，將何以禁“下”之“凌”乎？作文以“正其本”“誅其心”對。

瀴泉　盟暴文八。　兩紀講信，示正分、謹防之意焉。俱重“地”上。翟泉，“王城之内”；雒邑，“天地之中”。

翟泉　執仲幾定元。　“正本”“謹初”，但重“地”上。上邊用“子虎”。

僖二十九。大雨雹　紀望國戾氣之變，著失政之兆也。發戾氣之應，爲失政有萌。“僖公即位日久”句，亦不閒。

敗酅、僖元。遂入杞僖二十七。　望國失政之萌，於世官委權見焉。總發“失政之萌”，以“天變”起束。下比或出“遂伐邾”，事在“雨雹”後，不如“入杞”。《季友卒傳》亦有季友、仲遂，但“仲遂”比不同。彼出“援立”事，在宣时；此出“專權”事，在僖時。

僖二十九。冬介葛盧來　與“春介葛盧來”同，但以《左傳》事實，微點别之。

僖三十。狄侵齊　直紀外患，見伯職之當修也。以“所當攘斥”句作主，精神却全要在“移師”二字上，見只此處用得兵着，舍此，他無可用師意，方與二比題有别，且不生□意。

狄侵齊　圍鄭僖三十。　伯兵不舉於攘外，失職甚矣。一串作。須體“若能移師”口氣，只罪其不攘夷，非□其修怨。收“上書”云云。加翟泉，僖二十九。同，“謀伐鄭”，作“間鄭虞”事實。不必涉啓□。

取舒僖三。伐楚、僖四。敗狄、僖三十二。滅陸渾昭十七。　列舉膺懲之事，□在主伯者矣。“戎狄是膺”二句是引《詩》，以起下“四夷當攘”意。當體此發。

僖三十。《殺元咺傳》

衛歸、咺奔、執衛、咺歸俱僖二十八。　以“君歸己出、君出己歸”叙過，重講咺無臣禮，收到“衛侯志殺”上。“大臣”略帶。加衛鄭歸，僖三十。倒“志乎殺咺、瑕”上。

僖三十。及瑕　明貴戚無罪，而忌弟者之惡彰矣。只重“忌而殺之”句，“專”字輕帶。“拒晅”即是“守節”。

僖三十。衛鄭歸　《經》名復國之君，惡薄恩也。“天下爲公”云云，所以甚猜疑骨肉之罪也。“恩”“怨”“義”“利”字要剔明。

衛奔、執衛、俱僖二十八。衛鄭歸　復國獨名，罪薄倫也。上二比起書法，即以“晋文”略點幾句，倒“衛”作。

衛奔　鄭復歸　執衛、俱僖二十八。衛鄭歸　《傳》意倒重“衛侯”一邊，作文以“晋罪”提起，轉重“衛之薄恩”作。加及瑕，僖三十。同。再加札聘，襄二十九。同。

鄭復歸[8]　鄭歸　與國兩戕其弟，《春秋》深著其罪焉。體“始歸”“再歸”總斷，勿大開。收“再書其名”。

鄭歸　□□□□。《春秋》公天下，於名復國、存亡國見焉。“選賢與能”，“興滅繼絶”。六朝“隆怨薄恩”，孤秦罷侯置守。

鄭歸　晋伐鮮虞昭十二。　名復國而狄效夷，恩、信兩重矣。“六朝隆怨薄恩，趨利棄義”；六朝[9]變詐并興，傾危成俗。

鄭歸　廬吴歸昭十三。　《春秋》公天下之心，於復國、封國者示法戒焉。“選賢與能，不以爲異”；“興滅繼絶，不私其身”。上“爲後世戒”，下“制《春秋》爲後法”。

僖三十。晋秦圍鄭　《春秋》“人”二君，嚴忿慾之戒也。晋主“憤”字，秦主“利”字。“結釁連兵”等語，只屬“秦”邊，上以“爲列國者，不亦難乎”對。“特不厚將迎贈送之禮”，鄭以此見凌，晋憤甚矣；徒以供行李往來之乏，晋以此見弃，秦貪甚矣。孟子語，不重“自反”，只見鄭“未嘗以横逆加”晋。責秦“不以義舉”，非爲其不始終助晋攻鄭，只是不能以理諭晋，使之悔而旋師也。

圍鄭　敗殽、僖三十二[10]。彭衙、文二。伐晋、文三。伐秦文四。　遠國狥利以搆怨，《春秋》貶之也。專主“責秦”，一順講下，收“稱‘人’”。加四國伐秦，文二。同。

圍鄭　敗殽僖三十二。　《春秋》兩紀兵，均惡强國之狥利焉。以晋之“逞忿”“忘親”起，俱倒秦“狥利”作。上聽燭之武，收“稱‘人’”；下聽杞子，收“狄秦”。

敗殽、僖三十二。彭衙、文二。貞伐、襄八。晋伐襄九。　秦、鄭之開争，則貪利、貪功之害也。上根“圍鄭”來，二國結釁，從此始矣；下根“獲燮”來，晋、楚争鄭，自茲弗得寧矣。“燭之武”“子産”，須對得活。加圍鄭獲燮，襄八。同。

僖三十。宰周公聘遂如京如晋　列君臣報施之迹，而望國之不恭甚矣。以“王室禮隆”起，倒“魯不恭”作。中有“不親”“不專”二意，宜串，重“不專”。收“遂”，只是事實，故曰“不貶絶”云云。只遂如京如晋，同，但“隆禮”意，稍點數語，不若□□[11]，專以相形“魯之不恭”也。

僖三十。宰周公聘　王室命重臣以寵内，其意良厚矣。不予周，亦不責魯，只泛論其“禮意之厚”，含“魯不可薄報”意。

祭公逆、桓八。結及盟、莊十九。遂如京、如晋　觀《經》紀遂事之例，而望國不恭之罪見矣。以上二比提起，一是天王輕使，一是子結抗尊，倒下今之“如京，遂如晋”。乃“以二事出”，而非“專繼事者”，其不恭之罪不在魯侯乎？只祭公逆、桓八；二事出。結及盟，莊十九；專繼事。“君輕使”“臣抗尊”對。

如京遂如晋　如京遂伐秦成十三。　《春秋》重尊王，兩譏修禮之慢者焉。上“使公子遂往，又以二事出”；下“因會伐而行”，“又不成朝禮”。上《傳》有“大不恭”句，下《傳》有“不敬莫大焉”句。舊主“譏漸”“存禮”。

僖三十一。取濟西　望國擅復故地，《經》以法正之焉。重不請於王以正法理，發“以亂易亂”意。加執曹畀，僖二十八。只作事實。再加遂如晋，僖三十；拜曹田。同。

執曹、僖二十八。濟西　戰鞌、成二。汶陽成八。　望國兩資人以復地，《春秋》皆不見其爲故地也。

取濟西　齊取濟西宣元。　兩觀《經》書“取田”者，而王制與天討俱重矣。復故舊而言“取”，“《春秋》不以亂易亂”，魯致田而言“齊取”，《春秋》不以利爲利。

僖三十一。夏四月四卜郊　望國僭大禮，《經》因事以志其失焉。重“僭”上。自受賜已然，不責僖公。“不易之定理”要透。“不時”“强卜”二意，用“况”字插入。天子有二郊，冬至祭上帝，孟春祈穀。魯受特賜，止有孟春祈穀之郊。周之四月，是夏之二月矣。卜以擇吉，止上辛、中辛、下辛，三卜不吉則止，“四卜”則瀆矣。

四卜郊、免牲、猶三望俱僖三十一。　望國僭祀，因變而備書之也。發明“譏僭郊”意，而“以時、卜、牲、望”，如《傳》用“或”字，點明“因變而書”①。只四卜郊、猶三望，僖三十一。以“祀天”“祀地”合，俱重“僭”上，上用杞、宋，下用有虞氏。

鹿上、僖二十一。杞朝成十八。　二國得行享帝之禮，惟其爲王者後也。只泛論杞、宋可行郊祀，非列國之比，以魯起繳。“宋”邊：易梁丘、莊三十二。華元聘，成四。俱同。二比於“郊”，殊不相蒙，不可作題。“宋”一邊有出“滅偪陽”者，指“桑丘”，尤怪。

僖三十一。不從乃免牲　譏望國之僭，因廢祀而志焉。主上《傳》“僭祭”作，見“免牲”者，特以“卜不從”之故，非不僭也。炤本《傳》只解“免牲”事實，用叙述體成文爲是。“免牲”者，爲之緇衣纁裳，有司玄端，奉送至於南郊。凡不郊，皆卜免牲。卜免牲吉，則免之；不吉，則但不郊而已。

僖三十一。猶三望　望國之僭祀，可已而不已者也。“非所得爲”，正見“可已”。全要體貼“猶”字發。“望因於類”，“望因於柴”，“類”“柴”皆祭上帝也。曰“因”者，先祭天後及地也。“望”，“郊”之細也，不郊而望，古未有也。

猶三望　猶朝文六。　瀆禮而譏其不已，怠禮而幸其不已。上，“可以已之詞”；下，“幸其不已之詞”。

---

① “因變而書”之“變”，指“禮之變”。《傳》：“是故因禮之變而書於策，或以卜，或以時，或以望，或以牲，或以牛，於變之中又有變焉者……”

猶三望　猶繹宣八。　僭君、薄臣，此皆禮之當已者。

僖三十一。杞伯姬求婦　志國母圖婚，示亂政之戒也。只罪“夫人與國事”。《傳》中“猶曰”字、“況於”字，要體貼，重“垂戒”上，亦是“謹漸”意。加蕩伯姬逆，僖二十五。只引起“敵而亦書”，倒單。

杞伯姬求　合比奔昭六。　《經》兩紀事，而示婦、寺之戒焉。體《傳》引吕、武、恭、顯等意發之。

僖三十一。狄圍衛遷帝丘　著夷夏盛衰之迹，而啓患之罪亦寓矣。“夷强夏弱”總起，分作。玩《傳》末“莫不見矣”，則“衛不能自强”，只就“狄難”推其“不能自强”，是以至此，不宜實講如何不能自强。“晋”邊同。衛爲狄滅，賴桓公封之而僅存，今又被“狄難”而“遷帝丘”，乃見“夷强夏弱”。“狄嘗迫逐黎侯”云云，亦是原起“夷强夏弱”，非以此爲狄滅之繇。

狄入衛、閔二。城楚丘、僖二。狄圍衛遷帝丘　詳夷夏盛衰之迹，而啓患、縱患之罪無所辭矣。以入衛、楚丘帶本比，叙起“夷强夏弱”之寔，歸“罪衛成、晋文”作。加伐凡伯，隱七。同。

楚丘、僖二。帝丘　即與國之安危，而二伯之勤怠見矣。以“安攘之功”論起，總叙，重桓文“勤、怠”相形，不可大開。

帝丘　九國救鄭成七。　以安攘律二伯，得失見矣。下：“則攘夷狄、安中國之師也。”

僖三十二。侵狄及盟　即夷地以要盟，《春秋》所深罪也。全重“非人”，而“非地”串入。只收“再書‘衛人’而稱‘及’”，“不地”只作事實。《傳》中“盟會，諸侯之事”① 以下，一句一轉，文中宜體。加盟蔑、隱元。會防，隱九。炤“盟會已非所貴”句，倒單，言中國之人，便該得中國之地。

及狄盟　秦狄伐晋成九。　《春秋》惡兵信，而交夷用夷者尤貶焉。“盟會，中國之禮，已非所貴，況於[12]”云云；“中國自相侵伐，已爲

---

① “盟會，諸侯之事”非原句，《傳》原句：“盟會，中國諸侯之禮”。

不義，況於[13]”云云。

僖三十二。《重耳卒傳》

年聘、隱七。滕薛朝、隱十。宋大水、莊十一。四國災昭十八。　邦交通於常變，載聖經者可攷也。雖主“敦交好，通憂虞”，然却重“史策不失常法，仲尼仍之”云云意。下或用髳頑如襄七。比。

僖三十三。秦人入滑　觀遠人之貪兵，而知其不足於德矣。以襲鄭不克而入滑叙明，重“貪鄭”斷罪。末須挽歸“誓言”，以發“《春秋》責備”之意①。

入滑　伐麇文十一。　觀兩國之移師於小，而貪、暴各見矣。“貪”在“襲鄭”，“暴”在“窺宋”。

僖三十三。國歸父聘 外臣見重於内，而知禮之善見矣。借《遂納幣文三[14]。傳》。國歸父知禮，“自郊勞至贈賄，禮成而加之以敏”。臧文仲稱之。

僖三十三。敗殽　二國狥利交兵，均貶以垂戒焉。晋重“忘親”，“背惠”帶説；秦重“襲鄭”，“不哀喪”帶説。總收書法。此題不在襄“忘親背惠”、穆“貪鄭”“不哀喪”上纏繞，全要擒聖人防着其流弊必至，“利之所在則從之，何有於君父”一段，重發。他《傳》説狥利，只以“義”字相形；此《傳》説到“人道天理”，真有不可爲人、不可對天者，詞甚切至，不可泛泛説。加入滑，僖三十三。只作事實，須用“《書序》”總問起。加晋秦圍鄭、僖十三[15]。入滑，僖三十三。倒“秦”一邊，“圍鄭”比炤“叛盟失信”。

入滑、僖三十三。敗殽　貞伐、襄八。晋伐襄九。　狥利棄信之禍，繇聽言不審也。秦穆違蹇叔，聽杞子；鄭簡違子展，聽子駟。

僖三十三。公伐邾取訾婁　遂伐邾　詳望國虐小，而非義自見矣。重“不勝忿欲”斷罪；須合數役發，方見出“不勝”二字來。以“義”字爲

① “入滑”無傳，“誓言”等語，亦不見於“三傳”，或主別《傳》，而作者疏忽未寫。

主，“念母”意如《傳》辨後，收“直書”。《傳》前段將“忿”“欲”並提，是據有升陘事在前，而現有取訾婁事；後段把“報怨”單屬爲母，意謂就説是念母，不爲私忿私欲。難道違義以代母家報怨，“殘民動衆，取人之邑”，便算你該當的不成？蓋後段又把“報怨”“取邑”擡高一層，來折辨他，罪亦終難解免也。加升陘，僖二十二。同。

僖三十三。遂伐邾　望國復興兵以淩小，而忿自見矣。只用“忿”字，“復伐”正是其“忿不能勝”處，有“掩其無備”意。

取須句、僖二十三。取訾婁　遂伐　屢違義以報親怨，《經》所貶也。大意同單，但須從“念母”論起。加升陘，僖二十二。同。只取須句、僖二十二。取訾婁，亦同。

禘廟用致僖八。訾婁遂伐　内君念母之過，禮與義胥失焉。“越禮以尊其身”二句，原側下説，宜略分點，總發，不可大開。

僖三十三。敗箕　伯國挫外，而尚力之習見矣。主《伐秦文四。傳》“《傳》尚威力”云云，亦要見生平氣習如此。末徽不必待伐秦，而後見其恃力也。

附論“敗箕”搭比：在《尹氏卒傳》以用郤缺爲“尊賢”。在《隱總傳》，主“更相汲引”句，胥臣薦郤缺。在《□□□傳》，主不以父故廢缺（郤芮子）。在《遂納幣傳》，以夫妻相得□□□意發。在《曹殺傳》，主“專命”；《放甲文傳》，亦借用。在《晉狄伐秦傳》，主“攘夷狄，乃其職也”。在《王札子傳》，主“人臣侵其君之命”句。在《書救傳》，主“計功受賞”，以與之箕言。又《弑卓傳》作“立節”，《宣榭火傳》作“緣有功”，《蒐比蒲傳》作“君行顯親”，《會奔傳》作“惡惡也短”。已辨其謬矣。

僖三十三。李梅實　紀天道之愆，謹君威之弛也。惟“不殺草”，故“李梅實”，不予。“除惡於微”二句，要發得隱躍。

僖三十三。晉陳鄭伐許　伯主尚力之習，又於討貳見之矣。與“敗箕”同。“敗殽”“敗狄”可點入，更以“泰伯”比論之，方於《傳》有情。

【校記】

〔1〕僖二十七，應爲“僖二十一”。

〔2〕下，應爲“上”。

〔3〕僖二十八，應爲“僖二十七”。

〔4〕僖二十，應爲“僖二十一”。

〔5〕□□，二字模糊莫辨。《傳》末曰：“執而非其地，謹之也。每謹於初，而禍亂熄矣。”以此，或爲“謹初”二字。

〔6〕哀八，應爲“定八”。

〔7〕此題無傳，所舉皆用莊公五年《黎來來朝傳》。未寫“主某傳”，乃作者疏忽處。

〔8〕鄭復歸，後依例應註明年號“僖二十八”。

〔9〕六朝，應爲“六國”。《晋伐鮮虞傳》：“自春秋末世，至於六國亡秦，變詐并興，傾危成俗。”

〔10〕僖三十二，應爲“僖三十三”。下二題同。

〔11〕□□，二字模糊莫辨，依意當爲“公聘”二字。

〔12〕況於，應爲“況與”，下同。《傳》原文：“盟會，中國諸侯之禮，衰世之事，已非《春秋》之所貴，況與豺狼即其廬帳，刑牲歃血以要之哉？”可見“與”不可易爲“於”。

〔13〕況於，應爲“又與”。《傳》原文：“中國友邦，自相侵伐，已爲不義，又與非我族類者共焉，不亦甚乎？”

〔14〕文三，應爲“文二”。

〔15〕僖十三，應爲“僖三十”。

卷之十四　文公上

文元。公即位　酌國君嗣位之時，惟其中而已。“緣始終”兩句，□正君位，在“聖人垂法”上説。

文元。毛伯錫命　《經》於王寵之來，譏其失正焉。“失正”，在“來”字上見。“入見”“來朝”“獻功”，皆是往受，非“來锡”。“文公喪制未畢”，不責其不朝，只王室不當來耳。

城濮、踐土、俱僖二十八。即位、文元。毛伯錫　兩觀錫臣之典，屈與濫皆非也。“彤弓玈矢”，獻功於朝，則可錫，下勞何爲？黼免圭璧，終喪入見，則可錫，來錫何爲？只踐土、毛伯錫，同。

踐土、僖二十八。甯俞聘文四。　借晋文受彤弓之賜、甯俞辭彤弓之賦，以發《傳》意，不可寔講。《傳》無明股，不可作題。且“辭彤弓之賦”尤與《傳》語無干。

毛伯錫　如京遂伐成十三。　上下之禮，失正、不敬皆譏焉。上有“諸侯終喪入見，則有錫”三句，下有“諸侯服喪畢，則朝”三句。

文元。晋侯伐衛　嗣伯因討貳而覲王，可謂知本矣。發《城杞襄二十九。傳》“尊獎王室”句。襄公欲伐衛，“先且居曰：‘效尤，禍也。’”“晋侯朝王于温。”

晋侯伐衛　會扈伐陳宣九。　伯國服叛，招攜、禮義兩得矣。先朝王，後伐衛，服叛以義也；先待陳，後伐陳，招攜以禮也。《左》與《胡》合，欠通，删。

晋侯伐衛　衛人伐晋文元。　聽且居，得服人之道；聽孔達，失反己之道。亦欠通，删。

文元。得臣如京　見《南季聘隱元。[1]傳》。受王寵命，即躬朝，猶曰緩也，况使卿拜命乎？

文元。衛人伐晉　借《殺孔達宣十四。傳》“干犯盟主”句。

文元。敖會戚　此大夫專會諸侯之始。借《歸父會穀宣十四。傳》“謹禮”作文。

文二。彭衙　以王事責應兵，責其戰之遽也。“處己”二字極重，大凡不能“息争”者，都只向别人身上尋討過失，而忘自處，故以“處己”破之。“己有罪”“己無罪”，皆所以“處己”，皆不戰也。“以桀攻桀”，爲他如與“秦忿”相倡和、相呼應者然，就“遽然”二字上看出，須發透。加敗殽，僖三十三。叙過“報殽之役”，倒單。或以“昔罪夫禦之者”① 合作，“殽”比安可謂之“徒罪晋”耶？須記此《傳》止有“報殽之役”句。

侵曹伐、僖二十八；忿。大鹵昭元；應。　觀忿兵、應兵之異，可以斷罪矣。“忿兵”：易戰鞍，成二。同。“以四國及”正可反“以晋及”。“應兵”：舊用戰奚。事實雖切，然以魯及戰，與本股何異？

屈完盟、僖四；服罪。晋秦圍鄭、僖三十；詞命。彭衙　召陵侵定四；告訴。　責伯國之應敵，以其非待敵之道也。全在本股上體貼，以客股納入論理内，不可另講，蓋《傳》中所論“有罪”“無罪”，正是爲晋策秦，非比事以形晋也。去末比，大意同。

屈完盟、僖四。圍鄭、僖三十。同圍齊襄十八。　應敵先處己，則“三説”可做矣。仍以本股爲骨，“有罪”作一頭，“無罪”遞下二脚，要説得與“遽戰”相反。加召陵侵，定四。同。

“服罪”易比：

鄭人伐衛隱二；衛服不戰。

秦伐晋文十；《河曲傳》：“前年秦師來伐晋，不言戰者，晋已服矣。”如晋侯伐秦、秦伐晋，俱在“不報”上見，與“引咎”何切？

“詞命”易比：

會扈文十七；晋不見鄭伯，以貳楚也，子家執□〔2〕與書。

會鄖哀十二；子貢却吴救衛。

---

① 《左傳》有“晋侯禦之”句。

伐陸渾宣三；王孫滿“天命”之對。

伐北鄙僖二十六；展禽詞命。如“衛人伐齊”，因載展禽事借用，太迂。

“告訴”易比：

圍宋僖二十七。

行父如晋文十五。

楚鄭侵宋成十八。

豹如晋襄十六。

石買伐曹襄十七。

取鄆昭元。

入郢定四。

以上俱□，見“戰紀”内。

屈完盟、僖四。晋秦圍鄭僖三十。　兩觀應敵之道，皆不外處己□。□兩“己”字，要似替晋商量，不重事寔。舊出鄭人伐衛、隱三。齊伐北鄙僖二十六。

彭衙　晋侯伐秦文四。　責以王事，予以王事。重聖人意發。上“遽然興師”，異於“息争”“寡怨”，“王者之事矣”；下“見伐不報”，合於“改過”“釋怨”，“王者之事矣”。“以桀攻桀”與“聖賢誥命不越此矣”意，須發透。

彭衙　晋宋伐鄭宣元。　應敵討罪之兵，處己、反己之道未盡也。“王事”“王法”。“以桀攻桀，何愈乎？”“以燕伐燕，庸愈乎？”

彭衙　四國伐鄭宣十。　應敵以兵，争貳以力，皆無愈於敵與貳也。下比以“五十步笑百步，庸何愈於楚？”

彭衙　國書伐我哀十一。　處己之道，省躬之道。

文二。作主　於内君奉先之慢，而謹其原焉。要發“謹微”意。人只“慢而不敬”，便不論極不好的念頭，皆“以爲無傷而不去”，故曰“積惡之原”。

文二。及處父盟　以强臣之“抗分”爲内耻，而兩示意於諱焉。爲大夫所抗，正是公恥，宜混作，而以聖人“正分存禮”意大發於後。二書法要收得分明。

及處父盟　如晉、文三。至文四。　下以適晉則“書”，返國則“至”，反上。下或十三年“如晉至”，同。

文二。垂隴　即伯臣與好，而伯國之私與專見矣。主《無駭隱八》《曹殺莊二十六》二傳，俱在士穀上説。書“士”，見“世官”；不書“司空”，見“專命”。“古者置卿”云云，“古者大夫”云云。或主《曹殺》《會穀》二《傳》，一見襄以士穀爲司空，則云“專命”，聖人欲天下之政自天子出；一見大夫與諸侯會，則“縱權”，聖人欲一國之政自諸侯出。

文二。不雨至秋七月　《經》紀天變，而著内君之意焉。聖人書法，以推“文公之意”。二“意”字要發。“憂樂”，碎講。

文二。躋僖公　《經》紀逆祀，所以正大禮也。只重“兄弟不先君臣”，不可以“父”“子”對。

大事太廟　有事太廟[3]　望國之祫祭、時祭，皆有合於禮焉。祫祭，伯禽而下皆與焉，三年一行；時祭，止五廟，歲時一舉。“大事”者，其禮疎，疎則不以遠祖而遺，是追遠之意；“有事”者，其禮數，數則僅以五廟而止，是仁親之意。或云：《春秋》，凡宗廟合禮不書，此常禮而書者，上有“躋僖”之逆，下有仲遂之變，故也。破云：“兩志合禮之祀，義各有所繫也。”

躋僖公　城杞襄二十九。　害尊尊之義，昧親親之本。“兄弟不先君臣”，母族不先父族。

文二。四國伐秦　《經》微伯兵，爲其專恃力以結怨也。“報彭衙之役”句，與後“報復之”云云相應；“亦可已矣”句，與後“無已”二字相應。而“再勝”“復興”“全不”“專欲”等字，煞有判斷。“以致濟河焚舟之師”，正證“結怨”二字，不重“啓患”。此《傳》無“入滑”“晉侯伐秦”。

彭衙、文二。四國伐　歉於王事，過於常情。以“報彭衙之役”叙起，合作。“王者”“常情”四字，要發明。或主倒《傳》。

敗殽、僖三十三。彭衙、文二。四國伐　秦人伐文三。　伯國黷兵以召怨，《春秋》之所貶也。同單。首二股須一連説下，方發得“常情亦可已”出。只四國伐、秦人伐，同，但不叙“再勝”事迹。或主“黷於修怨”

“吝於改過”。只敗殽、彭衙、四國伐，亦同，但不帶“焚舟”事。

四國伐　晋侯伐秦文四。　俱主“晋”說。上“以常情貶之”，下“以常情待之”。舊主“以嘗情貶搆怨”，“以王事予改過”。

四國伐秦　四國伐鄭宣十。　復怨、争貳。上，“全不務德，專欲力争”；下，“不能以德鎮撫，而用力争之”。

四國伐　伐沈潰文三。　微詞、平詞。豈但不務德，“在常情亦已過矣”；雖不爲仗義，“比私怨則有間矣”。

文二。遂納幣　圖婚於不宜婚之時，其志可譏也。“志”字重看。“娶在三年之外”句不可忽，正以翻起“重志”意。

長樗、襄三。札聘、襄二十九。舍如晋昭十。　與之知者有三，其志足重也。知武子相悼公，辭魯君稽首，知禮；季札觀樂於魯，知列國隆替、歷代帝王，知樂；葬平公，大夫欲見新君，叔向曰“孤斬焉衰絰，以吉服見，則喪未畢，以喪服見，重受弔也”，知喪。以“志”字起，分三段，末繳本比。出豹如晋、襄四；辭《肆夏》《文王》，拜《鹿鳴》《四牡》。弓如晋、昭二；辭郊勞，辭致館。舍如晋，昭十。同。

會葵丘、僖九。會蕭魚襄十一。　得《春秋》重志之旨，而禮樂可求之音、□間矣。全重“志”上發揮，“節具”“音雅”，特“敬”“和”之□□。“天威不違顔咫尺”，“志敬”矣，而下拜之“節”自具。“願君安其樂而思其終”，“志和”矣，而金石之音自“雅”。出葵丘、僖九。札聘、襄二十九。同。隕越恐羞，致貪耋老之王命；下拜登受，不忘咫尺之天威。聆鄭、衛、齊、晋之歌，而列國之隆替□徵；覩虞、夏、商、周之舞，而歷代之帝王如見。出葵丘、僖九。踐土，僖二十八；文公受□命，出入三覲。俱主“知禮”。《傳》中“志敬”云云，俱自人身上説，惟志在和、敬，故發出來“節具”“音雅”。如葵丘、敗箕，於“志敬”邊儘切，他比皆勉强矣；若“知樂”邊，更無一比可搭。即蕭魚、杞聘，亦不得已而存之，要於“和”“雅”無當也。出盟葵丘、踐土，主《□□傳》。

“知禮”易比：

宋大水莊十一；宋公罪己稱“孤”，臧文仲曰“言懼而名禮”。

國歸父聘僖三十三；自郊勞至贈賄，禮成而加敏，臧文仲稱之。

敗箕僖三十三；冀缺夫妻相見如賓。

甯俞聘文四；賦《湛露》，不敢擬天子之當陽；賦《彤弓》，不敢僭諸侯之敵愾。

士匄聘襄八；衡雍之受，不忘先君之功；彤弓之藏，克成守官之命。

如仲孫來，知周禮在魯爲本；滅江，秦伯降服出次不舉；荀庚良夫聘，臧宣叔辯二卿位次；起聘，觀《易象》《魯春秋》，曰"周禮盡在魯"；昭五公如晋，叔齊辯昭公之儀，而非禮，君子謂齊知禮；會奔，待□；黄父，太子叔明天經地義，俱與志敬無干，又加文三公如晋，莊叔曰"敢不慎儀"，只應對之常；術聘，致王邀福於周公，無陋見之常，敢求貺乎三獻，致下臣免討之情，力請徹乎加□，君子以爲知禮，無君之人，未可以"敬"許之。俱不可搭。

"知樂"易比：

午伐鄭襄十八；師曠歌"南風不競"，而知"楚必無功"。

如九國救鄭，鐘儀樂操土音，思舊邦耳，不可謂知樂；豹如晋，不拜《肆夏》《文王》，而拜《鹿鳴》《四牡》；盟宋，趙武聽賦而知伯有之爲戮，觀志而知子展之後亡。俱與"志和音雅"無當。

"知喪"易比：

歸父遂奔宣十[4]□□、季歸，"請謚"，不切。

文三。伐沈沈潰　平詞以紀伯兵，示用師之道也。"雖非義舉"句，應上"以其服於楚"句及"沈在汝南"二段，所以"無褒"；"比於報復"句，應上"民逃其上"及"師入其境"二句，所以"無貶"。"後世"意須重發。玩《傳》"無褒無貶"，直分到底。"以其服於楚也"句伏"無褒"案，"民逃其上也"句伏"無貶"案，"将非命卿也"句總伏"無褒貶"案。"沈在汝南"云云，説破所以"無褒"之故，蓋沈既"未嘗與中國會盟"，則非已附而叛去者，何以"伐"爲？此所以"無褒"。不得比於新城、棐林之伐鄭也。"師入其境"云云，説破所以"無貶"之故，蓋"伐"止是聲罪致討，未有環攻戰鬬之事，而遽潰，是將入其境，即望風舍置其上而去矣，固非以誅暴禁亂而往，然亦合於誅暴禁亂之實矣。此所以"無貶"，不至比之侵曹、伐衛、圍鄭之役也。惟非討叛，故曰"非義舉"；惟合於誅暴禁亂之實，故曰"比於報復則有間矣"。總接個"故"

字，應個“辭無褒貶”。又結云“示後世”云云，蓋不服亦有不宜討者，此非可槩施，必須“知權”；而兵之所加，要順民心，又必須“知本之以正也”。舊□“師入其境，人民逃散”，連下讀，謂“非義舉”，爲非安集人民也。若以此爲“非義舉”，則書“沈潰”爲貶。且《傳》首“民逃其上也”句明屬沈説，乃欲置入伐沈者項下乎？鄒云：“義舉，指誅暴禁亂説。兵用之暴亂，則正；用之私怨，則不正。今沈非暴亂，伐之雖非義舉，然討其服楚，亦有詞，故與報怨有間。”馮云：“義舉，即就討從夷上論，是已然對沈不通中國而服楚，則可以討；以近楚之故，未通中國而服楚，則亦可以無討。”世豈有一人之身，居於可討、不可討之間，而□□兵刑，乃聽人遊移上下之用乎？且鄒、馮二説，俱□“民逃其上也”句，與“師入其境”“人民逃散”句，俱爲閒話矣。二説俱未細心窮究《傳》意，俱不可從。加北杏、莊十三。盟幽、二十七[5]。踐土、會温，俱僖二十八。主“未嘗與中國會盟”句。

伐鄭圍新城、僖六。四國伐秦、文二。伐沈潰　平詞以紀討貳之兵，以其無當於褒貶之例也。叙問後，以上二股褒貶起例，入本比，依《傳》串作。伐鄭股，重“攘楚”上，須要見鄭原屬中國的，不重“有遺力”意。

鄭人伐衛、隱五。伐沈潰　兵非義舉而無貶焉，以其與報怨者異也。“雖非義舉”句，即就“伐沈”説，未嘗曰不能比於義舉也。□“報復”邊，則曰“比於”云云。摘去“義舉”邊爲妥。

伐鄭圍新城、僖六。侵曹伐衛僖二十八。　觀《經》之褒貶伯兵，知用師之道矣。《傳》既無明文，而語復參差，□又不得離本比。“凡此類”三字，須玩。

“義舉”易比：

齊人伐鄭僖七；鄭未離楚。

棐林伐宣元；鄭附楚以病中國。

伐鄭次鄫襄元；鄭從楚納魚石。

“義舉”比，必須先與中國會盟，後背去從楚者，方與沈之“未嘗與中國會盟而南服於楚”反炤。若齊人伐衛、突救、圍彭城等比，主“誅暴禁亂”，非《傳》説“無褒”一邊意也。又如伐楚次，《傳》有“無義戰”句，亦不可用。

《報復》易比：

晉侯伐鄭宣十四；須是《傳》中專議“報怨”，如鄭人伐衛、侵曹伐衛、四國伐秦，及此比，乃可搭。

伐沈潰　伐楚救江文三。　《春秋》紀兵，示用師有本，亦有法也。皆重聖人意上發。“雖非義舉”與救江“雖善”，兩“雖”字，須會，全在此字上跌出“本”字、“法”字來。

伐沈潰　盾救陳宣元。　因討罪而示用師之道，因恤患而示用兵之意。

伐沈潰　滅陸渾昭十七。　討貳、靖華之兵，而兩平其詞焉。“比於報復私怨之兵，則有間矣”，“與闢土服遠以圖强伯，則異矣”。“沈在汝南平輿縣北”，“陸渾之戎，密邇王室”。脱出伐山戎、莊三十；畧遠。侵曹伐衛。僖十八；報怨。

伐沈潰　伐莒潰成九。　用師之本，爲國之本。

伐沈潰　荀吴伐鮮虞昭十五。　用師之本，用兵之畧。下異於不仁不義，亦平詞。以“用兵禦敵[6]”對“權”“正”。

文三。秦人伐晉　以知德者而逞忿，是以備責之也。“貪”指“入滑”言，自“彭衙”以後，俱責其“忿”；即“取官郊”，亦是“忿”也。玩《傳》云“今又濟河取郊”，而總歸之於穆公“逞其忿而後悔”，其意自明。重“忿”字，不可用“貪”“忿”立柱。“晉人畏秦”二句，亦是責穆之“忿”，無惜其改過之晚意。若云至於晉“畏”不出，秦“忿”既逞，乃自是“始能踐自誓之言”，向使秦未厭心於晉，吾不知“逞忿”當何如者！而誓言之踐，又不知在何日矣！收“貶而稱‘人’”。《傳》中“人之稱斯師也，何義哉”句，大可味，須虚虚打向穆公悔過心腸上去，教他自忖度。比前兩番，是同是别，自有光景。此《傳》無“四國伐秦”。

入滑、貪。敗殽、俱僖三十三；誓。彭衙、文二；忿。秦人伐、吝。晉侯伐文四；□。　備責知德之君，以其逞忿之過也。流水下，以“今又”口氣，落本股“忿”上重發，而以“不報”“始踐”帶後，收“責備”。去入滑，同，但徑就“作《誓》”説起。再去晉侯伐秦，亦同，只不用“能踐”一段。

入滑、敗殽、俱僖三十三。彭衙、文二。秦人伐　過而復貳，《春秋》備責之焉。去敗殽，同。上二比，“其名爲貪兵”，“其名爲忿兵”；本比，“‘人’之稱師也，何義哉”。“稱”字與兩“名”字正相應。

入滑、敗殽、俱僖三十三。彭衙文二。　“欲”將窒而“忿”繼之，非能修德者也。炤《傳》流水下，後總發“能悔而不遽改”，含“不當又爲濟河之役”意。

入滑、僖三十三；貪。彭衙文二；忿。　迭舉貪、忿之兵，非所望於知德者也。既無敗殽過文，遥對而相承，亦可。以“《損》卦”總斷。

入滑、敗殽俱僖三十三。　以過而知悔，串作，含“宜踐”意。

彭衙、文二。秦人伐、晋侯伐文四。　國君改過之吝，所以備責之也。先不能改，今又不能改，後始能改，何其吝耶！是以《春秋》“於此”備責之，“於此”二字當玩。《傳》中無“賢”字，不可添出。

彭衙、文二。秦人伐　迭舉忿兵，其不能懲亦甚矣。主《傳》忿而又忿，串作。時説多主合，上責晋，下責秦，俱重“王事”，如前彭衙、晋侯伐秦題。

秦人伐晋　秦伐晋文十。　悔過而復貳，悔過而能改。

秦人伐　納捷菑文十四　悔過而吝於改，聞過而勇於改。《損》之象，《同人》之九四。或作《捷菑傳》“過而不改，過而能悔”題，然穆只是“貳過”，不可云“文過”。

秦人伐　入陳宣十一。　秦穆過不能改，故“備責”；楚莊功不可掩，故“末減”。

秦人伐　札聘襄二十九。　不能懲忿、達節者，聖人備責之焉。“慾”與“忿”，非《損》卦之辭；“賢”且“智”，非中庸之道。

敗殽、僖三十三。彭衙、文二。益來、哀七。歸益哀八。　悔過復貳，可譏；爲惡能改，可予。比《益來傳》。

文三。楚人圍江　以强夷而虐小，則救之必有法矣。炤《救傳》虚發，見□必不掃境而行，救之，其必大合諸侯而後可。

文三。如晋及盟　公至文四。　詳内君盟伯，以其無可諱也。以《處父文二。傳》反看，主“無可諱”作。或借《公在楚傳》，亦可。晋侯有“改盟”

之請，則鄰好無虞；莊叔有“慎儀”之對，則臣節無損。

文三。伐楚救江　伯臣之恤患，闇於法矣。只責其“獨遣一軍”，而不大合諸侯，非另一意。命秦，是極西之國；命楚，是極東之國。諸侯皆在其中，武關、陳、蔡，皆入楚之道。加圍江，文三。同。

伐鄭、僖元。盟貫、僖二。召陵、僖四。圍宋、僖二十七。侵曹伐、城濮、俱僖二十八。圍江、文三。伐楚救　伯臣用兵，以二伯律之，而知其非法矣。兩“然後”字可玩。加曹畀，僖二十八。同。只召陵、城濮、救江，同。

伐鄭、僖元。盟貫、僖二。召陵、僖四。圍宋、僖二十七。侵曹伐、城濮俱僖二十八。　二伯克靖中國，繇其得用兵之法也。全要影“獨遣一軍遠攻强楚”。“遠結江、黄”，“許復曹、衛”，正是大合諸侯處。不重斷楚黨援，只重自樹黨援上。“九國”“四國之師”，要説得張大，見楚不能不震恐意。去伐鄭、圍宋，同。只召陵、城濮，同。

盟貫、僖二。救江　以用兵之法律齊、晋，而得失分矣。“共爲犄角”，“獨遣一軍”，正可相形。“包茅”“弑逆”二罪，亦可巧點。上易陽穀，僖三。同。

伐楚救　盾救陳宣元。《春秋》紀“救”，有示用兵之法，有示用兵之意。俱就書法上發。下只論“救陳”。

伐楚救　荀吴伐鮮虞昭十五。　下是“用兵之畧”。

伐楚救　召陵侵定四　兩譏伯兵之無功，律之以法，正之以義也。二《傳》各有“桓、文”。上，王叔桓公臨之；下，劉公臨之。

救江　盟蒲成九。　恤患非法，服貳非本。齊桓、晋文、子鮮、季路。

救江　戰邲宣十二。　用兵之法，爲將之道。齊桓、晋文、欒書、荀罃。脱出召陵、僖四。城濮、僖二十八。書救、成六。偪陽，襄十。形處父，形林父。

召陵、僖四。城濮、僖二十八。宋楚平、宣十五。袁婁[7]　比《吴伐我哀八。傳》，華元、國佐得謀國之道。

文四。逆婦姜　《經》謹婚禮之始，而交譏内外之失焉。俱就喪禮説，俱發“正始”意。責魯，收“稱‘婦’”“不書‘至’”；責齊，收“不稱‘夫人姜氏’”。

文四。滅江　以《滅黄僖十二。傳》“守正”提前，倒《救江傳》“豈能濟乎”，責晋失恤患之道。或對作，亦可。

文四。晋侯伐秦　以王事予賢君，故不貶報兵以形之焉。雖是“善秦”，要將晋襄不足罪，形出秦“不報之善”。若厚誅晋以不道，則秦僅免於貶而已，何以寄其深嘉樂與之心？故曰“不譏晋侯，所以深善秦伯”。此《傳》有“四國伐秦”，無“入滑”。

敗殽、僖三十三。彭衙、四國伐、俱文二。秦人伐、文三。晋侯伐　不槩以王事責伯國，彰賢君遷善之美也。炤《傳》首數句叙下，倒單，發“爵晋以善秦”意。“四國伐”比，惟此《傳》有。去“四國伐”，即“秦人伐”題。去“晋侯伐”，即“四國伐”題。

敗殽、敗箕、伐许俱僖三十三。彭衙、處父盟、四國伐、俱文二。秦伐、文三。晋伐　詳二國之事，而知《春秋》深善賢君之改過也。舊破云：“《春秋》詳二國之事，而深善賢君之改過也。”舛甚。炤《傳》鋪叙，剔出“善秦”意，收“爵晋”。去彭衙、四國伐，同，但不叙“三敗”，以“稱‘人’”“稱爵”問起，點襄素行，見“不足罪”，發“善秦”。

敗殽、敗箕、伐许、俱僖三十三。處父盟、文二。晋侯伐　攷伯國之素行，可以知《春秋》之深美改過矣。穆公“悔過”，已在“敗殽”中，今日正是“踐言”。亦主以晋形秦作。或單，主“不貶晋”，非《傳》意所重也。

敗殽、敗箕、伐许、俱僖三十三。處父盟文二。　歷觀伯國之尚力，而知其不足責矣。始末重本股。

敗狄、伐许俱僖三十三。　伯國之尚力，於禦夷、虐小見之也。

敗殽、僖三十三。秦人伐、文二。晋侯伐　《春秋》備責悔過之君，而深善其終改焉。悔而貳，貳而終改，事原一串。以“備責”起，倒本比，收“書爵”。

敗殽、僖三十三。晋侯伐　《春秋》於賢君，始與其悔過，而終與其改過也。畢竟主“始予其悔、終予其改”爲是，蓋悔與改是兩事，觀《傳》“能”字可見，倒單便無味。須玩“仲尼定《書》”一段，重“以見悔過能改而不責人，雖聖賢誥命，不越此矣”句，不可遺，文中當用此一語，洗發聖人“予秦“之意。□云：此題俱以“悔過”“改過”分，殊不可□之□□，非旦夕能踐其言者。拜賜、焚舟，俱在作誓之後，有何可取？《傳》中“宜若過而知悔”口氣，亦非遽與之也。穆之所以大異於襄，□□今“見伐不報”；即聖人所以録《秦誓》，亦爲有今之“見伐不報”。□□□作兩□。作文先以《誓》言引起一段，見其閉關謝過之志，已□□□年之前，至今始克終其志耳。不露“彭衙”等事，而中□自相矛盾之意，見於言外。又須描寫穆公始終是箇悔過的人，方爲能手。

敗殽、僖三十三。秦人伐文三。　賢君悔過而復貳，《春秋》備責之也。只主“穆公初敗於殽”至“備責之也”一段，末束到今日改過之善上。

秦人伐、文三。晉侯伐　《經》以王事望賢君，始責之備而終善之深焉。“王事”，只主後《傳》“大改過”二句説，若主兩《傳》“王事”，便非。蓋此題只以“貳過”“改過”講，不必别生枝葉。上比“王事”，有“以王事責秦穆”句可作證。此題亦可□上比《傳》題。

□論秦穆各《傳》混題：《彭衙》只有“報殽之役”句；《四國伐秦傳》，無“入滑”及“晉侯伐秦”；《秦人伐晉傳》無“四國伐秦”；《晉侯伐秦傳》有“四國伐”，無“入滑”。

盟柯、莊十三。納捷菑文十四。　嘉釋怨而大改過，風天下以王事也。重聖人意發。宜就“嘉”字、“大”字上發“王事”，不重“莊釋怨”“盾改過”也。下比易歸益，哀八。同。

晉侯伐　秦伐晉文十。　《春秋》大改過，有不貶伯國以見之者，有重貶强國以見之者。不譏晉侯，以“深善秦伯”；“重貶秦伯”，以“深許晉人”。俱是“改過”。加秦人伐、文二。令狐，文七。同，二比俱是“過”的事寔。

晉侯伐　楚人侵鄭宣三。　《春秋》大改過，有不貶伯兵以見之者，有獨貶外兵以見之者。“《春秋》大改過，嘉釋怨”；“《春秋》大改過，許遷善”。下，予鄭人正，“獨著楚人”云云。

晋侯伐、夾谷、歸田俱定十。　因改過，見怕德之修；因謝過，見王道之化。

晋侯伐　吴救陳哀十。　不譏報怨，以善改過；不進恤患，以傷怠義。“《春秋》大改過，嘉釋怨”，“《春秋》惡首亂，善解紛”。

晋侯伐　歸讙闡定八〔8〕。　俱托詞以予改過。

秦人伐、文三。晋侯伐　入邾益、哀七。歸邾益哀八。　《經》於内外之改過，而□欲顯其善焉。不貶晋侯，正所以予秦之善；不諱入邾，正所以彰歸邾之美。上易敗殽、僖三十三。秦人伐，文三。主“悔過復貳”“爲惡能改”。

秦人伐、文三。晋侯伐　札聘、襄二十九。會奔昭二十。　備責賢者，以非尚力、守節者可比也。

文四。甯俞聘　外臣不敢當大禮，其志足嘉矣。借《納幣文三。傳》。知禮，在“明天子之制，守陪臣之分”上。“平日橐饘之忠”，可點入。

文四。《風氏薨傳》

歸賵、隱元。用致夫人僖八。　惠公失夫道，僖公失子道。要發“謹禮”意。《傳》中“卑其身則失位，賤其父則無本”二句，判斷不輕。

文五。歸含賵　王室瀆禮以亂倫，微詞以謹之焉。

文五。楚人滅六　見《厥貉文十。傳》，見凌夏之漸。

文六。行父如陳　行父，季友子，始見《經》。可主《致夫人僖八。傳》“俾世其卿，而私門强矣”句。

文六。射姑奔　即大夫去國，可爲不密者戒矣。處父非侵官，正見處父當言，以責襄之不密也。重垂戒意。

突奔、桓十五。射姑奔　河曲文十二。　三觀所遺之害，而不密宜戒矣。雍糾洩殺仲之謀於雍姬；晋襄洩擇將之言於射姑；臾駢謀薄秦於河，而胥甲、趙穿知之。末比易先蔑奔，文七。同。

射姑奔　先蔑奔文七。　君不密，臣不慎。

文六。閏月不告猶朝　《經》於内君廢禮，深致愛禮之意焉。幸其“猶朝”，正罪其“不告”。須體貼“愛禮存羊”意，發得悽惋。書法重

"猶"字。只"不告月"，罪主"廢禮"。

文六。猶朝于廟　聖人幸禮之不盡廢，愛禮之心也。聖人一段"愛禮"之意，一發於"存羊"之説，故修《經》至"不告月"，猶幸其不已於朝廟。全是"占天時"云云，"則主乎是"一段意思在裏面。

閏月不告猶朝　初税畝宣十五。　歷法、田制，"百官修其政於朝，庶民服其事於野"。唐典、周制，上惟恐民食之不給，下"惟恐公田之不善"。殷"助"、周"徹"，上不可廢，下不宜變。

猶朝　四不視朔文十九。　始幸"猶存"，終傷"盡廢"。

文七。令孤奔　重貶伯兵，示置君之當慎也。"稱'人'"並提，既將"書'及'"問倒"晋志戰"，而歸重"廢立不慎"，重垂戒意。"懼秦之不肯已"，此所以"志乎戰"也。"置君"何事？乃"已""不已"之權，操之於人，而懼其不肯耶？"治亂存亡"三句，須重發。使其能慎於初，竟立靈公，秦不必於"納"，晋不必於"謝"，亦何必"潛師夜起"，志於一戰然後快哉？只"令狐"，同。

文七。先蔑奔　以"背先蔑"句作案，而仍以"置君"爲斷，無書法。"將焉置此"句，與"乃背先蔑""乃"字，可味，正見他莫大的事情，一團兒戲。

文七。盟扈　《春秋》紀信，而强臣、怠主皆譏焉。盾"强"，在"强諸侯"上；魯"怠"，在"後至"上。"專廢置""多廢緩"，帶説。加不告月、文六；"事多廢緩"。令狐，文七；"内專廢置"。只納兩邊。

令狐、文七。盟扈　伯臣威行於内外，强可知矣。"内專""外强"勿分，一串滚作。只炤《傳》"不名，以見其强"作，未嘗責其"專"與"抗"也。

盟扈　盟扈文十五。　譏專政，而兼責怠政者；譏昧義，而兼責怠義者。二邊俱重晋講，而以魯帶説於後。

文七。徐伐莒敖涖盟　借《斷道宣十七。傳》"小國訴之，大國勉强而應焉，非同欲也"。只徐伐莒，主《荆聘莊二十二[9]。傳》，作"懲其逆"。或主昭五《伐吴傳》"推之可遠"句。徐嘗自進於中國，今以中國無伯，興師伐莒，聖人復夷狄之。

文八。衡雍　盟暴　謹華夷之辨，特詳詞以示意焉。“雒邑，天地之中”句極重，此《傳》“謹辨”，不重“與盟”，全重“内地不可雜以夷狄”上。加伐凡伯，隱七。炤“記約志詳”句問起。

文八。衡雍　詳紀内卿之盟伯臣，而“謹辨”之意寓矣。欲詳暴之盟，故先詳衡雍之盟，即見聖人筆底族類分明處，使中華界限劃然，不容相混雜也。

衡雍　盟暴　厥貉、文十。新城文十四。　華夷之辨，君臣之義。俱有“謹”字。

衡雍盟暴　大棘敗獲宣二。　謹華夷之辨，明師將之等。皆以“詞之贅”問起。

衡雍、盟暴、春如齊至、夏如齊至俱宣十。　上，華夷、族類、内外之辨；下，君臣、上下、尊卑之等。上，“《春秋》記約而志詳”；下，“文約而事詳者，《經》也”。上“贅詞”，下“繁詞”。

盟暴　伐陸渾宣三。　聖人每示謹於戎，所以防華也。上，“記約志詳”發問；下，“夷狄相攻不志”發問。“雒邑，天地之中”；“陸渾，王都之側”。俱是惡夷之亂華。

盟暴　滅陸渾昭十七。　夷不容亂華，故交夷者謹之，而覆夷者恕之也。惟“天地之中”云云，則與中國相盟不同，故“深别之”；惟“密邇王室”云云，則與窮兵遠夷不同，故“無貶”。

文八。敖如京奔　内臣以縱慾去，亦不能持志之鑒也。重垂戒意。《傳》中“持志”“御氣”[10]字，極細。

文八。司城奔　逋臣之案，還以其官定焉。以意諸“不能其官”起，倒昭公作。“守土”二字極重，正與“出奔”炤。

司城奔　華孫盟文十五。　建官與世官，總之貴於得人也。“守土者至於出奔”，則以“寵其私暱”，“不選衆舉賢，以素有”云云；掌兵者“專行無君”，則以弑逆之徒“繼掌兵權”，不求“賢者之類”云云。

司城奔　城費襄七。　惟賢可任，“私”與“世”皆非也。上，“不選衆舉賢”，“乃欲寵其私暱，鮮有不亡者矣”；下，“不惟其賢，惟其世，豈不殆哉”。

【校記】

〔1〕隱元，應爲“隱九”。

〔2〕□，參《左傳》，當爲“訊”字。《左傳》：“晋侯不見鄭伯，以爲貳於楚也。鄭子家使執訊而與之書……”

〔3〕大事太廟、有事太廟，兩句之後應分别注明年號“文二”“宣八”。

〔4〕宣十，應爲“宣十八”。

〔5〕二十七，上脱“莊”字。

〔6〕敵，應爲“狄”。《荀吴伐鮮虞傳》：“而《春秋》用兵禦狄之略，咸見矣。”

〔7〕袁婁，後依例應注明年號“成二”。

〔8〕定八，應爲“哀八”。

〔9〕莊二十二，應爲“莊二十三”。

〔10〕御氣，《傳》中無此二字，作者但以其意言之。

卷之十五　文公下

文九。毛伯求金　不與相臣之擅命，謹權也。以“當喪未君”辯起。

文九。姜氏如齊至　致以明小君之重，示防微意也。“明小君之重”，正見不可使之“不安”也。文公無正家之法，敬嬴怙寵，外比而爲奸；庶子奪嫡，將萌而不悟，此“出姜”所以“不安”。加會禚、莊二。享祝丘、莊四。如莒、莊二十。逆婦姜，文四。只炤“獨書‘至’”。

逆婦姜、文四。如齊至　以“至”與“不至[1]”總問起，分作。“誅意”“防微”，俱責文公。

文九。及箕鄭父　著權臣用刑之私，以無黨訓後世也。重“私”上作，而“專”與“刻”，皆所以逞其私意也。收“書‘及’”。加令狐、盟扈，俱文七。只炤“晋靈初立”，“政在趙盾”。

文九。伐鄭遂會救　啓患之□深於怠，以其爲所窺也。以“楚罪”講起，歸重中國，内有怠患、啓患二意，須順《傳》串講，以啓患爲主。“貪得”“憑凌”句，專指楚子，不必兼説范山。“故書‘救’而稱‘人’”，言“書‘救’”未有不善，而此獨書“人”，非謂“書‘救’”亦貶詞也。

文九。楚人伐鄭　外夷無故憑夏，《春秋》之所貶也。只“憑夏”便了，勿分“貪”“暴”。重發“無故”，末以“故”字含下“盾啓患”意，蓋“不在諸侯”，乃楚子憑夏之“故”也。

文九。遂會救　《經》於中國怠患，而重啓患者之責焉。以“怠患”意提在前，歸重“趙盾啓戎”上。如云今之“不恪”固可罪，苟平日“能折衝消患”云云，何至有今日耶？且待其來，而姑與列卿遷延觀望，提一旅以塞責，是盾之罪又浮於列卿矣。收“書‘救’而稱‘人’”。

踐土、僖二十八；主盟。盟扈、文七；晋君少。楚伐遂會救　怠世業而啓患，伯臣之罪也。范山所云“不在諸侯”，即以“晋君少”言，而胡氏則原其罪於當國者。“爲夷狄所窺”，即就范山之言説，非指“伐鄭”也，“窺”在“伐鄭”之前。去遂會救，同。加城濮，僖二十八。同。去盟扈，同。去城濮、踐土，只用盟扈，亦同。蓋“盟扈”比，便該得“主盟”。

伐鄭會救　侵衛會蜀成二。　啓戎辱君，皆當國者之過也。范山、狼淵；子重、陽橋。

伐鄭遂救　伐救馬陵成七。先事啓患，後事防患。

楚人伐鄭　滅庸文十六。　范山倡謀，師於狼淵，凌夏以圖霸，可貶；蔿賈定謀，師於臨品，覆小以國存，可原。或主“趙盾啓患”、“蔿賈弭患”。

遂會救　戰邲宣十二。　伯國以啓戎挫師，相與將之罪也。“趙盾不能折衝消患”，“以啓戎心，誰之過乎？”林父不能“專制閫外”，“是棄晋師，於誰責乎？”

文九。椒聘　變夷、修禮而進之，聖心之恕也。以其類本善，故因事而進之，非其事可進，乃原類而進之也。聖人宅心忠恕，故於聖賢之後，不忍重絶，亦非以此尊崇聖賢也。此與《荆聘[2]傳》小異。彼重“聖人樂與人爲善”，“世類”意差輕；此見聖人“重絶人”，“世類”意極重。彼黜其猾夏，故曰“叛則懲其不恪”。此之“嚴於立法”，只在“僭王”上。須辨。加華元聘、成四；中國。白狄來，襄十八；絶夷。以“謹華夷之辯”問起，如單作，收處仍用華元聘，炤“比於中國”句[3]。或搭盟蔑、會潛，或石門、凡伯，俱欠切。

荆敗、莊十。荆聘、莊二十三。椒聘　黜僭王之國，因修禮而愈進之也。如《傳》□歸本股，而以“荆聘”伴講，後將“立法嚴”而“宅心恕”渾融大發。加荆伐，莊十六。同。加盟蔑、隱元。會潛，隱二。以“中國”“夷狄”問起。仍用“華元聘”“白狄來”好。

荆聘、莊二十三。椒聘　兩進遠人之修禮，論其世也。“二聘”無優劣，但書法有淺深耳。不可以“漸進”“遂進”分，宜總叙總發，中只一點，大略同單。兩書法，只如《傳》在前問起，後面只以“進之而不拒”

一句收結。

荆敗、莊十。椒聘　待變夷之國，誅其僭而嘉其禮焉。主“嚴於立法”一段。雖分作，要側重“恕”邊。加狄伐邢、莊三十三。華元聘，成四。分炤書法。

荆敗、莊十。椒聘　吴伐郯、成七。札聘襄二十九。　不終絶夫變夷者，宅心恕也。重“吴、楚，聖賢之後”意，兩邊各以“僭王”引起，歸在“二聘”上，“嚴”“恕”意總結。

椒聘　會戚襄十五。　寬政及遠人，其先固足紀也。本“向慕中國”一段發揮。下易札聘，襄二十九。同。

荆聘、莊二十三。椒聘　會戚、襄十五。札聘襄二十九。　兩於變夷者之慕義，而“進之”漸同於夏焉；始皆稱“人”，繼皆“君書爵”，“臣書名而稱使”。本《傳》論吴，未及“漸進”，然玩《傳》“吴、楚”句，緊接問書法語，例亦可通。

荆敗、莊十。椒聘　取鄟、成六。午伐鄭襄十八。　嚴、恕、文、質。不若上二比易荆敗、荆聘。刑、禮，天地之心；文、質，帝王之道。更整。

荆聘、莊二十三。椒聘　入夷儀、襄二十五。衎歸襄二十六。　本忠恕以待人，而進善絶惡皆以漸焉。《入夷儀傳》亦引曾子“忠恕”語，各重“不輕絶人”意發。

椒聘　盟扈文十五。　夷狄慕義，進之同乎夏；中國棄義，黜之等於夷。“其君書爵，其臣書名，遂與中國比”句，正與下《傳》“夷狄，君臣同詞”及“略之”“等於夷狄”相反。

椒聘　鄭伐許成三。　慕義，進之於夏；狗利，斥之於夷。上自“世類”説來，下自“素行”説來。

椒聘　晋伐鮮虞昭十二。　以夷慕夏者，進之同於夏；以夏效夷者，黜之等於夷。上“忠恕”，“慎用刑、重絶人”；下“謹嚴”，“制治未亂，拔本塞源”。

文元。歸襚　因事而正妾母之名，示子道也。僖公平日尊崇，故秦人厚致其禮以徼惠。書法只“僖公”二字。

歸賵隱元、歸襚　“夫道”“子道”分，重“惠公”“僖公”上。

文十。秦伐晋　核狄外之義，而善悔過之意亦寓矣。須重秦“不當報”□，於“不當報”内，顯出晋悔逆雍而改立靈，“終不遂非”之意。通《傳》俱是活詞，作文亦須説得活。

令狐、文七。秦伐晋　伯國反正，而遠人修怨，其褒貶可推矣。同單。《令狐奔秦傳》，褒貶之案，全據此想度出來，不但作事實而已。

秦伐晋　納捷菑文十四。　俱“改過”。上嫡庶，下長幼。

秦伐晋　楚人侵鄭宣三。　兩美反正者，皆寓意於所貶焉。許改過于反正，一自“秦報復”内寫出，一自“楚侵掠”内寫出。

文十。女粟　見《鷄澤襄三。傳》，主“王臣將命”二段，魯、蘇並斷，然須體貼“不待書‘同’”意，方妙。是時頃王新立，蘇子若惇信明義，則挽羣后百辟而宗周，不難也，何俟要一魯以示親？魯侯若尊主奉法，則躬朝覲、述職以蕃王，不暇也，安敢盟王臣以取戾哉？

文十。狄侵宋　即大國被兵，而從夷之情可原矣。將“方有狄難”，含“蓋有不得已者”意作。

文十。次厥貉　憑夏附夷，心、志皆足誅也。上重師無所指，誅其心，書“次”於“伐麇”之上；下重“無四境之虞”，誅其志，“削三國，書‘蔡侯’”。楚本謀伐宋，宋覺之，先爲聽命，楚怒無所洩，而移之逊歸之麇耳。“下書‘伐麇’以著其罪”，非罪其伐麇，即伐麇以顯其包藏禍心以滜宋之罪也。加伐麇，文十二[4]。同，只炤“下書‘伐麇’”書法。加狄侵宋，文十。亦同。或加“新城”，驗“蔡從夷”，似添足。

滅江、文四。滅六、文五。伐鄭、文九。狄侵宋、文十。厥貉　伐麇文十一。　憑夏附夷之罪，詳其勢而可知也。原“滅江、六”“平陳、鄭”事責楚，原“三國”事責蔡，如單。“獲茷”“平陳”，各虚補。去“江、六”，加伐楚、次陘，俱僖四。同，以齊桓形楚，以三國形蔡。

滅江、文四。滅六、文五。伐鄭、文九。厥貉　伐麇文十一。　外夷恃積威以窺夏，《春秋》誅其心焉。比上題只少狄侵宋比，專主“楚”一邊。

滅江[5] 滅六文五。 兩觀外夷覆小，而憑夏之志有自矣。宜描寫楚之積威，見其“志”猶未厭。末繳云：“至於餘威著於陳、鄭，而其謀遂及宋矣，孰謂厥貉之意，不在宋哉?”滅江，從齊故，降服、出次，秦伯所爲懼也；滅六，即東夷故，“庭堅”“不祀”，文仲所爲嘆也。

伐楚次、僖四。厥貉 伐麇文十一。 駐兵之情異，而予奪因之矣。全在“伐而次”“次而伐”上描寫其善惡。“次而伐”，雖指伐麇，然罪在伐宋。只伐楚、僖四。伐麇，在“著其美”“著其罪”上發聖人意。只次陘[6]、次厥貉，在“修文告”“藏禍心”上，發他美之可善、罪之可貶。

伐鄭遂會救、文九。狄侵宋、文十。厥貉 獨惡小國之從夷，論其志也。原“三國”之不得已，只倒“蔡”邊，“獲茷”事虛補，收“削三國，書‘蔡侯’”。

伐麇[7] 新城文十四。 憑夏、從夷者，其罪均可驗焉。比《新城傳》，與厥貉單題同，但俱出“驗”比耳。

伐麇 缺救宣九。 惡外夷憑夏，兩於攻、恤之紀以見罪焉。上以“次陘”形，下以“討歸生”形。

伐麇、文十一。書救成六。 兩著憑夏之罪，其屬詞可考也。

伐麇、文十一。蕭魚襄十一。 憑夏、駕外，俱“下書”。此厥貉、盟戲襄九。脱比也。各加本比，同。

厥貉 盾救陳宣元。 筆削從夷，筆削恤患。“削三國，書‘蔡侯’”，以蔡無不得不從之情也；書“救陳”，不書“救宋”，以宋無不可不恤之義也。

厥貉 辰陵宣十一。 兩恕從夷者，揆之於情與義也。上，情非得已；下，義有可從。

文十一。伐麇[8] 《經》書虐小之兵，驗心也。“下書”“下”字重，正應上“次而伐”。既是“次而伐”，而下書個“伐麇”，則其始“藏禍心以憑夏”之罪見矣。“故下書‘伐麇’以著其罪”九字，文中須剔得出，方像書法題。

文十一。承筐 此大夫特相會之始。借《無婁宣十五。傳》，發“當有以正之”意。

文十一。公子遂如宋　言“復蕩意諸，因賀楚師之不害”。主《重耳卒僖三十二。傳》“敦交好，通憂虞”句，發“鄰國禍福相關”。末以“史策繇是得詳列國之事”收之。

文十一。敗狄于鹹　内臣所挫之敵，攷於《春秋》而名定矣。只辨其“非‘長狄’”，見“《春秋》，正名之書”。定分别種類，使後人知所考信，必不以“長狄”爲狄，非謂聖人於此特正狄之名以示後也。制禦之略，尚落下一層，《傳》未及。

追戎、莊十八。敗狄　夷狄之名，攷於《春秋》之稱而定矣。“西方曰戎”“北方曰狄”，分叙二股，而以“正名”意總發。全出追戎、莊十八；徐州。伐山戎、莊三十；孤竹。及姜戎敗殽、僖三十三；瓜州。伐陸渾、宣三；鞏雒。赤狄侵齊、宣四；洛州。白狄伐晋、成九；西河。敗狄大鹵，昭元；山後。同。

文十二。術聘　略遠人之使，以其禮未同於夏也。見《札聘襄二十九。傳》“禮未同於中夏”，“使人之來”，畧而不氏。

文十二。河曲　貶交兵而變“及客”之例，以曲不在主也。舊破云：“貶二國交兵，尤甚曲者之罪焉。”□□罪□□□。此題單主晋説。《傳》首將兩家源頭差錯處提明，總承“是以”云云。而“凡戰”以下，便單説晋矣。將“不書‘晋及’”問起，即收明“不書‘晋及’”書法，忙用一“惟”字渡下，又收“貶晋稱‘人’”書法。兩書法總屬晋，無一屬秦者；雖《傳》首“其稱‘人’”云云，秦、晋雙起，然收處未云“貶秦稱‘人’”，則起處亦只陪起，明矣。“不以晋爲主“者，恕晋也；“稱‘人’”者，恕而不盡恕也。恕處在能“自服”上，服其不謝秦而禦秦之罪，是肯認錯了；恕而不盡恕，在不能“止人”上，但只自家認錯，不奉詞令，使秦亦知錯而止其戰也。晋只説前次服了罪，於我無愧了，他又來伐，如何忍耐得？不知你只服了你的罪，秦的罪，他自家還不明白。晋不愁没詞令去止得秦，若奉詞令，使他知道起初不獨晋錯，秦也有錯在裏面，則戰自止矣。晋乃不能，故不爲無罪也。恕與不恕，在“服”

與“不止”。可見猶然一寡怨之心矣，但不執定一“以主及客”之常例耳。“輕重權衡”，俱主秦重晋輕，大謬。“權衡”二字，原是不膠於一定意。謂凡戰皆“以主及客”，而“河曲”不然；猶君重於師，而師還不然；君前臣名，而祭仲不然；滅同姓則名，而執虞公不然。皆以變例之故爲“輕重”，何嘗以罪之輕重爲“輕重“哉？書法收“不以晋爲主”，而與秦皆“貶而稱‘人’”。須知説明“不以晋爲主”一段，固是爲晋解釋，即説明貶晋與秦；同“稱‘人’”，亦是爲晋解釋，猶言因他也有這些微罪過，所以也“稱‘人’”。又須知兩段爲晋解釋處，都是極罪秦處，作文只做爲晋解釋，而秦罪在其中。

令狐、文七。秦伐晋、文十；晋已服。河曲　同單。不可以“令狐”與“伐晋”對炤。去令狐，同。

令狐、文七。河曲　兩紀交兵，各權其罪之甚者焉。合作。兩邊以各“稱‘人’”提起，倒“書‘及’”“不書‘及’”上。還主《傳》爲妥。

彭衙、文二。河曲　紀兵之例有常、變，而主、客之罪昭矣。主“凡戰，皆以主人及客”句出，俱是晋受伐爲主，但上以“晋及”，下不以“晋及”。上比易伐衛及戰，莊二十八。同。

秦伐晋、文十。河曲　戰鞍　袁婁俱成二。《春秋》之權衡、繩墨，於紀兵信見焉。“凡戰，以主及客”，“前年秦師”云云，“則秦曲甚矣”；“故不以晋爲主”，“輕重之權衡”，不膠於一矣。來盟於師者，國佐也，而“魯、衛之使”云云，“則欲盟者，晋也”，反以晋人主之，“曲直之繩墨”不爽其則矣。只河曲、袁婁，同。

文十二。城諸及鄆　主《中丘隱七。傳》“雖時”“亦書”句。“一朝城二邑”，“又用兵以城”，俱挑入。

文十三。世室屋壞　紀内廟之毁，見不恭之甚也。“以致魯國衰削之繇”句要發透。加正月不雨，文十三。同。

大事太廟、文二。世室屋壞　立武宫成六。　魯廟之異稱，於《春秋》可考矣。只就廟號上發。後含子孫當“謹事”意。不必入斷罪語。

文十三。會沓　及盟公還會棐、文十四[9]。公至　借《公在楚襄二十九。

傳》。文子能答子家之賦，鄭、衛共協平晉之謀。

文十四。同盟新城　予列國外夷之信，謹君臣之義也。須重發“君臣之義”。勿謂晉能尊王，而諸侯從之，爲能攘楚也，恐與“未大相遠”句相背。聖人之心，惟恐諸侯從僭王之楚，故見其從晉則予耳。《傳》末“謹”字要玩。“蔡不與盟”，只作事實帶入。加伐鄭救、文九。狄侵宋、厥貉，俱文十。以“恕三國”“罪蔡”證明過，仍倒“外楚”，同單。

厥貉文十。　新城　以君臣而别夷夏，予奪之所繇嚴也。總叙，總問，總發，如單。不可以“從楚”“從晉”開作。蔡果於從夷，正在新城“不與盟”上見，而《傳》中“荆楚僭王”一段，原總承“予奪”而發，非偏言也。

伐鄭、文九；楚淩夏。厥貉文十。河曲、文十二；晉黷兵。新城　將“伐鄭”“河曲”作“晉、楚行事”不“大相遠”，問起，倒厥貉、新城作。出晉侯伐秦、文四。楚人伐鄭、文九。厥貉[10]、新城，於題面更順。出敗狄、伐許、俱僖三十三。滅江、文四。伐鄭、文九。厥貉、文十。新城，亦同。

圍宋、僖二十七；從楚、奪。新城、從晉、予。會扈、宣九；從晉、予。盟宋襄二十七；從楚、奪。　總叙，混作。從晉則“予”，從楚則“奪”，總歸“尊王”上發。

新城　辰陵宣十一。　予外夷以謹大義，恕從夷以正大倫。惟楚不當從，故晉當從；惟中國不足從，故楚亦可從。從晉以“外楚”，則君臣之義存；從楚以討陳，則君臣之倫正。

新城　馬陵成七。　上，同“外楚”，君臣之義存；下，同“病楚”，安攘之善著。“蔡背華即夷”，“鄭背夷即華”，帶説。

新城　鷄澤襄三。　兩觀諸侯恊盟，而謀外之得失見矣。

新城　盟蜀[11]　予外夷，貶宗夷，俱明大義。

厥貉、文十。新城、四國伐、楚子伐俱宣十。　兩致意於夷夏之間，爲王道、伯道計也。以“楚僭王”對“晉尚力”，不必用“晉尊王”。上論晉、楚終是不同，下則無愈於楚矣。

厥貉、文十。新城、會虢、取郠俱昭元。　從夷崇亂者，其實可參驗也。

文十四。星孛北斗　紀天象之變，示感應之理也。

梁丘、莊三十一。葵丘、僖九。踐土僖二十八。　知三國係中天下之大，則知天變所繇感矣。主“宋，先伐[12]之後；齊、晋，天子方伯，中國紀綱”，不可“違道失德”意。

文十四。納捷菑　力屈於義，如其勝私之情而善之焉。“八百乘”重看。惟力能克，而以義不克，故爲美。收“弗克”，而“稱‘人’”帶之。諱其置君之失，正以全其不果納幼之美也。

觀魚、隱五。歸益哀八。　觀聖人致意於處過者，而知其“大改過”之意矣。此題大開，便是合了。不像《傳》。宜以“聖人以改過爲大”一句作主，論理發揮二比，首尾都要紐着趙盾“私欲不行”二句發，正見聖人所以美之之意。

“遷善”易比：

晋侯伐秦文四；秦穆見伐不報，《傳》云“悔過能改”。

秦伐晋文十；《傳》云“深許晋人悔過能改，終不遂非”，指立夷皐。

楚人侵宣三；鄭從晋，反正，《傳》云“大改過，許遷善”。

盟牢成五；見《書救傳》“鄭能背華即夷，是改過遷善”。

夾谷歸田定十；齊景“謝過以質”。

晋侯伐秦、文四。夾谷、歸田俱定十。　兩君之處過，皆有當於聖心者□。上是“悔過能改”，下是不“文過遂非”。總要在聖人意上發“以改過爲大”。上要見使其“貳過”，則無“遷善之美”；下要見使其“文過”，“則有怙終之刑”。一“刑”一“美”，只係於“改”“不改”，故曰“改過爲大”。“改”與“不改”，只在私欲之行與不行，故曰“可以爲難矣”。

盟幽、莊十六。納捷菑　《春秋》之諱詞，在内爲貶而在外爲善焉。“内以諱爲貶”，非聖人以諱貶之，從聖人之諱，而見其貶也。

納捷菑　哀奔文十四。　《春秋》於外臣，予其徙義、貴其存道也。

《秦誓》列“百篇”之末，《易》曰“乘墉”；微子列“三仁”之首，《易》曰“見幾”。

納捷菑　四國侵鄭宣二。　以力觀伯兵，而知徙義、棄義之得失矣。“非力不能納，義不克也”；同人“力非不足”，“以理曲也”。訟[13]。

納捷菑　宋公伐邾昭十九。　《經》兩紀事，見隱惡揚善之法焉。上書“弗克”，而不書趙盾；下書“伐邾”，而不書圍邑。聖人“大改過”，故於一事之前非後改者，美其善，諱其非。聖人“善善長”，故於一人之意是事非者，取其意，釋其罪。

納捷菑　滅胡歸定十四。　知過能改過，知命不立命。

納捷菑　益來哀七。　諱外，善“改過”；不諱内，彰“去惡”。

文十四。子哀奔　《經》貴愛身之臣，動在幾先也。只重一“幾”字。昭無道，危亡之幾已見，封人猶可託於吏隱，至爲卿，便有國家之責。“偷生避禍”云云，是禍已及而逃之，正與“幾”字相反。加履奔，襄二十。主“偷生避禍”句。

哀奔　札聘襄二十九。　貴去國、責讓國者，皆以道權之也。上，“貴愛其身以存道也”；下，“全身自牧則可矣，槩諸聖王之道，則過矣。”微子、泰伯。“君子見幾”，“聖人達節”。

文十四。執單伯　大國辱内臣，略詞以罪其私焉。“以己執之”“己”字，指單伯。《公羊》所謂以單伯“道淫”之事執之，非以魯事執也，然單伯實無“道淫”之事。全重“商人忌魯”，“齊人意欲辱魯”，“而誣之以罪”作。加執叔姬，文十四。同。

文十四。執叔姬　國母辱而罪累大國，治黨之法也。“執母”，須本“弑君”説來。罪“齊人黨惡”，要發“懷私惠”意。

文十五。華孫盟　《春秋》孫外臣，示世政當慎也。全在“華督之孫”上發意，比他《傳》譏世官者不同。故國豈無世臣？世臣豈盡不可委政？乃委兵柄於弑逆之後，可爲破膽。

華孫盟　戰鞍成二。　比證外臣之爲世官，而“世”之者非矣。“猶季孫之類”云云，正證明“書‘華孫’”乃“世官”之文也，見逆賊之後不可“世”，視季孫輩又不同矣。下比易三卿伐莒，昭十。同。三卿伐莒，係叔弓，無叔孫，不如易哀二“三卿伐邾”爲妥。

季孫行父如陳、文六。叔孫得臣敗狄、文十一。仲孫蔑會無婁、宣十五。臧孫許盟赤棘成元。　歷稽内之世臣，而外臣之同紀者可例矣。

書救、成六。會奔昭二十。　委政於世臣，必其先有可録者焉。與“華督之孫”炤看，宜重先世之“功”與“賢”上，方得要旨。要體“然後”二字，亦非爲“功臣之胄”“賢者之類”，不可不委以政也。加城濮、僖二十八；欒枝。盟戚，成十五；子臧。同。

“賢者”易比：

嬰齊如成六；叔肹子。　莒丘成十六；即嬰齊。

國佐如師成二；國歸父子。

行父如文十五；季友子。

叔舍至昭二十四；叔豹子。

取郜鼎桓二；臧哀伯，僖伯子。

他如“告糴”，是貶文仲；“戰鞍”雖有嬰齊，似雜；“尹子伐鄭”，《左傳》載聲伯，即嬰齊，太晦；“國佐聘”，不見好處。俱宜删。

“功臣”易比：

盾救陳宣元；衰之胄。　新城文十四；本文亦有趙盾；如“令狐”“盟扈”，便不佳。

會宋襄二十七；趙武，衰、盾之後。　會虢昭元；或主祁奚之子午，非是。

書侵蔡成八；枝之胄。

他如“士燮聘”“鄢陵”“士匄聘”“韓起聘”，便不確。“晋侯伐衛”，《經》文無，且□名。□奔，難説他好。俱宜删。

華孫盟　會奔昭二十。　有示戒於逆嗣者，有寄美於賢嗣者。“華孫”“公孫”，四字有味。都在聖人意思上發。兩《傳》末俱有“賢者”“功臣”語。

華孫盟　城費襄七。　不擇其類與賢，内外之世官皆非矣。上，以督之逆，而其後可委之以政乎？下，行父雖忠，而其後遂聽其專政乎？“喬木”“堅冰”。

文十五。單伯至　不名命卿之歸國，謹臣禮也。“命大夫”句，下接一“故”字，以“皆書其字”句收住，見“書字”是他本等。“致而不名”至末，見大夫執而王必名，此獨“不名”，纔是無所不致其尊王之意處。單在“不名”與“無所”句上發意，若只渾發個“尊王”與“字”“命大夫”，便呆。加逆王姬、莊元。會伐宋、莊十四。如齊，文十四。倒“至[14]而不名”作。再加意如至，昭二十四[15]。亦同。

單伯至　如意至、昭十四。舍至昭二十四。　紀大夫返國，獨“字”夫受命者焉。如單。以意如、婼相形，見王命所在，權勢不得踰、賢智不得先意。

單伯至　舍至昭二十四。　兩紀內臣歸國，而尊尊賢賢之義明矣。合作，俱以“大夫執而至，則名”問起。叔舍亦是書名，但兼書姓氏，見其賢耳。

文十五。行父如晉　因齊人侵西鄙，故往告于晉。可搭“下告方伯”。

文十五。諸侯盟扈　槩責諸侯棄義，嚴討賊之法也。觀《傳》論“晉”與“諸侯”，總問總應，而“魯君”云云，又是另推出餘意，宜依《傳》“晉”與“諸侯”串説，而以“魯”化在後，總收“畧而不序”。加荆敗蔡、莊十二；楚文。荆伐鄭，莊二十八；子元。作“夷狄、君臣同詞”例，倒“諸侯”作，不必及“魯等於夷狄”，全在“不明君臣之義”上，方與“君臣同詞”意貼。“荆敗蔡”比，或易荆伐鄭文九[16]；楚穆。

盟扈、討商人。四人伐宋文十七；討宋鮑。　《經》貶棄義之君臣，而討賊之心切矣。一比之“夷狄”，一比之“賤者”，須説透。總用“孔子告哀公”事。出盟扈、會扈，文十七。書法皆“略而不序”。

文十五。歸叔姬　大國自绝夫君母，黨惡之罪彰矣。《傳》前段爲案，後段爲斷。“以商人爲君，而不知其惡”句極重。

文十六。四不視朔　内君屢廢朔政，心之怠甚矣。“自是公無疾”，亦“不視朔”矣，須叙明。“奉以告廟”，貼“事神”；“出視朝政”，貼“治民”。“心放”要發透。本平昔“厭政”説來，方切“久”字。加如晉有疾復，昭二十六。依《傳》辨倒。加作主、文二。不告月、文六。不雨、屋壞、俱文十三。盟扈，文十五。先以“神之主”“民之望”提起，總作，不必倒。比《三不雨傳》，多“不告月”。

不告月、文六。不視朔　内君之怠政，於廢閏、廢朔見焉。

四不視朔　萬八去籥宣八。　不求放心，不格邪心。

文十六。毀泉臺　内君揚先世之失，《春秋》之所謹也。劈頭挈“先祖”二字，便有眼，故後應以“輕先祖之心”。“心”字極妙，“輕先祖”句當重。下“弑父與君”句，總見先祖可輕，則弑逆亦可爲，總是心上忍得過。“非安危治亂所係”，宜玩。“雖勿居，可也”，是處置“先祖爲之非矣”的道理。加築郎，莊三十一。同。泉臺，即郎臺。

文十六。滅庸　減覆小之罪，以其善於謀國也。以庸“取滅”論起，重楚“謀國之善”作，收處復串入“庸罪”。凡到國勢微弱時，越向微弱道路上走，此衰世謀國之通病也。楚此時一徙阪高，已氣益餒，敵勢益張，使敵人因而乘之，長驅席捲，楚豈復有遺種哉？伐庸乃轉弱爲强一大機括，壯我之氣，挫敵之威。此凡處微弱者所宜法也，故《春秋》減其罪，以訓後世之謀國者。然亦止於“列書三國”。“楚不稱師”，以示意“列書三國”，使若不專於楚然；“不稱師”，使若未嘗有重兵之臨然；而“滅”之一字未嘗抹去，則滅國之罪仍在矣，非謂“謀國之善”，便可減去滅國之罪也。蓋蔿賈策，原只是伐庸；伐庸極是，滅則非。

滅庸　圍蔡哀元。　謀國、復讐之得當者，《經》皆輕其罪焉。須以庸有“取滅之道”“蔡宜得報”起，倒楚作。上，“減楚之罪詞”；下，“恕楚之罪詞”。遷國，重事也，不可不慎；辱父，深怨也，不可不報。此二《傳》，乃文定傳《春秋》主腦。北狩不報，南渡偏安，兩節誠可憾，作文須痛切言之。庸不伐，是自殄其宗祀矣，不然，利人土地，絶人宗祀，罪可減乎？蔡不報，是自辱其父母矣，不然，降其衆，遷其國，罪可恕乎？

滅庸　遷州來哀二。　國之安危，關於謀之得失也。蔿賈以徙阪高爲非，而莊聽之；子駟以請遷於吴爲非，而昭違之。

滅庸　入陳宣十一。　減覆國之罪，取其謀國之善；減取國之罪，美其討賊之功。

滅庸　豹歸定十五。　皆“自取”。

文十六。《弑杵臼傳》

朔奔、桓十六；天子。執曹伯成十五；方伯。　主“諸侯無道，天子、方伯在焉”句。

孔父、桓二。仇牧、莊十三。荀息、僖十。司城奔、文八；即意諸。哀奔文十四。　以蕩意諸問起，隨將孔父三人形講，重發意諸“坐待其及而死”。後以子哀形講，見其反不如潔身去國之爲高。

孔父、桓二。仇牧、莊十三。荀息、僖十。哀奔文十四。　觀《經》取忠智之臣，而知處變之道矣。將“死於其職，而明於去就、從違之義”發論起，分作，以蕩意諸爲主。“不能正”，正與“閑其君”相反；“待其及而死之”，正與“見幾而作”相反。

文十七。四人伐宋　列卿縱惡，《經》深罪其失職焉。“共天位，治天職”，正説卿之所以可貴處，與“賤”字相反，“職”字重看。“復不能討”與“成其亂”二意，相承發之。《傳》末“大夫之後”四字，可味。加敗莒、僖元。齊人伐，僖二十六。以“大夫稱名氏，賤者窮諸人”，辨書法起。二比易郤缺入蔡、齊人侵西，俱文十五。同。

慶父伐、莊二。伐沈沈潰文三。　貴賤之稱，其職異也。“大夫稱名氏，賤者窮諸人”，一《經》通例，在“例”上發“職”字作。

四人伐宋　行父如宣元。　《經》重卿職，兩示戒於成惡者焉。俱重“卿”上發揮。上，不討宋鮑，而反爲成亂；下，不討宣公，而反爲請會。

文十七。諸侯會扈　義以君臣爲重，故於無功之會略焉。重“正君之義”上。伐朱時，已立文公，至是晋復合諸侯，以平宋也。只如《傳》發聖人意思，斷罪便非。

四人伐、文十七。會扈　縱惡之罪，無君臣一也。雖是責諸侯與大夫，然意却重“明人道之大倫”上。二“則”字要玩，見得雖是無道之君，《春秋》討賊之法如此其嚴，則君臣大義，凛然常存，直使亂賊無復尋遮頭蓋面處。

四人伐、文十七；大夫。會扈、諸侯。四國伐鄭、方伯。取繹俱宣十；邦國。《春秋》重討罪，故凡縱惡者皆譏焉。比《取繹傳》。

文十八。遂得臣如齊　内臣奉使以謀逆，變文以著其罪焉。“惠公立故，且拜葬也。文公二妃，敬嬴生宣公。敬嬴嬖，而私事襄仲。宣公長，而屬之襄仲。襄仲欲立之，叔仲不可，仲見於齊侯而請之。齊侯新立，而欲親魯，許之。”二人並書，只是起問者見事情，罪專在遂也。

遂乞師、僖二十五[17]；臧文仲，介。敗鹹文十一；侯叔夏，副。　紀使將有常體，而變文之故可思矣。專發所以獨“舉上客”“稱元帥”之意，與題比全不相干，要含雖略其介、副，而大義未有所隱意。

“上客”易比：

先蔑奔文七；逆公子雍，士會介。

執良霄襄十一；告絶也，太宰石□介。

叔弓如滕昭三；葬滕成也，子服椒介。

舍如晋昭二十三；謝取邾師之罪也，子服回介。

他如會虢，伍舉介；會宋，叔向介。在會諸人皆有介，不如獨使爲當。執意如，子服湫從，非“奉使”比。俱不可搭。

“元帥”易比：

戰邲宣十三[18]；先縠副。

新築成二；石稷副。

書救成六；同、括副。

良夫侵宋成六；甯相副。

韓厥伐鄭襄三[19]；荀偃副。

嬰齊伐吴襄三；鄧廖副。

舍之入陳襄二十五；子産副。

大鹵昭元；魏舒副。

國夏伐定八；高張副。

國書伐哀十一；陳瓘、陳莊副。

他如大棘，不書欒、吕，十三國伐秦，不書欒黶，終不如獨將爲妥。

遂乞師、僖二十五。敗鹹、文十一。遂得臣如　戰鞍成二。　變文以紀使將，而逆謀、專兵之罪著矣。要貼“欲以起問者”意。只遂得臣如、戰鞍，同。

會向、襄十四。三卿伐莒昭十。　變文以紀使將，有著其失體者，有驗其專兵者。出戰鞍、成二。會向，襄十四。同。

遂得臣如　會向襄十四。　《經》紀“並使”之文，有著其逆謀者，有著其失體者。以“使舉上客”總問起。下是以内卿行，則不得不書，與上“欲起問”小異。

文十八。《子卒傳》

葵丘、僖九。即位文元。　酌君嗣之稱，有重其恩者，有節其情者。宋襄“在喪稱‘子’”，“緣人子之心”[20]云云；魯文“踰年稱‘公’”，“緣臣民之心”云云。上，“繼世之恩”；下，“情之節”。上比易會温，僖二十八。陳共稱“子”。

孫邾、奔莒俱閔二。遂得臣如、夫人歸俱文十七。　主《傳》“何以知其賊乎”一段。

文十八。夫人歸　即國母歸國之無歉，而罪有所在矣。《傳》首三句乃辯正之詞。以比提起，倒敬嬴、仲遂、宣公身上斷罪。收“不待貶”。加孫邾，閔二。□□“書‘歸于齊’”一項，從“無罪”上倒入正意。

【校記】

〔1〕不至，《傳》無“不至”，有“不致”。《傳》曰“出必千行，反必告至”，又曰“未有致之者，則其行非禮，以不致見其罪也”。可見“至”與“致”義不同。

〔2〕荆聘，後依例應註明年號“莊二十三”。

〔3〕“比於中國”句，《傳》無此句，應是作者從“以中國之禮待之”“雖不使與中國同”等句中化來。

〔4〕文十二，應爲“文十一”。

〔5〕滅江，後依例應註明年號“文四”。

〔6〕次陘，後依例應註明年號“僖四”。

〔7〕伐麇，後依例應註明年號“文十一”。下題同。

〔8〕伐麇，“伐麇”無《傳》，所用皆上《厥貉傳》，依例應説明，而無，或爲作者疏忽。

〔9〕文十四，當在下“公至”後。“及盟”“公還”“會棐”事，俱在文公十三年十二月己丑，至次年“春，王正月，公至自晋”。

〔10〕厥貉，後依例應註明年號“文十”。

〔11〕盟蜀，後依例應註明年號“成二”。

〔12〕伐，應爲“代”。

〔13〕訟，或爲衍字。《傳》有“《易》於訟卦之《象》曰：‘君子作事謀始’”句。

〔14〕至，《傳》實爲“致”。

〔15〕昭二十四，應爲“昭十四”。

〔16〕文九，文公九年無“荆伐鄭”，但有“楚人伐鄭”。

〔17〕僖二十五，應爲“僖二十六”。

〔18〕宣十三，應爲“襄十二”。

〔19〕襄三，應爲“襄元”。

〔20〕緣人子之心，此句與《傳》不盡同。《傳》：“諸侯在喪稱‘子’，繼世不忍當也。既葬不名，終人子之事也。逾年稱君，緣臣民之心也。”

荆楚文庫

梅之熉集（下）

〔明〕梅之熉 著

屈葦濱 整理

荆楚文庫編纂出版委員會
華中師範大學出版社

卷之十六　宣公上

宣元。公即位　紀逆君嗣位，如其意以誅之也。重“意”字斷罪，其“意”在“受之而不討賊”上見。加即位，文元。主“美、惡不嫌同詞”。上非予文，只因文示法耳。

四國伐、隱四；惡大。邾鄭伐、隱五；惡小。救邢、閔二；美小。遂救許、僖六；美大。盟葵丘、僖九。盟平丘昭十三；同詞。　《經》以異詞差美惡，不嫌以同詞互施焉。

“褒異”易比：

盟幽、莊十六；書“同”。葵丘僖九；“再言”。

歸三田、定十；書“來”。歸二邑襄八；不書“來”。

“貶異”易比：

滕薛朝、隱十一；收而不削。滕子朝桓元；黜爵。

楚丘、僖二；没諸侯。緣陵僖四；不序。

清丘、宣十二；書“同”。平丘昭十三；再言。

如取郜防，不諱取邑，取郜，諱滅國，反以同詞，雖説以諱爲貶。費□、如齊至，書“月”，如齊至，不書“月”，書法雖異，惡無大小。俱不可用。

“無嫌”易比：

執祭仲、桓十一。單伯伐莊十四；同一“命卿書字”，一見脅，一從伯。

于褰伐、桓十五。棐林伐宣元；同地而後伐，一爲不義，一討不義。

圍新城、僖六。圍緡僖二十三；同書“伐”書“圍”，一攘夷，一殘夏。

入郕、隱五。城邢僖元；同稱“師”，一著暴，一矜盛。

齊伐鄭、僖八。晋宋伐鄭宣元；同稱“人”，一節兵，一黨惡。

盟幽、莊二十七。亳北襄十一；同書“同”，一與其協，一惡其疑。

楚子伐、宣四。楚子伐宣九；同稱爵，一爲討賊，一惡重兵。

盟幽、莊二十七。葵丘、僖九。清丘、宣十二。平丘昭十三。　伯事之美惡，因小大而異詞焉。“美一也”四句，原引起“一美一惡”二句，且幽、清丘皆“書‘同’”，葵丘、平丘皆“再言”，仍要將“無嫌同”意發明於後。清丘比易鶏澤，襄三。同。

盟幽、莊二十七。救邢、閔元。遂救許、僖六。葵丘僖九。　以“尊王”“安夏”作目，單“美”一邊。

入郕、隱五。城邢、僖元。齊人伐鄭、僖七。晋宋伐鄭宣元。　事有美惡，紀之不嫌於同焉。桓《即位》及《祭仲傳》已有“美惡不嫌同詞”句，何直至此傳方擬此題?

宣元。遂逆女　望國越禮圖婚，惡自見矣。“必羸、遂始謀”“必”字，乃胡氏料想之詞，要發得活。以“懼討”“結婚”爲案，而以“越禮”爲斷，但講“越禮”處，全要在“越禮之繇”上講，“短喪之弊”帶見。收“不待貶絶”。加遂納幣，文二。主“文、宣莫之行”句。皆是喪未終，一重“志”字，一重“謀”字。

宣元。婦姜至　貶夫人越禮，尤顯妾母之罪焉。“夫人與有罪”提起，重“妾母用事”斷罪。“婦者”，“有姑之詞”，而其旨則以敬嬴妾母，不得婦穆姜。敬稱“婦”，以著其“當國用事，爲後世鑒”也。加逆婦姜，宣□[1]。“文公”“敬嬴”分，俱重“喪禮”上，“齊”與“夫人”帶入。

宣元。行父如　相臣之濟惡，於□使見之矣。“諸侯立卿”數語，見其有討賊以靖國之責，非謂其有能討之力也。重在“爲國上卿”上。“□□□賢”，只宜在中挑見，不可與“職任之重”並提。須發謀國之誤，□□聖人討罪意；而不能討，即在“納賂以請會”上見。末段《傳》，謂其謀國如此，故雖有晏嬰之勤勞恭儉，而無其名，不是以其賢而備責之。加平州、濟西，俱宣元。如傳驗起，倒單，收“不待貶”。須知“納賂”“請會”，是一事。

如晋、文六。如齊、平州、濟西、俱宣元。如晋、成六。夾谷、歸田俱定十。　内卿名遜於顯君者，以濟惡也。同單，焰傳用“不然”口氣足之，不可以“賢”字挑起。去“兩‘如晋’”，同，只不用“相三君”

字。只如齊、夾谷，或如齊、歸田，俱同。即要對作，亦須以行父配晏嬰論起，而後以大節斷其賢否，方像《傳》。“晏嬰”比，或用襄二十三“伐衛”，晏子不從崔杼之諫；襄二十六“澶淵”，晏子私於叔向，請釋衛君。總不確。

如陳、文六。如齊、平州、濟西、俱宣元。如晋成六。　內卿奉使以濟惡，雖賢行不足取矣。如單，仍用“不然”口氣，虛説“不能以君顯”便了，勿露晏嬰。

行父如　楚子伐鄭宣十。　濟惡爭貳之事，《經》文以隱顯著罪焉。“下書‘平州’”云云，“不待《傳》而著者”也。“《傳》稱士會救鄭”，“而《經》削之”，“兼以《傳》爲案者也”。加平州、濟西，俱宣元。同。

行父如　秦師伐晋宣二。　内外忠智之臣，其謀國之誤均也。下易侵崇，宣元。同。因謀國非道而著其惡，以“相君無積”翻斷；因求成非道而誅其意，以“算無遺策”翻斷。

行父如陳、文六。新城、文十四。棐林、宣元。行父如晋成六。　考二臣之素，可以見謀國之失矣。上題脱母。

宣元。放甲父　刑擅於私，侵其上矣。“專放”提起，倒“盾庇穿”上，就此論出“晋政之在私門”來。專政便是上侵，不重在責盾，只重顯出“政在私門而成上侵[2]”，以“爲後戒”意。“稱國以‘放’”，見非君“放”之，乃當國者“放”之也。

敗箕、僖三十三。放甲　合觀伯國之命刑，蔑以語正矣。“于箕”“以再命□先茅之縣賞胥臣”。甲父，胥臣子也。“既”“又”二字意本串，宜如《傳》問起，不可大分。

敗箕、僖三十三。河曲、文十二。放甲　原伯討之非正，而伯臣之行私可戒矣。以“既”“又”二字辯起“非正”，即將“河曲”立案，倒入“上侵”作。或加□□，炤“上侵”□。去“于箕”，同。

放甲　侵崇宣元。　伯臣上侵之志，於用刑、用兵兩見焉。上，“其志固形于此”；下，“其端又見於此”。二句正相應。

敗箕、僖三十三。放甲、會向、伐秦俱襄十四。　專大權而委大政，伯國兩失之矣。命將討罪，不請不告；禮樂征伐，弗躬弗親。比《溴梁襄十六。傳》。

放甲　鞅歸定十三。　晋政之下移也，操與縱皆偏矣。上，趙盾之庇，罪晋靈；下，“韓、魏之請”，罪晋定。“討不用命，則穿爲首，止治軍門之呼，皆貶可也。而獨放”云云，“桃園之志”；緣衛貢之故，則鞅爲重，均始禍之□，□逐可也，而獨歸云云，靖公之廢。

宣元。平州　内君定位之好，變文以治其黨焉。重“定位”斷“齊黨惡”，收“會”字。《傳》首至“《春秋》所以作也”，雖通論時弊，然所以惡其與會者，正爲此。蓋魯所恃者，會耳，今先誅夫會之者，則會果不足以定位矣。若泛説黨惡之罪，未透。加遂如、行父如，俱宣元。只炤“舉國臣子既從之矣”句。加執曹、成十五。曹歸，成十六。如《傳》證明“時弊”，倒聖人意思□作。

宣元。遂如齊　彰逆謀之成，嚴造逆之防也。不重責遂，只著其始終成就逆謀之實，以戒後世人主當杜其漸意。加遂得臣如，文十八。□叙，一“始”一“終”混作。“初請於齊”“如齊拜成”，正遂“始終成就”處。“初請”邊不是“罪得臣”，《傳》意蓋云“遂爲上客”，首書之，則首謀已是他了。而遂之後，又“並書介使者”，爲“得臣不能爲有無”，這樣事，也好跟着一同去，所以罪他。其實首謀之罪，則屬之“上客”，已首書之矣。或主“責得臣”，其不細心看《傳》甚矣。再加遂逆女，宣元。同。再加行父如、文十八；告宣立。行父如，宣元；請會。亦同。

會尹子伐鄭、成十六。適歷昭三十一。　上，宣伯内交穆姜；下，意如外結晋國。《傳》云“戒後世”，講宜寬，勿着二比死講。上易“鄢陵”或“苕丘”，俱成十六。俱同。

宣元。取濟西　著爲利棄義之罪，以弭亂也。“利其爲惡”四字，與“以利之可以爲利”七字，極可味。試想，這貨原是搶手熱貨，旁邊有了拈頭的來，硬做主張，誰不争來鑽買？只怕鑽買的得了便宜，連拈頭的也被人算計，也不穩當了。文定不是輕易以廉介不好利望人，是要人揀不折本、穩當的生意做。説到“中國胥爲”云云，其禍至於此極，凡有國家的，人人自危，到箇“愿世世勿生帝王家”的田地，有甚利息？此正利之最不利處。説到“然後人知”云云，便使凡有國家的，都是铜頭鐵膊，好不安穩，此“以義爲利”也。兩下籌度一番，還是那邊是利？那邊不利？“其禍乃自”，“自”字宜玩，猶“從”也、“繇”也，即《歸俘傳》“端”字意。

平州、宣元。濟西　誅惡之法，兩變文以治其黨焉。首與會，正是“利其惡而助之”。宜以“會”爲案，以“貪利”爲斷，混作。收二書法。此題或作《行父如傳》，不如此《傳》意完。

高子盟、閔二。取濟西　大國貪利黨惡，而盟主之餘業替矣。以桓形惠，倒作，而以“然後人知保義棄利”云云束之。加春王正月、僖元。平州，宣元。同。

取濟西　高張唁昭二十九。　大國兩隳定鄰之義，皆有愧於伯業矣。二《傳》俱有“鄰國”“盟主”句。

取濟西　宋師伐滕宣十。　兩國以貪忿縱惡，胥媿先業矣。齊惠不討魯宣而定其位，宋文不討徵舒而伐及滕。上，“鄰國，盟主之餘業”；下，“大國，霸主之餘業”。

宣元。侵陳宋　貳國之不義，於其附夷凌夏者可見也。能討宋，便不是“附楚”“病中國”；不能討宋，便只算是“附楚”“病中國”了。意没有兩層。“亟”字，指“侵陳”又“侵宋”言。要體“何義乎”口氣，與他棄晋初心，比較一番，不貴死死斷罪。“楚書爵而‘人’鄭”，六字一連，總是“貶鄭”的書法。鄭書“人”，而他所附之人“書爵”，分明畫出他尊奉蠻夷圖像矣。“書‘侵陳，遂侵宋’”，是直書而罪自見，如《傳》帶用。兩書法，一是書法中之斷，一是書法中之案。“侵”字，言“潛師掠境”，非聲罪之師。“遂”字，言起初還是陳，末後方到宋，一攬果的“肆行侵暴”，“亟病中國”，豈“能聲宋罪而討之”哉？

伐宋、會扈、俱文十七。侵陳宋　原貳國附夷之繇，而凌夏非義矣。如單。既背晋，則宜討宋；既不討宋，則何爲棄晋？只將此意論。加盾救陳、棐林伐，俱宣元。仍如單。後二比，主“中國之師”句，累挽在鄭上。只加盾救陳，作《救陳傳》。

侵陳宋、盾救、棐林伐俱宣元。　正附夷者之昧義，即正之以中國之師焉。下二比，原不是予中國，乃以著鄭之不義耳。蓋既不能聲宋罪，便只喚做“附楚”“病中國”。他既“病中國”，但只中國有師去加他，便要算加得他是了。如此講，方發得“可舉矣”的“可”字出。蓋釋宋受賂，乃晋的大差錯處，不是他一味“病中國”，只畧粘帶些“聲宋罪”的意思，晋家的兵，怎指得他一指？“中國之師”的“中國”字，與“亟病中國”的“中國”字相應，妙在“然後中國之師可舉矣”這九字，字字可味。舊破舍去“中國”字，添出“伯兵”二字，誠所謂點金成鐵手也。

盾救、棐林伐俱宣元。　兵可舉於中國，自致中國之兵者，論之也。要重根本比來，就“鄭不義”上翻出“可舉”意爲得。

侵陳宋　晋宋伐鄭宣元。　《經》於附夷黨惡者，而皆正其非義焉。上，鄭棄晋以宋，其附楚不以宋；下，晋失鄭以宋，其問鄭復以宋。

侵陳宋　辰陵宣十一。　從夷而有貶、有不貶者，皆爲大義計也。上“義”字，以夷夏言；下“義”字，以君臣言。

侵陳宋　棐林伐、宣元。楚鄭侵、成二。五國伐成三。　貳國兩附夷以凌夏，討之皆有名矣。比《五國伐傳》。下《傳》云，鄭“附蠻夷，擾中國，則盟主有詞於伐耳”，都在鄭上論。下《傳》亦非予晋。

盾救、棐林伐、俱宣元。圍彭城、次鄫俱襄元。　兩予伯兵，明大防、正大分也。

宣元。盾救陳　並“救”而筆削異，以所救者異也。兩邊俱從聖人意上發。下段“典刑”，常法也。汲汲於誅討，乃聖人之常法。前既以不討宋爲貶，則今自不宜以救宋爲褒。無責盾意。若責盾，則與“中國之師可舉”句背矣。或主“重予救陳”作，而以“削‘救宋’”帶後。加伐宋、會扈、俱文十七。侵陳宋，宣元。同，只兩邊分案。加棐林伐，即《侵陳宋傳》。

侵陳宋、宣元。盾救　困於夷而恤之，善可知矣。只予“救”一邊。“攘夷狄”句重看，正與“附蠻夷”相應。“聖人用兵之意”，要發透。

伐宋、稱“人”。會扈俱文十七；不序。盾救陳　深貶縱惡，則削“救”之意可推矣。只“削救宋”一邊，晋失在“不能討”，非在“救”也。聖人嚴於討賊，故削之耳。

盾救　圍曹宣三。　《春秋》治惡之嚴，於筆削攻恤之兵見矣。上，書“救陳”，不書“救宋”，以其不當恤於人；下，不書“曹伐宋”，書“宋圍曹”，以其不當報乎人。

盾救陳　書伐鄭成九。　兩削救兵，以其非所當救也。

宣元。棐林伐鄭　伯兵討貳，謹其微而著其美焉。二意俱在書法上做。“微”字就稱謂上論，若“列數諸侯於”趙盾“帥師之下”，便將大夫反列在諸侯之上，儼然也像箇君了，故曰“臣疑於君”。“謹禮於微”，謂謹君臣之禮於書法細微之際也。“美盾”處，根鄭之附夷來，美其討罪，非美其功。時解揚見囚，已無功矣。上邊：臣不可疑於君；下邊：美不嫌同於惡。陳爾新曰：“此《傳》只有書‘會晋師’一書法耳。”“此其地”原不可作書法，《傳》恐疑此役之爲貶，故偶及之。宜通篇暢發“謹禮於微”意，而以“著其美”畧帶數言於後。加翬帥師、隱四。會衺伐，桓十五。只辯兩邊書法。或加會衺伐、桓十五。盾救，宣元。亦同。上辯云“均一盾耳”，下辯云“均一地耳”。

晋侯伐、文元。處父救、文二。棐林伐　立君臣用兵之例，而尤示謹微之意焉。炤《傳》倒下。須知“棐林”“權輕重而稱‘師’”，仍是“大夫將則稱‘師’”之例，非變例也。加盾救，宣元。同。

晋侯伐、文元。處父救文二。　《春秋》立法，而辯君與大夫之等焉。借題發意，只炤《傳》以二比書法問起，渾發。論君臣體統如此，見天下惟君爲重，非大夫可匹。大夫與師相等，不可上疑乎君，以起下臣不可疑於君之意。起繳宜以本股。出鄢陵、成十六；書“楚子”。艾陵，哀十一；兼書“師”“將”。同。公伐邾、隱七。友敗莒，隱元。同。又楚子伐鄭、宣九。嬰齊伐鄭，成七。同。

會衺伐、宣十五。棐林伐　同詞紀兵，以美惡之自明也。體《傳》中“前”字、“此”字。以上比粘發下比爲妙，要發“無嫌於同”意。觀《傳》“前者地而後伐”四句，原有墜問之意，觀“以爲”與“則以”及“者”字可見。

棐林伐、獨稱“師”。大棘敗獲宣二；兼稱“師”“敗”。　立臣疑於君之防，明將等於師之義。

宣元。侵崇　以兵結好，非逆臣無此謀矣。要與《伐晋[3]傳》有分。尚未説到心事顯露，亦未説到上侵，只從“求成”而“侵其所與”“其事之詐諼”上，原“穿已有逆心”云云。然亦胡氏料想之詞，玩《傳》意，“者”字、“乎”字及“不然”等字句，可見。

伐楚救、文四。侵崇　即事以參伯兵之失，而逆臣之心可推矣。伐楚，攻所必救，理所有者；侵崇求秦，萬無是理。故曰“異”。遞過，倒“心逆”上作。

侵崇　欒書伐鄭成七。　《春秋》筆削兵事，上侵外比之罪明矣。下有“楚子重侵陳，與處父救江何異”句。兩邊皆以“救江”比斷。加救江，文三。同。救江比，勿另講。

救江、文二。入陳宣十一。　兩觀恤、討之兵，而攻與憑夏非其例矣。借客形主作，方妙。處父伐楚以救江，攻楚之所必救也，雖獨遣一軍，無濟於事，而不失爲恤患，若趙穿之侵崇，異是矣；楚莊欲討徵舒而入陳，謀中國之所不能也，雖“鄉取一人”，終没於利，而不失爲討賊，若嬰齊之伐鄭，異是矣。脱比《嬰齊伐成七。傳》，各加本比，同。

侵崇　赤棘成元。　求成、要盟非道，當國者之心皆可誅矣。上比宜重趙盾。本《傳》“當國”字，正與《伐晋[4]傳》“宣子當國”炤看，與下“季孫當國”是的對。各用“非道”推出所以然之故。“‘崇’在西土”，“‘赤棘’，晋地”，亦可味。

宣元。晋宋伐鄭　伯主僣有罪以討貳，戾王法矣。全以“聖人之王法”發渾，説透“法不赦宋”，而“晋瑕”自見。收“稱‘人’”，而“伐”字帶之。加伐宋、會扈，俱文十七。炤《傳》一氣作，如單。再加盾救，宣元。只炤“已免諸侯之討”。只會扈、晋宋伐，亦同。

齊人伐鄭、僖七。晋宋伐　討罪、黨罪之紀，當以法斷其詞也。上，“聲罪致討曰‘伐’”，“將卑師少稱‘人’”，正與下相反。

晋宋伐鄭　宋師圍曹宣三。　不得伐人，不得報人。

宣二。大棘敗獲　並紀師、將，示兼重也。須體“大夫雖貴，與師等”二句，低昂立説。略借宋師、華元，點綴發明。而“人君不可輕役大衆”，可帶發。收“書‘獲’”又“書‘敗’”。

宣二。大棘　紀兵而主大國，見外討有詞也。見《侵鄭宣二。傳》“鄭歸生受命于楚以伐宋”，宜乎罪在鄭也。此是辨案，勿輕放過。“不書‘伐’”，是畧鄭罪；“以宋主”，是罪宋。楚之命鄭伐宋，猶夫侵陳、宋之“病中國”也。但前此因陳而及宋，則“病中國”之形顯見；今只就宋與鄭戰，自然宋是有罪邊人，而伐之者不患無詞矣。“有詞”是就宋論，非就楚説，其實楚未嘗馳詞。下《傳》説楚“有詞”，正以起晉之“曲”，文中須含蓄帶晉，方妙。

衛師入、隱五。單伯伐、莊十四。棄師、閔二。城濮、僖二十八。大棘敗獲　紀師、將而必權其詞，示兼重之義也。步驟一一如《傳》。以盾帥師救宣元。代本比，亦同。脱出上四比，以“訓兼重”“戒偏重”對。或如《傳》兩截遞作，但中間抽去“將尊師衆”數語耳，仍用“自行師而言”云云接下。

單伯伐、莊十四。城邢、僖元。大棘敗獲　權師、將之紀，示兼重之義也。總叙過，總發“示人君不可輕役”二句。合三項，方見“王道”“權衡”。不可□倒本比。出滅下陽、僖二；師。敗鹹、文十一；將。盾救宣元，同。又大棘敗獲、晉師宋師衛甯殖侵鄭，襄二。亦同。但題既倒出，則以本比兼重爲主，而以下二例番[5]上發明之。

單伯伐、莊十四；將。三師城邢僖元；師。　舉重以紀師、將，其兼重可知矣。須於“偏重”處，發出“兼重”之義爲妙。專紀單伯，見以爲“稱將不稱師”，而不知少之不敵尊也，非師之不敵將也，政以將之重，而見師之未嘗不重；專紀三師，見以爲“稱師不稱將”，而要知卑之不敵衆也，見師之可敵將也，政以師之重，而見將之不重於師。

次郎、圍郕、師還、俱莊八。河曲、文十二。戰邲、宣十二。伐秦襄十四。　惟輕役、輕還均戒，而師真與將衡重矣。“示人君”二句，原是承上語，豈可擬題！

三國伐宋、莊十四。圍宋僖二十七。　明師不可輕，轉寄義於重將焉。

《傳》起云“大夫雖貴”，結云“又重將師之選”，或曰一轉，不過明元帥之僅等於師意，未嘗兩平。出圍宋、僖二十七。盟戲，襄九。同，但逆《傳》。“重將”：易□救、成二[6]。偪陽，襄十。同。或易戰邲、彭衙。林父、孟明俱喪師，可謂“重将師之選”乎？

城楚丘、僖二。樂書救成六。　較言師、將之所繫，其宜兼重明矣。衛文訓農通商，元年三十乘，季年三百乘，得衆爲邦本也；繞角之遇，軍帥欲戰者八人，武子遂還，衆不敢過，元帥爲司命也。炤題點過，即依《傳》行文，發透“當兼”意，纔妙。

河曲、文十二。伐秦、襄十四。舍中軍、昭五。欒施奔昭十。　趙穿出而臾駢之謀不用，欒黶東而荀偃之令不行，“以元帥爲司命”者，固若是乎？陳氏厚施於齊以移其國，季氏盡征於魯以奪其民，“以得衆爲邦本”者，固若是乎？

棄師、閔二。城濮、僖二十八。大棘敗獲　《經》立師、將兼重之文，知不可偏輕也。主“或曰：‘元帥，三軍’”半《傳》，以本股書法問起，重講。後點“偏重之失”，炤《傳》以“罪鄭”“責楚”二句，繳明本股之意。

棄師、閔二。城濮僖二十八。　師、将不可偏輕，鄭、楚可鑒已。因將輕師，因師輕城，總是不知兼重之義。雖責鄭、楚，還須知發明本《傳》。

入棘[7]　戰邲宣十二。　兩紀主兵，無非重討賊之意焉。鄭伐宋，不言“伐”而以宋主；晋救鄭，不言“救”而以晋主。蓋兵弑逆之宋，不患無詞；敵討弑逆之楚，則非觀釁也。

宣二。秦師伐晋　著用兵有名，所以顯上侵者之情也。大意與“侵崇”同，但彼就“求成”而發其隱，此因“秦報”而顯其迹。穿、盾低昂渾責，須就“情”上發揮，方與“侵崇”別。二“情”字最重。蓋逆知有今日之事，只志在得兵，不顧貽禍於國耳。書法遞倒。“書‘伐’”，見秦問晋爲有名；“不書‘圍焦’”，恐似於以凌暴之罪罪秦，而不見秦之有名也。“上侵之意”“意”字，亦要玩。“繇來者漸”，從後看出。加侵崇，宣元。收“一‘侵’一‘伐’，而不書‘圍焦’”。

新城、文十四；擯夷。棐林宣元；討貳。　伯臣善於謀國，宜其無過舉矣。將二事略點，即寬説。出令狐、文七；定内難。救陳，宣元；恤外患。同。出盟扈、文七。新城、文十四。盾救、棐林，俱宣元。亦同。

盟蔑、隱元；從周文，因。瓦屋、隱八；變周制，革。圍宋彭城、襄元；追書“宋”，筆。城虎牢襄二；不繫鄭，削。　“筆削因革，必有以也”，語甚泛，須有舉此以槩其餘意。出元年述古，因。春王正月、俱隱元；改正朔，革。春王正月公如齊、宣九；特書“王正月”，筆。春王，定元；不書“正月”，削。同上。下二比，易秋七月隱六；無事書首時，筆。穀鄧朝，桓七；去“秋冬”二時，削。同。

秦師伐晉　四國侵鄭宣二。　因敵加於己，示誅意之法；因兵加於人，示正本之意。

秦師伐晉　楚子伐宋宣十三。　兩紀致師，有求成非道者，有待敵非謀者。晉攻秦之與，“書‘伐’”“而不書‘圍’”；宋攻楚之與，“有詞於伐而得書爵”。

新城、文十四。棐林、宣元。伐陳、襄二十五。會虢昭元。　比《四國災昭十八。傳》。“宣子當國，算無遺策”，驗“上侵”；“子産當國，方有令政”，驗“消變”。

宣二。四國侵鄭　即伯兵之不競，可爲不正本者戒矣。“理曲”“本不正”一串。就今日稱兵論，則曰“理曲”，原到前日取賂釋宋，則曰“本不正”。“可不慎乎”與“爲末流之若此也”，説得十分悲惋。“師之老壯在曲直”句，單就晉論，《傳》無説楚直而壯意。“避”字宜玩，與“敗”字不同。

大棘、宣二。四國侵鄭　伯兵不競於外夷，繇理歉也。串作，同單。“不能服鄭，不競於楚”二句，俱在“侵鄭”上，本一套事，不宜分貼。或添出棐林伐、晉宋伐[8]，仍須駕馭做，重“本不正”意發，與單股相似。加伐宋、會扈，俱文十七。只作“本不正”事寔。只會扈、文十七。四國侵，大意亦同。

踐土、僖二十八。新城、文十四。救陳、棐林俱宣元。　據主盟、當國之勢，宜其無所畏矣。“主盟”則勢尊，“當國”則權重。“合諸侯之師”句不可遺。只踐土、僖二十八。盟扈，文七。同。

四國侵　宋師圍曹宣三。　正本、端本。晋“合諸侯之師，何畏乎楚？”“武、穆與曹之師，奚爲至於宋？”

四國侵　平莒郯宣四。　討貳平怨之無成，皆歉於本也。本失於始，無以令終，“《春秋》行事”云云；本失於己，無以正人，“《春秋》戒後世”云云。上重“理”字，下重“心”字；上“以中國之大”云云，下“以齊魯大國”云云。

四國侵　楚子圍宋宣十四。　《經》貴謀始，兩爲不能謀者咎焉。晋靈黨宋，宋文伐陳，皆“始謀不臧”，皆有《訟》□。上云“正本”，下云“端本”。上加伐宋、會扈、俱文十七。大棘，宣二。下加□□、□□、俱宣十二。伐宋，宣十三。同。

四國侵　國書伐哀十一。　師老在曲，□□□□矣。俱有“師之老壯在曲直”句。全在晋、魯上論。《易》曰“謀始”，《書》曰“省躬”。

四國侵　袁婁成二。　《經》紀兵好，而曲直之辨明矣。楚直晋曲，故晋力非不足而終避楚；齊直晋曲，故晋雖勝而不能屈齊。

大棘、宣二。侵鄭、盟蒲、秦狄伐俱成九。　惟棄義失信，而内外胥失之矣。“晋惟云云，故不能服鄭，不競於楚”；“晋既”云云，故“諸侯皆貳，秦、狄交伐”。

宣二。《弑夷皐傳》

季子歸、閔二。哀奔文十四。　觀人臣出入之迹，而伯臣之逆可按矣。主“討賊”“越境”二段。兩箇“然後”字，要着力。季不與乎慶父，哀不與乎宋鮑。舊出哀奔、文十四。華元歸，成十五。或出立晋、隱四。衎奔襄四。上，石碏討州吁；下，孫甯逐君，蘧伯玉不對而出。華元雖“討賊”，非“弑君”事；石碏非“反”而“討”者；孫甯亦不切“弑”；且伯玉非“不復”者。俱不切。

宣三。乃不郊　望國意在舉祀，廢王禮矣。

宣三。猶三望　望國舉不當爲之祀，越禮甚矣。《經》中“猶三望”凡三見，各有分别。在僖，重“不郊猶望”上，玩“望因於類”“因於柴”句可見。夫“柴”“類”與“望”，皆天子事，魯“不郊”而“猶望”，只一“望”字，便是僭了，故就以“書‘猶’”結之。其言“三望”，特抽出言之，不重。此處專就“三望”上譏其越禮，然猶以“所主”“非所主”立辯，謂其於理不得祭，而何爲可已不已也。故亦“書‘猶’”者，乃可已、不當爲之語。至成公“三望”，是直譏其僭天子之禮，謂其分不當有“三望”□。故書法不書“祭太山”，而書“三望”，竟不重“猶”字矣。

宣三。伐陸渾　志外夷相攻，爲王室慮也。“謹華夷”云云，上句貼戎，下句貼楚。俱自聖人作《經》意上發。“夷相攻不志”，以其無與於中國也；今戎雜處，“楚又”云云，可謂無與於中國乎？混發方透，不必大分。

伐渾　滅舒蓼宣八。　兩志外夷相攻，爲王道、世道慮焉。總以“夷狄相攻不志”問起，上自“窺周”上看，下自“將爲中國憂”上看。

伐陸渾　滅陸渾昭十七。　《經》“謹華夷之辯”，兩因用兵而致意焉。俱擒“雜處”二字發。上惟“雜處”，而楚因有窺伺王畿之舉，此猾夏之階，所以不從“夷狄相攻”之例而“特書”；下惟“雜處”，而吴是爲廓清王畿之舉，此膺戎之義，所以不從“闢土服遠”之例而“無貶”。此題亦可作“文告”“守禦”。

宣三。楚人侵鄭　貳國反正，特著外侵以予之焉。“晋成初立”句重看。此正鄭人“遷善改過”之繇，向者背晋之心，此番足以自白，改轅最得其時。鄭雖因晋伐與平，然已意在反正，故晋一到即平，《經》若書“及晋平”，只似畏伐始平，不見他及時改過處。所以削“伐”、削“平”，獨書“楚侵”，方見鄭之幡然反正，居然一中國矣。此是“《春秋》大改過”處。作文，“責楚”“予鄭”俱非，惟在“《春秋》大改過，許遷善”上運意，方得。加會扈，文十七。侵陳宋，宣元。同。“侵”比只説“從楚”，不及“病中國”。去會扈，亦同。

晋侯伐秦、文四。納捷菑文十四。　大改過、許遷善，不必拘拘分貼，只借事發聖人意。出假許、桓元。晋侯伐秦，爲是。《晋侯伐秦傳》有“《春秋》大改過”句，《納捷菑傳》有“聖人以改過爲大”句，《歸邾益傳》有“改過之大”

句，則此三比皆作“大改過”可也。而“許遷善”，惟《假許傳》内有“許人遷善”句。如此出，則兩意纔不相混。蓋改過、遷善雖同，而《春秋》“大”之、“許”之之意則異，“大”是贊揚之意，“許”是引掖之意。若如舊題，則改過、遷善，何以分貼？若不分貼，則一意又不宜出二比矣。

楚人侵　宋師圍曹宣三。　鄭能反正，故獨書“楚人侵鄭”以與之，“大改過，許遷善”也；宋不能反躬，故獨書“宋師圍曹”以罪之，“端本清源”也。

楚人侵　盾免侵成六[9]。　兩觀《經》文筆削，而遷善省德之旨著矣。“鄭及晋平不書”，“鄭既云云可知矣”，“獨著楚罪”，“予鄭能反正”；“陳及楚平不書”，“晋、衛加兵云云可知矣”，“盾、免書‘侵’”，罪晋不能反己。

楚人侵　嬰齊伐成六。　俱是鄭能背夷即華，故楚不當侵而伐之。“獨著”“下書”。下易缺救，成六。同。

楚人侵　會吴伐齊哀十。　能反之正、變之正者，皆不可以加兵也。鄭、齊事迹，須叙得分曉，倒楚、吴上。

宣四。宋師圍曹　《春秋》端本，故獨紀大國之報怨焉。“二族以見逐而舉兵，非討罪也”，意輕，不是責二族不能討罪，言二族雖非討罪之師，然在宋實“有不赦之罪”，亦當自反，乃所以重責宋也。《傳》中“奚爲至於宋”句，亦見因宋負大惡，可侮而侮之意。“莫之治”與“反躬自治”之“治”有别。“宋惟有不赦之罪”二句，要醒，見亂賊之徒，人得加之己，己不得加之人，終其身不敢與天下較曲直，然後逆節少弭矣，非謂宋能躬省，即可以無責也。加伐宋、會扈、俱文十七。救陳、晋宋伐，俱宣元。同。四比俱是“宋有罪，莫之治”。

圍曹　平莒郯宣四。　報怨、平怨，俱責其不自反焉。俱有“本”字、“治”字、“强”字。

圍曹　盾免侵宣六。　亦主“自反”。上不書“曹伐宋”，而書“宋圍曹”；下不書“林父伐陳”，而書“盾、免侵陳”。

宣四。平莒郯伐取　私心不能平小，可爲不治本者戒矣。罪只在“心有所私係，失平恕之本”上。“以利心圖成”，即利其婚姻之勝，所謂“私係”是也，非指“取向”。《傳》末“反求諸己”，謂當去“私係”之心，以正其“平恕之本”，非責其不自反而取邑也。只“書‘取’而著‘其‘私係’之罪”一書法，餘俱釋文。

平莒郯、及齊平、夾谷、歸田俱定十。　論平恕之本，不以勢而以理也。“以利心圖成，雖强大不能行於弱小”，反炤。此只統論事勢如此，不必泥宣公、孔子事。

平莒及郯取向　伐萊公至大旱宣七。　平恕無本，無以服於人；行師非義，有以戒於天。

平莒取向　盟蒲成九。　己不平而强人平，己不信而强人信，皆不知本者也。

宣四。《弑夷傳》

會扈、文十七；子家執訊而與趙盾書。大棘宣二。　觀大夫執政主兵之事，而鄭獄有歸矣。只發兩“可以不從”意，不重事迹。上易會棐，文十四；子家相鄭伯，載《鴻鴈》《載馳》。同。

宣四。秋如齊至　危内君之利交，示人以可安之道也。“惟利交是奉”，便有取危之道。“篡弑謀齊”三句，串説，要發“戒後世”意。加平州、濟西，俱宣元。只炤“千里利交”事寔。再加如齊至、高固逆，俱宣五。亦同。收“比年皆至[10]”。

如齊至　如齊至宣五。　利交必不可安，《春秋》屢爲之危焉。“比年如齊”句帶，總叙，總收，如單，勿以“禮”“義”分。加高固逆，宣五。同。“比年”只指“兩如齊”。《傳》中“故”字，緊頂“殆”字來。惟有高固事，故此二年“書‘至’”解作“危”，以後“三至”俱解作“著慢王之罪”。出“五如齊至”，寧可主《蔑如京傳》“每行必至”句，斷不可主此《傳》。

如齊、僖十。如齊、僖十五。如齊至　如齊至宣五。　主“君行告至，常事不書”。或主“義安不致，利危故致”。上二比俱出“義”，指“從伯”言。

如齊至　良夫盟宣九。　事大不可保，約信不足恃。

宣四。楚子伐　寓法於外夷之爵，治亂賊之黨也。見九年《伐鄭傳》。

“諸侯未有聲罪致討”句，極重。聖人全是責中國不能討鄭，皆爲鄭之黨，故借此以寓“治亂賊之黨”之法，“而楚師至焉”五字可味。

楚子伐　辰陵宣十一。《春秋》重討賊，故猾夏、從夷者皆可爵也。歸生、徵舒，俱本“諸夏不能來”。

宣五。如齊至　高固逆　逆君婚大以取辱，可爲昧禮者鑒矣。止公□婚，“强委禽焉”，便是“辱”。自爲辱，特“辱”中枝葉耳。要體“是以”二字，大發“不能謹禮定位”，以致此辱。收“詳書”。只如齊至，同，但不將“自爲主”帶説耳。昧禮，即前《傳》“以篡弑”云云，對“利交”言。曰“義”，對“取辱”言，曰“禮”，其實一也，看“定位”句可見。收“書‘如齊’於‘高固逆’之上”。只高固逆，亦同，單就“强婚”上斷。

高固逆　會虢昭元。　内君不能如自强之臣者，歉於禮也。將子産形宣公，全在“所以取辱”上斷他“昧禮”，非謂不能執禮以辭也。

宣五高固叔姬來　《經》紀違禮之行，而罪各有所歸焉。“反馬”“來”寧之非禮，提過，重“齊惠、高固失人君之禮”發。“大夫適他國”云云，是總綱。“許”字、“委”字，要體“人欲已肆”句，根“莫遏”“不忌”來。

女叔聘、莊二十五。高子盟閔二。　大夫適國，奉君命、受公事者也。觀《傳》“惠公許其臣”，似是“君命”，但非“公事”，然細玩“莫遏”字，則總是“恣行”，亦不繇惠公之命矣。下比易友蒞盟，僖三。同。舊出高子盟、閔二；“其命高子”。善道襄五；告會期、公事。

宣五。楚人伐　外夷不以討賊興師，所以罪之也。見九年《伐鄭傳》。玩“興師動衆，賊則不討”云云，即合四年“伐鄭”説，非至此方責其“不能討”也，須斟酌。

宣六。盾免侵　伯國討貳，失主盟之道也。“責晋”全在一“遽”字。“毋乃”云云，亦揣度之詞，未實説何“闕”，然已暗合“不討歸生”矣。“伐”者，“有詞”之稱，故“削林父之‘伐’”而獨“書‘侵’”。“不書‘陳及楚平’”，只入叙事中。加楚人伐鄭，宣五；陳及楚平、林父救鄭伐陳，在此。同。

盾救陳、棐林、俱宣元。四國侵、宣二；再連兵。楚人伐、宣五；即楚。盾免侵　惟伯德不能固小，故責其失自反之道焉。流水講下，同單。去本比，只用“不書‘伐’”。

盾救陳、棐林、俱宣元。四國侵宣二。　有恤患連兵之素，宜育以固小國之心矣。此只見晋之待陳亦不爲薄，何其舍晋而去也，宜寫得“當自反”意出來。然不可太説晋德之厚，若然，則是陳有負於晋，非“晋闕”了。

盾免侵　會扈伐宣九。　討貳之得失，視其反己者而已。上“非義”，下“有禮”，俱有“自反”意。下《傳》“然後”，正與上“遽”字相反。加楚人伐、宣五；陳及楚平。楚師伐，宣八；取成而還。同。

盾免侵　宋師伐陳宣十二。　兩觀責人之“遽”者，皆非義矣。下《傳》云：“宋人不能内自省德，遽以大衆伐之，非義舉矣。”加衛救，宣十二。只炤書法。

盾免侵　盟蒲成九。　伯國之討貳、要貳，皆失之不自反焉。上，“主盟之道”，下，“固結之本”。上，不反仁智，下，不反信義。

盾免侵　叔弓圍費昭十三。　討貳、討叛之兵，皆以筆削，示反己之道焉。上不反仁智，下不反忠禮。俱有筆削。

宣六。秋八月螽　紀望國物變，欲其慎所感也。全是要他今日戒心天變而脩德意，“致災”意輕。惟兵煩，故賦重。不可以“兵”“賦”分。比十五年，多“八月”字。

伐莒、宣四。八月螽　伐萊旱、宣七。税畝宣十五。　觀虐取於民之應，則所感當慎矣。

伐莒取、宣四。伐萊、宣七。税畝宣十五。　數兵而卒至困民，忽天甚矣。一串下，要入“天災”在内，惟感動天變，致年饑用乏，而“改助法”云云也。

伐莒、宣四。伐萊、宣七[11]。黑壤、俱宣七；賂晋。會宋宣十五；賂楚。　望國兵好之煩數，忽天甚矣。合十五年《螽傳》“煩於朝會、賂遺之末”句，俱束到“税畆”，俱入“戾氣應之”句。

螽　螟[12]　築郎囿、昭九。雉門兩觀定二。　物變、力役必書，而感應之理、固結之慮備矣。比《會平丘昭十二。傳》。“螽、螟一物之變，必書于策，示後世”云云；“一臺囿之築，一宫室門觀之作，必謹而書，以重民力”云云。上“畏天”，下“恤民”。

【校記】

〔1〕宣□，此有誤，“逆婦姜”事在文公四年。

〔2〕侵，《傳》本爲“浸”。

〔3〕伐晋，後依例應註明年號“宣公二年”。

〔4〕伐晋，後依例應註明年號“宣公二年”。

〔5〕番，應爲“翻”。

〔6〕成二，疑應爲“成六”。

〔7〕入棘，前皆云“大棘”，此獨云“入棘”，且《經》云“戰於大棘”，非“入”。或有誤。

〔8〕棐林伐、晋宋伐，後依例應註明年號“俱宣元”。

〔9〕成六，應爲“宣六”。

〔10〕至，《傳》實爲“致”。《傳》：“君行告‘至’，常事不書。宣公比年如齊而皆致者，危之也。”可見“致”與“不書”相應。

〔11〕宣七，依例不書。

〔12〕螟，後依例應註明年號。《經》記“螟”，有隱公五年、八年、莊公六年等。

卷之十七　宣公中

宣七。良夫盟　盟不足貴，即“前定者”益見焉。“盟不足貴”，全在“前定”上論。“黑壤”亦“非衛叛魯”，但比事以見“盟不足貴”耳。須渾融發之，勿用斷罪語。“又相固結”，當玩，見得比前更加一番訂證，而猶不足恃。加黑壤，宣七。串作，如單。再加公如齊、宣四。公如齊，宣五。只作“來盟”的緣故。

宣七。伐萊　公至大旱　内君偕大國虐小而召變，《春秋》深致譏焉。專重魯作，固非；齊、魯雙重，亦非。作文宜如《傳》通篇著在魯上，而句句用齊伴説。到“大旱”一段，然後略放齊侯，只間點一二句，纔是。“繼以伐致”“繼”字，可玩，有“以人之志而我冒其危”意。參看《歸濟西傳》，纔知此《傳》宜“重魯”斷。

宣七。伐萊　公至　内君狥大以凌小，《春秋》危之焉。同全單，但去“大旱”一段耳。以“會”字起，轉下“至”字，落到魯上。然斷魯處，即在斷齊。“危”字，見以我三軍聽用於人，豈不是自履危道？

宣七。伐萊　以“齊至[1]”爲案，體“公與齊侯”“與”字發揮判斷。“與”之者，而所“與”者安得永藏？總是一般罪名，但以魯爲招頭耳。

宣七。公至大旱　内兵不務德而致天變，經所以危之也。只重魯作。以“不務德”及“危”字重講，而以“大旱”發一大段於後。雖專重魯，亦要根“與”字、“俱”字、“合”字、“連”字來，到底莫忘了齊□是。

宣七。公至　單主“危”字，末要帶驗其爲“齊志”意。

宣七。大旱　重“感動天變”上。“或不雩”云云，只活用於後。

平莒郯、宣四。伐萊至　原“志”以紀事，而内君兩有罪焉。“公所欲也，故書‘及’”，“齊志也，故書‘會’”，俱解事寔。“繼以取向”，“繼以伐至[2]”，俱斷“罪在魯”。然須從“魯欲”上、“齊志”上生情。

“魯用齊”與“魯爲齊用”，俱要發。

宣七。黑壤　諱内君“不直”之辱，存臣禮也。“不直”，只在“不事盟主”上。“賂免”，亦驗其“不直”耳。不必論及“篡弑”上，大意在聖人書法上看。“諱”之者，不書黄父之盟也。蓋書“盟”，則當書公不與盟，若非不直在己，則直書“不與盟”無嫌矣。加沙隨不見、成十六。平丘、不與，俱昭十一[3]。以“二不□”提起，倒本股。再加如齊至、宣四。如齊至，宣五。同。

宣八。遂如齊復　大夫奉使之不終，非臣節矣。有因《傳》引“尸將事”，□搭楚伐吴股。此事屬哀十五年後，既無《經》股，斷不可借用。

遂如齊復　歸父還奔宣十八；終君命。　“復”字、“還”字比。“復”，事未畢；“還”，事已畢。下易士匄侵還，襄十九。“壅君命”“權君命”比。

宣八。有事太廟　望國舉時祭，合乎禮之常矣。若非仲遂之卒，有“猶繹”事，則此爲常事，不書矣。

宣八。猶繹去籥　祀事可已而不已，《經》譏之，以存君臣之義焉。《春秋》非欲宣公“全始終之恩”於仲遂，只因此以“存君臣之義”耳。“故知”二字重發。加首止、僖五；殊會。葵丘，僖九；不殊會。以“《春秋》雖隆君抑臣”引起。

宣八。晋狄伐秦　伯國資夷報怨，失職甚矣。以“傷類”合入“失職”内，□□剴切，而以“自反”挑之。“攘夷”正以“安夏”，不可分股。加侵崇、宣元。秦師伐晋，宣二。只炤“起釁”，仍重“資夷”上。加城濮、踐土，俱僖二十八。亦同，只炤“世業”。

踐土、僖二十八。敗箕、僖三十三。盾救陳宣元。　伯國自有其職，繼之者宜知所重矣。入題處點破，後總痛發“乃其職矣”四字爲是。“合諸侯”，以“攘夷狄”而“安中夏”，非三平語。“踐土”，文首主盟，身任安攘之職；及襄之“敗狄”，則攘夷也，而夏賴以安；靈之“救陳”，則安夏也，而夷因以攘。總是主盟而能修安攘之職者，然不宜用美詞，恐於“乃其職矣”句相妨。首比易城濮，僖二十八。俱説“安攘”，虚括出

“主盟”來。只敗箕、盾救陳，亦同，仍要根“主盟”來。

晉狄伐　盟蒲成九。　啓患，而資夷以報之；啓貳，而恃盟以要之。“既不知自反，釋怨修睦，以補前過”，而“乃復”云云；既“不知反求”，“惇信明義，以補前愆，而又欲”云云。上，借力戎狄，“不惡傷其類乎”？下，“要質鬼神”，“是從事於末矣”。

晉狄伐　晉伐鮮虞昭十二。　資夷、效夷。“既不知自反云云，已可咎矣，乃復”云云；“視其殘虐云云，則亦已矣，而效”云云。

晉狄伐　執戎蠻哀四。　資夷、媚夷。俱根“晉主夏盟”來斷。

宣八。滅舒蓼　外夷有可憂之勢，而内治不可忽矣。《傳》首“中國何與”句，後“將爲中國憂”句，緊相炤應，見得中國於此時，莫做等閑看待；説個“民有被髮左衽之患矣”，令人悚然。舒蓼、滑、芮爲疆，則土地廣，吴、越同盟，則羽翼成，所以勢益强大。

滅舒蓼　會宋宣十五。　紀外强内屈之事，而經世之謀略重矣。

宣八。楚師伐陳　與國因外暴而從之，昧義甚矣。“取成而還”。主《會扈宣九。傳》“責陳背晋”。

宣九。春王正月如齊至　蔑如京　《經》於望國行禮之失，特表其無王之罪焉。“當歲首月，公朝于齊；夏，使大夫聘于京師”，則“先後”“君臣”意已括盡矣。“一聘”“再朝”，亦是統就宣公論起。觀“每行必致”書法，自不專屬此題，故《傳》首“以淺言之”，正與《傳》末“書‘君如齊’‘臣如周’”之句相應。言“不待貶絶而惡自見者”，以惡顯而易見，非意義之所在也，只點破“君”“臣”“春”“夏”四字，而見此事可考意。遞到“宣公享國九年”，只知有齊，而不知有周，明其慢王之若此，而後以“聘覲”四句，一□重發。蓋至於君臣義失，“倍畔侵陵”，則有不止於一時之顛倒錯□者。聖人於此，不勝無窮之憂，故“特書‘王正月’”，以彰其無王之罪，而警天下之爲人臣子者意至遠矣，豈比事之教所能盡哉？單收“王正月”一書法，“書‘至’”不必用。“王正月”之書，或云即“王”字來提醒他；或云舍奉正朔之周，而朝于齊，故書“王正月”以表之。二説皆可。

宣九。公如齊　蔑如京　内君慢王之惡，比事而可見矣。既無“每行必至”，不用“疏密”意，只“君臣”“先後”二意，正是此事見“惡”。收“王正月”書法。

宣九。春王正月公如齊至上[4]　表望國之事大，而慢王自見矣。以“重於事齊”形出“慢周”之罪。全在“王正月”三字發揮，不必涉大夫□。

宣九。蔑如京　望國徐遣以聘王，罪自見矣。主“宣公享國九年，於周纔一往聘”二句，亦須把“事齊”相形。無書法。

如齊至、宣四。如齊至、宣五。如齊至　蔑如京　事王不如事大，其疏數可考也。重“一聘”“三朝”相形，收“每行必至[5]”。或主同單。只如齊、宣四。如齊、宣五。如齊，單就“事齊之數”，形出“慢王”。

春王正月如齊至　春王正月公在楚襄二十九。　兩表月以紀事，尊君存君之義明矣。“春王正月”，兩邊都發揮。

蔑如京　國佐聘宣十。　主“忠”“孝”合。“享國九年”對“未踰年”，“臣如”對“君命”，“背叛侵凌”對“喪師失地”。

宣九。會扈伐陳　《經》紀兵好，而近禮、昧義并著矣。舊以“予晋”“罪陳”分作。玩《傳》首云“《經》所書者，予晋罪陳之詞也”，須知“罪陳”意，總在“會扈以待陳，而陳侯不會”句内，其後“晋主夏盟”數語，特抽出言之者，還是二意渾講爲當。大意謂陳之平楚也，人以爲在晋宜忿然而興師，在陳宜翻然而改轍，乃晋且會扈以待，而陳竟惟楚之即也，是陳已甘心於不義，而猶得無討乎？惟不得不討，而後以諸侯之師伐之，晋不幾於自反有禮乎？講中大都以“陳罪”爲案，而以“晋有禮”爲斷。後將“晋主夏盟，又嘗救陳”，挑講一段，亦見陳之背義如是，而晋猶處之有禮耳。總收“書‘伐陳’而先之以‘會扈’”云云，而並繳“予晋罪陳”之意。其曰“林父帥師”，只是驗“兼將”之寔，非書法。但“衆輯”意，當□“罪陳”邊點用，謂陳之不義，犯衆怒也。“惟楚之即”，即□今日“不會”説，倘今日来會，則前日之平楚，情亦可諒矣。

宣九。會扈　伯國不急於討貳，亦幾於有禮矣。“待”之而不遽加兵，有責己厚、責人薄之意，故曰“有禮”。“幾”字亦要玩。無書法。

宣九。林父伐陳　伯臣兼將以討貳，而與國昧義之罪著矣。體“然後”二字，重發晉之“有禮”，而“陳罪”帶説。“兼將”是事實，非書法，可起不可收。“衆輯”，亦不必多講。

新城、文十四。盾救宣元。楚師伐陳、宣六。會扈伐　原伯義之不可背，而與國之背義可討矣。只主“晉主夏盟”一段，重“不會”上斷罪，不必牽“予晉”。去伐陳，同，但不用“衆輯”意。再去會扈，就“楚伐”説“陳即楚”，末含不可到底“惟楚之即”意，蓋楚伐取成，是“即楚”，會扈待而不會，是“惟楚之即”。或出宣五楚人伐鄭、宣八楚師伐陳，上比“陳及楚平”，下比“取成而還”，主“惟楚之即”句。然“惟楚之即”，指“不赴會”説。如此出題，未是。

新城、文十四。盾救宣元。　即伯國主盟、恤患之迹，而知其不宜背矣。二比串講，含“晉不可背”意。《傳》中二句[6]原側下，不可大開。説“晉主夏盟”，則陳不當背，是華夷之辯也，非曰不在諸侯，無所過從；“又嘗救陳”，則陳不可背，是報施之常也，非曰民朝夕急，無所控告。

救陳、宣元。林父伐　入陳、宣十一。宋師伐宣十二。　背伯而討之有禮，可予；德夷而討之非義，可罪。比《伐陳救宣十二。傳》。

會扈救陳　欒聘伐郯成八。　待陳不會，然後伐之，有禮；伐郯不救，而又伐之，非義。

林父伐　韓厥伐襄八。　筆削討、恤之兵，而昧義者之罪著矣。晉既主盟，又救陳之德不可背；楚既蠻夷，又集矢之德不足念。加會扈、次鄫，襄元。倒晉“有禮”“放義”。或脱出盾救陳、宣元。鄢陵，成十六。借“德有輕重”立論。

新城、文十四。盾救、宣元。戍陳、襄五。會鄬襄七。　與國兩背伯，皆未知伯義之不可背也。脱比《陳逃襄七。傳》。

宣九。宋人圍滕　大國乘變虐小，不仁甚矣。重“伐喪”上，“虐小”

只帶之，觀後《傳》“刺伐喪也”句自明。“動大衆”“將大夫”，起就點破。

宋人圍滕　趙鞅帥師圍衛定十。　稽圍國之必力，而知《春秋》惡虐小之不仁矣。主“圍國必動大衆而使大夫爲主帥”句。下比只炤書法引起，同單。下易棄疾帥師圍蔡，昭十一。或士鞅帥師圍鮮虞，定五。同。

宣九。伐鄭缺救　《經》舉重以惡外暴，於録伯救可推也。只重“凌暴中華，以重兵臨鄭”，不必説“無罪可討”。“書‘救’”，只講在後，以證其“非與之”之意。此題重書法上作文，不單在斷楚罪上説。書法以“書爵”爲主，以“書‘救’”作證，但證處多説幾句。只楚子伐，同，但不用“録救”意。

缺救　觀《經》紀恤患之師，則知爵外者之非與也。“稱爵”“罪楚”問起，将“録救”證明書法，宛轉翻斷。勿涉“予晋”，亦勿死講楚罪。

楚人侵、宣三。楚子伐、宣四。楚人伐、宣五。楚子伐缺救　屢紀外兵加貳，獨貶重兵之罪焉。倒單。須炤“至是稱爵，豈與之乎”口氣。

楚人侵、宣三。楚子伐、宣四。楚人伐、宣五。楚子伐　謹辯、治黨，屢“以一字爲褒貶”焉。炤《傳》首問起，即以“大分”“大防”立案。中分四股，隨股結書法。總收“治黨”“謹辨”。或主同上題倒單。

楚人侵、宣三。楚子伐宣四。　予奪外兵，存防、正分之意見矣。上“謹華夷之辨”，下“治亂賊之黨”。“稱‘人’”“稱‘子’”，所謂“一字褒貶”也。

楚人侵、宣三。楚人伐宣五。　兩黜外兵，正分、謹防之意寓矣。鄭反正，楚不當侵；鄭弑君，楚不能討。上“謹辨”，下“治黨”。下比“再貶之也”，明與上“罪之也”相應。俱作“謹辯”爲是。

楚人侵、宣三。楚子伐　《經》惡外兵虐貳，“謹華夷之辨”也。

楚子伐、宣四。楚人伐宣五。　假之爵而隨“人”之，其予楚之意不在楚也。宜上下相承作，總發“欲討賊”意。上比豈是望楚討賊？乃借楚以傷中國之不能討，因其師之適至，遂與而爵之，所謂“治亂賊之黨”也。“興師動衆，賊則不討”云云，原是連上帶下語。楚意在“服鄭”，不在“討賊”，前後一也，非至次年之“伐”，而後爲不能討也。他加兵中國，“不書爵而書‘人’”，以“謹華夷之辨”，自是本等。初因他加兵於弑君之國，故假之爵，以“傷中國”。他既本不是討賊，便須畧見出箇傷中國意思，隨即仍還他本等，“不書爵而書‘人’”矣。“再貶之也”“再”字，與前“罪之也”句相應，是仍還之以“三年書‘人’”故步也。須知上比非望他能討賊而予之，下比非憤其不能討而奪之也。蓋奪之以“謹華夷之辨”，其常；而予之“以治亂賊之黨”，其變也。通篇雖重在“治亂賊之黨”，却全脱不得“謹華夷之辨”，细玩“再貶之也”句便知。

楚子伐、宣四。楚子伐　兩爵外夷而褒貶異者，正倫、謹防之意也。以“稱爵”總問起。上“治黨”，下“謹辨”，要説明“一字爲褒貶”。

楚人伐、宣五。楚子伐　兩惡外兵，正倫、謹防之意皆見矣。同是滑[7]夏，上自“不能討鄭”論，故貼“治黨”；下自“重兵凌鄭”論，故貼“謹辨”。宜俱作“謹辨”。

晋侯伐衛、文元；公伐邾等比隨異同。楚子伐　外兵凌貳，援舉重之例以著惡焉。《傳》引“《公羊》例，君將不言帥師，書其重者”，謂師莫重於君將，君自將，則兵重自可知，不必更紀師矣，正起下書“楚子”之爲“重兵”。有二例也。倒作。

楚人侵、宣三。楚子伐缺救　志外暴以予反正，録内救以惡猾夏。

伐鄭缺救　伐鄭書救成六。　兩惡外夷虐貳，皆録伯救以顯其罪焉。下爲鄭之“背夷即華”，而又“伐喪”。只缺救、書救，或主《仍叔傳》題。故須連“二伐”出。

伐鄭缺救　伐陳衛救宣十二。　《經》於凌夏虐貳者，皆托“救”以著罪焉。

伐鄭缺救　戍鄭貞救襄十。　猾夏逼貳之罪，皆録“救”以見之焉。只“二救”，同。

伐鄭缺救、韓厥伐、壬夫侵俱襄元。　患有當救不當救者，聖人之筆削異焉。

缺救鄭　書伐鄭成九。　筆伯救以罪淩夏，削外救以罪從夷。

宣九。《殺洩冶傳》

觀魚、隱五；僖伯、語。滅下陽、僖二；百里奚、默。及荀息、僖十；死。會夷儀襄二十五；晏子、生。　歷觀善處亂之臣，默與生未必非也。此四人俱“當可”者，須側重“當嘿”“當生”上，方合《傳》。末比易哀奔、文十四。衛侯奔、襄十四；孫、甯逐君，蘧伯玉不對而出。入夷儀，襄二十五；甯喜弑剽，伯玉遂行。俱同。

下陽、僖二；默。敗殽、語。敗箕、俱僖三十三；生。彭衙文二；死。　同上。此當可就一人身上説。奚不諫虞公貪璧、馬，而諫秦穆千里襲人；狼瞫不死於敗箕立續簡伯之日，而死於彭衙馳秦師之時。百里奚與蹇叔，同諫，同哭師，事見《公羊》。

小白入、莊六[8]。滅下陽僖二。　按當可於人臣，期止於可也。此題不得貶倒“召忽”之奇，宜云管仲之“生”，百里奚之“默”，則“當其可而止”者也。“當其可而止爾”“止”字，當體發。下筆時，稍有差跌，貶倒“召忽”之奇，便説何貪生苟免、狗彘不如一流矣，不於“當其可”三字，太不倫乎！

子哀奔、文十四。公即位宣元；叔肸。　善爲諫臣計，而兩權其所宜者焉。須體《傳》意，從洩冶上看出。“若異姓者，如子哀”云云，“其貴戚耶”，“如叔肸”云云，不可板對。公子邛、蕩意諸、仲遂、行父，可引入。須知二人之高，全在不任官，不受禄，若居官食禄，而又求遠害，則不忠之尤矣。冶之盡言而死，與二人亦自無愧，但着數争一先後耳。“叔肸”比，易嬰齊如，成六。同。或加“入陳”，代“殺洩冶”，謬。舊搭遂如、蔑如、行父如、歸父如，影叔肸，以《傳》題當本比，不通。

子哀奔、文十四。公即位、宣元。宋楚平、宣十五。袁婁成二。　智以處難，忠以紓難，皆人臣所貴也。比《吴伐我哀八。傳》。上繳洩冶，下繳季孫。

宣十。春如齊至　畧詞以紀事大，以其所關小也。以“謹名分”意論□，□到“如齊之故”，實爲“歸田之私惠”。正講一段，但不必加貶，只用叙事體點綴，後復以“君臣名分”形之。收“不書月”書法。其云

“大小不侔”，非欲形後日之罪小，正欲以形前日之罪大，而不可混書耳，須分曉。加歸濟西，宣十。同。

春王正月如齊至、宣九。春如齊至　於異詞以紀事大，而得《春秋》謹分之意焉。總問起，而以下比形斷上比，發“謹名分”意。上比只重“君如齊、臣如周”一意，“先後”“疏數”意勿混用。加蔑如京、宣九。歸濟西，宣十。同。

春如齊至　如晋至成三。　望國兩因利事伯，均貶其慢王焉。一感“濟西”，一感“汶陽”，俱“不知有王”。加歸濟西、宣十。取汶陽，成二。同。

宣十。歸濟西　紀内外授受之私，深著成惡者之罪焉。全在“我”字書法上形容。蓋恃賂求安，其心尚有畏也。今且歡然莫逆，不假於田，而可以侍齊，宣之心益放矣，所以“深著其助成之罪”。末段以“柔巽卑屈”云云，至“非義矣”，即《傳》首“宣公於齊”云云，至“以濟西田歸之也”一段意。總歸到“惠公悦魯順事“，而”助成弑逆“上。不宜炤舊説提起在前。收“書‘我’”。加取濟西，宣元。只作事實。再加高固逆、宣五。伐萊、宣七。如齊至、宣九。如齊至，宣十。只炤歸田緣故，須知節節總是宣“懼討”之心。再加歸讙闡。哀八。只炤“我”字。

歸濟西　歸讙闡哀八。　兩紀歸地，而獨狀夫成惡者之意焉。下比只借來形“我”字書法，重本比。勿誤認《歸三田傳》題。

宣十。崔氏奔　辨强宗於去國，慮亦遠矣。“以族奔”，作事實。“於此舉氏”“此”字，要體，見今日見逐而奔，人皆以爲去其族矣，而設以聖人早見處此，則因其宗强而已知其必反，必有事做出來，便謂當預爲之防矣。“宗强”，全要本“有寵於惠公”來，重看，然不重“責惠公”，重“垂戒”上。“出而能反”三句，是推驗意，不宜入“强宗”内。收“書氏”。加武氏、隱三。尹氏，昭二十三。只辨“非譏世官”起，倒單，收“事異而詞同”句。

滕朝、桓元。穀鄧朝、桓七。圍新城、僖十。圍緡僖二十三。　聖經紀事,其詞非可泥也。重“詞之同異”上見聖筆之妙，要發“不可泥其詞而一視”意。此自看《經》者説，不可謂聖人故如此。“亦有”二字語意有偏重，不可板對。

“事同詞異”易比：

四國伐隱四；首宋。邾鄭伐隱五；首邾。

糾聘桓四；書“名”。家父聘桓八；書“字”。

城邢僖元；再序。楚丘僖二；不序。

執虞公僖五；書“人”。毁滅邢僖二十五；書“名”。毁滅邢僖二十五；名。楚滅夔僖二十五[9]；爵。

如齊至宣九；書“月”。如齊至宣十；不書“月”。

召陵僖四；書“來”。袁婁成二；書“及”。

“事易[10]詞同”易比：凡美惡同詞者，皆可搭，已具《宣即位傳》。

會世子僖五；尊君。會吴成十五；外夷。

猶朝廟文六；幸其不已。猶三望僖三十一；譏其不已。

吴伐我哀八；不言四鄙，見其實。國書伐我哀十一；欲省致師之繇。

武氏賻、隱三。楚子伐、宣九。崔氏奔　楚子伐宣十。　《春秋》中同詞，有事與意之異焉。比十年《伐傳》“詞同而意異”句。“事”與“意”有别，“事”即事實，“意”或同事而不同意也；“事”就本人言，“意”就聖人書法言。

宣十。如齊五月至　詳望國事大，而咎其慢王焉。是因他今日奔齊喪，而追咎他前日不奔匡王喪，要相形講。加伐凡伯，隱七。主“文約事詳”句。加春如齊，宣九。“吉”“凶”混作，勿大開。加歸父如，宣十。“奔喪”“會葬”，總斷“慢王”。再加乃不郊，宣三。納入本股。

春如、夏如、歸父如俱宣十。　“春如”是本年春，將此比引起書法，下二比以“奔喪”“會葬”略點，總作。《指月》以首比“春如”爲九年春，主“正月如齊”比，非。《歸父如傳》亦有此三比，但首比，在此《傳》論“一年兩如皆書‘至’”，以甚其“汲汲奔齊喪”之非，故出本年“春如齊”比。後《傳》有“不辭屈辱”句，故出五年“如齊”比。

宣十。《弒平國傳》

甯母、僖七；管仲諫受子華。敗殽僖三十三；先軫怒釋三帥，不顧而唾。“使有國者開納諫諍，包容狂直”，是聖人意思，只借比發意。

宣十宋師伐滕　《春秋》亟於討賊，而致其意於大國之虐小焉。重“不能討陳”上，“虐小”帶説。“力非不足”意要發揮。首云“稱‘師’，譏用衆也”，中云“乃用大衆”云云，末云“特稱‘師’以著其罪”，總見力可以誅討，而不能也。加鹿上，僖二十一。或曹南，僖十九。只炤“伯王餘業”句。

宋人圍、宣九。宋師伐　不恤滕昭之喪，是不仁；不討徵舒之罪，是不□。每邊“虐小”各參講。

伐滕　伐邾取繹宣十。　内外虐小之兵，皆昧於大義矣。以“陳亂”立案，上從“上公”“伯業”論起，下從“貴卿”“大衆”論起。

圍滕、宣九。伐滕　伐許、成二[11]。伐許成四。　下《傳》云：“前此鄭襄公伐許，既狄之矣。今悼公又伐許，乃復稱爵”。上譏“用衆”，下譏“從吉”。縱惡、忘親。

宣十。歸父如齊　即貴卿事大，内君慢王之罪見矣。“貴而有寵”句重看，正與《如齊五月至傳》“使微者”對炤。收“比事”。加如齊至、宣五。如齊五月至，宣十。生謹事，没親弔，又遣卿會葬。同單。再加平州、宣元；定位。歸濟西，宣十。炤傳散作。

宣十。四國伐鄭　争貳以力，伯亦猶之夷矣。“德”字對“力”字看，“鎮撫”對“争”字看。“鎮撫”是鎮服其心，使有所恃；撫綏其國，使有所懷。勿空空説個“力争”，全要本楚來發“晋無愈”意。

楚子伐、宣九。四國伐　楚子伐宣十。　伯主“力争”之非，故因用兵而獨責之也。一串作：伐鄭之後，鄭及楚平，本非得已，晋不以德鎮撫，而力争之，夫晋伯且然，則楚之來，正夷狄之常態耳，何足怪哉？故輕楚而獨罪晋。九年“伐鄭”比，只影“居大國之間”意，比時郤缺救鄭，鄭未嘗從楚，從楚在今日。

四國伐　楚子伐宣十。　於内外争貳，而獨甚伯國之責焉。串作，同上。

四國伐　楚子伐、宣十。辰陵、宣十一；去同。圍鄭、戰邲俱宣十二。晋侯伐宣十四。《傳》中責楚益輕，“罪在晋”句是一直意，豈容分説？只宜以“鎮撫之□”引起，將本股重講，而各比但輕點於後，總發“責楚益輕，罪在晋”意。蓋其間責晋者，固是罪晋，而恕楚者，亦正以罪之在晋，而楚不足深求耳。只收本比書法。或減末二比，破只云“故屢輕外夷之責”，然意終欠完。

四國伐　楚子伐、宣十。晋侯伐宣十四。　大意同上。不可一頭兩脚，蓋“楚伐”股，亦是“責晋”也。加戰邲，宣十二。同。

楚子伐、宣十。辰陵、宣十一；去同。圍鄭、戰邲、俱宣十二。晋侯伐[12]屢恕外而責伯，惡力争也。即前題脱母。“輕責楚”，正爲“罪在晋”，宜混作，首尾用本股。舊搭“入陳”，作“恕楚”。無干，去之。

四國伐　楚子伐、宣十。宋師伐陳、宣十二。楚子圍宋宣十四。　紀兵而兩專其責，見德、義之爲重矣。比《伐宋宣十二。傳》。上，“責楚益輕，罪在晋矣”；下，“責楚[13]爲深，若蠻夷圍中國，則亦明矣”。

四國伐　王季聘宣十。　上主德、力，爲世道憂；下主威、福，爲王道慮。兩《傳》俱有“自是”句。

宣十。王季子聘　以王室瀆禮爲不震之極，故不忍復紀焉。惟“王靈不震”已極，故《春秋》“書‘王聘’”止此。當體此發揮。若泛傷“不震”，將聖人“自是王聘不書”反置之不論，則大謬矣。“自是”“是”字當玩，蓋以是爲“不震”之極，故遂止於是也。

宣十。伐邾取繹　《經》罪虐小之兵，欲其用之於討賊也。“盜”字，對“奉天討罪”説。重看“將貴卿”“舉大衆”二句，方見舉事之慎。泛説“不討賊”，不透。

四國伐、宣十。伐邾取繹　《經》於内外之兵，皆以棄義致責焉。以“陳罪”總起，中略分。天子不能則方伯，方伯不能則四鄰。“鄭居大國之間”，邾在“邦域之中”，可點入。上比勿雜入“德”“力”字。

宣十。行父如　歸父如　亟於事大，以妄説爲得計也。“初聘”“邾故”，是此時兩椿因繇，其實，要事齊與不敢不事齊，俱不在此，另懷得有鬼胎在。“妄説取人”，便是不知以禮爲國。若指篡國取邑説，使不篡國取邑，便可爲禮乎？“篡弒懼討”，是“妄説”根原；而“貪於取繹”，又是新開之釁。故抽出言之，緣他源頭上差了，心虚膽怯，但遇着身上添出些瑕釁，便自家驚張起來。其實取邑於邾，與齊無干，試看他公取邑者多矣。以堂堂盟主，尚無所顧忌，何有於齊惠而畏之耶？作文只説他汲汲事齊，謂“妄説”可以“免討”。“免討”指“篡”説，卻不必説出“篡”來。而“貪於取繹”“理曲氣餒”，只如《傳》在後點綴一段，大意云：你説“妄説”可以免討麽？卻怎麽“貪於取繹”，便“畏齊而往”？但凡“理曲”了的，氣定然是餒的，必至途途害怕，處處着驚，“能無畏乎”？就將他每身上來提醒他一番，看這情景，你道“妄説”可以免討，不可以免討？此正“備書不削”，“爲後世鉴”處。只“行父如齊”，根“未晚也”一段意來，體貼“亟行”二字發，君、臣同責。

宣十，冬歸父如　説人不足以自固，即其有畏而往者足徵矣。仍重發“宣公君臣”至“免於討也”一段意，而以“畏齊而往”“理曲氣餒”一段，證明討之不可免，見得人一差錯了，便爾耽驚受怕，張皇失措，□□没安頓自家身子處，人就不來討我，也只覺得人來討我一般。看“畏齊而往”四字，只似急急去供招畫字、延頸受戮的了。然則“妄説取人”，“可以免於討”乎？是年兩“歸父如齊”，此多“冬”字。加取繹，宣十。同。

宣十。國佐聘　大國忘親而修禮，守身之本失矣。“速葬”，是已前事。重“未踰年，而以君命遣使”上。仁親即“守身之本”，非二意。加戰鞍、喪師。取汶陽，俱成二；失地。同。再加斷道，宣十七。亦同，但補“笑客”。

宣十。楚子伐　知爵外夷之非貶，其意在責伯明矣。從書法上發揮，“意”字、“知”字要體。書法以“稱爵”“直詞”爲主，以“不書‘救’”證之。

伐鄭缺救、宣九。楚子伐　兩爵外而致責不同，於筆削“伯救”可推矣。以兩“稱”字總問起，分疏“責楚”“責晋”，而以“書‘救’”“不書‘救’”證之。全要相形發得“比事以觀”意。只缺救、楚子伐，同，但只從“二救”[14]上推起耳。

楚子伐、宣九。楚子伐　兩紀外夷争貳，詞同而意異焉。大意同上，但只收“稱‘子’”，要見“詞同意異”。“二救”，於文末總證一句。

楚子伐　辰陵宣十一。　不貶猾夏、從夷者，皆以中國律之也。上用“四國伐鄭”比斷，下用“伐莒欑函”[15]比斷。

楚子伐、士會救。欒書伐成九；子重救。　兩削救兵，爲兢力、趨利者戒也。

楚子伐　伐鄭次鄫襄元。　削士會之救，罪恃力者；削子辛之救，罪昧義者。

楚子伐　貞救襄十。　責競力，罪逼貳；一筆，一削。

宣十一。辰陵　恕二國之從夷，以“令”在夷也。“中國不能令”句重看。□□□楚猶可，全是汲汲討賊而重傷中國之意。“《經》之大法”至“居也”一段極重，蓋中國、夷狄，其防易知；中國變爲夷狄，其防之潰。有更甚者，聖人所以汲汲於正倫也，但曰“傷中國”，尚未□要。

辰陵、伐莒、欑函、入陳俱宣十一。　夷亦可從，以大義獨舉於夷也。以下三比從中爲案，如單。只辰陵、入陳，同。加楚師伐、宣八。會扈伐、宣九。四國伐、楚子伐，俱宣十。只以“晋楚之争”問起。

楚師伐、宣八。會扈伐、宣九。四國伐、楚子伐俱宣十。　主“晋、楚争此二國”，若“背晋從楚”，是爲“下喬木入幽谷”，必非《春秋》之所與。影炤本比發。

辰陵、伐莒、欑函俱宣十一。　不貶貳國從夷，以中國之昧義也。

伐莒、欑函、入陳俱宣十一。　外夷獨能舉義，則從夷者可恕矣。要發“中國不能而楚能”意，串作。

辰陵　圍鄭宣十二。　恕從夷、猾夏者，爲大義也。一以其後之能討，一以其前之能討。

辰陵、伐莒、欑函、入陳、俱宣十一。圍鄭、戰邲俱宣十二。　予外夷之舉義，故從者恕之，而敵者惡之也。比《戰邲傳》。只辰陵、戰郯，同。

辰陵　曹伯歸成十六。　恕從夷而譏失刑，不欲天下之有亂賊也。二《傳》皆有“雖得天下，不能一朝居”句，上重誅討論，下重賞罰論。

辰陵　會申昭四。　於從夷者而或恕或貶，正大倫也。以“中國”“人類”意總起。討簒弑之夷，則可從；簒弑之夷，則不可從。

宣十一。伐莒　欑函　譏兵好之□，急討近也。“《春秋》正法”云云至“故略”，是即《春秋》“殊會”之旨，明“中國爲内，夷狄爲外”，以責晋“不能討中國之亂”而“求成于狄”。“是失肩背”云云，非另一意，觀《傳》中“今中國”字面，明是相承説下。“伐莒”一比，雖總承“中國有亂”句來，然所謂“失肩背”云云者，蓋以伐莒小事，非討罪之大義比也，與“内中國”“外四夷”無干。書法只是直書其事，不必牽上“會狄”。“詳”“略”字，承上“皆外詞”句，以聖人書法上説，不必别求意義。

宣十一。伐莒　縱惡而虐小，望國之合兵傎矣。玩“魯方會齊”句，單主“責魯”。莒恃晋而不事齊，伐莒者，齊志也。以齊志而魯“會伐”之，益見其“傎”。

宣十一。欑函　縱内亂而結外成，不知類矣。不討弑君之賊，而會所“當外”之狄，重“不討賊”上。《春秋》“詳内略外”意，須起處發明。收“直書”書法。

會戎、隱二。會狄[16]　會吴成十五。　《經》屢“外夷”以嚴防，而縱惡以求成者傎矣。將三比發明“外夷狄故略”，倒下本比“中國有亂，天王不能討，則方伯之責也”，“晋方求成於”，《春秋》之所“外”，爲“甚傎”，作。

石門、隱三。欑函　“詳内略外”，點起，同單。出會鄄、莊十四；爵。會温、僖二十八；爵。欑函、狄。鍾離，成十五；夷。同。或首止、僖五。葵丘、僖九。欑函、鍾離，成十五。亦同。

欑函　澶淵故襄三十。　縱内亂而結外夷，舍大義而亟小惠，皆不知務。

宣十一。入陳　“從末減”以録夷功，傷中國也。《傳》論“入陳”，專説“楚罪”，未嘗稱其功，其云“與楚子之能討賊，故先之”者，特指“先書‘殺’”言耳。後“舜、跖”一段，説他“貪”，説他“爲利”，“或曰”一段，説他“鄉取一人”，“納其亂臣”，何嘗説楚之功。第“仲尼重傷中國”，故“深美其討賊之功”，可見“功”字，與“諸夏之罪”“罪”字相炤，非以楚之功過相形也。《傳》首曰“諸夏之罪自見”，以後詳論“楚罪”，而接以“仲尼重傷中國”云云，分明始終俱是此意。且不徒曰“傷”，而曰“重傷”，意可知已。作者須於“重傷”處發“深美”，於“諸夏之罪”處發“楚功”，方得“末減”之旨。觀《傳》末“雖曰與之”句，則此“深美”句亦非直美。

入陳　納寧行父宣十一。　主“或曰”以下一段《傳》，如《傳》，以下比説在前。既異於“存亡興滅”，何功之有？聖人但“深美”之，以“重傷中國”耳；美楚不深，則傷中國不重矣。因“重傷”纔得“深美”，因“深美”纔得“末減”。須知楚罪亦不輕。

入陳　宋公伐邾昭十九；不書“取蟲”。　有正倫扶弱之善者，皆不可苛責其貪也。上重“功”字，下重“意”字。

入陳　柏舉定四。　正倫、恤患，皆不必計其心矣。上《傳》云“楚莊意在滅陳”，下《傳》云“闔閭懷謀楚之心”。俱在“傷中國”上發。

入陳　入郢定四。　兩予有功之夷，善惡不相掩者也。“先書‘殺’，後書‘入’”，一念之頃，而善惡異，“《春秋》傳心要典”；前“稱爵”，後“舉號”，一人之身，而善惡異，“聖人心無毀譽”。

入陳　圍蔡哀元。　罪所當討，而怨所當復，可不計其貪與暴矣。

入陳　吴救陳哀十。　兩傷中國，以討罪、恤患之自夷也。

宣十一。納寧行父宣十[17]。　外夷謬獎亂臣，聖人爲之不快焉。楚莊非知而故納之，但“不能察其反覆”，所以做得不盡善，不快人心。聖人之“外之”者，以毒不可再試也。作文須體此發，勿過作貶語。

【校記】

〔1〕齊至，應爲“齊志”。《經》《傳》俱無“齊至”字，而《傳》云：“‘伐

萊’，齊志也”。

〔2〕至，《傳》實爲“致”。

〔3〕昭十一，應爲“昭十三”。

〔4〕上，占據空格，且無義，應爲竄入。

〔5〕至，《傳》實爲“致”。《傳》曰：《經》於如齊，每行必致，深罪之也。”“致”是。

〔6〕《傳》中二句，不知何所指，從“側下”看，或指《傳》首“經之所書者，與晋罪陳之詞”。

〔7〕滑，應爲“猾”。

〔8〕莊六，應爲“莊九”。

〔9〕僖二十五，應爲“僖二十六”。

〔10〕易，應爲“異”。

〔11〕成二，應爲“成三”。“成三”“伐許”有二：一爲“夏”“鄭公子去疾帥師伐許”，一爲“冬”“鄭伐許”。此爲後者，由“狄之也”句可知。

〔12〕晋侯伐，後依例應註明年號“宣十四”。

〔13〕楚誤，應爲“宋”。

〔14〕二救，見《傳》：“九年，楚子伐鄭”，“下書‘晋郤缺帥師求鄭’”；“此年，楚子伐鄭”，《傳》書‘晋士會救鄭，逐楚師於潁北’”。引文中“《傳》”，指《左傳》。下同。

〔15〕伐莒欑函，在宣公十一年。

〔16〕會狄，即上之“欑函”，《經》：“秋，晋侯會狄於欑函。”此處直接變换，是作者行文不規範處。

〔17〕宣十，顯係謬誤，且衍。

卷之十八　宣公下

宣十二。圍鄭　外夷虐貳而猶恕之，重正倫也。此題不在楚莊□正倫之功上做，在聖人見得“大倫之爲重”上做。不可説討賊之義足以掩虐人之非，只可説聖人不欲以虐人之罪掩其討罪之善，於以見“誅亂臣，討賊子，正大倫之爲重也”。起處，須説得“楚子憑陵上國，近造王都之側”之罪大，然後見聖人之“從末減”，爲“重大倫”之意，觀《傳》“雖如”“猶從”字可見。

戰郎、桓十；不言“伐”。圍緡、僖二十三；不言“戰”。入曹、僖二十八；不言“圍”。滅江文四；不言“入”。　紀兵有舉重之例，以其罪無可貸也。“書其重”，與“輕典”相應，然此皆例應如是，却不可云“從重典”。蓋“典”是書法，“例”是紀實。言重者既書，餘不足記也。雖泛説“例”，亦見無節可取，故不減重從輕。

入陳、宣十一。圍鄭　兩減夷罪，見正倫之重也。予楚，總“討陳”一事，宜總發。起處，須以“二罪”揚起。或云，將“復封”“退師”畧點，亦可；不知一插入“復封”“退師”，便發聖人“誅亂臣，討賊子，正大倫之爲重”的意思不出。加滅遂、莊十三。入曹，僖二十八。只炤書法。加伐莒、櫕函，俱宣十一。只炤“諸夏不能討”句。

圍鄭　入郢定四。《經》紀外兵，功過各不相掩也。上，過不掩功；下，功不掩過。加入陳、宣十一。柏舉，定四。同。

入陳、宣十一。圍鄭　伐郯、成七。黄池哀十一。　因正倫而終恕之，因僭分而終黜之。“雖如楚子”云云，“後雖强大”云云，都重“君臣”上論。

入陳、宣十一。圍鄭　同圍齊、襄十八。至伐襄十九。　兩變文以紀兵，予正倫、恕抑暴也。變“書重”之例而“從末減”，“《春秋》取大節，畧小過”；變“不書‘同’”之例而“書‘同’”，“《春秋》沮横逆，抑强暴”。

宣十二。戰邲　伯兵之衂，責有專屬矣。總非“觀釁”一意，惟非觀釁而動，所以不當任先縠濟師。“知難冒進”，以自取敗，“故釋楚而以晋主之”，又不分責六卿而“以林父主之”。楚討陳而晋不能，則無戰名；晋救而楚退師，則無戰理。總之一《傳》正意，只是一個不該與楚戰。

入陳、宣十一。圍鄭、宣十二。戰邲　書救、成六。偪陽襄十。　伯臣冒進之師，有□於將道矣。以首二比辯“失觀釁之道”，而以下二比辯斷，同單。

入陳、宣十一。圍鄭、宣十二。書救、成六。偪陽襄十。　即外釁無可乘，當爲二將之專制矣。以“敵勢”“將權”分，各暗影林父。

入陳、宣十一。圍鄭、宣十二。戰邲　伯臣不觀釁而進兵，《經》所以罪之也。單主上段，勿涉將權。“入”“圍”不可平，蓋“戰邲”與“圍鄭”事相連也。加欑函，宣十一。只見“晋不能討”。加戰泓、僖二十一；楚成救鄭，而以宋主。城濮，僖二十八；子玉救衛，而以晋主。主“獨與常詞異”句，炤本股晋“救”而書“及”。

戰邲　書救、成六。偪陽襄十。　嚴主將之責，以將權論也。“諸帥又皆信然”句，見獨一先縠欲濟，正與“八人”“二帥”反炤。曰“遂還”，曰“遂下”，描寫將權如此其重，可以專制。林父有其權，而不能制其屬，安得分罪乎？

書救、成六。偪陽襄十。　兵之進退制於二臣，則將權重也。本《傳》責林父意，重“知難而冒進”上。作文當以“知難”見可爲主，歸重“專制”上講，以林父起、繳。《傳》引此二事，只見“仗鉞臨戎”，權得“專制”，其屬莫之能違，非謂得專制之宜而予之也。須知書、罃只是一箇“知而能令”盡之。

戰邲　伐宋宣十三。　主林父失觀釁之道而挫師，宋文失謀國之道而致師。上加入陳，宣十一。圍鄭，宣十二。下加滅蕭、清丘、伐陳，俱宣十二。同。

戰邲　圍宋宣十四。　失於觀釁而喪師，失於謀始而危國。加入陳、宣十一。圍鄭、清丘、伐陳，俱宣十二。同。再加救陳宣十二。伐宋，宣十三。亦同。辨六《傳》混題：《戰邲傳》只有入陳、圍鄭；《滅蕭傳》只有入陳、圍鄭、戰邲，無清丘等股；《清丘傳》有入陳、圍鄭、戰邲、滅蕭、伐陳、救陳，舊有伐宋，今□刪，無圍宋；《伐陳救陳傳》有入陳、清丘、伐宋、圍宋，無圍鄭、戰邲、滅蕭；《伐宋傳》只有滅蕭、清丘、伐陳，無入陳等比，亦無救陳、圍宋；《圍宋傳》止有清丘、伐陳、救陳、伐宋。

戰邲　新築成二。　兩責主將，示觀釁、息争之道也。晋師救鄭，而以晋主此戰，何也？林父從獻子分惡之言；齊師侵虐，而以衛主此戰，何也？良夫違石稷還師之言。下以“斷道”“伐齊”，對上“入陳”“圍鄭”。

戰邲　鄢陵成十六。　非觀釁之師，非持勝之道。隨武子、范文子。

河曲、文十二。書救、成六。偪陽、襄十。伐秦襄十四。　《春秋》屢紀兵，而任將、爲將之道皆見矣。比《殺先縠宣十五[1]。傳》。總以“戰邲”起，上以趙穿、欒黶之誤，責晋景用先縠；下以欒書、荀罃之權，責林父縱先縠。

城楚丘、僖二。書救、成六。偪陽、襄十。越入吴哀十三。　有見君之能振者，有見將之能制者。比《公至自晋昭十六。傳》。

戰邲　吴伐我哀八。　責將責相。上，“知難而冒進，是棄師”也；下，“魯未及虧，不能少待”，“是棄國也”。

宋楚平、宣十五；華元。袁婁、成二；國佐。書救、成六。偪陽襄十。　觀能謀、能令之臣，而可以得將相之道矣。此等題，只是發意，不在多用贊美之詞。實講，末須點明本股。即國虧亦當自强，况未及虧乎？即不信亦當專制，况皆信然乎？

戰邲　書救成二[2]。　書、罃、桓、悼分證。上，“三帥不欲勦民”；下，三卿爲主。“仗鉞臨戎，專制閫外”；“折馘執俘，計功受賞”。林父畏罪，却正是罪；武不貪功，却正是功。惡可分乎？戮可遷乎？有以齊桓、晋悼脱比者。

戰邲　盟蒲成九。　《經》譏伯國之君臣，以其失主將、主盟之道也。

欒書、荀罃；子鮮、季路。有以蕭魚、襄十一。衎歸襄二十六。脱比者。

戰邲　大鹵昭元。　兩紀用兵，而皆志其變制焉。莊狗蔿敖之策：左轅，右追蓐，中權，後勁，前茅慮無；荀吳用魏舒之請：兩前，伍後，專右，參左，偏爲前拒。《左傳》擬題，非體。以其整，存之。

莊十二。滅蕭　外夷志盈於覆小，"傳心"以罪之焉。總是"其志已盈"，故肆爲强暴不仁。作文以"不仁"爲案，而以"志盈"爲斷。全要想像雜伯伎倆，發得"不久""遽歸"意出方妙。原不過"假仁"，一旦"驕溢"，頭面俱露，"不能久假"，非至今日始不仁也。聖人前日之委曲"未滅"，豈不知他是假？總是一片"與人爲善"心腸。若假得到底，也索曲全他了，無奈他自家遮蓋不來耳。若呆將"不仁"斷罪，殊非《傳》旨。"驕溢"，即前"志盈"，但末將"得書"之故，又於"志盈"中抽出一驗耳。作文亦如《傳》，於末後作證。

入陳、宣十一。圍鄭、宣十二。滅蕭　不盡滅外之罪，以其假仁之不終也。炤《傳》前行文，重發"其志已盈"。不書"潰"，而書"滅"，正與"滅"書"入"、"入"書"圍"相反。

入陳、宣十一。圍鄭、戰邲俱宣十二。　外夷假仁不終，因其矜威而罪之也。雖從《傳》後段重"驕溢"斷罪，乃《傳》者緣其"矜力"，描出"盈"處，以爲告諸侯之案。"肆暴"意亦不可遺。兼二書法與單收"得書於策"，俱未是。原只"得書於魯史"，與聖人書法無干。作文宜以"得書"之故起，倒下"不仁"，而以"驕溢"斷罪，如單，但收"書'滅'"。

城楚丘、僖二。踐土、僖二十八。盧吳歸昭十三。　知封建、興繼之義，而覆小者之罪定矣。只借事發"先王立政，所以封、建，仲尼作《經》，所以興、繼"意。總見再無"滅人社稷而絶其祀"者，擊出本題意，方好。

入陳、宣十一。滅蕭　於外夷覆國，始恕其假義，而終罪其不仁焉。上比用《傳》首"假於討賊而入陳，《春秋》以討賊之義重也"句，以"同一滅國"總問起。上"改過"、下"驕溢"，點入。

滅蕭　圍宋宣十四。　外夷不能令終，大國不能謀始。出入陳、宣十一。圍鄭、戰邲、滅蕭、清丘、伐陳救、俱宣十二。伐宋、宣十三。圍宋，宣十四。同。

滅蕭　會蜀成二。　驕、忿不能制者，《經》皆傳其心焉。二《傳》俱有“以禮制心”及“史外傳心之要典”句。上重“驕”字，下重“忿”字。

入陳、宣十一。圍鄭、宣十二。滅蕭、柏舉、入郢俱定四。　兩紀夷兵，皆不以善掩其惡也。以“達王命”“成伯討”，對上“討賊”“退師”。

宣十二。清丘　列卿協懼外之信，失謀甚矣。“書‘同盟’”，是事實。“惡反覆”一段，乃辯論，不重，只重“失謀”。“信任仁賢”三句，是一串意，須從“楚勢”說來，見強敵在前，不是兒戲時節。“蕲”字要發，是僥倖於必不可爲之事，故曰“謀之不臧，孰大於是？”“先縠主盟”，不過“任人”一驗耳，不重。收“稱‘人’”。

蔑、宿俱隱元。伐邾、隱七。伐宋、隱十。入陳、宣十一。圍鄭、戰邲、滅蕭、俱宣十二。清丘　伐陳救、宣十二。伐宋宣十三。　《經》於列卿渝信之盟，而深罪其失謀焉。收“稱‘人’”。以“書‘同’”問起，將首四比、末二比提過，後原“楚橫”，罪其失謀。去蔑、宿、伐邾、伐宋，同。末二比“不信”，仍先提過。去伐陳救、伐宋，亦同，但不用“清丘載書”至“可罪乎”一段。去入陳、圍鄭、滅蕭，亦同，但“楚勢”虛敘。玩《傳》“口血未乾，敗其盟好”，正與《救陳傳》“背盟失信”相應。《伐宋傳》無“罪晋不救”語，小註語不可據，故此《傳》只搭“救陳”爲是。添“伐宋”者，謬也，宜删之。

清丘　救陳、宣十二。伐宋宣十三。　同單。此題舊多“伐陳”，今移載《圍宋傳》。此題出“伐宋”比，亦謬。

入陳、宣十一。圍鄭、戰邲、蕭魚、俱宣十二。清丘　諸侯當外橫而修盟，失謀甚矣。倒作，同單。

戰邲、宣十一。清丘　即伯國任人之非，而謀國之誤槩見矣。主《傳》末“原縠違命”數句，倒作。即“任人”以槩其餘，勿死講。加衛救陳，宣十二。先驗過“失信”，倒驗“失謀”上，大意同單。

清丘　盟蜀成二　講懼外、交外之信，皆歸罪於諸侯焉。兩《傳》俱有諸侯“任賢”“明政”云云。皆是“稱‘人’”。

清丘　會平丘昭十三。　懼外而要內，皆失自治之策也。上“任仁賢，修政事”；下“以德修政，以禮格心”。原穀、叔向，點入。各以“楚勢”揚起。

清丘　盟蒲成九。　上禦敵無謀，下固貳昧本。

清丘　雞澤襄三。　兩以“同”紀懼外之信，特從其所欲而已。上透發“反覆”之非，不待“書‘同’”，翻出“同欲”，“楚既入陳”云云；下透發“王臣與盟”之非，不待“書‘同’”，翻出“同欲”，“楚師在繁陽”云云。下《傳》無貶“病楚”語。上《傳》止用前半辯“書‘同’”一段，亦無貶“失謀”語。俱只辯書法，勿斷罪。馮猶龍謂此題欠整，不知《雞澤》無斷罪語，《清丘》前半《傳》亦無斷罪語；《清丘》“書‘同’”總是事實書法，到斷罪處便着在“稱‘人’”上矣，與“書‘同’”無干。原只以“書‘同’”比，何嘗不整。

盟蔑、盟宿、俱隱元。翟泉、僖二十九。女栗文十。　觀所以紀渝信、瀆分者，則知其紀內外之盟矣。上發“《春秋》不貴盟誓”至“不待貶而惡見者也”，繳“清丘”；下發“王臣將命”至“不待書‘同盟’而罪自見矣”，繳“雞澤”。

宣十二。伐陳救　大國舉非義之兵，《春秋》特詞以罪之焉。以“衛叛盟”問起，倒“宋非義”作，而以“失謀”依《傳》“且”字做一段於後。“非義”，以道理言；“失謀”，以時勢言。《傳》前云“陳可恤”，正見“宋非義”；後云“意在責宋”是收上轉下語，見不是善衛，恐人□定“凡書‘救’者未有不善”之語耳。説透“陳未有罪”，纔見得宋是妄與，妄與便滋亂了。去“救陳”，同，但無書法。

宣十二。救陳　假渝盟者以恤患之名，顯大國之罪也。以“衛叛盟”意問難起，重書法上發揮。此須與全單有別。全單兼“失謀”，此專言“非義”；全單於宋加兵上責宋非義，此於陳受兵可恤上挽到宋之非義；全單於尾末繳書法，此專在書法上形容。

清丘、宣十二。救陳　同上，但説“叛盟”較詳耳。加“伐陳”，即《圍宋傳》。

入陳、宣十一。清丘、宣十二。伐陳救　伐宋、宣十三。圍宋宣十四。大國興非義之師以啓患，《經》託詞以罪之也。將“清丘”問起書法，接下“陳德楚未足責”，倒宋“非義”“滋亂”斷罪，“叛盟”末斷。去清丘，同。再去圍宋，亦同。去入陳，即《圍宋傳》。

入陳、宣十一。伐陳　伐宋、宣十三。圍宋宣十四。　雖去“衛救”，作法亦同，但無書法。

入陳、宣十一。清丘、宣十二。伐陳救　原大國用兵之非義，而知《春秋》托詞以罪之之旨矣。主“陳有弑君之亂”至“可恤也”一段搭，不必涉“失謀”意。

入陳、宣十一。伐陳救　只重“宋不能討，而楚能討”意，“封陳”意輕，重“非義”斷罪。只入陳、伐陳，亦主串。

伐陳救　伐宋、宣十三。圍宋宣十四。　興非義之師以滋亂，失謀甚矣。只主“謀國失圖”下半《傳》，然《傳》有“且”字，亦須根“非義”一句。去救陳，但無書法[3]。加清丘，即《圍宋傳》。

伐陳救　伐宋宣十三。　兩託詞以罪大國之兵，以其非義而失策也。主比，總叙，分作。上收“衛叛盟”，“書‘救’”；下收“楚猾夏”，“書爵”。

救陳　伐宋宣十三。　兩託内外之兵，所以顯大國之罪也。因客見主，皆本“伐陳”斷罪，而以“非義”“失謀”分貼。救之是，則伐之非，不然，叛盟之衛，何以“書‘救’”？伐者是，則見伐者非，不然，凌夏之楚，何以“書爵”？

伐陳　會伐郯成八。　二國討貳於事定之後，皆失所以爲義矣。俱有兩層意，用孔達對下季孫。加入陳、宣十一。吴伐郯，成七。同。

伐陳　侵蔡獲襄八。　兩觀啓釁之兵，皆失謀也。俱重“怒楚”上，上云“則亂亦滋矣”，下云“自兹弗得寧矣”。加楚伐宋，宣十三。貞伐鄭，襄八。同。

楚伐宋，宣十三。貞伐鄭襄八。　大意亦同。上，“爲宋人計者，恤民固本”云云；下，“若能信任仁賢”云云。

救陳　厥伐鄭襄元。　筆削救兵，知討貳之義不義矣。上陳感復封，下鄭感集矢，皆德不貳。上，“陳未有罪而受兵，爲可恤”；下，“鄭無可救之善”。出伐陳、救陳、厥伐鄭、壬夫侵[4]，同。或主“宋非義”，而“陳未有罪而受兵，爲可恤”；“晋放義”，而“鄭不以”[5]云云，爲“無可救之善”。破云：“《春秋》筆削恤患之兵，視乎人之宜恤、不宜恤而已。”

宣十三。楚子伐宋　外兵有詞，授之詞者非也。“書爵”，非予楚，只借以形宋失策耳。《傳》首一“脅”字，承一“懼”字，已明知楚必至，乃舍可以待之之計，“而急於”云云，若惟恐其無詞者，失策甚矣。不必斷罪。“得書爵”“得”字宜玩。蓋“書爵”繇於“有詞”，“有詞”繇於宋□之以詞，是以□之。而楚得之於宋，非見予於《春秋》，而得之於聖人也。加伐陳，宣十二。同，只作“失策”事實。

滅蕭、清丘、伐陳、俱宣十二。伐宋　大國待敵非策，《經》爵外夷以見罪也。同單。全要發“待”字意。“懼而同盟”，只形容楚不可犯處，勿以“外横”“内懼”竝起。去“滅蕭”，即《清丘》與本《傳》合題。

滅蕭、清丘、伐陳俱宣十二。　大國當外横而妄動，失待敵之策矣。大意同上，繳處仍透“楚有詞”意，但不繳書法。

清丘、宣十二；書“人”。伐宋書爵。　雖《傳》主比，禦夷非謀，待敵非策，俱以“楚强”起。以諸侯當楚，則勢猶强，處强者，計當云云，而諸侯且以要盟爲長策，故不戰而氣自索；以宋當楚，則勢已弱，處弱者，計當云云，而宋竟以用武爲釁端，故一動而國幾亡。

宣十三《殺先縠傳》

河曲、文十二。戰邲、宣十二。十三國伐秦襄十四。　比事以觀伯兵之衂，任將之失見矣。炤《傳》問起，以“河曲”“伐秦”點明，倒歸“戰邲”，見縠雖非親信之穿，無異剛愎之黶，而乃以佐新將之林父，“使敵國謀臣云云，誰之過與?”收“稱國以殺”書法。“將非其人則敗”二句，是總題後三事，謂皆將得其人，而以匪人間而參之，使其謀不用、令不行也。“從政者新”二句，承“以先穀佐之”句説來，與“臾駢之謀不用”，“荀偃之令不行”相炤應，非以林父爲將非其人也。

河曲、文十二。伐秦襄十四。　伯兵兩無功，失任將之道也。有寵而弱，士會已知穿之難任；佽侈已甚，士鞅已知黶之不仁。

戰邲、救陳俱宣十二。　重將、相之選，兩因事而責君焉。比《殺孔達宣十四。傳》。先穀不可將，而晋景將之；孔達不可相，而衛穆相之。

宣十四。《殺孔達傳》

衛伐晋、文元。救陳宣十二。　兩犯盟主，皆孔達之爲，其失皆繇於君。上責衛成，下責衛穆。

垂隴、文二。清丘宣十二。　同上。上比，陳侯爲衛請成於晋，執孔達以説；下比，宋伐陳。《左傳》：“宋爲盟故，伐陳。衛人救之。孔達曰：‘先君有約言焉，若大國討，我則死之。’”

宣十四。晋侯伐鄭　直紀伯兵，使其失自見焉。須在“比事”“直書”四字上模擬，勿板講晋罪。加戰邲，宣十二。只炤事實。

晋侯伐　五國伐成二。　皆邲故，皆罪晋。宜總發意，而事實略分點之。

宣十四。楚子圍宋　大國被兵，始謀之失也。只重“自取”説，而其“自取”在伐陳上。要在“幾於亡國”上發他“自取”，故曰“端本”，曰“謀始”，不可如“伐宋”捉住“失策”説。作文須以《傳》“凡事作始”“將畢”之間，發其“必至訟、至師”之意，方不混“伐宋”。楚罪，只如《傳》點在後。“特書‘救陳’以著其罪”，是將前事之貶，以證今日之爲“責宋”。本比無書法。

清丘、伐陳救、俱宣十三。伐宋、宣十二。圍宋　大國失謀啓患，端本以深責焉。從《傳》串下。《傳》中“明見伐之繇”，即“端本”意。加宋楚平，宣十五。作“幾亡其國”。

清丘、伐陳救、俱宣十二。伐宋宣十一。　大國失謀而妄動，致寇有繇矣。舊載《清丘傳》，以下二比驗“失信”，但本《傳》“宋人要結”至“明見伐之繇也”一段，題比顯然，斷宜從比。加“入陳”，即《伐陳傳》。

清丘、伐陳救俱宣十二。　觀大國之兵信，知召禍之端矣。總重“始謀不臧”，依“已”字、“又”字串作，重“伐陳”上發“啓患”意。“書‘救’”，是“明見伐之繇”，不可如倒書法體。只清丘、伐陳，俱宣十二。同，但不用“特書‘救陳’”句。

伐宋、宣十三。圍宋　夷兵迭加於大國，自取之也。“伐”“圍”只一項事，不必竝提，只宜以“見伐”説起，遞重“圍”上説，方與《傳》“幾亡其國”相應。

救陳、宣十二。圍宋　主比：上比貼“非義”，下比貼“失謀”。都根“伐陳”來，與前救陳、伐宋同。“若衛叛盟”，“若蠻夷圍中國”，各點末。

圍宋　會穀宣十四。　《春秋》紀兵好，而謹始、明漸之意備矣。上，“始謀不臧，至於見伐、見圍，幾亡其國，則自取之也”；下，“自諸侯出”，“自大夫出”，“君若贅旒，陪臣執命”，“其所來者漸矣”。“《訟》曰：‘君子以作事謀始’”，“《坤》曰：‘馴致其道，至堅冰也”。

圍宋　同圍齊襄十八。　兩觀國之見圍，皆自取也。兩《傳》皆有“國必自伐，而後人伐之”句，二左可用[6]相對。

圍宋　胡豹歸定十五。　下有“國必自滅，而後人滅之”句。兩邊皆是“挑楚”。

宣十四。會穀　禮失而移於大夫，《春秋》著其事以示人焉。此就禮既失後畫出一箇禮不可失的圖來。自失於天子時，蚤知有此，特今日驗之耳。此通《春秋》發慨，不專着齊頃、歸父，亦不必加貶。諸侯去天子甚近，“别嫌明微”正在此，於此不别不明，便是“亂”了。此《傳》與《無婁[7]》同意，俱是“禮自大夫出”。但此則“諸侯與大夫會”，故以“君若贅旒”爲流弊；彼則“大夫與大夫會”，故以“田氏”“六卿”爲流弊。此《傳》尚渾含，未説到“反之正”意，至《無婁》，則傷其極弊矣。此《傳》有“《春秋》見諸行事”及“深切著明”語，宜着聖人講，《無婁》只論道理，不着聖人。

會防、隱九。會穀　大禮漸出於下，當謹於所自出矣。以“禮自天子出”提起，“諸侯”“大夫”遞下二股，總發“禮之漸移於下”，以致“贅旒”云云。下比出會鄄，莊十四。同。加城濮，莊二十七。作“禮自天子出”。加溴梁、襄十六。從祀，定八。作“君若贅旒”二句。

會穀　會宋宣十五。　上陵下替之漸，夷盛夏衰之繇。然“漸”在“諸侯自會”上，不指“會穀”，語要斟酌。

宣十五。歸父會宋　《經》鄙望國之賂夷，示經世之畧也。此題須撇脱做。聖人非特筆之於《經》，以“鄙魯”而已。“比事以觀，則知”云云一段，正宜扼此發揮。“經世之畧”，是指聖人要中國之體常尊意，對“鄙”字反看。“畏簡書”等項，分三等説，其“畧”已明，蓋未有體統自處卑鄙，而勢不益衰者，亦未有防維常峻，而精神不自振者。“盛衰之繇”在此，“經世之畧”亦在此矣。文定憤憾宋事，説個“不亦鄙乎”，有嚙齒穿齦、握拳透爪之意，文中亦須怒氣浮於紙上。加圍宋，宣十四。炤“楚横”事實。

會宋　召陵侵定四。　交夷而媚以賄，撰夷而隳以利，鄙陋甚矣。

會宋　宋楚平宣十五。　於交夷示經世之略，於擅平明人臣之義。獻子、歸父、子反、華元。

宣十五。宋楚平　明臣義以誅擅，故平可畧也。以“平國之功”揚起，以如此大功，而自臣專之，所以可罪。反一“急”字，元一“輕”字，總在“自專”而“取必於君”内。收“稱‘人’”。

敗酈、僖元。侵曹伐衛、僖二十八。衛人救陳、宣十二。宋楚平　戰鞍成二。　平國者宜在所褒，而反貶，以其非臣義也。叙本比後，即將上二比提破，難書法起，随以救陳、戰鞍，立人臣之案，倒重本比作。

敗酈、僖元。侵西、伐北俱僖二十六。　考《經》所賤惡者，而所褒可推矣。要發聖人所以“賤”、所以“惡”處，便含得“不愛其情，釋怨解紛”，“宜在所褒”意。末繳元、反。加本比，倒作。“賤欺詐”易伐戴取、隱十；多方以誤。長勺、莊十；三鼓。乘丘，莊十；雩門。“惡侵伐”易伐陳侵陳，僖四。同。

戰鞍、成二。鷄澤襄三。　兩觀人臣之義，可以教忠矣。借事發

《傳》，要説得“作忠”意出。首尾用元、反。郤克曰：君之制也，臣何力焉！魏絳曰：不能致訓，臣之罪也。出鄢陵、成十六。蕭魚，襄十一。同，主子反、魏絳。舊主“幸勝”“推誠”比，無味。出鷄澤、蕭魚，同，俱魏絳。

“善稱君”易比：

蕭魚襄十一；魏絳曰：和戎，國之福也。九合諸侯，君之靈也，臣何力焉！如“九國救鄭”，晋侯問楚君於鍾儀，對曰“其爲太子”云云，與“歸功”何切？“貞伐鄭”，子囊謀“共”王謚，曰君“知其過，可不謂‘共’乎？”與“伐鄭”無干。“滅偪陽”，晋以與向戌，辭曰：若光啓寡君，何貺如之？係“讓邑”，亦與“稱君”不切。

“過歸己”易比：

垂隴文二；晋討衛也，孔達曰：“請以我説，罪我之繇。”衛人救陳宣十二；晋以救陳來討，孔達曰：亢討，我之繇也，將以誰任？

華元歸成十五；元曰：臣司君臣之訓，而不能正，罪大矣。鄢陵成十六；子反曰：“臣卒實奔，臣之罪也。”此比與“華元歸”比，用元、反事，與本《傳》相背，不宜用。

苕丘成十六；沙隨之會，晋將執魯君，行父曰：乞師不與，“臣之罪也。”

戰鞍、成二。鷄澤襄三。　俱“善稱君”。郤克、魏絳。

鄫朝、僖四；婦。晋衛伐齊、宣十七；臣。會申、昭四；夷。南里叛昭二十一；華費遂從讒子，逐華貙；子。　要發“仲尼所爲懼”二句意。出翬帥師、隱四；固請而行；臣。甯母、僖七；子華、子。盟薄、僖二十二[8]；求楚釋、夷。戍奔，定十四；南子、婦。同。

斷道、宣十七；君聽臣。會申昭四；中國聽夷狄。　君臣、夷夏之倒持，衰世之所可懼者也。上《傳》有“取必於君”句，下《傳》有“聽順其所爲”句。

高子盟、閔二。伐北鄙、僖二十六。宋楚平　高子不在君側，裁命專功，比斷子反；展禽以大義責齊，救國急難，比斷華元。

高子盟、閔二。宋楚平　專功有可否，視君之遠近而已。只倒子反，不用華元。子反亦在境外，但近君側耳。上易士匄侵，襄十九。同。易完盟，僖四。亦同。完雖境内，亦不在君側。

突救、莊二。乘丘、莊十。盟柯、莊十三。侵曹伐衛僖二十八。　歷觀《春秋》所好惡，意欲天下之息争也。比《新築成二。傳》。“賤欺詐，惡侵伐”；“善解紛，貴遠怨”。

戰鞍、成二。鷄澤、襄三。蕭魚、襄十一。衎歸襄二十九。　考忠信於《春秋》，而專平、要貳者愧矣。比《盟蒲成九。傳》。“過則歸己，善則稱君”，“信在言前，誠在令外”。

垂隴、文二。蕭魚、襄十一。蒐紅、昭八。慭奔昭十二。　《春秋》紀事，而因示作忠、行恕之道焉。比《圍費昭十三。傳》。“過則歸己，善則稱君”，“所惡事上，所惡使下”。

宋楚平、子反。滅潞歸宣十五。　專功者，不可語於權命；窮兵者，不可語於攘夷。“然則安國家”云云，“子反無奏報之難”“然則攘夷狄”云云，“赤狄非門庭之寇”。

宋楚平　救台入襄十二。　兩譏人臣之專，以其異於境外也。俱有“安國家”云云。上，“子反在君之側”；下，“台在邦域之中”。

宋楚平元、反。　斷道宣十七。　《經》於釋怨、报怨者，皆惡其取必於君焉。上，取必於君以成其功，爲“專”，貴元、反；下，取必於君以行其私，爲“忿”，責“四卿”。下易晋衛伐齊，宣十八。同。

宋楚平　如京遂伐秦成十三。　平國之專，貶詞以明人臣之義；覲王之慢，酌詞以存人臣之禮。上，“君有聽於臣，父有聽於子”；下，“臣必敬於君，子必敬於父”。一正一反，須善用。

宋楚平　黄父昭二十五。　平國譏之以專，勤王待之以正。人臣之義，人臣之職，“後世羊、陸”云云，“後世自以釀賞”[9]云云。

宋楚平　召陵侵定四。　專命成功，請命隳功。

宣十五。滅潞歸　伯兵殄夷非義，《經》深惡其不仁焉。“狄非門庭之寇，而恃强暴以滅之”，只一意，觀書法“著其暴也”“著滅者之甚不仁也”，皆指“不仁”説，可見。“不義”，在“不仁”中抽出以甚其罪，觀“又有異焉者”句可見。後重繳“所以責晋而畧狄”句，亦不過反覆申言之耳，不是排對兩意。宜依《傳》以“不仁”重講，而以“非義”略發於後，總收於晋“稱日”“稱‘師’”，於狄“舉號及氏者”附。“不仁”内，“未嘗侵掠”而“殄滅無遺”，有兩層意，重在“滅”上。後“不義”，但就“利其土地”發出耳。“利其土地”，正“滅潞”的根子。大意説據他加兵於狄，似是攘夷狄、安中國、禦門庭之寇了，然即門庭之寇，亦不宜極其兵力，而乃生事加人。又“殄滅無遺育”，“不仁甚矣”，“《春秋》所以責晋而畧狄也”。却他這裏面又有怪異處，就除却禦夷，説他不爲禦門庭之寇，是爲討罪人，然討了罪人就□了，今乃利狄之土，滅其氏，以其君歸，是豈討罪人之義乎？《春秋》安得不“責晋而畧狄”，以著其甚不仁之罪耶？舊主“不仁”“不義”兩分，總提書法，就“不仁”“非義”辯“責晋略狄”之意，破云：“《經》譏伯國殄夷，以其非仁義之師也。”

伐楚次、僖四。入陳宣十一。　即近仁近義之師，可律覆夷者之罪矣。“次陘”雖重“不極兵力”，須本“門庭之寇”來；“入陳”執徵舒，轘諸栗門，封陳而還，正可反炤。全在本股管攝。出召陵、僖四；退師。垂隴，文二；執孔達。同；伐楚次、垂隴[10]，亦同。或加楚侵鄭、僖二。衛伐晋，文元。亦同。加本比，倒單，分貼。須知伐楚次、垂隴是此《傳》題，只伐楚、垂隴，時主《王札子傳》題。

楚侵鄭、僖二。伐楚次、召陵俱僖四。滅潞歸　殄夷者不仁，非可例於安攘之兵也。上爲患，又“不極兵力”；下未嘗爲患，又“殄滅無遺”。依《傳》問倒。只召陵、滅潞，同。

入陳、宣十一。滅潞歸　以討罪之義律伯國，不得以義自解矣。倒《傳》“不義”一意。上比易垂隴，文二。同。出衛伐晋、文元。垂隴、文二。滅潞歸，同。

宣十五。《殺召毛傳》

楚丘、僖二。邢丘襄八。　命有所司，侵與假皆非也。以“君所司者，命也”總起，後分“上侵”“下假”，只論理，不着事迹，全要在“天王不能施刑王札子”上運意。出會防、隱九。中丘、伐宋、俱隱十；專。會向、伐秦、會戚，俱襄十四；委。同。或伐餘丘、莊二；委。宋楚平，宣十五；專。同。又遂伐楚、僖四；專。溴梁，襄十六；委。同。

宣十五。秋螽　重“不務本”“感召天變”上，與前“螽”不同。

公如齊、宣五。歸父如齊、宣十。會穀、宣十四。會宋、宣十五。秋螽稅畝宣十五。　《經》紀物變，皆君“不務本”所致也。同單。

如齊、宣四。如齊、宣五。黑壤至、宣七。行父如、歸父如、俱宣十。會宋宣十五。　即内君朝聘賂遺之煩，而務本之道昧矣。此題《飢宣十五。傳》亦有，泛收爲是。

宣十五。無婁　即會禮專於大夫，而知辨之貴蚤矣。此《傳》是以後人論《春秋》時，自始至終，理所必然，故當“辯之於早”。“早辨”，在“始失”上看。兩“正之”，皆是欲歸禮於天子，然亦不專責天子。只虛論個“理”，又無以正，即一失再失意。“後雖欲正之，其將能乎”，指齊晋“分”“篡”時言。作文以“私會”作事實，極論一個源委，擒“後將不能”句，發“汲汲當有以正之”意。

會防、隱九。會穀、宣十四。無婁　三軍、襄十一。鞅歸、定十三。陽生入哀八。禮漸失而權遂移，《經》所以謹其始也。一直做，要發得“辨之於早”意出。

會防、隱九。會穀、宣十四。無婁　究禮之所以漸移，而知辯當早也。以“禮自天子出”起，將“諸侯相會爲始失”，而以下二股緊緊接之，見其愈移愈下。要貼《傳》兩“無以正之”及“然後”字面，末大發“必反之天子而後可”。

會穀、宣十四。無婁　兩觀禮之下移，其失在始也。繇“禮之始失”説來，發兩“無以正之”。出會鄄、莊十四；單伯。會承筐，文十一；得臣、卻缺。同。蓋大夫會諸侯，自“鄄”始；大夫會大夫，自“承筐”始。

會防、隱九。無婁　諸侯自相會，禮不自天子出矣；大夫自相會，禮亦不自諸侯出矣。

作三軍、襄十一；三家。鞅歸、定十三；六卿。陽生入哀八；田氏。　“理固然也”四字，當體。□□分晋事在春秋後，以鞅歸、陽生入代出，非。

會防、隱九；諸侯。伐宋、隱十；諸侯。會穀、宣十四；諸侯、大夫。無婁、大夫。三卿伐、昭十；大夫。圍郈定十；家臣。　禮樂征伐之柄，皆以漸而移焉。皆是自天子而下移，必反之天子而後可。合《圍郈定十。傳》。

宣十五。初税畝　譏變田制者，欲人君之務本也。重“務本”爲主，所以“廢助”一段，正是不務本而“變法”之繇。“啓弊”意末帶。均一法也，何以古可行，今不可行？蓋古人行法，必有行法之本，助法之本，則“上下相親”是也。上惟恐民之不給；下自惟恐公田不善，自先盡力公田。人自不薄，法安得不行？衰世不但不相親，甚且“上下交惡”，上不與下爲一體，民又安得以公田爲己事？且不獨地有遺利，想他彼此離心離德光景，乖氣致戾，水旱兇災所必至矣，所入安得不薄？成法又安能永守不變哉？“必欲克守”云云，即徒法不能以自行意。從來俱以“本”字，對“朝會、聘問、賂遺之末”“末”字看，不知在上者不能君民一體，念念着在私田上，何以興起農民急公之念？雖日下勸農之詔，克勤克儉，何益也！且此係古今廢井田、開阡陌一大關隘，文定抉出所以行不行根原，使有國家者，凡一切成法，到不能遵守時節，須窮究前人所以行法根原，毋以更張爲得計也。此又不止説向助法一端矣，何得將“本”字專向宣公一人身上尋討？“世衰道微”久矣，助法之不行，寧獨宣公哉？惟不向根上尋，只向尾上掉，爲可罪耳！“古者”一段，收處一“故”字，“世衰”一段，收處“所以”二字，而“上下相親”“上下交惡”又對炤甚明，何以從來憒憒？

税畝　丘甲、成元。田賦哀十二。　變法以啓弊，不務本之過也。後二股不必大開，只點在中，渾融發之，比斷“始”字意。

丘甲、成元。田賦哀十二。　兵賦之益，咎在啓之者矣。全重“宣公啓之”意，不責成、襄。要知二事俱在廢井田上來。蓋古者四井爲邑，四邑爲丘，丘所出，十有八人耳，惟井田既廢，便任意加額，而丘甲乃從此作。古者八家爲井，井有公田，田所生，惟出粟耳，惟井田既廢，便復令出賦，而田賦亦從此用。文中須説得相關，方妙。

初税畝　作三軍襄十八[11]。　田制、兵制之變，其困民、專君之始事矣。以“初”“作”二字立論。上《周頌》，“其後作丘甲，用田賦”；下《魯頌》，其後昭公逐，定“無正”。下易舍中軍，昭五。“務本”“謹權"。

初税畝　大鹵昭元。　變税法、戰法者，皆所以開弊端也。上，井田法亡，成之"丘甲"，哀之"田賦"；下，車戰法亡，魏之武士，秦之戍卒。上"則皆宣公啓之也"，下"皆此等啓之矣"。

初税畝　盧吴歸昭十三。　井田、封建之法，聖人兩因事而致意焉。專就聖人意思作文。井田，萬世之法；封建，天下爲公。

宣十五。冬蝝生　志重及民之災，示王者之務也。從"秋，螽未息"，看出"重災"，"而又爲繁政重賦以感之"。實責宣公，非泛示敬天勤民之法也。收"詳志"。

蝝生　陳災昭九。　"急民事，謹天災"，"王者之務"；"歸民心，合天德"，王者之心。與"遇天災而不懼"云云者異矣，與"罷侯置守"云云者異矣。

宣十五。饑　國饑之遽，知君之不敦本矣。重"平日不能敦本"上。《傳》首"多"字，與"獨兩書饑""饑"字，要體。

宣十六。滅甲　悉夷種而殄之，不仁之尤者也。《傳》"不使亂中華則止矣""止"字，有無限意味，宜痛發，觀《傳》三點"而止"可見，且下緊接以"必欲"二字，正應此字。作文本"滅潞"説來，見一種一邑之不留，纔見其忍，然重在"遺種"上。"仁心"，以無不覆載言；"王事"，以不治夷狄言。雖一體心事，卻有分。加滅潞，宣十五。串入本股内講，書法只收本股。"千室庸林父"，"黻冕命士會"，可點。

伐楚、召陵俱僖四。滅潞、宣十五。滅甲　攘夷有所止，而盡殄者不仁矣。上二比不必"予齊"，只借論"不使亂中夏則止矣"九字，因從滅潞翻下，重本比作。或以"近王事""戾王事"，合上管仲、下士會。

甲氏　大鹵昭元。　非王事，非王師。各有"宣王伐玁狁"句。

宣十六。宣榭火　《經》思王室之中興，於天戒致慨焉。宣王中興之主，而其廟火，天所以戒王室之不復中興也。"擅殺"，只就目前一事，以例其餘耳。《春秋》有"望王室因天戒而思其所以戒，以復中興之業"意。

季子歸、閔元。敗箕僖三十三。　以功德定爵禄，其必有所自矣。借爲“爵有德，禄有功”，發古者不敢自專，“必於太廟”，以見“策命郲”於宣榭，則宣榭之爲宣王之廟明矣。作文只當一篇《宣榭解》，解明“爲宣王之廟”方得。若着在季友、郤缺上講，便去此題遠矣。《傳》意謂何以知宣榭爲宣王之廟，蓋“古者爵有德，禄有功，必於太廟，示不敢專也”。《考古圖》稱“王格於宣榭，呼内史策命郲”，必宣榭爲廟，而郲乃於此策命，是引《考古圖》以解“宣榭”二字。今搭季友、郤缺，與“必於太廟”何干？此題之最不通者。

宣十六。郯伯姬歸　紀内女之出，正人倫之本也。或魯失訓女之道，而致婦行之有虧；或郯失齊家之道，而致伉儷之輕棄。此人倫大變，不可不謹，故書。

宣十六。大有年　以上瑞爲異者，自其致瑞者論也。要看“水旱飢饉，相繼而作，史不絶書”，乃“天以其類應”，見“天理不誣”意。與桓“有年”，同。“宜也”及“獨”字，可味。

宣十七。斷道　諸侯恊逞忿之謀，《春秋》見其爲同欲焉。《傳》只著其“同欲”，□斷罪語，然要於“同欲”上，寫出“謀欲釋其忿怒”意。“非有不得已”句可玩。“憤怒”者四卿，而“盟”者諸侯，《春秋》以“同欲”“志”之，形容這一夥没主意的諸侯，綫索繇人，不但動作隨人提掇，教他去盟便去盟；亦見喜怨也隨人提掇，教他憤怒也便憤怒起來。又不是“畏威”，又不“勉强而應”，實心實意的，大家一口氣要去“釋憤”。世之身處人上，而爲輿臺、厮隸所挑激欺弄，遂若身負夙怨，一無所顧，以快小人之意者，豈少哉？思此，則“斷道”便有一篇絶快文字。

盟曹南、僖十九。徐伐莒敖蒞盟文七。　盟有同欲之例，兩即弗同者而□形矣。不必斷罪，只據事説他“非同欲”，故“不書‘同’”便了。上，宋欲，而非曹欲，不然，何盟未幾而以不服見圍哉？下，莒欲，而非魯欲，不然，何以二事出而逆女哉？

宣十七。《肸卒傳》

蔡季歸，桓十七；字。鱄奔襄二十七；弟。　“稱弟，得弟道也；稱字，賢也。”此二句□指叔肸。作文以叔肸爲骨。

年聘、隱七。語盟、桓四。友如、莊二十五。遂如、宣元。蔑如、宣九。行父如、歸父如俱宣十。　詳觀内外與政之迹，而《經》之賢貴戚明矣。所引諸人不重，總□來辨肸之“不見經”“不與使”，爲“未嘗與政”耳。不與政，可見他非以私親之故世卿，而《經》之字曰“叔”，豈其所賜之氏哉？乃賢賢意也。非但以不與政爲賢，在終身不食宣禄上見，“况宣公之時”云云。依《傳》□□。

年聘、隱七。語盟、桓十四。友敗酈、僖元。遂入杞僖二十七。　重叔肸作。四客股，見有寵用事，必見於《經》，而叔肸不然，則知其“賢”而書“字”，非以“賜氏世卿故”也。“世卿”雖指季友、仲遂説來，然齊年施及其子，安知非世卿？不必以年、語指“私親”、季仲指“世卿”。

遂如、宣元。蔑如、宣九。行父如、歸父如俱宣十。　貴戚當政煩之時而不與，則非世官可知已。只主“况宣公之時”以下一段。説“賢”處，須貼《傳》“親親”“厲不軌”。

公即位、宣元。鱄奔襄二十七。　兩賢貴戚，以其明義而守信也。上，“織屨而食”，“終身不仕”，《穀梁》以爲“通恩”；下，“織絇邯鄲”，終身“不向衛國而坐”，《穀梁》以爲“合乎《春秋》”。

遂如、宣元。蔑如、宣九。行父如、歸父如、俱宣十。入吴、定五。檇李、定十四。黄池、入吴俱哀十三。　兩觀“不見於《經》者”，而“弟道”“子職”見矣。比《檇李傳》。人“不見於《經》者”，叔肸也，“不與政”，得“弟道”之變也；事不見於經者，會稽之棲也，“復父讐”，特子職之常也。上本無可見，下則聖人削之。

宣十八。晋衛伐齊　昧禮、逞忿者，平分其罪焉。“齊頃不能謹禮”，“列卿□□懲忿”，分作。君與世子伐而責列卿，正見“取必於君”也。上邊重“自己致寇”發，寇雖人寇，實己之自寇也；下邊重“取必於其君”發，忿實懲忿，若君之身當其忿者。“保國”與“執國命”意，亦不可忽。

斷道、宣十七。伐齊　戰鞌成二。　詳紀兵信之迹，而主客之罪咸見矣。總叙，炤單分作。只以“伐”爲主，“同盟”，則謀伐也，“戰鞌”，則伐而必逞其志也。兩邊皆兼三股，收“詳書”。或云：“《傳》中叙此三比，所以形容列卿逞忿之跡，玩一‘故’字，緊承‘克、伐、怨、欲之私’來，自是明白。人因‘《春詳》詳書於册，見伐者’云云，故主‘並罪’。”不知“見伐者之罪”一段已明，此引前後事“詳書”之者，專要明“伐者”之罪與“見伐者”等，而“皆可爲鑒”耳。若乃“見伐之罪”，奚必詳書盟與戰而後知？且單題雖兼罪“見伐者”，却止可收“書‘伐’”書法，豈待收“詳書”？并罪“見伐”益明矣。

宣十八。《旅卒傳》

椒聘、文九；書“子”。公在楚襄二十九；不書“葬楚康”。　僭王之夷，筆削其始終以示義焉。總是爲“楚僭王”，故始終不欲以“王”字加之。兩邊俱就書法上發。

滕朝、桓元。杞朝、僖二十七。椒聘文九。　屢黜諸侯之爵，所以定名實也。以“擅進退諸侯”問起，分三段：明大法、謹大防、正大分。總束“述天理，正人倫，名實所繇定”意。加札聘、襄二十九。徐奔，昭三十。同。

椒聘、文九。札聘、襄二十九。執徐子昭四。　三黜僭號者之爵，正大分也。要發“定名實”意。楚恃江漢之民和，吴忘端委之詞訓，徐誇弓矢之禎祥。

宣十八。歸父如晋　紀望國修禮，責其失謀國之道焉。宜以“背齊事晋”講起，見魯之所以“以利爲向背”者，不過欲謀“去三桓”耳。然便是謀“去三桓”，亦只該“正心以正朝廷”云云，而“必欲倚外援以去之”，則味本矣。《傳》“輕於背與國，易於謀大家”二句，是承上起下之詞，非閒說也，細玩便知。

如齊至、宣九；惠。行父如、宣十；頃。斷道、宣十七；事晋。歸父如晋　望國邦交，以利爲向背者也。只主《傳》首段，宜責宣。“向背”，俱主齊言。“背齊”，須就齊弱説，方切“利”字。

考宫、禮。獻羽、俱隱五；樂。大眚、莊二十二；刑。邢丘襄八；政。“其庶幾乎”，自“務引其君”者力量淺深説，而“禮樂刑政”是化强筆僭大把柄，則百行百效矣。

黑壤、宣七；從晋。歸父如齊、宣十。辰陵、宣十一；從楚。歸父如晋魯、鄭之事大，皆以利爲從違也。“以利爲向背”，以利爲去就。上“誠”字，下“義”字。

如齊、宣九；朝惠。四國伐、鄭及晋平。行父如、俱宣十；聘頃。辰陵、宣十一；鄭從楚。歸父如、事晋。楚鄭侵衛成二；從楚。　同上。魯專事齊，見晋强而改從晋；鄭兩事晋、楚，見晋敗而專事楚。

歸父如晋　陳逃襄七。　兩國之輕於去就，皆非策也。背齊向晋，輕背與國；棄晋從楚，輕棄中國。“疥瘍”“腹心”“喬木”“幽谷”。

歸父如晋　澶淵宋災故襄三十。　弭患而不知本，恤患而不知務。上，“去疥瘍而得腹心之疾”；下，“養桐梓而不顧腹心之疾”。

歸父如晋　欸奔昭三。　以外圖内，以賤圖貴。上，“禮樂刑政”；下，“公心”“誠意”“隆禮”“直道”。

歸父如齊、宣十。歸父如晋　執意如、昭十三。意如至昭十四。　上“以利爲向背”，下“以利爲勸沮”。

歸父如晋　墮郈費定十二。　資伯力以討强，内臣之失；行王道以革僭，聖人之化。上下俱是“三家”，俱是“强公室”。

宣十八。歸父還奔　《經》表使臣之善，因著逐使者之罪焉。以歸父“志仁”提起，倒“成公君臣死君忘父”作。“已畢事之詞”，是事實書法。“至笙，遂奔齊”，所以“罪成公君臣”；“詞繁而不殺”，所以“著歸父之善”。宜總收。加歸父如晋，宣十八。只作事實。

歸父如晋〔12〕　内臣不失復命之禮，其“志仁”可嘉也。

士匄聘、成十八；報朝。速伐邾襄二十；報南鄙之怨。　待舊臣有禮，不必槩議去焉。上，晋悼逐夷羊五；下，孟莊子不改堇父、豊點。要體《傳》意，見苟無大故，必不可改。出公如晋、成十八。速盟向，襄十二，同。

歸父奔　公如晋成十八。　分“逐臣”“得失”作。

歸父還　速盟向襄二十。　主“忠臣孝子”作。

歸父奔　鱄奔襄二十七。　兩觀去國之跡，而爲子、爲兄胥失之矣。“歸父守禮”，“鱄守信”，點起。

【校記】

〔1〕宣十五誤，應爲“宣十三”。

〔2〕成二，應爲“成六”。

〔3〕但無書法，前須有“同”字，方與“但”字相應。

〔4〕壬夫侵，後依例應註明年號“襄元”。

〔5〕鄭不以，《傳》無此句，但有“不能以大義裁之”句，或脱“能”字。

〔6〕二左可用，此四字不可解，或誤。

〔7〕無婁，後依例應註明年號“宣十五”。

〔8〕僖二十二，慶爲“僖二十一”。

〔9〕後世自以釀賞，《傳》實爲“後世以濫賞報臣子所當爲之事，臣子亦受而不辭”。“釀賞”不通。

〔10〕垂隴，後依例應註明年號“文二”。

〔11〕襄十八，慶爲“襄十一”。

〔12〕歸父如晋，後依例應註明年份號“宣十八”。

卷之十九　成公上

成元。無冰　《經》紀嘗燠之變，慎微意也。“微”字指“雨雹冰雪”，與“經邦大訓”對看。《傳》中二“象”字不同，上“象”字以天道言，下“象”字以人事言。加即位、成元。戰鞍，成二。主“成公幼弱”二句。

盟宿、隱元。友如陳、莊十五。不雨、僖二。無冰　《經》略人事而獨詳天變，備王事也。依《傳》倒作。須玩一“察”字。“微”字對“未亂”看，不對“人微”“事小”看。加大雨雪、僖十。大雨雹，僖二十九。同。去首二比，同。或加“元年”“春王正月”，作“經邦大訓”，欠通。

六月雨、僖三。無冰　《春秋》備王事，而天道之順逆，所必察也。“肅，時雨若”；“豫，恒燠若”。勿作“予僖責成”看，只體“悉書以慎微”“備王事”意發。“三之日于耜，四之日舉趾”；“三之日納于凌陰，四之日獻羔祭韭”。上易三不雨僖二[1]，“僭，恒暘若”。

盟宿、隱元。友如陳莊十五。　略人事之微，以無關大訓也。須以“經邦大訓”爲主，而推其所以“不登”“不記”意，方妙。末繳“雨雹冰雪”。或加“元年”，作“經邦大訓”，謬。

“人微”比：

伯姬歸莊二十五；逆者非卿則不書。

浮來隱八；莒“人，微者”。

“事小”比：

茲如牟僖五；大夫出，不致。

莒慶逆、莊十七。高固逆莊二十七；内女嫁大夫，不書“歸”。

糾聘、桓四。州公如曹桓五。　觀《春秋》所紀之重，可以得慎微之意矣。反“事小”“人微”出，欠妥。

秋七月、隱六。焚咸丘桓五[2]。　即理氣相關之際，而王事可知矣。

曰“一理”，曰“一氣”，其中正見相關，便有調燮之事在。

無冰　歸三田定十。　“天人一理”，“萬物一氣”，“人物一身”，“古今一息”。

無冰　獲麟哀十四。　“天人一理”，“天人相感”。燮理、感應。“王事備”“天道終”。

無冰　會平丘昭十三。　《春秋》重天象、人心，皆欲制治於未亂也。雨雹冰雪必書，臺囿宮室必書。俱有“制治未亂”句。上“燮調”，下“固結”；上“微”字，下“預”字。

無冰　執仲幾定元。　兩於王事示慎微、謹初之旨焉。上，不得以非王事而忽之；下，不得以王事而忽之。

成元。作丘甲　譏望國之益兵，以困民也。損農以益兵，便是“困農”，不必説到賦重民貧。農民，國本也，故曰“非爲國之道”。周之兵制，一乘凡三甲。周之賦法，其所以出一乘者，蓋四丘二十五人爲一甲，一丘所出，十有八人耳，不足一甲也。今魯計丘而作甲，明每丘多前制七人，而爲二十五人；四丘爲甸，則一甸共百人爲兵。向之取於四丘者，今乃取足於三丘；向之出三甲者，今乃增之而出四甲。當時所作者，若是合三甸增一乘，則一乘三甲如古，但古者三甸二乘，今三甸有四乘矣。若是每乘增一甲，則一甸一乘如古，但古者一乘三甲士，統七十二人，今一乘有四甲士，統九十六人，共百人矣。加斷道，宣十七。再加歸父如晋，宣十八。只作事實。再加蒐紅，昭八。只一驗。

戰邲、宣十二。作丘甲　蒐紅昭八。　兩即事以譏望國之益兵，而困民之罪著矣。戰邲、蒐紅，只借以參比增乘、增甲。如單。

丘甲　蒐紅昭八。　以魯事參比魯兵，則兩者之中，計甸增乘，較爲足據乎？然而“未可知也”，作猜疑不了語，爲下一段地。

戰邲、宣十二。蒐紅昭八。　欲知望國之益兵，參諸兵數之多者而可推焉。以本股“增甲增乘”，兩“未可知”爲主，而以二事分參其中，只虚虚凌駕，不用斷罪。楚人邲之戰，左右分爲二廣，“廣有一卒”，蓋百人也；“卒偏之兩”，蓋二十五人也，復以二十五人爲承副，是一乘有百五十人矣。魯蒐于紅，“自根牟至於商、衛，革車千乘”。或以公車千乘本魯成賦，不知千乘是總籍民兵之數，非以調發言。今以三家調發者而有千乘，增可知矣。上比易城濮，僖二十八。同。蓋是成王時，軍政修於子文，子玉將中軍，而若敖之六卒實從，子西將左，子上將右，而西廣、東宮之旅實從，一乘百有五十人也。

作丘甲　立武宫成六。　望國益兵、建祀，均失宜矣。“‘作’者，不宜作也”，兵制，重“道”字。“‘立’者，不宜立也”，廟制，重“禮”字。司馬之兵，四丘而出三甲，三甲而出一乘；諸侯之廟，尊太祖而爲一，合昭穆而爲五。

作丘甲　作三軍襄十一。　兩紀望國變制，保民、馭臣之道見矣。上，變而民困，周制“一乘”“一成”，不如是也，以“蒐紅”“二廣”證；下，變而臣專，《魯頌》“公徒”“公車”，不如是也，以“入鄆”“三耦”證。皆有“作者，不宜作也”句。

作丘甲　舍中軍昭五。　亦是變制專兵，但“作三軍”比，論“謹權”，此直斷季孫罪。

作丘甲　大鹵昭元。　《經》譏兵制、兵法，重變古也。上“益兵”，變“一成”之制，重“困農”上；下“崇卒”，壞車戰之法，重“啓詐”上。

成元。盟赤棘　即要盟非道，而内臣懟君之心著矣。“赤棘，晋地”，只起下“遠與晋尋盟”句。不顧勞民傷財，而遠尋盟，正見“忿懟君父”之極。全在誅心上立論。“備齊”“懼晋”，不可平。“懼晋”而結之，正欲求逞於齊也。“恨齊人”“恨”字，與下“忿懟”字相應。蓋齊人立宣公，納歸父，而季孫恨齊人，正是恨宣公處。雖説“三桓”，然《傳》首云“今季孫當國”，還重季孫。書法只“及”字。加歸父如晋、謀去三桓。歸父奔、俱宣十六；齊納歸父。即位、大故。丘甲，俱成元；備齊。倒本比作，大意同單。再加平州、定元；立宣公。戰鞍，成二；將有事於齊。亦同。加盟折、桓十一。武父，桓十二。只以“《春秋》惡屢盟”意起。

作丘甲、成元。赤棘　内臣繼益兵而結好於遠，其心逆甚矣。《傳》

“既”“又”二字側下，見他困民之甚，倒“懟君”作。收“書‘及盟’於‘作丘甲’之後”。加即位，成元。以“成公新立”發意起。

赤棘　會蜀成二。《經》紀信好，而責内臣無益於君民焉。二邊俱有“君”“民”，俱側重“君”上。上“忿懟君父”，下“辱逮君父”。

成元。敗績茅戎　存、防以紀王師，而尤示自反之道焉。以“存”“防”引起，重“自反”作。“不以敦信持國”，是背“瑕嘉平戎”之約，即叔服所云“背盟而欺大國”也。“自反”者，正反此失也。總收“不言‘戰’而言‘自敗’”。加從王伐鄭，桓五。以“尊君父”“外戎狄”分作，各重“失道”上，“立防”意只引起。

河陽、僖二十八。欑函宣十一。　考尊君、外夷之文，必不徒以義著也。做“雖以”字，却要吸“所以”字。上比或易“會首止”，《傳》雖有“尊君抑臣”句，然是“世子”，終未確。出春王正月、隱元。會潛，隱二。同，上比“大一統”以尊周，使民著於君臣之義也。二比或主《會潛傳》“正朔所不加”句。

召陵、僖四。河陽僖二十八。　二伯所以服夷尊君，皆得其道矣。齊桓不戰服楚，正與“輕於邀戎”相反。下《傳》有“嘉其尊王之意，則請王出狩，忠亦至焉”句，宜予晋文。“君父所以尊”，“有道”，即就天王身上説，“河陽”比，就“晋文尊君”説，未妥。不如出齊人伐衛、莊二十八；惠王命討立頹。會陽穀，僖三；桓公惇信制楚。比炤桓王、康公，更切。上比舊搭“會城濮”，謬。或出“鄭逃”狥命、“城濮”志戰，主“失尊君、服夷之道”。然《傳》中“失道”明指桓王、康公，不應復出替股。

凡伯聘、隱七；尊君。葵丘、僖九；所以尊。新城、文十四；外夷。盟戲襄九；所以服。《經》示尊君、外夷之義，而必要之於道焉。繫王於天，義在“尊君”也；齊桓下拜登受，“所以尊有道”矣；從晋則予，義在“外夷”也；晋悼不與楚戰，“所以服有道”矣。或出咺賵、隱元；尊君。會潛、隱二；外戎。齊人伐衛、莊二十八；所以尊。召陵、僖四；所以服。賜命、成八；失君天下之道。黄池哀十二；失禦四夷之道。　題比雖切，然出桓王、康公替股，欠妥。

踐土、河陽、俱僖二十八。會戚、襄五。會柤襄十。　“天王下勞”，“則削而不書，去其實以全名”，“晋侯召君，則書‘天王狩于河陽’，正其名以統實”，“尊君父有道”也。“來會諸侯而不爲主，則進而稱‘人’，諸侯往與之會而主旲，則貶而稱國”，“外戎狄有道”也。下二比易荆敗、荆聘，叛則□其一，云“遠人服矣”句，於“所以服“更切。

成二。伐北鄙　《經》不義大國之忿兵，姑就大國論也。重一“憤”字，專責“義”，但須本魯説來，後仍歸魯上。要體“齊侯之興是役，非義矣”字口氣。加斷道、宣十七；一盟。赤棘，成元；再盟。要體兩“而後”字發。

公如齊、宣九；謹事。行父如、宣十；易世。斷道、宣十七；一盟。赤棘、成元；再盟。伐北鄙　戰鞍成二。　原内外離合，而知《春秋》均以昧義著罪矣。此全《傳》題也。上數比流水講下，倒本比、戰鞍作，只是直著其“憤”，而“不義”自見，故曰“不待貶”。去戰鞍，同單。

公如齊、宣九。歸父如、宣十。斷道、宣十七。赤棘成元。　考内外離合之迹，而用兵之非義可斷矣。以上二比作半篇，而下二比相承發之，不必兩對。

斷道、宣十七。赤棘、成元。伐北鄙　戰鞍成二。　原二國之兵端，而非義均矣。此題舊破云“《經》原二國之兵端”，全傳題云“《經》原内外離合”。不知原題前面事跡，乃説《經》者原將來，見得聖人是惡他“非義”，乃云“《經》原”，《經》何曾“原”他前面離合、兵端，而云然耶？此等破題，不通之甚。人皆踵習而不覺其誤，何也？

伐北鄙　戰鞍成二。　内外交相忿以搆兵，皆非義矣。串作，勿分，要見“彼此無善”意。加斷道，宣十七。同。

成二。新築敗　紀兵先志戰者，示息争之道也。説衛之加齊已甚，正見良夫不當戰也。全在書法上做，要極力透發“善解紛”一段，尤要玩味兩“故”字。加斷道、宣十七。晋衛伐齊，宣十八。連着今日侵齊在内，原起衛加齊已甚，同單。

突救、莊六。盟柯、莊十三。新築　深惡夫搆兵者，意在息争也。

突救、莊六。盟柯、莊十三。伐衛及戰莊二十八。　即上題，但末比非本股，則在三比上俱見得聖人意思如此，不可就各股執着做。

突救、莊六。盟柯莊十三。　觀《春秋》取解紛、遠怨者，而惡戰可知矣。就所善所貴中含“惡以兵刃相接”意，爲妙，不可就事死講。或救邢、閔元；齊解紛。晉侯伐秦，文四；秦遠怨。同。“解紛”或搭“鄭人伐衛”，欠妥。

新築　書救成六。　予奪二將，一重戰之心也。“石稷欲還，良夫不可”，非見可而進；三卿欲還，武子從之，是知難而退。

新築　盟戲襄九。　違石稷而亟戰，聽武子而不戰。

新築　吴救陳哀十。　《春秋》欲息天下，於攻、恤之兵兩示意焉。“善解紛，貴遠怨”；“惡首亂，善解紛”。

成二戰鞍敗　《經》於兵之過逞者，而兩變文以垂戒焉。上獨責季孫，下並責四國。“一怒”正與“一笑”對，二邊要見垂戒意。上邊“有不恤”三字，下邊“猶未怠”三字，是《傳》眼。上邊非説“專兵”，只重“人禀其怒，知有權臣不知有君”意。舊用“專兵”“忿兵”字，未是。加伐衛及戰、莊二十八；“受伐”爲主。書救，成六；將稱“元帥”。只炤兩例。

伐衛及戰、莊二十八。敗鹹文十二[3]；不書“侯叔夏。”　主兵之例，責將之體。下易良夫侵宋、成六；甯相副。書救、成六；同、括副。韓厥伐鄭、襄元；荀偃副。嬰齊伐吴、襄三；鄧廖副。舍之入城、襄二十五；子産副。大鹵、昭元；魏舒副。國夏伐、定八；高張副。國書伐，哀十一；高無副，□□□。同。如戰郯、新築，題有“及”字者，宜互避之。

即位、成元。戰鞍　作三軍、襄十一。舍中軍昭五。　權臣不顧君而逞兵，則敗敵所繇專也。只倒季孫半《傳》。玩“然後政自季氏出”句，即指行父，今扯季宿專兵，太遠。

戰郯、宣十二；獨罪林父。戰鞍並書四卿。　紀將有詳畧，一將權，尤謹兵權也。總問，比作。

戰鞍　作三軍襄十一。　《春秋》重兵權，故於逞忿、變制均示戒焉。兩《傳》俱以“舊制”論起，俱有“主幼”句。上云“然後政自季氏”，下云“季氏益張”。

戰鞍　三卿伐昭十。　兩紀列卿之並將，無非重兵權也。魯無四軍，曷爲“四卿並將”？“前已“舍中軍”，曷爲猶以三卿並將？上云“然後政自季氏”，下借《舍中軍傳》“魯國之兵權悉歸季氏”。

戰鞍　伐邾盟句繹哀二。　專權，縱權。下，“曷爲列書三卿？哀公云云適越之辱兆矣”。

戰鞍　溴梁襄十六。　觀二臣之專兵好，而知晋、魯之不振矣。“禮樂”“征伐”合，齊母之笑容不謹，高厚之歌詩不類。“季孫一怒”，“荀偃一怒”。

戰鞍　戰鐵哀二。　以“讓功”“矜功”比。郤克讓而欒、范皆讓，趙鞅矜而瞶、良皆矜。以《左傳》比，不勝其比矣。然以二《左》甚整，姑存之。

成二。如師袁婁　夏盟於不服之敵，本無以服之也。“非有擊强扶弱之心”，是非義源頭，而今日“東畝”“質母”之言，尤非仗義者口吻。《傳》末“制敵莫如”句通結上文，“天下莫大”二句又伸説上句。義即理也，引齊桓只重仗義。晋以“東畝”“質母”命齊者，不道國佐是“賂免”，道是郤克他自恃戰勝力强，足以脅齊使從，而不虞國子揖而去也，乃使魯、衛之使僞以國佐之詞爲請，而追及袁婁，以與之盟，則“汲汲欲者”，非晋乎？以“賂免非服之故”原起，倒“不以德命”作，而“不以德命”又側重“質母”上。“汲汲欲盟”意要發。

成二。國佐如師　伯國不能制敵之服，繇伯義失也。《傳》直云“非服之也”，不可用“敵服未誠”語。從“戰鞍”上，翻出齊勢弱，晋勢强，何僅“以賂免”？就“賂免”，便是不服，而所以不服，繇列卿求逞私忿，與齊桓“擊强扶弱之心”異也。末發“待之不可無其道”意。

成二。袁婁　要盟在伯國，而知制敵貴以義矣。以“及”字問起，重“不以德命”，不必原起“國子賂免”。

于師召陵、僖四。如師袁婁　觀要敵之異於服敵，知仗義要矣。齊桓退而完來，自應“書‘來’”，國佐去而晋追與之盟，自應“書‘及’”，非聖人特異其詞也。然須借此比擬，體貼出“所以異”處來。作文雖倒本股。全要相形，不可説桓公一段。説晋一段，“制敵莫如仗義”三句，要大發於後。加伐楚、次陘、俱僖四。戰鞌、成二。同。再加楚人伐鄭、僖三。伐北鄙、新築，俱成二。亦同。

于師、僖四。如師　敵之服不服，繇制敵者異也。總起，分作。全在“自服求盟”與“賂免非服”内寫出得失來。“來盟”書法，不用。

召陵、僖四。袁婁　二伯結信之異，制敵有得失也。齊桓退三十里而禮盟屈完，郤克進五十里而要盟國佐。上根“仗義”來，下重“不以德命”上。蓋“繇是國子不可”，“繇是”二字，頂“又不以德命”説來也。

戰鞌、成二。如師袁婁　詳伯國戰、盟之跡，而知制敵貴義矣。同單作。以“戰鞌”比，發“晋非擊强扶弱，致齊不服”意，重“不以德命”斷罪。收“書‘及’”書法。加伐北鄙、新築，俱成二。只以“齊雖侵□”云云叙起，同。

戰鞌、成二。袁婁　横加乎人而悖以命之，兩失制敵之義矣。上以“齊虐未甚”起，責諸大夫逞忿；下以“齊心未服”起，責晋大夫“不以德命”。各收“書‘及’”。

如師袁婁　夾谷、歸田俱定十。　觀要盟、歸地之文，而知理爲大矣。只就學者口氣論個道理，不必强把郤克、孔子對。“天下莫大於理”云云，二《傳》俱有，前後總用。

來盟于師、僖四。夾谷定十。　主“制敵莫如仗義”“天下莫大於理”二句。出伐楚、于師、召陵、夾谷、歸田，或于師、歸田，或伐楚、夾谷，皆“歸田”内題。加越入吴，哀十三。作“强有力不與焉”句。出夾谷、歸田、俱定十。黄池、入吴，俱哀十三。同。

戰鞌、成二。袁婁　取汶陽、成二。圍棘成三。　敵未服，不以德命；叛已啓，不以德綏。

戰鞌、成二。如師袁婁　取汶陽、成二。言汶陽、成八。盟蒲成九。信義不足以服人而要盟者，均可譏也。各有二層意，國子“背城借一”之請，文子“德則不競”之譏。只袁婁、盟蒲，同。

成二。取汶陽　故地擅復，《經》正以王制焉。“不請於王，以正疆理”，□意。“宜奈何”以下，正是“正疆理”事。“所損益可知”意，須發於後。此是恃伯力得的，不是請於天王以正疆理的，故“書‘取’”，不是要他請於大王。加戰鞍、袁婁，俱成二。只作“復地”事實，同單。隨加比，同。

取牟婁、隱四。取汶陽 《經》譏望國擅復故地，以爲得非其有也。如《傳》比斷。加戰鞍，成二。同。

取汶陽 圍彭城襄元。 聖人重疆域，而兩正魯、宋之故地焉。“汶陽本魯田”，“而謂之‘取’”；“楚已取彭城”，而“繫之宋”。

取汶陽、正疆域。盧吴歸昭十三；存封建。 《經》致意於復地、復國者，興繼之義也。兩邊雖各有“興滅繼絶”，然意各不同，須理會。

牟婁、隱四。遂乞、僖二十六。取汶陽 錡乞成十三。 不正疆理於王，皆書“取”；不以王命興師，皆曰“乞”。

成二。侵衛 會蜀 獨舉重以罪辱君者，戒逞忿也。“稱‘師’著衆”，無罪楚意。言“衆”，正見被侵者之危。“書其重者”，只明“不書‘侵我’”之“非諱”，就此便見得季孫辱君，非聖人特書以見罪也。“爲國上卿”句重看。雖危在“侵”上屬民，辱在“盟”上屬君，却分不得，重“辱逮君父”上。此《傳》從“心”上論，故結以“史外傳心要典”，須發。

成二。楚鄭侵衛 外暴虐於其鄰，魯亦危矣。須從“稱‘師’，著其衆”上描寫楚勢張皇，以見魯可危，用冷語挑發季孫危國之罪。

成二。會蜀 内臣逞忿以辱君，《春秋》傳其心以示戒焉。“没而不書”，只是不書“侵伐”，非言不書“致賂”“納質”之事也。“書重”是本等書法，“書其重者”五句，只是明“不書侵我”之“非諱詞”。“傳心”的“心”字，與上“肆其褊心”“心”字一樣。看來合以“辱逮君父”歸咎“逞忿”上，蓋“辱逮君父”是“逞忿”之流禍，故通《傳》引《詩》《書》等語，俱就“逞忿”上説，而末又結之曰，“考其行事，深切著明，於以反求諸己，則亦知戒矣”，便可見。

斷道、宣十七。晉侯伐衛、宣十八[4]；去“同”。戰鞍、成二。侵衛 會

蜀　内臣逞忿以辱君，《經》“舉重”以見罪焉。同單。首比易赤棘，成元。同。

戰鞍成二。　會蜀　上比只原起“忿弗懲”，同單。

斷道、宣十七。晋衛伐齊、宣十八。戰鞍、成二。侵衛　按外衆所以起，而内危有故矣。“故楚爲陽橋之役”“故”字，與“特起於忿忮”及“反求諸己”句相應。作文只以“著楚師之衆”立“季孫危國”之案。

會蜀　夾谷定十。　相臣有得失，君之榮辱因之矣。

夾谷、定十。吴救陳哀十。　觀尊君、安民之事，而逞忿者之罪不容誅矣。主《傳》“當使其君”二句。只論理，勿著孔子、季札講。

會蜀　盟蜀成二。　《春秋》紀會盟，而辱君、宗夷皆譏也。上重“禮”字，下重“義”字。齊、楚同我，臧宣叔猶先有知難之見；無功受名，臧宣叔猶耻爲往賂之役。

盟齊、僖十九。楚鄭侵衛　會蜀、盟蜀俱成二。　書“重”，從“同”。

成二。盟蜀　列國之宗夷，不善擇者也。《傳》首論“主盟者楚”，起下“西向服從而與之盟”也。須在“服從”“爲主盟”上形容出“可耻”意。楚、晋不宜並提，重“不當宗楚”上。書法重列卿稱“人”，而帶明“書公不諱”意，“人”列卿，亦所以“人”公也。

盟蔑、隱元。北杏、莊十三。盟蜀　攷主盟之紀，而宗夷者之罪著矣。上二比，只證“楚之主盟”，炤《傳》提過，倒本股作。上二比，易莊二十七“盟幽”一比好，蓋“盟而魯與”一句總起，下“尊内”“衆所推”兩邊語，書個“公會”“齊侵”云云，則“先書”“次書”，總在此一比内矣。盟蔑，公以侯先附庸，難説“尊内”；北杏，魯未與，難説“次書”。此題之最不通者。

盟蔑、隱元。北杏莊十三。　兩觀《春狄》之所書，可以知外夷之主盟矣。不在填事跡，須影本比，見是“楚人主盟”爲妙。“先書”“次書”四字，有低昂，須墜落“衆所推”邊。如必欲去本比，出“尊内”“衆所推”兩比題，改出桓十二盟穀丘，三人盟，魯以侯先宋公，而魯又非主盟者，莊十六盟幽，公雖與，然諱“公”不書，止次書“主盟”，庶於“首書”“次書”俱切，而兩比又不相混，似覺稍妥。

荆敗蔡、莊十。伐楚次陘、于師召陵、俱僖四。清丘、宣十二。盟蜀列國昧夷伯之分，律之服夷者媿矣。以敗蔡、清丘，辨箇“夷狄主盟”之分，即倒本比，而以伐楚、召陵配講。出荆伐鄭、莊十六。召陵、清丘、盟蜀，同。

荆敗蔡、莊十。清丘，宣十二。盟蜀　原内外之順逆，而宗夷者爲可罪也。倒作，同單，重“不宗夷”發。

荆敗蔡、莊十。清丘宣十二。　夷伯之辨自明，而中國宜知擇矣。宜滚發“楚不如晋”意，不可大分。上易荆伐鄭，莊十六。下易新城，文十四。同。

伐楚次、于師召陵、俱僖四。盟蜀　觀服夷者，而服於夷者可耻矣。渾融，直下。蓋即齊桓以炤“用夏服夷”句，要得比斷意。只召陵、盟蜀，同。

盟幽、莊十六。盟齊、僖十九。盟翟泉、僖二十九。盟蜀　不以内諱之例加宗夷，見貶自有在也。以三比辨問起“從同”之意，墜在“‘人’大夫”上。如單。加荆敗、莊十。盟新城，文十四。以前三段問起，將此三股辨晋楚夷夏之實，倒本股，收書法。

盟幽、莊十六。盟齊、僖十九。盟翟泉僖二十九。　《經》於内君與盟，每因失而致諱焉。内以諱爲貶，昭大信，謹大防，嚴大分。

盟幽、莊十六。盟蜀　叛伯宗夷，愧於信義矣。

翟泉、僖二十九。盟蜀　《春秋》嚴大分、大防，而因示正本、正始之義焉。“於此上盟”，“乃是之從”。

盟齊、僖十九。盟蜀　紀從夷而不皆諱者，“從同”之例也。如《傳》串作。須將“正始”發透，則“從同”自不費力。

盟蜀　鍾離成十五。　《經》嚴中國之防，故服夷、親夷者皆惡焉。俱以“僭王”爲案。上，“西向服從而與之盟”；下，“俛首東向而親吴”。

盟蜀　會申昭四。　上不能擇義，下不能立命；上服從，下聽順；上夏服於夷，下夏变於夷。

成三。會四國伐鄭　略交兵而盟主無譏，意爲其有詞也。“彼此無善”意，輕提過，便從晋無善而“稱爵書‘伐’”上，推出鄭罪來。“必以”

字是料想語，當體固不作“予晋”説，亦不可扳着“罪鄭”話頭。“宋、衛未葬”，帶在後。加侵衛、會蜀，俱成二。只作“擾中國”事實。再加戰邲，宣十二。只炤“雖非觀釁”句。

戰邲、宣十二。會四國伐　以報怨之師而有詞者，附夷之罪重也。討邲之役，固“非觀釁”，但鄭實有可討之罪，故雖略而不紀，猶“稱爵而以‘伐’書”。

成三。新宫災哭　“不恭”意輕，只重“非禮”。

成三。鄭去疾伐許　以從夷者而虐小，非義甚矣。見後《鄭伐許成三。傳》。此其干戈之“一動”也，後用“一之爲甚，其可再乎”意。

成三。如晋至　當覲王之時而事伯，其事悖矣。“嗣守社稷”，與“拜汶陽”相形，正在此斷其“不朝周而朝晋”之悖。“此《春秋》所爲作”句極重，以其關係君臣大倫，故不作等閒看。加取汶陽，成二。仍倒單。再加即位，成元。同。

成三。圍棘　譏以力攻故邑，示保民有道也。從“故地”上，推出所以不服之故，方見得“宜修德政”。“薄税斂”，反“税畝”，“輕力役”，反“丘甲”，二者正“修德政”之大目。無書法。“復故地云云何也”，與“棘雖復云云民也歟”，字字有味。加取汶陽，成二。只以“故地”就中挑發。

初税畝、宣十五；税重。作丘甲、成元；役重。取汶陽、成二；雖歸，不愿爲民。圍棘肆兵力。　啓叛而服之非道，《春秋》所以譏之也。炤《傳》一套，同單。“雖得必失”，自民心言。舊添“言汶陽”，甚謬。

初税畝、宣十五。作丘甲成元。　税、役並重，民寧不歸故國矣。上壞田制，盡民財；下壞兵制，盡民力。要體“日益重矣”意，渾發，以“圍棘”起束。

圍棘　盟蒲成九。　以威、信服貳，皆不知服貳之道也。各以“啓貳”原起。上倒“成公不知薄賦輕役”，下倒“成公不知惇信明義”。加税畝、宣十五。丘甲、成元。取汶陽、成二。言汶陽成八。分貼二邊。

圍棘　會平丘昭十三。　内外借力於兵好，其於服民、結貳並遠矣。

圍棘　圍費昭十三。　兩於内兵討叛，責其失服人、反已之道焉。上有“命上將，用大衆[5]”語，税、役；下有“命正卿”“用大衆[6]”語，忠、禮。

成三。伐廧咎如　討赤狄之餘也。借《滅甲宣十六。傳》作文。終不成題，删。

成三。庚良夫及盟　二卿辱國而抗尊，《春秋》之所甚惡也。作文總起，中分“辱本國之君”“抗魯國之君”，然後以“盟者，《春秋》所惡”一段，洗發一番，總收“不繫國”“不言公”二書法。“不繫國”，言其無體國之心也。蓋邦國有疑，則請盟於會同，故盟“非禮”也；聘未足劾信釋疑，又相歃血，是“不信”也。“干先王之典”，是干“有聘無盟”之典。“遂事之辱”“辱”字，重看。“遂事”應“生事專命”，“辱”字應“非禮不信”。貽其國以“非禮不信”之名，非辱國乎？不然，安國家、利社稷者，專之可矣。“遂”字只作事實。舊主“專”與“抗”分，似重“遂”字，反丢却“不係國”了。加俞聘、文四。術聘，文十三。只借來説“有聘無盟”。

成三。鄭伐許　以狥利之國而虐小，《經》所黜也。非以附夷而計利，只見鄭襄爲人，從晋從楚，惟利是視，無異於夷。“義”“利”字極重，夷夏之分正在此。加去疾伐，成三。只炤“一歲再伐”。

四國伐、取成。楚伐、俱宣十；争。辰陵、宣十一；從楚。戰邲、宣十二。晋伐、宣十四。五國伐、伐許、俱成三。伐許　同單，但叙事校詳耳。只晋伐、五國伐、伐許、伐許，亦同。

四國伐、楚伐、俱宣十。辰陵、宣十一。戰邲、宣十二。晋伐、宣十四。侵衛　五國伐俱成三。　貳國惟計利爲從違，狄道也。事迹流水點盡，將“利在中國”云云總斷，束歸本股。只四國伐、楚伐、戰邲、晋伐、五國伐，同。只黑壤、宣七；從晋。辰陵、宣十一；從楚。戰邲、宣十二；晋敗。侵衛，成二；專事楚。同。

鄭伐許　徐越伐吴昭五。　以素行而黜虐小者，以世類而進從兵者。各有二意，當在書法上體貼。上，用兵非義，而素行又非；下，從兵以義，而世類又善。上《傳》云："以爲告詞云云一字褒貶，義安在也?"下《傳》云："以不可爲文詞而進'人'於越，一字褒貶，義安在乎?"

鄭伐許　晉伐鮮虞昭十三[7]。　附夷、效夷，皆中國而夷狄也。但上只"義"字，下多"信義"。

楚子伐、宣十。晉侯伐、宣十四。執意如、昭十三。意如至昭十四。　以利爲從違、□縱者，《春秋》皆甚其罪焉。上，非中國；下，非伯主。

成四。華元聘　即大國之通嗣君，而邦交可識矣。見《僑如侵宋成六。傳》。前此"同伐鄭之師"，後此"同蟲牢之猷"，可入講。收"侵宋"。

成四。鄭伯伐許　貳國忘親即戎，其惡著矣。諸侯在喪稱"子"，故知"稱爵"爲貶詞，"稱爵"有"汝安則爲"之意。加鄭伐許，成三。只入書法内辨起。

成五。杞叔姬歸　紀内女之歸，重人倫之本也。僖三十一年杞伯姬爲子求婦，公以次女叔姬與之，爲杞桓公夫人，至是四十四年矣。而姬被出，疑是叔姬無子，桓公别有妾子爲嗣，姬内不自安，而願歸魯也，與他出不同。觀《逆喪成九。傳》"叔姬本不應出"云云可見。作文只在書法上講，意與郯伯姬歸宣十六。同。但此多"擇家與室"句，重戒父母上。加杞朝，成四；歸叔姬。只作事實。加伯姬歸杞，莊二十五。主"其歸、其出"句，同單。

成五。蔑如宋　見《侵宋成六。傳》，"報華元"也。

成五。梁山崩　特紀天下之異，欲人君修實德也。

成五。蟲牢　"皆不臣""皆"字正貼"同"字。"書'同'"，亦"志同欲"例也。時定王崩。

成六。立武宫　望國建祀非禮，《經》所譏也。重"廟制"上説。"祭法"，是從"廟制"説來，不宜分。武公，伯禽玄孫，隱公高祖，廟祧於桓，祭絶於僖。

立武宫　立煬宫定元。　皆不宜立。行父誇戰鞍之功，意如酬不入之禱。

成六。取鄟　諱内君之覆小，示尊君之義也。全重聖人"尊君"意發揮，不可用斷罪語。“尊君”，須合“抑臣”説來，而重發“謹微”意。“微”字，即毫釐□，主書法言。蓋聖人慮有不嫌於攻主過而甘於助權臣者，故立爲“尊君抑臣”之旨，使後世臣子莫要錯了念頭，有一毫附權棄君之心也。《傳》雖以“滅項”比炤，然只當以“不可附權”意虛講。收“書‘取’”。

滅項、僖十七。取鄟　隱顯君臣之覆小，而辨分嚴矣。“尊君”“抑臣”相聯屬，不可分。全重書法上。總挑剔“謹微”意；聖人此義，足爲後世“尊抑”者立個規則，玩“每謹於微”云云可見。

歸父奔、宣十八。趙鞅歸定十三。　觀臣强君弱之迹，而聖人之謹微有以矣。以“謹微”意起，略分，總發不憚人主而畏權臣，而人主不覺，聖人所以示人謹於毫釐之際也。加歸父如晋、宣十八。趙鞅叛，定十三。同。

“犯上”易咺歸、僖二十八；訟成。林父歸、成十四；逐獻。公圍成、昭二十六。適歷昭三十一；□意如。

“忤貴”易慭奔，昭十二；意如。朝吴奔昭十五；無極。

滅項、僖十七。歸父還奔、宣十八。取鄟　朝吴奔昭十五。　立尊君抑臣之義，謹權臣之禍也。如單，渾發“謹微”意。將“歸父朝吴事”點綴議論中，見得此義不行，“是以黨與衆多”，若魯若楚，“知有權臣，不知有君父也”。

歸父奔、宣十八。朝吴奔昭十五。　兩觀權臣之勢重，而知抑臣之旨矣。只形容箇乖忤貴臣之禍不測，見聖人諱取鄟，不諱滅項，正有見於此也。不可責魯宣、楚平。

歸父奔、宣十八。朝吴奔、昭十五。會扈、昭二十七。召陵侵定四。　權臣、貪臣，有國者宜鑒也。“歸父家遣”云云，引“犯上干主”四句；“昭公弗納”云云，引“家之敗”四句。比《朝歌定十三。傳》。末比易柏舉，定四。同。

成六。良夫侵宋　與國凌大，《經》陋其無名焉。見下《侵宋成六。傳》。體“亦然”字，以罪魯者罪衛方妙。魯是受命於嬰齊如晋時，此是從伯宗同伐，事實須别。

成六。嬰齊如晋　此“晋命伐宋”事實，舍“魯不可聽”意虚發。

成六。蔑僑如侵宋　狥伯以用兵，可陋甚矣。“師出無名”，是“《春秋》罪之”處；“兵戎”一段，是“《春秋》所以罪之”處。“重事”“大倫”字，須玩。“将能立乎”，正形容“可陋”之意。“陋”字要發。“命上卿，用大衆”，亦不可遺。《傳》中“上三年”一段，是原“素好”，以見“此伐之無名”。而“後二年，宋來納幣”一段，乃驗其“聽命於晋”之實，與和好無干，不可混用。加嬰齊如，成六。只作“晋命”事實。加良夫侵，成六。魯、衛並斷。

五國伐、成二。華元聘、成四。蔑如宋、蟲牢、俱成五。僑如侵　納幣成八。　望國凌大無名，詳究交好之實而可驗矣。“納幣”比，如《傳》另驗，不可以始終平點。加良夫侵，成六。去納幣，以事實驗過，魯、衛并責。

五國伐、成二。蟲牢、成五。良夫侵、成六。僑如侵　以同兵好之國狥伯命，魯、衛之可陋一也。

五國伐、成二。蟲牢成五。　觀二國兵好之同，而用兵之無名見矣。此二比，亦兼魯、衛説。

華元聘、成四。蔑如宋成五。　即二國聘好之密，而内兵之無名可知矣。“通嗣君”“報華元”，總作，方見他邦交之厚。加五國伐、成二。蟲牢，成五。碎作，大意同。

華元聘、成四。納幣成八。　使宋有舊怨，則兵革且將相尋矣，何宋之未侵也，有來聘之舉哉？使果爲魯志，則報復且將無已矣，何宋之既侵也，有納幣之舉哉？“納幣”比，或以成八“華元聘”代，蓋聘其姬也。《傳》無此比。

華元聘、成四。盟祲祥昭十一。　比《意如至昭十四。傳》“今魯與邾通好”句。下傳無明文。

蔑僑如侵　汶陽歸成八。　俱狥命。上“邦交”，下“邦土”。

蔑僑如侵　會伐郯成八。　内兵兩制於人，其不能立甚矣。俱有“不能立”句。

蔑僑如侵　召陵侵定四。　兩觀兵之可陋，勢利之念誤之也。俱“書‘侵’”，“陋”之也。上，“上卿受鉞，大衆就行”，以“無名”出；下，“大合諸侯，天子之元老在焉”，以“無功”還。

成六。嬰齊伐　欒書救　《經》深予伯臣不戰，義不獨惡夷兵也。“楚僭王”，既入於夷，則鄭之背楚即晋，正是“改過遷善”處，嬰齊爲是伐之，何“義”乎?《春秋》“惡楚”全在此。“伐喪”只帶説。作文提起“楚罪”，點過“救”字書法，隨炤《傳》倒“善晋”作。但欒書之可善者，就救鄭後、侵蔡時遇楚不戰上説，非□救鄭言。《傳》只因上段説“‘救’者善”，“而伐者之罪著”，遂説及“武子無功，亦何足善”云云，則“書‘救’”書法，只了“罪楚”之案。“按《左氏》”以下，又因“無功”，而辯出“所以可善”處。“不遷戮”，在不競戰功上看，觀“折馘執俘”指敵國説，“舞干”等語指不戰説，便明，非謂全本國之民也。

成六。嬰齊伐　反正而兵之，非義甚矣。

成六。欒書救　《春秋》善伯臣，示功不必在戰也。起處唤明“惡楚”意，即以“無功”問起，重“不遷戮”作，收處仍帶“楚罪”一句。按《左》“繞角之遇”，已自勝楚，楚師還，晋師遂侵蔡，遇楚救蔡之師，而不戰遂還，則“不遷戮”事在救鄭之後。須叙得明白，不是救鄭無功，謂無“折馘執俘”之功耳。玩《傳》“則無功也”與“計功受賞”二“功”字，相應甚明。

敗蔡、莊十。次陘、僖四。蟲牢、成六。嬰齊伐　書救　蕭魚襄十[8]。　惡僭夷兵反正之國，而深予幾二伯之伯臣[9]焉。如全單，各比只炤《傳》點入。加于師，僖四。同。

敗蔡、莊十。嬰齊伐　以僭夷而虐反正之國，非義甚矣。《傳》説《春秋》黜楚，正見背楚者爲反正，而楚伐爲“不義”。非有二層，一串作。加書救，只炤書法。加蟲牢，成五。只作鄭反正事實。再加春王正月，隱元。作“大一統”。

敗鄘、僖元。敗箕、僖三十三。滅潞、宣十五。滅甲宣十六。　諸臣以善戰邀功，於王事悖矣。季友“費邑”，郤缺“一命”，林父“狄臣”，士會“黻冕”，皆“計功受賞”。只敗莒、甲氏，同。

滅甲、宣十六。書救　《經》不予用兵者，不欲人之貪戰功也。以“仁人之心、王者之事”總起。“無遺種”與“不遷戮”正相反，須相形發。伯禽、東郊、宣王、太原；舜之“舞干”，文之“因壘”。搭敗鄎，僖元。同，“兵刃既接”正可相形，亦以“仁心”“王事”總起。搭滅潞，宣十五。以“貪利”“不食功”比，以“無遺育”“不遷戮”相形，以伯禽、宣王、齊桓、舜、文、晋悼分點。

次陘、僖四。書救　蕭魚襄十一。　善伯臣不戰之兵，以其幾於二伯之仁也。以“無功”論起，繇舜、文說入桓、悼，倒欒書作。“苗格”“崇降”“完服”“鄭不叛”，皆在“功”上說，但“舞干”“因壘”“次陘”“會蕭魚”，則異於“折馘執俘”之功耳。乃書“無功”，而幾於舜、文、桓、悼之功，正是絶大絶快議論。“能”字、“知”字，是着力字。只次陘、書救，合作，上“按兵不戰”，下“還師不戰”。只書救、蕭魚，亦主合，上“從三卿不戰”，下“聽於武子不戰”。

次陘、僖四。蕭魚襄十一。　高二伯之功，不以功高二伯也。只重“不戰幾於仁”上，“禮”與“誠”不用。以舜、文起，以欒書繳。加召陵、僖四。會申，昭四。同。

完盟、僖四。會申昭四。　“屈完服”　“鄭不叛”，明是“有功”，□“無功”者說“亦庶幾哉”。此中正有發揮。

書救　書伐鄭成四。　筆削内外救兵，而虐夏、從夷之罪俱見矣。二邊以鄭作案。惟鄭反正，故楚不當伐；惟鄭從夷，故楚不得救。上“書‘救’”，下“削‘救’”。

書救　次鄫襄元；削子辛之救。　筆削救兵，罪在猾夏、從夷者矣。上加伐鄭，下加壬夫侵，襄元。同。

書救　士匄還襄十九。　上，“不遷戮”之仁，以“無功”辯起；下，“不伐喪”之仁，以“專制”辯起。

書救　伐鄭盟戲襄九。　二臣之用師，皆有足取者焉。上，好處在

“無功”，異於“折馘執俘”者矣；下，好處在“不戰”，異於“暴骨以逞”者矣。或主武子從韓、范，悼公從知罃，或“俱主”不戰，或兼用二意，破云：“伯國君臣之師，皆能從善而不戰焉。”

成七。鼷鼠又食　察於物變，當以强臣爲戒也。一次傷，或備災之道未盡，今改卜又傷，則與人無干，乃天變之異，必有以致之者矣。《傳》云“理或然也”，原不説“殺”，宜體之。出歸父如晋、宣十八。戰鞍，成二。主“宣公、有虞、三桓”二句，一串作。

成七。吴伐郯　黜僭號之國，以尊王也。以“君臣大分”立説，“族屬”“命圭”，可入辯。要得聖人扶持名號，故不嫌進退諸侯意。吴僭王，自壽夢始，此即位之二年也。時巫臣通吴，吴兵始及上國。郯，己姓，太皥之後。

伐郯　黄池哀十三。　黜僭號者，始終皆尊王之義也。不可兩開，總叙，串發。體貼“後雖”與“不過”字。只重書法上。“稱國”，因“狄之”；“不過曰‘子’”，亦“狄之”也。

伐郯　猶三望成七。　惡僭號、僭祭者，皆以維王室也。借“周室東遷，所存者號與祭耳”句立意。禮莫大於分，分莫大於名，“命圭有命，曰吴伯，不曰吴王”；節莫差於僭，僭莫重於祭，封内有望，曰泰山，不曰河、海。

成七。不郊猶望　《經》紀望國之祀，志僭也。此《傳》書法，只一“書”字，無“猶”字意，與僖、宣二《傳》意同，而書法不同。

成七。伐鄭九國救馬陵　虐反正者以勤中夏，夷勢張矣。以楚爲主，中間於“予晋”中，形容出“楚之强横”，而以“故‘盟于馬陵’”云云結局。“鄭善”，只點“還他”〔10〕。

成七。嬰齊伐九國救　以“楚罪”起，落下“晋救”，即於“善晋救”内，體“楚罪益明”句。大發“凴陵”“勢張”，斷罪。末帶“善鄭”。

成七。嬰齊伐　外夷黷兵於從正之國，罪自見矣。“與莊之欲討徵舒”句最重，蓋《春秋》謹華夷之辨，苟非係於誅討之義，則楚兵加内，未有不貶者也。加嬰齊伐、成六。但重“頻年”上。

成七。救鄭馬陵　詳伯義之勤，而外横可知也。書法重"書'救'"上，"書'同盟'"帶收。就晋之勤於安攘内，發出"楚勢益張"意，隨以"同病楚"意足之。

成七。九國救　伯主勤恤患之兵，《春秋》特美之也。予晋安攘，是正意，以"大合""親往"發之。"楚罪""鄭善"，只用繳出"楚勢益張"云云，雖起下之詞，亦要伴講。

成七。馬陵　信協於禦夷，繇夷勢之横也。《傳》自"前此晋遣上將"以後一段，皆見諸侯"同病楚"之故，作文須就"楚强"上發出"謀協"，又從"謀協"上益見"楚强"。"書'同盟'"，不是書法，乃見其"同病楚"也。

入陳、宣十一。蟲牢、成五。嬰齊伐書救、成六。嬰齊伐救鄭馬陵　黷兵反正者以勤中夏，《經》所深罪也。作法與全單同。入陳、蟲牢只點起。去"入陳"或去"蟲牢"，皆同。

嬰齊伐書救、成六。嬰齊伐救鄭馬陵　外夷黷兵以勤中夏，勢益張矣。大意亦同。

入陳、宣十一。嬰齊伐、成六。嬰齊伐　外夷屢興犯順之師，非討罪可例也。"以其背己而從諸夏"句極重，正説所以"異於楚莊"處。"頻年"句只作事實。加蟲牢、成五。九國救，主"楚罪益明，而鄭善益著"句。只加九國救，作書法，反贅。蓋伐鄭中，自有"不待貶絶"句也。

入陳、宣十一。蟲牢、成五。嬰齊伐、成六。嬰齊伐　屢虐反正之國，異於討罪之師矣。

蟲牢、成五；反正。嬰齊伐、成六。嬰齊伐、頻年。九國救楚罪益明、鄭善益著。　外夷屢虐反正之國，《經》托伯義以著罪焉。

書救、成六。九國救馬陵　詳伯國之兵信，而夷勢之益張見矣。"前此晋遣"至末一段，以"二救"串作，而"馬陵"炤"故"字，發揮於後。□"二伐"，同，但以楚"頻年肆暴"重論起。

書救、成六。九國救　伯義益勤，而夷勢之張見矣。與前題同，只不用"故'盟於馬陵'"云云耳。加"二伐"，大意同。

九國救　欒書伐成六。　恤同而筆削異，以宜恤、不宜恤異也。以鄭之可救、不可救爲主，以晋、楚爲客。上與“楚莊入陳”異，下與“處父救江”異。加救江、文三。入陳，宣十一。同。出嬰齊伐鄭、嬰齊伐莒，成九。同。“伐莒”比謬，且難□。

九國救　伐鄭次鄫襄元。　筆削救兵，而從夷、從夏之得失顯矣。

馬陵　鷄澤襄三。　兩紀諸侯同病之信，而外横可知矣。

馬陵　戍陳襄五。　伯事之勤，有見於後之盟、前之戍焉。比《陳逃襄七。傳》。

成七。吴入州來　《經》紀强夷用兵，志凌外之漸也。見《滅巢昭二十四。傳》。須辨“四鄰不能制”“制”字。末帶“封境震”意。失人是失守緣繇，只可點入。“四鄰，封境之守”，與“天子，守在四夷”意同。四鄰反是我封境之守，煞有議論。

入州來　遷州來哀二。　遠人覆國，罪在失守者；遠人遷國，罪在失謀者。上，不用屈巫，棄策士；下，不用公子駟，遠謀臣。

【校記】

〔1〕僖二，“冬不雨”在“僖二”，“春不雨”“夏不雨”在“僖三”。

〔2〕桓五誤，應爲“桓七”。

〔3〕文十二，應爲“文十一”。

〔4〕宣十八，僖公二十八年與文公元年皆有“晋侯伐衛”，此或指“僖二十八”。

〔5〕用大衆，《傳》實爲“用大師”。原文：“復故地而民不聽，至於命上將，用大師，環其邑而攻之，何也？”

〔6〕用大衆，《傳》實爲“舉大衆”。原文：“命正卿爲主將，舉大衆圍其城，若敵國然者，家臣强、大夫弱也。”〔7〕昭十三，應爲“昭十四”。

〔8〕襄十，應爲實“襄十一”。

〔9〕幾二伯之伯臣，不通。下“次陘、書救　蕭魚”題，有“善伯臣不戰之兵，以其幾於二伯之仁也”句，則知“幾”後脱一“於”字。

〔10〕還他，《傳》中無此二字。

卷之二十　成公下

成八。言汶陽　詳寓責於内地之失，以地之不可輕也。只“本魯田也”一句，便是各人罪案；前曰“皆罪”，後曰“罪亦見”。不可倒“重魯”作，宜三頭一脚。“禮”字泛看，即《忽奔[1]傳》“馳詞執禮”之“禮”。“緩詞”“易詞”，最可描寫。

取汶陽成二。　言汶陽　内地之一取一歸，皆不以道焉。主《傳》首二段。上“責魯”，下“責晋”，俱以“本魯田也”句爲案。加戰鞍，成二。兩邊俱用。再加成三“公如晋”，即《盟蒲傳》。記此《傳》無“拜賜”句。

言汶陽　歸三田定十。　禮足以化强，而狗伯命者非矣。主“爲國以禮者，無憚於强”句搭，以下比形斷上比。搭夏伐陳，襄二十五。主“子産執禮當强”，同上；或會虢，昭元；却逆女。或盟平丘，昭十三；争貢。俱同。

言汶陽　孌聘伐郯成八。　内君兩從伯命，皆不自立也。以“晋命非道非義”爲案，以“魯不能保、不能立”爲斷。土地、甲兵。俱有季孫語。

成八。欒書侵蔡　即外黨之見攻，而知棄賢之失矣。主“楚棄析公”一意，用《長岸昭十七。傳》。

成八。壽納幣　譏大國圖婚之厚，爲後法也。重“垂戒”作。“過厚，反非所以重大婚之禮”，此意須玩。加履□逆，隱二。以“畧”與“過”分作，逆女必親，納幣必大夫。加如宋致女成九，宋、魯俱不當使卿。

壽納幣　衛人媵成八。　兩於婚禮之過，均譏其非制焉。上《傳》云，“越禮踰制”，“悉書”，“爲後法”；下云，“敗禮逾制”，“備書”，“爲後戒”。

成八。《殺同括傳》

圍宋、僖二十七；衰佐文。新城、文十四；盾佐靈。會宋襄二十七；立趙武。追録忠勳之後，而失刑可推矣。立武，不可云從諫及報功，正驗其聽讒之非耳。以殺同、括爲主，而以韓厥語點綴在中，總以“失政刑”斷之。末比易會虢，同。或加戰郯、書救，代“殺同、括”比，欠當。“立武”出“會宋”“會虢”《經》文尚有“趙武”字。如同圍齊、蕭魚、會澶淵、宋災故，俱晦，不可搭。

城濮、僖二十八；衰。令狐文七；盾。　即伯臣之世其忠勳，而知賞之當延矣。全要含發“當延其賞”意。以攘夷定伯言，故曰“勳”；以置君定難言，故曰“忠”。出城濮、僖二十八；衰佐文。彭衙、文二；衰佐襄。盾救陳、宣元；佐靈。盾免侵，宣六；佐成。同，各就輔佐二君上，描寫“忠”“勳”。或單出“勳”邊、“忠”邊二比，謬。

“成季”易比：

圍宋僖二十七；舉中軍之元帥，進用民之三謀。

彭衙文二；先且居將中軍，趙衰佐之，又有慮孟明“增德”語。

如僖二十四年“春王正月”，答賦復國事在此，空月空出。

如侵曹伐衛、會温、圍許、敗殽，俱無趙衰事，斷不可搭。

“宣孟”易比：

盟扈文七；爲晋靈立故。

衡雍文八；討魯不與扈盟，亦輔靈合諸侯事。

河曲文十二；盾將中軍以敗秦。

新城文十四；合諸侯以輔靈。

盾救陳宣元；輔靈恤患。

棐林宣元；輔靈討罪。

盾免侵陳宣六；輔成公始事。

如遂會□、四國侵，不恪、不兢，豈可言忠？至如黑壤、會扈，皆無趙盾事，俱不可搭。

盾救陳、宣元。盾侵陳、宣六。行父如、宣十。行父如成六。　内外相臣之忠，有符於公論者焉。比《刺偃成十六。傳》。趙盾擁立靈、成，韓厥稱其忠，補晋聽莊姬；行父歷相宣、成，范燮稱其忠，補晋聽僑如。

上邊舊出新城、會扈。會扈股無當，今易“二陳”，更整。

盟扈、成十六。會宋襄二十七。　上，晋君聽范文子釋行父；下，晋君聽韓厥立趙武。

城濮、僖二十八。彭衙、文二。宋楚平、宣十五。瑣澤成十二。　以成季之勳，比《華元奔歸成十五。傳》“多大勳”句。

城濮、僖二十八；趙衰。河曲、文十二；欒、盾。盾侵、宣六。書救成六。　兩觀晋之賴於世臣，而報功宜厚矣。比《沙隨襄二十二。傳》。

成八。召伯賜命　紀王禮加内，而譏其賞之僭焉。“罪邦君”二句，側下，説魯罪，正見“賞者之僭”也。“君天下”，只提過。此與文公“來錫命”有别，又喪未畢，只是王室不宜來，故彼處重一“來”字；此處對“僭賞”言，重“賜公命”三字。彼處只本該錫，此處有不王之罪，還該貶爵削地，豈宜有賞？兩《傳》俱有“敵王所愾而獻功”句，彼處重“獻功”，此處重“敵愾”。

毛伯錫、文元。召伯賜　惟至尊爲臣民之統，故備君臨之尊稱焉。要見“法天”意：代天爲王，極其尊；繼天爲子，極其親。“臨”，謂制治天下；“君”，謂綏養天下。玩《傳》“蓋一人之通稱”句，則此題不宜大開。

召伯賜　曹伯歸成十六。　賞、刑俱失，無以治天下矣。舊作《曹伯歸傳》題，不貼。當作□□，載此。

成八。燮聘會伐郯　以伯義責討小者，而從兵者亦可知矣。重“責晋”作，以“責魯”帶發於後。“亦可知矣”“亦”字，從“前書”云云書法生來，須體此與書法綰結，兩邊皆共此書法。但“聘”而後“伐”，晋之不義昭然，故曰“可見”。魯之“不立”，從“既知不可”來。“知不可”，以其“請緩師”也；惟“知其不可”，“聘”而“會伐”，爲“不能立”也。這却專就書法看不出，但因書法可攷究而知也，故曰“亦可知”。或主總倒書法。“來聘”而後“會伐”，見晋之不義，無以令人；“來聘”而後“會伐”，見魯之不立，不敢違人。每邊俱有兩層，“既”字、“又”字，與“不敢”字，宜玩。破云：“詳□兵□□之事，則制命、從命之失見矣。”

成八。燮聘　修禮以興非義之師，不得爲盟主矣。“盟主”二字重看，炤“何義”二字發揮。收書“聘”於“伐”之上，末含“魯不可從”意。

成八。會伐郯　以伯義責討小者，而從兵者之罪亦著矣。主晉、魯分作，專□“伐”與“會伐”上論。魯邊“亦可知矣”“亦”字不可遺。書法：書“會”“伐”於“來聘”之下。此題書法但可收，不似全單上下兩截意，總向書法縮結發揮。

吴伐郯、成七。燮聘會伐　伯國棄小而復虐之，《春秋》所爲貶也。重晉作。魯“既知不可”，是指“公請緩師”説，與伐郯時季孫語無干。

燮聘會伐　盟蒲成九。　討貳、要貳者，有愧於信義矣。棄之弗恤，而復加之兵；啓之以貳，而徒要之盟。吴初伐郯，季孫已憂中國之莫恤；晉初言田，季孫已譏伯德之二三。加伐郯、成七。言汶陽，成八。同。

燮聘會伐　適歷昭三十一。　觀虐小、寵惡之事，而爲盟主者可知矣。上云“不能救而又伐之”，下云“不能致討而寵以會禮”；上云“魯之不立亦可知矣”，下云“荀躒之爲人臣可知矣”。皆有“晉侯之爲盟主，可見矣”句。

會伐郯　豹歸定十五。　知義不從義，知命不受命，皆所譏也。“既知其不可”云云，“既以爲有命”云云，聽命於人，委命於天。

成八。衛媵　大國逾婚禮之制，《經》書以示戒焉。“欲敗禮”，指宋“一娶十二女”，擬於天子言。此初媵，須説得活。加晉媵、成六。齊媵，成十。同。有出“城濮”“楚子入陳”，主“以禮制欲”（齊姜）、“以欲敗禮”（夏姬）。太晦，宜删。

成九。盟蒲　要盟以禦貳，不知本矣。“信在言前”，“誠在令外”，是言未貳之先；“惇信明義”，“以補前愆”，是言既貳之後。諸侯之叛，只爲晉無誠信。今不反求信義，而又以口血禦之，“是從事於末而不知本也”。“不知本”“本”字，與“盟，非固結之本”“本”字相應。誠信便是“本”，對“盟”字看。“書‘同盟’”，若曰諸侯之心既異，晉特强之“同”耳。只一個“信”字，信無不誠，行出去便是義。“惇信”正所以“明義”，亦非兩件。加馬陵，成七。不但炤“尋盟”事實，亦見諸侯同好，人心未貳意，講中須形斷。加言汶陽，成八。炤“啓貳”事實。再加戰鞍、取汶陽、俱成二。公如晉，成三；拜賜。同。

盟蒲　蕭魚、襄十一；誠、悼公。衎歸襄二十六；信、子鮮。　伯主要貳，不知服人在誠信也。以下二股，閒閒論起“盟非固結之本”，倒作，如單。或於文後形講，非也。

蕭魚、襄十一。衎歸襄二十六。　觀自喻、自行者，而固結之本見矣。妙在“不言”“不令”，尤妙在兩“自”字。作文全要在“盟非固結之本也”句運意。下比易入夷儀、襄二十五。鱄奔，襄二十七。俱同。舊出盟葵丘、會蕭魚，大謬。今移載《盟平丘傳》。“勾繹奔”事，在“獲麟”後，或以“盟勾繹”代出。又以仲由爲季氏宰，出“墮費”。俱謬。

盟蒲　蕭魚襄十一。　經紀伯事，惡其强人以□，予其感人以誠也。信不可知，誠能動物。子鮮、季路、知罃、魏絳。

盟蒲　莒潰成九。　《春秋》兩紀事，示服人、保國皆有本也。“惇信明義”，“固結之本”，豈在盟哉？“効死勿去”，“爲國之本”，豈在城哉？

盟蒲　城中城成九。　晋之所不足者，信也，非盟也，“盟非固結之本”，“而欲刑牲歃血以御之，是從事於末矣”。魯所不足者，禮也，非城也，城非“體险之用”，而謂“城郭溝池足恃”也，“其儆守益微矣”。

盟蒲　鄢陵成十六。　《經》紀兵信，示固結有本，持勝有道也。

言汶陽、成八。盟蒲　叔弓如晋、昭八。會平丘昭十三。　《經》重固結，而要盟、矜威，均罪也。比《平丘傳》。兩邊“啓貳”意皆重，兩《傳》皆有“固結”字、“末”字。上重“本”字，下重“預”字。上范文子，下叔向。只盟蒲、會平丘，同。

言汶陽、成八。叔弓如晋昭八。　伯國失信而崇侈，皆啓貳之端也。“一予一奪，信不可知”；是崇是飾，怨黷並作。季孫、子野。繳處點出兩“末”字。

取汶陽、成二。言汶陽、成八。執意至[2]、昭十三。意如至昭十四。　予奪操縱之非義，皆啓貳之端也。比《意如至傳》。

取汶陽、成二。言汶陽、成八。盟蒲　執意至[3]、昭十三。意如至、昭十四。鄟陵昭二十三。　上“無惑乎諸侯之解體”，下“自是諸侯之不合二十餘年”，皆以諸侯之“貳”説。若上在“盟”上説，則“鄟陵”對不來矣[4]。

取汶陽、成二。言汶陽、成八。盟蒲　執意如、昭十三。意如至、昭十四。召陵侵定四。　同上。下“又以賄敗”句，對上“又以盟要”。一到底不信，一到底以利。

盟蒲　吴伐我哀八。　服人、謀國。子鱄、季路、華元、國佐。有脱出四比者。

成九。致女晋媵　志婚禮之失，因見内女之賢焉。二意雙提，倒“伯姬之賢”作。加“二媵”[5]，同。只晋媵，單就“聞於遠”説。“程氏”一段，於末發之。

獻羽、隱五。致女晋媵　《經》紀禮樂，褒貶之義互見焉。兩個“之類”[6]，是説《經》中此類不一，須會此意。

獻羽、隱五。晋媵　天子八，諸侯六；天子一娶十二女，諸侯一娶九女。

成九。執鄭伯書伐鄭　《經》譏伯討以尊王，因有輕其人與事而畧之者焉。首段“則非伯討也”語意自嚴，下二段皆以“亦”字帶下。宜重首段，而以兩“不書”發二比於後。要體兩“亦”字。舊主以“稱‘人’”明“天下之君臣”“不書‘殺’，”明“一國之君臣”對起，重“削‘救’”作。破云：“重分紀事，尤示謹防之意焉。”近“殺繝不書”，自是事體如此，不必炤。宜以“非伯討”提起，倒“削‘救’”作。

成九。執鄭伯　惡伯討之專，謹臣度也。“不以王命”“不歸京師”，聯講。亦要見鄭當討意。殺伯繝不書，是伐鄭時事，勿混入。

成九。書伐鄭　貳國以從夷致討，外救不足録矣。“殺繝”只提過，責鄭處，緊就“義利”上發，不可泛。加蟲牢，成五；鄭服。《傳》中“背夷即華”，正指蟲牢説，故下着一“又”字。

伐楚救江、文三。書伐鄭　不以恤患之例紀外夷，以被患者之有罪也。《傳》引“伐楚以救江”與“侵陳以救鄭”，事迹相類，只合依《傳》以“救江”問辨起，不必説江有可救之善。加圍江、文三。執鄭伯，同。

執鄭伐　鄢陵成十六。　君重於臣，君重於師。

書伐、子重救。厥伐鄭襄元；子辛救。　兩削恤貳之兵，以其無可恤也。鄭自“蟲牢”以來，改轅從楚，爲“重賂”故；自“鄢陵”而後，傾心從楚，爲“集矢”故。

嬰齊伐莒、成九。壬夫侵宋襄元。　貪重賂之故，而爲會鄧之役；懷集矢之私，而從彭城之旅。上“侵陳以救鄭”，自陳伐莒；下“子辛救鄭”，侵宋吕、留。俱是既救鄭而移師，與“兩救”無干，借此以證明“削而不書”。

成九。伐莒潰入　特謹小國被患，示保邦之本也。《傳》從“城惡”之説發議，其曰“則昧於爲國之本”，即從“莒潰”上看出，使莒有令政，民將效死不去，何至於“潰”哉？敵克，是因無“爲國之備”；民潰，是因昧“爲國之本”。“兵至而民逃其上”，總不消敵來克得，雖有備，何益也！聖人所以“書日”於“莒潰”之上，謹之以垂訓也。

城郎、隱九；築城。浚洙、莊九；鑿池。滅遂、莊十三。滅黄僖十二；效死。　爲國所重，不在“備”而在“本”焉。全在“事”字、“政”字見個輕重。宜輕叙串作，借題發《傳》。只滅黄、僖十二。城中城，成九。同。舊出滅黄、入滑。《傳》明言“城池”，入滑何當？

莒潰入　長岸昭十七。　爲國之本有二，在“民與臣加”之意而已。下《傳》有“爲國以得賢爲本”句。“雖隆莒之城，何益乎”，“雖廣土衆民，不足恃也”。

成九。秦狄伐晋　《經》甚用夷之罪，而致寇者之罪亦見矣。重“貶秦”作，而“晋致寇”帶發於後。上收“稱‘人’”；下“比事以觀”，還算不得書法。“已爲不義”，正與“以義驅之”句相應，謂兵以義動，雖驅狄亦可。據他“自相侵伐”，已非“除殘”之義，又與狄共爲之，“不亦甚乎”！非謂中國相攻，猶曰“非義”，而况藉援於狄也。要之只重謹華夷之辨，上“不義”云云，又因武王事，而辨此之所以“謹”耳，非正意。

晋狄伐秦、宣八。秦狄伐晋　二國用夷以相殘，非義之甚者也。“自相侵伐”四句，是二比總斷，不可涉上《傳》“不知自反”“已可咎”意。

加衡雍、盟暴，文八。以“謹辨”引起，倒作。“自相侵伐”，即就晋狄伐秦、秦狄伐晋“二伐”言，舊加秦人伐、晋侯伐，甚誤，今去之。

盟貫、僖二。陽穀、僖三。晋狄伐、宣八。秦狄伐　夷可以義用，而用之非義，則悖矣。以齊恒比炤，倒秦、晋作，收“稱‘人’”。玩“可也，亦慮其”云云，亦勿説得太好。“以義驅”，即指武王事，乃以齊桓代出，且江、黄亦非白狄比，謬。或以“遂乞師”“取穀”，代本比出，或單出“盟貫”“取舒”“遂伐楚”，主“蠻夷”“戎狄”“以義驅之”，尤謬。

言汶陽、成八。盟蒲、成九。秦狄伐　失信、刑以召内外之侮，可永爲後戒矣。“殺世臣”，虚補。加取汶陽，成二。同。或加書救，以“同、括請戰”代“殺同、括”，謬。又只“信”“刑”二比，出言汶陽、會虢，或四比，出城濮、盟扈、取汶陽、言汶陽，尤謬。

盟蒲、成九。秦狄伐　内携、外侮，繇信、刑失也。“皆貳”“交伐”，“皆”字、“交”字要貼。

盟蒲、成九。秦狄伐晋、盟鹹、盟沙、俱定七。朝歌定十三。　失政召内外之侮，貪利致内外之貳。比《朝歌傳》。

盟蒲、成九。秦狄伐　貞伐、襄八。十二國伐襄九。　兩觀召内外之侮，繇政與謀失也。

盟蒲、成九。秦狄伐　良霄、襄十一。會申昭四。　招内外之侮，成内外之功。

秦狄伐　欵奔昭三。　用夷殘夏，以賤圖貴。與武王之驅蠻夷而除殘賊異矣，自謂牧野之誓乎？與獻公之信左右而蔑冢卿同矣，能無夷儀之奔乎？

成九。城中城　《經》紀設險於微者，明體險之大用也。重“謹禮”發。玩“體險”二字。将一“禮”把作“險”用，覺堂簾森嚴，而隍塹樓櫓陳於殿陛矣。“杜絶”“限隔”四字，亦影關“城”字。“設險大端”，言此不過其大端耳。“王公設險”以下《傳》，正申明“經世安民”三句。只以議論行文，不用責魯語，亦不可説謹禮即不用城，玩《傳》末“獨”字可見。恃城郭爲固，其守已微，而况中城？故曰“益微”。緣他權在三家，畏懼起本國的人來，所以於城中创城。“道”字雖該得廣，而成公時

“道之得失”，正視諸此。

莒潰、成九。城中城　小國被患在失政，望國之設險非矣。《傳》據高氏説魯之城，懲莒禍也，故以莒事開端。論莒曰“政”，論魯曰“禮”，各就其所急言也。莒小國，方遭外患，故貴得民心；魯成幼弱，將有内憂，故先定民志。倒單作。

城中丘、隱七。城中城　此以“城非《春秋》所貴”二句搭，總發，中稍串講，重下。

城中城　墮郈費定十二。　觀魯城之興革，而見“體險”之有得失也。以“杜絶陵僭”云云炤出，須緊貼“體險大用”相形。下比易良霄奔，襄三十。是歲子皮授子産政，“子産使都鄙有章”云云。

良霄奔、襄三十。墮郈費定十二。　兩觀聖賢爲國，皆謹於禮以爲險者也。□事豈可出二比？

城中城　昌間昭二十二。　《經》於設險訓民者，而皆醒之以禮焉。味“體險大用”，味“軍政大本”；“城郭溝池”“微矣”，“馳射擊刺末矣”；“莒恃陋不備”云云，“觀于有莘”云云。上，“辨尊卑，分貴賤，别等威，異物采”；下，“明貴賤，辨等列，順少長，習威儀”。

城中城　會平丘昭二十三。　譏設險矜威，欲人以禮爲險、以德爲威也。不以城郭爲固，須平日辨别名分；不以兵甲爲威，須平日固結人心。

城中城　城虎牢襄三。　險不可恃而亦不可棄，魯、鄭俱失之矣。設險豈遂足以守國，可專恃乎？設險亦所以守國，可輕棄乎？

成十。黑背侵　與國狗伯之兵，《經》示私親之戒焉。“晋命”只作事實，“寵愛”就平日説，而“侵鄭”亦在内。《傳》因後日事，而料其今日之如此，作文先驗明，方斷罪。然重“垂戒”上，不重“罪衛侯”。加衛奔、出衎。會戚，俱襄十四；立剽。作“貽患”事實。加年聘，隱七。炤“此與夷仲年無異”句，比斷發揮，不可分。

成十。齊人媵　《經》紀嘉禮，示謹制，旌賢之意焉。補衛媵、成八。致女，成九。□罪宋公，賢伯姬。

成十。公如晋　諸侯會諸侯葬，是天子事晋矣，故曰“諱其辱而不書”。要有“謹禮”意。

成十二。周公奔　《經》惡王臣自絶，傷王道之微焉。“盟”事在前，不用。以周公“叛盟失信”“自絶於天”，提過，倒“出”字作。“號令不行”，就在逋逃見之。

成十二。瑣澤　晉、楚已盟於宋西門，而此會則魯、衛如晉聽成也。用《執戎蠻哀四。傳》“晉、楚有盟”句。或用《華元奔傳》“彼多大勳”句，亦可。舊主家氏注“罪晉交夷”，不可從。

成十二。交剛　晉景之卒，已兩踰年，“君行顯親”意，説來不緊切，且無書法。只宜點起，單借《大鹵昭元。傳》“書‘敗狄’，譏之也”意，斷其詐戰之非。

成十三。郤錡乞　以卑詞紀徵兵者，卑其意也。此題當在書法上，發他應違聽命於人之狀，以見其“自反不縮”。蓋惟“誅討”之義，則自可請於天王，而其氣伸；惟“報怨貪得”，故義不得請於天王，而必至“卑伏屈損”。是一個意思，非兩層。加遂伐秦，成十三。主“徵兵報怨”事實。或加會扈伐，宣九。作“徵會討貳”。《傳》中“徵會”句是泛語，非以“討貳”爲美詞。再加踐土，僖二十八。炤“晉主夏盟”。加盟戚、執曹，俱成十五。作“誅亂討賊”。“執曹”是執而後歸於王，非請於王以合諸侯而執之也。或出遂圍許，僖二十八。討不朝。亦非王命。

遂乞、僖二十六。錡乞　内外擅徵兵以行私，《春秋》槩陋之也。並叙，内外交股作，俱發“乞”字意。加滅譚、莊十。取鄟，成六。或升陘、戰泓，俱僖十二。以“重内輕外”唤起書法。《傳》無□乞、□乞、乞□，□不可加。

錡乞　圍彭城襄元。《經》紀甲兵、土地之事，而皆斷之以王焉。主“土地甲兵，受之天子”句。重“王命”，謹“王度”。下易成虎牢，襄十。同。

取牟婁、隱四。遂乞、僖二十六。取汶陽、成二。錡乞　同上，但皆重“王命”耳。不正疆里於王，故皆書“取”；不以王命興師，故皆書“乞”。

以四國伐、桓十四。戍虎牢襄十。　亦主“土地甲兵”句脱出。上《傳》有“列國之兵有制，皆統乎天子”句，下《傳》有“鄭人土地，受之天子，非列國所得專”句。

錡乞師　如京伐秦成十三。　徵兵出於私，覲王出於慢。《傳》題少“如京”比。

成十三。如京　遂伐秦　《經》於因事修覲者，酌詞以存臣禮焉。因會伐而行，即不成朝禮，故不書“朝”而書“如”，此乃事實書法。重在“‘伐秦’爲遂事”“存人臣之禮”上。明知“諸侯之慢”，而不忍成其“慢”，此亦假空名以全實禮意。“豈曰小補”，須發痛快。全就書法上發揮聖人意思，不宜漫爲斷罪語。諸侯之敢於此極者，只是箇“慢”；其所以“慢”，只是不知王之爲重。正是動他這點“敬”心。加“侵伐”比，只入敘中。

成十三。如京　諸侯因事朝王，慢亦甚矣。要知舉魯以見列國。“至於此極”意，要説得剴切。

成十三。遂伐秦　酌詞以重覲典，維臣禮也。“慢”意亦略提起，作法全同單。

南季、隱七。榮叔、莊元。侵蔡伐、僖四。侵曹伐、僖二十八。“如京”“會伐”，詳按“諸侯覲王之慢”，而聖人“存禮”之意深矣。依《傳》散作，以“侵伐”講起，轉過“伐秦”書法，然後將上二比挑入。去本比，以“王朝聘問屢施”“諸侯侵伐四出”分作，皆責他不朝。非《傳》意，難出。

朝王所、僖二十八。晋侯伐衛文四。　兩觀朝覲之常典，古道然也。

凡伯、隱七。宰糾、桓四。宰周公、僖三十。王季子宣十。　即王室修禮之煩，而望國覲王之慢甚矣。依《傳》“天王遣使”云云至“此極”一段作。加如京，一串作，歸重如京比，要即魯以見“諸侯之慢”意。再加會伐，書法上發。

祭伯、隱元；抑。盟洮、莊八；縱。厥貉、文十；奪。新城文十四；予。《春秋》重君臣之義，無所書而不明之也。無命者抑之，奉命者縱之，從僭王者奪之，外僭王者予之。全在書法上發意。起處以“君臣，人道之大倫”帶起本股，貼明“爲此懼，作《春秋》”意。“其義”云云一段，發於末。出伐衛、莊三；逆命，奪。突救、莊六；伸命，予。楚丘、僖二；專封，抑。河陽，僖二十八；請狩，縱。同。

如京伐　盧歸吴昭十三。《經》重朝覲、封建之典，兩有以存之也。兩邊俱用聖人“懼而作《春秋》”云云。上，“臣敬君，子敬父”；下，“興滅國，繼絶世”。

成十四。婦姜至　望國失親迎之禮，《經》譏其“非正”焉。以“非正”起，發“不中禮之節”。論齊、魯之“封壤”“爵次”“道途”，皆當“迎之於其國”者。

成十五。盟戚　已亂之道，曹公子得之矣。主《遇垂莊四。傳》。子臧辭國事，在執曹後，須叙明。晋列負芻於會，作結。

成十五。執曹歸京　討有罪而不專，可謂伯討矣。重“執得其罪”上。“歸京師”意，渾融串講在中，收“書爵”。玩“未有”字、“獨”字，正别有影擊處，莫只認煞本比稱許，蓋聞足音而喜，意有感於空谷也。試想列負芻於會，故曹伯爵而不名，晋亦未爲盡善矣。加會伐秦、成十三。盟戚，成十五。只作事實。

執滕、僖十九。執衛、僖二十八。執曹歸京　《春秋》迭紀伯討，獨與夫得正者焉。上二比，一“專”一“濫”，形講如單。

執鄭伯、成六。執曹伯　兩紀討罪，而得失異焉。上，“既不以王命，又不歸京師”，稱“稱‘人’”以“執”，“非伯討也”。正與下相反。

成十五。華元奔歸　詳外臣之出入，著其正也。“司君臣之訓”句極重。正其志於討賊處，元“不敢賴寵而出奔”，非是“不能治官”，姑從“越境乃免”之説。蓋將借援於晋，期在必討，故身止河上，居宋、晋之界，示以許之討則入，不許之討則出，及“宋人與晋皆許其討，而後入”。其出入以“正”，總在既奔未歸之間，非既歸、能討上。“去就”，宜渾説。《傳》中“以不賴寵而出奔”二句，語意相連，故不得大開，開説便不緊醒。總見其不“懷禄固寵”，而欲“正君臣之訓”也。作文宜以述事體叙明，炤《傳》問其出入“皆不省文”，然後發所以“詞繁不殺”意。只華元奔，單就“懷討賊之心而奔”上論。只華元歸，單就“不輕復”上論。

成十五。魚石奔　强臣去國，而外臣靖難之心遂矣。“五大夫”，獨言魚石，舉“重”也。仍就“定國”上，見其出入之志於討賊，不可徒美其功。無書法。

宋楚平、宣十五。瑣澤成十三；合晋、楚之成。　賢臣有安國、睦鄰之勛，所以取重於國也。只借二事，發他勳之大，見“爲國人所與”意，要就魚石口中説。末繳“所以爲國人所與、石不得不畏”意。加本股，倒作。“大勳”，只依魚石語，入叙事内。

華元奔　鱄奔襄二十七。　兩大夫之去國，忠信無愧矣。魚府曰“元反必討”，甯喜曰“必子鮮在”。蘇轍、《穀梁》，各證。

魚石奔　僑如奔成十六。　逆臣、讒臣之去，皆於賢大夫賴焉。下，范文子。

元奔歸　履奔襄二十。　出入得正，進退失宜。俱就“討亂”言。

元奔歸　如晋復昭二。　出入以正，進退失宜。

成十五。鍾離　屈中國以親夷，世道可傷矣。“齊、晋大國”云云語意，最要發揮，此正所以“殊會”緣繇，惟往與之會而會吴，故曰“不能與敵”，曰“俛首”，不徒不當與吴爲會也。要描衰颯之景，纔得聖人感慨傷悼意思出。此只説“僭王”，不可説到“貽患”，且亦只“往會”，未是“往盟”。齊、晋是大夫，未是國君，須辨。

會首止、僖五。鍾離　兩觀《經》之“殊會”，見正分、謹防之意矣。各就書法上説，以“尊”字、“賤”字起，重“不敢抗”“不能敵”上。“不敢抗”是論道理。加柤、襄十。向，襄十四。同。

鍾離、始通。于柤、襄十；與吴謀偪陽。于向襄十四；爲吴謀楚。　中國屢親僭王之夷，《經》皆特詞以傷之也。總叙如單。

鍾離　盟宋襄二十七。　中國與夷會盟，皆時事之可傷者也。“通吴”之始，“交見”之始。兩《傳》俱有“傷”字。“東向而親吴”，“南向而朝楚”。

鍾離　會申昭四。《經》於親夷、變夷者，皆甚其罪焉。上“殊會”，□□於夏，“罪諸侯不能與之敵也”；下“不殊會”，同淮夷於夏，“以在會諸侯皆夷狄之行”也。

鍾離　黄池哀十三。　兩以特筆紀會，皆所以扶伯業也。示抑外傷内之意，示治内禦外之道。“殊會”“書‘及’”，皆特筆。上“外夷狄”，而傷中國不能與之抗；下“尊中國”，而見外夷不可與之抗。

成十六。雨木冰　觀魯禍預徵於天，而知天人不誣矣。胡氏因王安石謂天人不相干，因“盡廢《五行傳》”，而發此。只重“不可誣”，含“不可廢”意。加沙隨、苕丘，俱成十六。只將来一驗。

成十六。鄢陵　重分、紀兵，尤示幸勝之戒焉。“重君”提過，重發“‘幸’非持勝之道”。大凡人情無故而有大功，必視天下之事皆不足煩吾計慮，而驕溢般樂，使患生几席，禍釀蕭牆，勢所必至。“備書”，連殺三郤、殺州蒲言。單比，但“備書”中之一書，只可説書此以爲“備書”地，不必收“亦可”[7]。

鄢陵　伐鄭至、成十六。夏伐至、冬伐至、俱成十七。夾谷、歸田、俱定十。墮郈費定十二。　伯國幸勝而啓憂，昧於無患之戒也。叙明本股，便將范文子語提出，入孔子事説明，倒“幸勝”上，而以後“伐鄭”驗之。須補出“三郤”，方見“内憂”。蓋“聖人内外無患”，彼其所以弭患者，原自徹始徹終，非徼意外之幸，故功而無溢志、無敗媒[8]也。幸者反是。去“三至”、墮郈費，同。

鄢陵　伐鄭至、成十六。伐鄭、伐鄭俱成十七。　兵勝而適以張外勢者，惟其以幸而怠也。主“楚勢益張”句，就“楚張”内入“晋怠”，仍歸到“内亂”上去。《傳》中論“晋禍”，原本范文子“内憂”語，只説“國内大亂”，搭“三伐鄭”欠切。即作“晋怠”，然“怠”是怠於内治，亦指“宴侈聽譖”事，與伐鄭無干。只作“楚势益張”，最是。夏、冬“二伐”，皆畏楚救而還，作“楚張”甚確。十六年伐鄭，無楚事，去此比更妥。或於“楚張”，又擬“滅舒庸”，不切“争衡”事。楚鄭侵宋、壬夫侵，在厲公弑後，俱謬。

伐鄭至、成十六。夏伐鄭至、冬伐鄭至俱成十七。　只好將首比輕遞過，重下“二伐”“畏楚”上，説入“晋怠”。不可誤以“三伐”無功爲“内憂”。十六年不切“楚張”，此題自不可出。

鄢陵、夏伐、冬代、俱成十七。獲燮、貞伐、俱襄八。晋伐襄九。　兩觀勝兵之啓患，早見者知之矣。比《貞伐傳》。士燮“外寧内憂”之戒，子産“文德武功”之語，皆驗。

鄢陵　侵蔡獲燮襄八。　倖勝不足恃，武功不足競。

鄢陵　盟戲襄九。　即伯國制敵，而見倖勝、善勝之異焉。違士燮，聽郤至，外寧内憂，卒符軍門之戒；違荀偃，聽知罃，外屈内順，卒成鄭門之算。“楚勢益張”，則捷乃所以不捷也；“楚師遂屈”，則不戰乃所以戰也。“外寧内憂”“勞心勞力”等語，皆絶大議論。

伐鄭、成十六；潁上。伐鄭、曲洧。伐鄭、俱成十七；汝上。伐鄭、襄十；牛首。伐鄭、北門。伐鄭俱襄十一；東門。　迭觀伯國加貳，而見倖勝、善勝之效焉。脱比《蕭魚襄十一。傳》。各邊將“三伐鄭”問起“此其故，何也?”然後以“違士燮之諫，庸智罃之謀”云云應之。若出鄢陵、蕭魚，主《宋楚平傳》“善則稱君”二句。

夏伐鄭、冬伐鄭、俱成十七。入吴、定五。入吴哀十二。　勝兵不可久者二，倖與力而已。“晋遂怠”“遂”字、“越已入”“已”字，俱妙，要發得剴切。

成十六。沙隨不見公　不諱内君之見辱，示守身之道也。晋之辭魯，不過以“後期”。而魯之“後期”，寔繇“内難”，正“所當恤者”，而晋乃聽讒不見，則“曲在晋”，不在我。“自反”無歉，雖“直書”何妨?雖就成公説，全重“因事垂訓”。以“正己而無恤乎人”一句作骨，“守身應物”“伸道榮義”“大勇浩然”，俱要點發。

假許、桓元。盟幽、莊十六。及處父盟、文二。取鄟成六。　存臣禮於諱詞，其不得不諱者也。重“存臣子之禮”上。有歉於心，雖欲不諱，得乎?

假許、桓元。歸益哀八。　諱内惡而揚其美，臣禮然也。須總發“臣子於君父之禮”，言外便有“非惡是美，則不必諱”意。出取鄟、成六。歸二邑，哀八。同。

蔡季歸、桓十七；道。朔入、莊六；邪。高子盟、閔二；義。平莒郯宣四；勢。《春秋》之所伸、所榮，重道義也。借題發《傳》，以“沙隨”起繳。出突救、莊六；道。鄭逃、僖五；邪。次鄫、襄元；義。黄池，哀十三；勢。同。或首止、道。鄭逃、俱僖五；邪。椒聘、文九；義。會虢，昭元；勢。同。只突救、會虢，同。“伸道不伸邪”云云，泛論《春秋》之意，原難擬題。况道、邪、義、勢，就一事中，此道彼邪，此義彼勢，而聖人重此不重彼，故曰“正己”云云。析作四比，失《傳》旨矣。首止、鄭逃是一事，椒聘、會虢同一楚，與突救、會虢，二比題，猶可。又有甯母、僖七；抑子華。弗克納，文十四；返八百乘。主“桓不伸邪，盾不任勢”。本説“《春秋》伸道”云云，今屬桓□□，尤謬。

成十六。公□□　内有僑如之患，外不見伯主，故危而致之。寄《盟唐至桓二。傳》。

成十六。會尹子伐鄭　主《鄢陵成十六。傳》“楚勢益張”。潁上遷師，子罕宵攻，三國皆失軍，幸勝所致也。“瀆分”意，只提過。

成十六。曹伯歸　王室縱有罪，失天刑矣。只“失刑”一意融講，總結“曹伯不名，而言‘自京師’”。負芻自合書名，然而“不名”。“所以累乎天王”，見其位已絶，特王“不絶”之耳。當時周之衰，全是刑賞不行於天下。因晋之執，是極便一箇機會，却放去了。除了刑賞，把甚麽號令天下？故曰“無以爲”。加執曹，成十五。只炤“因晋之執”。

春王正月、二十四[9]。適歷昭三十一。　上，文不賞介推；下，定不刑意如。“以堯爲君”數句，須痛發。下易鞅歸，定十三。同。

曹伯歸　鞅歸定十三。　《春秋》兩譏縱罪，而知明刑之重也。上云“無以爲天下之共主”，下云“其能國乎”。上宜“因晋之執”，下不宜“狥韓魏之請”。上“使復國”，下“許之復”。

曹伯歸　黄池哀十三。　明於天下之計者，宜討有罪而抑强夷矣。二《傳》皆有“雖得天下，不能一朝居”句，上自“刑賞”説，下自“體統”説。君臣、夷夏，王道、伯業。

成十六。莒丘　僑如奔　盟扈　賢奸幾晦而復明，繇伯臣之能納忠也。“莒丘”比，見“郤犨信讒”，提講在前。將“奔”“盟”串講，“予范文子納忠”作。以下諸題，但主《刺偃傳》。此時晋厲初弱，諸臣用事。觀《刺偃傳》内所載，皆内外臣子自相應答之詞，與晋厲毫不相涉。故凡“信讒”處，宜“罪郤犨”，凡“納忠”處，宜“予范文子”，而晋君只帶之。如云主之者雖晋厲，而實則云云，使自周旋矣。單“莒丘”，主“郤信讒”；單“僑如奔”，主“范納忠”；單“盟扈”，主“行父之忠”，以文子、聲伯點起。莒丘、盟扈二比，以郤、范對；僑如奔、盟扈二比，專主范，而以“去讒慝”“宥忠良”對。惟搭“沙隨不見”比，是“訴公於晋侯，晋侯不見公”也，並所搭比亦主晋君説矣。

成十六。莒丘　僑如奔　辱賢臣，見信讒者之失；逐讒臣，見納忠者之善。以郤犨、范文子爲主，僑如、聲伯帶之。

成十六。莒丘　盟扈　即伯國縱内臣，而聽言之得失見矣。亦主郤、范，同上。要説出“關魯之安危”意。

成十六。莒丘　内臣見辱，伯主信讒之過也。雖是郤犨聽宜伯，然有“訴公於晋侯”，及“晋人執季孫”句，還是主晋君爲是。

成十六。僑如奔　盟扈　魯之得以去奸而留賢者，伯臣賜也。

成十六。僑如奔　讒臣去國，見伯臣納忠之善焉。主“予范文子納忠”，全要本“赦季孫”來。

成十六。盟扈　内臣之見釋，繇忠足以感人也。主“季文子忠足動人”一意，范文子、聲伯，只點入。

成十六。《刺偃傳》

鄢陵　沙隨　尹伐鄭　莒丘　僑如奔　盟扈俱成十六。　伯國始信讒以辱内，而猶幸伯臣之納忠也。以“晋侯聽讒，辭魯君，執魯臣”叙起，倒“赦季孫、出叔孫”作，歸“美范文子”。

鄢陵　沙隨　尹伐鄭　莒丘俱成十六。　即望國君臣見辱，而伯主信讒之失彰矣。只沙隨、莒丘，同。或主《雨木冰[7]傳》。

行父如齊、宣十。如晋、成十一。盟扈成十五。　伯臣信内臣之賢而釋之，善可知矣。□《左註》，“二君”指宣、成。此係范文子語。“宜予文子、行父忠”，只點起。或曰雖是范文子之言，然欲主“納忠”上做，則“兩如齊”比，似無着落。若將二比輕遞過，倒盟扈講，又無意趣。還炤單比，重“行父之忠能動人”講，自覺直截，而題面亦好。但語氣與《城費傳》“相三君”處不同，彼處專“形其忠”，此處要回顧“能動人”意。此《傳》不搭文公、行父如。

如齊、宣元；請會。如齊、宣十；聘頃。如晋、成六；賀遷。如晋成十一；報郤犨。　相臣忠著兩朝，宜其足以動人也。各一比，同。

行父如、宣十；季。蔑如、成五；孟。書救、成六；欒。鄢陵成十六；范。

讒臣欲去内臣，故借□於所忌焉。將僑如語説破，論他肆讒之巧，含“不可聽”意。

盟扈、成十六；士燮。適歷昭二十三；士鞅。　伯國獎忠臣而保奸，聽言之得失見矣。

盟扈、成十六。取鄆昭元。　望國之相臣、使臣，忠皆足以動人也。范文子稱於欒書，趙文子言於子木，俱是“忠足動人”。加苕丘、成十六。會虢，昭元。同。

沙隨、苕丘、俱成十六。公不與、執意如俱昭十三。　伯國兩辱内之君臣，則讒與貪之爲害也。比《執意如傳》。一因僑如之譖，一因邾、莒之訴，俱辭君而執臣。晋厲、郤犨、晋昭、叔向。

盟扈、成十六。意如至昭十四。　伯國兩釋内臣，從善、貪利異焉。聲伯告范文子釋行父，惠伯告中行穆子釋意如。善言、利言。

成十七。夏伐鄭首止。　伯兵不競於夷，而修盟之故可稽矣。見《鷄澤襄三。傳》。繳用“柯陵”。加“公至”，同。

成十七。柯陵　見《鷄澤襄三。傳》。“尹、單與盟”，只辨過，重“同懼楚”作。後將“兩伐鄭”驗之，不必斷罪。

成十七。辛丑用郊　紀望國享帝，譏其非時之甚焉。“郊”當以正月上辛，“九月”則夏之七月，故曰“不時，未有甚於此者”。收“用”字。“僭”意不用。

成十七。冬伐鄭汝上。　與“夏伐鄭”同。

成十七。公至伐　楚子申師于汝上，諸侯還。亦主《鷄澤》。前二“伐”皆“以會致”，此獨“以伐致”。

成十八。公如晋　一朝嗣君也。《陳逃襄八。傳》，搭作“晋君方明”。

成十八。伐宋入彭城　《春秋》紀兵，而助逆、爲逆者，均罪焉。惟“不世”，故楚納之而不與；惟“已絶”，故石復爲甚逆。止出“入彭城”，只責魚石“惡之甚”。

成十八。楚鄭伐宋　《春秋》申大義，故深惡兩國之黨叛焉。主《次鄫襄元。傳》“楚人釋君而臣是助”與鄭“棄中國”云云二意，俱在“納魚石”上論。本傳不言“納”書法屬下文，雖借用。

魚石入　欒盈入襄二十三。　兩紀逆臣復國，而皆甚其罪焉。“楚納叛”“晋致亂”，各點入。

成十八。士匄聘　《至笙奔宣十。傳》，搭作“逐夷羊五”。舊主許氏註：“公朝始至，而聘使繼來，晋悼之下諸侯肅矣！此列國之所以睦，而叛國之所以服也。”凡小註俱不宜從。

成十八。杞朝　公語晋君，杞伯於是驟朝晋。《陳逃襄七。傳》，搭作“晋君方明”。

成十八。楚鄭侵宋　《春秋》紀兵，而助逆、從夷均罪焉。救彭城也，與楚鄭伐宋大意同。

成十八。虚朾舊主“諸侯同心謀救宋，悼公正諸侯”作，而以襄公在喪，使不會，悼公仁諸侯，略點起。然無明《傳》，宜删。

【校記】

〔1〕忽奔，後依例應註明年號“桓十一”。

〔2〕至，應爲“如”。

〔3〕成六，應爲“成九”。

〔4〕題末有雙行夾注三十餘字，半不能辨，不能成句，未録。

〔5〕《春秋》記“來媵”，本題“晋人來媵”外，還有成公八年“衛人來媵”，成公十年“齊人來媵”，“二媵”當指此。

〔6〕《傳》中無兩“之類”字，但其意含兩層。其文曰：“《經》有褒以見貶

者，‘初獻六羽’之類是也；亦有因貶以見褒者，‘致女’‘來媵’是也。”

〔7〕亦可，《傳》無此二字，謂行文勿用“亦可”意。

〔8〕敗媒，不通，“媒”字或“謀”字之誤。

〔9〕二十四，前脱一“僖”字，以“文不賞介推”可知。《左傳·僖公二十四年》：“晋侯賞從亡者，介之推不言禄，禄亦弗及。”

〔10〕雨木冰，後依例應註明年號“成十六”。

卷之二十一　襄公上

襄元。圍宋彭城　追書叛邑，謹王度也。“疆域”“封守”，正是“王度”。只發明“非宋”字。“不得取”“不得受”，串看。“不登叛”者，不成其叛也。就聖人書法上説，不可認作楚罪。“追”字有味。“晋放義”，叙處見之。加伐宋入彭城，成十[1]。同，但“已取”“已入”，倒入辯斷。

取汶陽、成二。吴滅巢昭二十四。　《春秋》謹王度，故於分邑致意焉。不重事實，只借發“正疆域，固封守，謹王度”意。下比易城虎牢，襄二。同。

圍彭城　城虎牢[2]　《春秋》重分地，兩以筆削示意焉。“追書‘宋’”，明爲宋之當有。“謹王度”，“不係鄭”，“責鄭之不能有”。“待衰世”，通以聖人大意立論。

圍彭城、追書。戍虎牢襄十；還係。　兩係地於國，不與夫崇亂、逼貳者也。“楚已封魚石而戍之矣”，晋已遣魏絳而戍之矣。上“王度”，下“王制”。

圍彭城　叔弓會陳昭九。　《春秋》存國邑，謹王度、合天德也。上，“楚不得取”，“石不得受”；下，國不可滅，世不可絶。楚已封魚石而戍之；楚滅陳，使穿封戍爲公。

圍彭城　荀吴伐鮮虞昭十五。　謹分地，恕正兵，皆“不登叛人”。

襄元。伐鄭次鄫　惟伯兵放義，而昧義者無可貸矣。以“晋放義”做起，就“義”字轉下，發明“鄭無可救”意，收“不言‘救’”。《傳》首“楚釋君助臣，事已悖矣”，已立“鄭不當從楚”之案，後云“不以大義裁之”，正與“放義”“義”字相應。二“義”字，總屬“君臣”。“次鄫”是韓厥以偏師伐，而諸侯“次”以待之，與“伐”而“次”不同，文中只作事實。舊説以“君臣”“夷夏”作對，近主一意，猶補出“鄭人黨楚以助魚石”。皆蛇足。只“韓厥伐鄭”，單主“予晋”。加壬夫侵，襄元。只绍“削‘救’”，同全單。再加圍彭城，襄元。大意同單，“圍彭城”不重。《傳》云“皆放於義”，須抑揚説下。

鄢陵、成十六。入彭城、成十八。圍彭城、襄元。伐鄭次　壬夫侵襄元。《經》惡貳國昧義，故予伯討而略外救焉。以鄭爲主，見以“集矢”故，而從楚納魚石，非義也。故晋可“伐”，楚不可“救”。以入彭城、圍彭城貼上半《傳》，以鄢陵、壬夫侵貼下半《傳》，同單，亦可。

圍彭城、襄元。伐鄭次　謹君臣之分，兩予伯兵之放義焉。惟魚石爲叛臣，故義當圍；惟鄭助叛臣，故義當伐。不必大開，宜體《傳》中“遂”字，串發“皆放義”意。無書法。加伐宋入彭城，成十八。序“楚、鄭黨叛”事起，同單。

鄢陵、伐鄭、俱成十六。伐鄭、伐鄭、俱成十七。伐鄭次　壬夫侵襄元。原貳國從夷之非，則如《經》削外“救”以著罪之意矣。只主“削‘救’”邊。“伐鄭次”比，只見鄭之見討，就轉到“楚救”上。去伐鄭次，同。舊□鄢陵、伐宋入、彭城、壬夫侵，但伐宋入比，似混釋君助臣，故易“三伐鄭”。大抵此《傳》題，無圍彭城，則只主“罪鄭”；無壬夫侵，則只主“予晋”。

壬夫侵[3]　貞救襄十。　筆削外救，從夷、逼貳之罪見矣。上“放於義”，下“以大義裁之”。下，“固云不義”，“可謂以義服之乎？”加伐鄭次鄫、戍虎牢、襄十。同。

襄元。壬夫侵　不假外夷恤患之名，顯貳國之昧義也。用《伐鄭次傳》“削‘救’”邊，全要發“鄭無可救之善”意，不必入“晋當伐”等語，重“大義裁之”句。“黨魚石”，畧點。子辛是救鄭因侵宋，非侵宋以救鄭，宜辯。要知《春秋》責鄭，全在“不以大義裁之”上，不然，則君“親集矢於目”，此德亦不輕矣，如之何其背之？

襄元。邾朝晋衛聘　列國但知交鄰，而廢禮之罪甚矣。要有嘆惜意。“禮”字爲主，“朝”“聘”分。

襄二。鄭師伐宋　貳國困於夷令，宜善爲從伯計矣。主《貞伐襄八。傳》“困强楚之令”云云。下“三國侵鄭”，而諸大夫欲從晋，正是“欲息肩於晋”也。“信任仁賢”等語，可入講。舊借“次鄫”，責鄭昧義。

襄二晋宋衛侵鄭　權師、將之柄，而兼重之義見矣。主《大棘宣二。傳》。晋、宋稱“師”，“師衆將卑”也。衛書“甯殖”，“將尊師少”也。鄭困楚令，被晋討而不能决去就，此意提過。或主此作文，不如上説，有□。“晋伐喪”，可作束。

襄二。秋會戚　謀鄭也。主《陳逃襄七。傳》“八卿和睦”。舊説“大夫專會”，然《邢丘》《溴梁》傳俱未論及。

襄三。冬會戚城虎牢　《經》以失險罪貳國，示守國之道也。“守天子之土”二句最重，“責鄭”全在此。“有是而不能守”，“責鄭不能有”，二“有”字可味。須本“從楚”説來。時鄭僖方立，諸大夫欲從晋，而子駟不可，故孟獻子請之，知武子善之，而遂城以偪鄭也。要寫“門户既舉，國無可守”的景象，“待衰世”意要發。“不能守”，不止弛備，背華即夷，是其失守之大處。加貞伐、襄八。晋伐，襄元。主“將至於遷潰滅亡”句。

滅下陽、僖二。城虎牢　有險不保，按同敗者而罪可知也。炤“虞之下陽”句出，比論方妙。不可大分，把“聖人待衰世”意做主。

取牟婁、隱四。取郜陽[4]、隱十。滅下陽、僖二。城虎牢　惡啓疆而尤罪失險者，“待衰世”意也。炤《傳》“固”字、“亦”字口氣，倒下二股作，要發“待衰世”意。“地有所必據，城有所必守”，正與“争地”“争城”相應。只取牟婁、隱四。城虎牢，略分：《詩》有“疆理之辨”，《易》有“設險之训”。又牟婁、隱四。伐莒潰，成九。同。有出牟婁、郜防、梁亡、莒潰、滅胡、遷州來，又單出遷宿、蔡潰、滅胡、梁亡者，俱太鑿，宜删。

城虎牢　侵蔡獲燮襄八。　貳國失險虐鄰，皆非保國之道也。與民同守，孟子語滕君；以小事大，孟子告齊王。

城虎牢　得寶玉大弓定九。　《經》重世守，於分地、分器致儆焉。上有“虞之下陽、趙之上黨”句，下有“兑之戈、和之弓”等句。

襄三。嬰齊伐吴　主《長岸昭十七。傳》，見楚惟失巫臣，而使爲吴用，授吴乘車、射御之法，故今日見弱於吴。而取駕邑，俘鄧廖，組甲被練之衆幾無餘矣，可不戒哉？

襄三。盟長樗　伯臣相禮而志尊王，深於禮者也。主《遂納幣文三。傳》“志敬節具”句。以孟獻子失禮點起，倒知武子作。

襄三。鷄澤　紀瀆分之信，而著其病外之“同”焉。《傳》只因“王臣”一句，反覆辯論，見鷄澤“書‘同’”，爲此不爲彼也。絶無斷罪語，作文只就當時時勢，辯出“懼楚”之“同”。單説諸侯，不必扯王臣在内。“楚師在繁陽”，是□事，《傳》只引一時之事，以驗其“有戒心”，非因此而戒也。加袁僑如會，襄三。只作“懼楚”之驗。加盟幽、莊二十七；同欲。亳北，襄十一；反覆。只於起處一辯。

鷄澤　亳北襄十一。　以“同”紀盟，惟協與疑兩法而已。要從例上體“信矣”二字，含“王臣預盟書‘同’，義則未安”意。出幽盟[5]、莊二十七。亳北，襄十一。同，破云：“兩以‘同’紀信，此例之可比而攷者也。”

盟洮、僖八；謀王室。翟泉、僖二十九；謀伐鄭。女栗文十；頃王立。　攷王臣與盟之文，可得“懼外”之説矣。本股問起，全要發三盟“不書‘同’”，以爲“書‘同’”之辯。不重斷罪。《傳》末“王臣”云云至“罪自見矣”，亦入辯内。舊说以“不書‘同’”作案，以《傳》末“王臣將命”一段作斷，未是。

柯陵、成十七。鷄澤　平丘昭十三。　皆有所懼而書“同”，其爲同欲之例審矣。總叙，畧點三段，混發。各驗比雖未出，亦須略炤。“瀆分”意，只繳一句便了。加盟洮、僖八。翟泉、僖二十九。女栗，文十。只辨書法在前。

伐鄭　柯陵　伐鄭、俱成十七。鷄澤　袁僑如、襄三。平丘　陳蔡歸俱昭十三。　諸侯有戒心而修盟，所以著其“同”也。同上，但入驗“宜矯絶”[6]。

夏伐　冬伐、俱成十七。袁僑如、襄三。陳蔡歸昭十三。　屢觀諸侯懼外之迹，而知修盟之故矣。

夏伐至、子重。冬伐至俱成十七；子申。　伯兵兩舉而不競於夷，修盟之“同”可稽矣。起繳用“柯陵”。須知“柯陵”之“懼”，非爲“二不競”而懼，乃即“二不競”，而斷“柯陵”之爲“同懼”，觀《傳》“會於柯陵之歲”句可見。“不競”，恨“幸勝”來。加柯陵[7]，倒“同盟”作，如單。

伐鄭至、伐鄭至、俱成十七。廬吴歸昭十三。　兩稽内弱外强之實，知諸侯“同懼”之繇矣。上驗“柯陵”，下驗“平丘”，繳云“鷄澤亦此例”。出柯陵、成十七。平丘，昭十三。同意。

袁僑如會、襄三。廬吴歸昭十三。　觀中國之恐懼，知所以修盟矣。係“鷄澤”“平丘”脱母。

突救、莊六。葵丘僖九；齊桓不敢盟宰孔。　内外宜明義奉法，而反此者可以知其罪矣。雖説“王臣明義”，“諸侯奉法”，却要影炤不明義、不奉法者之罪自明，而“無待書‘同’”。近以“諸侯伐衛”，或“執曹歸京”，易“葵丘”。與“王臣”何切？

襄三。袁僑如會　及盟　《經》紀大夫之盟，見權之猶統於公焉。主《溴梁襄十六。傳》。諸侯會，而大夫自爲盟，自此始。“懼楚”是事實，諸侯猶未失政是正意。非予之，亦非幸之。

襄三。袁僑如會　主《鷄澤傳》。楚子辛爲令尹，侵欲於小國；陳“使袁僑如會”求成。

襄四。《午卒傳》

盟幽、莊二十七；名“同”。隕石、僖十六；名“申”。取鄟、成六；諱“滅”。孫齊昭二十五；諱“奔”。　有諱有不諱，參文質之中也。國惡而國甚大，則不得不“放王之文”以諱之。至於君名之諱不諱，有何關繫？若不盡從帝之質而不諱，則後世之“忌諱繁，名實亂”，又不知何如矣。周人原只諱名，未嘗諱惡，借他諱名之意以諱國惡，故曰“放”。古者不以名爲諱，也隨着他不諱，故曰“從”。作文要將“法萬世”意發透。只取鄟，成六；諱“滅”。滅偪陽，襄十；甲午。同。又午伐鄭、襄十八。取鄫，昭四。同。

盟幽、莊二十七；同。隕石、僖十六；戊申。執小邾子哀四；宋人。　屢不諱君名，從其賢也。《傳》云“書‘戊申’”，則“宜申”“壬申”等比不可出；《傳》云“書‘宋人’”，則“宋□□”“宋行人”“宋公”等比不可出；“午”指“午卒”，則“午伐”“甲午”等比不可出。

射姑朝、桓九；不孝。仲孫來閔二[8]；不忠。　有自認爲忠孝而誤焉者，而知《春秋》所當法矣。“違禮”“獻佞”二句，原自“忌諱”上説，首尾要挽到“忌諱”“名實”上，須體從“不明此義，則有”語氣來。文末“《春秋》之法不行”句，亦要發。“以爲孝”“以爲忠”兩“以爲”字，絶妙。出五國伐、成三；宋公厚葬文公。陽生入，哀六；陳乞從景立荼。同。“諂”邊易鄭逃、僖五。戰郯，宣十二；潘黨請築京觀。俱同。

蔡季歸、桓十七。鄢陵成十六。　蔡季請謚，欒鍼不諱名，得忠孝之正。

襄四。叔豹如晋　志諧於辯分，契樂之徵者也。主《納幣文三。傳》。加“樂”：不拜《肆夏》《文王》之樂，而拜《鹿鳴》《四牡》之歌。近因《左》有“敢問何禮”句，主“兼禮樂”説，破云：“伯臣辨樂之等，可謂深於禮矣。”或云：此但可言“志敬而節具”，不可云“志和而音雅”。宜□“禮樂之等”上，發其“知禮之□”。

襄四。公如晋襄五。至　主《公在楚襄二十九。傳》。“冬如晋”“春至”，而歲首不書“公在晋”，以内外無危也。獻子相行，申借助之請；晋侯設享，從圖鄫之愿。襄公時七歲。

襄五。會吴善道　即伯國布命於遠夷，而知遠夷之慕義矣。此會不但是“會戚”事實，玩《戚傳》首即呼云“何以稱‘人’”，則此會稱國，亦可爲下“稱‘人’”張本矣。雖吴先使壽越如晋聽好，晋遣大夫往告會期，非諸侯往會，固不爲屈體，但於此已預鋪張一副非來會的□樣矣。此尚“稱國”，下會突稱“吴人”，則慕義之善，與聖人進之之情，不俱朗然乎？作文先在“告會期”上描寫“吴子慕義”，末在“稱國”上含下“稱‘人’”。

襄五。會吴于戚　以效順進遠人，挈其權於中國也。要看“請聽諸侯之好”一句，故知戚之會，“來會而不爲主”也。“來會諸侯”自是“不爲主”，“主”是“主人”之主，非“主會”之主也。“聖人之情見矣”二句，是欲夷狄効順尊中國意，乃《傳》旨歸宿處；凡作此《傳》題，宜體此發揮，不宜着車迹板講。收“進而稱‘人’”書法。

會戚　會柤襄十。　觀《春秋》進退遠人，無非爲中國計也。須以“聖人之情”爲主，就“來會”“往會”上，見其“主”與“不主”，不重事實。《傳》兩“則”字，下得有味。下易鍾離、成十五。會向，襄十四。俱同。

會戚人。　會柤、襄十；號。柏舉、爵。入郢俱定四；號。　兩觀聖人之進退遠人，而其情與心見矣。上壽夢，下闔閭。“來會諸侯而不爲主，則進而稱‘人’，諸侯往與之會而主吴，則貶而稱國”，如是而後義明。“救災恤鄰，則進而書爵”，“乘約肆淫，則黜而舉號”，如是而後法公。上不徒説夷狄之效順，即《黄池傳》所謂“冠裳倒置，雖得天下，不能一朝居”意，合“夷夏”總論“順逆”，謂其“倒置”“不倒置”之分也。舊破：“因其情之順逆，因其事之善惡。”謬甚。

襄五。冬戍陳　伯主有先事之防，則恤小之一徵也。見《陳逃襄七。傳》。子辛駐師，獻子因有知時之患；彭名振旅，武仲已致行禮之憂。

襄五。貞伐陳　救陳　《陳逃襄七。傳》所云“救陳”，指“會鄬”事，非指此也，借用則可。

襄五。冬戍陳　伐陳　救陳　按《陳逃襄七。傳》“勤”字，是合後二年于鄬之救方見其勤，非指今日城棣之役也。如此出題，姑以“未伐而戍”“既伐而救”分股發之。但不可太分，必講一段，乃見“勤”耳。繳處見“陳不當背”意。

戍陳　戍虎牢襄十。　以“戍”之“美惡”比。舊多“貞救”，載“蕭魚”内，主戍陳之後魏絳陳和戎之策，修民事，田以時。然《左傳》明有息民事在“盟戲”後，不可他求，況戍陳又與和戎無干。

襄六。莒人滅鄫　小國陰謀以取國，《春秋》誅其意焉。“滅亡之道”“道”字，與“欲滅人之祀而有其國”的“欲”字，當玩。加梁亡，僖十九。依《傳》倒作，文中入辯。

襄七。城費　觀世臣越禮之役，可爲後戒矣。季氏世官，自宿始。世官之弱魯，亦自宿始。而“城費”，乃“宿不忠”起手第一件事。觀“其後”云云，今日“書‘城費’”，明明鋪排出一箇“‘履霜’之戒”，也在此，明明顯著出他一箇“强私弱公之萌”，也在此。“履霜”二字與一

“萌”字，俱指是宿開手第一事説，向使“行父卒”，而官不世及於宿，寧有是哉？祖、父賢的，那見得子孫也定是賢的？“羣小媢之”句亦有味，見得用人惟“世”，自有旁探意旨者。行父一卒，便有無故勞民的事，世官“豈不殆哉”！作文以“越禮不度”作事實，以“‘履霜’之戒”二句作實講，而以“用人不惟其賢”三句，用詠嘆語，大發於後。或主即其“越禮不度”的事，皆繇宿不忠而專政，故小媢之，若忠於公室，不顧私邑，豈有是哉？故曰“‘履霜’之戒”云云。慨嘆世官意，只於文末帶發。加作三軍、襄十一。舍中軍，昭五。只作“强私弱公”事實。

行父如晋、文十六。如齊、宣十。如晋、成六。城費　墮費定十三。　內臣忘先德而固私邑，《春秋》譏其越禮焉。依《傳》串講。“墮費”只驗其“越禮”，不出亦同。或只出盟扈、成十六。城費，同。題意欠完。

如晋、文十六。如齊、宣十。如晋成六。　內臣歷相而盡忠，惟其賢也。三比只是“相三君”事迹，作文須以三比敘過，總發其“忠於公室而不顧其所食之私邑”意，首尾點本股。“則固”“固”字要體，見得未嘗爲魯國恙，惟以“賢”用，非以“世”用，故能如此。末云：“使其後皆如行父，雖官之何傷？苟無象賢負荷之胤，而徒以世官及之，安可哉？”出會陽穀、文十六。如齊、宣十。盟扈、成十六。同。末易苕丘，成十六。同。宣元《如齊傳》先有“相三君”句，但不了語，又無“勤儉”事實，故載此。《剌偃傳》有“相二君”句，指宣、成，不出“相文”事，須辨。

城費　墮費定十三。　即後事以驗越禮之役，則知示戒之義矣。“其後孔子”云云，只將來點破，要重“則書‘城費’，乃‘履霜’”云云一段發。舊重“越禮”作，似非《傳》意。以“越禮”“謹禮”合作，尤非。

如晋、文十六。如齊、宣十。如晋、成六。墮費定十三。　行父效忠，孔子謹禮，各挽歸“城費”。甚欠整。出苕丘、成十六。墮費，定十三。同。

季歸、閔元。三卿伐莒昭十。　置賢而論世，危道也。用人“不惟其賢”“惟其世”比出。上《傳》有“賢德爲國人所與，不緣宗親”句。下易作三軍，襄十一。同。出三國伐宋、莊十四。宿如晋。襄九。同。出季歸、閔元。春王正月、僖元。宿如晋、襄六。城費，亦同。

首止、僖五。葵丘、僖九；管仲。會虢、昭元。平丘昭十三；子産。　單主“用人惟其賢”。此題移作諸□、□□比題猶可，在此太不通。

城費　邢丘襄八。　觀越禮委權之事，可爲用人行政者戒矣。上用“墮費”驗，下用“溴梁”驗。上有“萌”字，下有“始”字。“堅冰”“贅旒”。上加茗丘，成十六。下加溴梁，襄十六。意同。宿無先大夫之忠，平無先君之明，固宜有此。

城費　作三軍襄十一。　内臣之固邑、專兵，皆足以垂後戒焉。“越禮不度可知矣”，“民不屬公可知矣”。脱出鞅聘、襄十九。墮費，襄十一。上驗“失民”，下驗“越禮”。

城費　城杞襄二十九。　專政、忘本，皆愧先世矣。宿隳先德，平廢先業。上用行父相三君，下用文、襄、悼事。私家、公室、母家、王室。《易》戒“履霜”，《詩》詠“揚水”。

城費　叔弓圍費昭十三。　役興於私邑，用人之失；□□□□邑，正己之失。上不忠，下不恕。

盟扈、成十六。城費　會虢、昭元。執舍昭二十三。　行父效忠，宿悖之；叔豹立節，舍繼之。舍□繼豹，《傳》無此語。又有以行父相文、宣、成，比欒書相景、厲、悼者，有以宿悖行父、會繼子臧，比執曹、盟扈、城費、會□者。俱謬。

襄七。貞圍陳　會鄬　伯主勤恤患之好，則知其不可背矣。主《陳逃襄七。傳》“諸侯又救之”句，重“陳不可背”意。只會鄬，同。

襄七。髠頑如會　貳國志於從伯，致其志以嘉之焉。只主“未見諸侯”三句作，餘皆註“卒于鄵”者。“禮義”二字要發得出，“志”字極重。收“如會”書法。加會鄬，襄八[9]。入叙事中。

髠頑如　陳逃襄七。　《春秋》扶中國，而予奪夫從違者焉。主《傳》末“卒鄭伯，逃归陳侯”一段搭，總見聖人貴華賤夷、存理抑欲之意。下《傳》亦有“禮”“義”字。加會鄬，襄七。入叙事中作案。

襄七。陳逃　卑詞以罪與國，以其輕於背華也。“禮”“義”二字重，對“逃”字看。“亦既勤矣”及“必能致力於陳矣”，總是通前徹後，爲陳計算，皆可恃以無恐。“輕棄中國”“輕”字，當玩。

戍陳　圍陳　會鄬俱襄七。　觀伯兵勤於與國，而知背伯之非矣。引“伐”“救”二事，不重責陳背德，蓋言晋如此致勤，而陳可恃以無恐。玩“亦既勤矣”下，即承以“爲陳侯計者”云云可見。《傳》中“諸侯又救之”，正指“會鄬”事。觀其曰“上二年”云云，“今楚令尹”云云，惟此方救而彼即逃，故爲“輕棄中國”。舊出伐陳、救陳，甚誤。或出伐陳、救陳、圍陳、會鄬，俱主“恤患之勤”，尤無謂。

公如晋、成十八；悼初立。會戚、襄二；荀罃謀。鷄澤襄三；同欲。　揆伯勞於既勤之日，有餘蔭矣。只借題發意，總見“伯勢可恃”。末繳本股。“當是時”與“必能”字，説得牢壯。出杞伯朝、成十八；問晋故，驟朝於晋。韓厥伐鄭，襄元；在入鄭後、會戚襄五；吴求來會。同。

杞朝、成十八。十二國伐鄭襄九。　即伯國君、臣之明、良，□其良者可以自重矣。下，蔡乞師伐晋，子囊曰，“當今吾不能與晋争”，“其卿讓善”云云。

陳逃　獲燮襄八。　違伯虐鄰，二國之自爲計皆過也。下用《貞伐襄八。傳》“若能信任仁賢”云云，對上“爲陳侯計者”云云。上“輕”字，下“無故”字，要理會。

陳逃　城杞襄二十九。　從夷、崇私，皆背其所不可背者也。上，違晋而從楚，“輕棄中國”；下，輕王室而重母家，“輕棄諸姬”。

襄八。公如晋　即内君之赴會，而聽命不宜自大夫矣。如“晋朝”，且聽“朝聘之數”。主《邢丘襄八。傳》“魯公在晋”句。虚發“宿不宜會”。束歸“失正”。

襄八。侵蔡獲燮　紀貳國之武功，非善保國者也。見《貞伐襄八。傳》。“貴國”耳。重“無故”二字；若有故，則情猶可諒也。書“侵”，正此意。

襄八。邢丘　謹失權之始，深致用愛之鑒焉。“大夫聽命”，指今日言，謂“改命朝聘之數”，此是大事，不該使大夫聽命，非謂後此朝聘皆大夫。“愛”字承“重煩”句來，要發得“愛”中之毒出。“魯之失正”[10]，謂失君臣之正，其君在晋，而大夫出會，還成得箇君臣否？此句不重，只舉魯以驗諸侯耳。“貶而稱‘人’”，抑之以見不當代君也。

踐土、僖二十八。晋侯伐衛、文元。邢丘　溴梁襄十六。　修先業而貽委權之禍，《經》所謹也。“文、襄之業”，謂伯業，非指朝聘爲業也。時朝聘無度，非文、襄時五年一朝之制。悼復修伯業，因“改命”之。去溴梁，同。加公如晋，襄八。同。出遂如晋、僖十三。公如晋、文二。公如晋、襄八。邢丘、溴梁，同。

踐土、僖二十八。晋侯伐衛文元。　伯主知先業之可修，當並知所以自操其重矣。修文、襄之伯業，則“改命朝聘之數”，亦其一端。如此大事而自爲政，則盡善矣。末繳奈何重煩諸侯，而委之大夫也？則《春秋》之“人”之者，“謹其始也”，豈如衆之所安之説乎？出圍許、僖二十八。伐许，僖三十三。同。又會温、僖二十八。垂隴，文二。同。若城濮、敗箕，是《曹殺傳》。

遂如晋、僖三十一；拜曹田。公如晋、文三；請改盟。公如晋襄八。　遵前令以定邦交，交則有節矣。同上。文、襄之令，諸侯三歲而聘，五歲而朝，有事則會，不協而盟。上二役，皆有爲，未必恰當三年、五年之期，文中仍寬説爲是。云末比，同。

邢丘　溴梁襄十六。　伯主委政以啓臣専，《春秋》謹其始也。渾發如單，不可判然兩截。要發得“君若贅旒，夫豈一朝一夕之故哉”意出。加公如晋，襄八。只用在末，一驗。不可以今日之魯、他日之列國分股。

公如晋、襄八。溴梁襄十六。　以“魯失正”“悼貽禍”分。以魯事觀之，則悼不宜委權可推矣；以後事觀之，則悼之委權所必至矣。

公如晋、襄八。邢丘　即内之失政以驗委權者，而知《春秋》“謹始”意矣。仍主單作。公如晋，原聽朝聘之數，因悼“使大夫聽命”，故宿欺襄幼而代之。若鄭伯便自會了，後足云：今日之魯已然，何怪乎後日云云也。

邢丘　作三軍襄十一。　惟政與兵，其權皆君所當操也。政權不可委人，兵權不可去公室，須説得厲害分明。以周公、僖公對文、襄。

邢丘　盟宋襄二十七。　《春秋》謹始之意，爲大權、大防計也。脱出溴梁、襄十六；旬偃專盟。會申，昭四；楚虔主會。委政之禍，變夷之禍。

邢丘　城杞襄二十九。　修先業而委政，棄先業而祟私。上重“始”字，下重“人”字；上“重煩諸侯”，下“輕棄諸姬”。《書》之《立政》，《詩》之《葛藟》。

襄八。貞伐鄭　略二國平外之迹，見其失保邦之道也。玩書法云“鄭及楚平，不復書矣”，見今日之“屈楚不信”，乃不得不然者，非斷罪語也。且玩此句口氣，一直貫至“其能國乎”，與《傳》首“畏天保國”相應。斷宜主“失保國之謀”説，但不可竟像“侵蔡獲燮”比，須從“失謀”説下，而以從楚不可，守信不能，一時難以自保光景，發得痛快，方肖此題。失於“事大”，乃失於事晋，蓋楚無釁，而後事晋得安耳，非欲其歡於楚也。“平而不書”，見此等盟亦鄭人常事，不必書也。加侵蔡獲，襄八。同。此《傳》有“侵蔡獲”，無“蕭魚”。

獲燮、襄八。貞伐　艾陵、襄十一。入吴襄十三[11]。　事大以智，而二國之得失分矣。主“勾踐事吴”句上。“國人皆喜”，“子産不順”。下，吴將伐齊，越人舉衆以朝，國人皆喜，子胥獨懼。

侵蔡、襄八。貞伐　伐鄭盟戲　楚子伐俱襄九。　詳貳國兵信，而其失謀可爲深咎矣。同單。末二比，作“待盟境上”之實。“晋來則盟戲”“楚來則盟”，中分。

侵蔡、襄八。貞伐　十二國伐襄九。　一舉而召内外之兵，貳國之失謀也。同上。“交争”與“待盟”事實，俱在“二伐”上。“書‘侵’”“削‘平’”兩書法，聯繳。再加楚伐、襄九。晋伐，襄十。同。

鄭師伐宋、楚令。晋宋侵衛、俱襄二；諸大夫欲從晋。侵蔡襄八。　十二國伐襄九。　主“困楚令而欲息肩于晋”，倒單作。“困令”易楚鄭侵宋，成十八。“從晋”易鷄澤、襄三。會鄬，襄七。俱同。

貞伐　會晋伐、鄟門。楚子伐、俱襄九；中分。會晋伐襄十；牛首。　貳國被兵不息，皆失謀致之也。主“晋、楚争鄭，自茲弗得寧矣”句。總叙過，原到“‘侵蔡’失謀”，重發。有主《傳》末“以待强者而請盟”句搭，不若以“晋、楚争鄭”二句爲主，兼用下意，方完。

貞伐　十二國伐襄九。　貳國召内外之争，繇失謀也。仍主“晋、楚争鄭”句，大意同上。有主與《盟戲傳》“不知”“不信”合者。

貞伐、根侵蔡。貞救襄十；根戍鄭。　紀外夷攻、恤之兵，而不智、不義者之罪著矣。

侵蔡、襄八。貞伐、鄭簡聽子國。盟戲、襄九。蕭魚襄十一；晋悼聽智罃。　貽患、成功，謀之得失異也。下只“伐鄭”“盟戲”，同。出侵蔡、襄八。貞伐、伐鄭、盟戲、襄九。伐鄭、蕭魚，襄十一。[12]亦同，但當在九年“伐鄭”截斷。

辯“三駕”混題：此題有“侵蔡獲”，無“蕭魚”，搭“蕭魚”，則主比矣；《盟戲傳》，無“侵蔡獲”，亦無“執霄”“會申”，只多“貞救鄭”，乃“楚輒救之”，各《傳》無此股，兼有“貞伐鄭”；《貞救傳》，只有“伐鄭”“盟戲”“反一駕伐鄭”，無“蕭魚”等比；《亳北傳》，獨有“舍之侵宋”；“蕭魚”，有“執霄”“會申”及“楚子伐鄭”，無“貞伐鄭”。

貞伐　晋伐、襄九。會虢、昭元。平丘昭十三。　不用子産，被内外之兵；用子産，免内外之患。“子産不順”語在“獲燮”後，難説“違忠言”，删。

侵蔡、襄八；無故怒楚。舍之侵宋襄十一；有意致晋。　貳國兩用兵挑禍，失謀之甚者也。國、耳、子展，俱是“失謀”。脱比《亳北襄十一。傳》。

侵蔡獲、襄八。貞伐　楚鄭伐　十二國伐俱襄十一。　徼功啓釁，棄信致兵。比《楚鄭伐傳》。

侵蔡、襄八。貞伐　滅巢、昭二十四。入郢[13]　失謀與失守，皆危國之自也。子産憂鄭之弗寧，沈尹戍策郢之必亡。兩《傳》皆引孟子語。比《滅巢傳》。

獲燮、襄八。貞伐　夾谷　歸田俱定十。　從“不修文德而有武功”句比出。上，武功不修文德；下，文事必有武備。

襄八。士匄聘　外臣以嗣伯自任，可以觀知禮矣。主《遂納幣文二。傳》“知禮”作。衡雍之受，不忘先君之功；彤弓之藏，克承守官之命。季武子之賦《彤弓》，意在晋君嗣伯，是禮所當受者；匄□守官之嗣，以承受之，是不忘嗣守之義，且隱然有揚先烈而光休命之意焉。故曰“知禮”。或兼《摽梅》並言，殊謬。

襄九。伐鄭盟戲　伯國得善勝之謀，《經》所美也。“三分四軍”，是以四軍分作三軍。楚以全師出，此以一軍當，楚出三次，而我出只一次，故不戰而可敝楚。“與諸侯之鋭”句不閒；惟有外兵相合，此我軍所以可分，而楚不得以單弱應也。“分軍”之謀，到“三駕”，方是實行其事，然“不戰”則自今日始矣。只重“善於敝楚”上，不可□□鄭混之。悼公、□□並用。須知悼之時，楚比桓、文時更强，但可□而不可争，武子見得分明，非漫爲退也。“下書‘蕭魚’”非書法，《傳》者舉其成功，以見其謀之善耳。“於是晋師至矣”以前一段，雖説鄭失謀，然只原今日伐鄭之故，不是斷罪語，只提起。只“盟戲”，同，但不入鄭事。

襄九。十二國伐鄭　貳國之召兵，其策失也。只主“晋師至矣”以前一段，要以叙事體行之。體“于是晋師至矣”口氣，便有斷罪意在中，方得。“遂及楚盟”“遂”字，亦要玩。“晋人修器備、盛餱糧”等事，要挑講。

貞伐鄭、襄八。十二國伐　楚子伐鄭襄九。　貳國棄信以召兵，謀亦左矣。主“小國無信，兵亂日至，亡無日矣”出。此題亦有載“貞伐”内，作“晋、楚争鄭”者。

貞伐、襄八；□楚盟。伐鄭盟戲　伯主之興師有繇，而其制外之謀尤可予也。以“鄭被兵之繇”原起，重“與悼得善勝之道”作。或主“鄭簡違子産而聽子駟，□以禦鄟門之兵，晋悼却荀偃而用智罃，是用底蕭魚之績”。加伐鄭蕭魚，襄十一。只炤“下書”句。

伐鄭盟戲　伐鄭、襄十；一駕。伐鄭、二駕。伐鄭蕭魚俱襄十一；三駕成功。　伯主用善謀以敝外，要其成功而美著矣。重“盟戲定謀”作。三“伐鄭”，實行不戰之謀；蕭魚，只炤“下書”句。加貞伐鄭，襄八。同。加戍鄭、貞救、俱襄十。楚鄭伐宋，襄十一。主“楚輒救之而不與戰”句。只伐鄭盟戲、伐鄭、伐鄭、伐鄭，同，但少“下書‘蕭魚’”句。下只“二伐”，亦同。或去首比，或加執良霄，或加會申，或加城濮，皆屬《蕭魚傳》。

盟戲　貞救襄十。　《春秋》紀兵信，見伯主行不戰之謀也。伐鄭而即許之平，楚救而不與之戰，皆“敝楚”之謀也。

伐鄭、牛首。貞救、公至、俱襄十。伐鄭、北林。公至、伐宋俱襄十一；不待楚至與戰。　伯主兩不交兵於外，行善謀也。“二至”，正見“不與之戰”。子囊方受鄭蟜之成，而陽陵之衆，已侵北鄙而歸矣；子囊方乞秦詹之旅，而向、瑣之師，已撤南門而還矣。

楚子伐、襄九。貞救襄十。　楚伐而我已歸矣，楚救而我又歸矣。俱是“不與之戰”。舊云“楚伐而不救，所以敝楚”，殊謬。《傳》云“楚救而不戰”，未嘗云“楚伐而不救”。上加伐鄭盟戲，下加伐鄭戍鄭，襄十。同。出盟戲、楚子伐、襄九；不戰。伐鄭、亳北，俱襄十一；即盟。亦同。

伐鄭盟戲　伐鄭蕭魚襄十一。　伯國用善勝之法以成功，《春秋》故取其美焉。大意如單。“成功”處亦須發，但不可截然二段。

盟戲　蕭魚襄十一。伯主得善勝之道，《經》屬詞以美之焉。同“盟戲”單比，以“蕭魚”帶於後。鄭主謀以敝外，誠只服貳，與伐鄭、蕭魚獨説何别？且《傳》中明曰“下書‘蕭魚’之會，以美之。”不若同上題從《傳》爲確。

伐鄭盟戲、知罃。亳北伐宋襄十一；子展。　敝外致伯，謀之得失異矣。上予“晋不戰”，下罪“鄭不信”。

盟戲　蕭魚、襄十一；知罃。盟宋、襄二十七。會申昭四；向戌。　駕外、交外之得失，其功與禍可覩也。

盟戲　大鹵昭元。　得善勝之道，非正勝之法。上“善陣”，下“善戰”。晋悼用知罃，還師敝楚，分軍逆鋭；荀吴用魏舒，毁車爲行，分陣爲伍。

盟戲　夾谷定十。　以謀制外，以禮化强。加蕭魚、襄十一。歸田，定十。同。或載“長勺”内，不如在此。

盟戲　蕭魚、襄十一。夷儀、重丘俱襄二十五，　紀駕外釋罪之事，考屬詞而美惡見矣。“下書‘蕭魚’”，比“如下文所貶云”句，滋味在兩箇“請成而許之”上。

盟戲　蕭魚、襄十一。平丘、平丘俱昭十三。　得謀，恃威。俱用下比作書法。

襄九。楚子伐鄭　《經》紀外兵，見伯王行不戰之謀也。晋師不待楚至而即還，正其“不戰之謀”。“鄭禍”，只點起。

襄十。會柤　《經》於僭夷、主會而外之，傷中國也。與鍾離成十五。同。《會戚襄五。傳》“往與之會而主吴”，正是“不能抗”處。但此晋悼方盛時，講詞須有斟酌，蓋悼公欲資吴以速困楚，不知楚困而吴興也。

襄十。滅偪陽　伯臣以斷成功，可以知將權矣。見《戰邲宣十二。傳》。只論“將權之重”，勿作贊詞。偪陽，楚與國，通吴要地。

襄十。貞輒伐宋　借《戍虎牢襄十。傳》“鄭人從楚，固爲不義”句。然彼《傳》“從楚”，原主“城虎牢”以前事。

襄十。十二國伐鄭一駕、牛首。　伯主加兵於貳，所以致外而敝之也。主《盟戲襄九。傳》。“齊光先滕”，只點起。或主兼魏絳，以知罃爲主，而绛復以積聚佐之，則更番之卒，益得滋養云云。

襄十。《殺三卿傳》

伐北鄙、僖二十六；魯大夫。夾谷定十；魯司寇。　聖賢從容而却敵，亦其折衝素也。“偃息談笑而却敵”，非可卒辦。須玩“本强則精神折衝”句。“却敵國”“勝千里”，炤下“身不能保”與“殺之朝”意。故“敵國”“千里”字，文中俱不可放過，須就事發意，見得卿職如此。不重事迹，亦須先把敵勢張皇，方見“勝千里”之難。出會虢、昭元；子産執政。夾谷，定十；孔子攝相。同。下比易“歸三田”，係“忽奔”“行父如”比題。又伐北鄙，僖二十六；展禽。夏伐陳，襄二十五；子産。同。下易□□，即《長勺傳》。又秦晋圍鄭、僖三十；燭之武。取鄆，昭元；叔豹。同。《左傳》方“謂鄭不能用燭武”，可謂“本强”乎？豹以忠衛國，與“偃息談笑”亦無干。又圍鄭、僖三十；燭之武。袁婁、成二；國佐。夾谷、定十；孔子。橐皐，襄十二；子貢。亦同。舊有“夾谷”“會鄭”題。子貢非卿大夫，又非臣兵，未妥。今移載後作比。

襄十。戍虎牢貞救　諸侯逼貳以致外救，不義甚矣。玩《傳》，則《城虎牢傳》已有“罪諸侯”意，但《傳》至此，因復“繫鄭”而始發其意耳。作文須就“駐師扼險以偪”意，喫緊發揮，墜入“猶前志”意，方有味。《傳》非責其不能斷楚之路“爲鄭蔽”，特發其志在逼鄭，不在蔽鄭耳。“志”字極重，“義”“不義”字正相應。天下惟義可以服不義，今始終止有“偪人”一念，全無分毫保恤他的意思，則彼固非義，而我“可謂以義服之乎?”“係鄭”與“書‘救’”兩書法，遞倒。“鄭國分地”云云，是解書法，文中不必入講。比《傳》□“蕭魚”。

襄十。戍虎牢　諸侯據險以逼貳，《春秋》追書以罪之也。加十二國伐襄十。主“伐而復戍”句，一串作。

襄十。貞救　《經》紀外兵恤患，所以顯逼貳者之罪也。《傳》欲題逼貳者之罪，曾荆楚之不若，故録其“救”。須從書法上發揮。□□□□□説，亦不可只責晋，且原無“遺義”意，《傳》末“亦可謂深切著明”句可玩。

城虎牢、襄三。戍虎牢　筆削鄭地，而棄險、扼險之罪均見矣。主《傳》首二段，以“虎牢”總叙起。雖分作，抑揚重本股爲妙。加貞救，只於書法後輕帶。

城虎牢、襄三。貞伐、襄八。晋伐、襄九。城虎牢貞救　同上。貞伐、晋伐，只作“待盟”事實，與下“貞救”相對，不重。

楚鄭伐、成十八。鄭師伐、從楚不義。城虎牢、俱襄二；偪鄭。晋伐鄭、襄九；一駕。戍虎牢猶前志。　諸侯扼險以逼從夷之國，非服人之義也。主“鄭人從楚”一句，炤《傳》串作，不可以“城”“戍”分。加貞救，帶收。去首二比，亦同。

襄十。公至自伐鄭　主《盟戲襄九。傳》“楚輒救之，而不與戰”。加貞救，襄十。再加伐鄭，襄十；牛首。亦同。

襄十一。作三軍　紀兵制之變，戒失權也。《傳》首至“謂之‘作’”一段，見“三軍”本魯之舊制，但初時屬之於公，今則舊制雖存，而以向屬公者，改屬於私，故曰“作”。此是論“作三軍”之實。“其明年”至“民不屬公可知矣”，□論“兵權去公室”之驗。“昭失國，定無正”，又是“兵權去公室”之禍。而“兵權不可去公室，有天下、國、家者之所宜鑒”，乃“《春秋》書其‘作’‘舍’”之大意也。作文全重此二句，體貼發揮，蓋即魯以垂戒云耳。季氏分國民爲三，“三家各有其一”，又各以其父、兄、子弟分而爲四，季氏盡取四分，故曰“盡征”；孟孫取其子弟之半，而以三分歸公；叔孫悉取其子弟，而以父、兄二分歸公。

敗鄎、僖元；季友。侵陳、僖四；叔孫兹。救徐僖十五；孟孫敖。　觀大夫迭將之迹，而兵權之屬公可知矣。宜皆就僖公説，將三股緊緊點過，渾發“當時兵權猶屬於公”意，繳出“作三軍”來。

作三軍　入鄆、襄十一。鞅聘襄二十九。　兵制變而民不屬公，《春秋》所以謹之也。如單。下二股於中辨驗，不可作兩脚。加敗鄎、僖元。侵陳、僖四。救徐，僖十五。以“僖公之初”叙起，加垂隴、文二；敖。無婁，宣十五；蔑。炤“文、宣以來”句。再加戰鞍、成二；政在私門。政費[14]，襄七；襄幼弱，季益張。俱同。

入鄆、襄十二。鞅聘襄二十九。　兩驗内君之失民，而兵權重矣。俱根“季氏盡征”來，總起總斷，事實略分點。

兹侵陳、僖四。敖救徐、僖十五。入鄆、襄十二。鞅聘襄二十九。　三軍未作之前，屬公；三軍既作之後，屬私。

友敗鄎、僖九。兹侵陳、僖四。敖救徐、僖十五。宿入鄆、襄十二。豹救晋、襄二十二。羯侵齊襄二十四。　上，“更帥以出”；下，“各有其一”。《傳》云“各有其一”，是解“作三軍”事實，無“各將”語。删。

作三軍　入鄆、襄十二。鞅聘、襄二十九。舍中軍、昭五。孫齊、昭二十五。春王定元。　《春秋》謹大夫之變兵制，鑒失權之禍也。起手便以“書其‘作’‘舍’”叫起，總做總證總收，不可强爲分項。去入鄆、鞅聘，同。

入鄆、襄十二。鞅聘、襄二十九。孫齊、昭二十五。春王定元。　以“君民俱制於臣”説，不□分繳“作”“舍”。

作三軍　用田賦襄十二。　兵制變，示謹權之意；田制變，示重本之意。史克之《頌》，有若之對。

襄十一。舍之侵宋　貳國行致伯之謀，不信所自來矣。後傳“欲致晋師而後與之”，雖指“楚鄭伐宋”股，然玩《左傳》子展語，則所謂“從子展之謀”，實始於此。須將“致晋”“後與”四字體發，此乃後日“既同又叛”張本，亦須炤料。從晋自是大義，何必惡宋以致晋？故曰“失謀”。此題□不可便將“不信”斷罪，然純講“失謀”，不炤斷“不信”，亦未是。舍之，即子展。

舍之侵　會伐鄭襄十一；二駕。　兩觀致人之兵，而得失異焉。連比題也。鄭欲致晋而與之，晋欲致楚而敝之。子展、知罃。

襄十一。會伐鄭、二駕；北林。公至　主“伐而即”“至不戰”作。須用《左傳》事實别之。連“公至”出，便有分别。只“會伐鄭”一比，與“三駕”年分、字數俱同，若出，只主“三駕”作文矣。

襄十一。亳北　伐宋　以必不可渝之信而猶渝，益見盟不足恃矣。此《傳》論“盟不足恃”，在“慢鬼神之極”上看出。蓋亳北《載書》，誓言至重，而鄭人直以爲“致晋”之策。尋盟尋叛，非叛於既盟之後，重討叛於未盟之先，視誓鬼神若戲。“慢”，一至於此極，“而盟猶足恃乎？”玩《傳》前“見其既同而又叛也”句，已伏“盟不足恃”意；後原其所以叛盟之繇，而結出“慢鬼神”云云，正與上“既同又叛”緊緊相關，其重“盟不足恃”可知。但須就子展反覆之謀内，發出“慢鬼神至於此極”，以見“盟不足恃”，方完。加伐鄭，二駕；北林。同。

襄十一。亳北　紀伯信之同，將以顯貳國之異也。只做“鄭服而同盟”一句，含“不可叛意”。“失民”“踣國”，“墜命亡氏”，須要張皇其説。收“惡其反覆而書‘同’”。

襄十一。伐宋　即貳國渝盟之極，盟不足恃益見矣。“尋復”二字要玩。“書‘同’”，本因此伐而書，文中莫脱“既同”語。“既同又叛”，乃子展與晋本謀，要挽到“失謀”上。

舍三〔15〕侵、會伐鄭、俱襄十一。亳北　伐宋　伐鄭蕭魚襄十一。　故爲失信之謀以從伯，見盟不足恃矣。此全《傳》題。蓋“子展之謀”，直算到“蕭魚”時，方固“與晋”。所謂“欲致晋師”，正指三駕伐鄭之師，則盟，正以行其詐耳。其不足恃，一至於此。通叙過，重“盟不足恃”發。去末比，同。出亳北、伐宋、伐鄭蕭魚，欲致晋師而後與之。同。此題原主“棄信”“惟誠”比。細玩，從《傳》爲妥。

亳北　伐宋　伐鄭蕭魚、襄十一。會申昭四。　稽貳國之叛、服，而盟與戰之效覩矣。只就“盟不足恃”、“誠能感人”立論，而鄭罪、晋善自寓。只亳北、蕭魚，同。只伐宋、會申，是脱母。以“叛之速”“服之久”立説。

襄十一。伐鄭蕭魚　觀伯事克成，而知服叛、制敵有道也。“駕外”，就“服貳”上見。鄭服而楚不能争，屈可知矣。《盟戲傳》亦只云“楚師遂屈”，不可用“服”字。究竟楚争鄭之心未已，只鄭願從晋，而力又不加，直付之無可奈何耳。二意總在“會蕭魚”内。總起，中分，先後依《傳》。“鄭不可信”，非責鄭，正起下“悼公信鄭不疑”。須玩兩“而”字。惟不可信而信之，故知悼之爲誠；惟不可信者而竟不叛，故知誠之感人爲至。“服鄭”邊，説向後去；“駕楚”邊，説向前去。《傳》意閒閒論理，兩邊俱無書法。“不書鄭會”，只點過。或主“以誠服鄭”先講，倒“楚不能與争”，繇於“謀於魏絳”云云作。此《傳》有“執霄”“會申”，無“貞伐”比。

襄十一。十二國伐鄭三駕、東門。　伯主成駕外之功，繇制勝得也。此與前“二駕”不同，彼尚用謀，此已成功。“魏絳息民”，就“施舍”“輸積”等言，乃滋息之息，非休息；與武子“分鋭逆來”，自是二策，勿槩指“不戰”。

襄十一。蕭魚　即伯主推誠之好，而貳國之服有繇矣。“誠”字、“推”字要發，言“鄭不可信”，而悼能“信之不疑”，何其“誠”也！自此鄭之不可信者亦信矣，故曰：“至哉！誠之能感人。”《傳》“信鄭不疑”“信”字，正應上“不可信”句，此正“服鄭”事迹，若云“鄭服”，還在“蕭魚”後，文中須辯。

伐鄭盟戲、襄九。伐鄭、襄十。伐鄭、襄十一。伐鄭蕭魚　會申昭四。　謀與誠合，以服内而駕外也。流水做下，略云：中國所以不靖者，以鄭多反覆也。鄭所以不信者，以楚敢争衡也。悼則彼以疑，我以信，彼以力，我以謀。當鄭之未貼而楚争也，則謀於絳、罃，及楚之□□而鄭服也，則爲之“推誠”。繇是楚疲於駕，而鄭久於從矣。有炤《傳》倒下，見得“鄭不可信”，而悼一推誠，鄭服之至“會申”之久。則楚之不能争鄭，已見于“三駕”之日矣。然悼□所□畫，令楚頓屈至此？蓋自悼公盟鄟門之後，能謀於魏絳，聽於知鞶，故“三駕而楚不能争”。破云：“即伯主服貳之久，而見用謀駕外之功矣。”去伐鄭盟戲，同。加執良霄，襄十。只納入“三伐鄭”内。大率此處題，有“執良霄”，則以“三伐鄭”爲“不戰”，而以“執良霄”爲“成功”。無“執良霄”，則即以“盟戲”爲“不戰”，而以“三伐”爲“成功”。

伐鄭蕭魚　執良霄、襄十一。會申昭四。　大意同上。執霄、會申，不是驗，乃“外屈内服”實事。

伐鄭、襄十。伐鄭、襄十一。伐鄭蕭魚　同單，並用知、魏。《火傳》[16]只主“駕楚”半邊，然蕭魚自是“服鄭”事。如何混扯？

十二國伐鄭、襄九；息民。伐鄭、襄十。伐鄭、襄十一。伐鄭不戰。　伯主得息民休兵之策，而成功有自矣。以“駕楚之功”問起，後以“息民”“不戰”分。舊出伐鄭盟戲、鞶。楚子伐鄭，俱襄九；絳。又楚子伐鄭、襄九；絳。伐鄭、襄十。伐鄭、襄十一。伐鄭，鞶。又楚子伐鄭、襄九；絳。戍鄭救襄十；鞶。三題俱以“楚子伐鄭爲息民”，不想《左傳》云“晋侯歸，謀所以息民”者，是指“盟戲之役歸”，與“楚伐”全無干。止以《左傳》附録於“楚伐”之後，遂出此比，大誤。且“楚伐”比，舊説方主《盟戲傳》“爲行不戰之謀”，而在此《傳》又作“息民”，益見矛盾。今止出襄九年“伐鄭”，去“盟戲”，則無“不戰”事，主“伐鄭而歸，謀所以息民”，較可。

盟戲、襄九。貞救、襄十。貞侵宋、襄十二。取邿襄十三。　上二比是不戰，下主《大全》許氏註。晋謀息民，是以楚争宋不報，魯取邿不討。或只貞救、貞侵宋，亦同。侵宋、取邿，俱在“蕭魚”後，豈先“服楚”而後“息民”乎？不通甚矣！

戍陳、襄五；絳。戍虎牢貞救襄十；鞶。　亦同。主“戍陳”之後，魏絳陳和戎之策：修民事，田以時。《左》“息民”事，在“盟戲”後，不可他求。且“戍陳”與“和戎”無干。有以此題作“戍之善、惡”比，然須去“貞救”。

執良霄、襄十一。會申昭四。　外頓屈而内久從，謀與誠，兩得也。要講“所以屈服”處。

貞侵宋、襄十一。[17]午伐鄭襄十一[18]。　上比報晋之取鄭也，作“楚屈”；下比子孔欲叛晋，而謀卒不行，見“鄭服”。但下須補“二十四年”意。

蕭魚　會申昭四；至此始背晉。　伯好有以堅内之從，而誠之感人深矣。主“悼推誠感人”一意。加貞輒伐宋、襄十。楚鄭伐宋，襄十一。作“鄭不可信”事實。

午伐鄭、襄十八；純門。四國伐鄭、襄二十四；棘澤。三國伐鄭襄二十六；氾上。　外兵屢討貳而無功，見伯主推誠之効矣。“蕭魚”而後，楚兵三至鄭而無功。主《傳》“二十四年不叛晋”句。

伐鄭盟戲、襄九。伐鄭、襄十。伐鄭、襄十一。伐鄭蕭魚　執良霄襄十一。　伯主兩用善謀以制外，《春秋》之所嘉也。知罃謀固在盟戲時，而盟戲歸即謀“息民”，則此比内可兼魏絳。舊添“楚子伐鄭”，作魏絳事，殊謬，今去之。題與《戲傳》易混，只認“良霄”比便是。□此《傳》題與“盟戲”異者，彼只□知罃，此必兼魏絳耳。加城濮僖二十八，同，但破用“光先烈”字。出城濮、三伐鄭、蕭魚，同。

伐鄭、襄十。伐鄭、襄十一。伐鄭蕭魚　執良霄襄十一。　同上。去蕭魚，同。去良霄，即全《傳》題。

伐鄭、襄十。伐鄭、襄十一。伐鄭　伯主成駕外之功，繇制勝之謀得也。以“三駕成功”説起，歸本於“用二子之謀”。“能”字、“不能”字，要玩。勿以“三駕”作“用謀”。

伐鄭、一駕。戍鄭貞救、俱襄十。伐鄭、二駕。亳北伐宋、俱襄十一。伐鄭蕭魚，同上。一駕師牛首，楚猶思逞於夾潁之軍；再駕會北林，楚猶强起爲伐宋之旅；及三駕觀兵東門，楚徒視子展之出盟，而不能出一旅争鄭矣。加盟戲[19]，即《戲傳》。

執良霄、襄十一。貞侵宋襄十三[20]。　一徒虐其使臣，一徒虐其與國，皆見其無能爲也。《傳》中止云“楚不與争”[21]，既無明文，豈可獨出二比？

城濮、僖二十八。伐鄭蕭魚　伯主駕外之績，有光前烈矣。“城濮”不及“蕭魚”之美多矣，何以反云云？蓋論績，則“城濮”功大，“蕭魚”則無功可觀也。説箇“城濮之績不越是矣”，是“蕭魚”正有莫大之功在，雖“一戰勝楚”之續，不能越此“不戰”也。作文只宜揚城濮之功，勿贊其美，須知“城濮”之功極大而未盡美，“蕭魚”□盡美矣，而功亦未嘗不極大也。

城濮、僖二十八。蕭魚　既無“伐鄭”，與“敝楚”無干。宜主比“略其挫外以戰”，“羡其服内以誠”。

蕭魚　會申、昭四。意如至、昭十四。召陵侵定四。　觀推誠、狥利之效，而得失昭矣。比《意如至傳》。“會申”以前，鄭不叛者二十四年；“召陵”以前，諸侯不合者二十餘年。“意如至”比易平丘，昭十三。同。

會申、昭四。召陵侵定四。　即人心從違之久，而其故可思矣。全重“久”上。上云“至哉！誠之能感人也”，有贊嘆意；下云“利之能敗人國家乃如此”[22]，有竦戒意。係上題脱母。下易鄟陵，昭二十六。同。或出午伐鄭、鄟陵，非也。

蕭魚　墮費定二。　誠能感人，禮可爲國。

蕭魚　會申、昭四。夾谷　歸田俱定十　誠感貳，理化强。“至哉！誠之能感人”，“天下莫大於理”。

蕭魚　會申、昭四。黄池　入吴俱哀十三。　以誠感貳，服之久；以力勝人，□之速。出伐鄭、襄十。伐鄭、伐鄭、俱襄十一。入吴、定五，入吴，哀十三。同。

伐鄭、襄十。伐鄭、襄十一。伐鄭　會向　伐秦　會戚俱襄十四。　詳紀伯事，得於用人，而失於行政也。比《溴梁襄十六。傳》。

伐鄭、襄十。伐鄭、襄十一。伐鄭　長岸昭十七　觀敵勢之强弱，而用人之故見矣。上知罃、魏絳，下無極、囊瓦。“三伐”易蕭魚，同。

襄十一。執良霄　外夷僅辱使臣，善謀屈之也。主《蕭魚襄十一。傳》。僅執告服之使，以洩其忿，可見無能爲矣。倒晋悼作。

【校記】

〔1〕成十，應爲“成十八”。

〔2〕城虎牢，後依例應註明年號“襄二”。

〔3〕壬夫侵，後依例應註明年號“襄元”。

〔4〕陽，應爲“防”。

〔5〕幽盟，應爲“盟幽”。《經》曰“盟於幽”。

〔6〕宜矯絶，《傳無》此三字，不知出處。

〔7〕柯陵，後依例應註明年號“成十七”。

〔8〕閔二，應爲“閔元”。

〔9〕襄八，應爲“襄七”。

〔10〕正，《傳》實爲“政”，有“不自爲政”“政在大夫”“魯之失政”等語。

〔11〕襄十一、襄十三，皆誤，“戰於艾陵”在“哀十一”，“越入吴”在“哀十三”。

〔12〕“出侵蔡”句，“襄八”“襄九”應分註在二“伐鄭”後，餘皆應依例不註。

〔13〕入郢，後依例應註明年號“定四”。

〔14〕政費，應爲“城費”。

〔15〕三，應爲“之”。《經》:“鄭公孫舍之帥師侵宋。”

〔16〕《火傳》，無出處，“火”字或爲“伐”字之誤，則《火傳》即指本傳。

〔17〕襄十一，應爲“襄十二”。

〔18〕襄十一，應爲“襄十八”。

〔19〕盟戲，後依例應註明年號“襄九”。

〔20〕襄十三，應爲“襄十二”。

〔21〕楚不與争，《傳》實爲“楚不能與之争”，“不與”與“不能與”頗不同，故“能”字不可少。

〔22〕“利之能敗人國家乃如此”句，《蕭魚傳》《會申傳》《召陵侵傳》并《三傳》均無。

卷之二十二　襄公中

襄十二。救台入　因事而擅權，其心可誅也。《擅權》只是案，全重“使君不得有爲於其國”句發。《傳》末“非有無君之心者，不敢爲”，正與此句相應。“使”字須玩。書法重“遂”字，“入”字帶説。

高子盟、閔二。救台入　辨專制之義，非可論於境内也。倒作，以“境外”形斷“境内”，上比有“桓公使將南陽之甲”句。出救台入、士匄侵齊，襄十九。同。或出高子盟、士匄侵，俱主“專制”。□一樣脱出二比，未妥，不若作二傳比題。

襄十二。士魴聘舊主許註“子、悼善持勝”，删。

襄十二。貞侵宋　主《蕭魚襄十。傳》。徒侵其與國，見楚無能爲。

襄十二。如晉　公至襄十三。　主《公在楚襄二十九。傳》。外拜士魴之辱禮，内有獻子之書勞。

襄十三。取邿　主《取鄟成六。傳》。

襄十三。冬城防　主《城中丘隱七。傳》“雖時亦書”句。《左》載：“臧武仲請俟畢農事。”

襄十四。會向　譏二卿並使之失，重國體也。《傳》中“不使之免”“而不敢避”八字，分明是責宿與老，但須就國體説。蓋卿使，則大夫介；大夫使，則士介，乃“君命使人之體”。今以卿而介卿，則損威傷重，國體失矣。須知“使人”不是特書叔老，“内卿行不得不書”，其“失”自見。玩《傳》“季孫宿以卿爲介”“叔老介於宿”二句，正見兩人之責，故《傳》末“於君命使人之體，豈爲得哉”，正與“蓋兩失之”句相應。近有主“責君”者，不知何説！加遂乞師，僖二十八；臧文仲介。只舉例。

襄十四。十三國伐秦　伯臣專兵無功，而用人、委政之失咸見矣。兼《殺先縠宣十三。》《溴梁襄十六。》二傳。用人之失，指欒黶。或主“禮”字作，“君權不可以臣下專，將權不可以偏裨撓”，亦好。有單主“委政之失”，而以“任將之失”從中參入者。

襄十四。衛侯奔　外君見逐於臣，《經》端本以責之也。全在辨難書法，方得“警君”意醒，不重實講。《左》云，“天之愛民亦甚矣”，此天地之性也，“肆於民上”，是爲“棄天地之性”。炤《入夷儀襄二十五。傳》“蔑其冢卿”說，又要□在“肆於民上”講，方得。蓋“蔑冢卿”，亦“肆於民上，縱其淫虐”之一端矣。然《傳》意“爲後世鑒”，“無乃”云云，原不指衛侯一人。衛侯事實，只略點可也，然須寬發。

襄十四。貞伐吴　汪註：“楚不得志於晋，故致怨於吴。”與侵宋，襄十二。同。未切。即借《長岸傳》，亦泛。

襄十四。冬會戚　大夫專定君之會，罪在委之者焉。會林父以定衛國，乃君臣大故所係，而可委大夫乎？見《溴梁襄十六。傳》。以晋人抑君助臣點起，《黑背成十。傳》“私親”意可作束。看假羽毛事，乃後日政以賄成之漸。

襄十五。向戌聘　《澶淵襄三十。傳》搭此，作“戌之賢”，指責獻子美室。加盟劉[1]與庚良盟聘，成三。意同。

襄十五。劉夏逆　譏王室圖婚失禮，以志戒也。只“不稱使”一書法。“劉夏”即“官師”。

襄十五。圍成救至　内外攻、恤之兵，暴與怯者均罪焉。兼《同圍齊襄十八。》《救邢閔二[2]。》二傳。衛衎奔齊，而魯與定剽之會，此齊伐之故；三家三分，公室卑弱，此怯敵之故。或以齊邊無書法，倒“書‘至’”作，亦可。破云：“《經》紀虐鄰之兵，而因罪夫怯於恤患者焉。”

襄十五。救成至　譏恤患之怯，而仁天下之情見矣。要在書所“至”以罪其“怯”上，發聖人之情；若斷怯者之罪，便非。罪其無及於成，非欲其及齊師也。

襄十五。城成郛　主《墮費定十二。傳》“三卿越禮，各固其城”句。此孟孫之邑，而季、叔帥師以城之，蓋三家相黨，以備齊爲名，而興役固其私邑，故卒爲魯患，而不可墮也。郛者，外城。

襄十六。溴梁大夫盟　《經》於大夫專盟，深示謹禮之意焉。此《傳》從“大夫既張”[3]之後追咎往事，須描寫他事勢已成，情景迫切，不可虛虛論箇“禮之當謹”。大夫不臣，繇諸侯失政；諸侯失政，繇“三會”委之大夫。“况悼公”云云，是説必然之勢，非責平公。曰“使大夫專之”，則“三會”① 猶是諸侯所使；曰“苟偃怒，大夫盟”，則不待平公之命，直繇一怒而遂盟矣。“謹於禮而不敢忽”，正與“常情忽於未兆”“忽”字相應。玩“此《春秋》以待後世之意”句，可垂戒上，不重斷罪。書法只問起，不可倒在後。只“會溴梁”，此歇後題，只把“諸侯皆在”作案。

牡丘、次匡、救徐俱僖十五。鷄澤、袁僑盟俱襄三。會向、伐秦、會戚俱襄十四。溴梁盟　變例以紀大夫之事，謹禮意也。總以“君權”起，以救徐、袁僑盟辨書法，下入“會向”三比，作失政以致大夫專□之□，又□□□□。去“會向”三比，亦要原“人”，同。

敖救徐、僖十五。袁僑盟襄三。　考《經》紀大夫兵信，見權之猶有統矣。以“溴梁”炤出，想此當是諸侯未失政，而大夫無不臣，其“次”其“盟”，猶出於君命也。蓋就聖人書法，而料其事之如此。諸侯“既次”“既盟”，兩“既”字，是兩“則書”“則”字根繇。加牡丘次、僖十五。鷄澤，襄三。同。

會向、伐秦、會戚俱襄十四。　一時三委乎大政，知無以善其後矣。以“溴梁”説起，墜入“三會”，須重看“國之大事”句。三“皆”字，要總發出。“春正月”“夏四月”與“冬”字，點出亦好，見得一年中便急忙忙地委了這些遭數。會向，謀吴之敗；伐秦，報櫟之役；會戚，定衛之亂。皆關夷夏、君臣之故，故曰“大事”。加溴梁，如單，以三比入内炤講。

會向、伐秦俱襄十四。　“禮樂”“征伐”分。出伐秦、會戚，同。

---

① “三會”指會向、會伐秦、會戚。《傳》：“上二年春天月會於向，十有四國之大夫也；夏四月會伐秦，十有三國之大夫也；冬會於戚，七國之大夫也。此三會，皆國之大事也。”

牡丘、次匡、救徐、俱僖十五。溴梁盟　因伯業怠而示敦誠之意，於伯政失而示謹禮之意。伯益戒舜，曰“無怠無荒”；周公戒成，曰“立政立事”。下搭會向、伐秦、會戚，俱襄十四。同。

襄十六。豹如晋　《戰紀桓十三。傳》，以此比作“下告方伯”。“見中行獻子，賦《圻父》”；“見范宣子，賦《鴻鴈》之卒章”。

襄十七圍桃　圍防　主《同圍齊襄十。傳》“齊虐”，君、臣略分點。

襄十八。白狄來　不與外夷之交，謹大防也。《傳》首便説諸侯“不得而通”，末結“况列國”云云，明説魯不宜與通。“不與其朝”四字，亦用“是以”字及“亦”字，承“不得而通”來，即周公“不享其贄”意也。通傳俱着“中國”講，但盡斷罪語耳。不與朝，與“楚納”“頃不與納”相類，與“祭伯不與朝”則非其類矣。一着狄説，便差。

襄十八。同圍齊　至伐襄十九。　觀《經》紀討罪之文，而見抑强之意焉。重“惡齊”上，觀“沮横逆”云云可見。“背盟”四句，一串下，重在“數伐鄰國”，所謂“横逆”“强暴”也。二書法不平重。“以伐致”，不以“圍”而以“伐”，見有罪可討也。

襄十八。同圍齊　觀諸侯致討之協，而大國之暴見矣。在“諸侯同心”上寫出齊罪。“加兵於魯”，只舉魯一國爲驗耳。當以“書‘同’”問起，不可作書法倒。“大”字乃大家、大衆意，勿作好字樣看，觀“免其”云云可見。

入許、隱十一。圍新城、僖六。伐秦、襄十四。侵楚定四。　《春秋》紀兵之例，無紀其同心者焉。加本比，破云：“變例以紀討罪之公，而大國之暴見矣。”侵、伐、圍、入、□，□大合諸侯者，□可出。舊出侵曹伐衛、圍台入□，只晋侯、莒人、季宿，如何説得“不書‘同’”？

虚朾、成十八；崔杼。鷄澤、襄三；光。圍郕、襄十五[4]。圍防、襄十七。同圍齊至伐　以“齊環背盟棄好”，“數伐鄰國”叙起，倒本股渾作。大略以“諸侯共惡疾”爲案，以見齊環無道，宜得“惡疾”爲斷。收“以伐致”書法。“至”二比，易會戚、襄十四。溴梁，襄十六。同。

彭城、襄元；齊不會。會戚、襄二；齊不會。圍郕、襄十六。圍防襄十七。

大國背伯而虐鄰，其爲公惡宜矣。“背盟棄好”“數伐鄰國”，略分，後仍串發。如虛朾、成十八；崔杼。鷄澤、襄三；光。會戚、襄五；光。邢丘，襄八；高厚。皆齊所與之盟好，皆可出。或溴梁，襄十六；高厚逃歸。更確。

圍成救、襄十五。伐北、圍成[5]、俱襄十六。圍桃、圍防、俱襄十七。師伐北襄十八。　大國虐鄰之惡，即其兵内者可槩已。就魯一國上描寫他“數伐鄰國”横暴之態。只取“同”字。

沙隨不見、成十六；晋横。黄池哀十三；吴强。　觀紀强横者，而“沮抑之意”可思也。須體“意”字，在書法上發。“沮横逆，抑强暴”，即指本比書法言，豈可更出他比？

同圍齊　豹歸定十。　自伐，人伐；自滅，人滅。

同圍齊　圍蔡哀元。　兩無責於用兵者，以罪宜討、讐宜復也。齊“宜得惡疾”，而圍齊之罪可免；“蔡宜得報”，而復讐之事可恕。重兩“宜”字。上“背盟”云云，下“禍及宗廟”云云；上人心，下天理。

襄十八。午伐鄭　大夫導敵以危國，則如禍所自來矣。見《殺嘉襄十九。傳》。暗含“當正以王法”意。此等借比題目，不宜杜撰書法。

襄十九。公至自伐齊　正諸侯討罪之兵，以罪所宜討也。諸侯原“自伐齊”，但舉重之例。“圍”不言“伐”，而此“以伐致”，所以“免其圍齊之罪詞也”。只體貼此句，就“伐”上發揮，不必混入“同心”意。

襄十九。士匄侵齊還　伯臣行師而有仁心，《春秋》深善之也。“穀，齊地”，乃“絶外”之案。只重“不伐喪”上。“專制”一段，只辨明上意耳。“喪必不可伐”二句亦須重看。收“還”字。

楚鄭侵衛、成二；穆卒。晋宋衛侵鄭、襄元；成卒。士匄還　上二比，主“利人之難”句。易宋圍[6]滕、宣十；昭卒。嬰齊伐鄭，成六；悼卒。同。

入滑、僖三十；不哀晋喪。宿入鄆、襄十二；境内專。士匄還　士匄“不利人之難”“得專制之宜”，分作，將二事分比。《傳》何嘗有“境内專”句？宜删。

觀魚、隱五。宋楚平宣十五。　定君臣之職，而下侵、上擅皆非也。只借以見若臣之道，不必拘拘貼着二比講。

“尸小事”易比：

如齊納幣莊二十二；納幣使卿，非禮，況君乎？

杞子來盟襄二十九；來盟皆大夫，杞子親之。

如“浮來”盟豈小事，“衛侯奔”皮冠射鴻，太晦。

“專人名”易比：

城楚丘僖二；專封。

遂伐楚僖四；專伐。

無婁襄十六；專盟。

溴梁襄十六；專盟。

如“執濤塗”，美城之，大名也，太晦；遂入鄆，“入國”非名。

歸父還、宣十八；德。士匄還仁。　主“墠帷而歸命乎介”句搭，炤《傳》問起。下分，交互比斷，總見其“仁”。

高子盟、閔二。士匄還　以“專制境外”比出。上爲使，下爲將。存魯是義，恤齊是仁。

襄十九。《殺嘉傳》

貞伐鄭、襄八；影國□西宫之難。午伐鄭襄十八；純門之師。　縱患，導敵。要體“嘉則有罪矣”句。上比易獲燮、襄八。貞輒伐宋，襄十。俱同。代“殺三卿”，未妥。

襄二十。速盟向　《歸父奔宣十八。傳》，搭“孟莊子不改父臣”。

襄二十。盟澶淵　即大國之與好，可以言善師矣。借《長勺莊十。傳》“善師者不陣”。本“薛註”。齊之無道，諸侯圍之，而不服，以士匄聞喪而還師，會于澶淵。修德來遠，不誣也哉。齊未幾助欒氏，則今日亦非心服。

襄二十。速伐邾　與“速盟向”同。

襄二十。履奔楚　貴戚避難於夷，昧義甚矣。“退不能遠害”句，所以甚之也，言進前一着，做不得，連退後一着，也没相干；“正國”大義没力量，連“遠害”也不會遠得。下句接云“懼禍而奔，從於夷狄”，正是“不能遠害”，非欲其奔於他國，乃謂其見欲去之，而已乃奔而從之也。

踐土、僖二十八。履奔　貴戚違先志以從夷，昧義甚矣。“合義”，重在“晋不可棄”上，不可與“利蔡”平看。舊多“獲欒”代“殺”比，無當，去之。

踐土〔7〕　獲欒襄八。　主文侯欲追先君踐土之盟，子欒欲成先君從晋之志。此題亦謬，宜删。

履奔　黄奔襄二十。　兩紀貴戚去國，責各有歸焉。不能正國遠害，不能庇弟保身。

襄二十。黄奔　貴戚因讒去國，《春秋》譏歸於君焉。見《殺慶襄二十三。傳》。“欲去其親而不能保”，即“譖訴之於大國而不能辯”，謂不能辯其與“司馬同謀”之誣也。收“稱弟”，須知與責薄恩不同。

襄二十一。庶其奔　託人與爲人所託，其罪皆著於《春秋》焉。此在“聖人爲義之宗”上看，總是“以利棄義，則國必亂”一句意。故於“小國之大夫”，苟“接我以利”，“則特書其姓氏”。此義之所關，亂之所起，不可不謹之也。“責叛”與“受叛”之意，已都在此了。末只繳明“何以不書‘叛’？書名、書地，而竊邑叛君之罪自見”。既正其“竊邑叛君”，則“書‘來’”“書‘奔’”，“而魯受叛臣、納其地之罪，亦見矣”。若開，便做《傳》不融貫。《傳》意重在“地”上，所謂“接我以利”，觀“所受於君”與“納其地”。可見書法之意，只在“書名”。若曰既書其名，而又書地，則叛罪自見；既書其名，謂以地“來”矣，則納之者之罪亦見。“棄夷狄從諸夏”至“不可受”數語，是指唐吐蕃請降事，引來爲《傳》設辨。惟“而况鄰國乎”五字，是就邾説，不得以“邾慕義”辨論。

莒慶逆、莊二十七。庶其奔　兩謹大夫接内，以其事關禮義也。只貶慶、庶其，無“責魯”意。莒慶就“私行”説。惟禮義重，故關禮義之人亦重。全以“特書其姓氏”發揮，不僅收書法。

觀魚、隱五。滅下陽僖二。　觀《春秋》利欲之戒，而知其爲禮義之大宗矣。“《春秋》，禮義之大宗”一段，文中須發得出。“必危”“必亂”，即在“利”“欲”上看，非指二事以證之，若曰，此不是小可關係處，要知全在聖人意上，見“以欲敗禮”云云。末繳：“所以於接我以利欲者，必特書而謹之也。”二“必”字，見從來再無僥倖得免的，正見“當謹”，切不可大開。下比易書伐鄭，成九。上《傳》有“是縱欲而不能克之以禮”句，下《傳》有“是惟利之從而不要諸義”句，且鄭成公既執，公孫申有改立君之謀，公子班立公子繻，鄭人殺繻立髡頑，於“國亂”亦切。“欲敗禮”易狄入衛、閔二。放奔莒、文八。楚子入陳，宣十一。同。“利棄義”易執鄭伯、成九。晉陽叛、朝歌叛，俱定十三。同。

庶其奔　荀吳伐鮮虞昭十五。　以却叛律受叛者，而得失明矣。須知據城求援，在兩敵相持之際，與竊地來奔不同，方得“而況”云云意。

吳入州來、成七；影□□□寧。荀吳伐鮮虞昭十五。　觀不錮臣、不納叛者，而恩、義并重□。脱比《沙隨襄二十二。傳》楚莊不錮巫臣。末繳晉薄恩、林父不受鼓叛。末繳季宿背義。兩《傳》語本參差，且“入州來”比，於本《傳》尚隔，況脱合乎？

襄二十一。欒盈奔　以世臣而去國，其待之者薄矣。主《沙隨襄二十二。傳》。須含“逐盈已非，宜有去後之思”意。盈雖出奔，猶係於晉，是指已出奔後、入曲沃時言，不得借用。凡出奔，未有不係國者。

襄二十二。商任[8]　沙隨　兩錮世臣，晉真少恩矣。只“不當錮”一意。巫臣一段，是舉楚子以愧晉，非是説“不必錮”。加盈奔，襄二十一。在既“逐”又“錮”上見他薄。

襄二十二。沙隨　伯主迭申錮臣之約，薄倫甚矣。

城濮、僖二十八；偃佐文。河曲、文十二；盾佐靈。救鄭、成六；書佐景。鄢陵成十六；鍼佐厲，有□公出淖事。　伯臣世□其勛，則報之宜厚矣。四比輕輕點过，總發“世勛”，起繳用本《傳》。“書”比易會伐秦，成十三；書將中軍。末比易彭城襄元。或盟戲，襄九；鞶佐悼。加本比，倒單。

楚鄭侵衛、成二。商任、襄二十一。沙隨　伯國待臣之薄，律之楚事而有愧矣。仍重發“不當錮”，而以“不必錮”作餘意形講，方得。若全重“不必錮”講，便失輕重矣。上比易入州來，成七；巫臣通吳。同。或加楚子圍宋，非也。子重怨巫臣沮其申、吕之請，故後來殺族分室事，與逐巫臣無干。

沙隨　城杞[9]　錮臣而忘世勛，念母而忘世業。楚共、平王分證。

城濮、枝。踐土、俱僖二十八；文。伐衛、文元；襄。河曲、文十二；盾。鄢陵成十六；書、亳北襄十一；悼。　伯國先世之勛業，均不可忘者也。上題脱母。枝、盾、書，勛在伯晋，而爲其後者，不可不念；文、襄、悼，業在尊周，而爲其後者，不可不修。

襄二十三。黄歸　即權臣之不易克，而見君失道矣。借《殺二慶襄二十三。傳》"至因夷狄之力，然後能克"句。"黄歸"股，只炤"克慶"事實。"然後能克"句，直從"使權臣"[10]句接來。加黄奔，襄二十。去親不保，因夷後克，一滚下。再加履奔，襄二十。只炤"與蔡司馬同謀"句。

襄二十三。盈入晋曲沃　世臣恣逆之甚，而所繇致此者不爲無過矣。以"盈逆"提起，倒晋"錮之甚急"上。"晋殆"意，可描寫。加盈奔，襄二十一。只炤"既絶復入"，提過，如單。加商任、襄二十一。沙隨，襄二十二。亦如單。

襄二十三。齊伐衛遂伐晋　大國果於凌伯，見致討之繇矣。主《夷儀襄二十五。傳》"爲報朝歌之役來討"。"取朝歌。爲二隊，入孟門，登太行。張武軍於熒庭，戍郫邵，封少水，以報平陰之役"。

襄二十三。救晋次雍榆　《經》譏内臣恤患之慢，情可知矣。主《救邢閔元。傳》。

襄二十三。紇奔邾　雖有"孔子要君"語可據，然既一遵胡氏，不宜復借《論語》作題。

襄二十三。襲莒　誌掩取之實，重大權也。見《鄭人伐衛隱二。傳》。此亦是"修怨"，以莒同圍齊故也。須發"誌其事實"及"天子大權"等語。

襄二十四。豹如晋　論"不朽"。《澶淵襄三十。傳》，作"穆叔之賢"。

襄二十四。楚陳蔡許伐鄭　門東門，次棘澤。李註："楚兵再至鄭而無功，則悼公之餘澤也。"主《蕭魚襄十一。傳》"推誠"之效。

襄二十四。豹如京　見《南季隱九。傳》。又《左傳》"王嘉其有禮，賜之大輅。"亦可作《納幣傳》"知禮"，亦可作《穀鄧傳》"天命"，又《澶淵傳》作"穆叔之賢"。

襄二十四。大饑　望國遇災而無備，譏之以示戒焉。“戒其無備”意，就“臨時救災”説。前後兩“備”字，皆指救災之備。

襄二十五。《弑光傳》

滅黄、僖十二。舍至昭二十四。　君臣之責，惟不忘社稷而已。主“君民者，豈以陵民”四句出。上，國君死社稷；下，《傳》有“社稷之衛”句。上比易吴滅州來昭十三。“令尹子旗請伐吴。王弗許，曰：‘吾未撫民人，未定國家，而用民力，敗不可悔。”下比易取鄆昭四[11]。豹曰：“諸侯之會，衛社稷也，我以貨免，魯必受師，是禍之也，何衛之爲?”或華元歸，成十五。元不懷禄同室。

入郕、隱五；宣“毒衆”。吴伐我哀八；季下敵。　君凌民，臣負國。出告糴、莊二十八；治名不治實。衛奔齊，襄十四；衛淫虐。同，但倒轉。晏子語本不可作題，前題猶“切社”稷意，此益晦矣。

襄二十五。會夷儀　伯主以利廢義討，失職甚矣。以伯主而至於見伐而報，業已衰矣。“既聞崔杼之弑”，便是絶好一箇機會，“修方伯、連帥之職”，正在此時。却爲區區一賂，“與之同”情，深爲可恨。全重“修職”上。“與之同情”，正挑剔下“同”字意，須發透。收“如下文所貶”。加重丘，襄二十三。只□□□。再加伐衛遂伐晋，襄二十三。只作舉兵之繇。

會夷儀　會平丘昭十三。　縱惡、將貳之會，皆有以寓其貶焉。上義、利，下道、力；上不能修職，下不能復業。爲報朝歌來討，爲成虒祁而叛，皆“如下文所貶”。加盟重丘、襄二十五。盟平丘，昭十三。同。二事皆起於“會”，終於“盟”，故不貶於會而貶於盟。

襄二十五。舍之入陳　賢臣不屈於强伯，繇其能自立也。主《忽奔桓十一。傳》。見子産當晋，能自立，而不待大國之助。“馳詞”事，雖載“伐陳”，而所獻則“入陳”之捷也。

襄二十五。盟重丘　伯主因利成惡，加以“同情”之罪焉。“受其賂而許之成”，是“同”之也，故“書‘同’”。

襄二十五。入夷儀　恕待“有歸道”者，不輕絶人之意也。衛侯之過，只在“蔑其冢卿”，非若突之篡也。況“撫内營外”有人，使能改過，則國猶其國，而義蓋未絶也。此正是遷善改過大機括，聖人所以俟之也。加衛侯奔，襄十四。以“蔑其冢卿”之罪，問起“不名”，倒單。

突入櫟、桓十五。入夷儀　異待入邑之君，斷之以義而已。全要相形義之絶、未絶，不可兩分。加突奔、衛奔，即《薨乾侯傳》。加衎歸，襄二十六。炤“不輕絶”書法。

入夷儀　衎歸襄二十六。　紀復國而異其詞，示不輕絶也。總叙，順《傳》渾融發揮。玩“然後”二字，連“歸”比“書名”，亦總是“不輕絶人”處。

襄二十五。夏伐陳　即賢臣足以自强，而人貴自立矣。借《忽奔桓十一。傳》，全重“不待援”上，見得他“自立”。“馳詞執禮”，只作事實。“獻捷”，是獻“入陳”之捷，此“伐陳”，又在“獻捷”之後。“入陳”未得“成”，故復“伐”以取“成”也。須提明繇子産能當晋於前，故子西得舉兵於後也。加入陳，襄二十五。同。

襄二十五。遏伐楚門于巢　“門”者，攻其門而啓之也。只罪吴“自輕”一意，其“見殺”與“巢人殺之”，俱在“卒”内。

襄二十六。《弑剽傳》

衛侯奔、會戚、俱襄十四；立剽。入戚、弑剽。衎歸俱襄二十六。　廢立宜慎，觀衛事而知戒矣。雖“罪喜”，全重“示天下後世，使知慎於廢立”上。收“正其弑罪”。

襄二十六。林父叛　專禄以背君，不臣甚矣。

襄二十六。衎歸　欲人强於爲善，故重責夫自棄者焉。背政繇甯氏之約，“失信”也；逐者出而納者死，“無刑”也。二者皆歸國以後事，須安放得妥，夫“無刑”是矣。政繇甯氏，祭則寡人，是亂言耳，其可踐乎？大抵“失信、無刑”，總在殺喜上，總見衎之不能改過。蓋甯向日之過，正在蔑冢卿，今纔歸國，又殺執政，依舊放出蔑冢卿手段來。自其與甯喜約言之，則爲“失信”；自其縱林父而殺喜言之，則爲“無刑”。十二年淹恤在外，毫無“善”狀，故曰“自棄”。要發“欲人自强爲善”

意。加林父叛，襄二十六。以“書‘叛’”罪林父提過，倒單。加衛侯奔襄十四、入夷儀襄二十五，只喚起“不名”。只加衛侯奔，主“不能改過”，一串下。□上始自“取”，終自“棄”。

城濮、僖二十八。衎歸　諸侯處困，而自强與自棄者異焉。以“人之有德慧”云云比出。晋侯在外十九年，安内攘外；“衛侯在外十二年”，“失信無刑”。上易楚丘、僖二；衛文。越入吴，哀十三；勾踐。俱同。

衎歸　公至自晋昭十六。　二君處困而自棄，皆《春秋》所貶也。上，出之久；下，困之甚。上既困之後，“失信無刑”；下居困之時，“安於危辱”。上書名；下不書，止“公”

襄二十六。楚蔡陳伐鄭汜上；比二十四年少“許男”。　“蕭魚”而後，楚三“伐鄭”，而鄭終不忍叛晋，以悼之“推誠”也。

【校記】

〔1〕盟劉，後依例應註明年號“襄十五”。

〔2〕閔二，應爲“閔元”。

〔3〕“大夫既張”，《傳》無此語。“追咎往事”在“諸侯失政，大夫皆不臣也”句後。

〔4〕襄十五，應爲“襄十六”。

〔5〕成，應爲“郕”。“圍成”在襄十五年，“圍郕”在襄十六年。

〔6〕圍，應爲“伐”。《經》：“（宣公十年）六月，宋師伐滕。”

〔7〕踐土，後依例應註明年號“僖二十八”。

〔8〕商任，不在襄二十二，在襄二十一。

〔9〕城杞，後依例應註明年號“襄二十九”。

〔10〕使權臣，應爲“使其臣”。《殺二慶傳》原文：“夫人君擅一國之利勢，使其臣暴蔑其身而不能遠，欲去其親而不能保，譖訴之於大國而不能辨，至因夷狄之力，然後能克，則非君人之道也。”

〔11〕昭四，應爲“昭元”。

卷之二十三　襄公下

襄二十七。會宋　《經》紀中國交夷，惡其紊防，而取其守信也。主《盟宋襄二十七》《會虢昭元》二傳。蓋《左傳》“交見”事，載在此股下，而每書必先趙武，從此會始。單主“交見”，不但書法不完，且與“盟宋”何别？

僖二十七。《殺喜傳》

入戚、襄二十六；刑。鱄奔襄二十七；信。　主“無刑”“失信”作。下或易“執甯喜”，代“殺”比，無干。

襄二十七。鱄奔　去國者合乎《春秋》，故《春秋》惟罪其君而已。《傳》首至“終身不仕”是案，《穀梁》語是斷。“其稱‘弟’，罪衛侯也”，不是着罪衛侯語，是點明説這“稱‘弟’”書法，與鱄不相干涉，見得《春秋》絶未有説鱄些子不是處。然只可説《春秋》未嘗説他不是，切不可添出“予他”説話。若“予他”，便該有“予他”書法，而加以特詞矣。蓋“合乎《春秋》”與“見貴於《春秋》”不同。“見貴於《春秋》”的，便須着實嘉與他一番；而“合乎《春秋》”，只一箇恰當而已，也不見得不好，也不見得好得很。所以《春秋》於“罪衛侯”之外，無一詞及鱄也。或云：《傳》首“使鱄與甯喜約言”，及“鱄病失言”二句，明是衛侯罪案，故叙事將畢，即接云“其稱‘弟’，罪衛侯也”，復引《穀梁》曰“鱄之去，合乎《春秋》”。説箇因他使之失信而去者，合乎《春秋》，則衛侯之罪爲何出□？破云：“弔守信而去國者，而其君之罪著矣。”

襄二十七。鱄奔　札聘襄二十九。　去國全信，辭國過中。“托於木門，不鄉衛國”，“合乎《春秋》”；“去之延陵”，“不入吴國”，過乎《中庸》。

襄二十七。盟宋　貶夷夏之結成，誅始禍也。只重“中國不當與楚盟”上，“弭兵”是緣繇，其禍專在“交見”。惟“交見”，則中國諸侯屬其字下，彼何施不可？“自是中國”云云，皆“交見”之禍也。“其事自宋之盟始”句極重，無貶諸侯大夫，不專趙武。加會宋，襄二十七。同。

會宋、襄二十七。盟宋　如楚、襄二十八。會申、伐吴、滅賴俱昭四。一交夷而啓莫大之禍，所以謹其始也。此題專重“會申”，而“伐吴”“滅賴”，乃“會申”一時事，宜一串説下，大意同單。“哀人倫之滅”承“篡弑之賊”句，“傷中國之衰”承“蠻夷之君”句，皆指“會申”説。舊以“如楚”“會申”貼“交見”，以“伐吴”“滅賴”貼“弭兵”，大謬。

盟宋　會申[1]　中國交夷而成推戴之禍，《春秋》所以謹之也。全以“會申”之禍見“盟宋”的不好，即《邢丘[2]傳》之“溴梁”也。加召陵[3]，只入“會申”内，點夷之用伯禮。《傳》中“召陵”句原自“大合諸侯”説。

如楚、襄二十八。會申、伐吴、滅賴俱昭四。　詳觀交見之禍，而始謀之誤甚矣。“盟宋”問起，一串下，倒重“會申”，總歸罪於“盟宋”。要發“聖人哀傷”意。“自是諸侯南向而朝楚”，安得不遂至此極也！“如楚”比，亦須少頓。

如楚、襄二十八。會申昭四。　即諸侯屈禮於夷，而知交見非策矣。雖小分“朝楚”“戴楚”，要低昂重下股，總在“盟宋”上發。

召陵、僖四。盟宋　攘夷之□終，《春秋》序之；交夷之禍始，《春秋》貶之。上，管仲終“盟貫”之績；下，趙武釀“會申”之禍。

襄二十八。慶封奔　借《徐越伐吴昭五。傳》，責“吴崇惡”。“予之朱方”事，《左傳》載於此股。

襄二十八。公如楚　中國行朝禮於夷，則自交夷始也。主《盟宋襄二十七。傳》“南向朝楚”句。須知舉魯以見列國。《左傳》原有宋、陳、鄭、許，不獨魯。

襄二十九。公在楚　《春秋》感時而存君，以教忠也。全在書法上作文。“歲首朝正”，正臨朝告廟之時，宜體出。“存”之者，欲臣子思君父所在，而免其危困。要發透“不忘”二字。須知此《傳》，文定明明痛責高宗。加公如楚、襄二十八。至楚，襄二十九。同。

如晉、襄四。至晉、襄五。如晉、襄二十八。在楚　《經》詳略内君之寓外，亦因其安危而已。總以“歲之首月”、書“在”不書“在”問起，分作。君安與安，君危與危，俱自人臣之心上説。上用獻子相行，申“借助”之請，晋侯設享，“請屬鄫”之願；與季孫、楚人反。上二比，易如晋、文三。至、文四；晋侯有改盟之請，莊叔有慎儀之對。如晋、文十三。至、文十四；穆子能答子家之賦，鄭、衛共協平晋之謀。如晋、襄十二。至，襄十三；外報士魴之聘好，内有獻子之“書勞”。俱同。

春公至、文四。春公至、文十四。春公至、襄五。春公至襄十三。　屢略内君之寓外，役雖久而安也。

會葵丘、僖九。在楚　主“天威不違顔咫尺”句搭，倒作。

公在楚　檇李定十四。　觀《春秋》之筆削，忠孝備矣。上，君之危不可忘；下，父之讐不可忘。須知二《傳》，文定俱□高宗而發。

襄二十九。《弑餘祭傳》

升陘、僖二十一。大棘、宣二。合比奔昭六。　三觀禮之所禁，昔足以禍國者也。公卑邾不備，狎敵也；華元使羊斟御□，通怨也；宋平信寺柳，近嬖人也。數比俱就君説。加曹陽歸，襄八[4]；鄅人公孫彊獻雁，因爲政。主“使無回”[5]句。

“狎敵”易比：

遏伐楚襄二十五；吴子自輕。

秦人伐晋襄十一；士魴少秦師而不備。

貞伐吴襄十四；子囊以吴爲不能而弗儆。

宋人伐陳襄十七；獲司徒卬，卑宋也。

“邇怨”易比：

殲遂莊十七；齊飲餘民之酒。

戰邲宣十二；魏錡求爲公族，趙旃求爲卿，俱未得，林父遣“二憾”往楚。

會夷儀襄二十五；齊莊鞭賈舉，而又近之，乃爲崔杼閒公。

“近刑人”易比：

四國伐齊，或戰甗俱僖二十八；齊桓公近豎刁。

同圍齊襄十八；夙沙衛塞道，以誤郭最。

伐北圍防襄十七；主“刑人禮士”事。

或出“札聘”代“餘祭”，不妙。

襄二十九。城杞　譏伯主興役，以其不知本也。《傳》意以“母族不先父族”立論，作文重“昧親親之本”發。偏重在母家，便只記得母族，忘却父族了。忘却父族，便是“輕棄諸姬”。此句不重。“主盟”二句，見其有“尊獎”之權，亦不可遺。或云“合諸侯之大夫以城杞”句有味，正見“輕棄諸姬”處。“晋主夏盟，令行中國”，所以一召而諸侯畢至者，正惟文、襄、悼公“尊獎”之餘業在耳。若事關“尊獎”，雖劳動諸國，不爲“輕棄諸姬”。今合十一國大夫，爲母家奔走，豈“尊獎王室”耶？而勞動諸國至此，“輕棄諸姬”甚矣。須知除却“尊獎”，便不可輕動諸國，輕動便是“輕棄”。或欲主“尊王”者，未是。

踐土、僖二十八。晋侯伐衛、文元。亳北、襄十一。城杞　隳先業而私所親，忘其本矣。

踐土、僖二十八。晋侯伐衛、文元。亳北襄十一。　伯國世修尊王之業，可謂知本矣。總以“尊獎”論起，點三段，末繳本比。文朝王於衡雍，襄朝王于温，悼公亳北載書曰“同獎王室”。文公創業，襄修文之業，悼又修文、襄之業。

城杞、十一國。澶淵宋故襄三十；十二國。　伯國兩合大夫，非知本與知務者也。“可謂知本乎？”“可謂知務乎？”上用文、襄、悼，下用禹、周、孔子。

城杞　高張唁昭二十九。　兩觀伯國行事，皆隳先業矣。平公棄文、襄、悼公之業，景公棄太公、桓公之業。上《揚水》，下《式微》。

襄二十九。士鞅聘　即公臣不足於享，而君之失民驗矣。見《作三軍襄十一。傳》。執幣之禮，僅行於莊叔；三耦之射，取足於家臣。

襄二十九。杞子盟　借《杞子卒僖二十三。傳》。用夷禮，故稱“子”，自平日言，不指今日。晋使女叔來治杞田歸杞，故杞成公親來要結。

襄二十九札聘　因事而貶辭國之賢，以“中道”望之也。“争弑禍興”指弑僚事，“覆師喪國”是光立後事。札若如季歷、武王，直可興治於吴，安得有此等事？父兄之志在此，聖人責望之意亦在此。須知壽夢將立札時，諸樊兄弟不爲泰伯之逊，則札自無受國之理；及光弑僚而致國，則又有與聞之嫌。其“去之延陵”云云，亦是理當如此。其不受以致亂，全在“夷昧既卒”[6]一辭上。此時相傳以次，已開僚竊據之□，而舍光及僚，又舍光及僚，又使光得執爲口寔。無窮禍亂，醖釀此處。札乃一□全身自牧，可乎？聖人把個季歷、武王望他，亦不是小可，受則并“覆師喪國”之禍可免，辭則争弒之禍且因之以興，所以“不以爲賢而貶之”也。“貶”字對“美詞”看。以札之賢，而待之只如常人，便是“貶”，非去其“公子”以立貶文也。畢竟讓國自是好一邊事，但以札之賢，所爲不在箇恰好處，是以不满於聖心。作文須有抑揚，方見得“責望”，不可直頭“貶”倒。

突救、莊六。季歸、閔元。完盟、僖四。椒聘、文九。術聘、文十二。札聘　賢者不能達權，故不假特筆而以常紀焉。以秦、楚例問起，隨入“旌賢”特筆，以辯明“貶札”之意。去“椒”“術”，同。加盟戚成十五。或會奔，昭二十。只入講一辯，見不當如子臧之守節。

椒聘、文九。術聘文十二。　兩略使臣，以其禮異於中夏也。楚，蠻夷之國；秦，介戎狄之間。亦要見“事無足賢”者，故無特筆。加本比，倒單。

突救、莊六。季歸、閔元。完盟僖四。　歷觀《經》之特筆，而知略讓國者之爲貶矣。“善恤患”“美靖難”“嘉服義”三段，俱要在“匡國靖亂”上説，與“生亂”相反爲妙。又須發“聖人從不吝特筆於賢”者意。起、收見季札。加嬰齊如晋成六；嬰齊，叔肸子，同。

突救、莊六。札聘　申王命，違父命。《春秋》行法以俟命，《春秋》達節而不守。

季歸、閔元。札聘　歸國靖亂，辭國生亂。俱是公子。《春秋》爲賢者諱，《春秋》責備賢者。

完盟、僖四。札聘　“服義”“達權”，特詞；“守節”“過中”，常詞。以“吴、楚，蠻夷”句爲主，生議論。

嬰齊如晋、成六。札聘　辭禄，讓國。

札聘　會奔昭二十。　以達節望賢臣，故不以讓國者例焉。不但聖人望札之意不同於子臧，且曹宣之卒，未有成命，而負芻已纂立，則子臧自不當因諸侯之請以爲利。若壽夢賢札，欲立爲嗣，與諸樊兄弟以次相及之約，皆公心也，受則息争，辭則啓亂。所值時勢亦自不同甚矣。觀《春秋》之待臧，則讓國之賢，原是極厚待的，但在世之君子，把但凡讓國的都看做好了，便盛稱其賢，而自與天地同德、達乎時中的聖人看來，又有不必一於讓者。惟將季子想望到這上一等地位，而他乃不能，故聖人嘉與的心腸，自不覺冷淡了。

札聘　會申昭四。《春秋》責備賢者，示達節、合天之義焉。二邊俱有"責備賢者"意。上比於椒、術，下比於淮夷。"《春秋》達節而不守"，"《春秋》以人合天"。或加執曹、成十五。夾谷，定十。主"季札不宜附子臧"，"三卿當如孔子"①。

札聘　黄父昭二十五。　辭國者無異稱，明道者不可過，勤王者無美詞，明職所當爲。上是個"中"字，下是個"正"字。

札聘　曼姑圍戚哀三。　酌國之讓、受，而辭與争者均貶焉。兩邊俱用夷齊。下只論衛□，不用齊國夏。

襄三十。良霄奔入《經》於外臣之未绝，而深惡其謀之逆也。"其位未絶"，則君臣之義猶在，而顧欲滅國，不甚逆乎？一串作，總收二書法。加魚石入、成十八。欒盈入、襄二十三；俱書"復"。華亥入、昭二十一。宋辰入，定十一；俱書"叛"。同單，串作，四比前後比炤。

襄三十。澶淵宋災故　觀例卿[7]之所以會，而不知務甚矣。總只重"不知類"發。"不仁"句，亦只說决不至如此不仁，畢竟是未察，又追原以"諸侯之良"，而不察至此，繇"世衰道微"云云也。要嗔憾，又要嘆悼。單出澶淵，同，只用"'人'大夫""諱魯卿"。

豹如晋　豹如京、俱襄二十四。澶淵、襄二十六。會宋襄二十七。　槩諸執政之卿，責有不容諉者矣。舊破"觀二卿執政"，便少含蓄。原說"豹、武而下"，首尾要該括"上卿執政"，是說誅亂賊、正三綱，正是他責任、

① 此題後有十字雙行夾注，模糊莫能辨，不録。

不得推諉意。只豹如京、會宋，同。

戌聘、襄十五。豹如晋、襄二十四。盟宋、襄二十七。趙孟。霄奔、襄三十；子皮。澶淵宋故　以衆賢臣而謀不及義，則世道可懼矣。只主《傳》末“或曰”以下一段，“此孔子所爲懼，《春秋》所以作”，全要發“傷世道”意。

戌聘、襄十五。豹如晋、襄二十四。盟宋、襄二十七。霄奔襄三十。　稽列卿素行之良，則謀國不可誤矣。四段輕點，前後發意。向戌之聘魯，尋盟也，以美室而責獻子之奢；穆叔之如京，賀城也，以有禮而膺大輅之寵；子木之禍，趙孟弭之，有衛社稷之信焉；駟氏之甲，子皮止之，有庇子産之仁焉。

澶淵故　黄池哀十三。　上特言，下殊詞。計利害而“不本於仁義”，“禽獸逼人，雖得天下，弗能一朝處矣”；計存亡而不能“以人勝天”，“顛倒冠履而得天下，其能一朝居乎？”“上卿執政”，“伯業”“主盟”。

澶淵故　會申昭四。　縱惡與崇惡，皆非良臣之所宜有也。“穆叔、趙孟、向戌、子皮，皆諸侯之良也，而所謀若是，何也？”“以利害謀，而不知本於仁義也。”“向戌、子産、叔向，皆諸侯之良也”，而“謀國變夷”，何也？“聽天所命”，而不能“以義立命”也。有脱出向戌聘、襄十五。盈奔、襄二十一。豹如京、襄二十四。夏伐陳、襄二十五。盟宋、襄二十七。霄奔襄三十。者。二《傳》人數不整，不可出脱母。

向戌聘、襄十五。豹如京、襄二十四。夏伐陳、襄十五。會宋襄二十七。　比《麇卒昭元。傳》。二邊皆有“諸侯之良”句。上叔豹、趙武，下向戌、子産。删。

【校記】

〔1〕會申，後依例應註明年號“昭四”。

〔2〕邢丘，後依例應註明年號“襄八”。

〔3〕召陵，後依例應註明年號“定四”。

〔4〕襄八，應爲“哀八”。

〔5〕使無回，諸《傳》均無此句。

〔6〕“夷昧既卒”，《傳》無一辭，但云“夷末卒則季子宜受命以安社稷”。“夷末”亦名夷昧、余昧。

〔7〕例卿，應爲“列卿”。《傳》有“列會大衆”“諸國之大夫”語。

卷之二十四　昭公上

昭元。會虢　因信先伯臣，亦曲尊中國之意也。《傳》忽“拈[1]公子招”一段，爲《公羊》有貶招之説耳，只點一句便是。不書“盟”者，楚“懼晋先”，故“請讀舊書加牲上”，原“不曾盟”也；非書法，只引起。“先趙武”意，取武守信，是守弭兵之約，所謂“武有仁人之心”，“今武猶是心也”。然須重“《春秋》不貴修盟”説，不然弭兵之約亦非美事。中國自應居先，而無奈楚何者，勢也。然中國所以異於夷狄，止有此信，信在，則無論敵之先後，中國之尊自在矣。“每書必先”，兼宋、虢二役言。

盟蔑、隱元。年聘、隱七。會宋、襄二十七。會虢　正名、紀好，尤示所以重信者焉。加盟宿、隱元。語盟，桓十四。同。

會虢公子。　鍼奔昭元；弟。　兩稱貴戚，而尊親之義明矣。主“曰‘弟’者，因事而特書”句。上云：雖諸父猶臣之；下云：雖愛妾猶敬之。“針奔”比易齊年、隱七。鄭語，桓十四。俱同，但彼以過薄，此以過厚耳。

盟宋、襄二十七。會虢　紀夷夏尋盟之好，必重信以先伯臣焉。照《傳》“將盟宋，楚人先歃”，以證今日“讀舊書”之爲“先楚”，辯起“先趙武”書法，如單。或以□陵“重信”合，非。

會宋、盟宋、俱襄二十七。會虢　每先伯臣以紀好，重信意也。總叙，總作，事實畧分點。上，子木衷甲，武聽叔向，守弭兵之約；下，子圍尋盟，武却祈午，終守弭兵之約。去盟宋，同。加盟蔑、盟宿，俱隱元。以“不貴修盟”講起。

會虢　黄池哀十三。　重信、紀常，故兩先夏於夷焉。各以“楚、吴之先”振起。先武，重信，“先晋，紀常”。

附論“會號”搭題。在《尹氏卒傳》，主立趙武報功；在《無駭卒傳》，主衛奔惡書名；在《□叔聘傳》，主不疑祈午之世故；在《忽奔傳》，主却□□之公子，《高固逆傳》亦主此；在《長勺傳》，主鄭有備；在《□□傳》，主立武反□；在《華孫盟傳》，主趙武功臣之胄；在《逐得臣如傳》，主使畏上客，不書伍舉；在《殺三郤傳》，主子産談笑却敵；在《突卒傳》，主知楚國之無君；在《□□傳》，主□以公子爲司徒。

昭元。取鄆　望國乘亂肆貪，以諱詞致貶焉。重“乘亂”上，“取邑”帶説。此舉虽宿所爲，因昭公在國，故不書“伐莒”，從“内諱”之例。非豹之忠足以動趙孟，魯幾不免矣，文中亦要點用。加救台入、哀十三；莒、魯争鄆日久。會號，昭元；責齊盟。只入叙事中。

取鄆　舍至昭二十四。　二臣世以節顯，皆社稷之衛也。樂王鮒請帶，范獻子請冠，趙孟請之楚國，士彌牟請之韓宣子。“世美”意，不重。

昭元。鍼奔　著偏愛之禍，而罪夫薄倫者焉。“均愛”，非特别兄，實以全弟也；“能友”，非特愛弟，實以敬父母也。以“父禍”講起，倒秦景。“均”字反“偏”字看。“鍼之適晋”至“後子歸”一段，正見鍼兢兢避秦景之禍處，故接下“書曰‘弟者’”云云。

立子朝、昭十三；景王。宋辰奔定十；景公。　主“均愛”二句。出及荀息、僖十；晋□。及子瑕，僖三十；□□。同。

考宫、隱五。鍼奔　主“父母有愛妾”二句。上過厚，下過薄。二句是辯論語，不可搭題。且□□□《傳》意外相反。

昭元。大鹵　變法以挫夷，惜其師之不王矣。此《傳》有惜之之意，非盡詞以貶。蓋“太原在禹服内”，狄人至此，攘斥甚宜。使其以此車戰挫之，即宣王《六月》之詩，曷以加此？而措不然，故“書‘敗狄’”以譏。作文須將“攘斥之宜”重發於前，不可輕輕點過。車戰□用兵正法。“崇卒”説不得是用詐，惟“崇卒”，乃便於用詐也。按《左氏》“爲五陳以相離”云云，則所以誘敵者，正步卒離合之陣，而薄其未陳，又在誘之之後也。《傳》末所謂“日趨苟簡，皆此等啓之”者，正指“崇卒”説。若徒曰用詐，則非自此始矣。王者“步伐止齊”之法，無非戒輕進，戒貪殺。今“廢車崇卒”，則法愈簡便，而殺人愈多矣，所以爲罪。

大鹵　棄疾圍蔡昭十一。《經》於攘夷、討罪之宜者，以其啓詐而譏之也。“後世”“變詐相高”云云；“後世討亂臣者”，“至用詭謀詐力，徼幸”云云。

大鹵　晋伐鮮虞昭十二。　攘夷、略遠之兵，皆惡其啓詐端也。“後世”“變詐相高”云云，“末世”“變詐並興”云云。

大鹵　荀吴伐鮮虞昭十五。《經》于伯兵，惡祟詐、恕近正也。攘夷宜矣，祟卒則非；伐鮮虞非矣，却叛則正。

大鹵　滅陸渾昭十七。　伯兵兩攘夷，有王伯之辨焉。上，“非王者之師耳”；下，“與辟土服遠以圖强霸者異矣”，“太原在禹服之内”，陸渾在王都之側，可點用。

大鹵　召陵侵[2]　詐，貪。俱有“王者之師”句。

昭元。去疾入　黜擅立者，而猶與其得討罪之正焉。“天下國家”一段，只引起“以國氏”句，重“予其正”作。“不稱‘公子’”是通例，依《傳》辯一段於後。“無稟”，就王命説。“‘入’者，難詞”，只作事跡，見非□詞也。時展輿之立已久，國人君之，諸侯助之，故自外入爲“難”。加突歸、忽奔、俱桓十一。納糾白入、莊九。遏伐楚、襄二十五。公在楚，襄九。只辯書法，如單。再加展輿奔昭元，亦同，只作討罪事實，兼炤“展輿乃莒子”句。

突歸、忽奔、俱桓十一。納糾、白入、俱莊九。荆伐、莊十六。吴伐成七。　辯名正分，而天下國家之統定矣。以“天下”“國家”分，全在書法上發揮。“荆”“吴”比，仍用“不書‘葬’”，勿用“舉號”。

突歸、忽奔、俱桓十一。納糾白入莊九。　正國家之統，故辯争立者之分焉。只從書法發“國無二君”意，“嫡庶”“長幼”帶在内。須隱炤“展輿乃莒子”二句。

小白入、莊九。去疾入　兩紀貴戚復國之正，律之分、義而已。比作。“分”以“長幼”言，“義”以“討罪”言。皆以“專”[3]字意入辯，二“難詞”畧起。

去疾入　展輿奔昭元。　予奪貴戚之出入，重討罪也。比作。俱主上截《傳》意。上，《傳》云“展輿乃莒子”；下，《傳》云“展輿，莒子也”。宜將此總問起。“無所稟”“與其立”，各用“雖”字點入。或主《傳》，無味。

昭元。展與奔　《經》於外君見逐，誅其逆、治其黨焉。

會虢、取鄆俱昭元。展輿奔　驗諸侯崇亂之實，而其罪見矣。以“曷爲國氏”問起，倒“治黨”作。

會虢、取鄆俱昭元。　觀諸侯行外君之訴，而崇亂見矣。此題舊載《取鄆傳》，主“尋盟未退”句，□傳並不責請盟。即以“趙武守信”“叔豹守節”合，亦非《傳》意。主此爲妥。此題中皆出此二股作驗故耳。

昭元。疆鄆田　按内臣兼地之惡，伯討所宜施也。見《執意如昭十三。傳》。末收云：“晋之討不以罪也。”須記此季宿，非意如。

昭元。《麇卒傳》

會虢、昭元。會申昭四。　畧中國共知之惡，有感于“宗之”之過也。以“會虢”知“無君之心”，問“書‘卒’”書法起，倒會申上。重發聖人“憫”與“懼”意。

召陵、僖四。會申昭四。　以逆夷而用伯禮，中國之可傷甚矣。主“其君用齊桓之禮”句，須重發“傷中國”意。舊主“予其出於夏、傷其主於夷”，非旨。加踐土，僖二十八。主“六王二公”句。“二公”，桓、文也。

向戌聘、襄十五。夏伐陳、襄二十五。會申昭四。　以良大夫而宗夷，時事之最可傷者也。倒“皆有獻焉”。

向戌聘、襄十五。夏伐陳襄二十五。　兩大夫爲一時之良，宜不爲逆夷屈矣。向戌曰“敢不薦聞”，“獻公合諸侯之禮六”；子産曰“敢不薦守”，“獻伯、子、男會公之禮六”。出侵蔡獲、襄八；子産不顧。滅偪陽，襄十；向戌辭封。同。

昭元。比奔　觀貴戚去國，而君臣之分猶存焉。主《比歸昭十三。傳》，以子鮮、欒盈入炤。晋人待以□旅，而致禄從本國之班；齒於后子，而列位本公子之素。

昭二。□□　□□□□□□□[1]，而有觀禮之明焉。主《納幣文二。傳》。此"知禮"，自"觀書太史""知周禮"上看，與他"禮自恭敬"説者不同，然□□□時尚未經夫子之筆，故曰"周禮"。要知明禮之權制者，莫備於□□，道禮之名分者，莫過於《春秋》，故曰"周禮在魯"。賦《角弓》《甘棠》，皆餘意。新主"《經》紀伯臣之修禮，因見王政之□人焉。"不知當寄何《傳》，則純以《左傳》作題矣。即主"知禮"，亦與□□□□不切。總之宜删。

昭二。夏叔弓如晋　内臣辭禮於霸國，可謂□□矣。主《納幣文二。傳》。就彼"辭效勞""辭致館"之言，推他"志敬"。

昭二。如晋復宿如　詳事伯之跡，譏□□□□□也。若論大頭腦錯處，是不該"如晋"。《傳》"既不能"云云，總見他聽進止於人，不能自立處。活潑串發，總論失"守身之本、保國之基"。"宿""晋"綴後，俱要挽昭公身上。"奸邪""四鄰"，與"季逐""晋比"正相呼應。只"如晋復"，只不用"宿""晋"伴講。只"宿如"，將季宿君返而已往，晋人拒君而納臣，上"侵"下"比"，説歸昭公身上。

觀魚、隱五；子翬奸。斷道、宣十七；邪。夷儀襄二十五；晏子不死。　人君舉動之當慎，以其所關者大也。把"大節"二字，起下"故有國者"四句透説，便有味。出甯母、僖七；子華奸。乞盟、僖八；邪。衛侯奔，襄十四；伯玉從近關出。同。

如晋復　比歸昭十三。　内外君臣，皆昧于經權之道也。"既不能據《經》守正"云云，"守《經》事而不知其宜"云云。

如晋復　執意如、昭十三。意如至昭十四。　進退非禮，操縱以利。

如晋復　會中軍、昭五。意如至昭十四。　比《去疾卒昭十四。傳》。進退不明禮，勇怯不中禮。

昭三。燕款奔　《經》以失國罪君，正本之意也。重"端本"上，要見"垂戒"意。

---

① 此題字跡剥脱，以其論周禮看，當是昭公二年第一條"晋侯使韓起來聘"，即"韓聘"。所引論"周禮"事，見《左傳》。

無駭入、隱二。小白入、莊九。秦人伐晋、文三。鷄澤襄三。　觀列國之所以待臣者，而知馭下之道矣。只將“四句《傳》”點起，虚論道理，然後以四股輕輕點過，便總論待臣之道不可薄，以影唤本股。無駭不以公族而私，管仲不以射鉤而疑，孟明不以三敗而輕，魏絳不以戮僕而死。出三國伐宋、莊十四；誠管仲。季子歸、閔元；□公。彭衙、文二；禮孟明。戰邲，宣十二；赦林父。同。

衛侯奔、襄十四。款奔　兩端本以責君，而知大臣、羣臣均重也。或出鄢陵、成十六；代“殺三郤”比。衛奔，襄十四。世臣、大臣。

款奔　合比奔昭十七。　以“寵嬖人而失身”“寵寺人而失臣”比。

昭四。大雨雹　天變繇於臣，而弭變者宜以君道格矣。《傳》點“申豐之説”，與《莒潰傳》相類。“行其政令，無失其民”，爲調燮之道，極有議論。加舍中軍，昭五。是“致變之繇”。再加敗鄺、僖元。行父如、成六。城費，襄七。炤“襲位世卿”句。

昭四。會申　欲人合天，故列宗夷者於夷焉。“不以爲賊”，“推爲盟主”，“相與朝事之”，“聽順其所爲而不敢忤”，是案。“責命於天，而以人事爲無益而弗爲”，是斷。諸侯、大夫渾説，收“不殊淮夷”。從來“聽天所命”的，往往把天下事都壞了，《春秋》所以示責備之意於列卿，以訓後之賢者宜盡人事也。

會申、執徐、伐吴、滅賴、俱昭四。滅陳、昭八。滅蔡昭十一。　列國縱惡而委於天，《春秋》之所深責也。以“責命於天”句爲主，以三“則曰”分三段，以“天自討”連之，總收“不殊淮夷”。只會申、滅陳、昭八。滅蔡，昭十一。同。“惟天所相”，司馬侯語；“滅陳”，裨竈語；“滅蔡”，子産語。加比歸，昭十三。是“天討”。

會申、執徐、伐吴、滅賴俱昭四。　列國宗大惡而順其所爲，廢人事矣。“執徐”三比，是“會申”一時事，正所謂“相與朝事之，以聽順其所爲”也。須拿定他“惟天所相”句，發他“以人事爲無益而弗爲”意。

執徐、伐吴、滅賴俱昭四。　外夷之歷肆其惡，繇中國之以聽夷爲聽天也。大意同上。

滅陳、昭八。滅蔡昭十一。　兩以覆國委諸天，中國之縱惡甚矣。兩個“不能救”，正是不能盡人事；兩個“則曰”，正是“責命於天”。只大槩説“諸國委命”。雖引裨竈、子産語，卻不重二人。此二股《鮮虞傳》亦有，還宜主此。

會扈、文十七。平州、宣元。會申　論罪於黨惡之上，而知崇惡爲大變也。舊有立晋、隱四；石碏討吁、臣子。盟折，桓十一；蔡人討佗、四鄰。主臣子、四鄰能盡人事。“盟折”比已晦，又有□“甲戌”“己丑”者，更可笑。

向戌聘、襄十五。欒盈奔、襄二十一。夏伐陳、襄二十五。會申　賢臣謀國而變於夷，不能立命之過也。向戌尤獻子美室，叔向不見祁奚，子産執禮當晋。倒作，同單。

向戌聘、襄十五。欒盈奔、襄二十一。夏伐陳襄二十五　即三臣素行之良，宜知所以謀國矣。叔向以“諸侯，君實有之，何辱命焉”應；子産以“敢不薦守”應；向戌以“敢不薦聞”應。向戌比或易盟宋，襄二十七；合晋、楚之成。叔向比或易蕭魚襄十一；主“遣叔肸告於諸侯”，若“會平丘”“示威”，則非良矣。

會申、夾谷、歸田俱定十。　委命於天者，失所以自處矣。“聖人以天自處”云云，只論道理，借比發意可也。“歸田”“以天自處”不指“序績”言，指“化齊”言。以孔子爲“聖”，以叔向輩爲“賢”，相對，亦勿曰聖賢之分量；夫既説分量，自是天生定的，又可責備叔向輩乎？加滅陳、昭八。滅蔡，昭十一。同。

突救、莊元[4]。六月雨僖三。　聖人重人事，不欲聽於天與命焉。總論，分作。要在聖人書法上説，又全要在“《春秋》之法”四字上做。出秋七月、隱六。滅黄，僖十二。同。或出會宋、會虢、夾谷、歸田，趙武以義立命，孔子以人合天。又滅陳蔡、豹歸，不能以人合天、以義立命。俱謬。

“合天”易比：

四國災昭十八；有“天道”“人道”句，亦有“必先人事而後言命”句。

夾谷定十；順理。

獲麟哀十四；天道應。

“立命”易比：

舍至昭二十四。

會申　徐越伐吴昭五。　黜之同於夷，進之同於夏。

會申　盟平丘昭十三。　崇惡競力之事，皆會盟中之大變也。上下各有四様。“則未有不以爲賊”云云，“則未聞主盟中國”云云。

會申　豹歸定十五。　崇惡而失節者，咎皆在委命也。上，聖賢立命；下，“國君造命”。

會申　黄池哀十三。　兩紀夷夏之會，示合天、勝天之道□。上，“以人合天”云云；下，“存亡者，天也”云云。□作《會曹伐傳》，意□□，不如此確。

昭四。執徐子　著外夷虐小，罪中國之棄義也。主《會申昭四。傳》。徐子，吴出也，以爲貳焉，故執諸申。

昭四。秋伐吴　逆夷舉討罪之師，而中國之罪昭矣。融會《盟宋襄二十七。》《會申昭四。》二傳。末繳云：“此《春秋》所以致□□□宋之始禍，而深斥夫會申之縱惡也。”舊用《會申》《徐楚伐吴》二傳，以“惡縱惡”“予討罪”分，則一比中自相矛盾矣。且下《傳》止云“討罪”也，亦無“予之”語。

昭四。執慶封　外夷討罪之兵，非遠人所宜報也。重吴崇惡上見得是討罪，不可予楚。加“秋伐吴圍朱方。”，同。“中國縱惡”提過，不必兩分。加慶封奔，襄十八。只炤吴崇惡起。

昭四。遂滅賴　外夷覆小之暴，罪在委命者矣。主《會申昭四。傳》。全要形容“無敢違”意。兼用《盟宋傳》，與“秋伐吴”同，亦可。

昭四。取鄫　諱内君之覆小，存臣禮也。與取鄟成六。同。以君雖有不撫之失、民雖有叛君之心挑講。“著丘公立而不撫鄫，鄫叛而來”。鄫，莒邑。

昭五。舍中軍　内臣巧於專兵，《春秋》微詞以著其罪焉。“作三軍”時，雖是三分各征，然兩家猶有不盡征者，總計三家得七，公室得五。至“舍中軍”，季孫將自己一分分貼兩家，却將兩家之軍各分爲二，而己各取其一，使兩家盡征其一，公室止有貢而無民矣，故曰“益卑”。“兵權”“三綱”二句，雖分屬“公孫于齊”云云與“南蒯叛”云云兩段，然語氣順流而下，亦宜順流作去。“孫齊”云云，正是□□之罪，非流弊也，流弊屬在季氏上。“微詞”，謂不明其“四分擇二”之謀，但渾説曰“舍”，而使人自悟也。

作三軍[5]　舍中軍　觀内兵之再變，而見權臣之益專矣。玩“初”字、“及”字，與“盡征”“悉歸”“益卑”字，當串做。聖人要後世見“作”繇季氏作，“舍”繇季氏舍，則司命已去，而國安得不失？既“作”“舍”皆繇季氏，而不繇君，則三綱本紊，而季氏亦安能免其不臣之禍哉？故曰：“兵權，有國之司命；三綱，軍政之本原。”而書曰“舍中軍”，所謂不直斥其非而罪自見也。此挑明事實，全在聖人意上發，觀《傳》“然則三軍作舍”與“書其‘作’‘舍’”，又總之以“書曰‘舍中軍’”，可見。不可以“書其‘作’‘舍’”爲書法。

作三軍、襄十一。舍中軍　圍費、昭十二。孫齊、昭二十五。春王、定元。從祀定八。　强國專兵貽禍，其罪著矣。以“作”“舍”爲主，串講在前，以後兩項帶發在末。

舍中軍　用田賦哀十二。　兵制變，“不臣”；田制變，“不君”。

昭五。公如晋　内君習禮之儀，非明禮者也。主《至河復昭二。傳》。“習儀已亟，而不明乎禮”句，正用子[6]叔齊語。兼看《野井昭二十五。傳》“正身治人，禮之本”云云。或云比題還當據《左傳》與女叔齊“知禮”，《季孫宿傳》“習儀”與《野井傳》“昧禮之本”，俱指本股説，恐不可主。

昭五。公如晋　秋至　即内君返國，知其失自强之道矣。主十六年《至晋傳》“不自强”作，須切“習儀”上論，方不泛，蓋守身之禮，即自强之道也。收“諱不書‘止公’”書法。莒愬，晋欲止公，因范獻子之言而止。

昭五。牟夷奔　惡以利相接者，尤嚴不義之戒焉。以“書‘來奔’”“兩譏”，重重提過，倒“書名”垂戒上發。“終爲不義，弗可滅矣”，是聖人“書名”主意。“懼淫人”“懼”字可味。要之“特書其名”句，即所謂“必書其地以名其人”，只反“名姓不登于史策”看，非以□□爲□

詞也。須知此季孫宿受之，非昭公。“言‘及’”意，亦點明①。

取郜鼎、桓二。紇奔邾襄二十三。　爲國爲己者，□當以利爲戒焉。上有賄賂“敗人國家”句，下指武請“後要君”。出意如至、昭十四；《傳》亦有“利敗人國”句，主荀、昭。朝吴奔，昭十五；以名利累心。同。又輸平、隱六；鄭莊。齊人伐鄭，僖七；申侯狥利。亦同。此與“求車”内“諸侯利國”“大夫利家”題相混。此處宜炤“國危”句出滅下陽、執虞公，炤“患得患失”句。出紇奔邾、朝吴奔爲是。

庶其、襄二十一。牟夷　黑肱昭三十一。　微者用地而名之，所以懲不義也。只主“《春秋》於三叛人云云戒也”一段。加浮來、隱八；莒大夫。盟趡，桓十七；邾大夫。主《傳》“邾、莒之大夫，名姓不登于史册”句。

昭五。徐越伐吴　《經》於變夷之國，因其從兵有名而進之也。玩“比”字、“亦”字、“可也”字，“從師有名”，緣“討慶封”上看出，非予“從楚”。“世類”意，炤《傳》“且”字發一段於後。“越始見《經》，與徐皆得稱‘人’”句，有意味，蓋越之始見以“討罪”，□□人“取舒”之善，非若荆之始見以“敗蔡”，吴之始見以“伐郯”也。越稱王自勾踐始，允常尚未稱王，但就聖人修《經》言，則越自是僭國，□□宜斟酌。加狄伐吴，昭四。同。再加執慶豐，昭四。同。再加慶豐奔，襄二十八；吴崇惡。亦同。

取舒、僖三。徐伐吴　遠人從兵有名，故與已進之國同其稱也。主“越始見《經》，而與徐皆得稱‘人’”句，串作，不必以“輔伯”“從善”分。

荆敗蔡、莊十。徐伐莒、文七。吴伐郯、成七。越入吴定五。　歷稽諸國之僭，所以斥之於夷也。主“徐始稱王”至“比諸夷狄”一段。進“荆、吴、徐、越”題，先見《荆聘傳》，故不録。

會戚襄五。　徐越伐吴　變夷之國，因其聽好、從兵之善而進之也。“人”壽夢，不追既往；“人”勾踐，不逆將來。吴使壽越會善道，越使

① 此題末有雙行夾注二十字，不能辨，不録。

壽過會鎖①。

徐越伐吴　於越入吴定五。　變夷之國，因事而推引之焉。聖賢之後，“不使與夷狄均”，引之可進也；僭王之國，“不使與中國等”，“推之可遠”也。中小分，前後總講，側重“引之可來”，痛發“聖人慎絶人”意。下易檇李，定十四。同。加石門、隱三。白狄來，襄十八。同。

徐越伐吴　會奔昭十三。　聖賢之後，各因其善而進之也。從兵有名，去國有禮。俱重“世類”上。劉子規河洛而思功，季子逃延陵而效節。

昭六。合比奔　即外臣之去國，而刑人之戒昭矣。通《傳》只主“寵信閽寺”一句。不重斷罪，要就“刑人可畏”上發垂戒意。

合比奔　朝吴奔昭十五。　兩紀逐臣，見刑人讒人之可畏矣。上云“刑人之能敗國亡家，亦可畏矣”；下云“讒人爲亂，可不畏夫”。

昭六。冬叔弓如楚　内君通好以附夷，《春秋》之所譏也。主《暨平昭七。傳》“外附荆楚”句。前薳罷伐吴，敗于房鐘，叔弓如楚聘，且弔敗。殷相聘者，交鄰之禮也，何勤於夷？通憂虞者，鄰國之義也，而何弔乎楚？徒欲挾之以自重耳。

昭七。暨齊平　望國以附夷得成，《經》所罪也。“暨”字，是事實書法。“暨”字内，見魯似以“附夷”爲得計，而甥舅之國，可平可不平，總不着意者然，故曰“罪也”。“輕重見矣”句，炤“平者，聖人之所貴”句□，謂“平”輕而“罪”重也。慶封來聘，魯不報禮，已而魯受慶封，齊人來讓，二國所以未平。加薳罷伐夷、叔弓如楚，俱昭六。是“附夷”事實。

暨平　及平定十。　兩辯結平之志，而皆歸罪於内焉。重“附夷”“犯大”斷罪。“得平”“得”字、“急於平”“急”字，要體貼。上加叔弓如楚，昭六。下加侵齊、侵齊，俱定八。同。

叔弓如楚、昭六；弔房鍾之敗。公如楚、昭七；落章華之成。侵齊、門揚州、

① 此題末有雙行夾注十字，不能辨，不録。

侵齊俱定八；次廩丘。　考附夷、淩大之跡，可以按結成者之罪矣。上結云："雖致齊人求成，何足貴哉？"下結云："卒至求成于齊，不亦晚哉！"上邊遺"婚吴"，而"公如楚"又在□後。此題欠妥。

輸平、隱六。宋楚平、宣十五。暨平　及平定十。　平非其道，皆《春秋》所不貴也。以"貴平"問起，四股作，不必倒書法。《傳》末"考其事而輕重見矣"，蓋謂本所貴在平，今乃"以賄賂"云云，則又平輕而罪重矣，非罪有輕重也。

輸平、隱六。宋楚平宣十五。　兩惡結成者，示謀利、專功之戒也。"正義不謀利"，"明道不計功"，二《傳》語的對。出輸平、暨平，主"勢""利"二字，以利結成，以勢得平，然下比勿作"挾勢"斷罪。出宋楚平、暨平，上"取必於君"，下"無汲汲之意"。"君臣""夷夏"，只略點。

盟首止、僖五。盟葵丘、僖九。暨平　及平定十。　事有美惡，不必惡盟而貴平也。比《盟平丘昭十三。傳》。以"惡盟""貴平"挑起，各炤"然"字轉下。全出輸平、隱六。首止、僖五。葵丘、僖九。宋楚平、宣十五。蕭魚、襄十八。會虢、昭元。暨平、及平，定十。同。

昭七。公如楚賀章華。　内君行慶禮於外夷，意在附之也。借《暨平昭七。傳》"外附"句。楚靈有落成之願，啓疆致來召之詞。長鬣之相，雖享不足爲榮，大屈之好，雖實不足爲賀，何取于繼成公之好，踐襄公之夢乎？

昭八。《殺偃師傳》

季子歸、閔元。高子盟、閔二。會虢、昭元；招以公子爲司徒。滅陳昭八；殺偃師以致大寇。　觀親親之得失，而國之安危係焉。以"尊賢""親親"之句比出。高子盟易春王正月，僖元。同。只出季子歸、會虢，便是《尹氏傳》。

昭八。叔弓如晋　伯國以侈勒諸侯，召貳之端也。主《平丘昭十二[7]。傳》。須本當時楚勢來見諸侯朝而歸者，皆有貳心。繇於其君其臣，不能憤悱自强，制治於未亂，保邦於未危，是以至此。末繳必不可"苟成而不要諸道"，"示威"云云也。比"二年"少"夏"字。

公如楚、昭七。叔弓如晋　外夷崇侈稔惡，伯國崇侈啓貳。由高氏注，宜删。

昭八。蒐紅　紀望國講武，示縱權之戒焉。“違天時”，“易地利”，“悖人理”，正“非禮以動民”也。作文緊寫三事，倒“亂臣”以下正意發，收“直書”。禮□上下之防，毫不容參差。“先爲非禮動民，而後及於君父”，是胡氏看破亂臣機栝。使昭公稍能覺察，便當大整乾綱，收回三軍，以杜履霜之漸，乃昧而不覺，“昧”字極重。“蒐”皆三家之事，繇民皆三家之兵，故《傳》曰“民食於他，不恤其所”，謂不憂其底止也。

昭八。滅陳　與國見覆，委命者之咎也。《會申昭四。傳》及《厥憖昭十一。》《伐鮮虞昭十二。》《廬吴歸昭十三。傳》，皆有“不能救”句。宜重“不能救”作，而以“委命”發揮一段于後。又《晋伐鮮虞傳》有“楚奉孫吴討陳，因以滅陳”句，將“楚用詐”略點起。“楚王奉孫吴偃師子。以討於陳，曰‘將定而國’，陳人聽命，而遂縣之。”“圍蔡”，叔向語。連出執招放越，昭八。主《偃師傳》，君、臣同責。加執徵師、留奔，俱昭八。只作事實。

昭九。叔弓會陳　因會而存亡國，公天下之心也。問起“‘陳災’得書”之繇，倒聖人“存陳”意發。然須在“使□歸”語上探討，方妙。不可云：中國，封建之國，非蠻夷所得滅。蓋重封建，不重蠻夷，即使他國滅陳，聖人亦必存之矣。“歸民心”者，欲民心之有所屬，而各君其君也。“合天德”者，封建與天下同利，不私一人以自奉，天道之公也。

昭九。陳災　存亡國之災，而公天下之心見矣。此在“存而弗革”，論聖人“存陳”意。

叔弓會陳　叔鞅如京昭二十二。　兩因言以紀事，而公天下、家天下之善見矣。比作，如《傳》叫醒書法，各發聖人“所以必書於策”之意。以“封建之意”“嫡庶之分”立説。鶉火及而楚靈横，《詩》存《邶》《鄘》；鷄尾斷而賓孟謀，《詩》載《鴟鴞》。

昭九。築郎囿　忤邪有素，即一役可槩觀也。平子欲速成，舍曰“焉用速成”，此正不順季氏，正是忠處，非指愛民爲忠。看他慷慨陳説，何等忠義！要見社稷之衛意。近有謂以忠事王，而下順於□□。《傳》① 中原指稽顙與責意如二事，不如做考諸列位、列國有人焉爲可，蓋知無民之不可，不謂國猶有人乎？

昭十。欒施奔　家施可移國，以王法不行也。主《會瓦定八。傳》。“陳氏厚施於齊以移其國”，“移”字最巧。只是私恩固結人心，不知不覺，而齊爲陳氏有矣。齊惠欒、高氏皆嗜酒，信内多怨，疆于陳、鮑氏而惡之。有告桓子曰：“子旗、子良將攻陳、鮑。”陳、鮑方睦，遂伐欒、高氏。欒施、高强來奔，陳、鮑分其室。晏子謂桓子：“必致諸公。”乃盡致諸公，而請老於莒。凡公子、公孫之無禄者，私分之邑。國之貧約孤寡者，私與之粟。陳氏始大。

昭十。三卿伐莒　觀並將之師，又爲專兵者竟其説矣。只體“三軍固在”“舊額猶存”，發揮“驗之”意透，而季氏之罪自見。季氏之罪，不在“伐莒”時，在“舍中軍”時。“三卿並將”，是紀實，不是書法，但罪自“並將”而驗耳。

舍中軍、昭五。三卿伐　列卿並將於變制之後，而强臣專兵之罪驗矣。

作三軍、襄十一。舍中軍、昭五。三卿伐莒　强臣屢肆專兵之討，驗之並將而罪益見也。如《傳》“前已含中軍”云云問起，“作三軍”就喚明在前，方於“三軍固在”句應得着。

作三軍、襄十一。宿救台、襄十二。速伐邾、襄二十。弓疆鄆、昭元。舍中軍、昭五。三卿伐　同上。只作三軍、三卿伐，亦同。

宿救台、襄十二。速伐邾、襄二十。豹救晋、襄二十三。三卿伐　合並將於各將之初，而專兵驗矣。

昭十。舍如晋　執禮以辭新君之見，晋大夫可謂知喪矣。主《遂納幣文二。傳》。叔向辭諸大夫見新君，爲“知喪”。

昭十一。棄疾圍蔡　惡討罪之歉於意者，聖人之遠慮也。《傳》全論

① “築郎囿”無《傳》，此《傳》當與下“稽顙”“責意如”事有關。因字跡模糊，不能明辨。

“楚虔殺般”事，“圍蔡”是借出。“貪”“詐”勿分，須串重“詐”上。《傳》初發問便云“雖誘殺之，疑若無罪”云云，中間用“又何惡乎”反起，接以“今虔本心”二句，即轉下“而又挾欺毀信”云云，收云“聖人深惡楚虔而名之也，其慮深矣”，慮其開欺詐傾危之端，即《傳》末“垂戒”意。以詐濟貪，無討賊之功，而只啓“傾危”之禍，故可罪。加會虢、昭元。會申，昭四。只作“諸侯縱惡”事跡，入發問中。

會虢、昭元。會申、伐吴、俱昭四。徐楚伐吴昭五。　即諸侯縱惡之久，所望於申義者深矣。《傳》云“與通會盟十三年”，“二伐”亦須屬“會”上説。作文在“中國縱惡莫覺”上，説楚虔可以“倡大義於天下”。題本汪注，然“二伐”終未妥。

入陳、宣十一。棄疾圍蔡　外夷詐以濟貪，有忝於正倫者矣。主“雖古之征暴亂”句。莊亦是貪，但能顯正徵舒之罪，使大義凜然，所以深契“虔亦是討罪”；但以詐濟貪，使“傾危成俗”，所以“深惡”。□□古之征暴亂者，□□以楚道當之。

華臣奔、襄十七；强。會申昭四；弱、蔡般。　主“或畏其强，或幸其弱”一句。上易宋萬奔，莊十三。同。《傳》明説“如代宗”云云，豈可作題！

棄疾圍蔡　盟平丘昭十三。　《春秋》深惡詐力，防禍端也。上挾詐不義，“流毒於後”云云；下競力不道，“流及戰國”云云。

昭十一。比蒲　望國越禮簡兵，《經》尤惡其無本焉。“越禮”指僭，只點起，重“無本”作。時政在季氏，宜責之。君喪不廢蒐，是全無孝敬忠愛之心；而君臣之綱已絶，是無“軍政之本”也。非“有門庭之寇”句，亦要挑見。

敗箕、僖三十三；文公喪。交剛成十二；景公喪。　郤缺愛君，厲公顯親。上，狄伐晋及箕；下，狄問宋之盟以侵宋。俱“門庭之寇”。舊比敗殽、敗箕。《殽傳》有“忘親”語，此作“顯親”，大背。

昭十一。盟祲祥　即内臣會小國，而得其通好之實焉。主《執意如昭十三。傳》“今魯與邾通好”句，見邾好之不可信。

昭十一。厥慭　恕恤患之不力，以其無惡也。此題“心”字重“力”

字輕。觀歸束到“凡此，見《春秋》明義利”云云，須知此《傳》非爲回護此舉而發。於“盟扈”説個“八國”，於“澶淵”説個“十二國”，正與“厥慭”“八國”相炤。隨云“晋之不能亦可知矣，曷爲”云云，明説此舉之不能，代他解免不來。下段應云“力弗加焉”，仍是説他不振作，宜貶處，但心欲救蔡，則非“不仁”“不智”者比。“無惡耳[8]”，“惡”乃“善惡”之“惡”，對“不仁”“不智”説，不是“好惡”之“惡”。從來俱作“力不從心”看，以“無惡”作聖人不惡，謬甚。合八國之力，尚不能從心，必何如而後爲力足也？與“會申”“以義立命”之旨亦太背戾矣。蓋此舉可恕在心，而所以恕他，爲留那“不序”“稱‘人’”，以待“不仁”“不智”者耳。如“取郜防”之“不諱”，“宣十年如齊”之“不書月”，豈得以“不諱”“不書月”便謂聖人略無譏貶乎？加滅陳、昭八。圍蔡，昭十一。炤荀吴之言起。再加滅蔡，昭十一。炤“請蔡弗許”。

盟扈、文十五。澶淵、襄三十。厥慭　不以縱惡之誅待無功者，論其心也。此題不宜倒本比，須緣本比叙起，中點三股一樣不能。而《春秋》待之不同，正見《春秋》之“明”者、“審”者，而所以“待人”者是如此。“凡此”二字可玩。此與“召陵侵”“皐鼬”題同，要在借“皐鼬”以形“召陵”，此在借“厥慭”以形“盟扈”“澶淵”也。

盟扈、文十五；稱“人”。澶淵襄三十；子般。　兩觀縱惡之心，其于仁、智各悖矣。“八國”“十二國”，分明是力有餘，然“厥慭”亦“八國”也。總之可恨在無討罪之心。要將“義利”“輕重”痛發，不必將“力”纏繞。

厥慭　晋伐鮮虞[9]　《經》於伯國兵好，恕其謀義，狄其效夷也。上異於“盟扈”“會澶淵”之“不仁不智”，下同於“滅陳”“滅蔡”之“不信不義”。

厥慭　荀吴伐鮮虞昭十五。　上“無惡”，下“近正”；上異“澶淵”“會扈”之“不仁不智”，下異“滅甲”“鮮虞”之“不仁不義”。

厥慭　黄父昭二十五。　《春秋》待人之法，恕以心、正以分也。荀吴憂，狐父請，以恕待人；太叔憂，范獻懼，以正待人。

厥慭　會扈昭二十七。　兩恕謀義之無成，一原其心，一權其事也。上《傳》有“義利”“輕重”字，下《傳》有“取舍”“輕重”字。

厥慭　召陵侵定四。　恕其無惡,陋其無功。上晋昭、荀吴，以會扈、澶淵炤；下晋定、荀寅，以召陵、城濮炤。

厥慭　柏舉定四。　力雖不能救蔡，心則可恕；心雖不爲救蔡，功則可録。聖人“以恕待人”，荀吴、狐父；聖人“與人爲善”，子胥、宰嚭。

昭十一。滅蔡　主《會申昭四。傳》。重“不能救”作，而以“委命”發揮一段於後。《晋伐鮮虞昭十二。傳》“誘蔡般殺之，因以滅蔡”，將“楚用詐”略點起。

昭十一。滅蔡執有　《經》紀儲君被患，深予其得子道焉。“無降服之狀”，正是不忘親讐、得子之道處，非二意。“滅”“執”只作事實。收“稱‘世子’”。加圍蔡，昭十一。固辯“稱‘世子’”，亦就“圍八月”上，見“效死以守”。

以益來、哀七。以陽歸哀八。　兩以易詞紀被患之君，惡失節也。主“内入國”二句搭。“以”字與“執”字相反，不必重“失節”斷罪，只就“以”字上形容其“易”，而“降服之狀”宛然如睹。加執有，反炤“書‘執’”，同單。

昭十二。如晋至河復　見十六年《至晋傳》“處困而不自强”作。此是“取鄆”之故，《執意如昭十三。傳》可參看。

昭十二。慭奔　謀强臣者見逐，而君勢益孤矣。主《孫齊昭二十五。傳》。要發“一動”字，“群臣無敢獻謀”意。末見昭宜自强，以修德任賢。《圍費昭十三。傳》“季氏無禮”，只作事實。或云《圍費傳》無明股，只一意爲是。

昭十二。楚子伐徐　即外夷罹患，而設險、委命之失俱見矣。主《入櫟桓十五。》《會申昭四。》二傳，不羹之叛，申亥之縊。

昭十二。晋伐鮮虞　狄伯國之效夷，塞亂源也。假道鮮虞以入昔陽，因而□伐鮮虞，猶獻公假道於虞以伐虢，因而還執虞公，是其詐在假道而遂伐之上，不在僞會與入昔陽上。“信”“義”二字虚説，不必强爲分析，只重“效夷”上發揮。《傳》末“拔本塞源”意，亦緊要。聖人慮信義淪亡，變詐滋甚，中國胥爲蠻夷，人類殄爲會獸，將有不可挽者，故“謹嚴於此”。“楚奉孫吴”數句，與“視其殘虐”數句，俱最重，全要從“莫能救”翻出“效其所爲”之可惡，此《春秋》所以“狄之”，異於待晋獻也。

滅下陽、僖二；晋師。執虞、僖五；晋人。滅陳、昭八。滅蔡、昭十一。晋伐　兩紀逞詐之兵，特重效夷者之罪焉。依《傳》難書法起，倒本比作。只辯本比事，不必替罪獻公分解，其實罪只一般，但此適當“滅陳、蔡”云云耳。加厥慭，昭十一。同。去“滅陳、蔡”，同。

滅陳、昭八。滅蔡、昭十一。晋伐　伯國縱夷而復效其詐，所以狄之也。重“效夷”上，要看“視其殘虐莫能救”意。如單。加厥慭，昭十一。只炤“莫救”句。

伐鄭次鄫、襄元；義。會虢、昭元；信。晋伐鮮虞　《春秋》重信義，因責夫效夷者焉。

會虢、昭元。荀吴伐鮮虞昭十五。　兩觀兵好於中國，而信義得矣。趙武守弭兵之信，荀吴明郤叛之義。

晋伐鮮虞　會平丘昭十三。　譏救夷、脅貳之事，而制治之慮深矣。俱本楚勢説來，上不能救而又效之，下□□□而又脅之。上重“效”上，下重“啓”上。信、義、德、禮，皆有“制治未亂”①。

晋伐　盟平丘昭十三。　伯國行詐□之事，皆《經》所惡也。上本“不能救”來，效滅陳，效滅蔡；下本“啓貳”來，既脅齊，又脅魯。至於“六國變詐並興”云云，“流及戰國，强衆相誇”云云。上“信義”，下“禮義”。

【校記】

〔1〕拈，應爲“陳”。

① 句意未完，“制治未亂”後文字磨滅，應有“之效”意方完整。

〔2〕召陵侵，後依例應註明年號“定四”。

〔3〕專，兩《傳》均無“專”字，或就事意而言。

〔4〕莊元，應爲“莊六”。

〔5〕作三軍，後依例應註明年號“襄十一”。

〔6〕子，應爲“女”。

〔7〕昭十二，應爲“昭十三”。

〔8〕耳，《傳》實爲“也”字。

〔9〕晉伐鮮虞，後依例應註明年份“昭十二”。

卷之二十五　昭公中

昭十三。叔弓圍費　不没内叛之實，著其宜也。“强弱”只作事實，全要發“宜叛”意。有“效尤”“報復”二項，然“效尤”處正所以“報復”，串發爲妙。“不恕”① 一段，只發得一個“宜”字，不是斷罪語。“不書内叛”，要人反己之何以使人及此；今之“書‘圍費’”，又欲不没其及此之實也。此《傳》與《圍郈》同，但此有“不禮南蒯”事，故以“事上”“使下”並言耳。

蒐紅、昭八；不忠。憖奔、昭十二；不禮於南蒯。圍費　志不恕者之宜叛，而不没其實焉。同單。上比易三卿伐、昭十。比蒲，昭十一。俱同。若“城費”“舍中軍”，是宿，非意如。

三卿伐、昭十。憖奔昭十三[1]。　即大夫所以施於人者，則知致叛之繇矣。全要含“出爾反爾”意，不可板板斷罪。

築郎囿、昭九。伐莒、昭十。憖奔、昭十二。舍至昭二十四。　忠、禮之道，强臣失之，而賢臣得焉。意如，不忠其君，不禮其臣；叔舍，以忠事主，以禮立身。

圍費　滅沈歸定四。　兩《傳》俱有“出爾反爾”句。上云“宜南蒯之及此”，下云“能無公孫翩之及哉”。“上下”“前後”，須巧用，蓋上有“使上”“事下”二句，下只“無以先後”一句，極難對待。

圍費　越入吴哀十三。　下《傳》亦有“出爾反爾”句。上，“意如以所惡於下者”云云，“宜南蒯之及此也”；下，“吴嘗破越”云云，“而越已入其國都矣”。“《語》不云乎：有一言”云云；“老氏曰：佳兵”

---

① 《傳》無“‘不恕’一段”文字，但引《論語》“其恕矣夫”一段，論季孫意如之不可恕，此應即作者所謂“‘不恕’一段”。

云云。

昭十三。比歸　蔽罪於外臣，明君臣之義也。只以上半《傳》爲主。下半《傳》伸論當時時勢，爲設箇處置，見比不能，而徒“脅於勢”云云，總是不明君臣之義。舊分“經”“權”，未當。加比奔，昭元。同。

公即位、宣元；肸。執曹、成十五；臧。商任、襄二十一；盈。鱄奔、襄二十七。比奔、昭元。比歸　貴戚大義未絶而不善處變，罪難辭矣。既非如欒盈、子鱄，即君臣之分未絶，如子臧、叔肸可也，“而乃”[2]云云。

即位、宣元。盟戚、成十五。商任、襄二十一。鱄奔襄二十七。　臣義貴審其勢，非既絶者則有所處矣。脱母題。遞作四股，庶不失《傳》意。繳本股處，亦要體單股講意。

沙隨、襄二十二。鱄奔襄二十七。　兩即大義之已絶者，而可定外臣之罪矣。不重責晋予鱄，全要影炤“楚”比，見其“分之猶存”。加商任，襄二十一。同。加比奔，昭元。重比“未絶”作。再加比歸，倒作，如單，重上段《傳》。

比奔、昭元。比歸　廬吴歸昭十三。　觀取國難易之勢，益見外臣之悖矣。難易不過論勢，仍重君臣之義上，斷他遭變事而不知權。即彼“難”此“利”，義亦不可爲，況犯難以干大義，何其悖耶！無人、無主、無民、無謀、無德，“五難”也；獲神、有民、令德、寵貴、居常，“五利”也。末比易棄疾圍蔡，昭十一。同。去“比奔”，同。

札聘、襄二十九；□。比歸變。　主“守經事而不知其宜”二句搭。

嬰齊如晋、成六。盟戚成十五。　兩觀明義之臣，可以爲處變者準矣。引“二子”，正爲比設處變之法。須體“爲比者”至“不亦善乎”語氣，竟在比身上説。“國有所歸”句，重看。出即位、宣元。執曹歸，成十五。同。

城楚丘、僖二。嬰齊如晋、成六。盟戚、成十五。越入吴哀十三。　觀處困、處變之君臣，而不能者愧矣。比《至晋昭十六。傳》。

宋楚平、宣十五。袁婁、成二。嬰齊如晋、成六。盟戚成十五。　歷觀謀國處變之臣，可以風矣。比《吴伐我哀八。傳》“華元、國佐”。

昭十三。會平丘　譏威成之好，貴結人心於未然也。“成虒祁”是晋平，“會平丘”是晋昭，然《春秋》是通論晋事。大意全在“崇侈”上。其曰“顧欲示威”敝舍“而以兵車耀之”，非謂今日不當如此，以爲前日乃如彼以貳諸侯。及其既貳，而欲如此挽之，則何及乎？故下即繼之曰：“制治未亂”云云，而末又結以“一臺囿之築”一段，其意自明。作文當從聖人欲“弭亂持危”，以德、禮“固結人心”意發揮。“固結人心”四字，是骨。“貴事之預”，即“未亂未危”之時。“要諸道”“道”字，對“威”字看，即“其君當倚於法家拂士”云云，“示威”，則“苟成而不要諸道”矣。下《傳》“競力不道”，正應此。“下文所貶”，謂“再書‘平丘’”，“詞繁而不殺”也。合“會”“盟”，方是“詞繁”，若只“會”比，尚無貶詞，故曰“如下文所貶”。

盟宋、襄二十七。會虢、昭元。會申、滅賴、俱昭四。弓如晋、昭八。弓會陳、昭九。會平丘　伯主忽外强以啓貳，其示威之策左矣。如《傳》串作。加盟戲，襄九。主“悼公之業”句。加滅陳、昭八。滅蔡，昭十一。同。但須知“二滅”俱在“成虒祁”後，而“滅蔡”又晋昭時事，然總論楚勢之横，晋當省戒，而不當“安於不競”。“方是時”，亦是統論，不拘拘在未崇侈先也。加盟平丘，昭十三。只炤“如下文所貶”。去叔弓會陳，同，但虚補“衆貳”。

盟宋、襄二十七。會虢、昭元。會申、滅賴、俱昭四。滅陳、昭八。滅蔡昭十一。　觀外横之極，而伯國所以自治者不容緩矣。“滅陳、蔡”，皆在“成虒祁”之後，只宜渾渾收云：“以楚横如此，而考當時之爲晋謀者，但聞有虒祁之役，不聞有安攘之謨”云云。

弓如晋、昭八。會平丘　啓貳而欲威之，其不預亦可恥矣。一句作。加弓會陳，昭九。“會陳”内有宋、衛、鄭，不獨魯，以此作“諸侯皆貳”。

叔弓如晋、昭八。叔弓會陳昭九。　伯國崇侈以啓貳，無固結之慮者也。

秦人伐晋、文三。夾谷定十。　觀君臣當盡之道，而崇侈之非見矣。

穆公任孟明，“修政”；晏子論謝過，“格心”。要體兩“當”字，説向晋君臣上去。出彭衙、文二。歸田，定十。同。出公如晋、成十八。蕭魚，襄十一。同。悼公選六宫於民譽，“以德修政”；魏絳進居安思危之規，“以禮格心”。仍炤“悼公之業”句。

鷄澤、襄三。救陳襄五。　晋之先業，華夷共仰者也。主“内結夏盟，外攘夷狄”二句，全要本悼公君臣來。

盟戲、襄九。蕭魚、襄十一。叔弓如晋、昭八。會平丘　伯國隳先業而啓貳，《經》惡其失道也。君臣交儆，恐懼修省，而“内結夏盟，外攘夷狄”，即“悼公之業”也。一一炤下二比反看，便是。與他處“序伯績”者不同，當提明在前，倒“崇侈”作，大略如單。

盟戲、襄九。會平丘　伯業之盛衰，繇君臣之勤怠也。既無叔弓如晋“啓貳”股，主“安攘”“得失”相形，分作，亦可。上易蕭魚，襄十一。同，仍在“□楚”上論。或主倒作，破云：“伯國隳先業，預道失也。”出盟戲、襄九。蕭魚、襄十一。平丘、平丘，昭十三。同，仍要像《傳》，不可各收書法。如出蕭魚、襄十一。盟平丘，昭十三。以下“書‘蕭魚’美之”，“如下文所貶”云，脱比，大意亦同上。舊主“推誠”“競力”，不妙。

築臺、莊三十一。作南門、僖三十[3]。立武宫、成六。叔弓如晋、昭八。築郎囿、昭九。會平丘　觀伯國崇侈之效，而《經》之重民力有以也。重本比作，“謹興役”意。體“然後知”三字，於後足之。只築臺、作南門、叔弓如晋、平丘，同。

築臺、莊三十一。郎囿、昭九。煬宫、定元。作門觀定二。　《經》爲“固結人心”慮，故興役無不紀焉。《傳》中兩“一”字當味，此正常人之所忽，而聖人之所慮也。以“惡平丘”説起，落下四股，輕點過，總發“慮遠”意。“然後知仲尼作《經》”句要醒。

叔弓如晋、昭八。築郎囿昭九。　内外無遠慮，聖人之所必謹而重之者也。“可弔可賀”，史趙致“相蒙”之譏；“經始勿亟”，叔舍有“勦民”之懼。

弓如晋、昭八。平丘　執意如、昭十三。召陵定四。　伯國之失諸侯，侈心、利心爲之也。比《意如至[4]傳》。宫室臺榭是崇，侯諸皆貳，不獨舉壺矢者，有澠陵之祝己也，雖示威亦無及矣；喜怒勸沮以利，諸侯不合，獨饋篋锦者，有芻蕘之病己也，雖大與亦無成矣。出弓如晋、昭八。弓會陳、昭九。意如至、昭十四。鄢陵，昭二十六。同。

會平丘　如晋疾復昭二十三。　“此乃敵國外患”云云之時，而“安於不競，無憤恥自强之志”；“此乃憂患疢疾”云云之時，“而安於屈辱”，無憤恥自强之心。

昭十三。盟平丘　重詞以紀伯信，示“競力”之戒也。“同懼楚”，只作事實，主楚重“競力不道”發。“道”即“禮義”，對“威力”言。“主盟中國”四字，亦要體。□□到“流及戰國”云云，纔見得“示威”之惡，此數語亦不可忽。“矜其威力”二句，應前“叔向曰”一段。此是□意，不專指齊言。“信蠻夷”四句，應前“辭魯”一段，此又就“恐迫”中，抽其甚者言之。總是箇不□，不必牽扯“五惡”。加會平丘，昭十三。只炤“繁詞”書法□□。

慭奔、昭十二；子仲。圍費、昭十三；南蒯。平丘　伯國之競力，就其脅内君可見□。雖只出“脅魯”語，亦要即魯以概見其“恐迫諸侯”。□公如晋□□題同局。

首止、僖五。葵丘、僖九。蕭魚、襄十一。會虢、昭元。平丘　歷觀盟有足取者，而競力之非著矣。“則未聞”云云，是怪之之詞，極要體貼。“主數盟”不要説，是十分難得的事，若説得太難，反把“平丘之惡”形容得冷淡了。《傳》謂“盟雖衰世之事”，然衰世中有□般，又有這般，都是好事。就使這般不能勾，還有那一樣，此亦盟之所常有，而吾之所常聞者，何獨平丘之盟做出許多惡狀？便是衰世之事裏頭，這是一樁罕聞的。却是他開端起，此端一開，“流及戰國”云云。積習之禍，不可勝言，所以深爲可惡。“盟雖衰世”句，是總提下面諸股，不可又加蔑、宿、石門等比。《傳》既説箇“盟”字，便□□“盟”字上論了。“束牲不歃”，“束牲”無干，且胥命未嘗盟也，今去之。

首止、僖五。葵丘、僖九。蕭魚、襄十一。會虢昭元。　信講而有其善者，聖人猶有取焉。總起總收，後帶“平丘”“虢”股。要體“其次”意。上雖三比，却管四様，須虚做起四段，而總點題比，便自無痕。此題要見“盟雖衰世之事”，不可泛作褒詞。

首止、僖五。葵丘、僖九。蕭魚襄十一。　同上，但少“其次”一轉。“葵丘”中，自兼得二項好處。

盟首止、僖五。盟葵丘僖九。　藉盟以定倫明禁，斯無愧於主盟矣。上易“會首止”，即《盟葵丘傳》。

盟葵丘、僖九。會蕭魚襄十一。　誠信足以感人，亦聞之衰世者也。“束牲不歃”二段。此題舊載《盟蒲傳》。舊有“胥命”“執良霄”題，因“胥命”“蕭魚”在《瓦屋傳》，以“執良霄”代之。二比俱誤，删。

蕭魚、執良霄、俱襄十一。盟宋、襄二十七。會虢昭元。　《春秋》於推誠守信者，而不以惡盟之例待焉。須貼“其次”意活對。“蕭魚”中亦有“入盟”“出盟”事，不可曰“不盟”。

盟宋、襄二十七。會虢、昭元。平丘、昭十三。平丘　所聞於衰世者愈下，而矜威誠可駭矣。炤“其次”口氣一直做下，與“長勺”“盟戲”題同局。

會平丘、平丘、不與盟、執意如俱昭十三。　競力脅諸侯、狥利辱望國合。上以“盟”爲主，“會”帶説，收“再言”；下以“執”爲主，“不與”帶説，收“稱‘人’”。只盟平丘、執意如，同。此題連出四比，恐誤認《傳》題。

昭十三。公不與盟　不諱内君之辱，惟理直也。只就“平丘之盟”，有“五不韙”，而“魯不與爲幸”。不必説魯好，作文只從“直書”書法上，發聖人示人“立身行己之道，以垂訓”，意。或云，“不與五不韙”，便是“自反而縮”。恐未必然。“矜兵甲之威”指懼齊，“肆脅持之術”指懼魯，“要天子之老”則瀆分，“惴篡立之夷”則卑弱，“無忠信誠慤”而恃徵會之謀則虚僞，所謂“五不韙”。而“德則不競”句，其總也。加盟平丘，昭十三。先以“五惡”叙過，同單。再加會平丘，昭十三。亦同。再加處父、文二。黑壤，宣七。只問起。

沙隨不見、成十六。盟平丘、昭十三。不與　兩不諱内君之見拒，以“自反”“直”也。上因僑如之譖，下因邾、莒之愬，總問，小分，總發。純用本《傳》，不必參《沙隨傳》語。加處父盟、文二。黑壤，宣七。只發“諱”例。去處父盟，即《黑壤傳》題。

平丘、昭十三。不與　入邾益來哀七。　不諱内君之辱與惡，昭其直，彰其美也。

公不與　國書伐哀十一。　《春秋》明“自反”之義，兩以内事垂訓焉。上云“推明其故，自反而縮”；下云“省致師之繇”，“自反而不縮”。《傳》末俱有“垂訓”句。

昭十三。執意如　惡自討之偷，其所以討者非也。“何得爲伯討”，與上“何以非伯討”句相應。“意”字，文中要極力覷定，方妙。“偷”字要玩味。意如非不當執之人，“執意如”，非不是伯討之事，然尋其意，舍可討之大義，而較諸貨財之小，所以爲“偷”，而“可罪”也。爲邾、莒之愬而怒魯君，因及意如，可見絶不向意如身上尋討罪狀了，誠可痛恨！

疆鄆、昭元；宿。舍中軍、昭五；宿。三卿伐、昭十；意如、取郠。禓祥、昭十六[5]；通好。慭奔、昭十二；子仲。圍費、昭十三；南蒯。盟平丘、公不與、俱昭十三。、執意如　内臣有當討之罪，而伯國討之之意非也。“辭魯君”帶説，不與“執意如”對。須重“不責其無君臣之義”上。伐邾是無的，故在“通好”上按；伐莒是有的，故在“非昭公之意”上按。“按其狀”，是要按出季氏的罪來；“究南蒯、子仲奔叛之因”，亦是要究出季氏來。蓋二人之作亂，欲歸室於公耳。去“圍費”，同。去“平丘”“不與”，只不用“辭魯君”。加行父如晋、文六。敖淊盟、文七。敗鹹，文十[6]。主“自文以來”，“三家專魯”句。

疆鄆、昭元；宿。三卿伐莒、昭十；意如、郠。禓祥、昭十六；通好。平丘、不與、俱昭十三。執意如　伯國之討内臣，原事而見其偷矣。專在“邾、莒之愬”上説。

疆鄆、昭元；宿。舍中軍、昭五；宿、中分。三卿伐莒、昭十；意如、郠。

執意如　内臣之罪有在，而伯主討之失宜也。

取鄆、昭元；宿。三卿伐莒昭十；意如、鄭。　内臣世濟其不臣之惡，於兼地見之也。"宿及意如，尤爲强偪"，却要本"鄆、鄭之故"，"非昭公意"上，説他"不臣"。不可大分，須自宿串到意如上，方與"執意如"相關。上易疆鄆，昭元。同。

疆鄆、昭元；宿。舍中軍、昭五；宿。三卿伐昭十；意如。　觀虐鄰、擅國之事，而内臣之無君甚矣。渾作，稍側重意如上。"三卿伐莒"内，亦該得"擅魯"，蓋《傳》以此爲"舍中軍"之驗也。上易取鄆，昭元。同。

疆鄆、昭元。舍中軍昭五。　二比俱季宿事，宜發"季氏，罪之首"，而"宿尤爲强偪"。合下"及"字，并"當討"意。上易取鄆，昭元。同。

疆鄆、昭元。三卿伐、昭十；鄭。祲祥昭十一；邾。　稽兵好之實，而小國之訴妄矣。主"今魯與邾通好"云云至"非昭公意也"一段。鄆、鄭只一比，同。

伐莒、昭十。祲祥、昭十一。憖奔、昭十二。圍費昭十三。　内臣當討之罪，詳稽魯事而明矣。主"按邾、莒所訴有無之狀，究南蒯、子仲奔叛之因"二句。

公不與盟、昭十三。執意如　伯主辱望國之君臣，狥利之罪著矣。若討意如之罪，便不當辭其君。今不按其狀，不究其因，"遂"云云，"則是意在貨財"云云，一串作。

執意如　執樂祁定六。　兩譏伯討，誅其意也。以"有罪""有名"辨起。上重"意在貨財"句，使邾、莒能共，則弗執也，君臣之義泯矣；下重"出於列卿私意"句，使楊楯皆獻，則弗執也，"威福之柄移矣"。

昭十三。廬吴歸　寓意於復國者，公天下之志也。要見得封建之法，不可一日亡於天下，而陳、蔡滅於楚，封於楚，楚"以夷狄制諸夏"矣，是封建之法，可以有時而亡也。聖人懼之甚，故"不稱'復'"而"稱'歸于'"，"不言'自楚'"而"稱'侯'"。四書法，總是"興滅繼絶"，"以公天下爲心"。全在書法上，發聖人"爲後法"之意；欲以興先王之治，毋自私其身，擅而有之也。作文宜在"封建大法"上立論，勿着在楚上；猶“初稅畝”在“井田”上立論，勿着在宣公上。先提明書法，方與後“故書法如此”句有力。須知四書法，總是見“廬吴未嘗無國，陳、蔡未嘗無君”之意也。

滅陳、昭八。滅蔡、昭十一。廬吴歸　不與外夷擅廢置之權，示公天下之義也。“廢”“置”不可分股，總叙如單。重“法”上，不重“權”上。

廬吴歸　用田賦哀十二。　聖人欲存封建、井田之法，故兩致意焉。

昭十三。如晋至河復　内君事伯而見拒，困辱甚矣。爲請季孫也，晋使士景伯辭公。主十六年《至晋傳》。

昭十三。吴滅州來　據《左傳註》：“州來，楚邑。”“入州來”註，亦然。主《長岸昭十七。傳》“日以侵削”句。王氏註：“州來本近楚小國，楚嘗取以爲附庸，及兹楚亂，吴遂出其不意而滅之。若邑，則《經》不書‘滅’矣。”雖附庸見滅，亦算侵削，然詞宜斟酌。

昭十四。意如至　内臣之釋亦以利，伯國之於道悖矣。此《傳》須根“執”來，見他到底只是爲利。“違道”“道”字，對“利”字看。“甚矣”字，從兩“皆”字生來。“悔”字不可略。蓋“始執之”云云，固不以義而以利，已“違道”矣，然使“悔”其“不能救蔡”云云，而以義釋之，尚可救前之非。乃復以“土地具命”之故，則是既以利而怒沮，復以利而喜勸，“違道”不“甚”乎？其顛末總在“平丘”，故《傳》總束在“會平丘”上。單比，無書法。

執意如、昭十三。意如至　伯主操縱由乎利，無以宗諸侯矣。玩《傳》中“非有擊强扶弱之義也”，“非有不能救蔡云云之悔也”，皆是説當時事實，然則“晋人喜怒云云，違道甚矣”，方是實斷罪語。作文不宜大開，總以“伯主宗諸侯以道”意論起，中分二支，後以“晋人喜怒皆以利發”云云總發。加疆鄆、昭元。舍中軍、昭五。三卿伐、昭十；“擊强扶弱”句。圍蔡、厥慭，俱昭十一；“不能救蔡”句。同。

會平丘、執意如、俱昭十三。意如至　《經》之深貶伯好，以操縱之狥乎利也。“平丘”不可涉“矜威”字，只是説“合諸侯”便了。講“執”

“釋”處，要發明“示諸侯”意。

會平丘、盟平丘、執意如、俱昭十三。意如至　同上。《會平丘傳》云“深惡此會，如下文所貶”。“盟”比，正炤此《傳》“深加貶斥”書法。

會平丘、昭十三；晋昭。召陵侵定四；晋定。　兩惡伯國之兵好，而狥利之戒嚴矣。玩《傳》“至於召陵云云，不復振矣”，口氣是一直説下的，則此題不可截然分作，宜如《傳》淺深做下，而以“利之能敗之”[7]云云重發於後。二書法不收，亦得。加執意如、昭十三。意如至，同。再加鄟陵、昭二十六；不合。鹹、沙、俱定七；外攜。鞅叛，定十三；内叛。亦同。

齊侯伐徐、昭十六。宋公伐邾、昭十九。盟鹹、定七。鞅叛定十三。　迭觀人心背伯，而貪利之戒昭矣。《傳》意雖上二比頂“平丘”，下二比頂“召陵”，作文只宜駕馭總做總結爲妙。

齊侯伐徐、昭十六。宋公伐邾昭十九。　兩國因事主盟，而伯統散矣。主“平丘貪利之效”説，要借此二比，見“二十餘年”意。齊伐徐，徐成而郯、莒從“清隧”之盟；宋伐邾，邾服而郳、徐從“于蟲”之盟。

昭十四。《莒子卒傳》

蒐紅、昭八；勇。二卿伐莒、昭十；取郠、勇。意如至昭十四；怯。　内臣之勇與怯，皆不能裁之以禮也。叙明事實，串發“不中節”意，而以“苛不遠之，其能國乎”束之。君喪不忌，正是“傲狠”“敢施昭公”處。所云“修怨於莒子”，原指“不會葬”説，與“伐莒”無干，宜主“訴其疆鄆取郠之罪”句，仍原到“怒莒不會葬”上，不可以“伐莒”爲“修怨”也。出疆鄆、昭元。三卿伐、昭十。比蒲、昭十一。意如至，昭十四。同。

疆鄆、昭元。蒐紅、昭八。伐莒、昭十；郠。比蒲昭十一。　强臣之無禮，君與鄰咸受之矣。“傲狠”施君、“修怨”施鄰，分股。“鄆”“郠”二比，仍原到“不會葬”上論之。只伐莒、比蒲，同。只蒐紅、伐莒，亦同。“疆鄆”是宿事，不可獨搭。

戰紀、桓十二。蔡季歸、桓十七。取鄆昭元。　歷觀内外之事，皆不以私害公也。葬衛宣公，“怒不廢禮”；蔡季奔喪，“惡不忘親”。雖怨季孫，魯國何罪？“怨不棄義”。

昭十五。去樂卒事　紀祀禮之合者，志禮之變也。“禮之變”，反“禮之常”看，即所謂“禮未之有而以義起”，非指死生，人道之大變也。此只記“禮之變”，以存禮之所未備，無予魯意。兩“其可也”，是設審之詞，須會。

昭十五。朝吴奔　外臣去而讒可畏，其中於讒者當戒也。炤《傳》兩截做，以“然”字口氣轉下。或對作，亦可。上段只咏嘆出“讒之可畏”，以爲後鑒，勿作斷罪語。志“朝吴出奔”，非志賢之去國，乃志讒之用事也。“速飛”等語在“吴奔”後，不可混用。“使居舊國”與“身居舊國”，是兩邊要緊語，須着眼。“使不聰明”“使”字，與“知所信”相應，反“去讒”看。“不智甚矣”“甚”字，與“王不能無動”相應，反“杜讒諂之謀”看。

滅蔡、昭十一。廬歸、昭十三。吴奔　入郢定四。　忠臣去而國危，讒人之可畏明矣。只用上半《傳》。“兆”字要體。只朝吴奔、入郢，同。

朝吴奔　蔡朱奔昭二十一。　即小國君臣見逐，而讒人之亂可知矣。加入郢，定四。一串下。

季子歸、閔元。僑如奔成十六。　觀尊賢去讒之事，得爲國之道矣。對作，而意要相聯。“上”字、“首”字要發。上比易落姑，閔元。同。

廬歸、昭十三。朝吴奔　外臣處危而不能自全，忠可嘉而智不足矣。上比不但見他忠，就見“處危疑之地”云云。加滅蔡，昭十一。同。與上半《傳》，差“入郢”股。

朝吴奔　吴滅巢昭二十四。　讒臣用而要地失，楚有忘形二矣。以兩《傳》“入郢”句比。上重無極，非責其棄朝吴也，朝吴與楚没相干。“勸賢有四事”，“去讒爲首”；“諸侯之寶三”，“土地爲首”。“無極，楚之讒人”；巢，楚之邑。

歸父奔、宣十八。慭奔、昭十二；意如。吴奔　朱奔昭二十一；無極。觀權臣、讒臣之害，有國者可鑒矣。比《孫齊昭二十五。傳》。

朝吴奔　曹陽歸哀八。　兩觀國君之所惑，聽言者可以鑒已。“讒言”

“辯言”比。

朝吴奔、讒。叔戍奔定十四；貨。　觀二臣見逐，而知遠讒、賤貨之爲要矣。“能以忠信自任”云云，豈爲讒人之所害；“使戍積而散”[8]云云，豈爲貪人之所怨。舊用“名”“利”二字分貼，非也，上《傳》便云“以名利累心”矣。

昭十五。荀吴伐鮮虞　兵以近正而免於貶，可以觀《春秋》之略矣。“不納叛臣”是“正兵加敵”，得用兵之道，故“免於貶”。然此亦是窮兵於遠，非禦狄之道，故曰“纔免於貶”。兩意俱重。《春秋》不廢兵，亦不欲淫兵，不縱狄，亦不欲暴狄，是謂“略”也。《左傳》又載，鼓以城叛，而荀吴不以獲邑賈怠。事與“正兵加敵”無干，《傳》未用，不宜混入講中。

滅甲、宣十六；上會國人。晋伐鮮虞、昭十二；荀吴圍國。荀吴伐鮮虞　屢紀伯兵畧遠，惟近正者無貶焉。以“皆用大夫爲主将”問起，倒重本股。“正兵”不可便説是仁義，只非不仁不義耳。後大發“用兵禦狄之略”。或謂《傳》原統論三事，不可同單，宜三股散叙，而末總發“用兵禦狄之略，咸見”意。破云：“迭觀《經》之待兵夷者，而其略覩矣。”加滅潞，宣十五。只作甲氏事實，《傳》無“稱師”句故也。

滅甲、宣十六。晋伐鮮虞昭十二。　兩貶大夫畧遠之兵，以仁義責之也。徐戎之征，玁狁之伐；孫吴之奉，蔡般之享。加滅潞，宣十五。同。

晋伐鮮虞、昭十二。荀吴伐鮮虞　不盡貶略遠之兵，以詐兵與正兵異也。兩邊皆荀吴，總問，分作。“夷夏”“君臣”，可作目。上同於“滅陳、蔡”，下異於“不仁義”。

荀吴伐鮮虞　荀吴滅陸渾昭十七。　伯兵之僅免於貶者二，所以訓用兵而儆窮兵也。君臣、夷夏。上以“晋滅潞氏”云云問起書法，下以“林父之於潞氏”云云問起書法。

昭十六。齊侯伐徐　有起而争伯者，貪利招之也。主《意如至昭十四。傳》“諸侯不合”意。此齊景有志於代興也。徐人行成，賂以甲父之鼎；郯、莒協志，相從蒲、隧之盟。

昭十六。誘戎蠻　輕外夷相凌之罪，以其所凌者夷也。“蠻子罪輕”，是註“殺之”二字的，只提起，倒重“楚子不名”邊。

誘般、昭十一。誘戎蠻　詐同而待之異者，示辨也。

昭十六。公至自晋　《經》諱内辱，以無自强之志也。“志”字重看。“自强之道”泛講。體“不可與有爲”，“人莫之告”句，巧用“不用賢”意，亦可。要貼“困亨”意發，收“諱‘止’”書法。苟能自强，則見止適足資策勵，何足爲辱，而聖人亦不必諱之矣。連“如晋”，同。

會平丘、昭十三。公如晋、昭十五。公至　外、内值衰困之時，其志皆不振焉。《傳》題合作。上，“恐懼省戒之時”，“其君”云云，“其臣”云云；下，“憤悱自强之時”，“困於心”云云，“徵於色”云云。“安於不競，無憤恥自强之志”；“安於危辱，無激昂勉勵之志”。

如晋復、昭二；少姜。如晋至、昭五；牟婁。如晋復、昭十二；取鄆。如晋復、昭十三；意如。如晋、昭十五。公至　歷紀内君見辱，其不振甚矣。“甚”字從“兩得見又欲止”上生出，須倒重“見止”上。收“諱‘止’”。

城楚丘、僖二。越入吴哀十三。　二君由困而亨，其志立也。要發二君能“憤悱自强”，擊得“安於危辱，無激昂勉勵之志”意出，不貴填塞事實。元年三十乘，季年三百乘；十年生聚，十年教訓。加狄入衛、閔二。吴伐越，昭三十二。加本比，倒作。

公至自晋　吴伐我哀八。　君、臣自棄，合。

城楚丘、僖二；齊桓。宋楚平、宣十五；華元。袁婁、成二；國佐。越入吴哀十三；勾踐。　處危困而能自强，君臣之稱賢者矣。上繳出昭公，下繳出季孫。係上題脱母。

公至　孫齊昭二十五。　“《易》之困”“《易》之屯”比。

昭十七。郯子朝　中國修禮於内，而因得官制之遺焉。《左氏》載有仲尼語，主“幸官制之猶存”。以《左傳》作題，第因其有仲尼語耳。然有仲尼語者尚多也，恐終未妥。

昭十七。滅陸渾　伯兵得免於貶，以其有合於“别内外之義”也。晋此役本爲貳楚，非爲靖華，聖人不論晋之舉兵謂何，但論陸渾在王都之側，戎、夏雜處，義當攘斥，與闢土服遠不同，故雖無褒而不貶。夫以靖華之兵，“纔得無貶”，“則窮兵”云云，可勝道哉？若意爲靖華，豈得不褒？譬之向空發矢，適中飛鳶，固不得嗤其拙，然不得便讚其巧。《傳》中“王室”二字，最宜着眼，又與諸夏不同矣。

滅潞、宣十五；師。滅甲、宣十六；人。滅陸渾　紀殄夷而有僅免者，以靖華也。三事俱殄夷，就“滅”上均似可貶，但加於外地，則爲“强伯之圖”，加於内地，即是“膺戎之義”。“别内外”，便與“虚内事外”不同。書法總問收。上二比，隨去一比，以“畧遠”“靖華”對，全在“遠近”辨别。

伐山戎、莊三十。滅陸渾　《經》紀伯兵，譏畧遠而恕靖華焉。《傳》“闢土服遠以圖强伯”即指“滅潞甲”，故此題宜比作，全重“遠近”上發。加伐楚次、僖四。滅甲，宣十六。每邊兩項混發。上云：“於此見治内柔遠之意矣”；下云：“窮兵於遠，虚内事外者，可知矣。”

滅陸渾　黄父昭二十五。　律靖王者於褒譏之外，均之爲王也。皆在“靖王室”上論。下《傳》云：“何美之有？免於貶，足矣。”

昭十七。星孛大辰　《經》紀星變，寓王室之憂也。

星孛大辰　星孛東方哀十三。　“亂徵”“亡徵”分。或脱“鞅如京”“入吴”，又“居皇”“立朝”“黄池”“入吴”，見争道而□於臣，争伯而□於人。俱非。“入吴”在“東方”前，非“滅吴”。

艾陵、哀十一。黄池、星孛東方俱哀十三。　主“吴人僭亂”至“降之罰也”一段。

昭十七。長岸　强夷見敵於人，繇失用人之道也。“言戰不言敗”，是事實，非書法。令龜再卜，而子魚馳，楚先勝吴；長鬣三呼，而姬光奮，吴亦勝楚。故曰“勝負敵”。用舍不平，繇用以見舍也。所舍且虚説，如前析公、賁皇、雍子皆是，不止一巫臣。即論巫臣，其去在共王時，而用無極，是平王，二事不相干涉。此時只有無極用事，而囊瓦猶未用，伍員猶未去。《傳》通論楚事，故併言之，作文單就無極説。《傳》中“本末”作“先後”字看，“繇”字指“用舍”“得失”言。“廣土衆民不足恃”意，要發。

戰泓僖、二十二。戰邲、宣十二。鷄父、昭二十二。柏舉定四。　强夷而漸弱，失用人之道，其繇也。上二比，主“戰勝諸侯，威服天下，本非吴敵”，以起下文。要體“吴日益强而楚削矣”口氣，“廣土衆民不足恃”句極重。加盟宋、襄二十七。會申、昭四。長岸、入郢，定四。同。“入郢”即在“柏舉”内。“策士”云云，從“無極以讒勝”二句遞説来，不可以“用舍”平看，尤勿添出“去子元”“用子文”等事。

楚人伐鄭、僖元。長岸　上，去子元，用子文，故“侵强”[9]；下，去巫臣，用無極，故“日削”。對作。上邊俱出“用舍得人”，非《傳》意。

會申、昭四；□□。柏舉定四；囊瓦。　亦主“强”“弱”對作。上，“諸侯之良”，皆聽之於天，而“威服天下”；下，“策士奇才”，皆棄以資敵，而“日以侵削”。以“不能去讒賤貨”起繳。

戰泓僖、二十二。戰邲、宣十二。盟宋、襄二十七。會申昭四。　迭觀强夷最盛之迹，宜其難□敵也。雖主“戰勝諸侯，威服天下”，然在吸“本非吴敵也”。起合用“所以敵”意，不必撰出用人之得，只要含着後日用人之失。泛泛説“無讒貨之害”，而“策士效用”意，亦可。舊主“用得其人”説：戰泓，楚成用子元，用子文；戰邲，楚莊殺越椒，用叔敖；盟宋，郟敖用屈建；會申，楚虔用椒舉。或出厥貉，楚穆用□□，□□。《傳》中“本末强弱之繇”句也，其實□字虚，不必指定用某人、去某人。

入州來、成七；去巫臣。朝吴奔昭十五；通無極。　棄賢而用讒，削徵見矣。觀州來之入，知巫臣爲吴用矣，楚材之棄，豈特析公、雍子、苗賁皇已哉？觀朝吴之奔，知無極以讒勝矣，讒人之亂，寧止出蔡侯、喪太子、殺連尹已哉？

朝吴奔、昭十五。召陵侵定四；影裘珮事。　讒、貨之臣用，而知楚之不競矣。吴之奔，蔡之請，只借以見極、瓦之用事。要體“勝”字、“行”字，不必多講事迹，以“吴强楚削”總繳。

入州來、成七；巫臣。朝吴奔、昭十五；無極。長岸　鷄父、昭二十三。召陵侵、定四；伍員、囊瓦。柏舉、入郢俱定四。　讒、貨之害，可爲永戒矣。

先以信讒狗貨，而賢才如巫臣、伍員輩，先後去楚，總提起，而以“長岸”四比，流水總斷於後，不必瑣瑣分貼。去“入州來”，同，仍補巫臣。

長岸　鷄父　柏舉　入郢[10]　强夷漸至於削，繇其失爲國之道也。宜將四比總叙起，見楚勢之浸削，而後以“讒”“貨”分股渾斷。不可以上二比屬屈巫、無極，下二比屬囊瓦、伍員，蓋巫臣之去，不繇於無極，而繇於子反，伍員之去，不繇於囊瓦，而繇於無極。故下可分貼。去入郢，同。

鷄父、昭二十三。柏舉定四。　兩觀强國之削，繇勸賢之道失也。讒、貨分配。上或易“長岸”，未當。

入州來、成七。柏舉定四。　兩觀强國之失其强，繇棄賢也。屈巫、伍員分作。

書救、成六。州來、成七。鄢陵、成十六。彭城襄元。　外夷屢見挫於人，繇其棄賢以資敵也。四子惟子靈屬吴，餘世屬晋，《傳》意與晋無干，當作“策士奇才爲敵國用”八箇字講。将四比點過，總發意。析公以子儀之亂去，陳“多鼓鈞聲”之謀，楚失華元；子靈以子反之争去，爲乘車、射御之教，楚疲奔命。賁皇避若敖之亂，塞井夷竈，王族敗而勾吴興；雍子遭父兄之譖，簡兵蒐乘，楚師潰而蠻夷失。或連長岸、鷄父、昭二十三。柏舉、入郢俱定四。出，以上四比作“策士奇才爲敵國用”，下如《傳》將“日以侵削”一段大發於後。舊主“叛晋”“敵吴”，非《傳》意。

長岸　吴滅巢昭二十四。　外夷兩見凌，而失人、失守之戒昭矣。與“朝吴奔”“滅巢”題同，但彼處上比，純重“信讒”，而此則重“去賢”耳。

戰泓、僖二十二。戰邲、宣十二。長岸　伯舉、定四；此比屬下。黄池、入吴俱哀十三。　外夷之强兩不能保，可爲棄賢尚力之戒矣。以長岸、入吴爲主，兩邊皆是繇强而弱。上，“本非吴敵”；下，“自謂莫敵”。

鷄父、昭二十三；敗師。柏舉、滅國。召陵侵、俱定四；外侵。鞅叛定十二；内叛。　楚、晋之自强而弱，因棄賢用貪之故也。比《朝歌定十三。傳》，俱以“威服天下”振起。

昭十八。宋衛陳鄭災　即賢臣弭災之驗，而知人事之當先也。此

《傳》前俱叙事，至“子産當國”二句，纔是斷案，觀一“此”字便知。且下緊接“是知吉凶禍福，固有可移之理”三句，則文中當以子産“以德消變”講過，後重發此段《傳》意，以見“人事之當先”也。“當國”“令政”，只就“不復火”熖出，不必着實講。説煞“禆竈”之言“非妄”，纔顯得“以德消變”。“處變之道”，只提過。

昭十八。邾人入鄅　小國肆暴以淩人，而其罪可聲矣。見《伐邾昭十九。傳》。

昭十九。宋公伐邾　署大國討罪之兵，善其意也。“善”，全歸重鄅俘[11]上。“聲罪執言”四字，正註“伐”之一字。以“聲罪執言”書，“而釋其取邑之罪”，所以全其善也。“善善長”，重；“惡惡短”，只帶説。加入鄅，昭十八。只作事實。

伐邾　會奔昭二十。　《春秋》善善長，故署其過而録其後焉。舊破：“意與世所必論也，便有毫釐、千里之别。”大舜隱惡揚善，大舜賞延於世。上善其歸俘之意，故并取邑之罪釋之；上[12]善其讓國之賢，故并待放之子進之。

伐邾　柏舉定四。　討罪不計其貪，恤患不計其僞。上，“善善長”；下，“樂與人爲善”。

伐邾　入郢定四。　上，惡不足以掩善；下，善不足以掩惡。上善長惡短，屬聖人説；下善小惡大，屬楚説。

伐邾　圍蔡哀元。　《經》於聲罪復讐之兵，而恕其貪與暴焉。須以邾、蔡之貪、暴揚起。聖人“善善長、惡惡短”；“聖人本無怨，而怨出於不怨”。

伐邾　入邾益來哀七。　釋外惡以全其善，録内惡以彰其善。善長惡短，道隆德大。

昭二十。曹會奔　去國有禮而遂進之，善善之心無已也。“出奔”“待放”，只是“常禮”，而《經》所以賢之，只是善臧無窮，此正“善善長”之意。勿着“會”上講。“苟可善焉”句須玩。“公孫”是書法。“自鄸”，是“待放”事實。

盟戚、執曹、俱成十五。會奔　深善賢者，故寄樂與於其嗣焉。同單，全在子臧身上發。上二比隨去一比，同。

遂如齊、宣元。歸父奔、宣十八。執曹、成十五。會奔　觀《春秋》罰賞之法，厚道昭矣。全重聖人意發揮。“及子孫”“止其身”，都在書法上論。《舜典》二句，分貼。

盟柯、莊十三。會奔　《春秋》“惡惡止其身”，故於柯之盟，以爲“今易世矣”，“釋怨而平”，可也；《春秋》“善善及子孫”，故於會之奔，以爲“公子喜時之後”，“苟可善焉，斯進之矣”。上比是“敵怨”止其身，與“惡惡”似隔。

執曹、成十五。會奔　益來、哀七。歸益哀八。　上，“苟可善焉，斯進之矣”；下，“人之有惡云云進之矣”。只好説“善善長惡惡短”大意耳。下邊於“止其身”説不去。

歸父奔、宣十八。會虢昭元。　上，“罰弗及嗣”；下，“賞延於世”。此題可作“父故”“世故”。

盾救陳、宣元。嬰齊如、成六。會奔　論世而進待放之臣，而録世類者得其旨矣。如單。以“録用賢者之類、功臣之世，得《春秋》之旨”，炤《傳》發於後。

盾救陳、宣元；□□。歸父奔、宣十八；惡短。嬰齊如、成六；賢類。會奔善長。　得《春秋》善長惡短之旨，而録用世、類者宜矣。

昭二十。華向奔陳　即大夫去國之繇，而不臣之罪大矣。以“宋元公無信多私”起，倒“三大夫劫公取質”作。只叙事而其罪自見，爲妙，勿考斷罪語，《傳》無□奔時罪語。

昭十一。南里叛　大夫據國以逼君，《春秋》深罪之也。“南里，宋國城内之里名”句重，見得分國而叛，與他叛異。收“繫宋”。加奔陳，昭二十。作事實。再加奔楚，昭二十二。炤“其入其出”書法。加入戚、襄十六。入蕭、定二。入朝歌，定十三。辨書法起，倒作。

昭二十一。朱奔　讒之爲害也，逐君者即其逐臣者焉。主《朝吴奔昭十五。傳》。無極自知能以巧言止楚君之討，故先以計出朱，與逐朝吴後“速飛”之言一類也。其可畏如此！

昭二十一。如晋至河復　“鼓叛晋，晋將伐鮮虞，故辭公。”主二十四年《如晋傳》。

【校記】

〔1〕昭十三，應爲“昭十二”。

〔2〕而乃，應爲“今乃”。

〔3〕僖三十，應爲“僖二十”。

〔4〕意如至，後依例應註明年號“昭十四”。

〔5〕昭十六，應爲“昭十一”。下題同。

〔6〕文十，應爲“文十一”。

〔7〕利之能敗之，《傳》爲“利之能敗人國家乃如此”，則後一“之”字實爲“人”字。

〔8〕使戍積而散，原句爲“使戍積而能散”，“能”字不可缺。

〔9〕侵强，應爲“浸强”。

〔10〕長岸、鷄父、柏舉、入郢，依例，除“長岸”外，其餘均應註明年號。年號参看上題。

〔11〕歸重郰俘，應爲“重‘歸郰俘’”，繇《傳》“歸郰之俘，其善意也”可知。

〔12〕上，應爲“下”。

卷之二十六　昭公下

昭二十二。華向奔楚　《經》於縱逆者，而罪之無所遺也。依《傳》將宋人、諸侯、楚子反覆發明。總收三書法。“略而不書”，不書某某救宋也。

昭二十二。昌間　《經》於望國講武，而以亡本示戒焉。“非地”固輕，“權臣專行”亦輕，全重“三綱，軍政之本”以下意。要將“蒐”之本意講得極明，體“何以蒐爲”句斷。

蒐紅、昭八。比蒲、昭十一。昌間　望國昧軍政之本，即屢蒐無益矣。“非時非地”提過，隨將“權臣專行”畧做，倒“平日失軍政之本”作。或加作南門、僖二十。三卿伐、昭十。圍費，昭十三。作“其君”“臣”“宰”三段。“君臣”比欠切。

城濮、僖二十八。蒐紅、昭八。比蒲、昭十八[1]。昌間　即伯事以律魯蒐，而知其昧軍政之本矣。“城濮”“有禮”，以“兵”言；魯“無禮”，以“君臣”言。依《傳》以晋文做起，倒“三蒐”作。上比易圍宋，僖二十七。同。止出“一蒐”，同。

蒐紅、昭八。比蒲、昭十一。昌間　大雩又雩昭二十五。　譏講武禦災之務末者，爲後世慮也。上，“馳射擊刺之末”，“此《春秋》所書，爲後戒之意”；下，“禱祠之末”，“故特書此，以爲後世鑒”。“宣王”，對上“文公”。

昭二十二。鞅如京　《經》因使而紀王室之變，正本之意也。重“正本”意。定儲，自是有天下者第一事，必其“可公”，然後可以“達節爲權”，不然，必“以居正爲大”。“無易樹子”句極重。此乃“家天下”要訣，責景王全在此。

伐山戎、莊十三[2]。鄢陵成十六。　治有所宜先，而畧遠、勝外者胥失矣。上云"舍近政而貴遠畧"，下云外寧必有内憂。"遠近""内外"字，與《傳》中所指不合，須只在四字上立論，首尾比斷正意。齊、晋事實，只畧點。兩"先"字，正吸下"本亂而未治者，否矣"一句。"自近""自内"，正不欲"本亂"意。須把《傳》"以京師爲室"，"諸夏爲廷户，四夷爲藩籬"三句振醒。

子同生　突歸、俱桓六[3]。札聘、襄二十九。陽生入哀六。　《經》明禪繼之義，而深致意於家天下者焉。將"札聘"論過，倒入"同生""居正爲大"，而以"突"與"陽生"足之。總發"正本以及天下之義"，總在書法上論意。或只出札聘、陽生入。因同生、札聘已見《同生傳》，故於下三比内單摘陽生入一比，謬。

子同生、突歸、俱莊六[4]。陽生入哀六。　屢示居正之義，家天下之道明矣。炤《傳》將三比點過，總發大意。三比書法，總一串意思，若曰嫡冢既定，庶孽不得以强衆奪，君父不得以私愛易也。舊主一頭兩脚，便非《傳》意，便將"此皆""皆"字説得不緊湊了。

突歸、莊六[5]。陽生入哀六。　兩致意於嗣國者，而正本之義明矣。一奪嫡，一奪長，皆非"正本"之義。然須就聖人書法上説，不用斷罪語。

子同生、桓六。鞅如京　主《傳》末二句。一嚴"居正"之法，一示奪長之戒。總叙，渾説，就書法上發。

昭二十二。猛居皇　置君之權在王臣，而忽本者之罪見矣。猛"制在劉、單"，乃景王忽本所致也。收"以"字。"居皇"意，炤《傳》於後繳之。加立朝，昭二十三。主"猛雖正而無寵云云著矣"一段，總叙混作。

以四國伐、桓十四。以牟婁、昭五。以豹歸定十五。　歷觀專制之事，皆義之所禁也。"能左右""能取予""能死生"，爲案；"'以'者""'不以'者也"，爲斷。加居皇，倒作。

以楚伐、僖二十六。以濫歸[6]昭三十一。　重土地、甲兵之權，而兩惡夫專制者焉。

昭二十二。入王城　表王儲之正，而深致戒於臣之專焉。"稱'王'"

以定尊位，“稱名”以“明嗣君”，提過。“上下舛逆”，不可死死責劉、單，須就時當其變上，用慨嘆語，發“重戒”意。“再書‘以王’”，所謂“繁詞”，非專指“以”字也。加居皇，昭二十二。只炤“再書”書法。加及孔父，桓二。變例以明其分之正，一串作。

盟首止、僖五。入王城　主“詞繁而不殺，必有美惡焉”句。齊桓、劉單分。

昭二十三。執叔舍　内臣不屈於强國，身立於禮也。見《舍至昭二十四。傳》。却邾、夷，执宣子，不爲威惕；止申豐，拒獻子，不爲利疚。或云只發“以禮立身”，不必分“不爲威惕”“不爲利疚”。

昭二十三。圍郊　《經》微伯事，義重勤王也。只重“不親往”，“徐遣”帶説。“當是時”三字，與“晋爲方伯”句，皆着力語。

首止、僖五。圍郊　詳畧伯國之行事，律以尊王之義也。以“勤王尊主之義乎”句比出，将此句總起，分作。齊桓、襄王、晋頃、敬王。上“書重詞復”，正與下“不書‘大夫’”“不稱‘師’”相反。

圍郊　黄父昭二十五。　伯國昧於勤王，以義責之；列卿協於勤王，以正待之。

昭二十三。庚輿奔　獨存外君之出，爲不仁者戒也。重“庚輿不仁”一意，“微郊公”意依《傳》帶後。庚輿入國，郊公嘗奔齊，至是庚輿奔魯，而郊公復歸莒，要叙得明。

盟宿、隱元；位。圍郊、昭二十三；事。庚輿奔人。　詳《春秋》微詞之義，而可以達王事矣。重發“達王事”句。言其位、其事、其人，有關於王事，則書之。“位”列貴賤，“事”彰得失，“人”辨賢否。上比易浮來，隱八。同。

圍郊、昭二十三。庚輿奔　微其事與人，以其不足達王事也。兩《傳》有“所謂以其云云者也”句。郊公事，用家氏註“在喪不戚，爲不能君”説。上“不臣”，下“不君”。

昭二十三。鷄父敗獲　詳著交兵者之失，而尤寓謹分之意焉。“吴詐勝”，“胡、沈自取”，只點起，倒“書其敗，不以國分”二段“正分”上作，要發“顛沛必於是”意。“不書楚”，楚原未交兵也，非書法，只序明事實中。

昭二十三。鷄父　紀外夷詐勝，而謹分之意寓焉。“詐勝”作事實叙過，倒“書其敗，不以國分而以君大夫爲序”，發“謹分”意。

昭二十三。胡沈滅獲　小國被患，既著其罪，尤别其分焉。“書爵書名書‘滅’”，譏“自取”也。然其“自取”，却在“不書滅某，而書某滅”上，所謂“以自滅爲文”也。重“書‘滅’”“書‘獲’”“别君臣”作。“顛沛”句要發。

殲遂、莊二十七[7]。棄師、閔二。梁亡、僖十九。鷄父敗獲　《經》於二君被禍，紀之以自取之例焉。倒胡、沈作。“役屬於楚”，有“不自立”意。“悉師以出”，有“妄動”意。皆“不能守禮”處。去梁亡，同。

戰韓獲、僖十五。大棘、宣二。鷄父敗獲　《春秋》重大分，特於君臣被禍而致意焉。只主“書其死，不以事同而以君臣爲别”作。上二比配入，流水叠講。“滅”者，“一國”之詞；“獲”者，“一人”之詞。

昭二十三。居狄泉　《經》於能立之嗣王，而别其分之正焉。以“直稱‘居于狄泉’”，著其“能立”之實，作事實書法，引其“不言‘立’”作。惟當立，故不得加以“不宜立”之文。起束要見“子朝特稱‘立’”意。

昭二十三。立朝　世臣援立非人，《經》著擅權之戒焉。以朝之“書‘立’”爲“不當立”提起，倒“尹氏”作。

居皇、昭二十二。狄泉、昭二十三。立朝　“‘立’者，不宜立也”句，極重，是三人斷案。將上二比“當立”“不言‘立’”，辨起子朝“不當立”“特稱‘立’”，倒作，如單。

居皇、昭二十二。狄泉昭二十三。　《經》著嗣王强弱之迹，而均予其分之正焉。重“不言‘立’”見其“當立”作。其“未能立”與“又能立”是事實，不重。“能立”在不恃大臣之援上。“直稱‘居’”，與“稱‘以’”相反。

入王城、昭二十二。立朝　有以正而罪挾之者，有以逆而罪援之者。

《傳》而合也。“當立”“不當立”，各邊提起。

歸賵、隱元；名、非。突救、莊六；字、是。于洮、僖八；人、分。葵丘、僖九；爵、分。尹單伐鄭、成十七；子、分。立朝氏、非。　《春秋》裁禮義以定稱，非有所徇也。以“禮義”總起。將“正名分，禮之常”“定是非，義之變”，分作。全重六個“或”字，見“斷自聖心”，豈徒“徇時之所稱”乎？或只炤“或”字點過，後總斷“名分”二句，亦好。突救、于洮二比，如易南季、隱九。翟泉，僖二十九。則“又”字爲常，而“人”爲變矣。只尹子伐鄭、尹氏立朝，同。

歸賵、隱元；名。突救、莊六；字。于洮、僖八；人。葵丘僖九；爵。　聖人裁禮義以定稱，非有所徇者矣。同上。“歸賵”之宰咺，“葵丘”之宰孔，均之爲三公也；“救衛”之子突，“盟洮”之子虎，均之爲下士也。而《春秋》“或”云云不同，何哉？後分“常”“變”兩邊，總發“非有所徇”意。尹子、尹氏，虛補繳處。出南季、隱九；字。突救、莊六；字。于洮、僖八；人。翟泉，僖二十九；人。只就“稱字”“稱人”二例中，具見“名分”“是”非。此兩題與“抑縱”“予奪”相似，須認。

昭二十三。如晉有疾復　殺内君事伯之耻，譏其不自耻也。“殺耻”，是没前日無疾見却之恥。“不自强”，雖泛就平日説，全要根“耻”字來。“周公之胄”二句，正形容他可耻處。“受制權臣”意輕，勿與“見凌”並説。

如晉復、昭二；弔少姜，辭公。如晉至、昭五；莒訴納牟夷，欲止公。如晉復、昭十二；訴取鄆，辭公。如晉復、昭十三；以執意如辭公。如晉至、昭十五；以平丘會故止公。如晉復、昭二十一；晋將伐鮮虞，辭公。如晉復爲叔孫故。　内君屢見辱而自甘，殺其耻以示貶焉。倒作，重“不得入”上。

如晉至、昭十六。如晉復　内君無自强之志，既諱其辱，尤殺其耻焉。宜兼兩《傳》，總是“不自强”。上根“辱”字説，“困辱”可以亨人，從“時”上立論；下根“耻”字説，“憤耻”可以奮人，從“心”上立論。

舍中軍、昭五。蒐紅、昭八。如晉復　孫齊、昭二十五。在乾侯昭十三[8]。　處閑而鮮克終，其自取也。去蒐紅、乾侯，同。

舍中軍、昭五。三卿伐、昭十。盟平丘、公不與俱昭十三。　當内制外凌之時，其自棄可責矣。只三卿伐、不與盟，同。出舍中軍、如晉至，亦同。

昭二十四。舍至晉　内臣歸國，特詞以表其賢也。此是總論叔舍一生事，重“以禮立身”講，而以平日事君之忠，挑剔講内。“舍”，乃婼之名，但兼“叔孫”，爲“書姓氏”耳。文中須重發“社稷之衛，魯之良大夫”，而歎息公不能用於後。加“執舍”，同。

意如至、昭十四。舍至　大夫歸國，因賢否而待之異焉。以上比作“大夫執而至則名”，是通例，引起“書姓氏”書法，倒舍作。講舍處，要把意如相形。

築郎囿、昭九。執舍、昭二十三。舍至　大夫以忠禮著，國之衛也。以本比書法問起，碎作，要“社稷之衛”意。南遺之媚，意如之逊，可分引。下邊隨出一比，同。出慭奔、昭二十[9]。舍至，同。“伐莒”之後，昭子三命爲卿，季孫抑之，“昭子朝而命吏”，“將與之訟”云云，此慭奔以下事也。又伐莒、昭十。慭奔、執舍、舍至，同。易“甲戌日食”，昭子嘆意如有異志，非□斥語；或“舍如晉”，昭子舉高疆以戒諸大夫，不獨季氏。此二比俱未確。責逐君，并祈死事，《左傳》俱在“舍卒”下。或因“逐君”字，而出“孫齊”，代責意如；或又因“舍卒”在“唁野井”下，而出“野井”代祈死事。俱謬。舊出“舍中軍”，尤謬。□洩云：“不欲毁，是指□子，而昭子方有家難，未嘗□也。”

築郎囿、昭九。慭奔昭十二。　俱主“不順於强臣”。不成題，删。

築郎囿、昭九。舍至、叔舍。夾谷、定十。墮費定十二；孔子。　魯有賢聖之臣，而内外胥賴矣。

昭二十四。吴滅巢　志外夷失守，明君道也。“實邑之也”句極重，“四境，國都之守”句本此句來；要見境與都相表裏，方發得“入郢之漸”意透。《傳》末一段是垂戒意，文後須咏嘆出來。加入郢，定四。同。

入州來、成七。滅巢　入郢定四。　兩著外夷失守之患，示保國之道也。上責共王，下責平王。“四鄰”指吴言。“制”者，制其强，使畏我而不侵也。“封境”“四境”，俱指巢説。《傳》意原連株下，作文須在不能制隣保境、爲“凌”與“危”之漸上發。然就中便有“不君”意，須體之。蓋上截《傳》是案，下截《傳》是斷，宜總發爲妙，不必苦在“四鄰”“封境”上着□。觀後“不書”“皆書”，正應前兩“書”字也。

入州來、成七。吴滅巢　兩誌外夷失守，著禍之漸也。當就書法上發揮，須體二“漸”字。《傳》“四鄰，封境之守”至“國都危矣”一段，是申説“漸”字意。作文不可大開。

鶏父、昭二十三。入郢定四。　外夷之兩被患，皆失守之漸也。上比作“封境震”固謬；即把作“凌楚之漸”，州來見入，便是“凌楚”始事矣，亦謬。上比易長岸，昭十七。同。

取濟西、僖三十一。取汶陽、成二。吴滅巢　失地之罪重，故諱於内而詳於外焉。内以諱爲貶，在不書“曹取”“齊取”上見。説明書法，總發意。加取邾田襄十九。或滅州來，昭十三。俱同。出滅下陽、僖二。取汝陽，成二。同。又滅譚、莊十。歸三田，定十。亦同。只取汶陽、吴滅巢二比，係《圍彭城傳》。

取牟婁、隱四。取長葛、隱六。滅萊、襄六。滅徐昭十三。　以守土責人君，故外之“取”“滅”皆書焉。

吴滅巢　齊侯取鄆昭二十五。　兩示意於邑之得失，而知能守土之謂君也。一見滅於他人，一藉他人以取，皆是不能保土地、人民而“不君”也。“巢，楚邑”“鄆，魯邑”，要重看。

昭二十五。舍如宋　觀外君有私親於内臣，而後之仗義爲難矣。如宋聘，且爲意如逆曹氏也。只主《曲棘昭二十五。傳》“然則，宋元，意如之外舅”句，以歇後體發之。“季氏使正卿逆婦”作束。

昭二十五。黄父　以正待勤王者，明臣職也。以“人心之公”起，倒“以正待人”作。“異賞報臣子”[10]二句，重“臣子不可邀賞”邊。“以正待人之體”“體”字，不可遺。

居皇、入王城、俱昭二十二。狄泉、立朝、俱昭二十三。黄父　諸侯不計勢而勤王，《春秋》待以正焉。只以“邪不勝正”引起，如單。去居皇，同。

踐土、僖二十八；弓矢。豹如京襄二十四；大輅。　主“以濫賞報臣子所當爲之事”。或用“敗鄭”“田土”“滅甲”“黻冕”者，《傳》方責其非王師、王事，可以爲當爲之事乎？

黄父　會扈昭二十七。　《春秋》重王事，而不輕有所褒貶焉。俱以“王事”爲骨。勤王之好雖協矣，使以其有功於王而即褒之，則臣子之職謂何？戍問之令幸行矣，儻以其無功於魯而必貶之，則君父之重謂何？

黄父　檇李定十四。　以義律臣子，而畧其所當爲之事焉。通在聖人書法上論。不美勤王，以其爲人臣之常職；不録復讐，以其爲人子之常事。加入吴、定五。入吴，哀十三。同。

昭二十五。鸜鵒巢　《經》紀望國物變，欲人君以德消之也。如《孫齊陽州昭二十五。》。主“臣逐君象也”句，如單。

昭二十五。大雩又雩　望國事禦災之文，其不自省甚矣。“有人”句，是起下“信任忠賢”句，謂“列位”則有忠賢可信任矣，特患天意不屬耳。天時如此，則“反身”云云，必可禦災矣。“昭公至是，猶不自省”，“至是”“猶不”要説得剴切。舊以“天時”“眷顧之心”發起，而以“列位”“有人”，用“況”字點入。

來巢、昭二十五。二雩　觀天心之眷顧，而禦之當有道矣。二事宜渾講，要見物與天災總天心仁愛處。

公如晋、昭五；叔齊謂公：有子家羈而不能用。舍至、昭二十四。來巢、昭二十五。二雩　有可乘之天人，皆與資也。“人存”“天眷”，碎講，倒在“昭公不能修德”上。只舍至、二雩，同。《傳》中“考諸列位“二句，指子家羈，□□叔舍，猶可，若易“取鄆”，則叔豹卒已久矣。

公如晋、昭五；羈。舍至昭二十四。　兩觀内臣之賢，而禦災有其人矣。主“不用兩賢”。上比有易“野井”，主昭不聽子家“齊君無信”之言，尤欠順。

昭二十五。孫齊次陽州　内君去國，繇昧於處屯之理也。“次陽州”是事實，“孫”字是書法。“不忍一朝之忿，求逞私欲”，應“正身率德”句。“以群小謀之”，應“擇任忠賢”句。“消息盈虚之理”要講透。以

“屯膏”之時，而欲爲“大貞”之舉，“凶”之道也，所以以君伐臣而不勝也。

作三軍、襄十一；宿。遂入鄆、襄十二；宿。公在晋[11]、襄二十九；宿取卞。舍中軍昭五；意如。　强臣兼賦專兵之久，而圖之宜以漸矣。不重斷罪，只要見“民賦半入”，“軍政在手”，明“季之不可輕去”。繳責昭公。加遂得臣如、文十八；□失□。歸父奔、宣十八。慭奔，昭十二。是全《傳》題，一套做。再加孫齊，倒作。

救台入、襄十二。公在楚襄二十九。　凌小取邑，而軍政在强臣矣。“受命而遂入”，“取邑而不問”，微有深淺；且“鄰境”“本邑”，亦自分别。要見在宿之時已然，而況於意如云云。

歸父奔、宣十八。慭奔昭十二。　兩即忠謀者之易去，而見强臣之可畏矣。皆謀去季氏，一亡族，一亡身。要發“無敢獻謀”意。“片言”“一動”，要發。自行父之時已然，而況意如；自十數年之前已然，而況今日。要體“亦”字承上“賦半”“兵專”來，見得民賦既去矣，軍政既去矣，而忠謀又去，其“屯難”爲何如哉！

昭二十五。唁野井　《經》於大國省内難，而交□其昧禮焉。以“禮”字爲主，齊、魯分斷，魯以“正身治人”爲禮，齊以扶君抑臣爲禮。上邊“有本”字，下邊“明其無納公之實”“實”字，可借用。或主以魯説起，倒□□上。吴責齊書法，蓋《傳》中論昭處，是通論平日而譏齊，單指唁公也。體“雖”字、“又”字、“亦”字，串下，最是。一説下邊“豈所以爲禮哉”，猶《取須句傳》云“非所以爲禮也”，或只□“崇明祀、保小寡之禮”句。此只辨“其禮與辭是矣”句，原不曾説請王命、修伯職爲禮，宜以“失職”對“昧禮”作。然玩《傳》兩邊皆從“禮”與“詞”上辨起，用“禮”字較整。且《須句傳》有“專爲母家報怨”句，故雖請王命未可言禮。此則修方伯之職，救患分災，猶於禮爲急，而況納公乎？□参《□□□傳》自明。加“舍中軍、公如金晋，俱昭五。主政令在家”二句，□昭公半邊。

舍中軍、政令。公如晋、俱昭五；子家羈。暨平、昭七；影□吴。比蒲、昭十一；影葬齊歸。野井　以“其禮足觀”，難起“失國”意，後以四比融入本比。去本比，大意同。

舍中軍、公如晋俱昭五。　内君昧禮之本，於委政、棄賢見之也。出三卿伐、昭十。次陽州，昭二十五。同。

昭二十五。齊侯取鄆　直紀大國取邑，而内君之失道見矣。在“已絶於魯”上，責公“不君”，“渝其職”。“君者”云云，乃其職也。加居鄆，昭二十六。主“齊不自取，而爲公取，使居之”句，如單。

次陽州、昭二十五。取鄆　兩即去國、取邑之事，而君臣之失職各見焉。“已絶”“未絶”意，要挑剔“職”字重看。“各渝其職”，要發“變常”意。

昭二十六。居鄆　特紀内君之所寓，存一國之防也。“居”字重看。“存防”處，全要發“非大夫所得專”意。“土地人民”，挑講。

居鄭、僖二十四。居鄆　《春秋》訓尊君，而存天下、一國之防焉。上比易狄泉，昭二十三。同。加河陽、僖二十八。晋陽叛，定十三。如《傳》轉下做二股，仍挽到“存防”上。

河陽、僖二十八。晋陽叛定十三。　觀避舍、專邑之事，而見聖人存防之意矣。上應“存天下之防”，下應“存一國之防”。借題發意，如云：周，天下一王也，有若襄王下臨，則凡此諸侯，皆當避舍以待者，而孰敢擅有其土地人民哉？如此講，方無病，且與下比“是謂叛君”意好對。出王所、僖二十八。入戚叛，襄二十六。同；或遂圍許、僖二十八。紇奔，襄二十三。同。

昭二十六。公圍成　《經》削大國助内之兵，以爲義之不終也。《傳》引《左氏》“齊侯將納公”句與“齊侯從之”句，俱有味。“景公惕於邪説，爲義不終”，須想景細發，與泛常隳義不同。“季不臣”“昭不君”，翻入斷之。

昭二十六。鄟陵　紀大國謀内之好，著貪利之效也。主《意如至昭十四。傳》，要見“諸侯不合二十餘年”意。此齊景假納公之義，以爲糾合之謀，“于鹹”“于沙”之漸也。

昭二十六。入成周　紀王道之微，有貽其禍者矣。王道之微，自天王爲臣下所納上見。收“書‘成周’”。文、武都豐、鎬，是爲西京；周公營東都於郟鄏，是爲王城；别於洛比營下都，以遷殷頑民，是爲成周。

子朝之亂，其餘黨多在東京，敬王畏之，故定都成周。

昭二十六。子朝奔　即庶孽之無成，可爲狥私者戒矣。“是非之公”，提起。曰“兩棄之”，曰“危亦甚矣”，都是剖明利害，以“戒後世”，勿呆罪景王。加猛入王城，昭二十三。同。再加居皇、昭二十二。立朝，昭二十三。亦同。

比歸、陳蔡歸、俱昭十三。朝奔　主“取國有五利”句。

歸賵、隱元；平王。荀息僖十；晋獻。　即愛惡兩棄，知人心不可私矣。主“伯服”“申生”二段，要發“兩棄”意。出荀息、晋獻。朝奔，景王。同意。

昭二十七。《弒僚傳》

子同生、桓六。公即位文元。　《經》重大臣之責，兩示置君之義焉。主“君存而國本定”二句，重“大臣謀國”上。下易會葵丘，僖九。主宋襄公。或出首止僖五；定子鄭。于洮，僖八；襄王立。同，此於“大臣”較切。

昭二十七。會扈　聖人不槩畧仗義之好，而其取舍之情見矣。此《傳》的穴，在末“此以見聖人”〔12〕二句，故文中將事叙起“所以列書而不畧”，即發“聖人取舍之大情，而輕重審”。“取舍”即於“輕重”上見，“輕重”指“重”在“納公”“戍周”，而鞅一人爲“輕”耳。此“會”善處多，不善處少，安得以其不善者并畧其善者？故曰“取舍之大情”。舊説重“不以一人廢衆人”上，“戍周”事，依《傳》用“况”字點入，不可兩平，“取舍”即於“輕重”内見之。近有謂“事孰大於勤王”者，“况”字是倒重語，宜貼在“戍周”上。

盟扈、文十五。會扈　不槩畧伯國狥利之事，以大義之猶存也。炤《傳》以上比辨書法起，同單。“盟扈”比，《左》云：“齊人侵我西鄙”，“季文子告于晋”，“盟于扈”，“謀伐齊也。齊人賂晋侯，故不克而還”。《傳》明説“爲魯討齊”，不宜粘商人。

昭二十七。如齊至居鄆　即大國之卑内君，失職之罪見矣。使宰獻，享大夫之禮也；請自安，齊侯不在坐也。見《高張唁昭二十九。傳》“微君之躬”句。

昭二十九。高張唁　《經》紀大國省難，而深譏其失職焉。以“齊，方伯連帥之職”提明，倒責其不討意如以納公，徒遣使來唁，爲失職。“豈得禮乎”“禮”字，與《野井傳》“禮”字同看，不可輕。“稱‘主君’”，比公於大夫也。“亦書”“亦”字，要根“唁”爲“淺事”生情。

孫齊、昭二十五；見逐不討。居鄆、昭二十六；淹恤不納。如齊居鄆、昭二十七；使宰獻。高張唁稱主君。　大國兩微内君，失職甚矣。諸侯失國，諸侯納之，正也，既不當“微其故”；諸侯失國，託於諸侯，禮也，又不當“微其躬”。只如齊居鄆、高張唁，單主“微躬”，以“禮”與“辭”作目。

高子盟、閔二。高張唁　兩紀伯國省難，子盡職，譏失職也。主“齊之先世嘗主夏盟”句。桓能紹太公之舊職，景不能紹桓公之舊職。上比易北杏莊十三；桓主盟。伐楚，僖四；太公是命，管仲語。宜倒《傳》。

昭二十九。鄆潰　觀内君之失民，而自棄甚矣。此《傳》是因“鄆潰”而求其故，因斷昭公“自棄之甚”。“甚”字要發。加孫齊、取鄆、俱昭二十五。居鄆，昭二十六。只炤“處鄆四年”句。

昭三十。公在乾侯　《經》因内君寓外，深致存君之意焉。“不與季氏專國”，正“存君”意。“罪臣子、譏諸侯”，帶發二股，俱責不討意如。加孫齊、昭二十五。居鄆、昭二十六。鄆潰，昭二十七。只辨起書法。再加在乾侯、昭三十一。在乾侯，昭三十二。只炤“每歲”句。止加居鄆，昭二十六。以“畧詞‘存防’”“特詞‘存君’”分，“在魯四封”云云，正與《居鄆傳》相發。

昭三十。滅徐章羽奔　深紀被患之小國，以其志不立也。見《滅譚莊十。傳》，要發“責弱者不自强於爲善”意。

昭三十一。適歷　《經》於伯國寵惡，而直罪其失職焉。士鞅貪利，是事實。“寵以會禮”，專罪晋君，要本“晋實主盟”來斷，發“昧君臣之義，不知其從自及”意。陸淳語，是引證。荀躒只可帶言。舊以君臣□□，未是。

公圍成、昭二十六；貨齊、梁丘據。會扈昭二十七；貨晋、范鞅。　大夫之拒君，兩於行貨見之矣。主“行貨齊、晋”句。加立煬宫，定元。以“致賄”“致禱”分，大意同。

公圍成、昭二十六。適歷　二國狥利而黨惡，皆悖君臣之意也。以“行貨齊、晋”總叙起，分作。齊景惑梁丘據之言，晋定惑范鞅之言。後以“從自及”帶之。加晋陽叛、定十三。高張奔，哀六。主“從自及”句，末仍要説到“田氏篡齊”“六卿分晋”上。《傳》原指“篡齊”“分晋”，二比不可搭。

昭三十一。黑肱奔　外臣竊邑以内附，《經》交譏之也。義同《牟夷昭五。傳》。

昭三十二。吴伐越　始用師於越。主《入吴襄十三[13]。傳》“吴嘗破越，遂有輕楚之心”。搭此，主“尚力之始”事作。

昭三十二。城成周　《經》於列國勤王之役，深傷王道之微也。“天子有道，守在四夷”，而京師何有於“城”？“城”之，則不可言京師矣。《黍離》降爲《國風》，自降也，稱“成周”亦然。

昭三十二。《公薨傳》

突奔、入櫟、俱桓十五。衛侯奔、襄十四。夷儀、襄二十五。孫齊、昭二十五。乾侯昭三十一。　内君失國異於人，以權與人俱失也。以衛、鄭提起，倒昭公作。季氏之專，異於祭仲，子家之不用，異於推挽之有人，所以終失其國也。無書法。凡崩薨、哀葬傳，題面關出君喪國等項者，大場不出，存之□□人小試難人之資。何爲也？宜盡删之。

突奔、入櫟、俱桓十五。衛侯奔、襄十四。夷儀、襄二十五。　二君之復國，以臣無世權而君有多助也。上炤季氏四世專柄，下炤昭公不用子家。或出執祭仲、鱄奔[14]，同。去“二奔”，即《夷儀傳》。

敗酅、僖元；友。如陳、文六；行父。城費、襄七；宿。伐莒、昭十；意如。孫齊、“君其詐之”，弗聽。野井俱昭二十五；“不如之晋”，弗聽。　强臣而以庸主御之，必無幸矣。臣專國，君拒善，皆不能復國之故。依《傳》散作，不必分。

敗酅、僖元；友。如陳、文六；行父。城費、襄七；宿。伐莒昭十；意如　世卿專政之久，非君福也。只主“魯自季友受費云云之獲也”一段。《孫齊傳》是就“東門遂殺適”，“魯君失政”論起，故曰“於此君也四公”。此《傳》就世卿論起，故曰“至於意如”“四世”。不可混。

取鄆、昭二十五。圍成、昭二十六。鄆潰、昭二十九。乾侯、昭三十。乾侯、昭三十一。乾侯昭三十二。《春秋》詳紀内事，所以警君臣者至矣。“絶昭公”，“誅意如”，全在書法上發。首二比，□易孫齊、居鄆，在《乾侯傳》。

【校記】

〔1〕昭十八，應爲“昭十一”。

〔2〕莊十三，應爲“莊三十”。

〔3〕俱桓六，“突歸”在“桓十一”。

〔4〕俱莊六，“子同生”在“桓六”，“突歸”在“桓十一”。

〔5〕俱莊六，“子同生”在“桓六”，“突歸”在“桓十一”。

〔6〕歸，應爲“奔”。《經》：“冬，黑肱以濫來奔。”

〔7〕莊二十七，應爲“莊十七”。

〔8〕昭十三，應爲“昭三十”。

〔9〕昭二十，應爲“昭十二”。

〔10〕異賞，《傳》實爲“濫賞”。

〔11〕晋，應爲“楚”，季孫宿取卞事在襄二十九，然是年無“公在晋”，有“公在楚”。

〔12〕此以，應爲“以此”。原文：“以此見聖人取舍之大情，而輕重審矣。”

〔13〕襄十三，應爲“哀十三”。

〔14〕執祭仲、鱄奔，後依例應註明年號，分別爲“桓十一”“襄二十七”。

卷之二十七　定公上

定元。春王　略謹始之文，以始之不正也。“無君”“無正”是一時事，却重“無正”邊。正月者，政令之始，而元年之正月，又一君之始，故“謹”之。“主人”謂定公，“讀”謂《經》，“傳”謂訓詁。蓋定、哀多微詞，設使公“習其讀”而問其解，亦不自知其罪也。

春王正月、文元。春王　將文公内有承、外無制，而魯有君，所以“逾年書‘正月’以‘謹始’”，問起書法，倒本比如單。

春王　戊辰即位定元。　署正始之義，寓正本之意。

定元。執仲幾　貶擅刑非地者，謹亂初也。時當“城成周”，不得不“執於京師”，但“不告諸司寇”，而擅“執人於天子之側”，即此一念，便“篡弑之萌，履霜之漸”，不可不謹。“初”字，對“篡弑”説。“禍亂熄”句，亦須發。書法只重“于京師”三字。加城成周[1]，只作事實。

執嬰齊、僖十九；稱“人”。執仲幾稱地。　典法有所職，皆不可以專也。“定邦典”“斷邦法”，皆“司寇之職”，總起。只論意，勿用斷罪語，恐涉於合。宋之專，在執而不歸京師；晋之專，在不告司寇而執。或以“伯事、王事討有罪皆失之專”比作者，非。上易執曹歸京，成十五。同，但分“予”“奪”。

執仲幾　執樂祁定六。　兩譏伯討，以其專與私也。上，雖有罪，不告司寇，執於天子之側，上侵之漸不可長也；下，雖有名，不繇晋君，出於列卿之意，下移之禍，不可忽也。

執仲幾　召陵侵定四。　刑有罪，失之專；兵無功，失之貪。王事、王師。

定元。戊辰即位　觀國君定位踰時，而知國本當像矣。主“癸亥”“戊辰”説。喪未至，原不可立，喪至而猶俟六日，故云“遲”。不責昭，亦非責定，只把魯事爲後鑒，欲人君早定國本耳。作文以“意如專制”“定不得早正位”起，即以“垂戒”意發揮。

子同生、桓六。戊辰即位　《春秋》重國本，而两以魯事示法戒焉。主“宗嗣先定”句搭，比作。上云“正國家之本”，下云“貴於早定國家之本”。

定元。立煬宫　望國崇遠祀，《經》以爲不宜焉。煬公，伯禽子，考公弟，以弟繼兄者也，歷二十餘世矣。立之不但酬禱，亦以掩舍子立弟之非也。專責季氏。以廟制、祭法挑講，廟當遷於孝公之世，祭當絶於隱公之世。

定元。隕霜殺　國有淫刑，而天象應焉。周十月，夏八月，微陽用事，未可殺菽。此季氏專權，刑罰過當之象。

不殺草、僖三十三。殺菽　緣天道之慘舒，而刑罰之不中可知也。

定二。楚人伐吴　此時吴用子胥之謀，以肄楚。《柏舉定四。傳》，搭作“皆懷謀楚之心”。作文借《長岸昭十七。傳》。

定二。新作門觀　譏望國習僭以興役，示馭臣之道也。以“僖公新作南門則獨書”於《經》，見雉門不當新；以“子家駒設兩觀爲僭天子”，見兩觀不常新。此乃先祖爲之非矣，其不能因災而革之，則失在公。“身正者，物必正”句，最重。全就“習舊而不知以爲非，何以禁季氏之脅其主”作，重“馭臣”上，勿涉“勞民”。收“特書‘新作’以譏之”。天子五門：皋、庫、雉、應、路；魯三門：庫、雉、路。庫門，制似皋門；雉門，制似應門。雉門外爲兩觀，中門闕然爲道，上懸法象，天子制也，諸侯則一觀耳。

作南門、僖二十。作門觀　兩譏望國僭制，而保民、寓臣之道寓焉。“南門”，即庫、雉、路也。玩《傳》“南非一門，必有不當爲”句。俱重“僭制”上。僖因本有而改作之，定因既災而復爲之，皆非也。以此爲主，而以“勞民”“馭臣”翻斷其“僭制”之失。上用“史克以作泮宫爲”美證，下用“子家駒以設兩觀爲僭”證。

作門觀　墮郈費定十二。　觀内僭之因革，而得失昭矣。越禮而習舊僭，秉禮而革舊僭。

定三。如晉至河復　修禮於伯而自還，繇嗣立之非正也。主《皐鼬[2]傳》。定立，“上不請於天王，下不告”，“而受國意如，故三年朝晉，至河而復”。《左傳》無事實。玩“故”字，明是受國有歉。不辭自復，正好立論。

定四。召陵侵　奉天討而沮於利，可陋甚矣。全要形容“陋”字，若徒講“貪利”“隳義”，便無味。本是驚天動地一場好事，以卑卑一荀寅“求貨”沮之，便陡地索然休了，何等可陋！“元老”“十八國”，不平。重“王命”上。“侵”字，不是紀實，蓋借“潛師掠境”之意以“陋”之耳。加盟鹹、盟沙、俱定七。曲濮，定八。炤“失諸侯”句，要體“繇是”二字。

遂伐楚、僖四。城濮僖二十八。召陵侵　以天討而歉於二伯，《經》所以陋之也。桓、文之功不足處，只少得王命耳。一樁十全大美的盛舉，是晉定已到手的，輕輕棄了。其“可恥”處，全根“可惜”来。

召陵、僖四。召陵侵　《經》於二伯懷外，美其近王事，而陋其隳王命焉。上重點“師强敵服”，下重點“請王命、合諸侯”起，方有力。上用“太公”，下用“文公”。上加遂伐楚，僖四。同，以“專命”“奉命”點起。

城濮、僖二十八。召陵侵　《經》於攘夷之兵，畧其譎、陋其貪也。晉文、先軫、晉定、荀寅。

召陵侵　執欒祁定八。　攘夷沮於利，其事陋；討罪出於私，其權移。

召陵侵　吴伐我哀八。　隳命棄國之失，揆於勢而益見矣。命不可隳，况兵勢，可爲乎？國不可棄，况國勢，足守乎？“遂辭蔡人”與“遂有城下之盟”，兩“遂”字，亦可生發。齊桓、晉文、華元、國佐。

定四。滅沈歸　《經》於外臣覆小，兩著不仁之罪焉。仁者以大事小，“罪姓”；仁者殺身成仁，“罪嘉”。題不出“殺之”，不用“蔡侯”。或如《傳》“皆不仁矣”口氣，作不了語，提過，倒蔡侯作。見沈子至蔡、蔡侯追思、三年拘郢之苦。"所惡於前，不以先後"，當有以處此矣。以歇後體行文，亦妙。加召陵侵定四。只倒後半《傳》"蔡侯視楚"至"及哉"一段作。

滅沈歸　圍邱定十。　虐小討叛者，皆昧反己之道焉。蔡、昭以所惡於前者先後，"能無公孫翩之及哉"？三家以所惡於下者事上，"不知家隸之擬其後也"。

定四。臯鼬　原志以紀信，因畧其可畧者焉。言"及"，是事迹，只發他受國有歉而求盟便了。《傳》原無斷罪語，"凡舉"只帶一句。"非義所係"，言顯魯志的意義，係乎"書'及'"，不係於"序"也。加公即位、定元。如晋復，定三。只入叙事。再加召陵侵，定四。只炤"凡舉"書法。

召陵侵、定四。臯鼬　詳畧諸侯之兵好，觀乎義之所繫而已。此題發在此，意却在彼。作文以"書'及'爲魯志"點明，即以"不序"問起，大發"不書十八國之諸侯，無以見侵楚之陋，所以必序"意，末方説到"臯鼬"。"義"在"書'及'"，而不在"序與不序"，此所以"凡舉"也。

臯鼬　蒯聵奔定十四。　衛有巧令之臣，可以觀世矣。祝鮀、宋朝。不成題，宜删。

定四。楚人圍蔡　外夷肆暴淩夏，法之所不貸也。見《柏舉定四。傳》。以"盟主不能致其討，天王不能達其命"，發其"長惡不悛"之罪。

定四。柏舉敗奔　遠人達伯主不能達之命，《經》曲致其嘉與之意焉。《傳》首喝起"何以稱'子'？善伐楚"云云，末以"因其從蔡"，"書爵"應之，總只重在"達天子之命"上。其"書'以'"者，"深罪晋"云云也，晋罪，而達命者善矣；其"不言'救'"者，"非有救災"云云也，"非有救災"云云，但因其從蔡而遂進之，亦所以重達命也。作文只宜以"達命""善吴"爲主，而以"罪晋""不書'救'"在中翻講，可也。須知争論"重予吴""重罪晋"者，俱非。若"重罪晋"，則《傳》首一呼，《傳》末一應，可置勿顧乎？而"不言'救'"一段，又何所交問也？若"重予吴"，則"書'以'"一段意，又在罪晋，而"不言'救'"一段，只説"聖人道大德宏"，委曲進吴，亦非予吴矣。總之惟"達命"是骨，善吴罪晋都是皮毛耳。書法收"爵吴而書'以'"，"瓦奔稱'人'"末帶。只柏舉，同，但不用囊瓦。

定四。瓦奔　深惡貪臣，因失節而賤之也。貪是平時，失節是今日，二意串下，還重"貪"上。人臣到"貪以敗國"，原非一死可以塞責，但不死，則益見其"可賤"耳。

楚人圍蔡、定四。柏舉　當外横而能從義以成功，所以善之也。將"楚横"重揚起，倒"予吴"作，"罪晋"亦畧見。加召陵侵，定四。同。再加楚人伐吴，定二。只見"常懷謀楚之心"，仍主"予吴"。

吴滅徐、昭三十。楚人伐吴、定二。圍蔡、定四。柏舉　善遠人之恤患，故不計其心而進之焉。重講吴善，而以"滅徐""伐吴"辨一段於後，所謂"皆懷謀楚之心"也。章羽之禍，怒激於掩餘之封；豫章之捷，計行於舒鳩之誘。上隨去一比，同。只楚人伐吴、柏舉，同，但只就"謀楚之心"辨起。

踐土、僖二十八。平丘、昭十三。長岸、昭十七。鷄父昭二十三。　即内伯外强之迹，而恤患之難易可量矣。要暗含"恤患之義，宜在晋而不在吴"意，後繳明。出新城、文十四。黑壤、宣七。州來、成七。滅巢，昭二十四。同。只新城、鍾離，成十五。同。

召陵侵、定四。柏舉　較内外恤患之難易，而棄義者之罪著矣。全以"吴易"形"晋難"，非謂"晋遺意於吴"也，比斷混發。收"書'侵'""書'以'"。加新城、文十四。鍾離，成十五。或鷄澤、襄三。長岸，昭十七。只以"晋伯""吴强"引起。

召陵侵、定四。柏舉　入郢定四。　《傳》中無"入郢"比。主"奉王命而繼以貪""逹王命而繼以暴"比。

柏舉　入邾益來哀七。　"聖人道大德宏，樂與人爲善"，故畧其僞；"聖人道隆德大"，"不念舊惡"，故彰其美。

柏舉　吴救陳哀十。　抑揚遠人之恤患，意在伯主與中國也。進之以罪伯主之怠，抑之以傷中國之衰。"書'子'""書'救'"引起，重"書'以'""舉號"上。加楚圍蔡、定四。結伐陳，哀十。同。

定四。吴人郢　不以功貸肆淫者，聖人之公也。“狄道”，重“亂男女之配”上。須承“柏舉”來，連上“功罪”比斷，方見以“書爵”之人，一旦黜而“舉號”，乃爲“公心”，乃爲“奉天討”。

柏舉、定四。入郢　一事而忽爲褒貶，聖人亦因之而已。忽爲褒貶，所以爲“心無毁譽”。“無毁”“無譽”，合一比縎焰發揮，方透。

于師、僖四。柏舉、定四。入郢　歸三田定十。　聖人之於毁譽人己，一天而已。比《歸三田傳》。

柏舉、定四。入郢　益來、哀七。歸益哀八。　兩觀善惡之不相掩，而知賞罰之不容私矣。上善不掩惡，下惡不掩善。俱有“賞罰之權”句，上曰“司”，下曰“行”。“聖人心無毁譽”，“聖人道大德宏”，要抛却吴與魯，只向聖人之待吴與魯上着眼，方得。

定五。於越入吴　紀被兵於兵人之餘，戒力勝也。見哀十三年《入吴傳》。要貼“初書‘入吴’，在柏舉之後”意，只説力不足恃，不可云恃力之報。“因事屬辭，重戒後世”，“而見深切著明之意”數句，須透發。

定五。《意如卒傳》

舍中軍、昭五；叔舍誅豎牛。戊辰即位定元；定□意如。　私勞不可以廢義，而内君之失見矣。以“婼明君臣之義”倒作。

定六。滅許斯歸　小國被患而甘自屈，《經》所以絶之也。見《滅黄僖十二。傳》“以歸者，既無死難之節，又無克復之志”等句。“罪鄭”意，只提起。

定六。執樂祁　伯臣以私討罪，而君權移矣。“私意”二字極重。“使范、趙方睦”云云，發他“私意”，甚透。全要發感慨意，不貴斷罪。

定七。齊鄭盟鹹　齊衛盟沙　即與國叛伯之迹，而貪利之效見矣。主《朝歌定十三。傳》。二盟俱屬鄭叛，蓋沙之盟，繇“盟鹹”徵會於衛，亦是“盟鹹”一時事。作文主“鄭”，而“衛”帶之。須本召陵定四。“求貨”“失諸侯”説。

定八。侵齊至　侵齊至　望國兩犯大以結怨，其求成有自矣。主《暨平昭七。傳》。此“及齊平”之張本也。始門陽州，顔高有子鉏之射；繼攻廩丘，陽虎有冉猛之譏。

定八。會瓦　《經》立重衆之文，示專兵之戒也。總在書法上，發聖人“言‘晋師’而不言‘士鞅’”之意，蓋示“人臣不可”云云，爲後戒也。曰“重”，曰“不敢輕”，俱自《春秋》立法言。此與“棐林”同例，但“棐林”重“謹禮”，此重“謹權”耳。

公伐邾、隱七；師次於君。翚帥師、隱十；師與大夫敵。師還、莊八；師重於君。會瓦師重於大夫。　《春秋》重衆之紀，有非常例所能拘也。二例輕點起，倒下二比，總發“重衆”。雖是在君則重民命，在大夫則重兵權，然《傳》無“重民命”語，不添出，更佳。

公伐邾、隱七。師還、莊八。棐林、宣元。大棘宣二。　同上，但兩開耳。亦須以“重衆”總起。“大棘”比易處父救，文三。同。

次郎、圍郕、師還、俱莊八。棐林、宣元。會瓦　《經》於君臣用兵，皆示重衆之意焉。皆就“大衆”上説，蓋黷於君、專於臣，皆是把大衆忒看輕了，所以聖人於此，“皆以師爲重，而不敢輕”。只在書法上説，不可着在君與大夫身上説，别生枝節。去師還，同。只師還、會瓦，同；師還、棐林，亦同。舊有圍郕、乾時、滅譚題，以□□諱公爲重衆，不妥。且“大夫”邊，《傳》明指棐林、會瓦，亦不宜别求代比。

棐林、宣元。會瓦　兩於伯臣用衆，而示謹權之意焉。總發意，只點盾、鞅在中，不可兩分，亦不可入罪。加慶父伐莊二。等比，只作例起。

大棘、宣元[3]。會瓦　紀師將之例有常、變，總見大衆之當重也。稱“將獲”而又書“師敗”，兼重之常例，見“元帥，固三軍司命”，而大衆亦不可輕役；“言‘晋師’而不書‘士鞅’”，“重衆”之變例，見用衆乃一國大權，而人臣必不可輕取。出伐余丘、莊二。敗莒、僖元。棐林、宣元。會瓦，同。

棐林、宣元。舍中軍、昭五。欒施奔、昭十。會瓦　明於《春秋》重衆之義，而人臣之取民者禁矣。重“正意”講，陳、季如《傳》詠嘆於後。

舍中軍、昭五。欒施奔昭十。　□臣取衆以侵公，非《春秋》之法也。重講“王法所禁”并“《春秋》之義行，則不得爲爾”意，勿板責陳、季。“厚施”曰“移”，“盡征”曰“奪”，此中有用智、用强之分，然一是明明取之專之，一是隱隱取之專之，故皆爲“王法所禁”。若《春秋》不許人臣取民有衆、專主兵權之義得行，則雖欲爲陳、季所爲，得乎？

定八。鞅侵鄭遂侵衛　《經》陋伯國討貳，嚴貪利之戒也。《朝歌定十三。傳》“或書‘侵’以陋之”，原指侵楚，“陋”字在“貪利”上，與此無干，如出，只得借用。然此股無“貪”字，須追原“侵楚求貨所致”説。爲區區貨賄，把伯統都弄壞了，致今遣將動衆以討貳，何等可陋！終屬牽强，宜删。

定八。從祀　陪臣假禮以行私，《春秋》誅其情之逆也。滋味全在“特曰‘從祀先公’於‘盜竊寶玉大弓’之上”句。加竊玉弓，定八。同。

定九。得寶玉大弓　即望國分器之復，見不恭之罪也。“守”字極重。“雖”字“猶”字當玩，言外隱隱有“竊之於無形而失之於常情所易忽者，可勝道哉”意。“不恭”字，對《傳》末“不敢忽”看。

定八。齊衛次五氏　即與國從背伯之謀，而伯業之衰見矣。見《朝歌定十三。傳》。前此衛侯欲叛晋，諸大夫猶不可，故托之執結以掩飾耳目，至是則顯叛矣。“五氏”，晋地。齊在五氏，衛往助之。

【校記】

〔1〕城成周，後依例應註明年號“昭三十二”。

〔2〕皋鼬，後依例應註明年份“定四”。

〔3〕宣元，應爲“宣二”。

卷之二十八　定公下

定十。及齊平　犯大而急於平，《春秋》以所欲著罪焉。見《暨齊平昭七。傳》。罪其不當犯大，非罪其畏也。“非不得已”，及“求”字、“欲”字、“急”字，宜體發。後須發“平不可必”意，收“及”字。

定十。夾谷至　觀聖人所以化强，而知理爲大矣。只就後人論孔子説，以叙事起，後以學者口氣看來，見得“天下莫大於理，而强衆不與”意發。只贊理，勿贊孔子。加歸田，定十。同。

于洮乞盟、僖八。夾谷　歸田定十。　觀謝過有文質之異，而得失見矣。孔叔、鄭文，“謝過以文”；晏嬰、齊景，“謝過以質”。須以晏子語總起，畧分證，仍串“重質”上。末繳“歸聖化”。只乞盟、歸田，同。

夾谷　歸田、定十。黄池、入吴俱哀十三。　即化强、被兵之事，見理、力之異效也。主“强衆不與焉”句比出。以理服人，人亦以理服；以力勝人，人亦以力勝。要把齊魯、吴越强弱較論得痛快。

夾谷　墮費定十[1]。　聖人服强而革僭，化行於内外矣。上主“理”字，下主“禮”字。此題可作《鄢陵傳》“聖人内外無患”。

夾谷　圍成至定十二。　聖化行於外，見順理之效；聖化阻於内，繇得政之淺。都在學者窮《經》上看。晏嬰、少正卯，各點入。加歸田，定十。同。上繳云：“使非孔子之相，則定公之返無期矣，安望其歸邑哉？”下繳云：“使孔子行政期月，則不待兵革而自墮矣，何患於不克哉？”

公至　吴伐我哀八。　聖人相君而能化强，内臣爲國而不能自强。犁彌曰“孔丘知禮而無勇，劫之，必得志焉”；叔輒曰“魯有名而無情，伐之，必得志焉”。

夾谷　會鄫哀七；子貢辭召季康子。　内外講好，具見聖賢却敵之功焉。

下易棗皋、辭尋盟。易會鄖，俱哀十二；解衛難。俱同。舊作“殺三卿”内題，非。

夾谷　國書伐哀十一；孔子修《六經》。　主“孔子用舍有益”。

定十。歸三田　以禮化强之績，聖人不嫌於自序焉。“以禮責齊”，即“却夷[2]俘”三事，“績”全在“心服”上見。主作此文[3]，而以“不嫌自序”大發一段於後。或以前半《傳》俱是叙事，後半《傳》方是□語，宜主“以齊人心服歸田”叙過，全從學者看聖人“不嫌”上發揮。破云：“聖人以天自處，於不嫌序績可見矣。”“三田”，陽虎所竊以奔齊者。

伐楚、于師召陵、俱僖四。歸濟西、宣十。夾谷、定十。歸田　歸讙闡哀八。　獨序大國歸地之誠，而不嫌於序績焉。以前後“兩歸”問“來”字倒單，而以“桓公服楚”比斷，要發“不嫌自序”意。去召陵，同。

歸濟西、宣十。歸田　歸讙闡哀八。　獨别歸地之誠，昭禮化也。總叙，以“獨書‘來歸’”問起，即以上二股提明，倒本股“以禮化强”意。“序績”意輕帶。

歸三田　歸讙闡哀八。　兩紀大國歸地，其機係於君、相焉。比作：臣秉禮，君遷善。“曰‘來歸’”，“心服”之詞，魯無求，齊無强，所以爲“誠”；“曰‘歸’”，順詞，齊無罪，魯無辱，所以爲“順”。如搭歸濟西，宣十。“私”與“誠”合。

伐楚、于師召陵、俱僖四。夾谷、定十。歸田　聖人於序續無所嫌者，其心一天也。玩《傳》“皆書曰‘來’”“皆”字，見“不嫌”意。宜輕叙兩事，點“皆書曰‘來’”以“序績”，即轉到“《春秋》，夫子之筆削”難起，總發“合古今、通人物”意。

來盟于師、僖四。來歸三田　聖人序人己之績，一天而已。同上。或云二股都因他是“心服”的，故都“書曰‘來’”，故曰“績”，須各從“心服”上，發出“以義禮責强”意，“不嫌”意帶發一句便了。或云：“《經》序□□之績，□□其感人之誠焉。”

伐楚、僖四。夾谷定十。　以義責楚，以禮責齊。上只重“微責”。下有三段，須巧對。如上出“次陘”，即《乘丘傳》。

元年、法古。春王正月、俱僖元；創今。于師、僖四；序人。歸田序己。

聖人以《經》法天，而古今、人己不論也。當會大義看，勿粘着題面講。聖人“以天自處”，其作《春秋》，原不視爲一時之史，故苟可垂法，何論古今？原不視爲孔氏之書，故苟可彰教，何知人己？去“元年”，則以“春王正月”内“行夏時，尊周朔”兼古今，或以盟蔑、隱元；稱“公”。瓦屋隱八；惡盟。“從周文”“變周制”爲“通古今”。

夾谷、定十。歸田、墮郈、墮費俱定十二。　外服内順，而聖化彰矣。與夾谷、墮費題同，此則俱主“禮”，以“變齊”“變魯”立説。只歸田、墮費，同。此題亦可作《鄢陵傳》“内外無患”。

歸田　獲麟哀十四。　聖人之感天人者，秉禮修《經》之效也。只重“化人”“格天”做。“以天道序之”，“以天道終之”，畧帶。舞干、因壘、圖書、鳳凰。“以天自處”，“先天弗違”。

歸田　墮費、定十三[4]。橐臯、會鄖俱哀十二。　歷觀化强之事，而見聖贤之有益於國矣。變齊、變魯、全魯、全衛。上邊出夾谷、歸田，同。舊主《殺三卿傳》，未妥。

定十。圍郈　圍郈　大夫有不能制者，理所宜及也。只主一“理”字，以“叛强”作事實，而以“叛强之繇”，推原三家身上。收“直書”。“知傾公室以自張，而不知家隸之擬其後”，“知”“不知”字，極有味。

伐邾、隱七。伐宋、隱十；諸侯。戰鞍、成二。三卿伐莒、昭十；大夫。圍費、昭十三。圍郈家臣。　政一下移而漸甚，亦理之必然也。重“上行下效”，流水遞下，透發，末以“忠恕”束之。“天子失道”在“不能征伐”上説，“諸侯失道”即指“專征伐”説，不必另推。“大夫”邊，舊用作三軍、舍中軍。此是“專魯”，不切“征伐”，今易之。

遂伐楚、僖四；自諸侯出。溴梁、襄十六；大夫强。三卿伐莒、昭十；自大夫出。圍郈家臣强。　政漸下移，皆有以啓之也。上二比易入極、隱二。翚帥師，隱四。俱屬魯。

伐邾、隱七。伐宋、隱十。戰鞍、成二。三卿伐莒昭十。　只“諸侯”“大夫”二段，此歇後題也。《傳》意原倒“家臣”，宜合“下”作文，略云：“權漸下移，事亦日逆，吾恐又將有擬其後者矣。”

作三軍、襄十一。舍中軍、昭五。圍費　圍郈昭十二[5]。　大夫傾公室以啓叛，理之所宜也。主“三家專魯”四句，一直作，以“二三子知傾公室”二句咏嘆於後。下出“二圍郈”，同。上二比，出城費、襄七。城成郛，襄十五。同。“二城”，正是“傾公室以自張”處。

圍費昭十三；南蒯。　圍郈侯犯。　兩紀内卿討叛，著其理也。總叙渾講，勿大□。□重“不忠於君”，不必牽扯“不禮”。“争叛”“争”字，亦要味。

入吴、定五。圍郈　圍郈　入吴哀十三。　觀僭虐[6]者之自及，而强力不足恃矣。全在强力相乘之理上發揮。上，“知傾公室以自張，而不知家隸之擬其後”；下，“自謂莫之敵，而越已入其國都”。“知”字、“自謂”字，可描寫。

圍郈　圍郈　圍成至定十二。　强臣專政久而效彰，聖人得政淺而化阻。

圍費、昭十三。圍郈、晋陽叛、朝歌叛俱定十三。　内外之叛，著逆臣、貪臣之效也。

定十。地奔陳　見《辰奔定十。傳》“罪宋公以嬖魋故失二弟”。“二弟”，地與辰也。

定十。辰暨奔　惡大國之薄恩，而兼罪夫昧義、失節者焉。下二項書法，總在“暨”字。宜一頭兩脚，意要相承，總結書法。

定十一。辰入　大心入　誅列卿肆叛，而兼責夫黨之者焉。將“四卿”“大心”重發，而以陳、曹如《傳》帶小二股於後。只一比，同。

辰暨奔[7]　辰入　大心入　先以“奔”比講起，隨以“爲首”“爲從”異，何以佗、彄“奔”稱“暨”，而“叛”曰“及”，先叛、後叛同，何以大心不言“叛”而言“入”，問辨書法，將“非不得已”及“逆詞”渾斷，陳、曹如單帶後。不言“叛”者，謂既言“入”，則不必言“叛”，非謂“入”與“叛”有異也。

辰暨奔、定十。辰及叛　叛黨出入，而不終别其罪者，示尊君之義也。只用“稱‘暨’”“稱‘及’”一段，倒罪佗、彄。

定十一。及鄭平還蒞盟　平六年侵鄭取匡之怨也。見《朝歌[8]傳》“魯叛”。

定十二。墮郈　墮費　兩革强都，見禮之可爲國矣。仲尼數言，而二邑遂墮，正是“以禮爲國”，可以大行之兆。“推而行之魯國”，“而王政行矣”，正是大行之事。作文以學者口氣，將“强都所繇革”叙起，接倒“可以爲之兆”，大發“推而行之魯國”一段。其中聖人有多少作用在内，而惜乎行之未竟，故曰“兆”。下半《傳》全在發“是謂以禮爲國”，不可把作餘意看。

定十二。墮費　同上，叙事只用季氏。雖有“仲尼命須、頎下伐”事，然亦是從仲尼之言而自墮，不可説孔子墮之。

丘甲、成元；千乘。城費、襄七；百雉。舍中軍昭五；百乘。　主“制國不過千乘”三句反搭。欠順。且“制國”，非“論兵”也。

城費、襄七。城成郛、襄十五；各固其城。圍費、昭十三。圍郈、定十。墮郈　墮費　大夫越禮以貽患，聖人因正之以禮焉。一套做，須發“聖人因機而導，使人信而安之，不沮不疑”意。“城郈”[9]虚補。

城費、襄七。城成郛、襄十五。圍費、昭十三。圍郈定十。　大夫固邑以貽患，惟其不謹於禮也。

城費、襄七。城成郛、襄十五。墮郈　墮費　强家固邑而終墮，聖人謹禮之化也。大意同上。先“固”而後“墮”，串作。

圍費、昭十三。圍郈、定十。墮郈　墮費　私邑强而繼革，聖人謹禮之化也。“固城”意虚引起，大意亦同。

圍費、昭十三。墮費　以“越禮之效”“謹禮之效”對作。兩《傳》皆有“所惡於下”等句。

墮郈費　圍成定十二。　聖人以禮服三强，亦論其兆而已。主“墮三都”句。蓋成雖未毁，“無與爲比，亦不能爲患”也，是“謹禮之效”。“無與爲比”，正指郈、費已墮。

墮郈費　圍成至[10]　革僭有從違，禮足以化之，惟不足以一之也。比上多“公至”。主對作，都自學者論聖人看。“季孫問”“正卯沮”，是最緊關處。上補“推而行之”云云，下補“使其得志”云云。□云：細玩，不如同上。

墮郈費　用田賦哀十二。　兩觀革僭變制，見聖賢感人有難易矣。孔子、有若；仲繇爲宰，冉求爲宰。

墮郈費　獲麟哀十四。　聖道行而化乎人，聖經成而格乎天。安上治民，莫善於禮；垂世立教，莫善於《經》。

定十二。及齊盟黄[11]　見《朝歌定十三。傳》“魯叛”。

定十三。圍成至　内君討强之危，繇聖人得政之未專也。以“强”與“危”問起，而“推其繇”云云，主後人看聖人説，有深爲聖人惜之之意。全是憑“明年攝相”一段，證得“圍成”時，“得政未專”，不可虚説。“必肆疑沮於其間”，亦因後有誅少正卯事，而臆度之如此。其實圍成不克，因公歛處父，何干少正卯事？“使聖人得志行乎魯國以及期月”云云，雖有未久意，然“成雖未墮”以下，明説功雖不就，而未嘗無功。末二句，言“若得”“云云，其成功亦特易耳，又是餘意，非以“不久”對“不專”看也。“及齊人饋女樂，孔子遂行”，是説成所以終不墮之故，不是閒話。

圍成至　曹陽歸哀八。　辯言之不可聽，於沮聖亡國鑒焉。皆“辯言亂政”：少正卯、公孫彊。

定十三。晋陽叛　深貶大夫據邑，明人臣之義也。鞅本拒范、中行，非叛晋，但專土興兵以拒人，而不知投鼠忌器之嫌，故正以人臣之義，而加以叛君之罪。

晋陽叛、專土。陽生入哀六；争國。　上《傳》云：人臣“無以有己”；下《傳》云：人子“無以有己”。以忠、孝合。

定十三。朝歌叛　記大夫背君之跡，可爲貪利者戒矣。須重“效”字説，蓋貪利是前日事，而此則直著其效，即《傳》末所謂“見諸行事”，“深切著明”者也。然貪利又不可直責晋君，惟“大夫專政”，故“賄賂公行”耳；講須分曉。商人、宋鮑諸役，雖取賂而還，畢竟當時大夫未專，賄賂未敢公行。大夫之專，自“溴梁”以後始。“平丘”之役，叔向明告衛曰“鮒也賄”，這纔是箇“公行”。故叛□自“平丘”始。

踐土、僖二十八；主盟。蕭魚、襄十一；威服。平丘、昭十三。召陵、定四。鹹　沙、俱定七。五氏、定九。夾谷、定十。晋陽、定十三。朝歌　詳伯國之隳先業，而貪利之害大矣。要縱横頓挫，説得痛快。加邢丘、襄八。湨梁，襄十六。主“大夫專政”。加黄池，哀十三。主“不復主盟”。去首二比，亦不可以“外攜”“内叛叛”[12]對。

平丘、昭十三。夾谷定十。　二國先後叛伯，而貪利之效見矣。諸國惟齊最大，故爲叛始；惟晋最睦，故爲叛終。題出二國，以該其餘也。義隳於商人，晋之弗厭於齊久矣；愬行於莒人，晋之弗厭於魯久矣。

盟扈、文十五；晋靈，討商人，不序。執意如、昭十三；晋昭，稱“人”。召陵侵定四；晋定，書“侵”。　備責伯國之貪利，所以明義也。此自聖人意思上説，以“爲國以義不以利”爲“《春秋》之大法”，故於晋事備責之如此，不可就晋上著脚。“略”字、“賤”字、“陋”字，都有意。後要帶“至是三卿内叛，直書於策，見其效也”。出會扈、文十七；晋靈討宋鮑，不序。召陵侵、定四；晋定，書“侵”。執祁犂、定六；書“執”。同。“書‘侵’”比，舊□“鞅侵鄭衛”，無“賄賂”事，不切。加二叛，一直做下。

會扈、昭二十七；范賂。召陵、定四；荀貨。執祁犂、定六；楊楯。晋陽叛定十三；衛貢。　詳伯臣貪利之跡，而霸業所自衰矣。以“國家之敗”四句提起，中分四比，末繳“晋不復能主盟”意。上二比是因利棄義，下二比是因利肆惡，都根“大夫專政”來。出適歷、昭三十一；范賂。柏舉、定四；荀賂。祁犂、定六；楊楯。鞅歸，定十三；衛貢。同。加取郜鼎，桓二。只以“臧哀伯語”引起。

會扈、昭二十七；昭公。召陵侵定四；蔡侯。　伯國安攘之無成，貪利故也。安内攘外，正是盟主之義。上以“梁丘據”比，下以“囊瓦”比。加適歷、昭三十一。柏舉，定四。同。出適歷、柏舉，亦同。

定十三。鞅歸　易叛臣之歸國，見政刑之失也。以“易詞”起。就“易詞”上斷“縱釋[13]有罪”之非。書法依《傳》收“《春秋》書‘鞅歸于晋’”。“非與之也”句，從“先儒‘以地正國’”生來，不徒在“罪晋侯”上着意，意在正先儒之誤。“非與之也”句，文中亦須炤會。加晋陽、朝歌，俱定十三。作“同罪異罰”事實。加會牽、會洮、俱定十四。齊衛伐晋，哀元。乃列國救荀范不克，作“無助終叛”事實。

定十四。戍奔陽奔　外臣相繼去國，其君亦可知已。只主“靈公無道”一意。加結奔，定十四。同。出陽奔、結奔，亦同。

定十四。戍奔　《經》於大夫去國，交著君臣之失焉。主靈不能遠色，失齊家之道；戍不能賤貨，失保身之道。

戍奔　蒯聵奔定十四。　大臣喪，國本危，皆繇君失正家之道也。戍與聵，皆欲去南氏，不能保其爵，不能安其身，畧點入。“君臣”“父子”分眼。

定十四。頓牂歸　見《滅黄僖十二。傳》。罪失節，與許斯同。以“楚肆虐”“陳附夷”點起。

定十四。檇李　以詐著遠人之兵交，不没其實也。“書敗，詐戰也”，是紀實。作文先叙他詐，後要在“書于策，以其告也”上，見得非復公讐，無大關係，聖人便只因舊史書之，含下“削而不書，以爲常事，其旨微矣”意發。或以“書‘敗’”的“書”字，反炤下“削而不書”，“詐戰”二字反炤下“常事”二字，映帶下文。大略云：春秋時，戰□日繁，變詐日高，遂相習爲常矣。越之與吴，未聞有必復之公讐也，“微詞”待吴，是□□也。乃詐邀一捷，抑自矜胡以爲非常之功乎？然使兹“三行”者，陳詞自訟，以死爲戲，吴軍□於□目，闔廬殞於傷指，此亦事之有變者也。且也告之列國，書之史策，以一日之功，博萬世之詐，□□□於員，此名以不朽也。徒聞人不共之□，怨人必報之讐，釁釀於今，□收於後，至我聞極慘毒，而在彼不過常事耳，則此豈不最可錯愕哉？《春秋》“書‘敗’”，非獨不没其實，蓋亦曰“此非常事也”。“削而不書”，可概施之乎？

入吴、定十五[15]。檇李、黄池、入吴俱哀十三。　詳遠人兵交，而獨有所削，以復讐爲常也。主《傳》後截作，以夫椒之戰爲主。越三加吴，只辨書法，既曰“常事”，不可涉一贊語。此《傳》與《圍蔡[15]傳》皆文定隱諷高宗，言外須有“有讐不復，便是怪事”意。去黄池，同。

檇李、定五[16]。圍蔡哀元。　《經》重復讐之義，故有所削、有所恕也。上以復讐爲常，故削之；下以復讐爲宜，故恕之。夫差、楚昭。伍員三年即行其謀，申胥十年方行其志。加入吴、定五。入吴，哀十三。同。

定十四。會牽　會洮　齊及魯、衛、宋，謀救范、中行，主《鞅歸定十三。傳》"寅、吉射以無助，故終叛"句。

定十四。石尚歸脤　王室行禮之非，正以受禮者觀之也。主《南季聘隱九。傳》，須切"歸脤"上生議論。《踐土僖二十八。傳》"王室東遷，所存者號與祭"，可作束。俎實之腥曰脤，熟曰膰。

定十四。蒯聵奔　國儲去國，而父子均有罪矣。"其義不係於與蒯聵"句，繳"以欲殺南子"段。"而靈公無道"以下，繳"以寵南子"段。或云：《傳》首"世子，國本也"一句極重，下以"寵南子"云云，以"欲殺南子"云云，雖各著其"輕付託而恣行"之實，然兩"南子"字分明説出禍根，以爲下"靈公不能正家"之案。"危其國本"，正與"世子，國本也"相應。"父子相殘"云云，是聵輒所爲，而用"致使"字、"繇"字，皆歸在靈公，側重靈公爲是。破云："著忽國本者之罪，而尤惡啓禍者焉。"

定十五。邾子朝　即小國事内之勤，知其昧爲國之禮矣。借《句繹哀二。傳》，責邾"不以禮爲國"。

定十五。滅胡豹歸　啓患而又自屈，所以獨重其罪也。"滅人之國，其罪大矣"，不必另作一意，只引起胡有取滅之罪意，還重在"歸"上，二意串作。"存亡有命"之言，引以斷胡之不死，爲不知命，勿兼"取成"一邊。總收"'楚子'書爵而'胡子豹'名"。"書'以歸'"，不必另作書法，只是説事實。加入郢，定四。同。

【校記】

〔1〕定十，應爲"定十二"。

〔2〕夷，應爲"裔"。

〔3〕主作此文，應爲"主此作文"。

〔4〕定十三，應爲"定十二"。

〔5〕昭十二，依例，"圍郈"之"定十"不註，"圍費"之"昭十三"當註。"昭十二"誤。

〔6〕虐，疑應爲"虢"。

〔7〕辰暨奔，後依例應註明年號“定十”。

〔8〕朝歌，後依例應註明年號“定十三”。

〔9〕城郈，題無“城郈”，或誤。

〔10〕圍成至，後依例應註明年號“定十二”。

〔11〕及齊盟黄，《經》文爲“公會齊侯盟於黄”。改“會”爲“及”，或誤。

〔12〕叛叛，語意不通，其一當爲衍入。

〔13〕釋，《傳》實爲“失”。原文：“《春秋》書‘鞅歸於晋’，非與之也，以罪晋侯縱失有罪，無政刑耳。”

〔14〕定十五，應爲“定五”。

〔15〕圍蔡，後依例應註明年份。以“復讐”可知，爲“哀元”“楚子、陳侯、隨侯、許男圍蔡”事，有《傳》。

〔16〕定五，應爲“定十四”，且依例不註。

卷之二十九　哀公上

哀元。圍蔡　怨外夷虐小之兵，示復讐之義也。此全在聖人意思上做。觀“聖人無怨，而怨出於不怨”，可見是説聖人譏復讐如此，不宜於楚上着脚。“若包羞忍恥而不能一洒之，則不可以有立，而天理滅矣”數句，悲憤扼腕之極。

入郢、定四。圍蔡　怨外夷之報怨，以其有當報之義也。或主比作，非。加栢舉、定四。如《傳》“報柏舉也”句叙起。

柏舉、定四。圍蔡　兩紀外兵，以恤患、復讐之義爲重焉。比作。上進恤患，不計其僞；下恕復讐，不計其暴。“聖人道大德宏”，“聖人本無怨”，此意要發透。

哀元。食牛改卜四月郊　望國僭祀，因失而志之焉。只重“僭禮”，而以“不時”“不敬”發之，收“因事而書”。此《傳》説“僭”，只責成王過賜，而不及周公，與他《傳》異。“四卜，非禮云云，專也”數句，全引《穀梁》語，泛論《經》句，與本股無干。不用。只“夏四月郊”，以“不時”起，重“僭禮”作。

哀元。齊衛伐晋　《執戎蠻昭十六。傳》“晋國未寧”句，用此比。

哀元。何忌伐邾　内卿舉兵虐小，非睦鄰之義矣。從後《傳哀二。》“諸卿相繼伐之”句，影出此第一伐。須有斟酌。

哀二。伐邾取田　盟句繹　詳望國虐小之迹，而責各有所歸焉。“列書三卿”，只管“哀公”一段，作一頭；“詳書”，管“邾子”“三卿”二段，分二脚。“二人盟”意，或起或束見之。聖人“謹權”意，只是著教。時哀公方五歲，勿責哀公；“適越”云云，只傷之耳。責邾子“不以禮爲國”，泛説，不必指定“奔喪”。加何忌伐，哀元。同。只“伐邾取田”，大意同，但通篇不必入“盟”字。只“三卿伐邾”，以“哀公伐國不與”輕起一句，“郲不免於見伐”“諸卿相繼伐”，分作。單出何忌伐、三卿伐，主“諸卿相繼伐之”句。只取田、盟句繹，主“既取其田，而又强與之盟”句，亦責三卿，哀公只提過。

哀二。盟句繹　内卿報德之盟，而君臣胥有失焉。“三人伐”，“二人盟”，作事實提過，“君”“臣”分作。一“盟其君，而已不與”，權不能御下；一强與人君盟，“義不足睦鄰”。都根“伐齊”説來。或專主“各盟所得”一段，破云：“究二臣之要盟，見强臣致報之私也。”

郲子朝、定十五。何忌伐、哀元。伐取盟　詳内外兵好，而昧禮棄義之罪可見矣。郲子、三卿，分作。只郲朝、忌伐郲，倒郲。“郲朝”代“奔喪”股□，□□假借。

孫齊、昭二十五。得寶玉大弓定九。　即强臣兩藉力於人，而酬私之情可知已。要形容季氏感激二家意，以“句繹”問結。下比易從祀，定八。同。加伐取盟，只論“酬私”，亦不必斷罪。再加舍中軍，昭五。炤“四分有二”句。

哀二。納蒯聵　逆儲争國，而拒之者之罪獨重焉。以“書‘納’”，“爲國人不受”挑起，而以“稱‘世子’”，歸重輒不當拒作。鞅與靈公、大臣，如《傳》帶後。使鞅能明大義，故不至蒯聵之納；使靈公、大臣能早正國本，則輒亦不得據之以拒父矣。“人莫不愛”一段，總是“書‘納’”意，但做兩截説耳。加聵奔，定十四。只炤“未嘗廢之”意。

突歸、桓十一；易、宋納。小白入、莊九；難、莒納。比歸昭十三；晋有奉。例觀公子復國之紀，則知絶儲君之法矣。“易”曰“歸”，“有奉”曰“自”，雖“難”亦僅曰“入”，從未有“書‘納’”以絶之者。公子且然，况世子乎？舊添“忽歸”，主“歸”字。但忽是世子，非公子，且當時無納之者。比歸易去疾入，昭元。同。加納蒯，只主《傳》首至“國人之所不受也”一段作，須就“世子”上發論。

哀二。戰鐵　《盟蔇莊九。傳》搭“以德報德”句。舊主汪注：鄭黨叛，固有罪，鞅恃力構怨，故主此戰。小注：切宜削去。

哀二。遷州來　與國之被患，失謀所致也。只重不該請遷於吴。“中悔”，正繇不能謹始所致。然《春秋》非直欲其守信於吴、楚，蓋謂遷國大事，而輕爲反履，非謀國之道也。“復”字、“又”字，形容没主意人三翻四覆光景，逼真。委罪執政在殺駟，今不用。加圍蔡，哀元。同。

圍蔡、哀元。州來　放獵哀三。　小國失謀而委罪於臣，《經》所以罪之也。一串作，重“失謀”上。子駟要補出。玩末“誰敢有”云云，則“委罪”亦是不善謀處。去圍蔡，同。亦不可以“失謀”“失刑”分。加滅州來，昭十三。只如《傳》點起。

滅州來、昭十三。遷州來　“州來，吴所滅也”，正見爲吴所遷之實，起處證明。同單作。

遷州來、自遷。曹陽歸哀八；不言滅。　遷國、亡國之禍，皆其自取也。“背楚誑吴”，與盤庚異；“背晋奸宋”，與虞公同。公子駟、公孫彊。

哀三。國夏圍戚　大國黨紊倫之惡，《春秋》特嚴其誅也。聵若既廢，則輒自不可立；輒若可立，則聵爲未絶。此義看得極精。輒所以不當立，以聵之義未絶也；聵所以未絶，以靈公未嘗有命廢之也。要把“輒不當拒父”提明，方有案斷。雖責齊不宜黨，却全發輒之不可黨。

納戚、哀二；稱“世子”。圍戚首國夏。　誅蔑倫者而復治其黨，訓天理也。惟聵未絶，故輒不當拒；惟輒不當拒，故齊不當黨。一串下，總以“罪輒”爲主，總收二書法。

四國伐鄭、隱四。圍戚　兩嚴黨惡之誅，而見討罪之法矣。首宋、首齊，正所以孤吁、輒之勢，此“討亂臣賊子之法也”。文仲、曼姑，只用作過文。亂臣指吁，賊子指輒。

圍戚　執戎歸楚[1]　紊大倫，以“伐鄭”炤；紊大防，以“歸京”炤。

哀三。桓僖宫災　並紀毁廟之災，所以敦孝也。“世專國政”一段，作二宫所以不毁事實起，倒“不書‘及’”作。

哀三。放獵　與國之失謀，於委罪益見矣。以“始謀不臧，而委罪執政”爲主。“獵以遷吴爲非”一段，如《傳》① 活用於後。國亂無政，衆人擅放，非責衆人，正以深責君也。收“書‘大夫’”而“稱‘人’”。“無與盡謀“意，亦不可遺。

哀四。執戎蠻 《經》於伯國媚夷，而深惡其不競焉。“外夷狄”是通例，只點過。“詐執”作事實，重“晋主夏盟”四句作。“無罪”意，見惟無罪而執，故知出於畏楚也。“京師”字要發透，書法重“歸于”上，“稱‘人’”帶繳。有云：只“晋人”是書法，“歸于楚”是形容他“不競”意。

瑣澤、成十二；晋、楚有盟。齊衛伐晋、哀元；晋國未寧。執戎蠻 伯主狥内外之請而媚夷，不競甚矣。同單。上二比，只作事實。首比或易盟宋，與“好恶同之”無干。

瑣澤、成十二。齊衛伐晋哀元。 考伯國外好内難之迹，不競固已甚矣。

執曹畀宋、執衛歸京、俱僖二十八。執戎歸楚 《經》於伯主之不競，而變例以傷之也。主本股作。見其畏楚而歸之，若京師然，非若文之畀之也。“畀宋”，即可作“晋主夏盟”之案。只執衛歸京、成七[2]。執戎歸楚，亦主串。

執曹畀、僖二十八。執戎歸 殊詞以紀伯主之虐夷，傷其不競也。當體“畀宋”以致見，形容畏楚，方有情。

城濮、僖二十八；文敗楚。救江、文三；襄伐楚。九國救鄭、成七；景攘楚。十二國伐鄭襄十一；悼駕楚。 考伯國世業之久，而“不競”者可愧矣。不可用贊詞，只説“世業之久”，與“不競”相反，便了。加執戎蠻，倒作。

踐土、僖二十八；文。垂隴、文二、襄。新城、文十四；靈。馬陵、成七；景。盟戲襄九；悼。 同上。雖俱出“主盟”事，仍要在攘楚上發。去馬陵，同。末比易盟亳北，襄十一。同。出踐土、救江[3]、馬陵、蕭魚，襄十一。同。

---

① 此題實無《傳》，《三傳》亦無，作者所云《傳》，不知所指。

哀五。趙鞅伐衛　衛助范氏，張柳朔死於栢人，事在此股。

哀六。陽生入　《經》惡争國，而原罪於啓亂者焉。觀“陽生之不子，誰使之然也”，及“父不父，則子不子”語，宜以陽生“不稱‘公子’”提起，倒重景公，收“特繫之齊”。

及荀息、僖十。陽生入　《春秋》明人臣之義，而中立、獻諛者均譏焉。下比代“弒荼”，克罪在稱疾不出，乞罪在詭詞以對。乞蓋居陽生爲奇貨矣。

哀七。于鄫　辭百牢，是景伯之言，當提明在前，以見吴之强。只主召康子而子貢郤之作。“大國不以禮命諸侯，豈可量也?”是破其心之藏，又與“泰伯端委”，至“羸以爲飾”云云，是直以吴之非禮，折其“何禮”之問，而吴始縮舌退耳。① 只見賢者有益人國。不必用《殺三卿傳》。

哀七。入邾益來　不諱内君之惡，預爲彰善地也。此題向作“不諱”，以彰後日之能“去惡”，着在魯君身上説，不知《傳》意全在聖人意思上説。“欲見後書”云云，言聖人欲自見其“後書”云云。“爲云云也”“爲”字，作去聲讀，説聖人主意爲這緣故的説話，此句正根“道隆德大”一段來。惟“道隆德大”，所以喜人去惡；惟喜人去惡，所以因歸邾子是能去其惡而即與之，又恐此與之之意不得顯然，故預於此處書“以邾子來”，“不諱”以“見”之也。“見”音“現”。聖人顯白其意，非止爲他歸邾子而與之，乃爲他先做下莫大之惡，而能務“去之不積”，所以與之也。正是聖人急於要人改過一片大公心腸。從來俱於此句誤解，所以通《傳》俱差。須知此《傳》在聖人與魯君上説，《歸邾益傳》以□歸益云云②，方是着在魯君身上説。

取鄟、成六。入邾益來　《春秋》諱君惡，而尤不欲掩君之善也。上比辨書法起，倒單。下易“歸益”，即《沙隨不見傳》。加取邿、哀十三。取鄟，

---

① 此題無《傳》，上所引皆《左傳》句。

② “歸邾子益於邾”在哀公八年夏，無《傳》，相關論述在下《齊人歸讙及闡傳》中串説，然無“以□歸益云云”句，或誤。

昭四。同。

入邾益來、吴伐我、取讙闡、歸邾益俱哀八。 不諱望國取辱之實，正以彰遷善之美也。依《傳》序問，如單。加取鄟，成六。同，破用“變例”字。此《傳》不搭《歸讙闡》。

吴伐我、取讙闡俱哀八。 兩不諱内辱，欲彰其遷善之美也。都根“入邾”來説他所以“辱”處，玩《傳》中兩箇“爲是”字可見。收“備書于策”。

入邾益來 歸邾益哀八。 内君爲惡而能去，不諱以彰其善焉。混作同單，倒本股書法。

哀七。宋圍曹鄭救 與國被患而伯國莫恤，自取之也。主《陽歸哀八。傳》。以“宋伐，晋不救”爲案，以“背晋奸宋”爲斷。鄭救役，借以見晋不救也。

【校記】

〔1〕執戎歸楚，後依例應註明年號“哀四”。

〔2〕成七，誤，且依例此處無須註明年號。

〔3〕救江，後依例應註明年號“文三”。

卷之三十　哀公下

哀八。曹陽歸　略覆國之實，爲聽言者鑒也。重發“不得書‘滅’”意。“上下無同力”，要描寫。“辯言”，指“伯説”。“背晋奸宋”，即爲“亂舊政”。“轻重權衡”，言平時重在“罪滅人”者，今變而重在“罪‘自取’”者，不膠於一也。加圍曹鄭救，哀七。只作事實。加滅黄僖十二。或滅遂，莊十三。以“言‘滅’”形“不言‘滅’”。

執虞公、僖十五[1]。曹陽歸　聽辯言之禍，與貪以自覆者同也。只主本股，要描“猶虞之書‘執’”意。虞罪重“貪”上，勿以“違忠言”對“聽辯言”。

哀八。吴伐我　諱下敵之辱，戒謀國之不振也。以“魯未及虧”爲案，以季孫“不能以禮義自强”爲斷。“恥”字意要透。“不言四鄙”，是著其“加兵國都”之實；“不言吴盟”，是諱“欲見其實而深諱之”句。正分應二書法。元、佐當事勢窮迫，尚且“國斃不從”，“餘燼請合”，何等凛凛自强！“魯未及虧，不能少待，遂有”云云，是國事可爲，而俯首喪氣，甘心棄國，繇於“不能以禮義自强，偷生恤死”，“而不知耻也”。胡氏蓋刺宋事，須重垂戒“後世謀國”者發。加入邾益来，哀七。只作事實。

戰郎、桓十。吴伐我　變例紀内辱，示謀國而不能自强者之戒也。以“來戰”若可諱而不諱，問起“諱名”書法，倒單，中間仍用“諱”論。或主“逞忿”“屈敵”比作，上以“盟越”“會稷”論，下以華元、國佐論。

戰郎、桓十。宋楚平、宣十五。袁婁、成二。吴伐我　獨諱望國之屈盟，以其無自强之臣也。以“戰郎”起書法，而以元、佐比斷。微虎即背城之策，景伯亦國斃之意。去戰郎，同。加益來，哀七。只入叙中。

圍宋、宣十四。宋楚平、宣十五。戰鞍、袁婁俱成二。　二臣得謀國之道，而不能自强者可愧矣。都就“定盟”上説，與“城下”相反。要形容呼吸存亡之時，尚不肯甘心下敵，皆“禮義自强”者也。須在“後世謀國”上着意。“炊骸食子”，是國已虧也，以勢之緩急言；“焚茨東侵”，是國幾虧也，以力之强弱言。上退三十里而結成，下退五十里而與盟。只宋楚平、宣十五。袁婁，成二。同，仍在“力屈”上發。

哀八。取讙闡歸邾益　造惡之效既著，於是内君知所以感之矣。舊破“美、惡不相掩”，甚混。取二邑只可言“惡之效”，豈可言“惡”？重下比作。

哀八。取讙闡　大國取地之罪，内君有以致之也。從“四鄰謀取其國家，莫能保”上，形容造惡之不可，就要發“當改”意，不可斷魯罪。

哀八。歸邾益　内君復小國之君，能去惡矣。只説魯“去惡而不積”，未可便説“遷善之優”。“改過之大”，合歸二邑看，方見其“優”與“大”也。“順詞”對“逆詞”言，是註“歸二邑”者，與此無干。收“不諱入邾”云云。

哀八。歸讙闡　志大國歸地之順，著遷善之美也。齊歸地之順，繇於魯之遷善改過。“遷善之優，改過之大”，全在“感齊”上見。我一遷、改，而人亦與之俱遷、改，其“優”且“大”，何如也！“以此見”三字要體。只要見得遷善改過是箇好事，不必板板贊魯之遷、改。書法炤《傳》末收。

歸邾益、哀八。歸讙闡　内君以去惡而復地，見遷善之美矣。一串作，□□魯上。

益來、哀七。取讙闡、歸益俱哀八。　歸讙闡　觀内君所以召逆順者，而去惡之美見矣。將“以逆召逆、以順召順”輕叙於前，歸重“遷善之優，改過之大”上發，收“不諱入邾”云云。不必搭“吴伐我”，以云非“如吴請師”事也。

取讙闡、哀八。歸讙闡　即内君順逆之應，而遷善之美彰矣。《傳》首二段，乃勸戒意，輕叙起，即從齊去逆效順上，發魯“遷善之優，改過之大”。“逆詞”“順詞”俱事實，非書法。

歸邾、歸二邑、黄池、入吴俱哀十三。　内君遷善，人亦應之以善；

强夷競力，人亦應之以力。

哀九。取雍丘　主《鄭人伐衛隱二。傳》“悉虜而俘之曰取”句。以“天子擅權，《春秋》誌其事實”起，倒《聶北僖元。傳》“好攻戰，樂殺人，於罪爲大”作。許瑕恃子賸之嬖，欲外取以自封；皇瑗乘子姚之敗，而悉俘以快志。觀其使有能者無死，而止以張、羅二人歸，則殺人多矣。

哀十。益來奔　見《寔來桓六。傳》。自底滅亡，不足待以寓公之禮，故“書名”。亳社之獻，負瑕之拘，方免魯人之歸，而樓臺之囚，栫棘之守，復致吴人之討，益之無道而不能自强如此，實一匹夫而已，何寓公之可待哉？

哀十。會吴伐齊　遠人虐禮義之國，有狄道矣。“變之正”，非反正也。前“取”後“歸”，前“請”後“辭”，故曰“變”；歸所當歸，辭所當辭，故曰“正”。只從“背正理”上，斷吴有“狄道”。齊之所以爲“禮義”者，專指“歸邑”“辭師”言，不可以“取所當取”“歸所當歸”並言。

益來、哀七。取讙闡、歸益、歸讙闡、俱哀八。會伐齊　大國變之正，而遂非者有狄道矣。一串作。只歸讙闡、哀八。會伐齊，同，要見“中國異於夷狄”意。

哀十。結伐陳吴救　恤患自外而故抑之，意傷中國也。《傳》“深著楚罪”，乃引起“傷中國”意。串作，須痛發“傷中國”意。“其書‘吴救陳’之意”，“意”字可味。此《春秋》將終一段事，聖人之悲何如！收“舉號”。只吴救陳，同。加滅陳、昭四。吴歸，昭十三。原陳禍，弔起“今又”二字，如單。

邾鄭伐宋、隱五。救邢、閔元。盾救陳宣元；宋鮑弑君，不書“救宋”。惡亂解紛之心，獨不爲有罪之庇而已。以上二比發“善救”意，而以末比上決之，束歸本股。

邾鄭伐宋、隱五。救邢閔元。　觀《經》之待首亂與解紛者，而其責望於中國者可知矣。只發意，勿講事實，要含中國諸侯不宜首亂、宜解紛意，收到“書‘救’”上。若出邾鄭伐、會救鄭，主《伐□傳》。下比易會沓、會棐，文十三；公平衛、鄭于晋。同。“首亂”比或易四國伐鄭，□吁首謀而《經》責宋，説不得“惡首亂”；或新□，《傳》無“首亂”字，而反有“善解紛”句。俱不切。“解紛”比，或易盟柯，“親仇”難説“解紛”；或宋楚平，則《傳》方以爲貶，難説“善”。俱不可搭。

盾救陳、宣元；宋鮑弑君，不書“救宋”。楚人伐鄭、宣五；歸生弑夷，不書“林父救”。貞救、襄十。吴救　以救無罪而善外兵，復有所抑以傷中國焉。以“亂賊”意起，接下“貞救”，辨問“舉號”，倒單，重發“傷中國”意。須本“陳無罪”講，與上反炤。《盾救陳傳》明明有“削宋救”語，若楚人□□無□□，宜去之。加狄救，同。

盾救陳、宣元。楚人伐鄭宣五。　《春秋》之善救兵，特未可論於有罪之内也。□二比，尤謬。

盾救陳、宣元。吴救陳　善救之意，惟不槩施於黨惡，而傷中國之意明矣。或主對而不失《傳》意，亦可。晋救所不當救，中國不救所當救。被髮纓冠，非所施於亂賊；救焚拯溺，非所望於蠻夷。破云：“《春秋》□□□□，而討罪之□、□□之戒均見矣。”

突救、莊六。狄救、僖十八。處父救、文二。貞救、襄十。吴救　屢寓罪於善救，尤曲示傷中國之意焉。如《傳》叙起三項，轉入“救而果善，曷爲”號吴？倒“重傷中國”意。比《救陳傳》，只多“貞救”。加會戚、襄五。札聘，襄二十九。同，只於倒處云：“况吴已一進再進，胡反以號舉？”

狄救、僖十八。貞救、襄十。吴救　三善外夷之恤患，皆以罪中國也。書法俱主“書‘救’”，總起繳，混發。語意巧重“救陳”，尤妙。或三股并提，後倒本比大發，如單。亦可。加會戎、襄五。札聘，襄二十九。倒本比作。

會戚、襄五。札聘、襄二十九。吴救　抑已進之夷，重傷中國也。上二比，只問起書法，同單。

會戚、襄五。札聘襄二十九。　觀《經》兩進遠人，而得所以舉號之故矣。“則進”“則又進”，要體口氣，見聖人素肯進吴意。一聽中國之好，則“進稱‘人’”，非復夷狄之號；一修人望之禮，又“進而稱‘子’”，儼然中國之吴。聖人且不難特進，而况救陳之善乎？收“舉號”。兩“進”字與下“不進”字，宜味。

哀十一。國書伐我　望國被兵，特示省躬之義焉。全是欲魯引咎責躬，若泛講箇會吴之非，便無味。此《傳》齊事帶在魯内説，入首須以齊事提明，方見魯罪。如云始而取邑、請師，繇魯致之，既而歸邑、請師，又報魯以順，而乃會吴伐齊，何名哉？故於被伐，而欲其自反也。收"書'伐我'"。"我"字最好玩味，通《傳》議論，俱從此一字生來，"躬"字、"自"字、"人"字，都與炤應。加會吴伐，哀十。只作"致師之繇"。再加益來、哀七。取讙闡、歸益、歸讙闡，俱哀八。亦同。

吴伐我、哀八。國書伐　望國致師有自，《經》從諱例以動其省焉。主"非有城下之盟，可諱"句，倒單作。舊主"自强""自省"比作。

國書伐　楚入吴哀十三。《春秋》兩紀兵，皆以自取昭戒焉。《傳》説曰"甲冑起戎"，老氏曰"佳兵不祥"。

哀十一。會齊伐吴艾陵敗　强夷兵挫乎大國，其用力已悉矣。主《入吴哀十三。傳》"及其破楚，又有驕齊之志"云云。要吸"既勝齊師"句。只"艾陵"，同。

哀十二。用田賦　困農於賦，《經》獨爲國本惜焉。田主出粟，而賦則取於商賈之里廛，以備馬牛車乘，所謂"賦以出車爲主而足兵"也。哀公外奉强吴，空盡國儲，故里廛不足，復賦於田上，是爲"重困農民"，非是不取諸商而移之於農，亦非欲其薄取諸民而厚征於商也。作文只説"不重本"，不必説不抑末。

初稅畝、宣十五。用田賦　望國再變制以取民，其用民甚矣。依《傳》倒作，只重"困農以削國本"，不重"變制"。

哀十二。槖皋　會鄖　賢者兩建却敵之功，則詞之不可已矣。主《長勺莊十。傳》"文告"。拒尋盟之請，功在魯；解藩舍之辱，功在衛。隨出一比，同。

會鄫、哀七。槖皋　會鄖　俱子貢；上比"辭召康子"事。見子貢以禮信、利害曉諭吴，而吴皆媿服自釋，故足取。上題二比，以相連出，雖無《傳》文，猶以牽扯一比同出，不通矣。

國書伐、哀十六[2]。會槖皋　二賢功施社稷，得於用武修文焉。冉有用矛於齊師，子貢拒吴尋盟。亦不通。又有墮費、國書伐、橐臯題，主仲由、冉求、子貢皆可從政，尤可笑。

哀十三。取嵒　與取雍丘哀九。同。自平、元之族，食城於隙地，而向巢之旅，逞忿於攻圍。嵒邑來罕達之援，而軍中狗子賸之賞，桓魋走而全軍没，讙、延獲而六邑虚，殘民甚矣。或主“聶北”，亦可。

哀十三。黄池　紀兩伯之會，而嚴其詞，示治禦之道也。《傳》意實歸重“禦夷”上。“先晋，紀常”，外四夷也。“稱‘子’，正名”，以“四夷雖大，皆曰‘子’”也。其“會兩伯之詞而言‘及’”，“又以見夷狄之强，而抑”之也。夫曰“又以見夷狄”云云，分明承上“外夷”“畧夷”之旨而言者，下復以晋弱吴强，起下謂吴本强於晋，而書法乃如此抑吴者，訓後世以夏禦夷之道耳。但御夷無他道，必從“治中國”上來，故説一“治”字，帶到“御夷”上。故作者不必於“治”字上深求，須發夷狄必不可使抗，而中國自治以御之，可也。三書法，只低昂叙下，倒重“書‘及’”，不可以“紀常”“正名”昂起。此是論夷夏體統，見夷狄雖强，决不可加於夏，中國雖弱，决不可□□□。文定見宋屈體於金，故發此論，觀引漢、唐、石晋事便見。説箇“以人勝天，事有在我者矣”，見得我以得失自凜，理無所逆，則挽回天意，人事猶有可爲，“其能一朝居乎”？言體統，既乖授彼以柄，必不能□一朝之安也，即上“將欲保國而免其侵暴”，得乎？意徒自卑屈取辱，益以不振，求存而適以得亡矣。文後亦須發之。

召陵侵、定四。艾陵、定十一。黄池　正體於内弱外强之時，示治禦之道也。以晋弱吴强叙起，即以“先晋”“‘子’吴”“書‘及’”接問，重發“治禦之道”。加臯鼬、定四。吴伐我，哀八。同。

召陵侵、定四。鹹、沙、俱定七。伐齊、哀十。艾陵哀十一。　觀内弱外强之勢，而治禦之道當講矣。“晋失伯業”二句，貼“治中國”；“夫差暴横”二句，貼“禦四夷”。然治、禦是一事，須發明一段在前，下方分作“失伯”“暴横”，便合得今日争盟先後意。

哀十三。於越入吴　强夷勝於人，可爲尚力之戒矣。此《傳》發明强弱相乘之機、禍福相因之理，慷慨激烈，宛轉有情，須描寫得透。不專罪吴，要見“垂戒力不足恃”意。加黄池，哀十三。同。

柏舉、定四。黄池哀十三。　即外夷挫敵争伯之迹，可謂力之强矣。主《傳》首一段，“憑陵中國”“遂及夏盟”二語，亦有淺深，須體“可謂强矣”句。申胥依牆之哭，董褐踰垣之詰。

吴伐越、昭三十二。入郢、定四。艾陵、哀十一。黄池、哀十三。入吴　强夷屢勝而卒敗，可爲恃力者戒矣。炤《傳》叙下，亦要體吴之强始於越而卒敗於越□。

吴伐越、昭三十二。入郢、定四。艾陵、哀十一。黄池哀十三。　强夷恃力而無厭，未知力之不可恃也。只見吴勢之强，自謂莫敵意，一步深一步，隱隱發出“不可常恃”。

柏舉、定四。入吴、定五。黄池、哀十三。入吴　兩被患於競强之後，皆力勝之戒也。要見聖人“屬詞比事”意。“初書，再書，皆因事屬詞”句，有味。且二“在”字、二“之後”字，極好描寫。只兩“入吴”，同。或主定五“入吴”，主《傳》首段，非也。《春秋》□書“入吴”，原指兩“入吴”説，不然何謂“因事屬詞”？

哀十三。星孛東方　觀天所以儆東夷，可爲好兵者戒矣。見《大辰昭十七。傳》。

哀十四。西狩獲麟　《經》成瑞應，見天人之相感矣。本題只重“文成麟至”上。後半《傳》是通論聖人作《經》之始末，非正意也。“以天道終”句，只後略帶便是。聖經之成，關係甚重，須會《傳》意，發得冠冕。如“明王道，正人倫”，力維三代之衰，理備五經之用，直與《羲畫》《虞韶》《關雎》《鵲巢》媲美者。故“文成麟至”，常理然耳！

克段、隱元；《詩》。子同生、桓六；《書》。河陽、僖二十八；《禮》。蕭魚、襄十一；《樂》。圍成、定十二；《易》。獲麟　聖人作《經》以經世，備五經而感天道焉。總發“見之行事”一段意。搭比牽强，宜删。

元年、始尊公。歸賵、俱隱元；□□□。司城奔、文八；儆宋。杞子盟、襄十九[3]；儆杞。獲麟　聖人因魯史以成《經》，其意可詳見也。主“何以約乎魯史”三段。去“獲麟”，只主“有所始”“有所約”[4]二段。聖人蓋感三代之衰而修魯史也。只歸賵、司城奔、杞子盟，主“約乎魯史”一段。三比俱無當，搭出已非，獨出尤誤。或加韓起聘，昭二；周禮在魯。主“舍魯何適”句。尤無謂，宜删。

春王正月、隱元。獲麟 聖經之作，始於王道，而終於天道焉。“何以始乎隱公?”王道微矣，孟子曰“《詩》亡然後《春秋》作”。“何以絶筆於獲麟?”大道應矣，文中子曰“聖人以天道終”。加“元年”，同。出“元年、獲麟”，亦同。舊主“聖經修而帝王之用明，聖經成而帝王之瑞應”。缺比而非《傳》矣。上比或易歸賵，隱元。亦同，以天王賵諸侯之妾，即此見三綱淪、九法斁矣，然須推開。

【校記】

〔1〕僖十五，應爲“僖五”。

〔2〕哀十六，應爲“哀十一”。

〔3〕襄十九，應爲“襄二十九”。

〔4〕約，應爲“絶”。所謂“三段”，分别以“何以約乎魯史”“何以始乎隱公”“何以絶乎獲麟”句起。《傳》實無“有所始”“有所絶”句，蓋從後二句化來。

荆楚文库

集　外

目　録

萍廬史論

《萍廬史論》序

史者，其人與事之得失爲已然者也。夫第以爲其人與事之得失已乎？前之不忘，後之師也，是故有國家者不可無史。乃論者又取其人與事之得失，而是非繫焉，此又何歟？蓋是非不定，彼所爲得失者烏在？其果得果失，而治亂倚伏之機，心跡晦明之數，方甲乙彼此之淆混，使後人但據其跡而師之，豈不貿於所趨？而即已然者之爲世患，豈少哉！

夫然，史不可無論，尤甚於國不可無史也。然而古今之論史者，亦可概見矣。以孔北海之才，而難於持論，論豈易言哉！論者莫盛於宋矣，予於其文有取焉。使其所爲倚伏晦明者，自吾論之，不獨其人與事爲不爽，而舉異事同計與異人同行者，合千載上下而覼若觀火，則文之力也。是故其人不好學深思與無天下大計，而又好爲畸識偏見者，皆不可與論史。至文，則別有天焉，爲之而不可强。

予友梅惠連，文矣！嘗與之上下談，而於所爲三不可者，無一焉。予曰："如子者可自爲史者也，奈何不論？"梅子曰："有之。"於是出其諸論示予。予周讀久之，嘆曰："宋以後無是也夫！"予亦嘗有論矣，梅子論出，而予可以杜口。豈獨予，彼世之無所有而好爲是非者，方自以爲善論，讀梅子之論，當亦有悔其未至者乎？夫論，必有如梅子者，而後知史不可無論，國家不可無史也。

貴池同學弟吴應箕撰

堯舜一

聖人非有所異於人也，惟明於衆人之所共明者，決意行之而無所靳而已。天下大勢之所在，人人能明之，而愚者弗之知，遂謂聖人能爲人情之所難能，則亦過矣。堯以天下與舜，舜以天下與禹，堯舜非能舉賢以自代而推與之也，勢之所然，堯舜不能靳之而弗與也。舜之佐堯，禹之佐舜，其初皆相也，堯舜固未嘗曰，吾舉之，而授之以天下也；及舜禹爲相，天下遂歸心焉，皆願以爲天子。夫天下雖歸心於舜禹，猶當感念堯舜之深仁厚德而因及其子，然而天下之人忍於背棄之而弗恤，何也？窮困力作之人，衣不掩形，冒犯霜霧，不以爲苦者，其更歷於寒凍皴瘃之患非一日矣。千金之子，衣輕煖，坐重茵，而處於深房曲閣之中，微寒侵觸，遂覺難堪，其豢養於富貴者素也。使朱、均生於後世，或猶不失爲守成之主，不幸而爲堯舜之子，當時之民豢養於聖人之膏澤亦已素矣，一旦以朱、均君臨其上，民何以堪之。所以戀戀於舜禹而不忍釋者，非忘其父之深仁厚德而不念其子也，亦猶千金之子生長於富貴，愛養備至，調護周密，其肢體柔脆，肌膚滑澤，惟輕煖重茵、深房曲閣之是戀，望見輕霜薄霧，惴惴焉，欲就之而不能矣。堯舜於斯時雖欲不推天下以予人，其可得哉？從天下之人心以與舜禹，而使其子退處於一國，以臣事之，舜禹避之不得，因而受之，皆順天下之大勢而不拂夫天下之人心。聖人者，如是而已，亦豈有所異於人哉？

唐高祖之時，天下所歸心者太宗，則天下固太宗之有也，而高祖欲奪之以與建成；睿宗之時，天下所歸心者元宗，則天下固元宗之有也，而睿宗欲奪之以與成器。此皆勢之必不可行者，人人能知之，成器亦知之，惟高祖、睿宗、建成弗之知，或知之而不能決，則亦高祖、睿宗、建成之異夫人耳。而世乃以過高期聖人，而曰聖人有以異於人，夫果有以異於人，則亦恢詭譎怪而已，是尚得爲聖人哉？

堯舜二

舜之誅四凶、舉十六相，後世多疑之。或曰“堯不能誅，不能舉，而舜誅之舉之，堯爲不逮舜矣”；或曰“弗之誅，弗之舉，乃足以見堯之大，舜爲不逮堯矣”；或曰“堯以遺舜也，與唐太宗之黜李世勣、宋太祖之怒張齊賢正相類耳”；或曰“四凶之罪至舜乃可誅，十六相之才至舜乃可舉”。其説皆非也。此乃舜爲相時所爲，雖出於舜，實出於堯，其不以歸之堯而歸之舜者，蓋舉賢誅不肖實相臣事也。孔子曰：“無爲而治者，其舜也與？夫何爲哉？恭己正南面而已矣。”後世解之不得，則等於黄老之清淨。嘗觀荀子之言曰：“主好要則百事詳，主好詳則百事荒。”總其大綱，不屑於瑣瑣之細務，荀子之所謂“好要”，即孔子之所謂“無爲”也。

舜爲君與爲相，其不同如此。然則堯之宜誅者不誅，宜舉者不舉，而一以委之舜，君道固如是耳。使舜當日未及爲相，遂爲天子，舜亦將不誅、不舉，委之所付託之人矣。田嬰言於齊王曰：“五官之計，不可不日聽而數覽也。”王從之，已而厭之，嬰繇是得專齊權。秦始皇衡石量書，隋文帝衛士傳餐而食，皆極其勤瘁，不可爲後法。使其子皆不能繼，或深拱禁中，或般遊無度，遂失天下。夫田嬰以之愚其君者，而秦、隋以之自愚，“好詳”之弊必至於此，惟明於堯之有賢不舉、有罪不誅，而始可與言爲君之道矣。

禹

事有出於天下耳目之所習者，自我變易之，而又取而私之於己，縱天下之人咸以爲宜然，其理不順，而心終有所弗安，莫若因仍其故，以聽天下之所欲予而歸之之爲愈也。禹之後，繼禹而治天下者，如啓足矣，雖益亦未有以加也。禹亦已明知之，而猶舉益以自代，不徑付之啓者，更夫前人相沿之法而私之於其子，雖聖人亦有所不得不避也。蓋前乎我者皆推以予人，天下之耳目亦既習以爲常，以爲天下非一人之所得私矣。且益雖無以加於啓，啓亦未有以加於益，與啓與益皆無不可，禹安容置彼此其間而汲汲焉務成法之是更哉？惟一意因仍踵襲，推以予人，而不及其子。益不受而避之，天下之人不忘禹功，又見益無愈於啓，遂聽其避去，相率而歸啓，於是啓之天下乃天下之人共與之，而非禹之自與之也。

夫易禪爲繼，與易封建爲郡縣，其奪夫公之人者而以私之於己，一也。禹惟不自變，而天下卒相與變之；始皇惟鋭意自變之，使天下驟見前代之所未有，目熒心駴，不能相安，陳項一起，争殺長吏以應之，二世遂亡。嗟夫！天下大矣，天下之人衆矣，不聽其我歸，而欲挈以自予，幾何其不奔决潰裂而莫可挽歟！

湯　武

君子之言苟弗慎焉，爲世道蠹，反不若小人之言猶足以有裨於世也。小人之言善，人將曰“其人非，其言是也，吾從之”；小人之言弗善，人將曰“彼小人也，其言則然，吾從之則亦小人矣，敢置足其間哉？”是則小人之言善者亦足以勸，而不善者足以懲，善弗善皆有裨於世也。君子之言苟弗慎，以非所宜者爲宜，後之不肖者皆曰：“君子以爲宜，吾爲之，固無害於義也。”其爲世道蠹豈不甚哉？湯武之心果出於救焚拯溺而無所私，則宜奉桀紂於别宫，使不得聽政，立其子，選賢者輔佐之；若其子不可，則别立其子弟中之賢者爲天子，聽新天子立一人奉商周之祀；己竄處海濱，以謝擅廢置其君之罪，則仁至而義亦盡矣。不是之圖，乃放之殺之，自立爲天子。嗚呼！正人者以義正之，而以利終之，雖三尺童子亦知其非義矣。

陳靈公無道，至有徵舒之亂，楚子入陳殺徵舒，因縣陳，申叔時曰：“諸侯之從也，曰討有罪也，今縣陳，貪其富也。以討召諸侯，而以貪歸之，無乃不可乎？”夫利其所有、代爲天子，且猶不可，而况放之殺之耶？

轅固生與黄生爭論景帝前。黄生曰：“湯武非受命，乃弑也。”轅固生曰：“天下之心皆歸湯武，湯武與天下之心而誅桀紂，不得已而立，非受命而何？”噫！是豈儒者所宜言耶？湯誓於衆曰：“爾尚輔予一人，致天之罰，予其大賚汝！爾不從誓言，予則孥戮汝，罔有攸赦！”武王誓於衆曰：“爾衆士尚迪果毅，以登乃辟！功多有厚賞，不迪有顯戮。”此政如克敵討叛，兵力相當，而勝敗未可知，故不得不誘之以利，惴之以威，庶幾勝之耳。若天下之人皆已厭桀紂，願得湯武爲天子，以天下之衆驅一獨夫，則疾風之走輕塵，奔流之漂腐芥，何慮不克？而誘之以利，惴之以威爲也。武王既立，不數年，殷人叛之，奄與淮夷、徐戎，四方莫不叛之。周公爲之丁寧戒諭至再至三，曰：“爾不克敬，爾不啻不有爾土，予亦致天之罰于爾躬！”曰：“乃有不用我降爾命，我乃其大罰殛之！非我有周秉德不康寧，乃惟爾自速辜！”蓋不勝其威劫勢禁，乃以僅免，猶曰天下之心皆歸湯武，將誰欺哉？

甚矣，儒者之惑也！即使湯武果不欲爲天子，爲天下所立，推之不得，辭之不免，論湯武者猶當曰“非宜”，以閑後世之邪心。當時，湯固曰“予恐後世以台爲口實矣”，則曰弑曰簒，湯武必且耳之，儒者又何爲違道悖理委曲以狥之耶？孔子作《春秋》以懼亂臣賊子，儒者顧爲受命之言以寬之，後世之亂臣賊子不懼孔子之《春秋》，而樂得儒者受命之一言，使孔子爲萬世立防之深心，厥功盡喪，豈不甚哉？《春秋》之法：凡誅亂臣賊子，必深絶其黨。使孔子可作，吾知其爲是言者，孔子必以治亂賊之黨之法施之矣。

伊　尹

堯之子不可以爲天子，繼堯而有天下者無如舜；舜之子不可以爲天子，繼舜而有天下者無如禹。天下歸之堯，爲與之宜可以有天下，即天子之位矣，猶且避去不受者，以素非所有，未可以驟然處之也。待其避之不得，然後受之，則是天下之人不能舍我，强以爲之君，而非我之以天下爲利而取之於人也。湯之時，桀雖不可以爲天子，然天下固桀之有也，且當時未有以天下授之湯者，而湯乃放桀，自立爲天子而不疑。夫庖之不治，擇一庖人之能治庖者代之可矣，而尸祝乃逐庖人而自代之，呶呶焉以告於人曰“吾非利其樽俎之餘瀝也”，人誰信之哉？

伊尹知桀之不可輔以治天下，然且五就之，不忍遽舍，其心已見諒於天下矣。及其終不可輔，然後佐湯放桀，聽湯自立爲天子而弗之止，蓋曰天之仁愛斯民甚矣，爲斯民立之君，惟其可以爲君者立之，不可以爲君者廢之，求不負天所以仁愛斯民之意。斯已矣！湯之心安見有人我取與之異哉？然其意惟伊尹知之，而天下未有以明之也。及太甲顛覆湯之典刑，伊尹曰：“是不可以爲天子矣！吾之於太甲，猶湯之於桀也。湯放桀，吾不放太甲，天下將有以議湯矣。”于是放之於桐三年，俟太甲處仁遷義，然後歸之。天下之人于是咸曰：“湯之心亦若是矣。其放桀，放其不能君者也，非利其所有也；其自立，立其能爲君者也，非私之於己也。使桀於南巢處仁遷義，一如太甲之於桐，吾知湯必不終爲天子矣。”湯之心于是大暴白於天下，天下之人相與臣服其子孫，卒無叛志。

武王代紂，以有天下，而叛周者紛然而起，豈周公所以處之者猶有未盡？抑牧野之誅甚於南巢之放，而武之心有終難代爲暴白者哉？

泰伯文王

太王避狄難，遷於岐，雖從之者如歸市，然國實微弱。夫狄之弗勝，顧謀及商之天下，包藏后羿、寒浞之禍心哉。《詩》曰：“居岐之陽，實始翦商。”前言深得民心，歸之者衆，商之翦固兆端於此，非謂太王有翦商之志也。太王知昌有聖德，欲傳及昌，其所傳者，國也；泰伯知之，與仲雍逃之荆蠻，以讓季歷，其所讓者，亦國也。孔子曰：“泰伯，其可謂至德也已矣！三以天下讓，民無得而稱焉。”孔子蓋不滿於武王之伐紂以有天下，而身爲周臣，有難於明言者，於是託泰伯以寓意，以爲伯之所固遜推避而不欲得者，豈特國哉？實天下也。微哉旨乎！意不在泰伯也。使後世深思其不言之隱，知其身爲周臣，於周之先王亦不少假借，而後世之蓄邪謀而冀非望者，亦或知戒矣。而儒者不能深思其意，疑太王之時未有天下，乃曲爲之説曰："太王之時，商道寖衰，周日疆大，季歷之子有聖德，太王固有翦商之志，欲傳位季歷以及其子，於是泰伯逃之荆蠻，太王乃得傳位及昌，故武王遂有天下。使泰伯不逃，固足以有天下，惟棄而不取，所以爲至德。"噫！亦何其謬耶？

孔子於文王，又曰："三分天下有其二，以服事殷，周之德，可謂至德也已矣。"所謂三分有二，以文王爲民心所歸，紂之天下已幾幾乎爲周之有矣，而文王乃堅守臣節不少變，故以"至德"稱之，亦寓微譏隱諷於武王，以儆後世，非曰以紂之土宇計之，而臣服於周者已三分之二也。而儒者乃曰："天下歸文王者六州，惟青、兖、冀屬紂耳。"又何其謬耶！夫孔子此兩言，皆以立防於後世；如儒者所言，幾於教猱升木矣。夫曹操、司馬懿之密相付受、陰謀傾奪者，止及其子，而太王乃蓄邪謀而冀非望，以待四世之孫。當操、懿之身，猶挾天子以令諸侯，至其子始拊其背而奪之；文王乃不能濡忍以待其子，躬自攘竊紂之九州而據有其六，以方操、懿，不又甚歟？

嗚呼！儒者之言，人莫之或非矣，而予固力争之，豈甘以其身爲儒者之罪人哉？慮夫孔子之言與太王、文王之心不白於後世，而反爲亂賊之嚆矢也，是以不得不辨。

閎　夭

世傳西伯囚于羑里，其臣閎夭獻有莘氏美女於紂，紂悦而釋西伯。宋儒以爲無此事。曹伯襄以賂得免，《春秋》恶之；西伯不以賂免，理或然也。或曰出自西伯則不可，出自閎夭，亦無不可。

又有爲西伯危者，曰："九侯有女，以爲美，獻之紂，紂以女不美，醢九侯。苟以有莘氏女爲不美，醢西伯，則奈何?”斯爲過計矣。荒淫之君之求色，等於明主之求賢，寤寐思之，惟恐不至；九侯不待紂之索之，而自獻其女，女即不美，其意則紂所悦也。涓人買馬骨，而後千里之馬至，紂雖昏於求賢，而明於求色，豈不知以九侯女爲馬骨招其來，乃反以嚴刑沮其來乎？蓋九侯以已所生女供人床笫之懽，傷恩悖理，紂亦痛惡之矣，故雖昏暴之君，未嘗無快悦人心處。第藏一二善於千萬不善之中，易爲所掩，人又惡其昏暴，即知有一二者，亦不屑稱之，故遂謂紂以女不美醢九侯，猥與剖心、折脛、刳孕同類而並譏之也。

紂一時痛惡九侯所爲，率爾醢之，既而必悔之，恐沮天下之以色求容於我者。當時天下之人亦必以九侯爲戒，莫敢以美女獻，惟閎夭窺其微，且因紂嬖臣費仲以賂紂，費仲必以紂之悔告之矣。紂果一見即悦之，曰此一物足以釋西伯，且不獨釋西伯，更賜之弓矢，使專征伐。惟其乘紂之悔，悔則以爲美，固悦；即以爲不美，亦悦。閎夭知西伯之必以此得釋，故敢以有莘女獻。若九侯之醢，以女不美故獲罪，閎夭安能信紂之必以有莘女爲美而敢輕獻之紂以危西伯哉？於此不獨知閎夭必不危西伯，因以見傷恩悖理如九侯所爲，即紂亦知痛惡之；而卒以慘死之爲快，又以見如紂者，天下之惡皆歸焉，苟平心極意以求之，亦必有一節可取也。

周　公

前人之創法，無貴夫甚備而無遺也。苟爲甚備而無遺，使其子孫徒遵守成法，無以措其智巧，則雖不才者可以不至於獨暴其短，而才者苦於無以自見其長。才與不才，同歸於庸懦無能之人而已。於是賢哲之胤無聞，而祖宗之盛不可復見，日以衰弱，此其咎豈在子孫哉？前人之貽之者，其弊必至於此也。

周公之治周，其法不勝其詳，雖一事一物之微，莫肯簡略，蓋其防患也甚悉，而慮事也甚周。雖可以扶植不才之子孫不至顛墜，然以天子之尊，不得下同於一小國之諸侯，當其立法之初，雖公當亦料其勢所必然，而公亦無如之何也。夏、商之法不及周之詳，非其智有所弗及，而慮有所弗周，蓋明知其有所未盡也，而故留之以待夫後之人，使後之人有以快悦夫天下之心。彼閭巷之小民，安知夫前人之故欲爲後之子孫地也，以爲此先王未竟之緒，莫不皆有遺恨焉。及親見其君有以補苴增飾先王之所未備，皆曰："先王之神聖如此，智猶有所弗及，而慮猶有所弗周，今王繼述之善媲美先王矣。"耳目一新，志氣振拔，於是倡之而即應，令之而即從，所欲無所不得，所求無所不遂，使數傳之後，復見先王之盛，而天下相與誦中興之美不衰。然其間有一不才者出，而祖宗簡略之法莫能扶植，或至顛墜，是亦事之不可兼得者已。

蘇氏以爲，周公行其至柔之道，以揉天下之戾心，而去其剛毅果敢之志，故卒於不振。商之天下，惟有剛强不屈之俗，故其末乃可以有所立。夫漢文帝於吴王濞稱病不朝，則賜之几杖，尉佗借號稱制，則爲其親冢置守，厚賜其兄弟，一以柔道行之。而當時海内向化，無兵革之擾，後世未嘗稱爲弱主，安見其至柔之道終至於不振也？《殷頌》曰："不競不絿，不剛不柔，敷政優優。"《仲虺之誥》曰："克寬克仁，彰信兆民。"《伊訓》曰："代虐以寬，兆民允懷。"商之先王所以貽子孫者如此。

若夫剛强不屈之俗，上焉者暴戾恣睢，以虐其下，下焉者驁驁難馴，以傲其上，相率以趨於滅亡而已，安望其能有所立乎？

召　公

有天下國家者，豈非欲久安長治、子孫相繼於無窮哉？夫欲其久安長治，子孫相繼不絶，則於民心不可不加之意矣。吾觀秦之於周，不猶愈於湯、武乎？周顯王二年，趙、韓分周地爲二，二周公治之，王直寄焉耳；及赧王卒，并寄焉者亦亡矣。越三十七年，秦始爲天子。

湯、武乃舉兵而攻其共主，或放之，或殺之，即代有天下。然世率不非湯、武而斥秦者，蓋秦之守天下者，不講於爲君之道，而仁義之澤弗及於民也。因而歷觀諸國，齊移於田成子，晋分而爲三，太公望與叔虞久絶矣；楚考烈王卒，而有楚國者爲黄歇子若孫；秦莊襄王卒，而吕政代秦；惟燕最久，周滅後三十年燕乃亡，豈非召公之澤固結於民心者獨深乎？

召公之治西方，甚得民和。召公巡行鄉邑，有棠樹，决獄政事其下，自侯伯至庶人各得其所，無失職者。召公卒而民人思召公之政，懷棠樹，不忍伐，歌咏之，作《甘棠》之詩。其入民之深如此，享國長久，不亦宜乎！

嗚呼！斯可爲萬世永盛矣！

管仲一

儒者謂湯武放代其君，無傷於義，始於孟子"夫聞誅一夫紂矣，未聞弒君也"。孟子爲齊王言之也，所以儆夫爲君者耳，然斯言固不可爲訓。孟子未嘗不爲失言也。孔子以殷之裔、周之臣，絶無一言假借湯、武；而後之儒者固非殷之裔、周之臣，可以不爲湯、武飾非文過，乃不深求諸孔子之心，而徒就孟子儆夫爲君者之言，以爲定論，使後世亂臣賊子藉爲口實，可謂違道悖義之甚矣！

召忽死子糾之難，正也；管仲不死，顧相桓公，反面事讐，與王珪、魏徵無毫髪異。孔子曰"九合諸侯，不以兵車"，"如其仁"；孔子又嘗小仲之器矣。"如其仁"者，曰如仲之仁云爾，蓋小之也。而何晏解曰"誰如管仲之仁"，宋儒亦因之。然則稷、契、伊、周皆弗仲若矣。曰"一匡天下，民到於今受其賜。微管仲，吾其披髪左衽矣！豈若匹夫匹婦之爲諒也，自經於溝瀆而莫之知也"，蓋曰仲之功固炳耀千古，然較之硜硜小信，泯然無聞之匹夫匹婦，亦弗若矣。其抑仲而伸忽之意，雷轟霜凛，使聞者莫不骨寒心慄。而邢昺疏曰："言管仲志在立功創業，豈肯若庶人之爲小信，自經死於溝瀆中，而使人莫知其名也。"昺固無足責，乃程子亦曰："仲始與之同謀，遂與之同死可也。知輔之争爲不義，將自免以圖後功，亦可也。故聖人不責其死，而稱其功。”朱子曰：“管仲有功而無罪，故聖人獨稱其功。”王、魏先有罪而後有功，則不以相掩，斯又可謂違道悖義之甚矣。

曾子曰：“夫子曰‘喪欲速貧，死欲速朽。’”有子曰：“是非君子之言也。”曾子告於子游，子游曰：“桓司馬自爲石槨，三年而不成。夫子曰：‘若是其靡也，死不如速朽之爲愈也。’死之欲速朽，爲桓司馬言之也。南宫敬叔反，必載寶而朝。夫子曰：‘若是其貨也，喪不如速貧之爲愈也。’喪之欲速貧，爲敬叔言之也。”使孔子之意果屬稱仲之功，而寬其罪，果謂仲可以無死，吾猶以爲此必“死欲速朽，喪欲速貧”類也。乃孔子之意本不如此，止繇於何晏、邢昺誤爲詮解，實與本旨背戾，顧不爲之深心静氣，務求孔子立言本旨，而踵襲其訛曰孔子之意則然，則凡背主偷生者，如珪，如徵，皆爲徙義，皆可以無死；凡死君殉難，凛凛忠義與日月争光，如召忽輩者，皆爲傷勇矣。其所以潰防維而隳名義，豈不甚哉！

嗚呼！千丈之堤決於蟻穴，而儒者此數言，非獨蟻穴之細也。後世之占風望氣，以盛衰爲從違，反覆變於呼吸者，孰障之哉？此世道人心之所以益令人悲悼無已也。

管仲二

國家之高秩隆禮，衣租食税，所以待勞臣也，而經理職業，則將擇夫才之堪任者委之。苟以之酬功，或其職隳業曠，以干禁典酬之，適所以害之也。夫人之才，有所長亦有所短，更爲而徧歷之，則必困。況功成業建，當教之善息以全其令名，乃使之趨進而不止。至於力窮勢極，顛踣傾覆，又豈所以愛之哉？如鄧禹之篤行淳備，馮異之謙退不伐，吴漢之斤斤謹質，祭遵之廉約小心，即任以吏事，必無蹉跌，而光武猶慮其權重釁生或相染累，惟予之以高秩隆禮、衣租食税，奉朝靖而已，無一任以吏事者，故得皆以功名終。

管仲感念鮑叔牙之知我，將死，桓公欲屬國於牙，管仲不可。以常情言之，仲之於知己可謂薄矣。觀仲之言曰：“牙之爲人也，視不己若者，不比於人，一聞人之過，終身不忘，夫以此爲相，不適足以殺其軀哉？”仲不獨不以私恩誤國事，而其所以報牙者不已厚乎！

鄭莊公母姜氏愛少子叔段，欲立之；及莊公即位，請京。莊公使居之，又聽其取西鄙北鄙以爲己邑，至於廩延。曰：“多行不義，必自斃。”又曰：“不義不暱，厚將崩。”略不爲之所。至聞將襲鄭，乃命子封帥車二百乘克之於鄢。然則向之不爲之所者，非愛之也，驕之以益其疾也。

世之感恩懷德，欲厚報之，乃悦之以目前區區之小喜，而不計其患，其心雖殊，其迹何以異此？吾願爲人臣者，深思管子所以報鮑叔牙者，毋借爵位酬知，謬爲汲引，至以私恩誤國事，而并以爲斯人累也。

程　　嬰

古之人有宜死而不死者已，管仲是也；未有可以無死而死者。世謂召忽可以無死，此偷生苟免者故爲是言以自便，非義之正也。王陵歸漢王，項羽取陵母置軍中，陵母謂使者曰：“願爲妾語陵善事漢王。漢王長者，毋以老妾故持二心，妾以死送使者。”遂伏劍而死。羽怒，烹陵母，陵卒從漢王定天下。使陵於漢王天下甫定，一死以下報母，其可以少安乎？乃封侯，拜右丞相，以至遷帝太傅，謝病免，又十年而卒，終未聞一言及母。陵其得比於人乎？陵亦宜死而不死者也。

程嬰與公孫杵臼謀匿趙氏孤。杵臼抱他氏兒與匿山中，嬰謬告諸將，諸將取杵臼所抱兒殺之，杵臼與之俱死，嬰保其孤武。至武已復田邑，冠爲成人，嬰曰：“我將下報趙宣孟與杵臼，我不報，是以我事爲不成。”遂自殺。或以爲嬰可以無死而死，夫嬰之深心世亦豈易窺也哉？

武之立也，繇景公疾，卜之，謂大業之後不遂者爲祟。韓厥以武告景公，匿武於宫中，因厥之衆以脅諸將，諸將不得已立之。然則諸將之信以爲真孤而立之者，幸也；苟有疑之者曰：“當日所殺兒，莫不以爲真趙氏孤，嬰獨以爲杵臼所取他氏兒，趙氏孤立，則嬰終身富貴。何知非詭?”如是，則嬰與厥雖百口争之，晋侯其能無動乎？而立孤之事果無成矣。嬰當人未有疑之者，先自死。嬰死，而趙氏所立乃真孤，人乃無疑。晋侯乃不爲人言所動，武乃可以安其位，嬰立孤之事乃成，然則嬰之死不可以已也。

季　札

世之賢札者多矣。胡氏①謂《春秋》略以名紀，比於楚椒、秦術無異稱焉，以其辭國生亂，狥匹夫之介節，過而不得其中，與聖王中庸之道不合，故貶之也。然則《春秋》果貶札歟？曰：非也。《春秋》必不貶札，貶札非孔子作《春秋》本旨也。孔子作《春秋》，所以懼夫亂臣賊子之以争國爲心而無所顧忌者也，豈曰懼夫讓國之賢人哉？夫聖人達節而不守，欲賢者憂國以止亂，雖時中之道，而《春秋》之所以惓惓三致其意者，在教人勿以争國爲心，至爲亂賊之所爲。若夫教人勿過而不得其中，以求合於聖人時中之道之意，固不暇及也。

自周衰而後，弑君争國者比肩接踵，人道淪於異類。孔子蹙蹙靡寧，若救焚拯溺，因而作《春秋》，寓褒貶於片言隻字之中，凡所以使人知理義之爲重，而爵位之爲輕。苟争國者貶，讓國者亦貶，則作《春秋》之旨隱矣，人將何所畏而不爲？又何所慕而爲之也？

齊桓公患粟藏於大夫，欲爲百姓散之。召城陽大夫而讓之曰：“嬖寵被絺綌，鵝鶩含餘秫，而同姓兄弟寒不得衣，饑不得食，子欲盡忠於寡人，能乎?”滅其位，杜其門。如是大夫不敢積藏，國無饑民。又患粟歸於諸侯，欲爲百姓藏之市。有新成囷京者二家，式璧而聘之，於是國人争爲囷京以藏穀。夫欲其穀之散，則罪夫藏之者，不欲穀之散，則賞夫藏之者，此國君之令所以能行於國中也。

---

① “胡氏”指宋朝胡安國。對季札的有關評論見胡氏《春秋傳》卷二十三。

苟聖人方欲人之無争，而札以讓國不免於貶，則是欲人之藏穀而讓夫新成囤京者，滅其位、杜其門也，國人豈復有争爲囤京以藏穀者乎？是故聖人之予札而不貶夫札也，決矣。予之而書名，比於楚椒、秦術者，明其爲吴子之臣也。蓋札不願爲君者也，《春秋》名而臣之，成札之志也。

伍　　員

夫人委質而爲人臣矣，則身固君之有也，生之惟君，殺之惟君，君而殺之則亦已矣，不得與之論其當吾之罪與否也。

楚平王殺伍奢非其罪，其子員去之吴，卒借吴之力報楚，鞭平王之屍。公羊曰："父不受誅，子復讐可也。"此爲敵以下言之可也，豈所論於君臣之際哉？公羊之説非也。員以父爲不懟君也，則復怨，非父志也。鞭夫父所不懟者，以拂父之心，不得爲孝矣。以父爲懟君也，則君不當懟，不當懟而員疑父懟君，必且曰"吾鞭之，固父志也"，快己之忿，而以不忠歸父，尤不得爲孝矣。然則父不得其死，爲之子者宜如何？魏文帝殺王儀，子褒病父非命，未嘗西向坐，隱居教授，廬於墓側，旦夕攀栢悲號，涕泣著樹，樹爲之枯；讀《詩》至"哀哀父母，生我劬勞"，輒爲流涕哀慟，門人爲之廢《蓼莪》。若褒者，其得處變之道者哉！

或謂員當入郢後，辭吴之爵禄，遁跡山谷，以明所遭之不幸，其庶幾乎乃智不出此，卒死於讒，惜矣！或曰員非戀爵禄也，感闔閭之德，不忍舍去，不意其至此也。以予度之，員蓋負有至性，父怨未報，傍皇不能少安，思得一當而後已，及忿洩於君，而鞭其屍，又豈能快然無遺恨乎？於是明知夫差之剛愎，而以宰嚭反覆其間，其勢不得自全，徘徊而不去，其以此爲死所也。故夫鬻拳之以兵諫，忠而失其正者也；員報父怨，而鞭君之屍，孝而過於中者也。然皆當時猖狂妄發，旋不自得，一自刖，一甘殞身於屬鏤。此兩人者，皆不足爲法，而其意則誠足悲矣。

藺相如

秦以十五城易趙和氏璧，相如奉璧而往，知秦無意償趙城，於是完璧歸趙。梅子曰：待奉璧至秦，然後知秦無意償趙城，相如不若是愚也。夫璧者，趙所輕也；城者，秦所重也。以我所輕易人所重，秦未必能行之趙，趙欲以此得志於秦哉？秦非獨無意償趙城，亦本無意欲得趙璧，聊以璧嘗趙耳。或者不察，顧譏之曰："趙何惜一璧，不以予之，苟激怒秦國，豈能全乎？國亡，璧將安往？"又曰："相如之歸璧於趙，亦如黄歇之歸太子完於楚，惜其大智而小用之耳。"應之曰："夫趙之爲趙，微矣。使秦有所欲得，即以予之，甘爲秦所紿，秦有以窺趙之無能爲，璧朝抵秦，而秦之甲且夕壓境矣。惟一璧之弗予，獨以身留秦，聽秦死生之，秦於是知趙有不惜其死以護一璧者。苟所護者愈重，則致死者必益衆；致死者衆，秦雖强，其能當之乎？相如之所全於趙者，較之歇更大，豈特一璧哉？"

夫人，惟中情實怯懾於强大之威，不敢少與之忤，使彼日以强，我日以弱，本以求安，適趨於危，本以圖存，適速之亡耳。相如蓋以靡其暴厲勇悍之氣，而戢其争高負勝之心，豈以邀怒秦乎？凡處弱勢者，宜知强大者可以理折，而勇悍者可以一往之氣摧之。雖一事一物之微，勿以爲無傷於國，遂靡然屈伏，以助其威，而因以不能自振也。

魏無忌

將兵者，一人孤立於上，以御夫三軍之衆，三軍之衆非獨其死於敵而已也。軍令既申，其坐作進退皆有法，違法者輒死，而饑渴疲勞之患，與夫寒暑、瘴霧、疫癘之相侵，其所死之者百倍於常人。及功成論賞，惟位尊權重者舉，士卒之功皆其功，而利之及夫士卒者甚微矣。夫以數死，易夫甚微之利，誠非其中心之所樂，乃皆以爲固然，無幾微之怨怒畜於中，一惟孤立之一人之命是聽，驅之左則左，驅之右則右，進則進，退則退，相與僇力并命，争取夫不世之功以奉之此一人。然則非有以深得夫三軍之心，而徒恃言之威足以劫，勢足以禁，而遂惟吾意之所之，豈其人情哉？

李牧居代郡鴈門，市租皆收入幕府，爲士卒費，日擊數牛饗士，厚遇之。單于入寇，令毋得戰，如是數歲，士日得賞賜，皆願一戰。會匈奴大入，擊之破，殺其騎十餘萬，匈奴不敢近趙邊。王翦以六十萬人伐楚，楚悉國中兵拒之。翦堅壁不戰，日休士洗沐，而善飲食撫優之，親與士卒同食。久之，見軍中投石超距，於是曰士卒可用矣。乃擊破楚軍，殺其將，虜楚王，楚地遂平。牧與翦皆需之歲月，以待其樂爲之用，然後用之，故能成功。後世舉烏合之衆，一旦拜一將主之，即驅之以禦夫練習已素、臂指相使之虜若寇，是以牧、翦之所不能責之以必能也。因以僨軍殺將，此理勢固然，無足怪者，然則强敵壓境，存亡在呼吸間，亦如牧、翦之相持於久，其能待之乎？

魏公子無忌之奪晋鄙軍以救趙也，勒兵，下令軍中曰："父子俱在軍中，父歸；兄弟俱在軍中，兄歸；獨子無兄弟，歸養。"得選兵八萬人，進擊秦軍，秦軍解去，遂救邯鄲，存趙。樹德於朝，而暮獲報焉，其取效之捷如此。故知萬人之心未嘗不可以一念感之也，百世之功未嘗不可以須臾之恩取之也。特爲將者漫不爲之意，尊嚴若神，上下闊絶，士卒之甘若不聞，遽投之凶器，驅之死地，遂令身名俱喪，而國事益不可爲矣，悲夫！

秦始皇

天下法能生弊，弊亦能生法，故無法則弊不能生，而無前人已然之弊，則法亦無從立。是以聖人不立爲異，惟互相踵襲，修其殘，補其缺，遂可以免患，而後之人務舉前人之所以治天下者，一切澌滅而更張之，自以爲能矯其弊，可以久安長治，而不知適以自速其禍也。

夫三代之法，其害已見於夏者，商求避乎禹之所不及避；再見於商者，周思圖乎湯之所不及圖。商之法詳於夏，周之法詳於商者，蓋其弊見於世者漸增，而爲之備者亦因以衆也。禹至桀四百餘年；商則加久矣，湯至紂六百餘年；周又加久矣，武王至東周君八百餘年。豈周之德過於商，而禹之德薄於湯哉？制愈久則弊愈著，弊愈著則禁制之者愈詳，禁制之者愈詳，則喪亡之禍亦以愈緩。

即以封建論之，湯武以藩臣興，而秦之强也亦以藩臣，則三代之亡，皆亡於封建者也。周末封建之禍烈矣，其暴白於天下者無遺弊矣。在彼無遺弊者，在我必無遺巧。舉三代所以隄防之方合，而用之不慮不密；八百年暴白之禍，懲戒而制之不慮不詳。使秦相沿封建之制，用其隄防之方而制其暴白之禍，秦之久其可量乎？乃以爲天下之禍盡於封建，封建而外可悠游安坐而守之，於是奮然自决而爲郡縣。夫郡縣非不可也，於秦則不可也。其弊未形而其患未著，則救之之慮無所措，而防之之策無所施。譬之燕人，操千金乘車適越，雞鳴戒途，見星而休舍，數遇盗，亡其所操者。其後鄰人適越，不惟鷄鳴戒途，見星而休舍是懲，而咎陸行不祥，舍車而舟。風濤小作，其人不知操舟，遂没於水。夫封建，秦所明也；郡縣，秦所闇也。習於陸而不習於水，反以所習者爲戒，而趨於所不習，欲以免患，得乎？

荀子曰“法後王”。孟子曰“遵先王”。孔子曰：“殷因於夏禮，所損益可知也。周因於殷禮，所損益可知也。其或繼周者，雖百世可知也。”荀子、孟子、孔子之意，未有以異也，曰“法”、曰“遵”、曰“因”，皆欲世之人君互相踵襲，修其殘，補其缺，以免患也。孔子蓋將以三代之制，百世相沿而不變，至繼周而遂盡變之，以底滅亡，此聖人之所不及料也歟！

韓　非

君子循理守正，雖未易邀人之悦，然亦不至啓人之疑；小人曲意以阿世，急於欲人之悦，而人之疑之也自此始矣。韓王遣非納地效璽於秦，非因説秦王破天下之從，未及用，下吏自殺。相傳非死於李斯之譖，吾以爲實秦王殺之也。非之言曰："大王誠聽臣説，一舉而天下之從不破，趙不舉，韓不亡，荆、魏不臣，齊、燕不親，則斬臣狥國，以戒爲王謀不忠者。"甚矣，非之愚也！身爲韓之公子，欲亡韓以媚秦，秦王能無疑乎？

漢高祖屠戮功臣，韓信、彭越皆見葅醢，蕭何亦遭械繫，獨張良免於猜忌，以其家世相韓，及韓亡，而爲韓報讐之心未嘗一日亡也。夫不忍負已覆滅之韓，其肯背方興之漢乎？此高祖之所以能深信良，而良之所以卒免於禍也。非欲爲秦亡韩，即非怚中而不信之主，亦將殺之矣。

晋里克弑其君奚齊及卓，殺大夫荀息，於是公子夷吾得立。夷吾既立，謂克曰："微子，則不及此。雖然，子弑二君與一大夫，爲子君者不亦難乎？"克伏劍而死。魏公孫鞅與公子卬善，及爲秦將，攻魏，魏使卬禦之。鞅紿卬與相見，盟而罷兵，伏甲士虜之。後鞅出亡走魏，魏襄疪不納，曰："以君之反公子卬也，吾無道知君。"鞅遂車裂於秦。夫克與鞅所爲悖謬，其弗信於君與友，宜矣；而非徒以一言，遂至殺身。君子之言安可苟哉！

漢高祖

天下之心，戢寧於所有餘，而燥動摇蕩於所不足，自古至今未有以異也。是故賣薪林中，鬻魚湖上，而人不屑一顧者，其所至足也。冬日之裘，夏日之翣，乘其所急，則人争趣之矣。

周、秦而上，無以匹夫得天下者。得天下者，必其祖宗功德入民已深，或其兵强國富足以震慑天下之人心者矣。然秦擁巴蜀之富，席累世之威，郡縣六國併一海内，旋以亡滅。漢高祖無尺土一民以爲之階，遂得代秦，子孫相繼至於久遠。其得失難易與國祚之長短，顧相去如此之遠，何哉？

秦與六國相勝以力，相欺以詐，曾無一念及民，是以當時之民固不甚繫戀其君不能舍去，然環視當時之君與其君無異，雖欲背叛他適，無所歸附。秦人力争而强奪之，不知收拾民心，而草菅其民之意抑又甚焉。夫失乳之兒，惟乳母是依者，以其饑有以哺我也，若無從得哺，則亦途之人耳。雖强負之而趨，更見一哺之者，則匍匐隨之矣。此所以六國之民雖强附於秦，終不能堅也。高祖處於時，有可乘。秦之君臣毒虐徧於四海，伐匈奴，築長城，戍作漕轉，惟富强是圖，民怨已極。當時之民思一寬仁長者爲之君而不可卒得，高祖一入關，即除秦苛法，以收拾民心。於是秦民大悦，適得其意中所欲得之人，惟恐高祖不爲秦王。及高祖即位爲天子，人人如獲天球琬琰，攜持懷袖，不忍少釋，此所以傳之子孫久而弗失也。

嗚呼！有天下國家者，慎毋民之弗恤，惟富强是圖，而侵刻毒虐，皆自爲豪傑乘時之藉哉！

韓　　信

事有所爲略相似，而心之疑人與過於信人相去遠矣。然疑人者乃以得全，而過於信人者顧以自禍，可不哀乎？

秦王翦將六十萬人伐楚，請美田宅甚衆，且曰："爲大王將，有功，終不得封侯，故及大王之嚮臣，請田宅，爲子孫計耳。"既行，又使使歸請之。或疑其已甚，則曰："王怚中而不信，今空國而委我，不有以自堅，顧令王坐而疑我矣。"翦卒以此得全。信之請爲假王以鎮齊。與期會擊楚，不至，及有分地，乃引兵來，則與翦異矣。此政如父母之於子，驕愛已甚，而子之要之者亦溢於常數，夫豈以傲父母哉？惟信之弗疑，故求之遂無厭耳。觀夫蒯通之説信，其言利害切至，而信不爲動，終不忍倍漢；及高帝欲襲信，信猶自度無罪。夫信亦曷嘗以前此之要其君者爲溢於常數哉？然自良、平躡足，而帝不能釋然於信矣。成皋之圍方得脱，即自稱使者，馳入信壁而奪之軍，猶曰身困，藉以自振。及已破楚，又馳入信壁奪其軍，何説也？信至此無完理矣。猶不自疑，可不哀乎？他日吕后欲誅彭越，令其舍人告越謀反，遂夷越三族，梟其首洛陽下，安知上變告信反狀者非即其類耶？

嗟夫！信之戰勝攻取，漢君臣無與爲敵者，以木罌破魏，以背水破趙，以囊沙破齊，皆不必其師武臣力而後用之也。信苟不自以爲無罪，則雲夢之遊，帝適自投阱中耳，豈能襲信哉？及信已赦爲侯，知帝畏惡其能，常稱病不朝從，非特帝自將討豨而信不從也。且豨爲帝信幸臣，未有所折抑，信何知豨之欲反，遽以謀告豨？而豨之反，固周昌激之。乃謂倡之自信，將誰欺乎？

蕭何知信最深，其能辨信之必不反明矣，乃無一言；而縛斬長樂鐘室，則何紿之入也。蓋信爲何所舉，何不紿入誅之，恐相染累耳。帝初舉事於沛，何恐事不就後秦種族其家，於是推讓帝。何之自愛而欲移禍於人如此，在帝且然，何况信乎？

鼂　錯

孔子曰："觀過，斯知仁矣。"夫人，使天下之美名萃於一身而懷私挾憤之人，無以深求乎我，此非至殘忍者，不能也。邀名之心過甚，而欲置身於無可訕議之中，則雖誠有見於不測之禍，流於天下，中於吾君，皆有所不惜，恐禍弭而吾之名去，吾之名去而訕議之口叢之而起。故心不毒者名不彰，機不險者謗不息，殺天下而不顧，然後天下安。吾之行棄，吾君如遺，然後吾君不惑於左右之口。仁者則不然。身不死不足以救天下之禍，則委曲以求殺其身；謗不重不足以殺身，則委曲以求負天下之謗；謗重而君不能動，則委曲以求激君之怒。如是而身乃可以死，天下之禍乃可以救。

鼂錯當景帝時，議削諸王分地；七國激爲兵端，復請天子自將，而己居守。前此，六國之反狀未明也，而錯激之。激之而不敢自將，使天子爲其難，己爲其易，此非獨激天子之怒也，固已負莫重之謗矣。蘇子曰："錯之所以自全，乃其所以自禍也。"夫錯豈自全者哉？當其建議時，其父曰："鼂氏危矣！"錯曰："固也。不如此，宗社不安。"錯固有求其不自禍不可得者。七國之反，緩則莫救，而急則易支。錯自將擊之，則功成而七國以無罪，致辟則七國之罪不明，景帝之心不安，而削地之議不可以久，子孫之禍終未艾也。錯乃負莫重之謗以激天子之怒，使袁盎之讒易入，而身以死。身死而七國之兵不罷，七國之罪乃以昭然，而削地之議乃可以久遠而不復。

嗟乎！不避禍易，不逃謗難；不逃謗易，委曲以求負天下之謗，而激君之怒以死，則難之難也。七國在其術中，爲錯以反；景帝在其術中，爲錯以怒；袁盎在其術中，爲錯以讒。三資者具，而錯之深憂至計乃以遂。當是時也，惟恐其名或我立，惟恐其功或我成，惟恐其過之不顯明彰著於朝廷，而懷私挾憤之人無以深求乎我也。是何也？仁之至也！錯之過，其不可及也已；錯之仁，其不可及也已。然則終身安處於無過，而能令天下後世諒其心者，此其人之仁不仁，吾甚慮之矣！

漢武帝

方國家承平之際，衆人皆以爲治安無事，而有識者見於未兆，發於未萌，獨以爲不測之禍且在旦夕，從其説則可以遏絶其端而使禍亂不作，違之則必有兵革之擾，甚且至於不可救，因以有傾覆之憂。故有國家者，資於長慮遠識之士，非渺小也。然惟其於利害甚明，則必慎於一身之出處趨避，而不肯因循遷就以及於禍。一旦變起倉卒，國家危於累卵，舉平日所授以高爵厚禄而荷不世之寵遇者，或掉臂以去，袖手以觀，託於明哲保身之道。然後其君始知其孤立於上，而嘆國之無人矣。獨一二樸忠之臣，惟知矢心竭力以捍君國之難，而一身之死生利害皆有所弗恤。蓋非知之而不恤也，其莫測之禍、不可解之危，舉世昭然其見，而己獨弗之知也。斯可不謂之愚乎？然斯時，舍此别無可仗者。故聰明智巧之人，時平猶可資其用，而國家介於安危存亡之際，而欲藉其絲髮之力，難矣。

漢武帝以羣臣惟霍光可屬社稷，於是以輔昭帝委任光，光讓金日磾，日磾曰“臣外國人，恐匈奴輕漢”，於是專任光，以日磾佐之。且日磾之推讓遜避，不獨此也。其子爲武帝弄兒，與宫人戲，日磾殺之。武帝欲納其女後宫，日磾不肯。遺詔以討莽何羅功，封日磾爲侯，日磾以昭帝少，不受封。其遠於權勢，惟恐禍及其身如此。使日磾輔少主，必一切退避遜讓，使不肖者充位，罪大者苟容，則政事紛糾，其能使百姓充實、四夷賓服而少主無震驚之患乎？光挾震主之威，任天下之重，殺則殺，奪則奪，而忘其身爲人臣也，至使其君忌之，群臣皆積不平於中，而光不悟也。夫羣臣積不平於中，欲伺其便，會有以發之耳。禹之反，安知非增飾文致以成其獄乎？故光之自爲計，則悖然。當主少國疑，則非懵於自爲計者不可，此武帝之所以有取於光也歟。

周勃爲人木疆敦厚，高祖以爲可屬大事，故語吕后曰：“安劉氏者必勃也。”孔子之稱甯武子曰：“邦有道則智，邦無道則愚。其智可及也，其愚不可及也。”高祖、武帝，其知之矣！

公孫宏

相臣佐天子以理天下，使百姓乂安，蠻夷效順，其閭閻之利病，疆埸守禦之得失，以一人之聰明，意度懸揣，而周知其故，一一得其所以措置之方，亦已難矣。

丙吉馭吏醉嘔車上，吉無所問。馭吏知寇入雲中、代郡，白吉曰：“邊郡二千石長吏，有老病不任兵馬者，宜可豫視。”及詔問寇所入郡吏，吉以馭吏言得具對，“見謂憂邊思職”。吉歎曰：“使丞相不先聞吏①言，何見勞勉之有？”唐德宗時，伺朝士相過，金吾輒飛啓，宰相至闔門謝賓客。裴度以時多故，宜延天下髦英咨籌策，乃請還第，與士大夫相見。

① “吏”欠清晰，《漢書·公孫宏傳》本爲“馭吏”。

夫吉之藉馭吏力，幸也，可常恃乎？度咨籌策於士大夫，所得雖廣於吉，然人無專責，則推委觀望者衆，而相臣之所宜知宜聞者猶有遺也。

公孫宏爲丞相，方武帝有事邊陲，苟有所問不能答，何以安其位乎？於是起客館，開東閣，以延賢人，與參謀議。故武帝丞相多見誅戮，不得以功名終，而宏終丞相位。蓋李蔡輩，客館丘墟，至公孫賀、劉屈氂，且壞，以爲馬厩、車庫、奴婢室矣。宏以懷禄固寵，其得失且若此，客所關利害，豈不重歟！

或曰："客或不自愛，肆爲奸欺，則奈何？"余曰不然。第慮丞相自多私，故遂因緣爲奸耳。丞相苟公忠爲國，其待丞相爲榮辱者，必加意訪求考究，思有以裨益。丞相且不敢因循苟且，恐見誚讓，况敢爲奸欺乎？李允則之在滄州，不事威儀，間或步出，遇民有可語者，延坐與語，以是洞知人情，故能善撫士卒，皆得其用，盜發輒獲。然則集衆思、廣忠益，亦爲將者亟務哉，而允則所得更廣矣。

霍　光

史稱宣帝初立，謁見高廟，大將軍霍光驂乘，帝内嚴憚之，若有芒刺在背。及光身死，而宗族誅滅。世謂霍氏之禍萌於驂乘，又云"帝思報大將軍德，使其子與兄子並典樞機"，亦何相剌謬歟。嘗考宣帝好觀申子，以刑名繩下，趙、蓋、韓、楊皆不得其死，天資刻激，無所容恕。其所以使光子與兄子並典樞機，豈真報德哉？驂乘之忿積於中久矣，無所發怒，故寵其庸懦子弟，投之兵柄，既予以爲變之資，復驟加裁奪，激其邪謀，因而誅之，蓋託報德之名以行報怨之實也。然光亦自有以致之罪，豈獨在宣帝哉？

凡人微有所樹德於人，輒沾沾自喜，謂爲不世之恩，彼雖竭力相酬，終難稱塞。我之於彼縱有過當，彼亦當權以舊恩，不復較責，不知彼既已得之，視爲固然，感激之私遠而漸忘，而難堪之憾近在胸臆，遂至於腐心切齒，斯勢之所必至矣。晏平仲解左驂贖越石父，載歸，弗謝，入闔久之，越石父請絶，曰：“知己而無禮，不如在縲紲之中。”夫越石父，羈旅之囚也，寧甘縲紲，不能堪平仲之無禮，而謂君能堪之乎？光自昭帝時黨親連體，根據朝廷；及昌邑王廢，光權益重。每朝見，宣帝虚己斂容，禮下之已甚，諸事皆先白光，然後奏御。此其勢豈能久乎？勢不能久，而隱忍不發，則其發之也必厲。雖不假禹等以難勝之任，使之盈量而溢，升高而顛，而光覆滅之禍亦不得免也。

或曰宣帝欲報功，而昧於所以報之之道，不意其適以害之，未必有憾於光也。夫光死之後，損奪其權，以全功臣之世，魏相言之矣。請罷三侯歸第，使天下以陛下爲不忘功德，而霍氏世世無所患苦，張敞言之矣。宣帝亦何至昧於所以報之之道哉？趙襄子出圍，賞有功者五人，高赦爲首。張孟談曰：“晋陽之中，赦無大功，賞而爲首，何也？”襄子曰：“寡人之國危社稷，殆身在憂約之中，與寡人交而不失君臣之禮者惟赦，吾是以先之。”宋哲宗幼冲嗣位，宣仁臨朝，諸臣奏對，惟稟旨宣仁，哲宗有言，或無對者，獨蘇頌奏事宣仁畢，必再稟哲宗，哲宗有宣諭，頌必告諸臣使聽。後罷相，御史周秩論元祐執政，至頌，哲宗曰：“頌知君臣之義，與他人不同。”觀於赦與頌之見稱於二君，而光之得以身免猶幸矣。

光　武

禮者，發於人心之所共，然而因革損益莫不繇之。苟尋究上古久遠之陳迹，或拘世俗淺薄之見，以爲品節度數，則或拂乎人心，人心既去，則國隨以傾，而禮亦安所依以立哉？光武已定天下，張純、朱浮奏議：“禮，爲人子事大宗，降其私親。當除今親廟四，以先帝四廟代之。”戴涉等奏立元、成、哀、平四廟。光武自以昭穆次第當爲元帝後，乃追尊宣帝曰中宗，祀昭帝、元帝於太廟，成帝、哀帝、平帝於長安春陵，節侯以下於章陵，其長安、章陵皆太守，令長侍祠。後世有議之者曰：光武雖曰中興，實創業也，宜追尊其先，不宜拘爲人後之制。此所謂上古久遠之陳迹，世俗淺薄之見也。王莽狹小，漢家制度更爲疏闊，罷置改易，動欲慕古；制度又不定，吏緣爲奸，而漢諸廟皆廢徹塗地，天下謷謷莫不謳吟思漢。更始將都洛陽，以光武行司隸較尉，使前整修宫府。光武置僚屬，作文移從事司察，一如舊章。三輔吏士見司隸僚屬，皆歡喜不自勝，老吏或垂涕曰："不徒今日復見漢官威儀。"識者皆屬心焉。繇是觀之，光武雖創業，然惟乘藉人心思漢，故易以成功，又安得不承祧西漢，以順人心乎？故舜之宗堯，亦此意也。使東漢盡廢西漢廟祀，自立宗廟，必無以安天下之心。光武見之審矣！後世有天下者，一切恣行己意，不則狥大臣喜怒，夫身立夫兆民之上，得乎民心則安，失乎民心則危，而略不視民心之所去就以爲從違，亦何其不思之甚也。

夫建立宗廟，其承祧西漢與追尊其親，於天下之人未有所利害也，光武猶且不敢自便，惟凜凜民心是遵，而一切賦役兵刑之輕重繁簡，其利害與民相關者，顧可忽乎哉？

耿　弇

人君疑忌臣下，讒間易入，使其臣罪狀未明，動遭殞滅，誠非盛德事，然亦無不繇臣下之自取者。故韓、彭之誅，罪不獨在高帝；而東漢諸臣固能自全，非獨其君之美也。

光武詔耿弇進擊彭寵，弇以父況與寵同功，又兄弟無在京師者，不敢獨進，求詣洛陽。詔報曰："將軍舉宗爲國，功效尤著，何嫌何疑，而求徵?"況聞之，更遣弇弟國入侍。夫以弇之忠謹自將如此，即當猜忌殘忍之主，亦將終身免於患禍。使韓信、彭越、黥布三人者一如弇之深自固結於其主，後世且相傳高帝能保全功臣，無復訕議矣。

故知爲臣者自全固自有道，如信輩恣意妄行，使讒慝之口有以伺其便，顧曰君實多猜乎？嗚呼！仁暴之相去亦遠矣，然多繫於臣下之所成就何如耳，豈盡繇人君哉？

郭　泰

士君子之全身固自有道矣。若謂惟恂謹爲可以無患，自古黨人之禍，豈無不吐 辭、不營一事，而横被連引者乎？東漢鉤黨，死者百餘人，州郡承旨，或有未嘗交關亦離禍毒，而餘波所及，其死徙廢禁者至六七百人。當時獲免者，夏馥、袁閎、申屠蟠數人而已，然皆絶跡遠遁，自同傭人，或幽閉一室，兄弟妻子皆不得見。獨郭泰名震京師，而太學諸生更相褒重。則泰爲其冠，乃不及逮治，推原其故，皆以爲不爲危言激論，故得免於怨禍。夫餘波所及之六七百人，豈盡危言激論所致哉？或又以爲泰之免，幸也。此六七百人，名本不列於俊厨顧及，猶且牽引，况泰爲八顧之首，乃得幸免乎？

泰之免，實獎訓士類之力也。左原犯法見斥，泰遇諸路，爲設酒肴以慰之，謂曰："昔顔涿聚梁甫之巨盗，段干木晋國之大駔，卒爲齊之忠臣、魏之名賢。蘧瑗、顔回尚不能無過，况其餘乎？慎勿恚恨，責躬而已。"原納其言而去。後忽更懷忿，結客欲報諸生。其日泰在學，原愧負前言，因遂罷去。宋果性輕悍，憙與人報讐，爲郡縣所疾。泰乃訓之義方，懼以禍敗。果感悔，遂改節自勑。後爲侍御史、刺史，所在能治。賈淑性險害，邑里患之。泰遭母憂，淑來修弔。既而孫威直至，以泰受恶人弔，心怪之，不進而去。泰追而謝之曰："贾子厚誠凶德，然洗心向善。仲尼不逆互鄉，故吾許其進也。"淑聞之，改過自厲，終成善士。鄉里有憂患者，淑輒傾身營救。又如召公子、許偉康並出屠沽，司馬子威拔自卒伍，而張孝仲、范特祖則識之芻牧之中、郵置之役也，皆得列名當時，有聞於後世。泰之成就人如此，然亦即泰之所以自全者歟！

夫身處濁世，徒欲高自標置，恣所欲爲，名歸於己，禍萃於人，使之爲朝廷所不宥，天地所不容，迫而走險，禍復還萃於我矣。范滂之稱泰，有曰"貞不絶俗"。夫"貞"，則内不失己；而"不絶俗"，則庸衆相與安之。斯亦足以免禍矣！而泰又使不才者皆有所成就，凡始之患苦州間者，終且德澤有加焉。善一人以及千百人，泰即有患禍，衆咸相與捍衛之矣，何至爲凶德所垢污乎？

夫獎訓士類亦何所難，而身以此獲全，乃知據經守正，固即有明哲保身之道。若託於箕子佯狂，孔子微服，使生平俱敗，而曰“吾以從權也，故非箕子、孔子，而妄擬佯狂、微服”。凡世之躶形塗面者，比比皆是已，權亦何可易言哉？

曹　操

余嘗讀史，至曹操加九錫，未嘗不掩卷而嘆曰：“甚矣，人心之不可矯誣以欺世也，如此哉！”孫權稱臣於操，稱説天命，操曰：“是兒欲踞吾著爐火上耶！”陳羣等皆勸操宜正大位，操曰：“若天命在吾，吾爲周文王矣。”夫荀彧非忠於漢者，當董昭建九錫之議，而彧止之，豈真欲操秉忠貞之誠、守退讓之實哉？亦即操“吾爲周文王”之心也。當時獻帝不能自立，非操無繇得擁虛器，使操稍稍修飾臣節，不令獻帝有所屈辱，獻帝且感悦不已，不至更相猜忌。操雖名爲丞相，實行天子之事，有九錫權不加益，無九錫權不加損，堅忍以待，略倣文王三分有二以服事殷之盛矩，漢之天下舍魏終將安往？彧之深心實在於此。操一聞昭議，本心不覺盡露，亟欲得之。彧不能喻操之旨，固爲沮止，操遂不悦，彧繇是獲罪以死。

孟子曰：“五伯，假之也。久假而不歸，烏知其非有也。”彧蓋欲操久假而不歸，而不知假則必無有能久者也。操自以爲“吾爲周文王”矣。文王未嘗有加九錫事，操豈不知之？惟其心亟欲篡奪，日夕引領大位之及不能少緩，故口擬文王，而心趨於奸莽之故轍而不自覺也。莽於平帝五年加九錫，明年稱假皇帝，又明年即真爲天子，越十五年而身首異處，節解臠分。其不祥如此，亦何足法乎？及群等勸正大位，操知人心不附，乃欲爲文王，非至此始喻彧之意。當彧發言之日，亦未嘗不以爲是，而自不能沮遏其邪心也。不然，操之身固未嘗正大位也，使操如彧所指導，假託忠貞，謬爲退讓，毋過於凌虐天子，不加九錫，不自稱公稱王，至丕而禪位，則“三分有二以服事漢”之令譽，操且得竊之以欺千古，千古而下稱爲至德矣。其於本心之不能自昧，何也？

劉裕之代晋，取其已失於桓、元者，而非奪之晋也，篡弑之名亦可以自免矣；必欲加害零陵王以示天下後世，使天下後世皆曰裕固篡逆之賊臣也。非獨可恨，亦可笑甚矣。夫老奸巨猾，如操，如裕，苟挾欺飾詐，以塗人耳目，夫亦何難，而卒不能自掩其本心。《記》曰：“誠於中，形於外。”嗚呼，可畏哉！

司馬師

甚矣！小人之好名也，奪其所應得之實，則每每樂趨其名，予之以所應得之名，則反憤戾不顧，而强辭其實。蓋實者，君子之所獨擅也。君子恒居其中，而小人每出於其上與下。其所負者有如是之罪，而即以如是之罪名之，則遂以自棄，而爲庸人之所不屑；不以其罪名之，而若與之無與，則反虚己責躬，至能易君子之所難。

司馬師東關之敗，王儀以其罪歸之，則彼愧其無名，於是歸罪於儀，以逃其咎。徐塘之敗，朝廷歸罪諸將，師曰：“此我不聽公休之過也，諸將何罪？”此非獨有所愧於諸將也，急於趨名，不得不自爲引咎，以争得其虚己責躬之美。

甚矣哉！小人之好名，甚於君子也。故善用小人者，惟毋輕予以不可逃之實，而常寬假之以求名之途，則無事不樂爲君子之難矣。

王　導

趙穿之弑其君，非穿也，盾也。霍顯之弑其后，非顯也，光也。王敦之殺周顗，非敦也，導也。三者有以異乎？曰：導爲甚。穿與顯雖皆恃盾與光之必不討己，而後敢爲弑君弑后之舉，然乃逆探夫盾與光之意，而非盾與光明示其意於穿與顯也。盾與光既未嘗明示其意，苟迨其已弑，而畏夫人之議己，執穿與顯戮之以謝天下，而穿與顯無辭焉，則盾與光亦可以免於弑君弑后之罪矣。惟皆不能討，而後以弑君弑后之罪歸之耳。若敦，則以殺顗問於導，導不答，而後敦殺之，是則導明示其意於敦也。吴遣諸葛瑾至蜀，亮乃瑾弟也，俱公會相見，退無私面。敦則國之賊，異於瑾矣。夫伐國不問仁人，第使逆賊以殺天子大臣問於導，導之罪已不容誅矣。况以不答示其意於敦，因使殺之乎？導後簡料中書故事，見顗救己表，流涕曰："幽冥之中，負此良友。"不悔其借逆賊之威以弑天子大臣爲負國，而第悔其不察顗之救己爲負友，導之無君亦甚矣！

漢高祖論蕭何功曰："夫追殺獸兔者，狗也；而發蹤指示獸處者，人也。諸將徒能得走獸功，狗也；何發蹤指示功，人也。"故何所食邑獨多，悉封其父子兄弟，位次居諸功臣上，而諸功臣亦無異議。夫漢諸將所殺者，敵也；敦所殺者，天子大臣也。諸將殺敵而功在何，敦殺天子大臣，而罪獨不在導乎？

夫隱而不可測者，心也；顯而共見者，跡也。導之心，其不畏愛帝而畏愛敦，爲敦所劫，因與敦共謀逆也；抑謀實自導，而以敦爲抽戈之濟也，吾不得而知之。據其跡，則《禮》"蹙路馬芻，有誅"，况敢公然指揮逆賊以誅戮天子大臣哉？世不以導爲賊，而獨以敦爲賊。嗟乎！古今互相踵襲之是非，顧足憑乎？

梁武帝

世之紛紜争吾道吾教之異同者，叛棄吾道吾教者也。老子於孔子無所問也，亦無所稱也，而孔子於老子問禮不已，稱之以"猶龍"。蓋老子見孔子之異，而孔子見老子之同，是以不獨使之不能爲吾道之害，且誠見其有高遠而不可及、深渺而難窮者矣。是豈老子之不可及與其難窮也哉？即孔子之自見其高遠、自見其深渺焉耳。至於後世老氏與釋氏之徒，未嘗以吾孔子之教爲彼之患，而吾孔子之徒恒以二氏之教爲患，是則二氏之徒能見吾儒之同，而吾儒反不能不見二氏之異，夫固非孔子之意矣。故真見吾道者，即二氏之道莫非吾道；而所見不真，輕於信物逐物而遷，往往不能免禍。而世遂以爲二氏之害，不知惟斯人之無物不信，而二氏之教亦與其中，而實非二氏之爲害也。

梁武之於釋氏捨身者，屢以麵爲牲牢，信之篤矣！其後有臺城之禍，至爲信釋氏炯戒。嗚呼，是豈篤信釋氏之禍哉！

梁與魏通和，侯景叛魏歸梁，而武帝納之。此非獨吾儒之所不得爲，亦非釋氏之所得爲也。信吾儒之真者不敢納，信釋氏之真者亦不敢納。武帝敢於絶與國之懽，而受其叛逆，信釋氏之心移之於信景矣。及景詐爲鄴中書，云欲以貞陽侯易景，武帝復書曰“貞陽旦至，侯景夕返”，而景之反謀遂決。夫既受其歸附，一旦得僞書，即欲棄之，則信景之心又移之信僞書矣。武帝之禍，始於信景，成於信僞書。至於信僞書，而平日所以信釋氏者，從可知矣。而謂禍繇釋氏，不亦誣乎！

故凡世所謂篤信釋氏者，舉皆輕於信物之人；而輕於信物之心，舉皆不能免禍之道。漢文帝宗黄老，舉天下之物無得而間之，而所爲無一與黄老相戾者。孝武尚儒術，舉天下之物皆得而間之，而所爲無一不與儒術相戾者。文帝之世，天下乂安，而孝武則海内虚耗，豈儒術顧出黄老下哉？篤信不篤信之異也。使梁武果篤信釋氏，如漢文之於黄老，而釋氏之道安知非即全身保國之善術哉？

唐太宗

自古佞人之逢其君，蓋亦多術矣。君不欲人之違之也，則順適其意以迎之；而君不欲人之諛之也，則又逆折其意以投之。據其一節以求，其人誠無愧於正人端士，苟觀諸其終，則未有不自爲潰敗者矣。

李勣初歸唐，籍郡縣户口、士馬之數，以啓李密，使自獻之；太宗謀誅隱太子，問勣。勣辭此二事，宜有以拂太宗之心，而太宗顧以此重勣。夫骨肉相殘，太宗方自以爲古今大惡，勣不肯贊成之，與夫不以故主所有市恩於新主，真古純臣所爲。人臣之可屬社稷，無如勣矣。此太宗所深相契愜者，曷嘗拂其心哉？故使高宗用爲僕射，親任之。及高宗欲立武昭儀爲后，問勣曰：“褚遂良顧命大臣，固執以爲不可，事當且已乎？”勣曰：“此陛下家事，何用更問外人。”高宗遂立武氏爲后，唐以中绝。勣一人之身，前後之忠義、諂諛，其相去遠矣。然觀其迎合高宗之意如此，則前之有當於太宗之意者，非勣之忠義，亦勣之諂諛也。特所遇之主不同，故出之亦異耳。

霍光在武帝時無所表見，惟每出入，下殿門進止有常處，郎、僕射竊識視之，不失尺寸。以此對雄才大略之主，必且心厭之矣。然武帝以任所不當意者得之，太宗以取所當意者失之。故察人之可否，而以當吾意爲賢，鮮有不爲人欺者矣。

狄仁傑

自古安危治亂之故，未有不係於人材者。賢者得之則益以興，而不肖者得之可以免於亡滅。故君子於僭亂之朝，寧老死山林而不輕於一出者，非獨潔其身而已也，恐其賴吾調護以免於亡滅，則國法不得正，而天下之憤不得伸也。

狄仁傑委身女主，不以爲慚。世皆以反周爲唐爲仁傑之功，而吾則以曌之能改唐爲周，而身不及禍者，仁傑之力也。曌簒唐之天下，毀唐之宗廟，誅鋤唐之子孫，非唐之后，乃唐之賊也。古無以后爲賊者，以后爲賊自曌始；古無奉賊爲君而天下後世反以爲有功於國家者，奉賊爲君而天下後世反以爲有功於國家，自仁傑始。

嗚呼！以小人助小人，惟患其不衆，助之者愈衆，其失人心愈甚，其敗愈速，則其毒有時而盡也。以君子助小人，則足以挽已失之人心而收之，使不相離叛，是使小人流毒無已也。漢高欲易太子，留侯招高帝所不能致者四人，隨太子入侍，高帝見之大驚，指示戚夫人曰：“羽翼已成，難動矣。”夫高帝以父易置其子，猶以賢才歸附爲之寢謀。曌立武氏七廟，而敬業之兵起，敬業死不數載，曌遂改國號爲周，明年仁傑同平章事，天下遂無復有謀曌者。豈非仁傑在位，爲曌羽翼，使天下忠臣義士裹足不敢前乎？或曰敬業之敗曌，魏元忠也；敬業死，人皆以敬業爲戒，罪在元忠，不在仁傑也。曰曌之元忠，猶莽之王邑也。邑爲莽滅翟義，繼義而圖莽者遍天下，敬業敗而圖曌者迄無一人，罪安得獨在元忠哉？或曰事固有反經從權者，何責仁傑之深乎？曰：所貴於權者，爲用權則事濟，不用權則事不得濟耳。曌亦自知所爲悖逆，天下所不容，疑其圖己，於是大誅殺以示威，盛開告密之門，而推劾之吏競爲暴刻，網羅非辜，搆造成獄，慘酷之刑亘古未有，天下怨極矣。而太宗之澤猶在人心，天下未嘗忘唐也，惟仁傑事曌，爲之相，則曌有所恃，而忠義之士乃不敢問。仁傑苟以事女主爲恥，使曌孤立於上，徒與諸武及羅織之吏恣行不道，則天下之兵紛然而起，曌正厥辜，而諸武無噍類矣，中宗何至久不得正大位？宗室何至誅鋤略盡？羅織之吏亦何至毒痛四海乎？天下即無有起而圖之者，而曌年亦已老矣，中宗復辟之年，曌即以是年死，中宗之必復爲天子，二张之必誅，有柬之與無柬之一耳，又何藉於仁傑之反經從權爲也。

更始時，廣漢李業，蜀郡王皓、王嘉，巴郡譙元，犍爲費貽、任永、馮信，皆一時之英傑也。公孫述徵之，苟皆應命相助爲理，述與光武成鼎足之勢，未可知也。當時或飲毒、或伏劍、或託眚盲、或漆身陽狂以避之，無一應者，述卒無所成就，光武遂得興復漢業。苟謂業等爲有功於漢，吾無異議矣。

郭子儀

光武信愛龐萌，嘗稱曰："可以託六尺之孤，寄百里之命者，萌是也。"及與蓋延共擊董憲時，詔書獨下延，而不及萌。故夫棄之若遺者，非忽而忘之也，乃所以親任之至也。我無所疑慮於人，因以信人之無所疑慮於我，率意任情，不相猜忌，父子之愛不加於此矣。萌顧以自疑，遂反襲延軍，破之，與董憲連和，自號東平王，可不謂愚乎？

郭子儀在邠州，嘗奏一州縣官，不報，僚佐以宰相不知體爲言。子儀聞之，曰："自兵興以來，方鎮武臣率多跋扈，凡有所求，朝廷常委曲從之。此無他，疑之也。今我所奏，人主以不可而置之，是不以武臣相待而親厚之也，諸君可賀矣！"萌之所怒，子儀之所喜；萌之因以啓疑叛之心者，子儀反以之釋猜防之慮。人之器識，相去豈不遠哉？

嗚呼！光武收王郎文書，得吏民與郎交關謗毁者數千章，不省，會諸將燒之，曰："令反側子自安！"破降銅馬賊，請降者不自安，帝乘輕騎按行部陳，降者更相語曰："蕭王推赤心置人腹中，安得不投死乎！"及天下已定，以吏事責三公；而諸功臣皆不用，又每能回容宥其小失，皆保其福禄，無誅譴者。帝之安全諸功臣如此，獨於龐萌信之太過，小有弗謹，遂成大釁。

宋文帝有疑議，必訪何承天。知承天性褊促，每應遣，先戒曰："善伺候顔色，如其不悦，無須多陳。"人君能曲體臣心如宋文帝，則乖異之隙何自而生乎？

司馬光一

司馬光於王安石所行新法一概盡變之，其忠於謀國邪？抑徒以惡其人，遂舉所行法亦盡惡之邪？

韓欲疲秦，使無東伐，乃令水工鄭國爲間於秦，鑿涇水爲渠。秦覺，欲殺之。國曰："臣實爲韓延數年之命，然渠成，亦秦萬世之利也。"乃使卒爲之，繇是秦益富饒。夫國蓋爲間於秦，而欲以疲秦者也，秦雖爲所愚，甘墮其計而有所不恤，此誠善於謀國者矣。

夫安石青苗諸法，則變之惟恐不亟，而免役法行，民得一意田畝，其法誠便於民，故蘇軾曰："役法可顧不可差，第不當於顧役實費外，多取民財，若量出爲入，不至多取，自足以利民，何必改法？"光竟罷免役錢諸色，役人皆如舊制，此寧從國家起見者？王曾語諫官韓琦曰："近日頻見章疏，甚好，只如此可矣。向來如高若訥輩多是擇利，范希文亦未免近名。要須純意於國家事。夫天下事，往往有如此，可以止者而又求焉，以至於盡，則亦亟於好名者之過也。”光之意，蓋以爲安石所爲，天下怨入骨髓，吾去其八九，存其一二，天下之人猶以吾爲未盡善也，于是無擇其善與不善皆變之，以求合夫天下之心。天下之人聞法之將變，以爲必能從吾之便，莫不悦之，及見其不便者變，便者亦變，以爲不惟便乎吾是求，而惟盡乎法爲快，然後有以窺其意之不在我也。斯亦安足以合夫天下之心哉？

宋皇國父爲太宰，爲平公築臺，子罕請俟農功畢，公弗許。築者謳曰：“澤門之晳，實與我役。邑中之黔，實慰我心。”子罕聞之，親執樸以行築者，而抶其不勉者，謳者乃止。或問其故，子罕曰：“有詛有祝，禍之本也。”夫以我之見祝，勝夫人之見詛，古之人猶且畏之，光乃徒欲盡變其法，雖以詛易詛弗恤也。光自謂所爲無不可以告人者；夫事事期於可以告人，必有不可以告天者矣，况其并不可以告人乎？

司馬光二

東漢黨人之禍，諸君子激成之也。及被收考，如杜密之自殺，巴肅之自載詣縣，可也。張儉乃亡命遁走，望門投止，凡所經歷，伏重誅者以十數，宗親殄滅，郡縣爲之殘破。重己之一死，而轻於禍萬家，何其忍也！岑晊勸成瑨收捕張汎，遇赦，殺之。及瑨以此獲罪，晊竟逃免，使瑨獨死獄中。儉與晊皆入及之一，而所爲若此。凡列名黨籍，豈盡賢者哉？黨之爲名，袛足以害君子，而最足以容小人。名與利妨，則不恤名者，無如小人；而名與利附，則善於趨名者，亦莫如小人。君子安能辨之哉？誤以同類收之，而卒以敗類，利歸於小人，而禍中於君子矣。故君子與小人迭爲盛衰，而君子往往方見柄用、旋遭遣斥者，正以其輕信易欺，而爲小人所悮也。

司馬光復差役法，爲期五日。同列病太迫；時蔡京知開封，獨如約悉改，畿縣顧役無一違者。光喜曰："使人人奉法如君，何不可行之!"有後章惇復變役法，置司講議，久不决，京曰："取熙寧成法施行之爾，何以講爲?"顧役遂定。光徒知悦其亟於奉行，而不知惟其獨能五日如約，所以後日必至於取熙寧成法施行之也。昔人謂差、顧兩法，光、惇不同，十年之間，京再涖其事，成於反掌，兩人相倚以濟，識者有以見其姦。吾以爲即光賴以濟時，便足以見其姦，何待十年乎?

宓子賤爲單父宰，陽晝曰："吾有釣道二焉，請以送子。夫投綸錯餌、迎而吸之者，陽鱎也，其爲魚薄而不美；若存若亡、若食若不食者，魴也，其爲魚博而厚味。"宓子未至單父，冠蓋迎之者交接於道，宓子曰："車驅之！車驅之！陽晝之所謂陽鱎者至矣。"夫陽晝第以釣道告宓子，而宓子遂能盡單父之人而辨之矣，然則君子小人豈難知哉?

吕公著平章軍國，時門下因語次，或曰："嘉問敗壞家法，可惜。"公著不答，客愧而退。一客少留，曰："司空尚能容吕惠卿，何况族黨?此人妄意迎合，可恶也。"公著又不答。既歸，子弟請問二客何如，公著亦不答。若公著者，其能免於輕信易欺之患矣。

岳　飛

君子之得君，不及小人之得君也。君子恒滯於理，而小人恒達其情。誘之以所不能割，故惟其意之所指而不少違；懼之以所深忌，故異己者不能間君之懽心，而彼且得中之以法。是以君子往往不能勝小人，而卒爲小人所勝，政繇此也。

古之爲臣而以冤死者衆矣，而世之冤飛之死特甚，惟功垂成而敗之，繇惜之深，故冤之甚耳。或曰："檜主和，和則土宇日蹙，父兄終淪於寇地，而寇之侵辱日加甚焉；飛主戰，戰則中原必盡恢復，父兄與諸后皆得歸，不稱臣納幣，而免於侵奪。其利害昭然如此，高宗不能辨之，爲檜所惑，飛於是時宜反戈討檜，如袁紹之誅董卓，可也；不則，募劍客刺殺之，如王承宗之圖武元衡，亦可也。檜死，則和議自息，惟飛所欲爲矣。”不知當日之失不在高宗不能辨戰與和之利害，爲檜所惑，而在諸臣皆欲迎還渊聖，而無有議及淵聖若還，何以安置高宗者。高宗自不能使渊聖復辟，己仍退守藩封。於是日夕旁皇，莫知所措，使檜得窺其隱衷，故一倡和議，深愜高宗之意，而力主戰如飛，方切中高宗所忌，班師亦死，不班师亦死。檜存，飛不得戰；檜亡，飛亦不得戰。若如袁紹、王承宗所爲，事必無成，適使檜言益驗，立見族滅，而大逆不道之誣千古莫可湔雪矣。飛之處此，惟當按兵不動，明告高宗曰：“臣之欲竭愚忠，不盡殲諸寇不休者，爲陛下効驅馳耳。夫戰與和之利害陛下亦必能辨之矣，乃舉垂成之功而捐棄之，必奸臣之惑陛下，謂臣將樹私恩於淵聖，於陛下爲不忠，故不令臣得効驅馳。今天下臣民莫不歸心陛下，願陛下億萬年爲天子，謂淵聖得脱虎口，高拱深宫足矣，必無他望。臣即悖逆，何敢以一人違天下億萬人之心！若慮臣有異志，百口具在，其從臣在軍者今亦遣歸，請悉拘繫。脱如人言，盡加誅戮，令無遺種。臣自度仰仗陛下威武，必能盡滅諸寇，使華夷一統，陛下長享富有四海之盛。惟陛下裁擇!”夫高宗惟慮不得爲天子，故甘處小朝廷，至父母兄弟之弗恤。既使之知戰亦不失爲天子，又土地加拓，父母梓宫得返，兄弟得相聚，而永無屈辱之患，高宗亦何愛於和議而惟檜是昵乎？必且斬檜以謝天下，委飛以恢復之任矣。

夫人臣誠欲建功報國，必求夫君之所不能割與所深忌者何在，使君之情無所拂，而吾之理亦得以伸矣。苟徒執一定之理，以矯夫不能遣之情，功不可成，禍隨及之，亦何裨於君國哉？

萍廬偶集

上范大司馬書

昨以先生蒲輪内召，將正位揆席，懷刺修賀，不獲進見之命，敢復以書致其惓惓之意。聞之郭孟白云，先生以大臣出處宜明，石齋先生與楊武陵之功罪未定，不肯輕於一出，欲以疏先，然後就道。某不勝懽忭！以今日奔兢成風，廉恥道喪，先生遲回却顧，令天子知大臣尚知自重，不至懷鄙薄士大夫之意。此之用心，裨益世道豈其渺哉？

徐而思之，不顧利害，慷慨敢言，此臺諫之高躅也。而大臣格君匡主之道，宜令朝廷實見之施行，非自取一敢言之名，可以謝責。夫欲實見之施行，必須面議口奏，乃便於往復開陳，此豈一疏可了？且進言，亦必身處殿陛，相度機宜易於聽允，與遥投章奏，但期我無不盡之辭，不期君有可投之隙，功之相去萬萬也。方今事勢，則主憂臣辱之時矣！先生疏上，待得旨乃行，耽延時日，不知者或以爲偷安自便，某謂此疏斷然可省。

惟石齋先生之於先生，則休戚相同，毁譽與共者也，今不亟抵戍所，臣誼殊覺未安，且恐授人以口實。先生宜悉意相規，一言不聽，至於千言萬言，無容嘿嘿處此。夫石齋先生與武陵之功罪，自有先生之召命，天子甫發德音，而華衮、鈇鉞各有攸歸。朝廷之功罪已定矣，惟石齋先生之所以自處，與先生之所以爲石先生計，某竊猶有疑也。欲以書通石齋先生，嫌於未同此衷，不能自已，一布之先生，先生苟不蚤爲石齋先生計，恐亦非先生之所以自處矣。伏惟寬其狂僭之誅，幸甚！

再與周仲馭書

凡人之有求於人，而不以爲愧者，必其人之可以求也。然其人雖可以求，而我未嘗拜謁於庭，冒焉以書先之，遂有求焉，則亦不能以無愧。某於先生，則未嘗拜謁於庭。先生以書先及，昨又與次尾言，欲手援某於窮困窘迫之際。某亦可以已矣，乃再以書通之，不止不以爲愧者，恃先生之可以求，又恃其所求者之可以無愧也。昔孔文舉爲北海相，有人遭父喪，色無憔悴，文舉刑之。一人母思新麥，盜鄰家麥以進，文舉特加賞異。先生，今之孔文舉也。

某更有請者，先父蕩平寧夏，出萬死一生，身危矢石者屢矣。水攻，用間，與張亮大捷，皆以無權之身，徒恃血誠，感諭士卒。而督府葉遠駐靈州，及事定，乃以殺降邀賞，又僞造蠟書，謂用間實出彼謀，以欺神廟。茅氏三大征，一書歸功於葉，所謂可覓千斛米，當爲作佳傳，而從信諸書皆踵其訛。今次尾所著《征哱本末》已辨其誣僞，惜傳之尚未廣也。

某於天啓元年具疏，爲先父請謚，奉旨下部科參，深以爲宜。詞林則現聞先生有謚議矣，昨禮垣議謚一疏又諄諄以葉爲言，不及先父，其爲魏收穢史所悮無疑。此亦貴部職掌。使王濬平吴之功終爲王渾所抑，則盛典爲之不光矣。某之代父陳乞，不以爲恥者，亦盜麥進母類也。使某嘿嘿以處，此其能逃於孔文舉之刑戮哉？

王周臣《春秋制義》序

三代而上，士以其所學修之身；兩漢之士，以其所學施之於事；而今之士者，言之外無求焉。其甚者，拾取他人餘唾，習補綴組織之勞，工爲聲調藻麗之句，以取悦有司，有終其身未嘗自吐一言者矣。夫舍躬行砥礪與施諸政事，即言，亦安所附麗？宜乎并虚談不能也。

《語》《孟》與《易》《詩》《書》《禮》之文，言理者十之五六。經生家字櫛句比，株守舊訓，身處窪下，仰企重霄，未嘗陟游夏之藩，而遂欲暢孔孟未盡暢之旨，辨漢宋以來諸儒未辨之惑，如委巷小兒，强之説建章宫千門萬户，雖有巧智，終歸囈語耳。求其能窮天人之際，析性命之微者，豈不難哉！惟《春秋》一經，則存諸事不過盟會、征伐之專擅，君臣夷夏之侵軼，其罪人人知惡之，非有所深渺而難窺者。身坐堂上，列古人於堂下而誅討之，孰是孰非，孰宜與孰不宜，與當夫頹垣敗壁，風雨蕭條中，固已議廟堂之賞罰而考天下理亂興衰之故矣。一旦冠進賢主民社，以向之所言施之於政，猶未相遠，故學《春秋》者，千里邂逅輒相親暱，蓋其所得較之學他經者獨異也。

王子周臣得之家學最深，故其爲文，意嚴而氣潔，事核而情深，發之於言與施之於事，皆足以見矣。其爲人雍容善下，無復少年跳踉怒張之氣，其修之於身者又可知也。先君子出入肅公之門。余於周臣有通家誼，非止以同學《春秋》相暱就而已。讀其文，友其人，以三者之咸備也。援筆以志其喜，而因以幸經學之尚不至於中絶也！

送魯孺發卜居天門序

吾友魯孺發居江之北。江之北，聲氣實孺發首倡，其文行並追古人，尤諳習當世之務。當世諸貴顯所爲有不能當孺發意者，輒欷歔流涕，其後果輒決裂潰敗不可救。雖落拓諸生，遭時不偶，然所謂草野而抱經世之略者，其行止出處宜迥異於常人。

顧當寇逼和州，知其不守，即南渡江，移家金陵。居金陵二載，資斧不給，又返於和之濱於江者，曰梁山，爲寇至可急渡以避也。夫以畏賊避於江南，以資斧不給返而居於濱江之地，此與常人無毫髮異。于其行也，梅子酌酒送之，且問之曰："將丈夫阨於時與勢，不能自主歟？抑身窮困，志不得伸，姑混迹庸奴，無事標新炫異以駭俗歟？或以金陵爲名公鉅卿與諸聲氣文人之所輧集，藉避寇以觀其論議行事，察其賢不肖材與否也？其所過，亦既得其大概矣，又恐有高人隱者伏處於葦蕭屠釣，凡江北之爲賊所驅而急徙於江南者，多繇梁山以渡，倉皇劇迫之中，尤可以觀人，異日奮身當塗，不煩訪求，而天下之賢材可坐致也。孺發之意，其在斯與？"孺發笑而不言。

夫中之所懷盡於外之所形。無所含蓄者，石也；過此，則迹其所爲，庸俗卑下與人無異，而志之所注，當不可量，此璞也。玉之韞於石者也，若其光芒炫爛，震驚一世，則怪矣。孺發一類於璞，即更有進於此者，皆不可知，然孺發不言，吾安能測之哉？

送依秀往綺山序

世之論佛者，謂其輕榮辱，齊得喪。果其榮辱可輕、得喪可齊，則坐獅子座，八寶裝嚴，其上香花圍繞，天人施纓絡、音樂供養，同聲讚歎，與夫五濁惡世之纏綿八苦，展轉三途，宜無差別，而生死亦不必捨涅槃，亦不足樂矣。蓋從聲聞緣覺以漸至佛，猶之差爵秩之崇卑，而正法像。法之幾何劫、幾何年，猶之較宦途之修短也。其所争者更大，其欲更侈，而世遂信以爲一切可捐，空諸所有，豈不誣哉？其徒之愚者，亟於得涅槃之樂，而不得其道，有投身巖穴，積薪自焚者矣，涅槃之樂究未能得，而身首糜毀，骨肉焦灼，先自嬰三途之苦。

夫世之奔競功名以自殞滅者，何可勝計，斯人固無足怪也。智者師其意，竄跡萬山中，枕石聽泉，煮蔬啜茗，夏則披襟林際，冬則曝日茅簷，而人世謗訕詬厲之聲，構鬬攫奪、冤迫慘毒之狀，不接於耳目。即此，是舍生死苦，得涅槃樂。而儒者謂世間無佛，亦非也。

依秀赴江陰，周伯高約走綺山，爲終老計。友人咸送之舟中，相與别。或曰："依公以絶世之才，不得一第，至以一瓢一笠往，與山魈鼪鼯爲伍也。"有嘆者，有泣下者。或曰："山居之樂，樂矣！"爲之欣快不已。

據一時之言語悲喜，則嗟嘆泣下者，雖强之偕依公行，必將不往，往亦且朝抵山中，夕他徙焉；欣快者，不必强之行，亦將願往，往必終身爲依公弟子，樵山汲水弗憚，無疑也。然絶無一人隨依公往者，豈非世俗之沾戀牽縈者衆，卒不能自脱歟？以依公視之，其昧取舍，亡輕重，抑何其甚也！

戴初士《陵京守禦議》序

方天下多故，身無戡亂之責，鬱鬱不能已於言，使任其責者擇焉，于是在上者有忠益之助，而在下者亦幸其言之見用於世也，是交相成也。乃事權在手者曰："彼言之，吾行之，吾將爲彼役矣。"於是雖生視夫事之決裂至不可收拾，徒以恥受命秉成於人而弗之用，則亦過矣。

昔下蔡威公不能自行其言，而其鄰人聞威公之言遽舉宗而去之，得免於患，威公謝之曰："行之者，言之主也。言之者，行之役也。我爲役，子爲主矣。"孫策得北方士大夫書，專歸美於張昭，懽笑曰："子布賢，我能用之，功名獨不在我乎?"今之任陵京之責者，苟見初士《陵京守禦議》即採探其説，見之施行，及初士之言既效，又將博訪夫天下之能議者盡用之，天下□憂多故哉?

脱此議不見用，初士廷對，天子以詔策咨訪治道，初士稱旨魁天下士，懲於今日之不見用，必舉天下之鬱鬱不能已於言者，盡用其説，見之施行。則今之不用初士，其用初士更深遠矣。第願初士固毋忘今日之不用，當使天下能言者皆得以有言，而弗憂其不用也。

重刻《金剛經註解》序

余邑東八十里定惠寺，不知建於何代。東坡謫黄時有《定惠寺看海棠》詩，至今山上多海棠。後人於黄州城外建定惠院，遂誤傳定惠寺在黄州城外，其知在麻城山中者蓋少矣。

嘉靖己未歲，寺僧明祥採石山間，夜見崖側有光，疑而發之，得《金剛經》木板一副，蓋元無聞聰禪師所註也，後有潛邑蚌湖市劉覺廣跋云："師在奉甲站資福寺註經，至元六年庚辰四月間，其丈室生靈芝四莖，覺廣爲之鏤板。次年元旦，夜夢諸神聚其所。"夫室中偶生芝，不足異，而覺廣之夢亦未足深信。然木板埋土中至二百五十餘年，今掘出又八十條年，字畫無一損壞者，可謂奇矣！

年來余邑兵寇往來不絕，山中盧舍燬者過半。余慮此板并爲灰燼，强寺僧移之江南，乃堅拒余之請。余因於白門重梓之。或曰："此板久藏土中，無恙，終當爲神物呵護，子爲過慮矣。"余曰："不然。當其藏之土中，自有任其責者，人無與也。今離於土矣，責猶可他諉乎？"夫責在人，人不任其責，妄意冥冥中有佐佑之者，而因以至於敗，使不可追悔，豈獨一經板爲然哉？余於此重有所感也已！

曾幼文《業海慈航》序

《業海慈航》，錢開少所更名也。《業海横流》，其幼文本題也，而余深以幼文之言爲然。

今之殺業盈宇宙，總不關嗜殺貪味，惟是隨所有權勢不暢意用盡不已之性，人人具足，是以至此。一人之力足以制一物無難，以其制之無難，斯一物死於吾一人之力矣。一人之力不足以制之，聚數人之力以制之無難，以其聚數人之力無難，斯一物死於吾之能聚數人之力矣。推而上之，力能制一人，則一人死；力能制一鄉，則一鄉死。又推而上之，力愈大，死者愈衆，則有不忍言者矣。因而造成一殺業世界，其原本於不留餘地，不遺餘力，隨所有權勢暢意用盡之一念耳。此政如絶險破山之水，奔溢潰決而無所極也，孰障之哉？

"横流"一言誠善喻也！開少徒勞，虚愿此國土以往，越恒河沙國上，或有能酬之者。

張謫宿悼亡詩序

君臣、父子、兄弟、夫婦之際，朋友或出於其間焉，而不可必得也。自是而外，盡天下人皆可以爲友。宜與爲友，不宜與爲友，觀其容貌、語言、性情之善惡，察夫行事之是非、邪正，而其人之君子、小人，積漸以得之不爽也。其人爲君子歟，吾與之爲友；其人爲小人歟，吾弗與之爲友。惟吾意之所去就，非有天焉以限之而制於父母之命也。如此，以爲友宜終身不相背，志意若一，雖臨以刀鋸鼎鑊之威，餌以萬金之利，不忍損棄也決矣。而猶或失焉，豈非異體隔膜，而志意有終不能一者歟？

至於夫婦之合，方在幼稚，或未離襁褓，其人之可否不能知也，而父母一言相訂，遂不可復易，求其終身志意若一，而無或失焉，豈不難哉！讀吾友張子譎宿悼亡詩及其行述，宜譎宿之久而不能忘也。夫譎宿之久而不能忘，豈非以其數十年間，凡意之所屬不忍違拂，雖力所不逮，情所不樂，亦必勉强委曲，以求得其懽心乎？夫勉强委曲以求一當，而卒不得其懽心，反以見絶者，世豈遂無其人乎？余又以是重吾譎宿矣！

余獲交於譎宿，而爲之友，苟盡心於譎宿，可以没齒無憾，余竊又有以自幸矣。

讀《劉巨塘先生行略》

先生當分宜全盛時，以法痛裁其家人，及其敗，凡坐繫者，加意平反，多得寬釋，與王江州素不附敦，敦卒後，聞應父子欲奔，已具舟以待，王義方初不娶魏徵夫人之姪，徵卒，反娶之，正相類。此可以觀君子之用心矣。

夫先生之繩分宜者，法耳，非有所已甚以傳譽，亦非有所私怨藉以相報也。使其家人循謹奉法，不罹於罪，雖父師之教，骨肉之愛，何以加此？分宜宜深德之，而先生乃以是忤分宜，竟偃蹇仕途不得達。雖其子世蕃所爲，相國亦與有罪焉。嘻，可謂甚矣！而先生不以爲恨，反於諸已坐繫者加意平反。宜見德者，因以得禍；宜見怨者，因以獲福。君子小人之幸不幸何其殊也！

夫爲惡有所創，人乃不敢爲惡；爲善有所利，人乃相勸爲善。君子有厚德於小人，而卒不免於小人，小人之加於君子者已甚，而君子又卒以厚德報之，又何怪夫世之爲善者日益以寡，而爲惡者之冥行狂馳，卒徜徉而不復返也。

鹽法議

甄琛曰："《周禮》山林川澤有虞衡之官，爲之厲禁，取之以時。雖置有司，爲民守之也。一家之長必惠養子孫，天下之君必惠養兆民，未有爲父母而吝其醯鹽者。"蓋言鹽禁宜弛也。元勰曰："聖人斂山澤之貨，以寬田疇之賦，收關市之税，以助什一之儲，取此與彼，以濟國用。"蓋言鹽利宜榷也。宋儒胡氏寅曰："琛、勰之言，皆未得中道也。官爲厲禁，俾民取之，而裁入其税，則政平而害息矣。"論者以胡氏儒者言，深得國體。而愚以爲，濟國足用，亦莫如胡氏之言也。愚因胡氏之説而廣之曰：

鹽筴之興，始於管仲。鹽鐵設官，官予牢盆，始於漢元狩。召商輸粟中鹽以實邊，始於宋雍熙。我朝於天下産鹽之地，設轉運司者六，提舉司者七。歲召商開中入粟實塞下，塞下粟無騰價，則邊利也。令商自辦，而國無輸將之費，無丁夫之擾，無冒涉之虞，則國利也。洪武間，鹽一引輸銀八分。永樂間粟二斗五升，且輸粟夕受鹽，又禁食禄之家不得侵牟，則商利也。竈丁給鹵地，給草場，額鹽一引給工本鈔二貫五百文。當時鈔一貫值錢千文，則竈丁利也。自鈔法不行，一貫不易粟二升正額。既無工本餘鹽，令分給米麥，米麥又無從措辦，征鹽如故，私鹽之禁如故，而竈丁困矣。自邊商守支挨次待給，有守候數十年老死而不得支者，而邊商困矣。自邊商羈延難俟，賤其值投引於囤户，而内商掣鹽，常壓十載，及實搭嚴比，不得不倍其值收引於囤户，而内商困矣。自建改折之議，不輸粟而輸銀，不之塞下而之鹺司。夫以輸銀移之塞下，則轉運爲艱，而商人不開墾邊屯，則粟無從出，雖司農歲收倍加之入，何益哉？於是邊計絀矣。自令守支客商若無見鹽，許本場買補；本場買補，即開餘鹽私賣之禁矣。姦商借官引以影私鹽，商人、竈户兩得贏利，州縣士民亦食賤鹽，而私鹽愈行，官鹽愈壅，官鹽愈壅，正課日損，於是國計絀矣。故救竈户之困惟行鈔法，救内商、邊商之困惟行綱法，救邊計之絀惟行屯法，救國計之絀惟行漢官給牢盆法。給牢盆法行，而竈户與商、邊計、國計莫不裕如矣。其法：官不征鹽，但爲之鑄盆，識監造工作姓名其上，定爲尺寸。每盆煮鹽一引或二引，更給以券，其券每一引輸銀若干，然後舉火。有不給盆與券而私煮者，罪無赦。商賈赴場買鹽，具數以告，每引輸粟塞下若干，倉勘到淮，官給炤令買，有數踰於炤者，罪毋赦。每船載鹽若干引，具數以告，每引輸銀若干，官給引令賣，有數踰千引者，罪毋赦。其附近州縣，舊制應食鹽若干引，令鋪户每歲輸銀若干，官給以引，令赴場買鹽，賣之民間，有無引而私賣與私買於無引之家者，罪無赦。其所給盆，如鹵地産鹽之數，其所給引如三十場煎鹽之數，其所輸銀，統計竈户、商賈所輸，約每引止共三錢。若是，則諸場之鹽，竈户盡得以售，而救竈户之困不必鈔法矣；諸場之鹽，商賈盡得以買，而救商賈之困不必綱法矣；商得盡買場鹽，則日益饒足，而輸粟塞下甚易，輸粟甚易，則邊計之屯田與不屯田皆可矣。

兩淮每歲引七十萬有奇，其入太倉者六十八萬有奇，其鹽課除正額外猶産餘鹽三百萬引有奇，盡革餘鹽小票而益爲引三百七十萬有奇；統計竈户、商賈所入每引止共三錢，雖減原客三之二，而合三百七十萬有奇之引，每歲所入共得一百一十一萬有奇，較舊所入數多四十三萬有奇矣，而國計之裕又何如乎？且向憂私販矣，惟有見引，有積引，又有餘鹽小票，故有私販；今舉所有之鹽無不課之官者，何有於私？舉所有之鹽無不賣於民者，何患於私？舉所有之鹽無不一例市易者，又何至於私？而私販可毋禁也。向憂姦宄矣，惟捕擊私販，故頑民挾刃，率相旅拒，以至殺人劫人，不可禁禦。今量鹵地以鑄盆，雖欲私煮，地無餘産。量場鹽以制引，雖欲私販，竈無餘鹽。彼高樯大舶，千百爲聚，行則鳥飛，止則狼踞，何爲耶？而姦宄可無捕也。向憂浮課矣，惟正額引止於七十萬有奇，故戊辰新開七萬是名浮課，今所入踰於舊額四十三萬，自無難於七萬新引，而浮課可無革也。向憂配搭矣，惟有榜派，有關支，故商人以道里之近，舟行之便，争趨併集於數場，而餘場付之私販，今三十場皆商所得買也，此場鹽盡自赴他場，而配搭可無遵也。向憂影射矣，惟候支羈延，兼以耗費煩重，故引多沉匿，轉相詭借，今商自買鹽，不至守支待掣，又無煩費，本年之引即可年終彙繳，隔年之引等於朽壤，而影射可無杜也。向憂壅滯矣，惟邊鹽之費倍於餘鹽，餘鹽之費倍於私鹽，故積引壅至三百餘萬，今買於場者無異價，輸之官者無二則，何從更有積引？而壅滯可無疏也。

合而論之，還正額於竈户，非以予之也，使餘鹽皆正課，所以取私鹽之利而歸於官也。減正課每引三之二，非以裁之也，使私鹽皆公帑，所以斂餘鹽之課而廣其額也。既自煮鹽，又給盆有税，給券有税，非以厲竈户也。竈户得明賣所有，且免均賠，所以代爲銷散餘鹽，而使之生計充饒也。既自買鹽，又買鹽輸粟，賣鹽輸銀，非以厲商也。商得徑買場鹽，不煩私帶，所以代爲增益資本，而使之滋息贏餘也。其舉成法而變之也，亦非以務爲紛更也。粟以實塞下，葉淇且不難改爲折色，而輸之運司，鹽則始納自竈户，而終給之商賈者也。今竈户不納之官，以轉給之商，而直令商徑取之竈户，所以免轉换而省更歷，改昔之紆廻而易以直截也。此其利害相懸，其理甚明，其爲法又甚簡，而邱文莊亦。以下闕。

祭友人周伯譽

中原豪傑，天下奇珍。秉性孤高，繫千駟而不顧；志行清潔，守一介以無求。自咿唔束髮以來，即交遊之必謹；及弱冠成人而後，雖笑語而猶嚴。固宜藝苑飛英，破壁而出；豈憶寒帷滯迹，折桂猶慚。不知者謂東閣之無緣，知之者痛南風之不競。壮心未已，方期奮翼於三年；天道無知，遽爾頽梁於一旦。十年朋好，空彈劍以無聲；兩歲孤兒，竟執杖而讀《禮》。

文士從來命薄，伯牛、顏子皆爲殀命之儒；好人自古多磨，長吉、幼安俱爲飲恨之鬼。長生無藥，詩書蓋世何功；百歲難逢，事業到頭成幻。茫茫道路，今年人異去年；渺渺緣由，白髮人悲黑髮。塵緣雜遝，見得到，急馬正好取轡；生死輪廻，看破來，開花何必結果？韶華無定，隄邊敗絮遊絲；憂樂何常，枝上晚風殘月。怨寻芳之蝴蝶，何須日日争奇；厭啼夜之杜鵑，可憐聲聲帶血。一團混沌世界，拼着做，有甚牽連；幾年不解心思，丟了他，又何挂礙。登山灑淚，空貽笑於知人；招斗延生，亦見譏於有道。若謂身亡去苦，生來反帶愁煩；或云在世身安，死後豈多孽障。去則去，終須去，安知他生不似此生；來也來，不再來，莫言愁地不如樂地。人情冷暖，大家吵鬧一場；功業高低，都是苦勞半世。勸人收拾早，獨君得退便抽身；任他歲月長，莫待酒闌人散後。

書藏金匱，哲人亘古如斯；名震瑶林，君身雖亡猶在。熉等芝蘭夙契，生死交情。戴笠乘車，曾要言於往日；高山流水，亦共托乎知音。從今鶴去遼東，誰作相知之鮑子；自此劍沉薊北，空餘絶弦之鍾期。撫棺淚落於黄泉，談心話傳於静夜。報君不在起死，努力安劉；相知貴在論心，合謀存趙。

芥舟續集

五言古詩

麗春行

野水縠如羅，新烟碧似草。盈盈十五女，陌上踏青早。畫眉不肯齊，雙鬟垂肩掃。提藍採衆芳，感此風光好。羞客隱隱穠，弄春恐春老。桃李各務時，容華易衰槁。折花花輕颺，片片灑懷抱。香露浣素衿，含顰增懊惱。

點水手

金聲震城隅，落日照衰柳。闤闠語喧闐，點夫充水手。水道遠且危，牽舟運糧糗。鄂渚計張帆，轉致辰沅口。纍然八十人，雜遝官胥後。草履舊穿泥，破衿半露肘。前有送者兄，後隨涕泣婦。揮手遥別聲，豈顧丞尉毆。本自隴畔民，生來事南畝。但曉耒耜勤，焉知駕浪走。非無長年儔，胡爲及農叟？沅湘惡波濤，時遇蛟龍吼。賤骨付腥風，妻孥更何有。地下若相聞，寄書訣父母。嗟爾莫過悲，此役未甚久。方今苦凶祲，赤地絶莨莠。百穀缺西成，家家嘆星罶。溝壑與江湖，誰薄復誰厚。藉兹糊口生，隻身得升斗。官長冗仁慈，暫免憂春臼。

入　城

晨興百憂集，戚戚還入城。敗稻委荒田，到處語喧争。萬户久絶粒，正當粟米征。追逋遍村野，役雜無定程。不聞人咨歎，但見吏峥嶸。老弱不堪策，獨驅少壯行。少壯復何措，舉目轉伶俜。隻身供上法，法重命自輕。公堂慘秋日，未入魂已驚。僱科殊殿最，寧分歉與贏？高棟起北風，時吹敲樸聲。敢嗔官長責？惟怨父母生。國税亦有限，下民亦有情。寄語農家子，勿復事躬耕。

返家雜詩

日暮隴氣清，披衣踐平陌。草木深以長，舉足溝塍窄。蚱蜢隨我飛，物性欣相適。翩翩禾底珠，新露上初夕。涼風吹荒林，蒼茫水月白。大野難久留，吾亦返吾宅。

日月相爲秋，野田秔秫熟。方將除圃場，且欲備蘗麯。隔墻呼鄰人，斗酒飯脱粟。既醉飽亦隨，豐年易滿腹。出門各有營，擔茆向深谷。

七言古詩

陽春曲

梨花落盡楊花飛，陽春烟草青霏霏。誰家女兒採桑歸，輕風吹胸香透衣，可憐裙帶生光輝。

錦車和戎歌

漢官人馮夫人，名嫽，知史書。乘錦車，持節，和戎歸。事甚奇偉，惜樂府闕其聲，余爲補作《錦車和戎歌》。

鸞髻粉礪紫襦茵，寶車綺合摇花輪。夫人握節出漢闕，繁纓翠旄垂經綸。河源西去盡沙霧，塵殢膏蘭滴秋露。霓旌行遍葡萄鄉，三十六國隨香輅。錦幰風吹響璣珥。髹毵曉染胭肢水，天驕折氣娥媚前。還欸烏孫報天子，繡袚花鈿拜未央。玉釵指處消天狼，但賈黄金鑄巾幗，麒麟爲改置昭陽。

娘子軍歌

唐平陽公主聞高祖起義，乃散家貲，招集亡命，自將以應帝。於道，盡平諸劇賊，略地至武功。勒兵七萬，威震關中，會秦王於渭北。時號“娘子軍”。余壯其事，謂與冼夫人相輝映云。

繡幙牙帳鳴雌風，軍裝萬隊桃花紅。晝蛾妝曉臨長戟，角聲吹裊旌旗中。列營移處芙蓉燦，令肅天高静鐶釧。戰酣血透石榴裙，劍萼飛光繞白練。金猊伏鎧睒日黄，武功陣腳連咸陽。轅門夜閉空月色，雕箙袴褶凝脂香。虬髯真人在渭北，太原王氣收不得。七萬男兒簇錦衣，花貂翠纖娘子歸。

夫人城歌

晋朱序鎮襄陽，符堅遣兵攻之。序母見城西北角當先壞，領百餘婢并女子斜築城二十餘丈。賊攻西北角，果潰。衆守新城，賊遂引退。號爲夫人城，可以愧男子矣。余因作歌以紀其事。

嗚嗚蘆葉鳴襄水，千歲甃甎蝕欲圮。旄頭光壓饔門寒，斗絶新圍撐半壘。百雉斜遮天一握，奩前指點城西角。纖腰束版削香泥，素手工繁如玉琢。臙脂萬斛臨高瀉，篾聲吹散陰山馬。汗血宵奔嘶女墻，氈裘狼籍銅鞮下。

新　　月

雨後見新月，輾轉不能寐，披衣起坐，不知身在萬山中也。小飲微醺，感作《新月》詩。

濕雲吐月月影澀，囊緘破鏡光半吸。素女呼兔搗元霜，玉杵舂滋花露泣。明河淡翳斗杓低，翠波簾隙織玻瓈。窗前黑氣護脆繭，老魈距踴山猿啼。漏痕四壁走蝌蚪，今夜衰燈应白首。饑來煮字燃殺青，長思淚滴芸香厚。百虫迭響送寒輝，鐘聲浩浩身無依。長星勸爾一杯酒，臣朔何瘦侏儒肥。

五言律詩

中秋獨夜有懷

月影今宵滿，蟾光獨樹秋。可憐歌酒處，盡屬昔年遊。桂子湮幽序，蘋花散舊儔。夜涼人不寐，零落問西州。

菊

秋聲摇百草，園菊色纔舒。扶本删花密，培根貴土疏。灌澆乘夜氣，風雨記春初。漸喜籬邊影，回環繞我廬。

亂行無復序，病葉抱霜姿。着眼初開際，關心盡放時。鶴翎黄剪剪，鴈羽白垂垂。一歲殷勤力，論功可泐碑。

悲　　春

平蕪一片緑，渺渺獨愁予。莫下傷時淚，誰陳痛哭書。追逋逃竄後，鞭樸死亡餘。憂國心堪折，荒園自灌蔬。

十萬亭州①户，嗷嗷共一聲。花風酸白日，鬼淚弔清明。淺水棠梨影，芳墳麥飯情。寂然回首處，煙火静高城。

山空薇蕨盡，饑客各還家。懸釜悲餘粒，摧腸咽冷沙。樹惟存老骨，草久斷新芽。悽斷歸鴻陣，哀音聽轉賒。

鵠面逢皆是，相看皮骨存。魂棲空臼側，春慘踏花村。少婦啼菰米，孤兒泣葛根。野鴉都不解，亂噪月黄昏。

題吴次尾園林

十畝河邊宅，琅玕萬個青。林陰穿小徑，峰影墮孤亭。濯月石泉冷，掀簾花雨馨。主人無外事，盡日寫《黄庭》。

種樹成嘉遁，悠然濠濮間。衆山來窈窕，一水媚嬋娟。歲月花編譜，陰晴酒紀年。近冬時更好，沙島覆蒼煙。

老柳遮天緑，新桐立地深。林光分異色，鳥語各殊音。踏葉人孤往，看霜客共尋。此中真避世，高坐聽浮沉。

君素習先隱，門開石洞霜。瘦藤支老骨，嫩篠遍新香。苔跡無人滿，松聲獨夜涼。輞川時一望，宛在水中央。

重過靈隱寺

十年來古梵，林際又當秋。客半偕新侣，橋驚改土流②。迴廊花引徑，複閣竹登樓。所見全殊昔，惟僧舊白頭。

---

① “亭州”爲舊時麻城别稱。康熙九年《麻城縣志》載：麻城“後周改曰亭州”，又“唐置總管府於麻城，後置亭州”。

② “客半偕新侣，橋驚改土流”之“半”字、“土”字，一九九六年續修麻城《梅氏族譜》卷四十四中作“伴”字、“上”字。

七言律詩

奉和張老公祖附楚南達之

持將玉斧補天工，雲夢蒼茫煙霧中。造士登臺無異駿，勞民集澤有歸鴻。如來金粟身應是，天姥青蓮夢可通。點綴漫誇閻立本，楚風原爲使君雄。

雨　　後

眼逐春齊絶頂高，悠然獨滴酒盈槽。曉風暗潤生紅藥，夜雨空欄長碧桃。花冒遊絲輕薄去，泥沾飛絮拂縈遭。階前書帶堪懷夢，聞道王孫滯一舠。

萬里春光一碧涵，橫皴大嶺染深藍。林煙餘靄歸僧竈，花雨空香遶佛龕。蹤跡日消粗糲債，皈依隨放晚晨參。山中問殺龐居士，未敢欺人七不堪。

戲效王伯穀體

一曲溪流舊板橋，浣紗人隔暮煙遥。徒歌零落傷金鈿，莫遣相思夢玉簫。螺黛忽隨山色遠，胭脂應付雨痕消。小桃花作經年别，誰折章台柳萬條。

再簡在明

萬家煙静冷朝炊，黑氣氤氳暮色低。羽檄日馳聲自壯，徵求法外骨難支。未知持鉢沿門處，空擬穿夔出峽時。天地蕭條時一望，北風吹動火雲垂。

秋日山中

木末霜高葉漸黄，栗林疏影病成行。短衣日暮隨麋鹿，古洞雲陰卧虎狼。煙起遥知村落聚，風吹忽送梵音涼。此身消受秋多少，不爲攤書歲一床。

山中有憶舊者，代爲擬之

亂壑松中聽水聲，迢迢何處見孤城。燈挑淚落傷前事，書讀心酸感故情。百里已知魂不到，三更應識夢難成。從今只望山頭月，日日相思寄歉盈。

醒世八調

松竹吾廬，還恨無居處；猿鶴吾徒，還恨無朋侶。延頸望歡娱，歡娱成間阻。有甚榮枯，身安爲坦途；有甚精粗，心甘爲美蔬。熱惱人，想乘涼，思避暑，看那烈日裏多擔負；擁絮羨披裘，看那没被的終宵哭。常得不如我的思量，便不覺得苦。

紫綬金章，引癡人上樁；衰柳斜陽，是浮生散場。光景不多長，何須空着忙。醜扮生妝，村腔成雅腔；詩卷錢囊，清狂同濁狂。好歹高低齊撇様，那管他閑帳。松間坐復眠，溪畔來還往。縱憂愁，著不住眉尖上。

笑語温和，剛纔謳與歌；涕泗滂沱，須臾干與戈。憂喜在心窩，災祥如轉磨。豺虎巖阿，敢輕撩撥他？蛇蝎巢窠，敢輕纏擾他？幾層殃禍無處躲，怕自放燒身火。經年不出山，鎮日關門坐，甚風波弔下來尋我？

花太芳菲，休嗟風雨催；月太光輝，休嗟雲霧迷。勢盛定遭虧，歡多還害己。幕燕嘻嘻，偷安能幾時？塞馬嘶嘶，禍來終有期。蚤尋一片幽閒地，領取窮滋味。高謝市朝人，富貴非吾事。盡世間利和名，都讓你。

琴瑟笙簫，華筵酬酢勞；鼓角鉦鐃，沙場心膽摇。可厭是紛嘵，人偏嫌静悄。不喜蓬蒿，喜聞城市囂；不喜漁樵，喜攀權勢交。住山人不與他同調，吾自從吾好。泉鳴不是喧，鳥語何曾鬧？萬山中越聲高，越叫得好。

一品官高，猶自嗔官小；萬貫財饒，猶自嗔財少。烈日滿空燒，濃雲隨處繞。終日身勞，何曾安一朝；終夜心焦，何曾閑一宵。挑籮盡道空行好，空行又望乘騎惱。騎馬想乘輿，乘輿思跨鶴。一步步，心高何日了？

官拜通侯，見封公還自憂；身著羊裘，見衣貂還自羞。鼷鼠飲河流，渴消①須住口。莫上層樓，讓他人一頭；莫使長謀，輸他人一籌。能輸能讓是高手，這兵法誰參透？駡來笑臉迎，打來躬身受，烏獲逢之也退走。

儘你詼諧，教人無口開；儘你擠排，教人無命挨。使盡你心乖，於今天更矮。他恁癡呆，多緣償你財；你恁强哉，多緣他命該。鬼神記録些兒在，决不相寬待。前生福未消，容你權寧耐，時辰到來無救解。

---

① "鼷鼠飲河流，渴消"七字缺，據一九九六年續修麻城《梅氏族譜》卷四十四補。

奏　叙

請謚奏疏

湖廣黄州府儒學廩膳生員梅之熉，爲熉父功在疆埸，久愜輿論，伏乞天恩補謚，以光泉壤，以風後來事。

竊惟皇祖御極垂肆拾餘年，東平西蕩凡三大舉，而最先捷則自寧夏始。先是，哱寇倡亂，關陜震摇，熉父國楨以浙江道御史抗疏請纓，捐軀討賊。荷皇祖特達之知，命以監軍往。是時伍月炎蒸，熉父躬冒矢石，渴飲污泥，引脈穿渠，摧鋒抵壁。萬刃交而身無退色，單騎見而賊爲寒心。督兵而戰勝張亮堡，寇遂不敢渡河；乘夜而親上南關城，賊竟窮於扼吭。甫及初秋，遂平寧夏。入重城而兵不血刃，宣上德而人皆焚香。保三關百二之地以還朝廷，出萬死一生之謀以答知遇。既而功成論定，仰荷殊恩，奉聖旨："梅國楨陞四品京堂，候邊方巡撫推用，蔭壹子錦衣衛實授百户，賞銀伍拾兩，綵緞叁表裏。欽此！"隨該吏部題："奉欽依陞授巡撫大同、右僉都御史。"綏撫陸年，市無增賞；保安全境，民不煩兵。邊鄙之穡人有成，塞外之名王奉約。隨因秋防事竣，特蒙優叙。復於貳拾柒年該吏部題："奉欽依陞授宣大山西兵部右侍郎，督理糧餉，兼都察院右僉都御史，總持三鎮，猶在雲中約束諸酋，有如一日。"至貳拾玖年間，因丁父憂守制回籍。尋於次年伍月因身亡，荷蒙皇祖憫念舊勞，特賜祭葬贈官。

予以世襲，生有殊秩，没有曠典，此熉父非常之遭，子孫世世所當竭犬馬之報於無窮者也。惟是國家報功之典至隆渥已，人臣無尺寸之暨則已，苟其功在社稷，則有崇階寵之於前，有鴻名熙之於後，於以酬既往，勸來祼。其關係世道人心豈曰小補。熉父在時，雖效有微勞，而隆恩異數，其所邀於皇祖者業已踰涯矣，敢復有陳瀆以干天聽？退念從來有功者身没之後，祭、葬、謚、蔭皆得一時并叨，即或議論不一，事久論定，旋蒙寵加。熉父歷官貳拾叁年，并無一事之指，一議之及。頃見廷臣條陳東事，俱以熉父慷慨任事，不辭艱險，以此爲目前任事者之勸，所謂上以答君父之恩，下以協輿情之公者，熉父庶幾有焉。乃身没且壹拾柒年，易名之典尚自缺然。幸逢皇上天縱聖明，留神安攘，所以優禮任事之臣，極其篤摯！假令熉父而在，必當以效之寧夏者效之三韓。況熉父叨皇祖之異知於當年，又協諸臣之公論於今日，即犬馬亦思帷蓋，草木亦思雨露。

熉爲熉父之子，受國家作養之恩，目擊皇上大霈之秋，而諸臣條議屢及熉父，熉敢緘默不一援情陳乞於君父之前？

查得《大明會典》一款：凡遇大臣亡故應得謚者，將本官履歷、有無論劾，詳悉開報外，本部仍廣加咨訪覈明，必其節慨爲朝野之具瞻，勳猷係國家之休戚，公論允服，毫無瑕疵者，具繇請自上裁。又查得刑部侍郎鄭世威請謚一節，蒙旨准與。熉父事體實與相同。伏乞勅下該部，將熉父功績一一查明，果否有合輿情應得謚典，酌議覆。請俾地下朽骨得徼不朽之榮，不至與草木同朽腐，以勸將來，則熉之銜結與熉父等矣！

爲此具奏。

天啓元年八月二十八日具奏

（録於清光緒辛丑《麻城梅氏族譜》卷之首）

叙《譚概》

猶龍《譚概》成，梅子讀未終卷，歎曰："士君子得志則見諸行事，不得志則托諸空言。老氏云'談言微中，可以解紛'，然則談何容易。不有學也不足談，不有識也不能談，不有膽也不敢談，不有牢騷鬱積於中而無路發攄也，亦不欲談。夫羅古今於掌上，寄《春秋》於舌端，美可以代輿人之誦，而刺亦不違鄉校之公，此誠士君子不得志于時者之快事也。"猶龍曰："不然。子不見夫鸜鵒乎？學語不成，亦足自娱。吾無學無識，且膽銷而志冷矣！世何可深談？談其一二無害者是謂概。"梅子曰："有是哉！吾將以子之談，概子之所未談。"猶龍曰："若是，是旌余罪也。"梅子笑曰："何傷乎！君子不以言舉人，聖朝寧以言罪人？知我罪我，吾直爲子任之。”

於是乎此書遂行於世。

古亭社弟梅之熉惠連述

（録於《馮夢龍集箋注》，天津古籍出版社 2006 年 5 月）

荆楚文库

附　　録

目　録

梅惠連先生行略

嗚呼！千秋大業，惟理學、經濟二事。公之豎立，播諸宇内，爲日久矣，奚待人言之而後表見哉？方公没後，邑諸先生及諸親長，以公行實委源載筆。爰公有渭陽誼，晚年愛源彌篤，朝夕與處。源雖晚學，不敢固辭，僅約略數端，以備采風云爾。

公諱之熉，號惠連，行五。父少司馬衡湘公初無子，監軍寧夏，擒哱拜，争活降數千人，轉三鎮總制，側室劉氏始得娠。丙申秋七月二十四之前夕，少司馬夢入文殊佛院，桂蕊連雲，比覺，香猶在鼻。次日己丑之巳，即生公。九歲，司馬公見背。嫡母劉太恭人秉伯氏端簡公諱采訓，肅家教，以嚴爲慈。年十一，塾師偶出，同學李生與公角戲，擊公傷額。太夫人驚，具儀辭李。公告曰："不有李，安知世有能擊兒額者？請勿辭！"太夫人喜，益求正人與近。

公益虚衷，端步履，凡經史百家無不研究。既不就文、武蔭，又不就小試。迨葛屺瞻先生督學，始出赴童子，大收，全楚拔第一。次周諱爀先生督學，又拔第一。食餼歸，與周伯譽、王在明、劉同人、馮猶龍、錢開少、易曦侯諸公結求湛社，闡明理學。開義館，貧者方能力學。歲荒，請母悉出奩槖，餓者得免溝瀆。里人丁姓者被勢要排挾，投身求救，公爲白冤後取券還之。

公行益端，名益振，顧麟士、楊子常、談長益、吴次尾、劉伯宗、張爾公諸公遠檄連國門，廣業公大建旗鼓。及太夫人逝，公哀毁無節，水漿不入口者七日許。遠近童叟爲之觀感，至今無不嗟歎之曰："誠仁人孝子也！"扃户讀《禮》，念《春秋》爲麻邑專家。欲盡當日作者之旨，以立教垂訓，束于功令，姑因所是而是之，作《春秋因是》。然微言未剖，尚有一全部《春秋》格格于胸中，欲發明也。

流寇焰熾，公募諸紳捐錢米，俾守陴編民不致枵腹，而守益固。寇掠城外婦女，公百計贖還其主。

己卯就試南闈，與侯朝宗、閻古古、陳定生諸公訂業。而坊間以公著作多，求之吴次尾，發刻者僅十分之二。時有欲以《春秋》房首與公者，公聞之，大恚曰：“文蔭武襲，恩至渥矣，敢復萌此念以干物忌？在當事，私亦公，在某，公亦私也。”

會有“武襲久曠，降奪”之旨，錢牧齋、周仲馭兩先生合詞勉曰：“令先君當監軍寧夏，親冒矢石，萬死一生，乃得獻俘奏績。止此竹帛一綫，玆不勉就，爲請謚地，恐後没没，悔益無及。”公因就職。一日駕出，侍班，見校役中有昂首張目者，公疑不軌，越班三武，欲面奏，恐驚駕，旋止。詰朝，疏請嚴新募。由是，大執金吾者心爲憾。後十日餘，疏請自備資糧，銜命省思宗帝后櫬，不報。遂棄職。居白門之萍廬，作《史論》，爲千古之忠孝示法焉。

比歲，客嘉、湖。兵荒甚，人多投水死，公出行囊賑之。有某，聞公義，尚無嗣，願以一女奉箕帚，固辭不受。是年冬，舉一子，名坰。隨歸隱囊山，别號槁木。明年，於諸姪中擇映址立爲子，曰：“是子賢，此後坰不孤矣。”

值邑中奉功令□地，時公目疾甚，以几上豆粒權子母乘除，作《算法觿解》作之之心，謂：“除與減，人既莫能逃，不若我自除之減之。我自除之，憂患之所不能抗也；我自減之，窘迫之所不能厄也。”又謂：“窮通壽夭，使其限於已定，則不能修身立命。”因作《塵鐸》。諸如大兄長公中丞公有遺孫銖公，迎歸，厚分已産。族人侵國課，公貸償重息銀，免彼父子杖斃。族女賣爲婢，公具多金贖歸户。賑族中貧者，安厝三族未葬及原野中骼。里人戴姓者，因荒鬻妻，公贖還之。公之生有濟于時，没可崇祀鄉賢祠，大率類此。而逸事猶多，未易更僕①。

公生於萬曆二十四年丙申七月二十四己丑日巳時，卒於順治十三年八月十一日，享年六十有一，無疾卒。元配周氏。側室湯氏，生子坰；杜門深思，能竟公之未遂，拭目間必大有可觀者。

外甥劉本源百拜述　眷弟陳儒樸頓首填諱

---

① “未易更僕”句未整，參照一般説法，後脱一“數”字。

劉本源先生述惠連公行略特詳，而未及披緇事。及考屈邑侯所纂《縣志》，“逸行門”載：梅某，少司馬某子，持身方正，勵學湛深。初棄父文、武襲蔭，工制舉義，馳聲宇内有年。繼以武蔭久曠，例有降奪，俯襲職。因疏請北行葬思宗不允，遂歸隱囊山，別號槁木。著《春秋因是》《萍廬史論》《偶集》《寄言》諸書行於世。其子垌克承先志云云。並無爲僧事。及靖道謨所修府志，聽採訪者之誤，有“晚年披緇”一語。乾隆壬子重修縣志，背屈志從靖志，未免踵訛襲舛矣。

來孫英傑謹識

（録自清光緒辛丑重修《麻城梅氏族譜·卷之首》）

《麻城縣志》載“梅之熉小傳”

（一）康熙九年《麻城縣志》卷八“逸行”：

梅之熉，號惠連，少司馬國楨之子。持身方正，勵學湛深。初棄父文、武襲蔭，工制舉義，馳聲宇内有年。繼以武蔭久曠，例有降奪，俯襲職。因疏請北行葬思宗不允，遂歸隱囊山，別號槁木。著《春秋因是》《萍廬史論》《偶集》《寄言》諸書行於世。教其子垌克承先志。

（二）乾隆六十年《麻城縣志》卷十六“列傳二”：

梅之熉，號惠連，國楨之子。晚披緇爲僧，號槁木。博涉群書，於海内名宿頡頏主盟。以襲蔭官，值國變，即解組歸。祝髮入山，衣粗食糲，以終其身。刻有文稿及《春秋因是》，並翻譯諸釋典。舊志。

（三）光緒八年《麻城縣志》卷十八“名賢”：

梅之熉，字惠連，國楨之子。持身方正，勵學湛深，博極群書，工制舉藝。常與三吴復社諸子頡頏主盟，馳聲海内有年。初棄文、武襲蔭不就，繼以武蔭久曠，例應降奪，俯就襲職。值國變，因北行疏請葬思宗不允，遂解組歸。隱於龜峰之東曰囊山，地極幽僻，人跡罕至，自號“槁木”。晚且祝髮披緇，粗衣糲食，以終其身。所著有《春秋因是》《萍廬史論》《偶集》《寄言》傳於世。子埛克承先志。舊志隱逸傳。

事蹟二則

（一）捐金二千賑貧

梅惠連沉毅韜穎，言若不出口，及其決大疑，任大事，則如萬夫之勇。疏財樂施，救災恤患，如恐不及。嘗曰："赤貧之人當議生財，千金之家止當議清，萬金之家其財則當議散。"己巳歲饑，捐金二千以賑貧乏，躬行布散，無或冒濫。惠連名之熉，西陵①人。

（録自鄭仲夔《冷賞》卷二）

（二）

彭氏，奇公②小鬟。侍公，有身，而公卒。伯叔利其家産，逐出在外。彭既娩，得男，苦守不嫁。惠連公稔知之，自撥趙家畈田三十畝，居屋、家丁、什物皆備。告之族人，令承奇祀。

（録自麻城一九九六年續修《梅氏族譜》卷十九世系表"生奇"名下）

友人贈詩十四首

送梅惠連之白門 陳儒樸③

結交辟行道，跋涉勞瞻顧。習習谷風生，寒空走雲霧。登山臨水情，慷慨詎無故。埈阪與康衢，反覆悲中路。形影或多猜，寒暄復相妬。爲腹不爲目，只恐誤章句。君故磊落人，道廣傳心素。投分自有年，感事

① 麻城地屬漢西陵縣，明、清時文人每以西陵代麻城。
② 奇公，名生奇，梅之焕子，之熉堂侄。
③ 陳儒樸，麻城人，明萬曆十七年進士。

切水乳。混俗既不能，翦拂收衆怒。胡爲慕翔鶴，而乃卑棲鶩。江湖理舟楫，秦淮無旦暮。送君自此遠，六朝共陶鑄。

得梅惠連書因送王在明歸麻城并寄 吴應箕①

梅子書來好，王生見復奇。論交還後笑，因别寄相思。張楚功當並，遊吴道不疑。將母對杯酒，贈策笑江湄。

賈家園□惠連 吴應箕

最憐春暮色，落日貯晴雲。似此荒園廓，能消近市紛。行廚穿竹至，高坐接簷分。共是覊棲客，情親獨有君。

過囊山憶惠連先生 劉淑頤②

依約曾棲處，劉禹錫。雲山想昔時。儲嗣宗。壍花仍吐葉，元忠。卧柳自生枝。杜甫。晝日推閑事，李白。回燈檢舊詩。元微之。所難留著述，鄭谷。異代作心知。李咸用。

飲梅惠連寓中兼言别 吴應箕

與君酒罷更三嘆，清漢何能共羽翰。楚土自憐蘭作佩，吴人猶聚鷸爲冠。空江柁傍黿鼉影，故國烽迷玉白丸。似我行藏偏不定，風塵誰比漸鄉看。

祝梅惠連 周世遴③

桃花盟結三千歲，滄海珠連十五城。本朝伊吕推先業，天下文章領

① 吴應箕（1594—1645），字次尾，號樓山，明朝南直貴池（今安徽省石臺縣）人。崇禎時貢生，復社領袖，著名文學家、抗清英雄。南明弘光元年（1654），吴應箕在家鄉舉兵抗清，兵敗遇害。平生著述甚豐。

② 劉淑頤，明清際麻城人，以集唐人詩見長。

③ 周世遴，字伯譽，明末麻城人，以文學見稱。早卒，友人集其詩文出版，題曰《周伯譽遺稿》。

後生。縱横風雨筆何壯，吐握英雄眼自明。對爾壽筵偏色喜，長君一日僭爲兄。惠連七月廿四生，余七月廿三生。

過如是山候惠連先生二首 劉淑頤

白茅爲屋宇編荆，[1] 羅隱。地僻門深少送迎。白居易。名嶽尋遊今已徧，張籍。寶書飛譯學初成。劉禹錫。煙凝積水龍蛇蟄，盧綸。錫響空山虎豹驚。許渾。真趣澹然居屋外，劉滄。遣人懷抱薄浮生。胡宿。

西方社裹舊相親，權德輿。萬里香華結勝因。裴休。已得雄詞封淨檢，陸龜蒙。不將真性染埃塵。高駢。雪山童子應前世，劉禹錫。金粟如來是後身。李白。一顧儻憐持苦節，姚鵠。少分光影照沉淪。元微之。

冬日過秦淮尋訪惠連社長 經有九

廿年音問廢長郵，聞爾於今兩度遊。誼重豈忘同下榻，情深何竟别登樓。慮寒解纊披明月，念遠投鞭餞紫騮。急問秦淮尋未遇，冷風歸袖滿裝愁。

奉賀惠連大弟舉子 李長庚[2]

正是商瞿授記時，庭階寶樹映葳蕤。自兹爲善皆無懼，從此於天信有知。司馬德援西夏命，書生策起合城危。犀錢玉果尋常事，萬口争傳報德奇。

秋夜哭梅槁木 陳儒樸

交態滄桑飽歷奇，於今寥落益堪悲。士衡探賾無多技，有道垂名又一時。會覩青箱森棄世，可將白業繫群思。初秋一别知誰健，空負尋山

---

① 白茅爲屋宇編荆，出自唐代詩人馬戴的《題廬山寺》。

② 李長庚，字西卿，麻城人，梅國楨之婿。明萬曆二十三年進士，天啓年間官南京刑部尚書、北京户部尚書，崇禎年間官工部尚書、吏部尚書，後觸帝怒，遭削籍。

杖履期。

哭梅惠連三首①閻爾梅古古②

大江聲咽楚辭哀，寫寄春風嶺上來。家國陸沈三昧等，文章遊戲五宗開，鶱巢失所悲賢者，鵬跡非常妬秀才。聞道亭前芳一樹，須知槁木不曾灰。

尋常何處辨淄澠，霜漠沙寒水自澄。亡國大夫休語勇，入山名士且爲僧。幾京無愧先司馬，十字堪題古穆陵。江上些君非偈頌，知君原不是傳燈。

（上十三首均録自清光緒辛丑重修《麻城梅氏族譜》卷之三）

梅惠連雨中邀集，同社兄弟限韵即席作 周世遴

共醉吴僧雀嘴茶，蕭郎樓上謫僊家。雨中月濕雲猶暗，花裹春深寒又加。玉洞畫梁頻聚燕，晚山殘樹亂栖鴉。招来兄弟陪尊酒，費盡風雲供齒牙。

（此一首録自麻城蕨淡山《周氏族譜》卷十二《伯譽公詩選》）

四庫提要・春秋因是 三十卷，浙江巡撫採進本

明梅之熉撰。之熉字惠連，麻城人。是編專爲《春秋》制義比題、傳題而作，每題必載一破題，而詳列作文之法。蓋舊制以《春秋》一經可命題者不過一百餘條，慮其易於弋獲，因而刱爲合題。及合題之説紛紜淆亂，試官、舉子均無定見，於是此類講章出焉。夫信傳不信經，先

① “三首”誤，實只二首。《白耷山人詩集》（卷六下）只見前一首，名《麻城哭梅惠連》。題後有註：“本名之熉，後爲槁木和尚。”詩末亦有註：“惠連晚乃得子，故篇末云云。”

② 閻爾梅，字用卿，號古古，又號白耷山人、蹈東和尚。明末舉人，以詩文、氣節著名。

儒以爲詬厲，猶爲“三傳”言之也。至於棄置經文，而惟於《胡傳》之中推求語氣以行文，經已荒矣。其弊也，又於《胡傳》之中摘其一字兩字，牽合搭配以聯絡成篇，則併傳亦荒矣。此類講章皆經學之蠹賊，本不足録，特一以見場屋舊制。所謂比題、傳題者，其陋如此，並非别有精微。一以見明季時文之弊，名爲發揮經義，實則割裂傳文，於聖人筆削之旨，南轅北轍。均可以爲炯鑑。故附存其目，爲學《春秋》者戒焉。